파워 실전 바둑

8 파워 중반 테크닉

– 공격과 타개에서의 급소,
침투와 삭감의 유형과 대응법 익히기

머리말

바둑은 집이 많은 사람이 이기는 경기이므로 나의 집을 크게 짓는 것과 함께 상대의 집을 작게 줄이는 것은 승리의 지름길이기도 합니다.

집을 크게 짓는 일과 작게 줄이는 일은 동전의 양면과 같습니다. 한정된 공간에서 서로 집을 키우기만 할 수는 없을 테니까요. 그래서 초반과 중반 어디쯤에선가는 서로 접전이 벌어질 수밖에 없습니다. 이런 전투에서 필수 테크닉은 공격과 타개, 그리고 침투와 삭감이죠. 초반의 포석은 주로 집을 짓거나 모양을 구축하는 과정이고, 주로 초반에서 중반으로 넘어가는 과정에서 이런 접전이 비일비재하게 일어납니다. 그러므로 공격과 타개, 침투와 삭감은 중반의 핵심 테크닉이라고 보는 게 맞을 것입니다.

바둑만큼 공격과 타개라는 말이 많이 쓰이고 잘 어울리는 경우도 드뭅니다. 기풍에 따라 곧잘 '공격바둑' 혹은 '타개바둑'이라 할 정도이니까요. 그 이유는 아마 바둑 게임이 19로 반상에서 돌이 직접 부딪치는 치열한 형태를 띠기 때문일 것입니다. 이런 접전에서의 공방은 사각의 링 위에서 주고받는 펀치와 같다고 할까요.

공격과 타개라 하면 보통 대마를 추격하는 가운데 반상 전면에 걸쳐 나타나는 난해한 공방전을 상상하기 쉽겠지요. 물론 실제 대국에서도 그렇게 진행되지만, 궁극적으로 그 기본이 되는 '맥과 급소'에 밝아지지 않고는 원숙한 기량을 쌓을 수 없습니다. 구체적인 공격의 예를 들면 상대의 돌을 잡거나 약점을 노리는 맥, 돌을 무겁게 하거나 근거를 빼앗는 맥, 모양을 무너뜨리거나 효과적으로 봉쇄하는 맥 등이 있는데 일일이 열거하자면 한이 없겠지요. 물론 타개(수습)의 맥도 마찬가지입니다. 상대의 예봉을 가볍게 피하는 맥은 물론 효과적인 진출이나 탈출, 연결의 맥 등 다양합니다.

침투와 삭감은 승부를 가를 만한 중반 전투의 중요한 테크닉입니다. 상대 집모양의 급소를 찾아 적절한 수법으로 최소화시킨다면 굳이 복잡다단한 전투를 거치지 않고도 쉽게 승기를 잡을 수 있을 것이며, 반대로 허술한 모양을 방치하다 크게 굳혀준다면 힘 한번 써보지 못한 채 앉아서 패할 것입니다.

침투와 삭감에서 중요한 전제 조건은 형세 판단입니다. 형세가 넉넉하다면 굳이 깊이 침투해 들어갈 필요 없이 서서히 삭감해도 충분할 것이며, 반대로 불리하다면 다소 무리가 되더라도 깊숙이 돌입해야겠지요. 형세 판단이야말로 침투와 삭감 작전의 방향키이자 완급 조절의 척도가 됩니다.

이 책은 이런 배경에서 다음과 같이 구성했습니다.

1부 '중반 이론편'에서는 공격과 타개에서의 맥과 급소, 그리고 실전에 가장 자주 나타나는 침투와 삭감의 기본유형을 대응법과 함께 제시했습니다. 가능한 한 중반을 운영하는 데 필요한 지침과 핵심 기술을 이론적 측면에서 다루고자 했습니다. 기본이 튼튼해야 실전에서 제대로 응용할 수 있을 것입니다. 1부 말미에는 이론 정리를 위한 연습문제를 실어 복습하는 동시에 2부를 잇는 다리의 역할을 하도록 숨고르는 시간을 두었습니다.

2부 '중반 실전편'에서는 1부에서 배운 이론을 실전에서 어떻게 구체화시키는지에 초점을 맞췄습니다. 바둑에서 본격 전투는 어딘가 뛰어들면서 벌어지는 경우가 많습니다. 중반 전술의 기본이란 제목으로, 프로 실전에 들어가기에 앞선 예비학습의 성격을 구성했습니다. 다음 프로의 전술이란 제목으로 본격 실전편을 구성했는데, 1장은 공격과 타개, 2장은 침투와 삭감을 다루었습니다.

모쪼록 초반 어딘가에서 시작해 중반으로 이어지는 전술과 전투를 배경으로 하는 중반 운영 능력을 기르는 데 이 책이 도움이 될 수 있다면 바랄 것이 없겠습니다.

| 차례 |

1 •• 중반 이론편

1 공격의 맥과 급소

2 타개의 맥과 급소

3 침투의 기본 유형

4 삭감의 기본 유형

연습문제

2 •• 중반 실전편

1 중반 전술의 기본

2 프로의 전술 1탄(공격과 타개)

3 프로의 전술 2탄(침투와 삭감)

중반 이론편

1

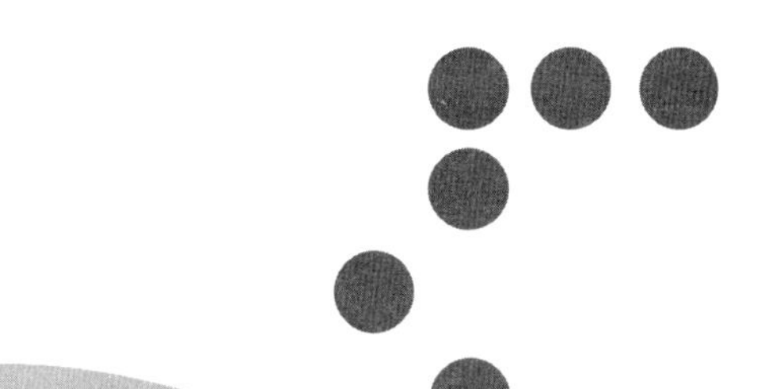

1장

공격의 맥과 급소

공격에는 상대의 돌을 절단, 봉쇄, 압박하는 맥과 상대의 모양을 무너뜨리거나 근거를 빼앗아 잡으러 가는 맥, 그리고 기대기수법이나 양동작전 등 많은 기술적 형태가 존재한다.

한눈에 상대의 약점을 발견하고 정확하게 타격을 입히려면 평소 다양한 기술을 습득하고 실전적인 훈련이 필요함은 물론이다. '공격은 최대의 방어'라는 말도 있듯이 판을 제대로 운영하려면 초반과 중반에 나타나는 공격에 필수적인 맥과 급소를 익혀야 한다.

우선은 상대를 무겁게 만들거나 근거를 빼앗아 공격하는 수법을 예시해 기초를 세운 다음 본격적인 공격의 맥을 배우기로 한다.

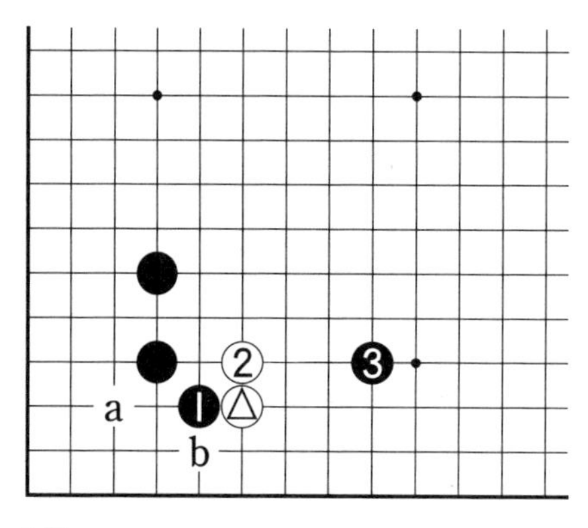

1도

1도 (무겁게 만든다)

화점을 한칸으로 굳힌 모양에서 백 Ⓐ로 걸쳐온다면 흑1의 마늘모붙임을 두고 3으로 협공하는 것이 공격의 기본 감각이다.

흑1은 백이 귀로 달리는 것을 방지하면서 백을 무겁게 만든 뜻이다. 이제 와서 백a라면 흑b로 차단한다.

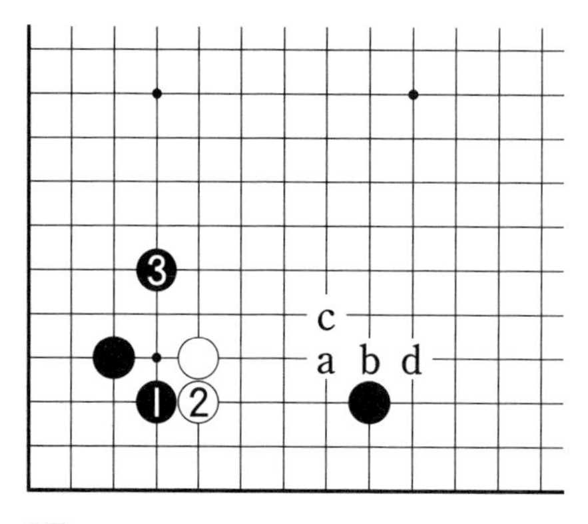

2도

2도 (흑1, 3이 틀)

소목에서도 흑1의 마늘모를 두고 3으로 날일자하는 수가 공격의 틀이다. 이에 백a로 어깨 짚어 달아나면 흑b로 밀어올리고, 백c라면 흑d로 자세를 잡아 다음 공격을 본다.

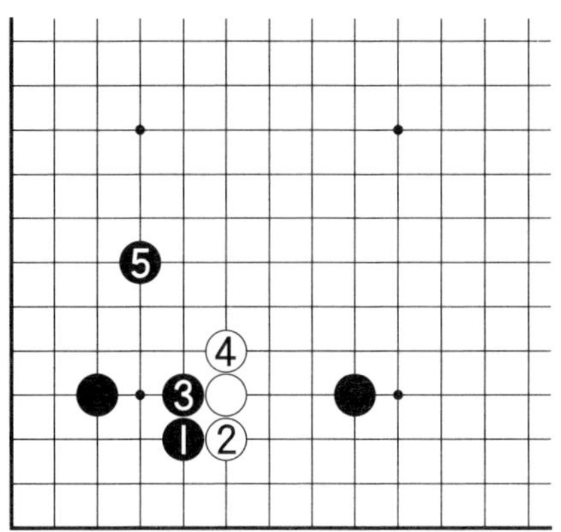

3도

3도 (집을 벌며 추격)

이 같은 상황에서 흑1, 백2를 교환한 후 흑3으로 밀어올리는 수도 상대를 무겁게 만들어 공격하려는 뜻이다.

계속해서 백4로 뻗지 않을 수 없을 때 흑5로 집을 벌며 추격하는 리듬이 좋다.

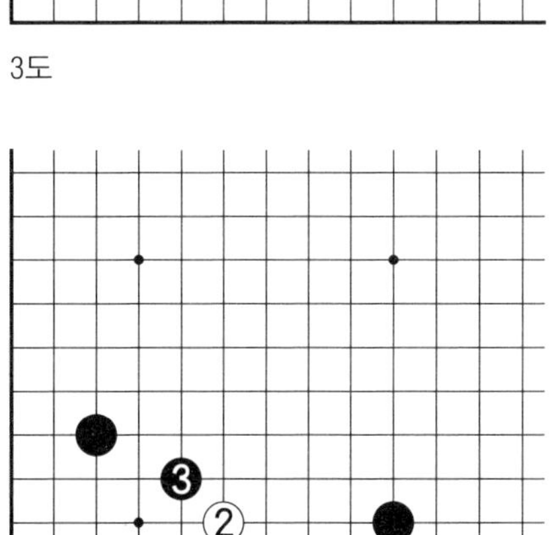

4도

4도 (견실한 공격)

좌하귀는 흑의 눈목자굳힘이라는 것에 주목한다. 백이 측면에서 다가선 경우 흑1로 치받고 3으로 뛰는 것이 견실한 공격이다.

흑1은 부분적으로 악수의 뜻이 있지만 여기서는 임기응변이다.

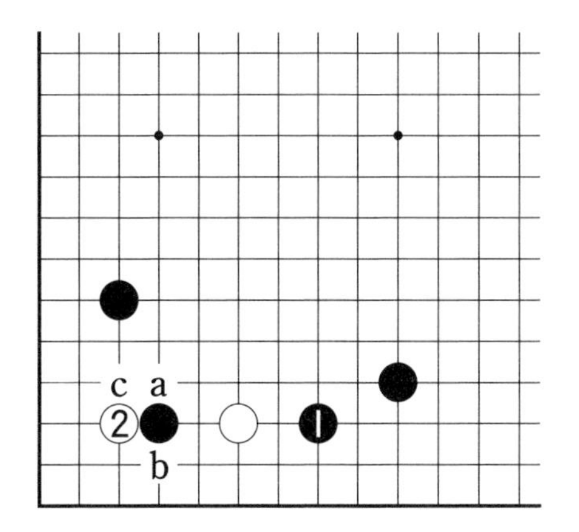

5도

5도 (옆구리붙임)

가령 흑1로 그냥 협공하는 것은 백이 2로 붙이는 수단이 생긴다.

다음 흑a라면 백b부터 젖혀이어 귀를 살게 되고, 또 흑c라도 백b로 되젖혀 수습하는 모양이 된다.

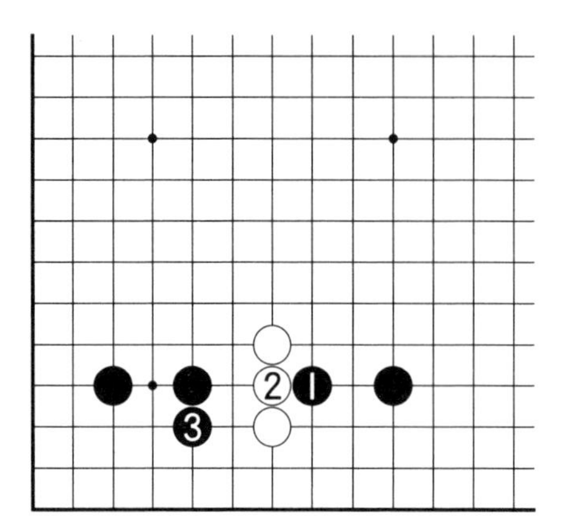

6도

6도 (들여다보는 활용)

흑1로 들여다보고 나서 3으로 쐐기를 박는 수법도 백을 무겁게 만드는 공격 요령이다.

흑3의 쌍점은 백의 근거 여지를 없앤 의미인데, 1의 들여다봄을 활용한 수순에 주목한다.

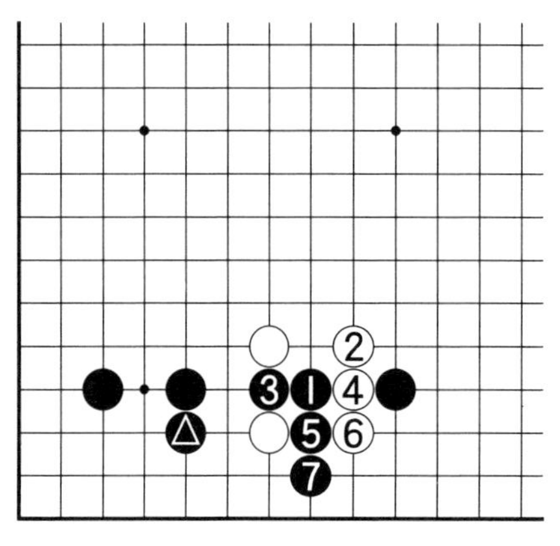

7도

7도 (백의 반격)

가령 흑△로 단순히 지키면 백은 손을 뺄 가능성도 있다.

이제 와서 흑1로 들여다보면 백은 잇지 않고 2로 변신하는 수가 생긴다. 다음 흑3에는 백4, 6으로 돌파해 흑이 별게 없는 것이다.

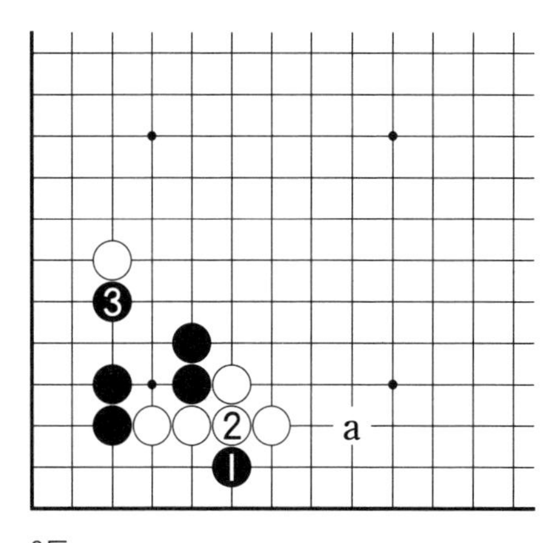

8도

8도 (지나는 길의 활용)

소목 정석의 한 형태에서 흑1로 들여다보는 수는 지나는 길의 활용이다. 백2의 이음과 교환하고 흑3으로 왼쪽을 방비하게 되는데, 이후 흑a로 다가서는 공격이 남았다.

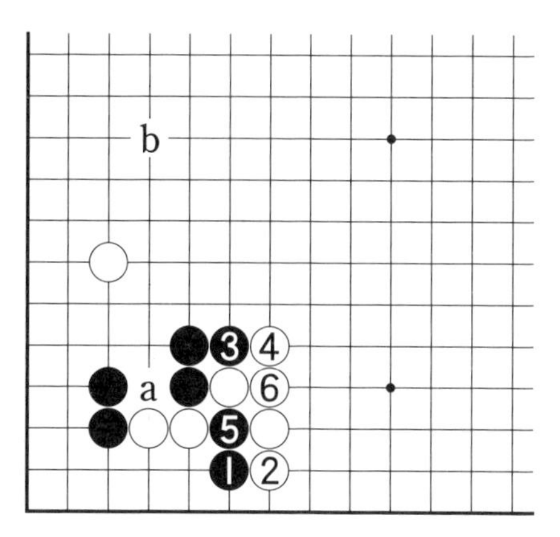

9도

9도 (흑3이 급소)

흑1로 들여다보는 수에 백2로 잡는다면 흑3으로 꼬부려 백의 응수가 난처하다.

백은 기세 상 4로 막아야 하지만 흑5의 단수가 선수로 들어 백a부터의 나가끊음이 없어진 모양이다. 따라서 흑은 맘 놓고 b 방면의 공격으로 전환할 것이다.

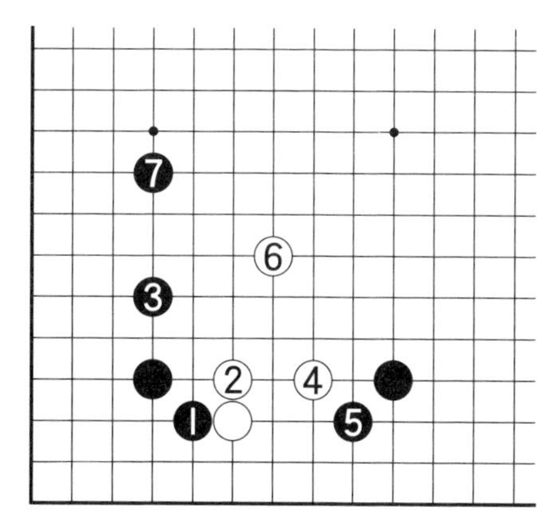
10도

10도 (공격 패턴)

변에 흑의 화점이 있는 곳으로 백이 걸쳐올 경우 흑1의 마늘모붙임 이하 7까지도 하나의 공격 패턴이다.

특히 이 모양은 하변에 흑이 3연성을 펼친 국면에서 유력한 수법이라 할 수 있다.

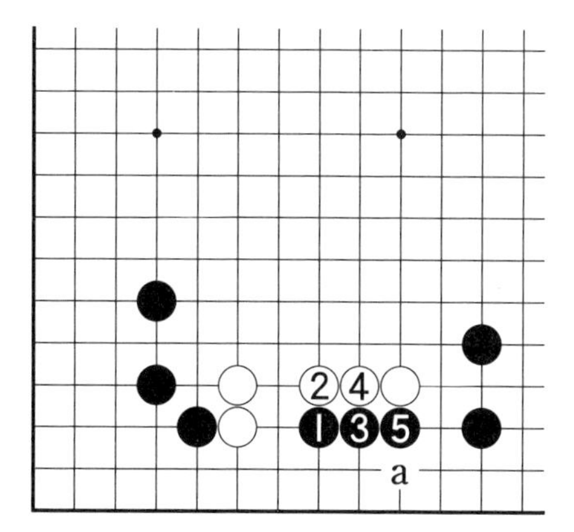

11도

11도 (세칸벌림의 약점)

하변에 백이 세칸으로 전개한 이 같은 진영이라면 흑1의 침입이 급소이다. 백2는 어쩔 수 없고 흑3에서 5로 백의 근거를 빼앗는다.

주변 상황에 따라서는 흑1로 a에 달리는 수도 있을 것이다.

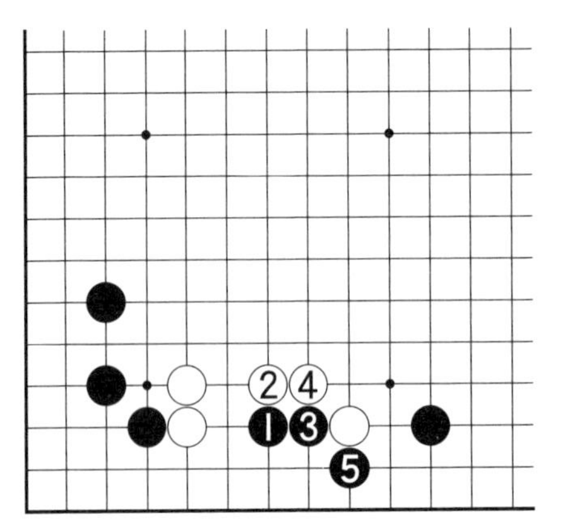

12도

12도 (마찬가지)

백이 흑의 소목에 걸쳐서 생긴 이 형태에서도 가운데 뛰어드는 급소는 변하지 않는다. 흑1에 백2면 흑3, 5로 넘어 앞 그림과 대동소이한 모습이다.

역시 백의 실리와 근거를 빼앗은 의미가 있다.

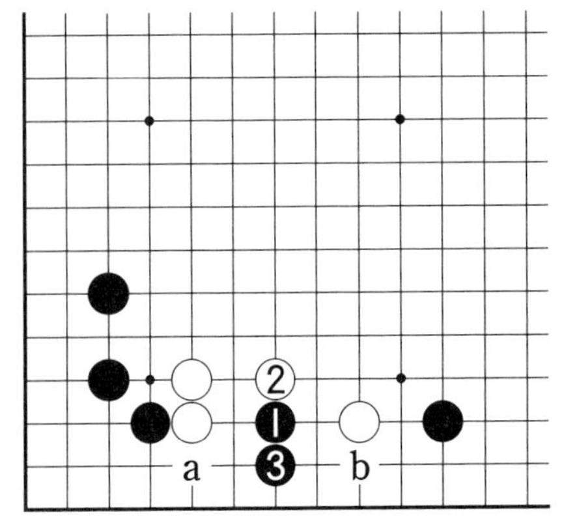

13도

13도 (내려섬)

흑1, 백2로 되고 나서 흑3으로 꿋꿋이 내려서는 수도 배워둘 만하다. 다음 흑은 a와 b의 넘음이 맞보기.

근거를 빼앗아 공격하는 파장이 앞 그림보다 강렬한 모양이다.

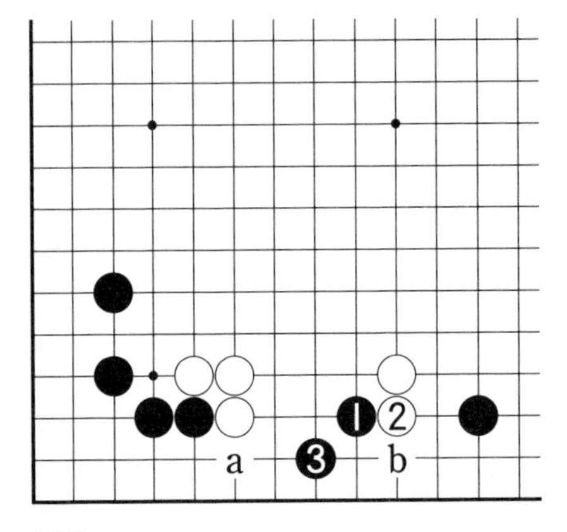

14도

14도 (턱밑 급소)

좌하귀의 붙여끌기 정석 이후 흑이 오른쪽의 다가섬을 믿고 1로 뛰어드는 수에 주목한다.

이 모양은 특히 '턱밑의 급소'라고 하는 것인데, 백2에는 흑3의 마늘모가 앞 그림의 3과 일맥상통하는 묘착이다. 역시 흑은 다음 a와 b의 건넘이 맞보기.

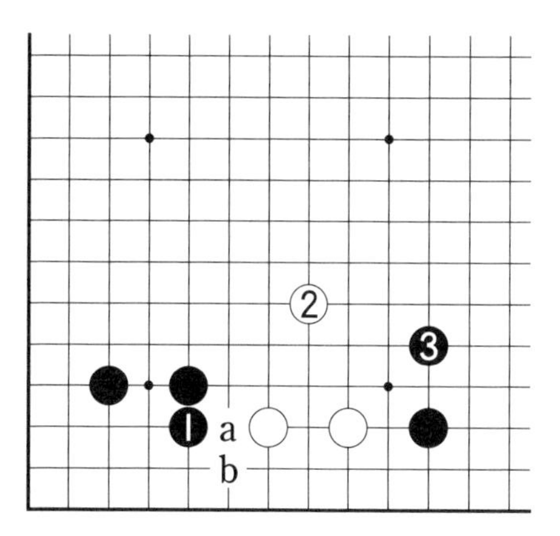

15도

15도 (견실한 쌍점)

좌하귀에 한칸굳힘이 있는 이 같은 배석에서 흑1의 쌍점으로 쐐기를 박는 수도 견실한 공격이다.

백2로 달아나기를 기다려 흑3으로 우하쪽 집을 부풀리며 추격하는 리듬으로 둔다. 흑1로 a나 b는 상황에 따른 수로 둘 수 있다.

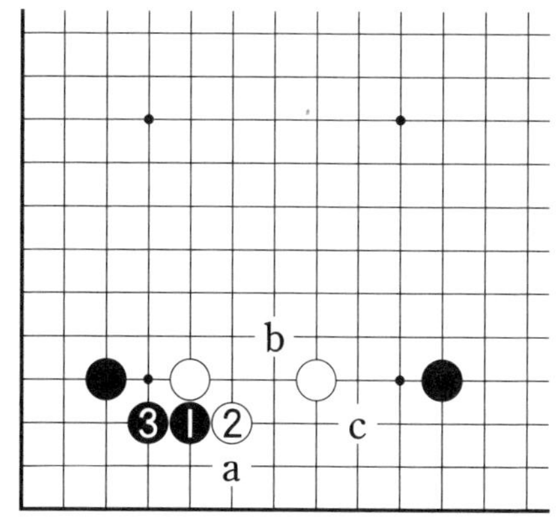

16도

16도 (임기응변)

백의 높은 두칸벌림이 있는 곳에서 흑1, 3으로 붙여끄는 것은 임기응변의 수단이다.

귀의 실리를 벌어 놓은 다음 백a라면 흑은 b나 c의 공격을 보려는 뜻이다.

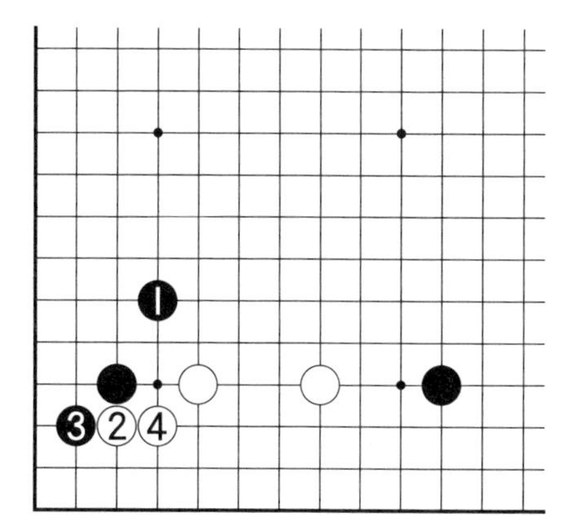
17도

17도 (백, 쉽게 안정)

흑1로 그냥 날일자하면 백2, 4로 붙여끌어 쉽게 안정한다. 앞 그림 흑1, 3은 이에 반발한 뜻이다.

물론 앞 그림이냐 이 그림이냐는 주변의 형세에 따른다.

1형

근거 빼앗기 (1)

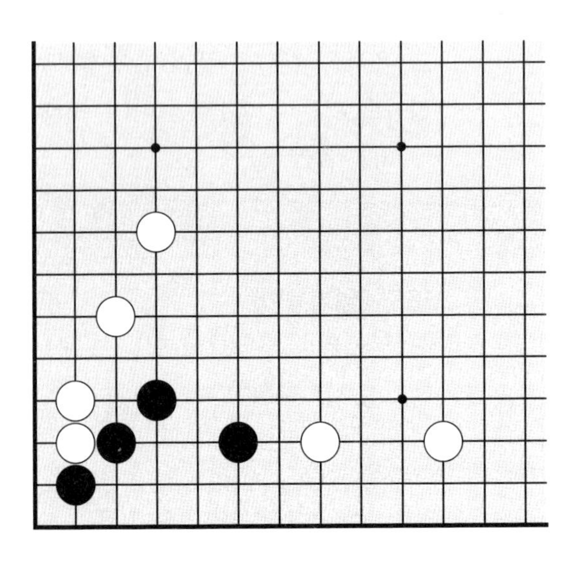

▨ 백 차례

귀의 흑은 화점 날일자받음 형태이다. 바깥에 백돌이 이렇게 다가와 있으면 근거 쟁탈의 문제가 발생한다.

바깥보다 안에서 공격하는 맥을 궁리해보길 바란다. 그리고 흑의 방어책에 대해서도 알아두자.

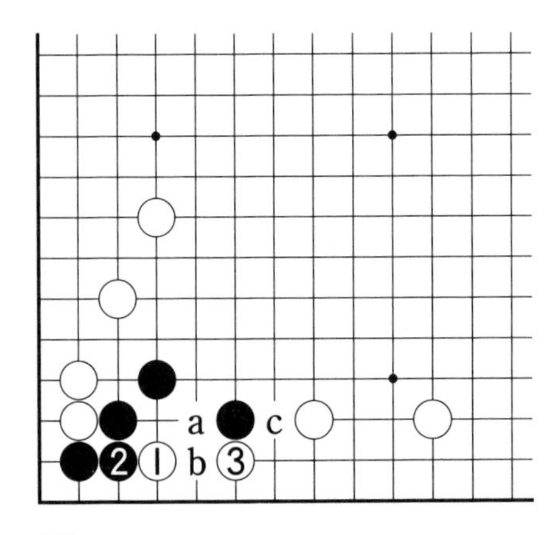

1도

1도 (치중이 맥)

백1의 치중이 2의 자리 끊음과 3의 건넘을 맞보기로 삼는 맥이다. 일순 흑의 근거와 실리를 빼앗아 흑 전체가 들뜬 모양이다.

이후 흑은 a, 백b, 흑c의 진행이 유일한 수습책인데, 공격의 효과로는 충분할 것이다.

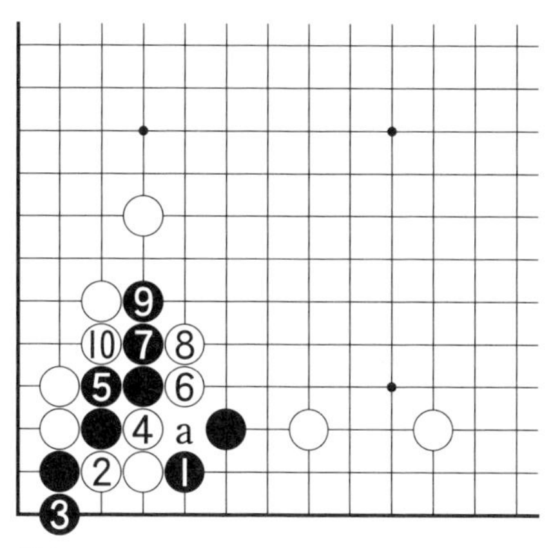

2도

2도 (양쪽 수습은 불가)

흑1의 마늘모붙임은 앞서와 같은 백의 양쪽 노림을 방지하려는 뜻이다. 백2라면 흑3으로 내려서고 백4, 흑5 다음 백a라면 흑6으로 몰아떨구기가 된다. 그러나 백은 보다시피 6으로 젖히고 8, 10으로 대처해 흑이 안 된다. 다음 흑 다섯점을 축으로 잡는 것과 a의 이음이 맞보기이다.

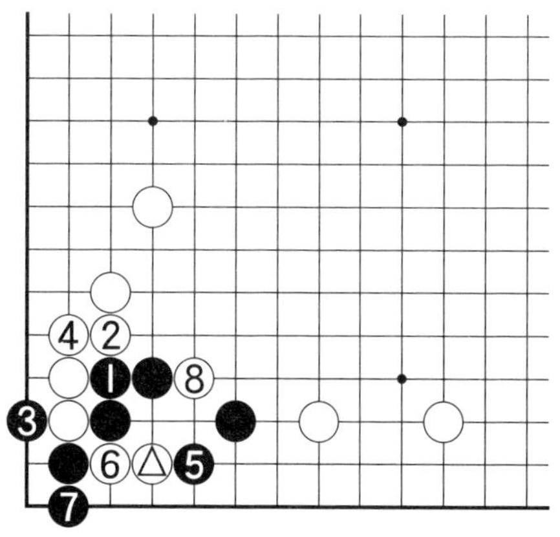

3도

3도 (코붙임 맥)

백△에 대해 흑1에서 3을 선수하고 5로 붙이는 것은 백6에서 8로 코붙임하는 맥이 있다.

물론 흑이 크게 망하는 모양으로 자기 꾀에 스스로 넘어간 결과이다.

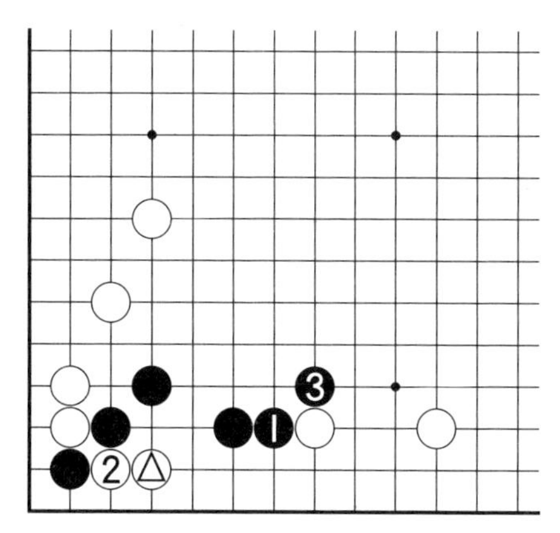

4도

4도 (타협)

맥이 한번 발동하면 때는 이미 늦다. 백△에 흑은 1로 치받고 3으로 젖혀가는 정도로 타협하는 수도 있다. 이 형태에서 중요한 변수는 2도의 축 관계라 할 것이다.

2형

근거 빼앗기 (2)

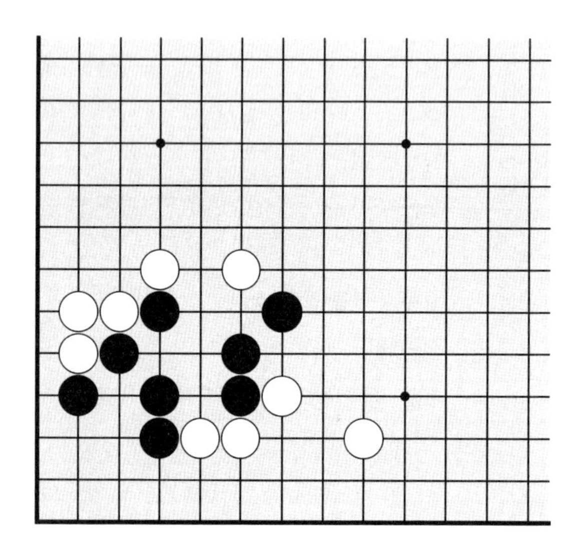

▒ 백 차례

백의 양걸침에 흑이 붙여 뻗어서 생겨난 형태로 흑은 아직 근거가 불안한 상태이다.

흑의 방어선을 공략해 좌우의 연결을 맞보기 삼는 수단이 있다. 끝내기 사활에 많이 쓰이는 맥이다.

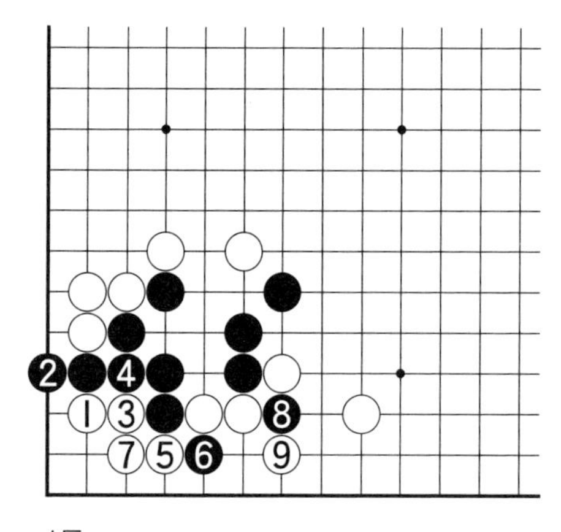

1도

1도 (껴붙임)

백1로 껴붙이는 것이 맥. 흑2로 차단한다면 백3에서 5로 고스란히 넘는다.

흑6, 8로 상대 단점을 건드려도 소용없는 모양으로 흑 전체가 일시에 들떠 버렸다.

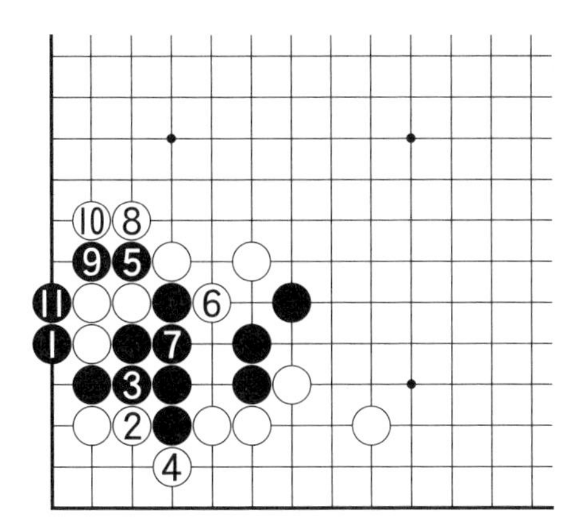
2도

2도 (소탐대실)

흑1로 젖히면 백2, 4로 된 후 흑5로 끊는 수가 남지만 백6으로 우형을 만들고 8, 10으로 아낌없이 버려 오히려 흑의 손해이다.

더구나 흑이 석점을 때려내도 치중수가 남아 있어서는 아직 살지 못한 모양이다.

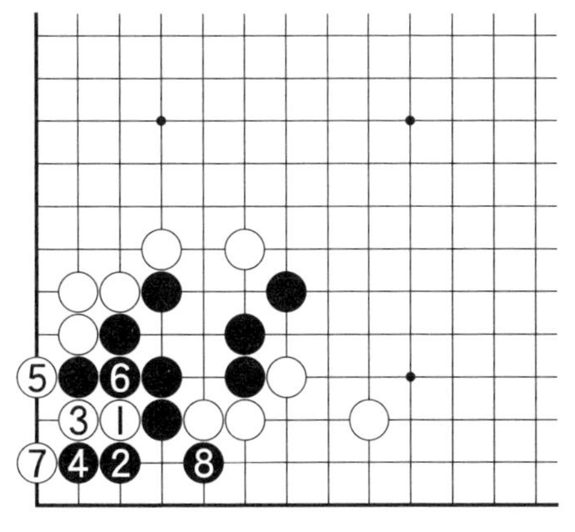
3도

3도 (껴붙임은 실패)

백1로 껴붙이는 것은 초심자가 범하는 실수이다. 흑2의 젖힘부터 맞좋게 방어하면서 8로 호구친다.

이 흑은 눈모양이 풍부해 심하게 공격받을 모양이 아니다.

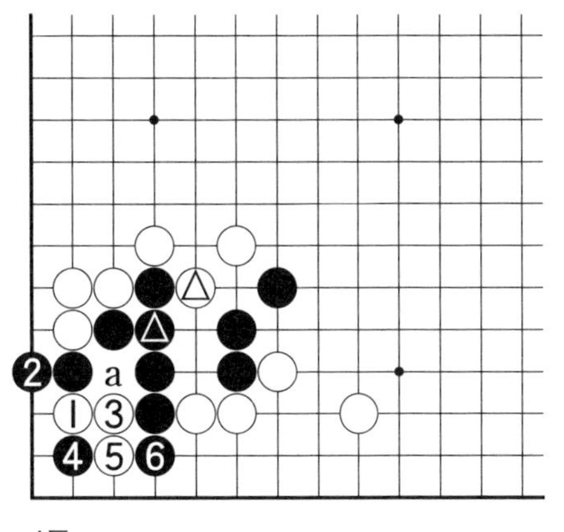

4도

4도 (배붙임의 맥)

백△와 흑▲가 교환된 이 형태에서는 백1의 붙임수가 성립하지 않는다. 흑2, 백3 때 흑4의 배붙임이 백a를 방지하는 좋은 수가 되는 데 유의한다.

3형

근거 빼앗기 (3)

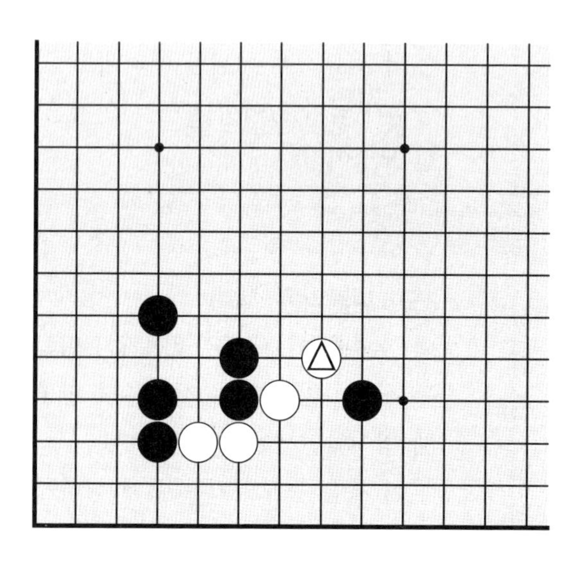

▨ 흑 차례

역시 귀의 흑은 붙여뻗기 정석이다. 백이 손을 한번 빼자 흑이 그걸 추궁하고 있는 장면이다.

방금 백△로 나온 수에 대해 흑은 어떻게 효과적으로 공격을 이어갈지 궁리하기 바란다.

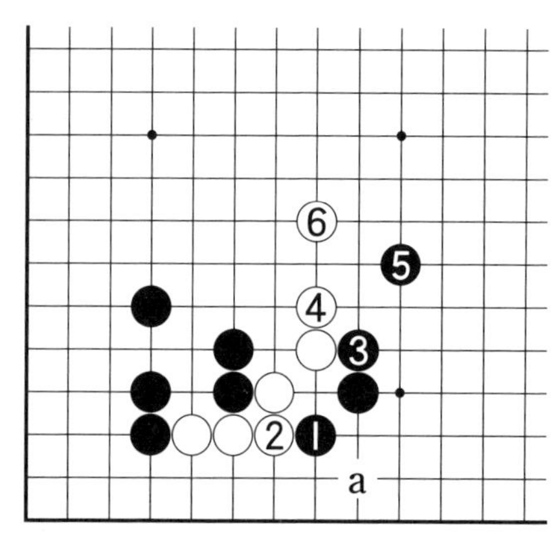

1도

1도 (속수)

흑1로 들여다보고 백2에 흑3에서 5로 날일자하는 것은 너무 눈에 보이는 수순으로 일관하고 있어 속수인 느낌을 지울 수 없다.

흑1을 생략하면 백a의 달림이 있어 일단 첫 단추를 그쪽으로 잡는 것이 방향은 맞다.

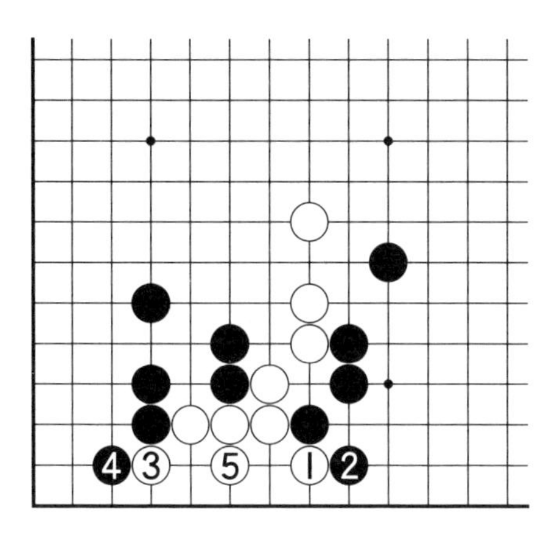

2도

2도 (탄력 있는 모양)

그런데 앞 그림의 형태는 이 그림 백1, 3으로 양쪽을 젖혀 5로 두는 수가 있어 탄력 있는 모습이다. 그만큼 흑의 공격이 여의치 않음을 의미한다.

백5의 양호구 이음은 끝내기에서 일석이조의 효과를 노리는 의미가 있다.

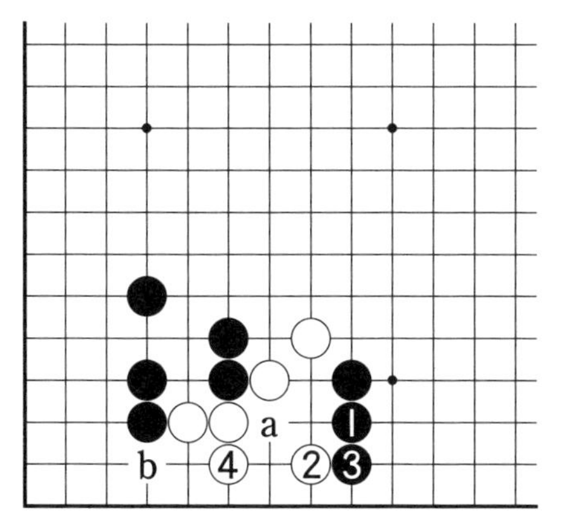

3도

3도 (철주)

흑1의 철주도 그럴듯한 맥이지만, 이에 백도 2에서 4의 빈삼각으로 내려서는 것이 호수이다.

a의 끊음을 방지하면서 b의 젖힘을 남기고 있는 모양에 주목한다.

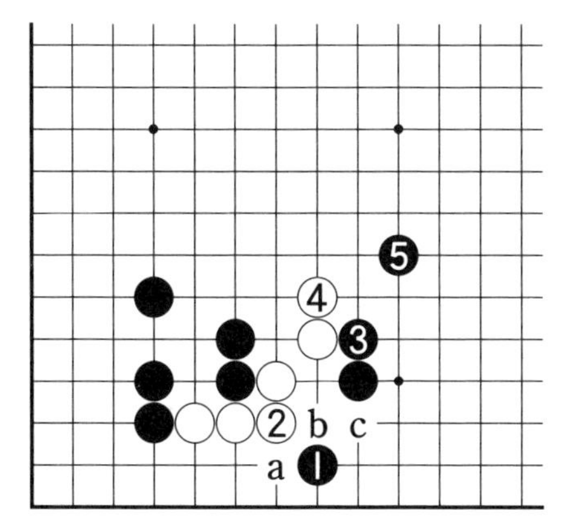

4도

4도 (흑1이 맥)

이런 모양에서는 흑1로 들여다보는 것이 백의 약점을 추궁하는 맥이다. 백2의 이음을 강요해 흑3에서 5로 공격하는 리듬을 얻는다.

백2는 불가피한 이음. 이 수로 a면 흑b, b면 흑c로 막을 때 백의 모양이 사납다.

4형

근거 빼앗기 (4)

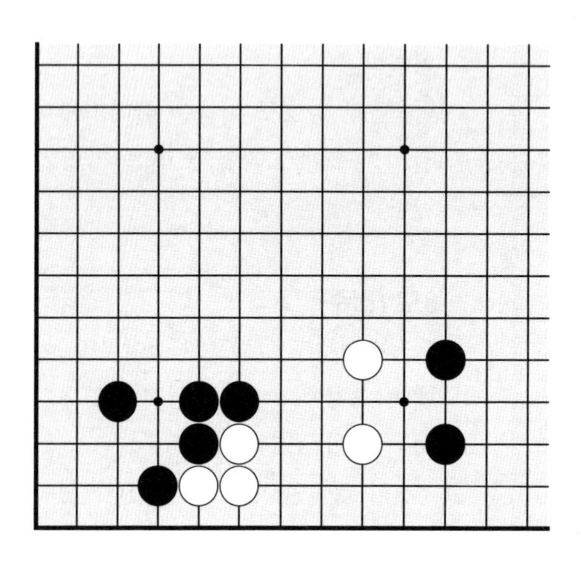

흑 차례

백은 모양을 어느 정도 갖추고 있어 얼핏 안정된 것처럼 보이나 실은 그렇지 않다.

우선 주변의 사정을 고려치 않고 부분적으로 어느 곳이 백의 취약점인지 따져 보면 좋을 것이다.

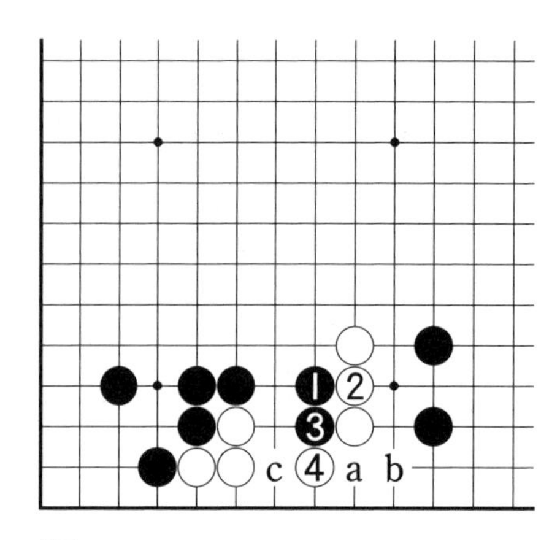

1도

1도 (노골적)

흑1로 들여다보고 3으로 파고들어 백의 약점을 추궁하는 것은 너무 노골적인 느낌이다.

다음 흑a면 백b로 끊어잡는다. 이후 흑c부터 백 석점을 잡는 것은 이제 물건이 작다.

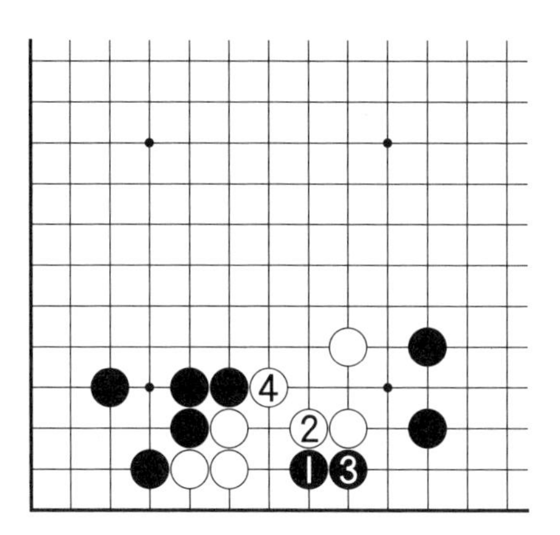
2도

2도 (치중이 맥)

흑1로 치중하는 수가 맥. 백2라면 흑3으로 건너 선수로 백의 근거를 빼앗는다. 이 결과 백은 적잖은 시달림이 예상된다.

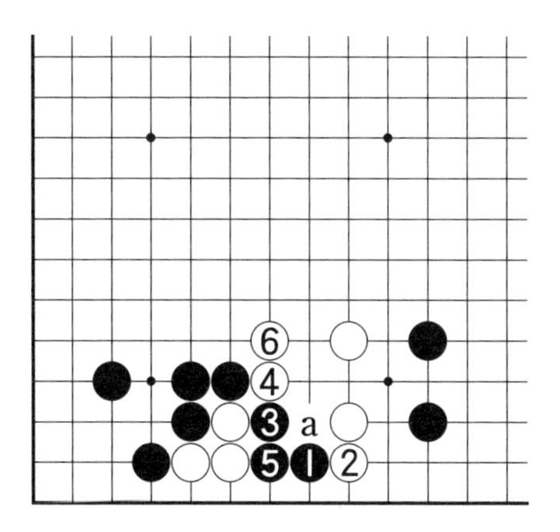

3도

3도 (석점 포획)

흑1에 대해 백2로 막는다면 흑3으로 압박하는 수가 성립한다. 백4로 끊을 수밖에 없는데, 흑5로 웅크리면 백 석점을 잡는 큰 전과이다.

마지막 수순 백6으로 a는 흑6의 단수를 맞아 좋지 않다.

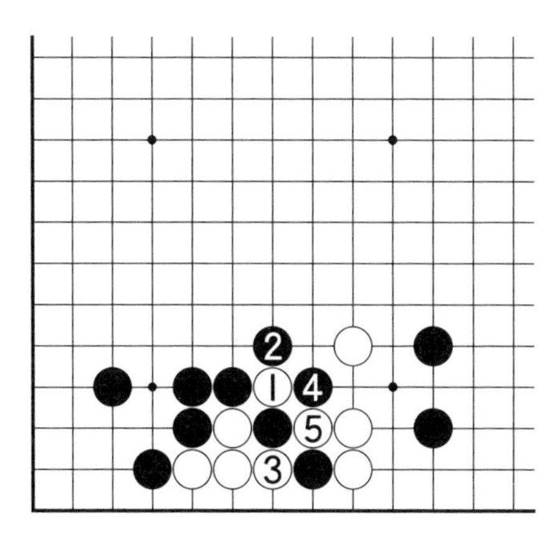
4도

4도 (흑2, 욕심)

백1 때 흑2의 단수를 활용하고 가려는 것은 욕심이 지나치다.

백은 받지 않고 당연히 3에서 5로 죄어 끊을 것이다.

5형

근거 빼앗기 (5)

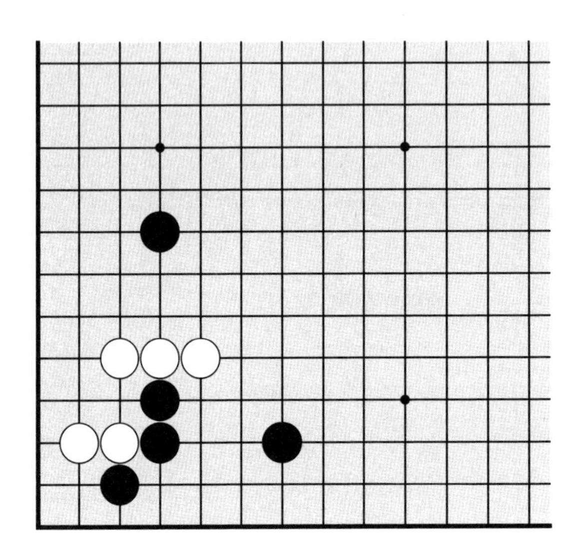

백 차례

좌하 흑의 엷음을 가장 효과적으로 찌르려면 어떻게 둬야 할까?

자신의 안전을 확인한 뒤 고삐를 늦추지 않고 추궁한다면 큰 전과를 얻을 수 있다.

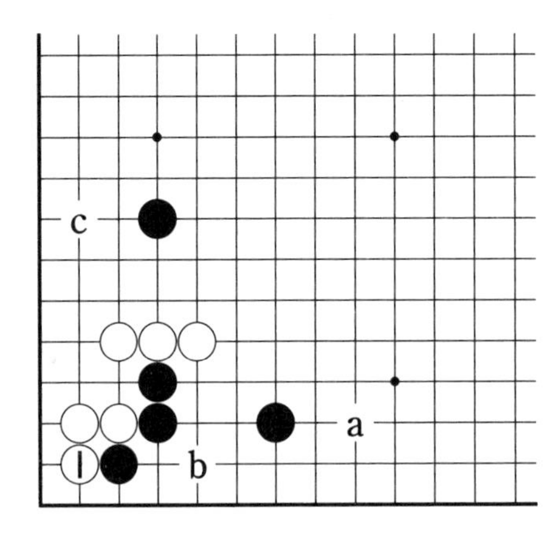

1도

1도 (느슨하다)

백1로 꼬부리는 것은 쌍방 집과 근거의 요점이다. 그러나 이를 서두르면 흑은 필시 귀를 가볍게 보고 하변으로 벌려 안정할 것이다.

국면에 따라서는 백a로 다가서고 흑b로 지킬 때 백c로 달리는 것도 크다.

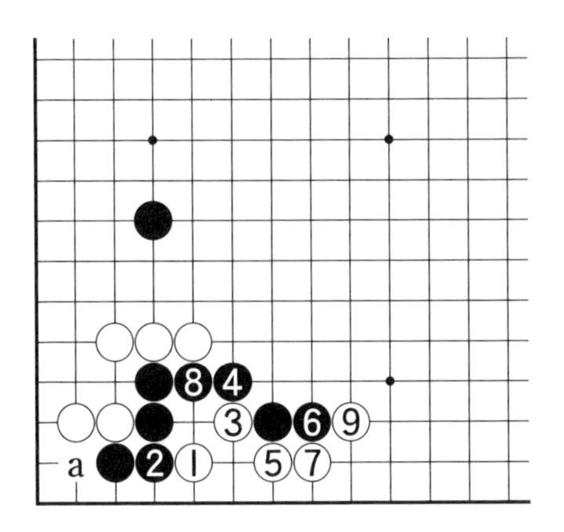

2도

2도 (치중)

백1로 치중하는 것이 날카로운 일격. 흑2로 잇지 않을 수 없고 백3에서 5, 7이면 흑8의 이음으로 돌아와야 한다. 흑8로 9에 느는 것은 백8로 끊어 귀와의 수상전은 백이 1수 빠르다.

이 결과를 그냥 백a로 꼬부리는 앞 그림과 비교하기 바란다.

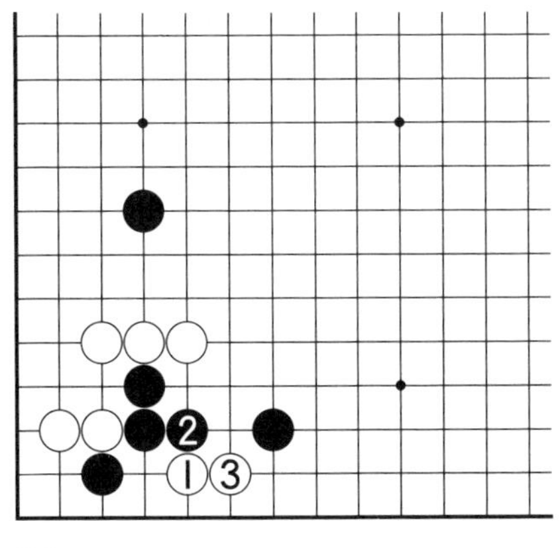
3도

3도 (단점은 여전)

백1에 대해 흑2로 방어하려 해도 백3으로 나가면 단점은 그대로 살아있는 모양이다.

이제 흑은 어느 한쪽을 버리고 둘 수밖에 없다.

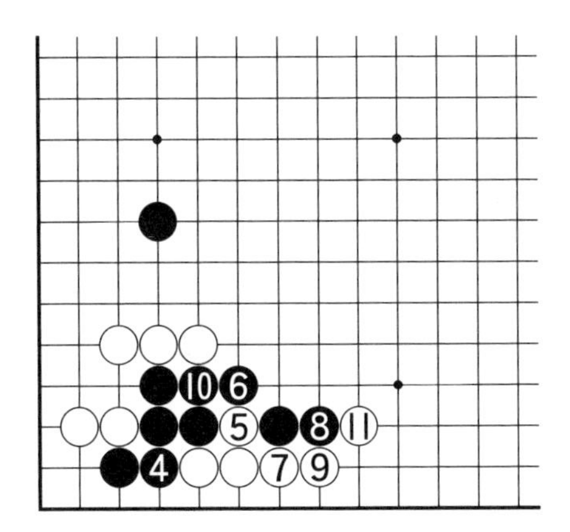
4도

4도 (마찬가지)

계속해서 흑4의 이음으로 돌아올 수밖에 없는데 백5로 나가 7, 9면 흑10의 이음도 불가피하다.

거기서 백11로 젖히면 **2도**와 마찬가지 모양이 된다.

6형

근거 빼앗기 (6)

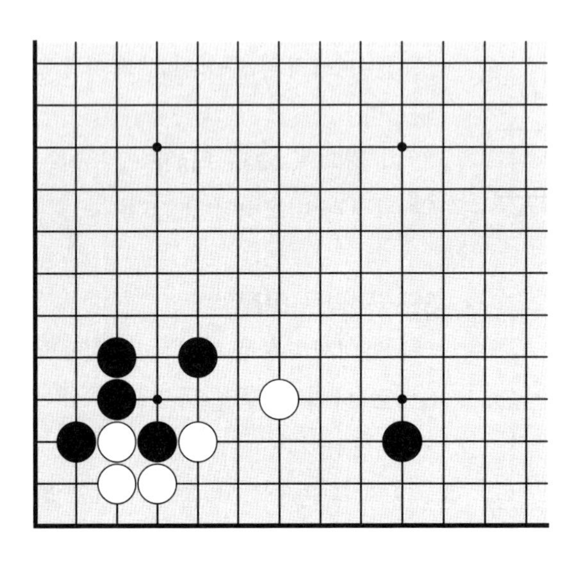

흑 차례

상대의 근거를 빼앗는 방법으로 2선으로 살며시 미끄러져 들어가는 수를 생각해도 좋다.

그러나 그보다는 백을 근본적으로 위협하는 맥이 더 확실하다.

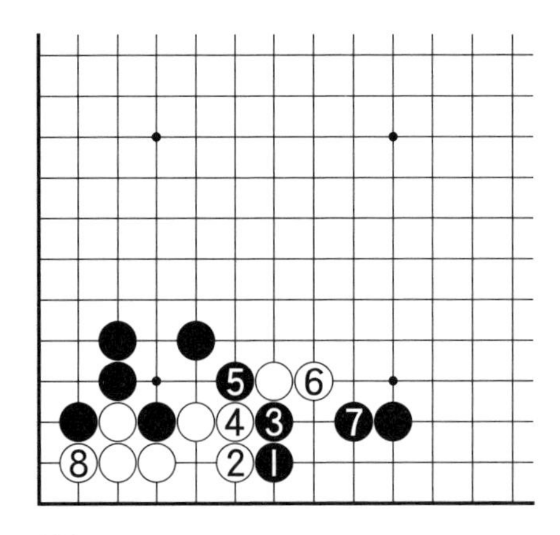

1도

1도 (느슨한 눈목자달림)

우선 흑1의 눈목자로 들어가는 수는 백2의 마늘모붙임이 안성맞춤의 저지 수단이 된다.

흑은 3, 5로 나가끊어 보지만 귀의 백은 8까지 안정해 싱거운 느낌이다.

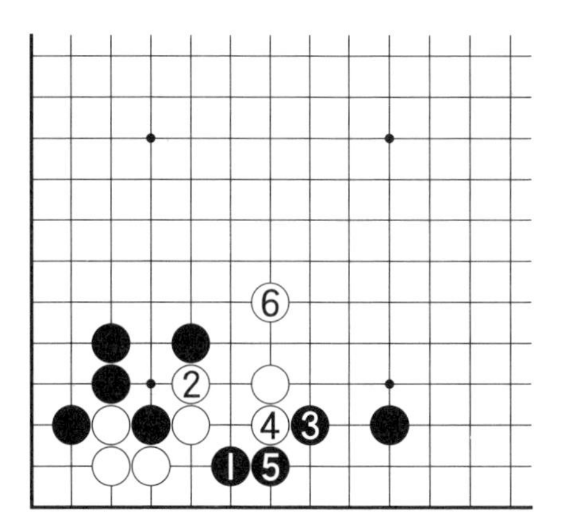

2도

2도 (뛰어들기)

흑1로 뛰어드는 수는 보기에 유력한 맥으로 백의 근거를 크게 위협하고 있다.

그러나 이하 백6으로 달아나면 공격의 효과로서는 미온적인 느낌이다. 흑은 보다 신랄하게 추궁하는 맥을 궁리하고 싶다.

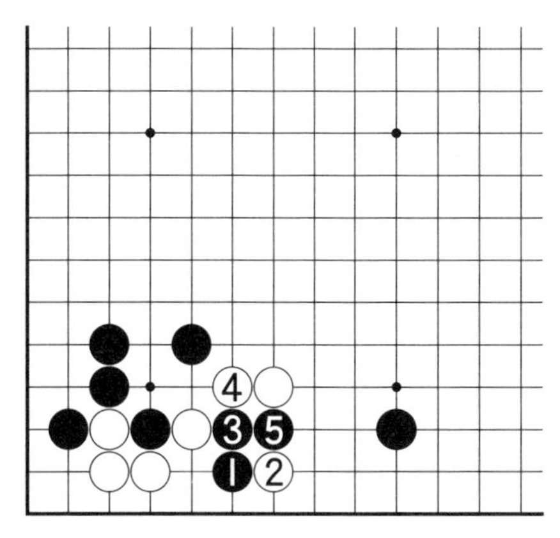

3도

3도 (차단은 무리)

참고로 흑1에 대해 백2로 차단하려는 것은 한치 앞을 내다보지 못한 수읽기이다.

당장 흑3, 5로 밀고 나와 백이 안 된다.

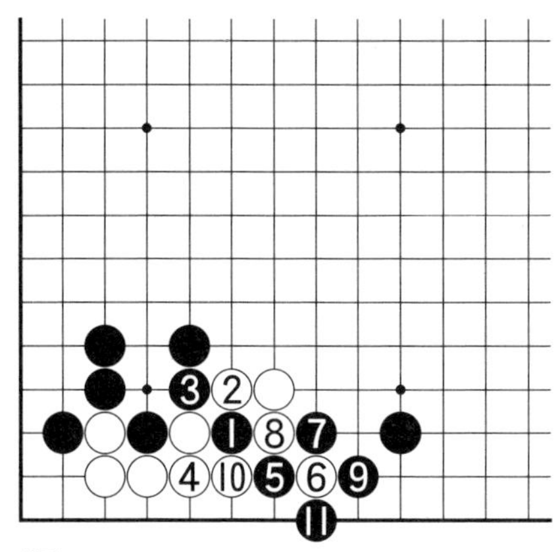

4도

4도 (건너붙임이 맥)

흑1로 건너붙이는 것이 가장 통렬한 맥이다. 백2라면 흑3으로 끊어 두고 5의 마늘모 달림이 준비된 후속타이다. 백6을 유도해 이하 흑11까지 1도와 2도보다는 분명히 효과적인 공격이라 할 수 있다. 백은 위쪽이 우형으로 변했고, 흑은 두터운 빵따냄을 한 차이가 크다.

7형

근거 빼앗기 (7)

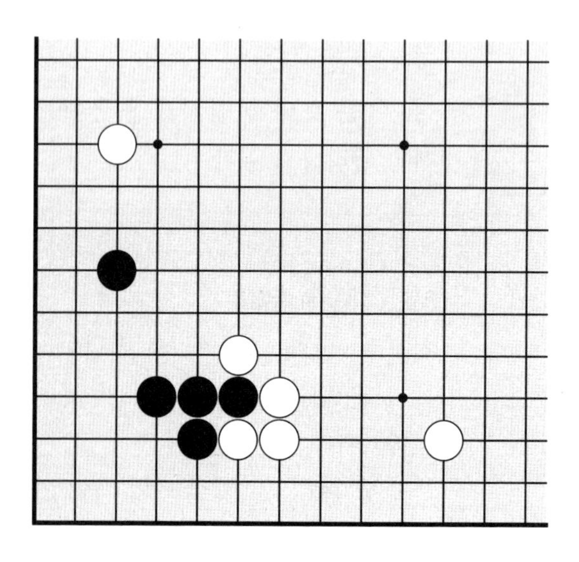

▨ 백 차례

귀의 흑이 삿갓형이라는 데 착안해 자충을 이용하는 맥이 공격의 출발점이 된다.

흑도 피해를 최소한으로 줄이는 대응책이 필요하다.

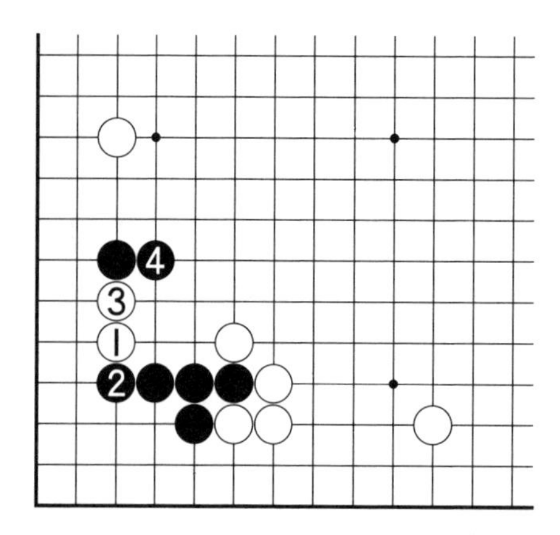

1도

1도 (직접 노리면)

백1은 두칸의 약점을 직접 노리는 수이지만, 흑2로 변의 한점을 가볍게 보면 다음 백은 뾰족한 수단이 없다.

백3으로 움직여 봐도 흑4로 서서 그만이다.

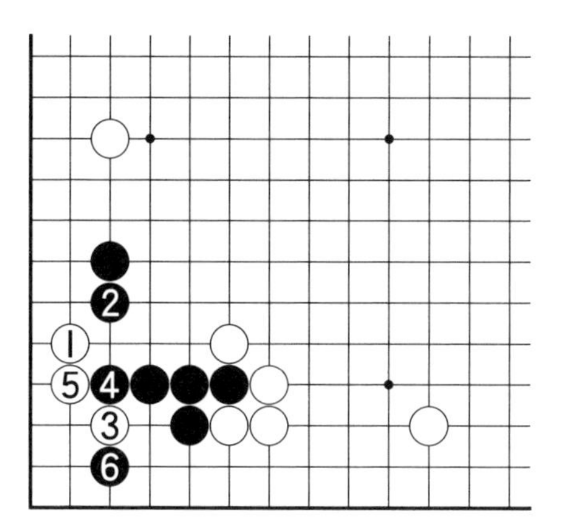

2도

2도 (흑2, 호수)

백1로 잠입하는 수도 흑2로 늘어서 방어하는 호수가 있다.

백3에는 흑4로 찌르고 6으로 붙여 삶이 나오지 않는다.

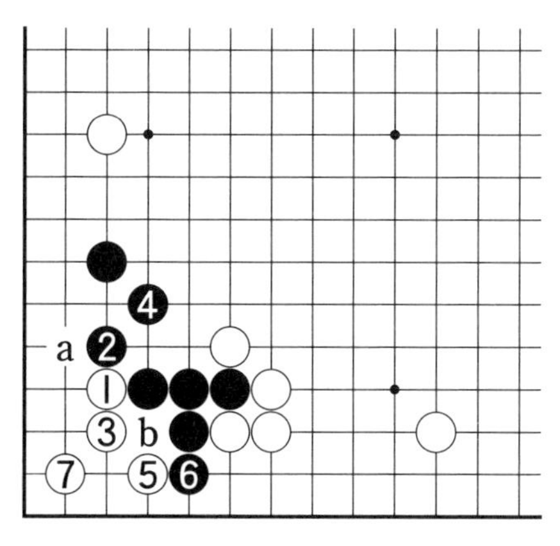

3도

3도 (코붙임 맥)

백1의 코붙임이 이 형태의 맥. 흑2라면 백3으로 귀에 늘고 흑4의 지킴을 기다려 백5에서 7로 산다.

수순 중 흑4로 a에 내려서 저항하는 것은 백6, 흑5, 백b로 죄어 끊고 건너는 맥이 있음에 주의한다.

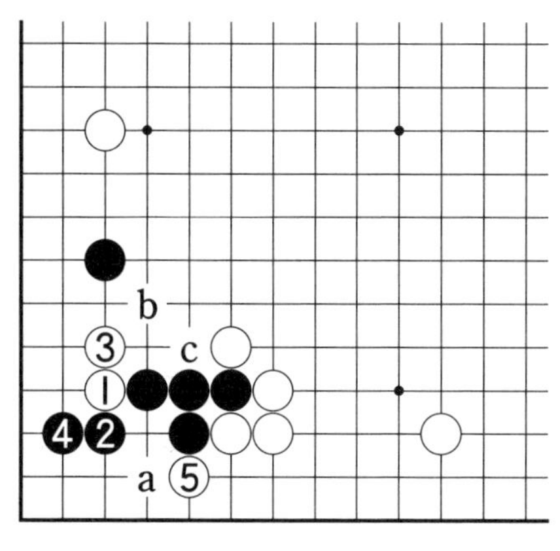

4도

4도 (젖히는 맥)

백1에 대해 흑2로 귀쪽을 막는다면 백3으로 끌어두고 흑4 때 백5의 젖힘이 자충을 강조한 맥이다. 흑은 a, b 중에서 선택해야 하는데 흑a라면 백c로 죄어 넘어가며, 흑b라면 백a가 선수 활용이 된다.

또 흑4로 b라면 백4로 젖혀 귀의 집이 크게 부서진다.

8형

근거 빼앗기 (8)

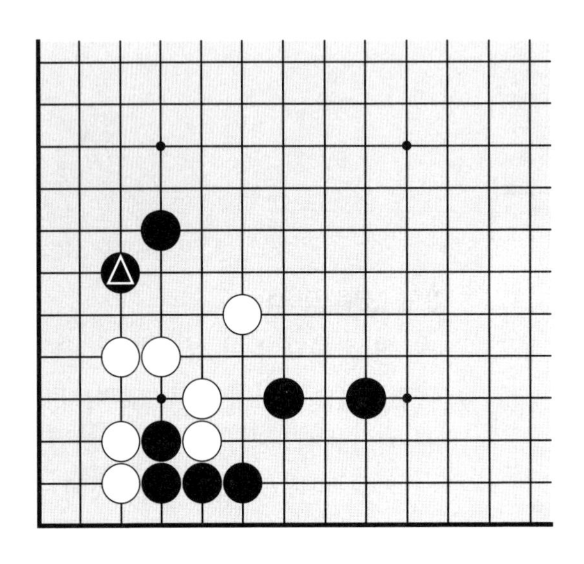

▨ 흑 차례

좌변에서 흑▲의 마늘모 다가섬을 어떻게 유효한 맥으로 연결시킬 것인지 생각해보자.

백의 모양을 주의 깊게 살펴보고 근거를 위협하는 수단을 찾기 바란다.

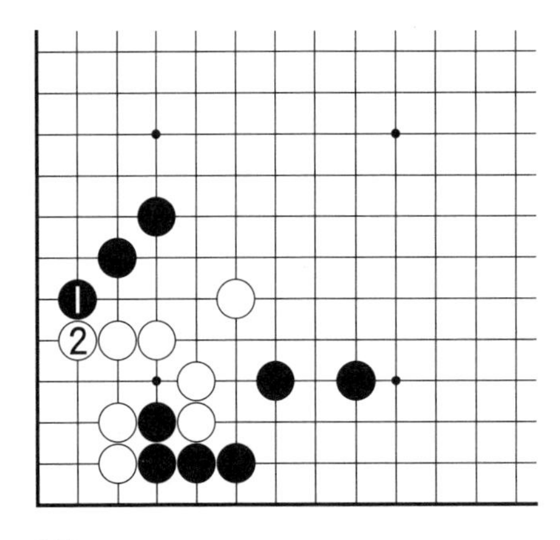

1도

1도 (끝내기에 불과)

흑1의 마늘모 달림은 백2로 막혀 집을 선수로 조금 줄인 데 지나지 않는다.

그리고 좌변 상황에 따라서는 끝내기 문제로만 생각해도 속수로 변할 가능성이 있다.

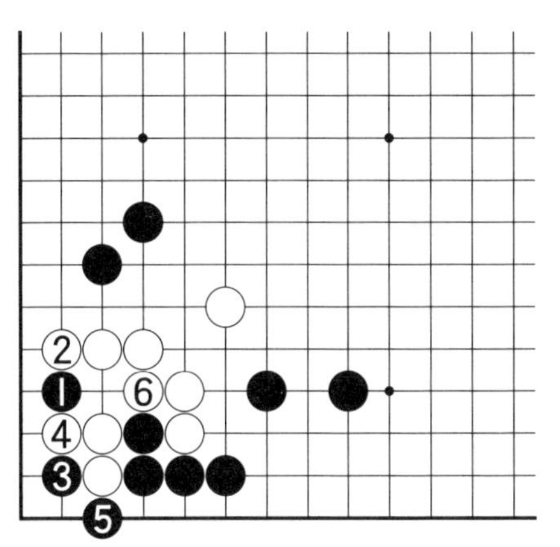
2도

2도 (지나친 돌입)

그렇다고 흑1로 치중하는 수는 지나치다. 백2로 잡혀 일단 손해가 큰 모양이며 흑3에는 백4로 참아 공격이 불발로 그친다.

다음 백6이 침착한 수비로 이 백은 대번에 안정된 모양을 얻었다.

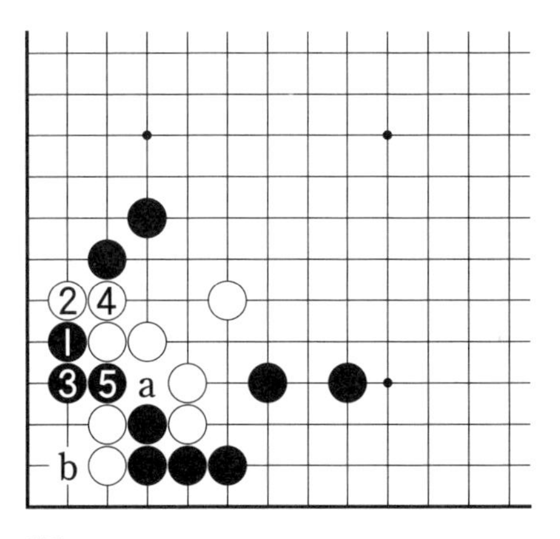

3도

3도 (붙임 일발)

흑1의 붙임이 근거를 빼앗는 맥점 일발이다. 백2로 차단하면 3으로 끌어 흑은 다음 4와 5가 맞보기이다.

백4로 이으면 흑5로 귀의 백 두 점을 잡는 큰 전과를 올린다(백a면 흑b).

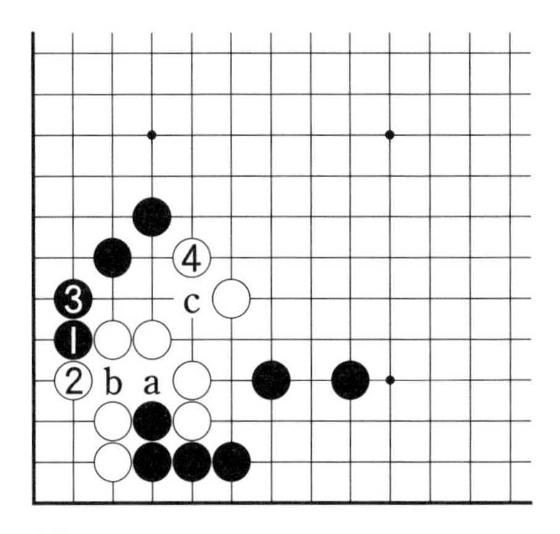

4도

4도 (선수로 이득)

흑1에는 백2로 참는 정도일 것이다. 흑3으로 끌어두고 백4의 지킴까지 일단락하는데, 흑은 선수로 집의 이득을 보았고 백은 아직 공격 받을 여지가 남았다.

백4를 생략하면 흑a, 백b, 흑c의 과감한 절단이 성립한다.

9형

근거 빼앗기 (9)

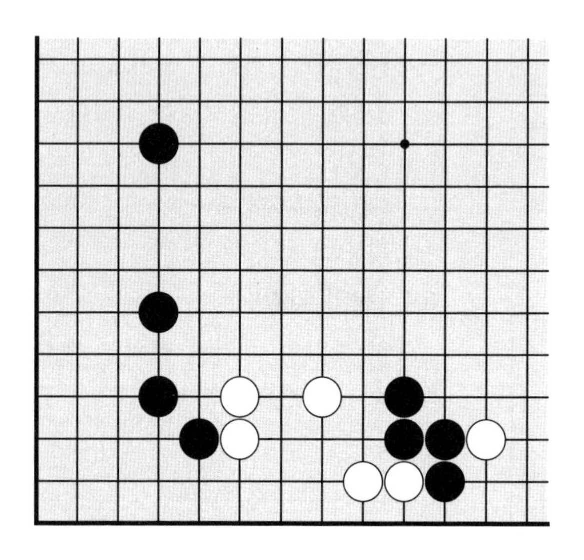

흑 차례

하변이 흑의 3연성 포진이라면 그 안에 자리 잡은 백의 이 같은 형태를 쉽게 유추할 수 있을 것이다.

공격의 급소를 가하되 너무 서두르면 보태줄 우려가 있다는 것이 주의사항이다.

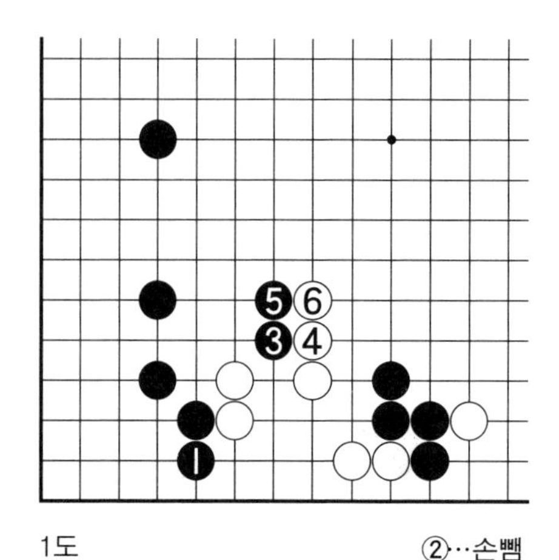

1도 ②…손뺌

1도 (단순한 공격)

흑1로 내려서는 수는 귀를 확실하게 지키면서 다음 백에 대한 공격을 보려는 뜻이다. 그러나 백은 이대로 손을 빼도 된다는 게 난점이다.

한발 늦게 흑3으로 공격해도 백은 4, 6으로 밀어가 수습하는 여지가 충분하다.

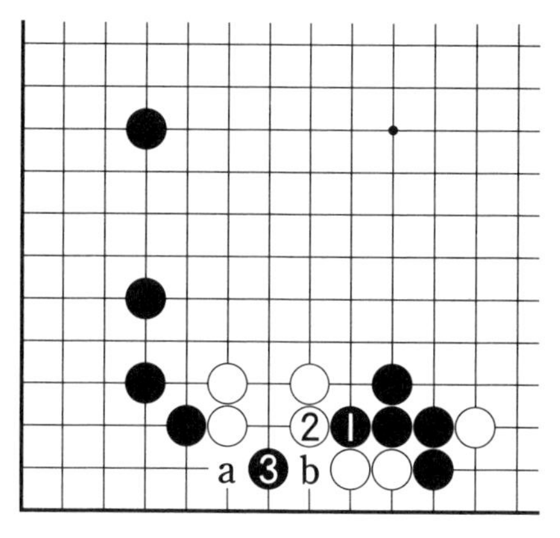

2도

2도 (치중이 통렬)

흑1로 하나 찔러 백2의 막음과 교환해두고 흑3으로 치중하는 것이 통렬하다. 흑3 다음 a와 b가 맞보기 모양으로 백 전체가 뿌리 없이 떠돌이 신세로 변했다.

주의할 것은 처음부터 흑3이면 백a, 흑1 때 백b로 늦춰 흑의 손해이다.

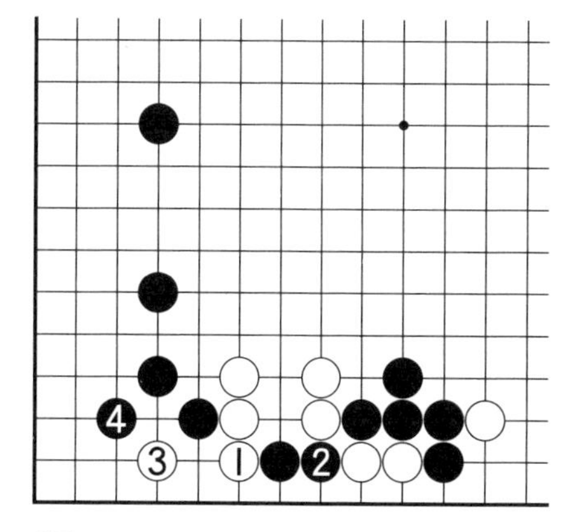
3도

3도 (흑, 충분)

앞 그림에 이어 백이 1로 차단하면 흑2로 끊어 두점을 잡는다.

백3으로 뛰어들어 오면 흑4로 물러서 받는 여유가 있으므로 흑이 충분한 성과이다.

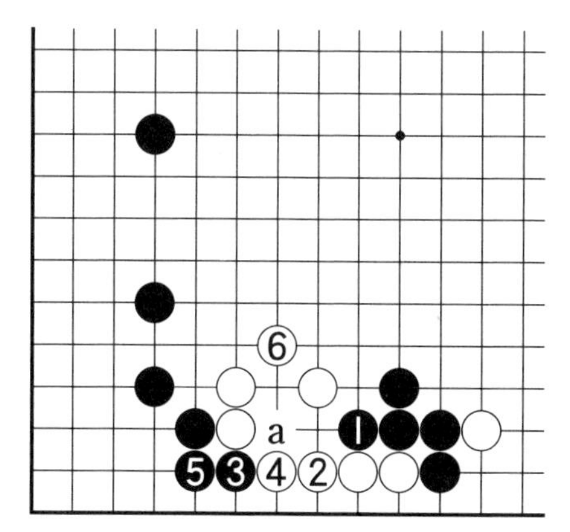

4도

4도 (젖혀이음이 요령)

흑1에 대해 백2로 늘어 받는다면 당장이라도 흑3, 5로 젖혀잇는다.

백6으로 방비하는 정도인데, 흑은 이 자체로 큰 이득을 봤다고 할 수 있다. 백6을 생략하면 흑6이 a의 절단을 노리는 급소 일격이다.

10형

근거 빼앗기 (10)

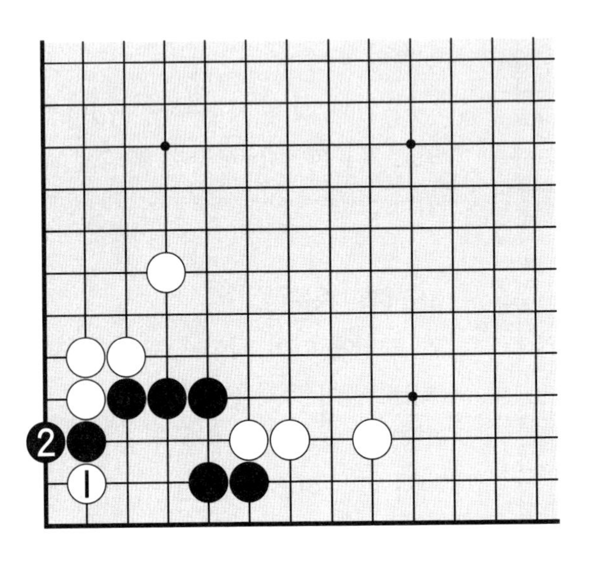

▨ 백 차례

귀에서 백1로 껴붙이자 흑2로 받았다.

여기서 백의 후속 공격이 문제인데, 자칫 흑의 약점을 직접 추궁하려다가는 거꾸로 낭패를 볼지도 모른다. 중요한 것은 수순이다.

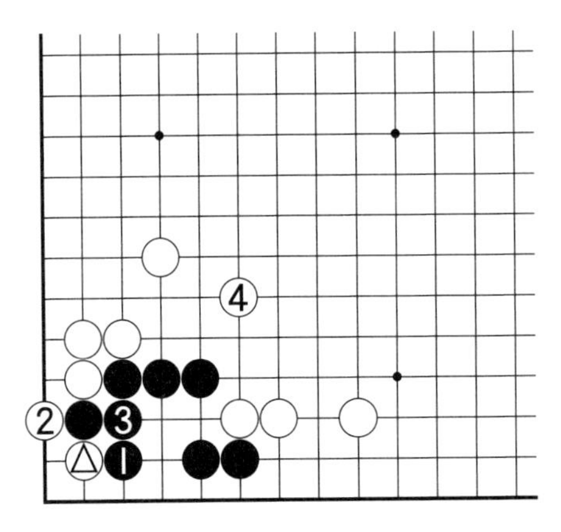

1도

1도 (선수 봉쇄)

참고로 백Ⓐ에 대해 흑1로 받는 것은 백2로 넘어 흑이 곤란에 처한다.

흑3 다음 백4로 봉쇄하는 수가 선수로 듣는 모양으로 흑은 후수 삶이 불가피해진다.

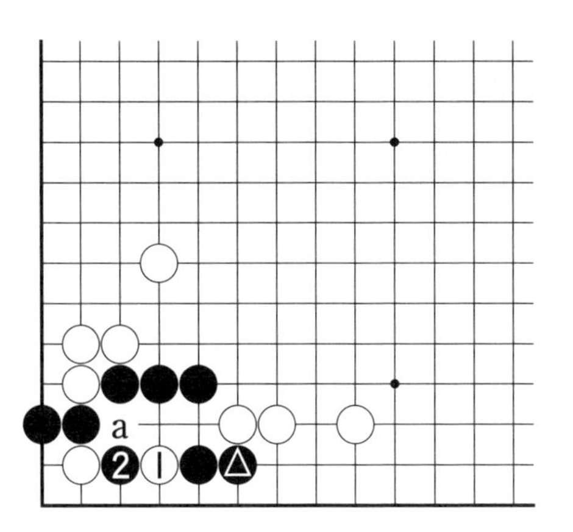

2도

2도 (혼동한 경우)

백1로 뛰어붙이는 수는 a의 끊음을 노리는 수이지만 흑2로 끼우는 순간 보태준 꼴이 되고 만다.

이는 흑△의 곳에 백돌이 있는 때와 혼동한 경우이다.

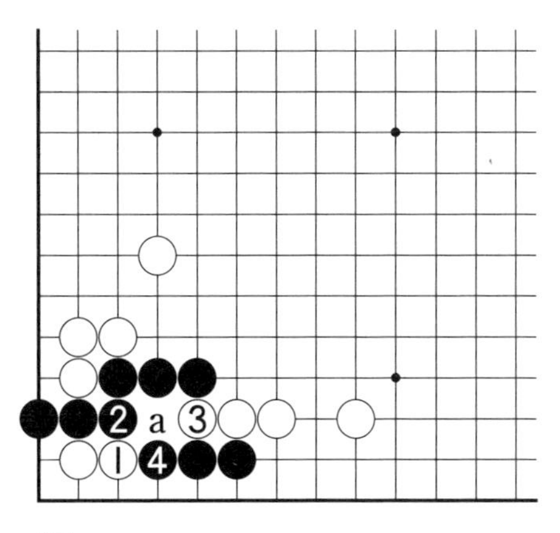

3도

3도 (혼자만의 수읽기)

백1로 늘어 양쪽을 끊고자 하는 것도 혼자만의 수읽기이다. 흑2로 잇고 나서 백3 때 흑4로 늦춰 받는 수가 있다.

이것 역시 흑4의 수로 a에 받을 걸로 백이 착각한 탓이라고 밖에는 볼 수 없다.

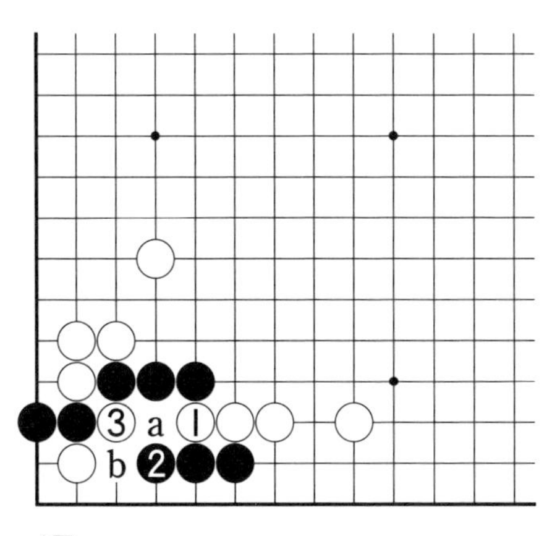

4도

4도 (수순의 묘)

백1로 가만히 나가는 것이 수순의 묘. 흑2로 늦춘다면 이제 백3의 끊음이 성립한다. 다음 흑a면 백b로 이어 귀의 두점을 잡는 성과가 크다.

또 흑2로 a면 백b로 두어 간단해진다. 다음 2와 3의 양쪽 끊음이 맞보기.

11형

상식의 틀을 깬다

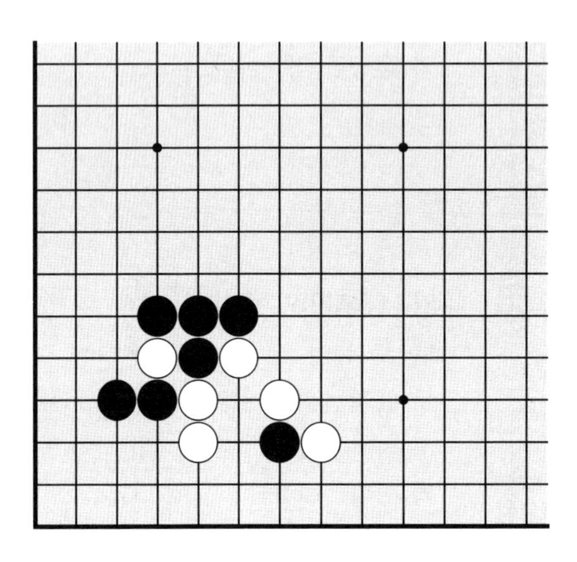

▒ 흑 차례

좌하의 형태는 소목 한칸 협공 정석에서 출발한 모양이다.

여기서 흑에게 하변 쪽을 압박할 기회가 주어진다면 어떻게 두는 것이 좋을까? 힌트는 자충을 유도하는 맥이다.

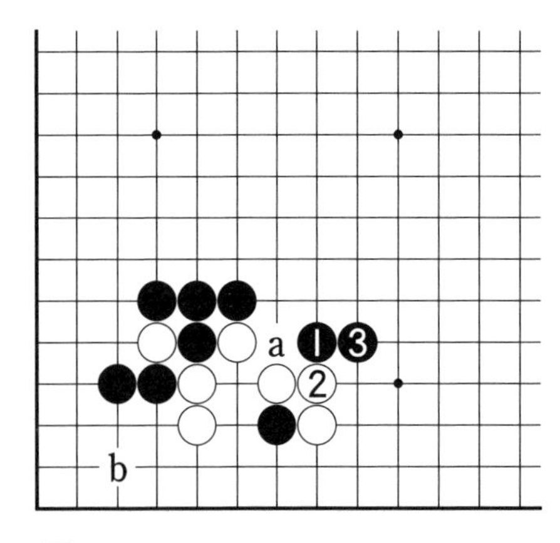

1도

1도 (씌움)

흔히 흑1로 씌우는 맥을 떠올리기 쉽다. 물론 이것도 흑3까지 압박하는 효과는 충분하다.

그러나 백2의 이음을 먼저 두게 만들면 이후 흑a의 단수가 선수가 아니며, 거꾸로 백이 a로 선수할 가능성이 높다. 그리고 백2로는 b로 둘 여유도 있다.

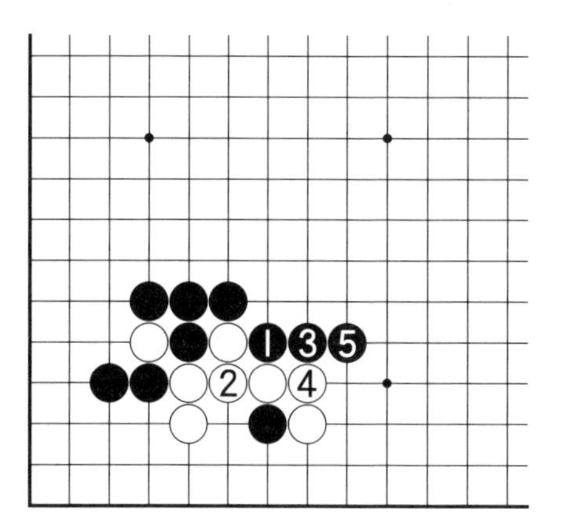

2도

2도 (단수부터)

흑1의 단수를 먼저 결정하는 것이 올바르다. 백2의 이음은 부득이하며 이제는 흑3, 5로 압박해 앞 그림보다 집으로도 이득이며 백의 응수를 강요한 의미가 크다.

도중 백4를 생략하면~

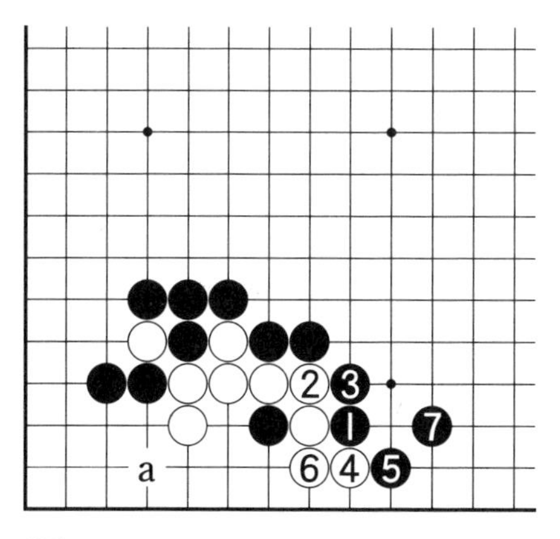

3도

3도 (봉쇄)

흑1로 붙여가는 것이 통렬한 봉쇄이다. 백2를 선수한 후 4, 6으로 젖혀 이으면 흑은 7까지 충분한 모습이다. 그리고 귀에서 흑a의 뜀도 선수로 듣는 모양이다.

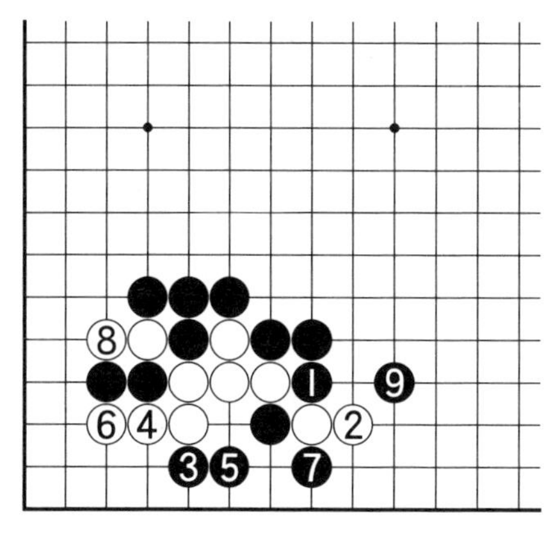

4도

4도 (바꿔치기)

흑1로 끊는 수도 있다. 백2로 뻗어 저항한다면 흑3의 코붙임이 강수이다. 백은 4, 6으로 꼬부려 나가 바꿔치기를 할 수밖에 없는데, 이하 9까지의 결과는 당연히 흑이 압도적으로 유리한 결과이다.

12형

박력이 필요하다

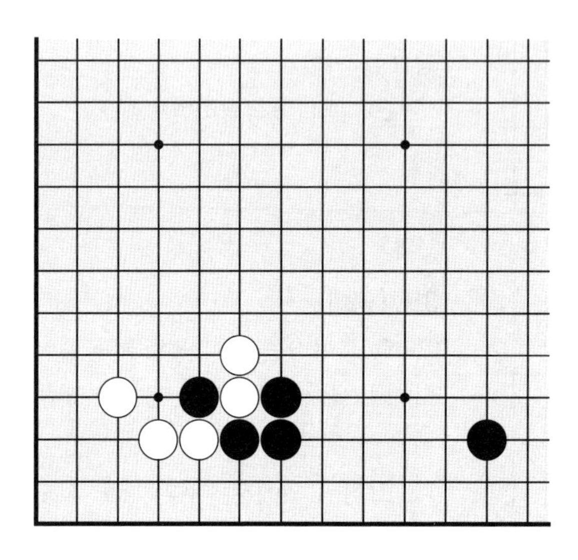

▨ 흑 차례

상대를 압박할 때는 한발 앞서 박력 있는 맥을 구사해야 보다 유리할 것은 당연한 이치이다.

아울러 자신의 약점도 지키는 요령을 염두에 두고 흑의 다음 수순을 궁리하기 바란다.

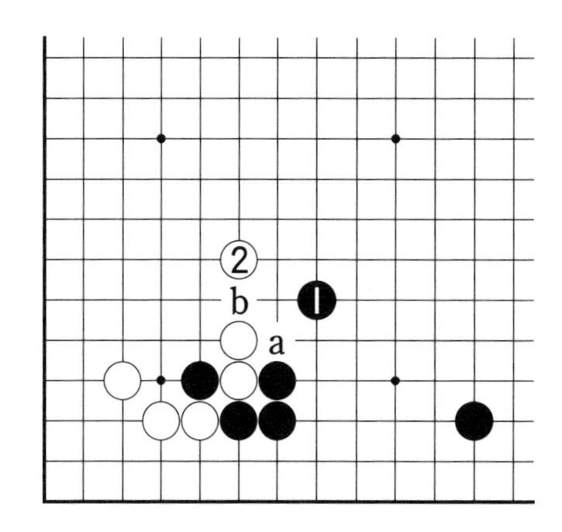

1도

1도 (날일자 행마)

흑1의 날일자 행마는 단순히 진출하는 수일 뿐 압박하는 맥이라 볼 수 없다. 또 흑1로 a에 미는 것은 백b로 한발 앞서 늘게 되므로 백은 고마운 교환이다.

흑은 백진 속에 있는 한점을 효과적으로 이용하는 궁리가 아쉽다.

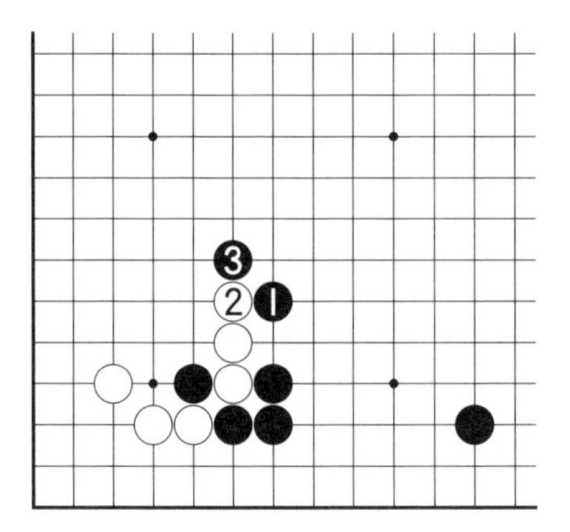

2도

2도 (씌우고 젖힘)

흑1로 씌우고 백2 때 흑3으로 젖혀 가는 맥이 백의 자충을 이용하는 묘수순이다.

사실 이 정도는 중급을 막 넘어가는 기력이면 충분히 터득하고 있어야 할 기술이기도 하다. 흑3 다음에는~

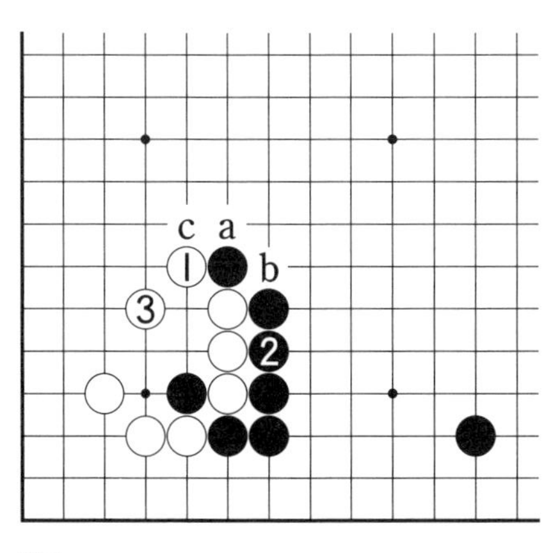

3도

3도 (싸바르기)

백1로 젖힌다면 흑2로 꽉 잇는 것이 약점을 선수로 방어하면서 역시 상대의 자충을 강조하는 요령이다.

백3으로 호구치는 정도인데 흑은 선수로 바깥을 크게 굳히는 데 성공했다. 백3으로 a, 흑b를 교환하고 3이라도 흑c로 끊고 싸운다.

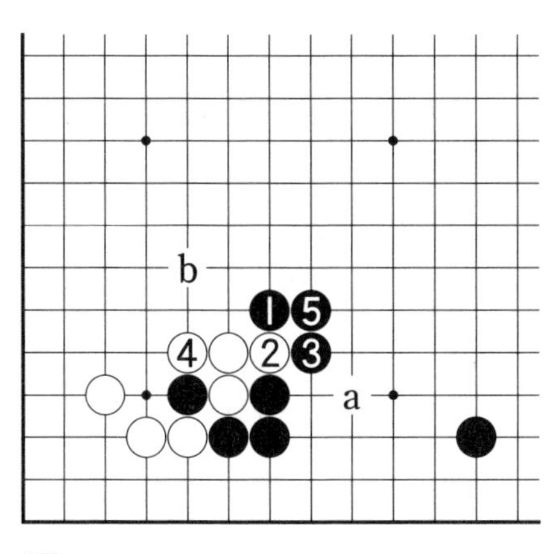

4도

4도 (보통)

흑1에 대해 백은 2로 찔러두고 4로 잡는 것이 보통이다. 흑도 물론 5로 꽉 이어두어 불만 없다.

이후 백은 a의 들여다봄을 노리는 바둑이 되며, b의 곳이 쌍방의 요점이다.

13형

테크닉 만점 수순

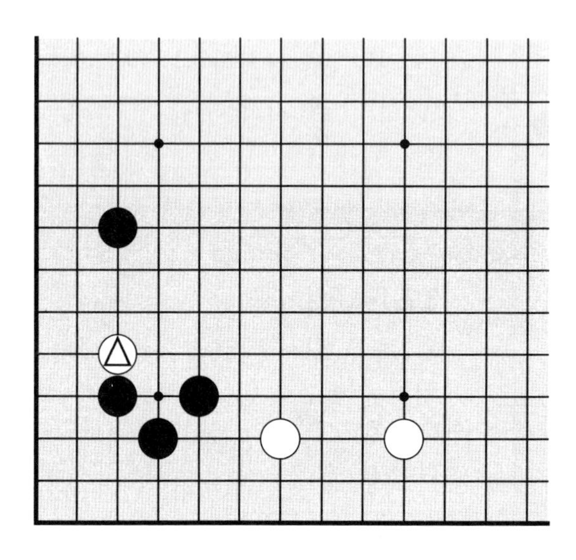

▩ 백 차례

상대를 압박할 때는 맥의 효과에서 기존의 돌을 최대한 활용하는 기술이 우선되어야 한다.

귀의 흑 모양은 소목 날일자걸침에서 백이 하변으로 손을 돌려 나타난 모양인데, 다음 한수는 '정석 이후'의 문제라고도 할 수 있다.

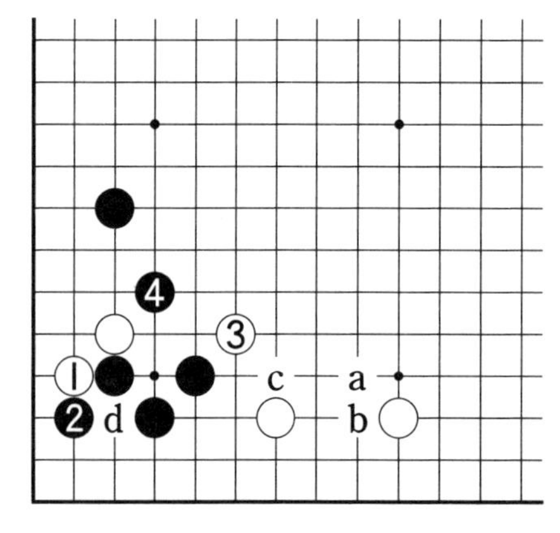

1도

1도 (젖혀두고 씌움)

백1로 하나 젖혀두고 3으로 씌우는 것이 맥이다. 흑도 4로 받는 정도인데 백은 흑a, 백b, 흑c의 반격수단을 없앴으므로 만족한다.

만일 흑2로 그냥 4면 백은 d로 단수해 귀에서 간단히 산다.

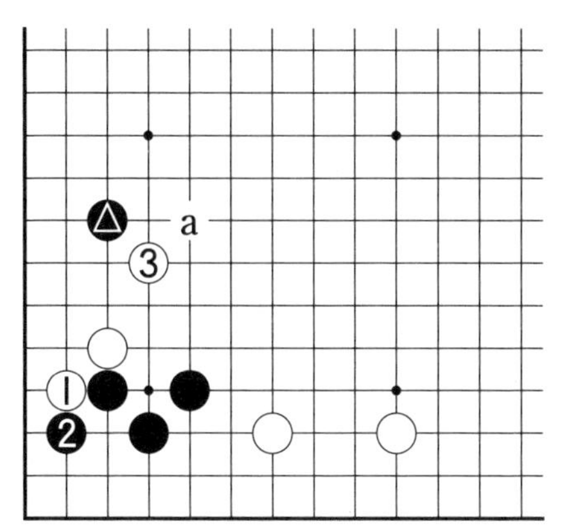

2도

2도 (경우에 따라)

참고로, 백1로 젖혀두고 3으로 어깨짚어 흑▲ 한점에 기대어 나가거나 a의 모자로 가볍게 삭감하는 수 등은 경우에 따른다.

보통은 앞 그림 백3의 씌움이라고 알아두길 바란다.

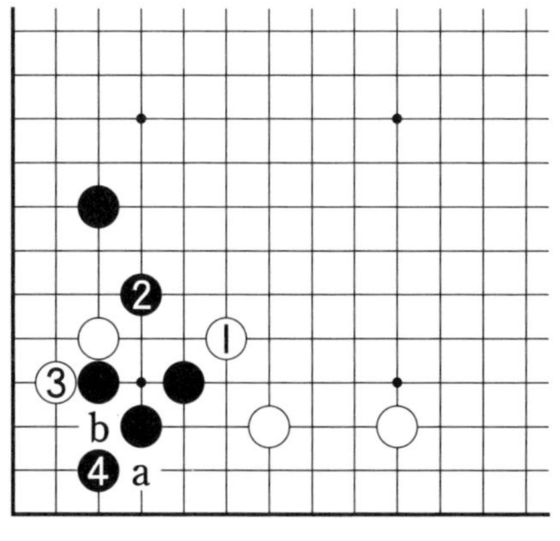

3도

3도 (수순 미스)

단순히 백1로 씌우는 것은 수순이 거꾸로이다. 다음 백3의 젖힘에는 흑4의 마늘모로 받는 것이 호착으로 이제 귀는 완전한 흑집이다.

그리고 백3으로 4에 두어도 흑a, 백3, 흑b로 수가 나지 않는다.

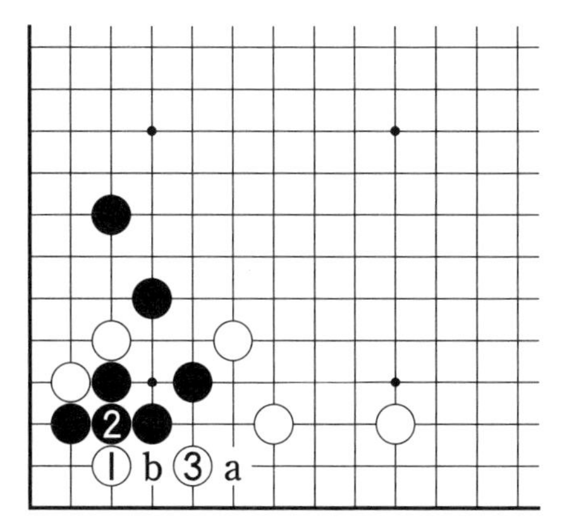

4도

4도 (맥의 효과)

1도에 이어 귀에는 백1로 들여다보고 3으로 활용하는 수단도 즐거움으로 남은 모양이다.

그리고 백1로는 a의 마늘모로 흑b와 교환해도 활용한 것이라 볼 수 있다.

14형

봉쇄의 맥

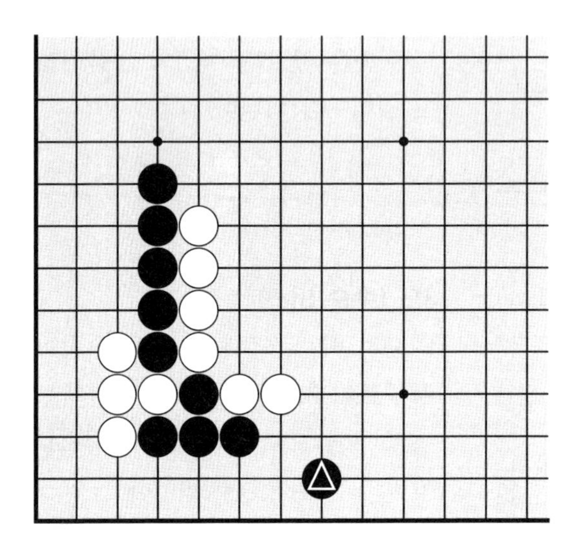

▨ 백 차례

외목 정석이 진행 중이다. 흑△의 달림에 대해 백은 어떻게 저지해야 할까?

상대의 물러섬을 강요하는 맥을 찾되 축 관계는 백이 유리하다는 조건 아래서 생각하기 바란다.

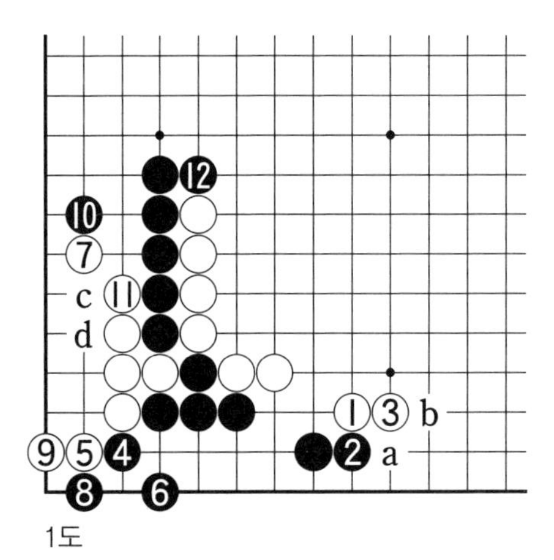

1도

1도 (흑12, 요점)

백1의 날일자로 압박하는 수도 좋으나 다소 느슨한 느낌이다. 흑4, 6 이하 백11까지는 이런 정도인데 흑12의 꼬부림이 백 세력을 지우는 요점이 된다.

수순 중 백7로 8이면 흑a, 백b, 흑c, 백d를 교환한 후 흑12로 꼬부린다.

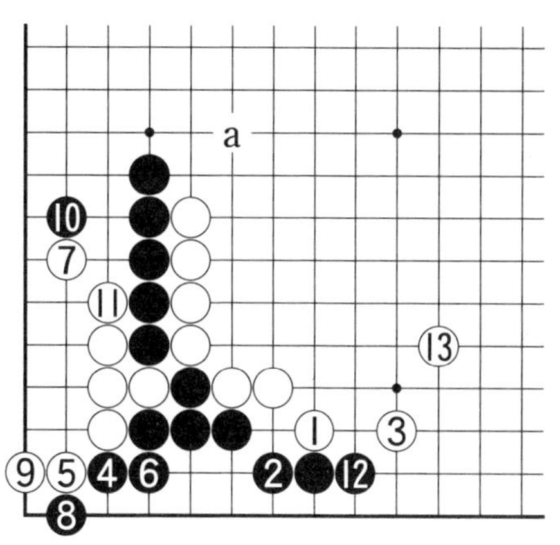

2도

2도 (마늘모붙임)

백1의 마늘모붙임이 맥. 흑2에는 백3으로 뛰는 모양이 자랑이다.

이하 백11까지는 앞 그림의 진행과 같고 흑12에 백은 13으로 모양을 갖춰 보다 효과적인 모습이다. 또 백13으로는 a로 둘 여유도 있다.

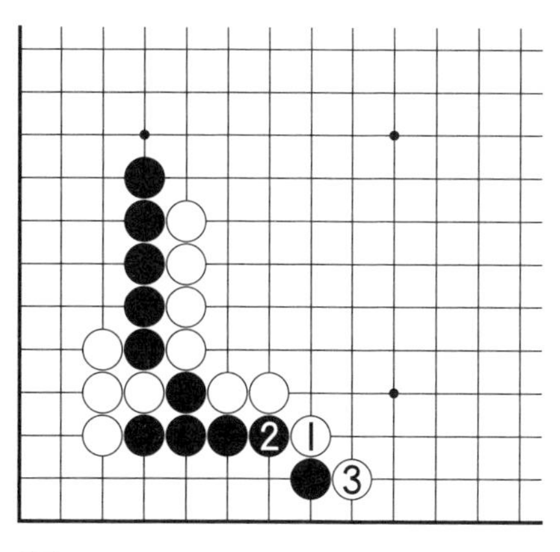

3도

3도 (이단젖힘)

백1에 대해 흑2로 치받는다면 백3의 이단젖힘이 통렬하다.

이후는 난해한 싸움이 예상되지만 아무래도 흑이 불리할 것 같다.

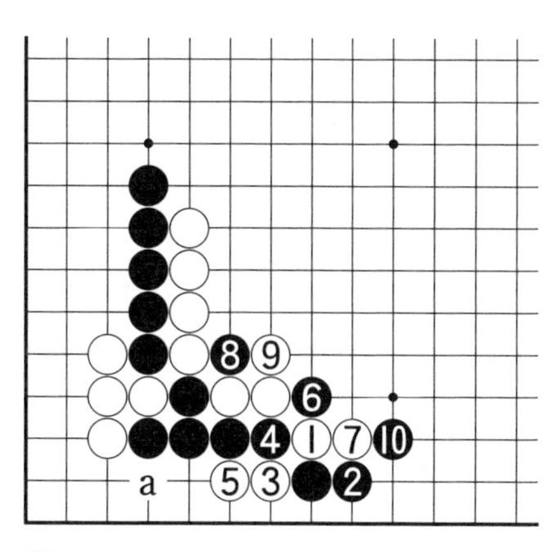

4도

4도 (축 관계)

백1에 대해 흑2로 나가는 것은 백3, 5로 반발해 흑6 이하 10으로 모는 축이 문제가 된다. 여기서 축은 백에게 유리하다고 했지만, 만약 축이 불리하다면 백7로는 a부터 죄어붙여 넘는 수도 있다.

15형

수레뒤밀기는 피하라

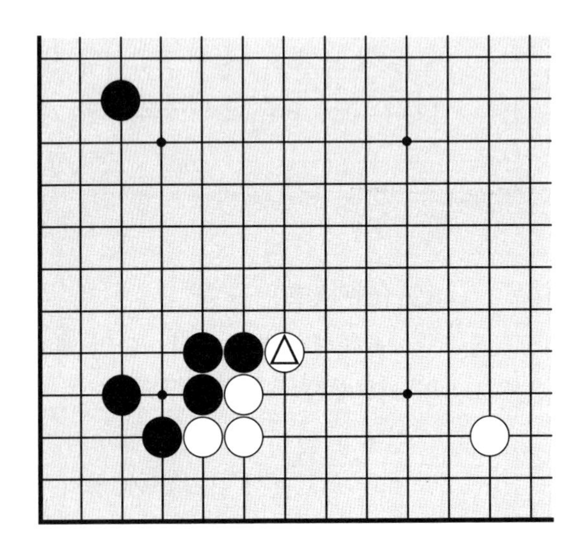

▨ 흑 차례

백Ⓐ의 젖힘에 대해 흑이 어떻게 둘 것인지가 초점이다.

하변 백의 진영이 넓다는 데 주목하면서 효과적으로 압박하는 수단을 찾기 바란다.

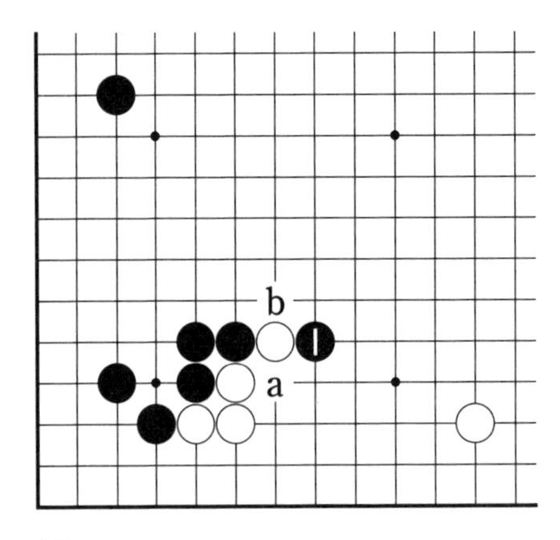

1도

1도 (껴붙임)

흑1로 껴붙이는 것이 백의 진출에 제동을 걸면서 이후 효과적인 압박 수단을 노리는 맥이다.

다음 a와 b가 맞보기인 모양으로 꼭 기억하기 바란다.

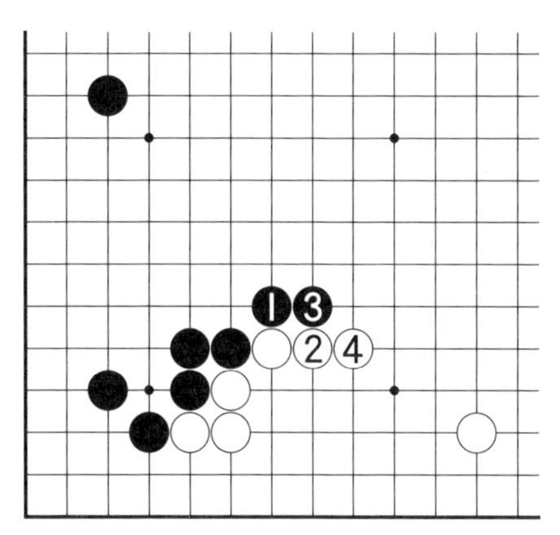

2도

2도 (수레뒤밀기)

흑1로 젖히는 것이 기세로 보이지만 백2로 늘면 흑3부터 소위 '수레뒤밀기' 모양이 된다.

백은 한 걸음 앞서 나가므로 불만이 있을 까닭이 없다. 더구나 4선도 아닌 5선 아닌가.

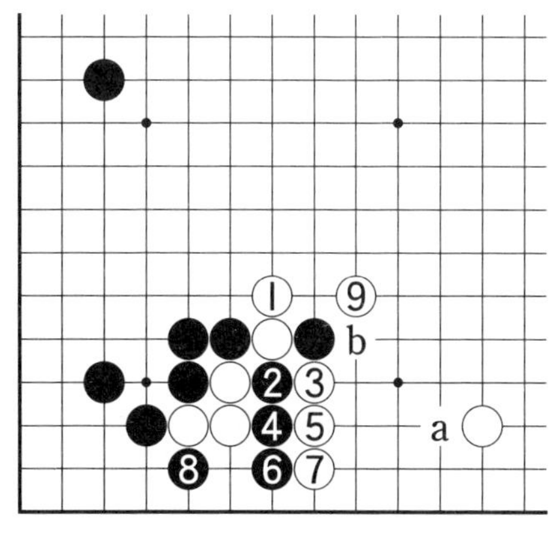

3도

3도 (선수 이득)

1도에 이어 백1로 뻗는다면 흑2로 끊어 아래 백 석점이 무사하지 못하다. 백은 3부터 7까지를 결정하고 9로 씌우는 정도인데 흑은 선수로 큰 이득을 본다.

이후 흑a로 붙이는 맛이 남았으며, 백9로 b라도 흑은 축머리를 이용할 수 있다.

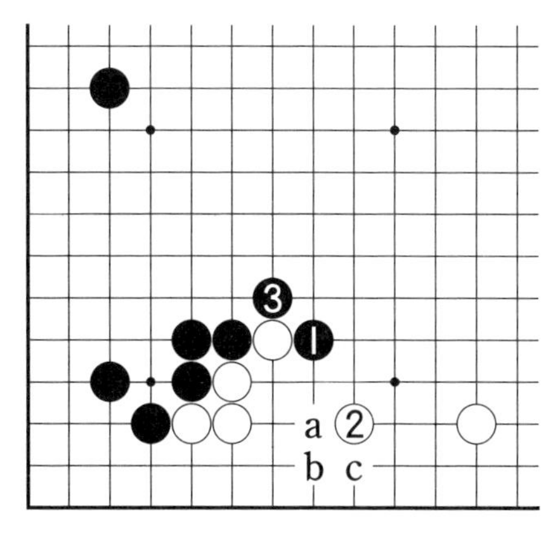

4도

4도 (세력으로 충분)

흑1에 백2로 물러서 받는다면 흑은 3으로 제압해 나쁘지 않다. 장차 흑a, 백b, 흑c로 붙여끊는 맥도 존재한다.

2도와는 선후수 관계가 있다 해도 이 그림의 흑이 돌의 능률을 최대한 발휘한 데 주목한다.

16형

협공정석의 상식

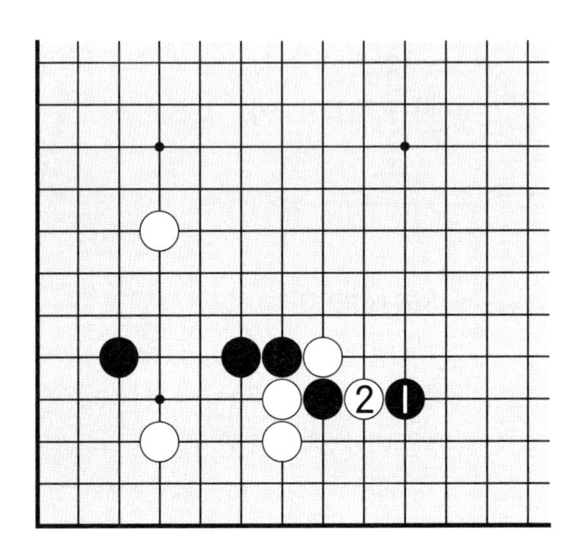

▨ 흑 차례

좌하에서 소목 두칸높은협공 정석이 진행 중이다.

흑1의 뜀에 백2로 잡았는데, 이후 흑이 두는 처리법은 좌변의 상황과 무관하지만은 않다.

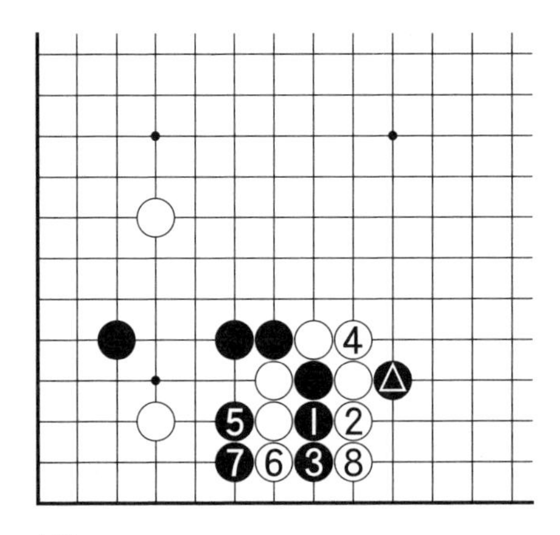

1도

1도 (흑, 손해)

흑1로 나가는 것은 백2로 몰고 4로 잇는다.

흑5, 7로 죄어붙여 선수로 돌파하지만 석점으로 보태준 손해가 너무 크다. 흑▲ 한점도 이미 폐석이나 다름없다.

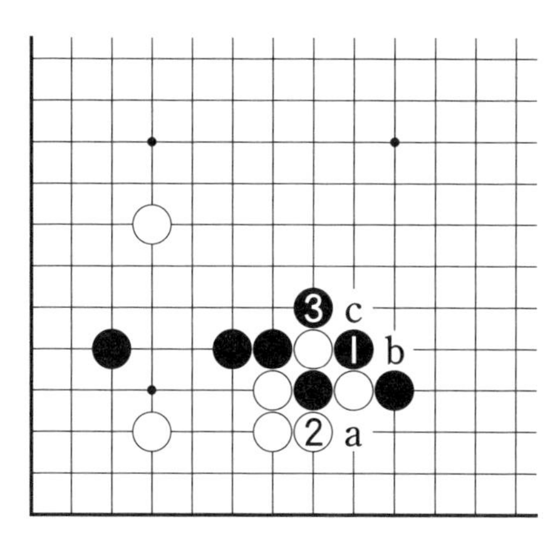

2도

2도 (봉쇄의 맥)

흑1로 끊고 3으로 모는 것이 맥이다. 다음 백이 a로 웅크려 지키는 것은 자체로 굴복이다. 그렇다고 선불리 백b나 c로 끊어 패를 하려는 것은 흑이 따낸 다음 만패불청하고 a로 따내 버린다.

따라서 흑1, 3은 강력한 봉쇄의 맥임을 확인할 수 있을 것이다.

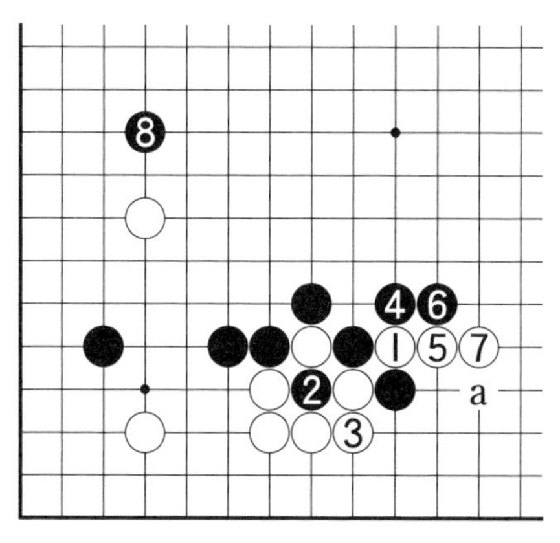

3도

3도 (공격으로 주도권 노림)

백은 1로 끊고 흑2에 3으로 잇는 정도이다. 흑도 4에서 6으로 몰고 8의 협공으로 돌아선다.

흑은 백에게 실리를 허용한 대신 위쪽에 생긴 두터움을 이용해 좌변에서의 공격으로 주도권을 바라는 바둑이 된다.

흑이 하변 실리를 주기 싫다면 4로 a에 가볍게 움직이는 수도 있다.

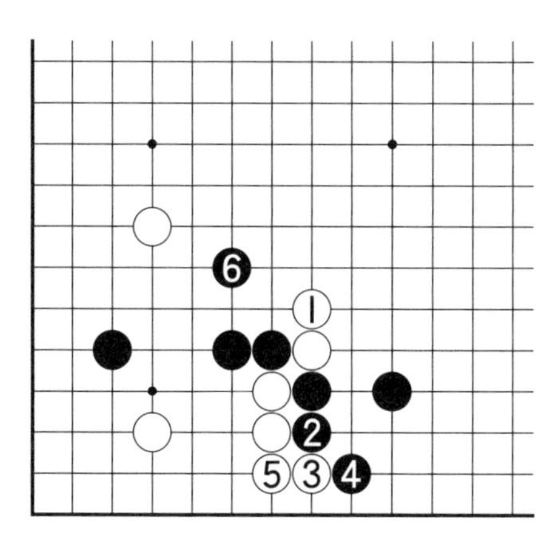
4도

4도 (뻗음도 정석)

장면도에서 백2로 모는 수로는 이 그림 백1로 뻗는 수도 정석이다. 그러면 흑2로 막고 이하 6까지 갈라나가는 바둑이 된다.

결론적으로 백의 선택이 장면도냐 이 그림이냐는 주변의 상황에 따라 달라진다.

17형

단수의 타이밍

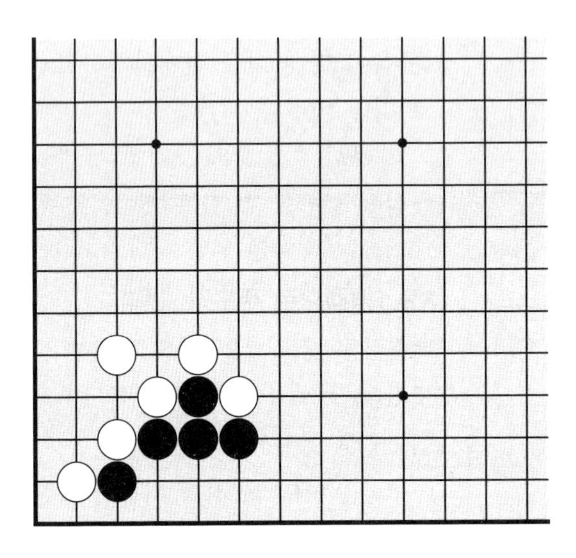

▨ 흑 차례

상대를 무겁게 만들어 놓고 공격하는 기술에 대해서는 이미 서론에서 본 적이 있지만 형태가 이렇게 복잡한 때는 어찌해야 할까?

단수를 어디서부터, 그리고 어느 방향으로 하느냐가 유불리를 결정한다.

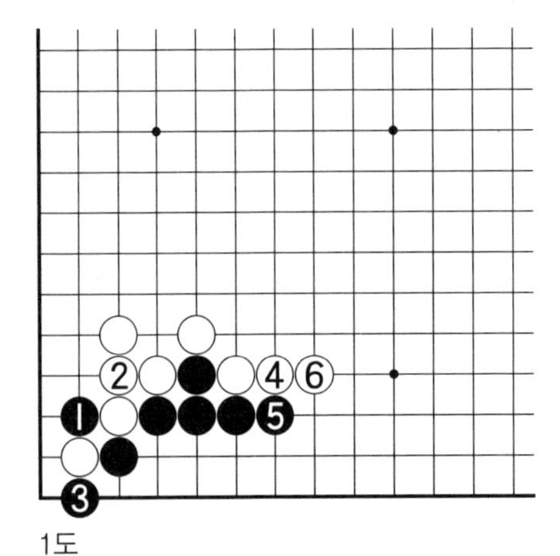

1도

1도 (백, 안심)

흑1로 끊고 3으로 잡는 것은 상식적인 수이다.

그러나 백도 4에서 6으로 슬슬 세력을 취해 안심할 것이다. 더구나 다음~

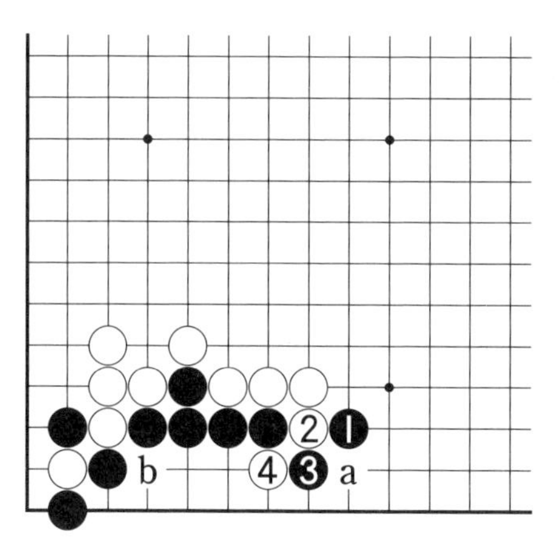

2도

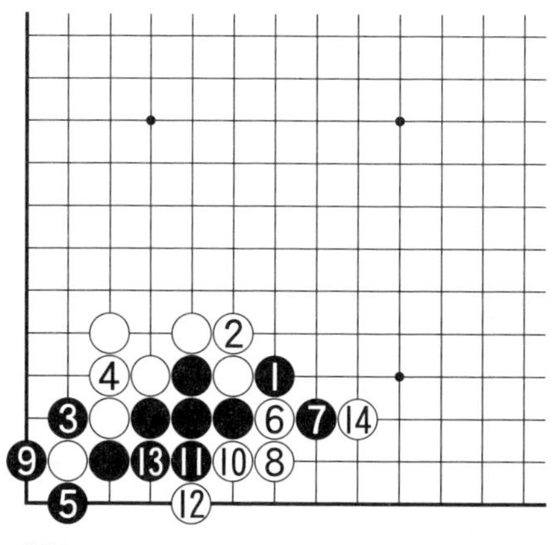
3도

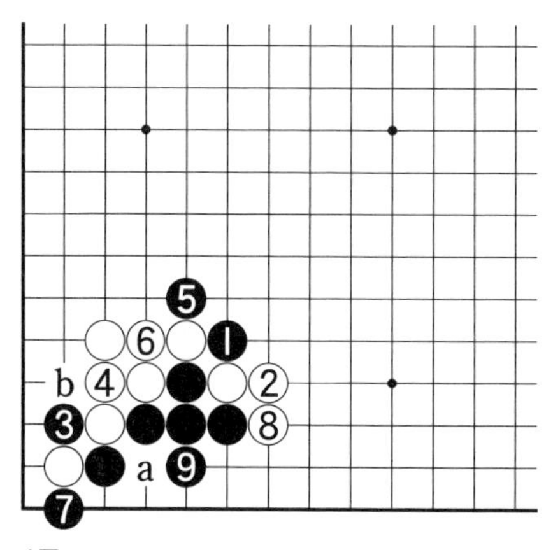

4도

2도 (뜀은 불가능)

흑1로 뛰고 싶지만, 백2에서 4로 끊었을 때가 문제이다.

다음 백은 a와 b가 맞보기. 이렇게 되어서는 흑은 견딜 수 없을 것이다.

3도 (껴붙이는 맥)

흑1로 먼저 몰고 3, 5로 잡으면 어떨까?

그러나 백6으로 끊어 역시 맛이 나쁘다. 다음 흑7로 몰아두고 9로 따낸다면 백10, 12를 듣게 하고 14로 껴붙여 나오는 맥이 성립해 흑은 이래저래 좋은 결과가 나오지 않는 것이다.

4도 (백, 양분되어 괴롭다)

중앙에서 흑1의 단수가 얼핏 손해로 보이지만 실은 백을 응징하는 유일한 수단이다. 백2에 흑3에서 5의 단수를 거쳐 7로 잡는 것이 좋은 수순이다. 백8에는 a의 단점을 방비해 흑9가 요령이다.

이후 백은 b의 단수밖에 듣지 않아 양분된 백이 괴로움에 빠졌다.

18형

행마의 상식

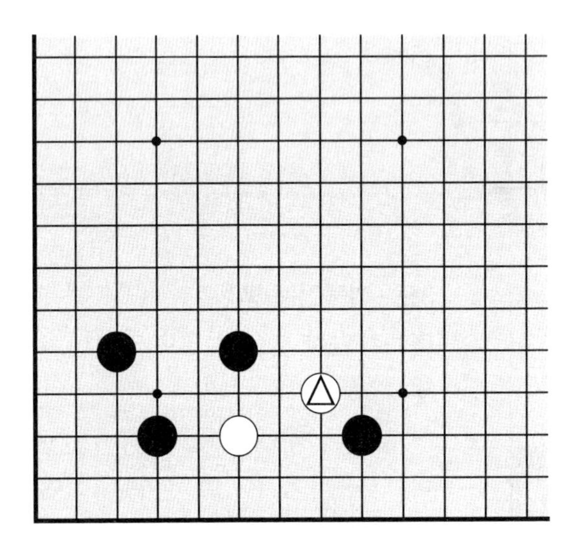

▨ 흑 차례

백Ⓐ로 어깨짚어 나온 장면이다. 다음 흑은 이 백을 어떻게 다루는 것이 좋을지, 기본적인 공격 행마를 묻는다.

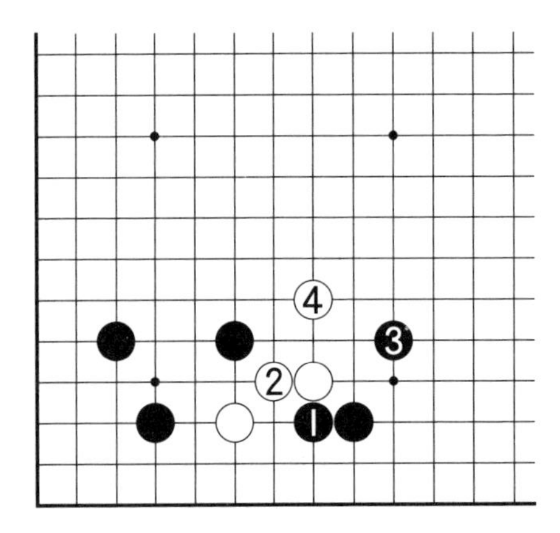

1도

1도 (사정권에서 벗어난다)

흑1로 밀고 3으로 날일자하는 수도 행마법이긴 하지만, 다음 백4로 뛰어 나가는 수가 호점이 된다. 흑1은 상대로 하여금 사정권에서 가볍게 벗어나게 하는 방향인 것이다.

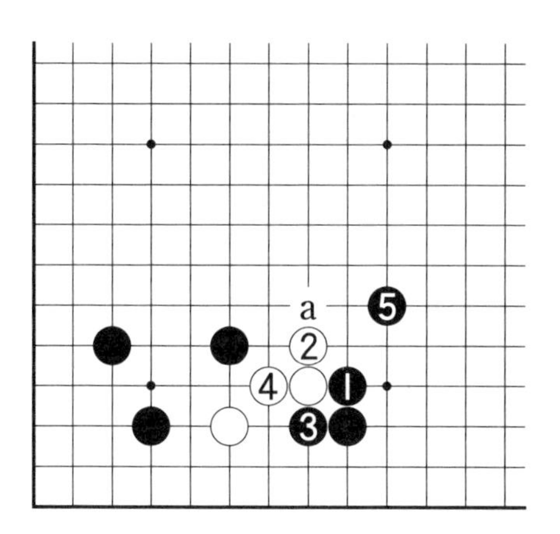

2도

2도 (우형 강요)

흑1로 위쪽을 먼저 미는 것이 행마의 포인트이다. 백2로 느는 정도인데 거기서 흑3으로 꼬부려 백4의 빈삼각을 강요한다.

앞 그림과 비교해 백2의 돌이 a에 있지 않은 차이는 크다.

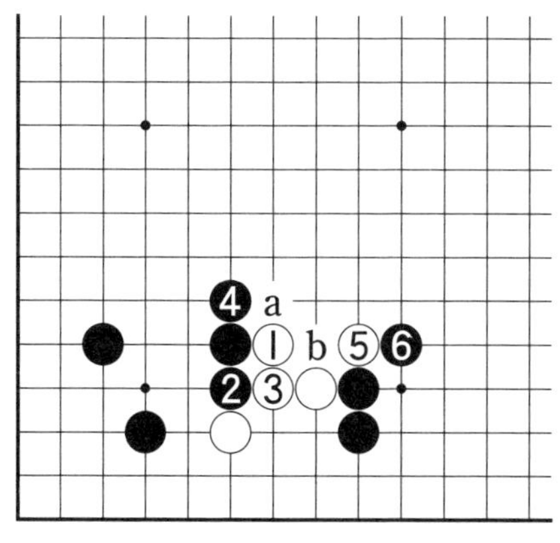

3도

3도 (마늘모붙임이 최선)

앞 그림의 2로 이 그림 백1의 마늘모로 붙이는 수는 예부터 유명한 맥이다. 다음 흑a면 백b의 빈삼각으로 벗어나겠다는 뜻이다(앞 그림 백4도 빈삼각이지만 이 빈삼각은 아니다).

따라서 흑2로 치받고 4로 뻗어둔다. 백5에는 흑6으로 공격하는 리듬이다.

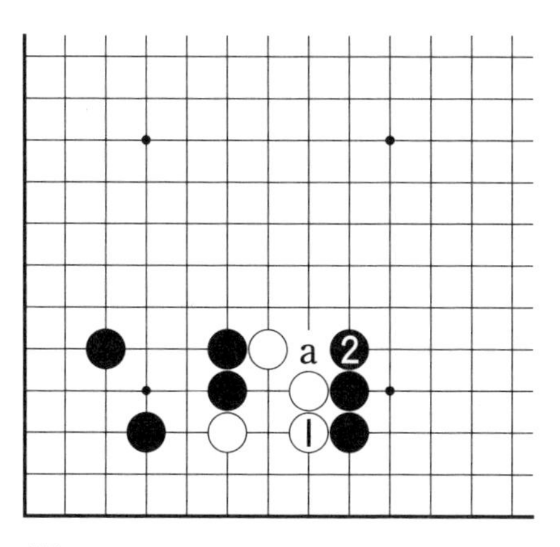

4도

4도 (흑2, 급소)

앞 그림의 3으로는 이 그림 백1로 막고 싶지만 흑2로 반듯하게 올라서면 백의 모양이 무너진다.

그리고 주변 사정에 따라서는 흑2의 수로 a에 찝어 바깥을 봉쇄하는 수도 있을 것이다.

19형

활용의 테크닉

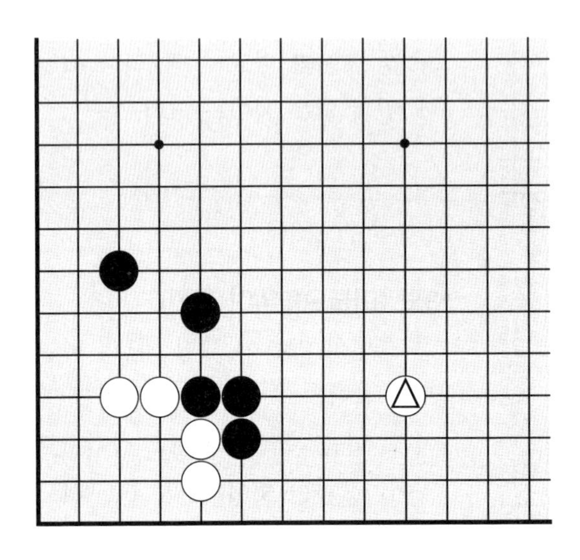

▨ 흑 차례

흑이 하변을 어떻게 둘 것인지는 좌하귀의 형태와 무관하지 않다.

백△ 한점에 압박을 가하는 자연스런 수순을 궁리하기 바란다.

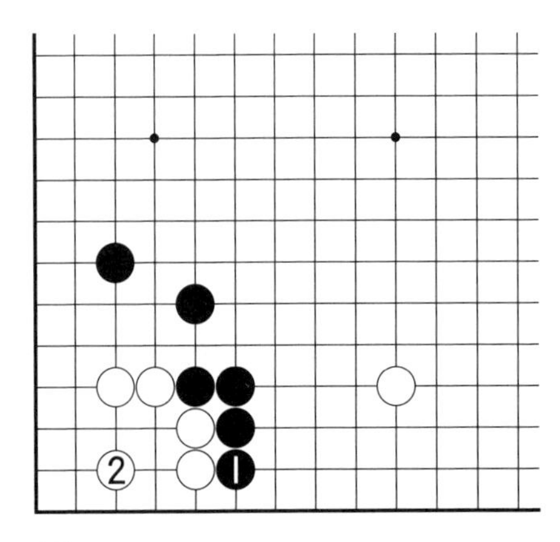

1도

1도 (묘미가 없다)

흑1로 막는 것은 단순하다. 백2로 모양 좋게 지켜서 흑은 그저 백의 뒷문을 닫은 것에 불과하다.

그렇다면 백2가 좋은 모양이 된다는 그 점을 힌트로 삼아보자.

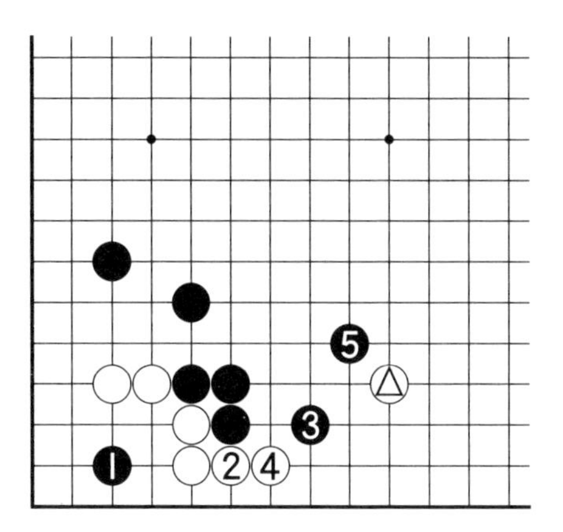

2도

2도 (선치중 후행마)

흑1로 치중해 백의 동태를 살피는 것이 행마의 묘이다.

백2로 꼬부리면 흑3으로 뛰고 백4에는 흑5까지 백Ⓐ 한점을 자연스럽게 압박하는 리듬이 좋아진다.

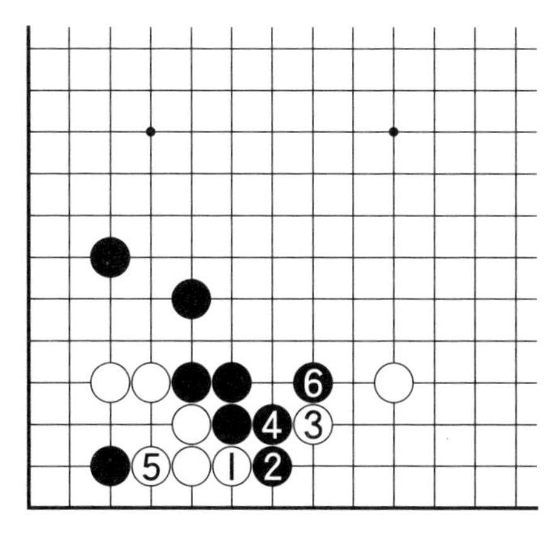

3도

3도 (흑2, 성급한 막음)

백1로 꼬부렸을 때 흑2로 막는 것은 백3으로 들여다보는 수를 하나 당하는 것이 아프다.

백5 다음 흑6으로 젖히는 정도인데, 보다시피 앞 그림에서와 같은 박력은 없어 보이는 모양이다.

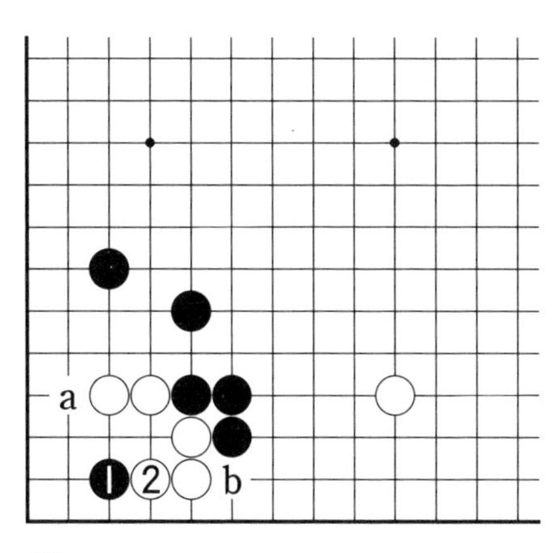

4도

4도 (상당한 활용)

흑1에 대해 백2로 치받는다면 흑은 이 자체로 상당한 활용이라 할 수 있다.

장차 흑은 a의 붙임이나 b의 막음이 들을 여지가 많아 치중한 효과는 충분하다.

20형

수순의 묘

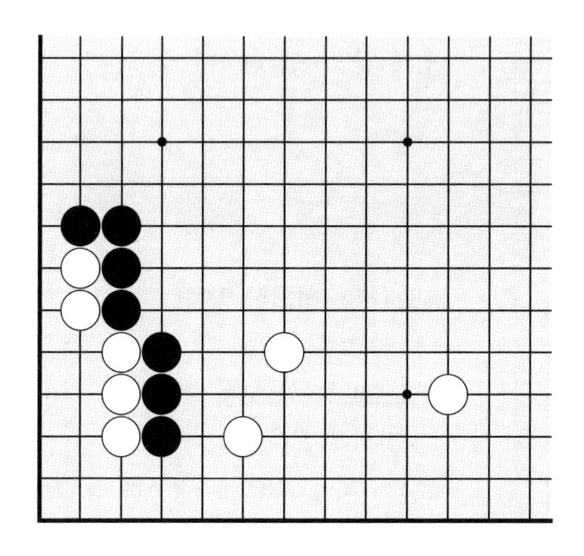

▒ 흑 차례

좌하의 백은 물론 완생형. 그런데 삶을 위협해 하변으로 침입하는 맥이 있을 듯하다.

중요한 것은 소리 없이 행동하는 숨어있는 맥의 힘을 빌려야 한다는 점이다. 흑의 첫 수가 성패를 좌우한다.

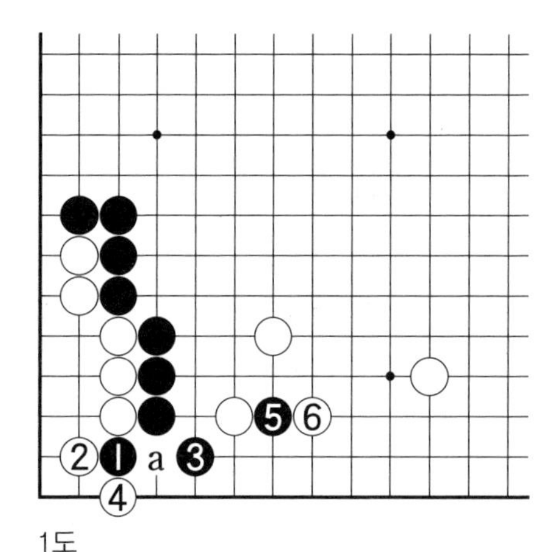

1도

1도 (성급)

흑1로 젖히고 3으로 호구치는 것은 맥처럼 보이지만 너무 노골적이다.

귀쪽은 흑3으로 a에 잇기만 해도 선수인데도 굳이 3으로 호구쳐 백4의 단수를 얻어맞고 있다. 흑5에는 가볍게 백6의 붙임으로 대처한다. 흑이 성급했다.

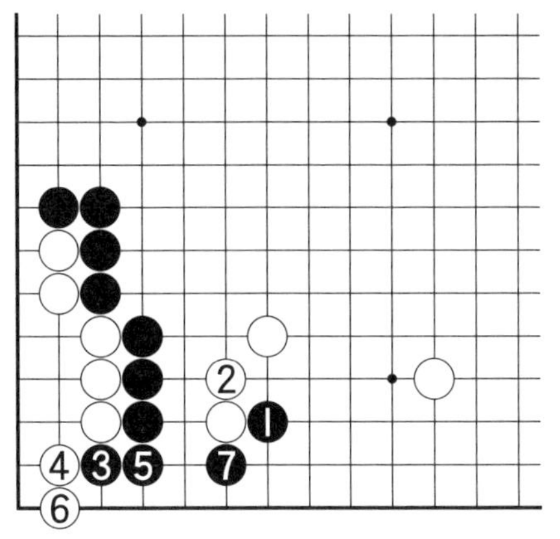

2도

2도 (변에서 붙이는 맥)

귀에 듣는 맛을 이용해 변에서 흑1로 먼저 붙여가는 것이 맥이다.

백2라면 흑은 3, 5의 젖혀이음을 선수해 7로 건너는 모양이 안성맞춤이다.

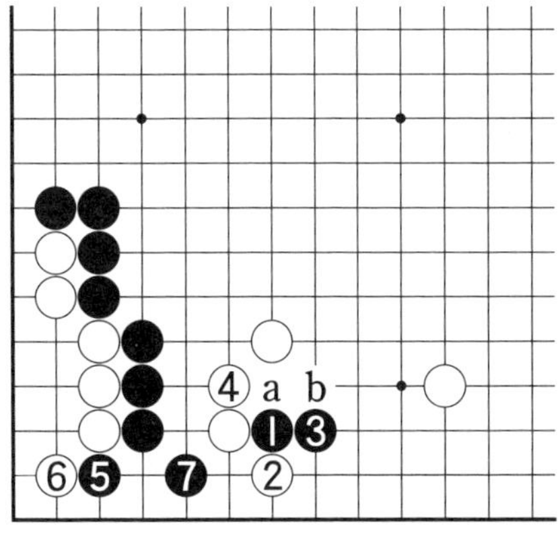

3도

3도 (백2, 젖힘은 무리)

흑1에 백2로 젖힌다면 흑3으로 늘어두고 다음 백4로 올라서는 한수인데 그때 흑5, 7로 호구치면 수가 난다. 다음 흑은 귀를 젖혀 잡으러 가는 수와 오른쪽 변의 끊음이 맞보기인 모양이다. 따라서 백2로는 3, 흑a, 백b로 저지하고 흑은 다음 2에 내려서는 정도일 것이다.

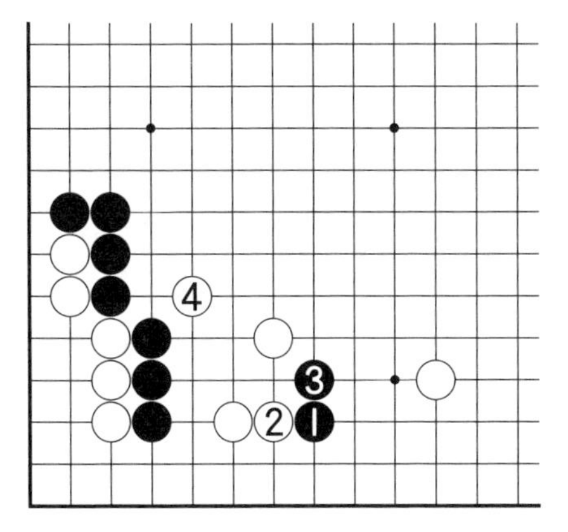

4도

4도 (반격)

흑1로 직접 뛰어드는 것은 생각이 지나치다. 그러면 백2로 치받고 흑3의 올라섬에 백4로 들여다보는 반격이 매섭다.

흑1로는 역시 2의 자리에 붙이는 것이 올바른 맥이었다.

21형

모양 무너뜨리기

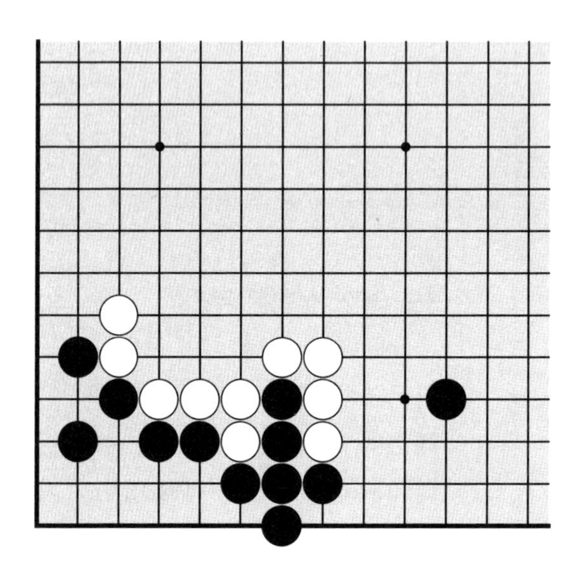

흑 차례

백의 모양에 주목. 이런 곳에서 정답이 되는 맥은 들여다봄, 치중 등 여러 가지 명칭이 있지만 '석점 한가운데'라는 격언을 떠올린다면 좋을 것이다.

백의 자충을 교묘하게 찌르는 급소의 위력을 확인하기 바란다.

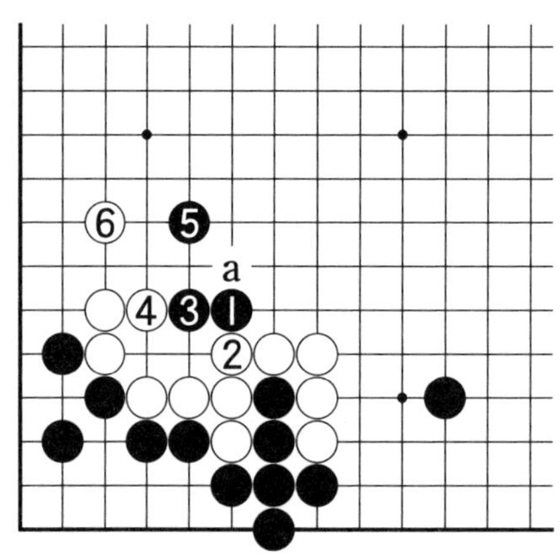

1도

1도 (치우친 들여다봄)

흑1로 들여다보는 수도 맥. 백2에 흑3을 듣게 하고 5로 뛰어나가는 바둑이 되는데, 자칫 흑이 부담을 느끼게 될지 모른다.

그리고 백2로는 3에 붙여 흑2, 백a로 바꿔치는 변화도 가능하다.

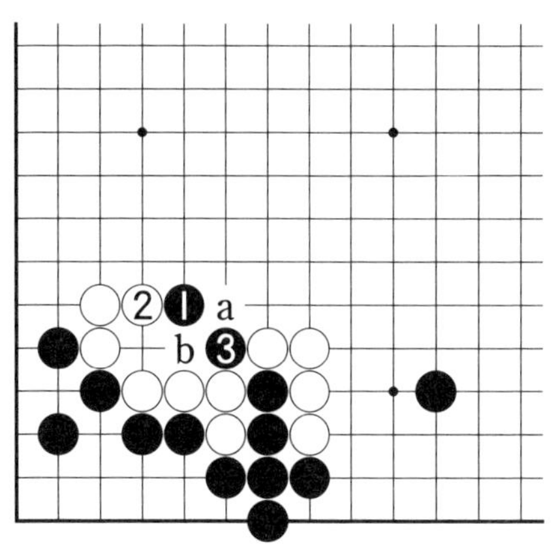

2도 (석점 가운데 급소)

흑1이 유명한 석점 가운데 급소. 백2라면 흑3으로 끊는 수가 성립한다.

다음 백a면 흑b로 이어 백 넉점에 단수가 걸리는 모양으로 백은 큰 손해를 입게 된다.

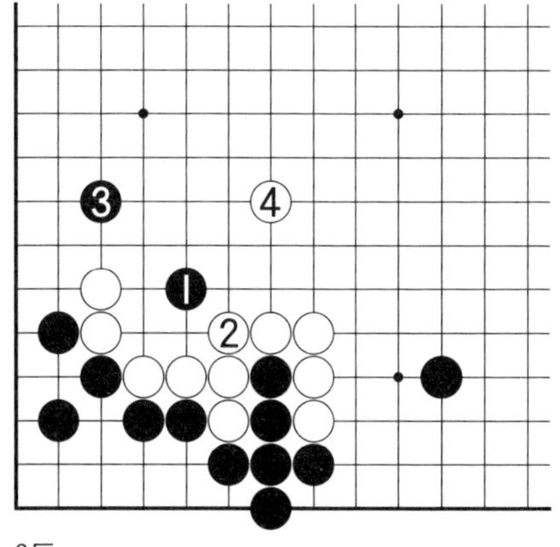

3도 (공격으로 전환)

흑1에 대해 백은 두점을 버릴 각오로 2로 잇는 정도인데 이번에는 흑3의 공격으로 전환한다.

백4 이후 흑은 백의 모양을 무너뜨린 것으로 만족하고 1의 한점을 가볍게 보는 바둑이 될 것이다.

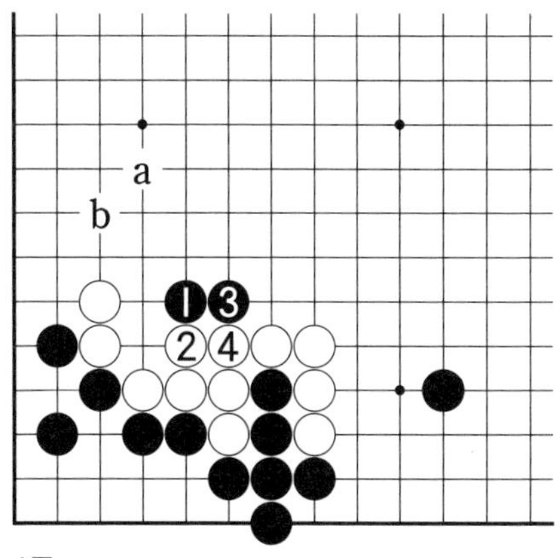

4도 (우형 강요)

흑1에 백2로 잇는 것은 흑3이 다시 선수로 들어 백4의 우형을 강요한다. 다음 흑a나 b의 공격으로 이어지게 되는데 백은 흑1, 3으로 활용당한 자체가 너무 쓰라린 모습이다.

22형

강렬한 후속타

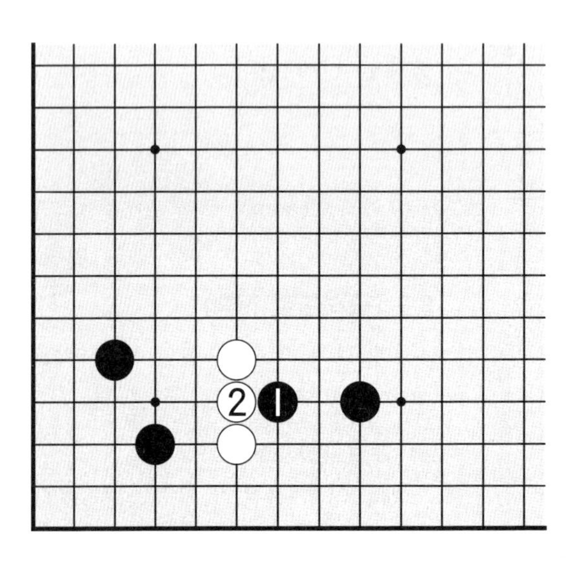

▨ 흑 차례

흑1로 들여다보고 백2로 이은 장면이다.

흑은 다음 공격을 어떻게 이어갈 것인지, 우선 상식적인 진행을 그려보고 그게 마음에 들지 않으면 보다 강렬한 수단을 궁리하기 바란다.

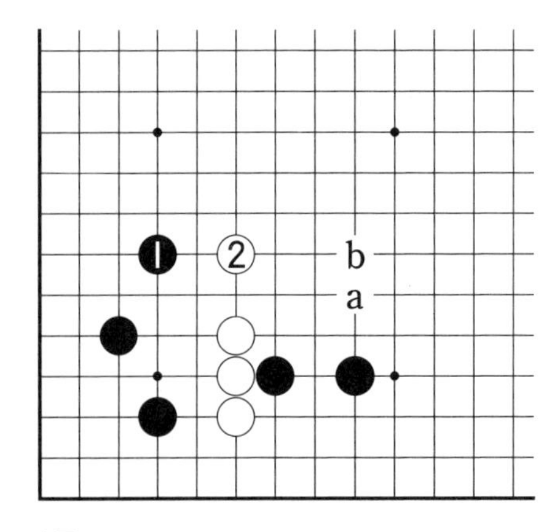

1도

1도 (싱겁다)

흑1로 두는 것은 부분적으로 좌변에 집을 지으며 백을 추격하는 이상적인 흐름이긴 하지만 백2로 뛰면 다소 싱거워진다.

백은 다음 a나 b로 틀을 갖추는 수가 하변 흑을 압박하는 호점이 되는 모양이다.

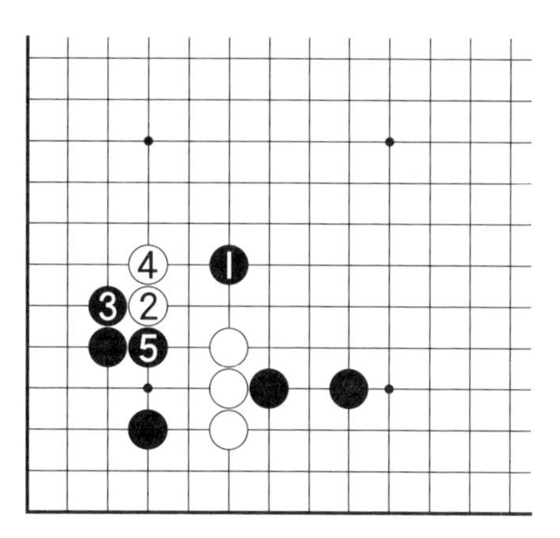

2도

2도 (모자 한방)

흑1로 모자를 씌우는 것이 제일감. 중앙을 한번 압박한 효과로 백의 모양을 무너뜨릴 수 있다.

가령 백2라면 흑3으로 밀고 5의 꼬부림이 요령이다.

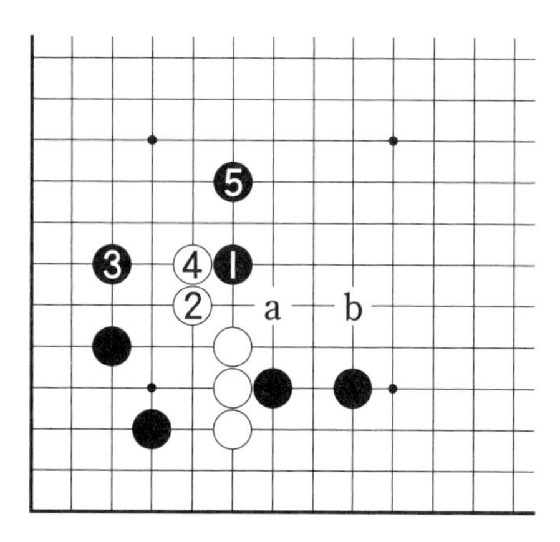

3도

3도 (효과 만점)

흑1에 대해 백2로 나온다면 흑3으로 추격하고 백4 때 흑5로 두는 것이 리듬이다.

계속해서 백a라면 흑b의 뜀이 호점이 된다.

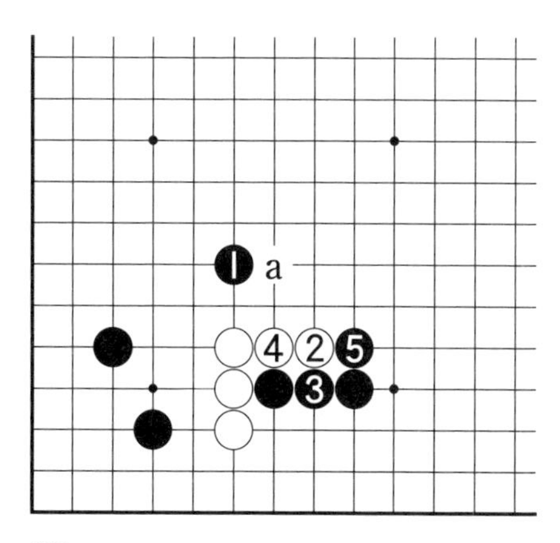

4도

4도 (수습책)

흑1에는 백2로 들여다보는 것이 그나마 최선의 수습책이다. 그러면 흑3으로 잇고 5로 꼬부려 나오기를 기다려 다음 백a로 붙여나가는 바둑이 예상된다.

물론 흑은 1의 모자 한방을 알린 효과는 그대로 살아 있다.

23형

상식적인 급소

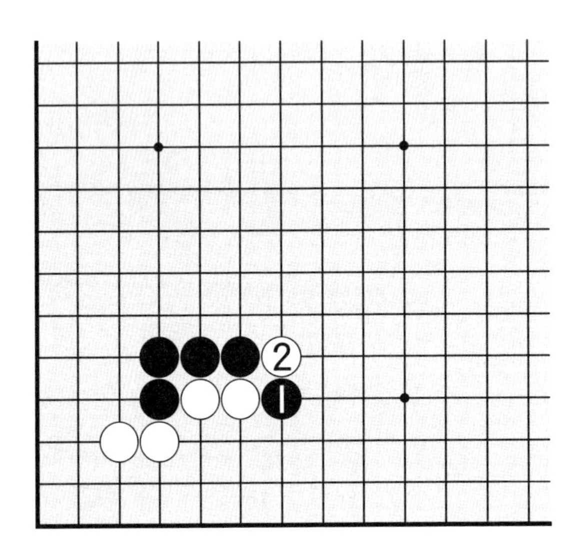

▨ 흑 차례

흑1로 두점머리를 두들기고 보는 것은 기세이자 누구라도 둘 수 있는 맥이다.

백2로 끊어왔을 때가 초점인데, 흑의 다음 수는 상식적인 급소이지만 깜빡 잊을 수도 있다.

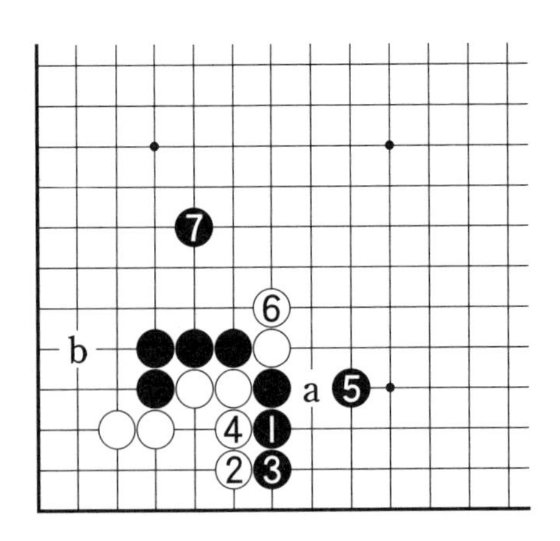

1도

1도 (아쉬운 수순)

흑1로 내려서는 것은 단지 선수 권리를 행사한 데 불과하다. 이하 7까지의 진행이면 물론 흑이 불리할 것은 없지만, 고수나 맥에 능한 사람이 본다면 아쉬울 것이다.

흑1로 a에 늘면 백b로 달려 역시 흑이 싱겁다.

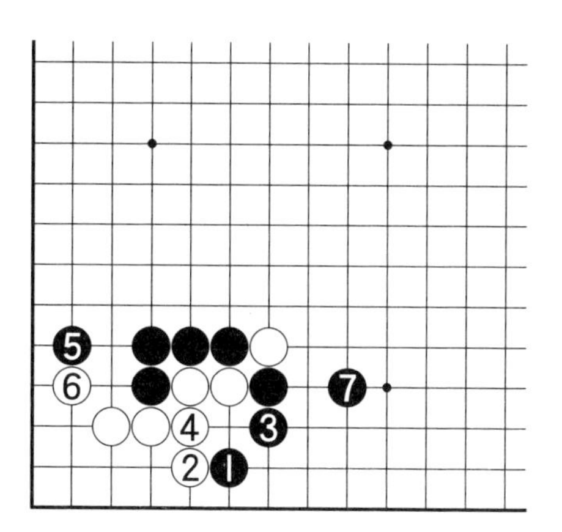
2도

2도 (2선 치중부터)

흑1로 2선에 치중해 들어가는 것이 급소 일격이다.

백2로 막으면 흑3이 기분 좋은 활용이다. 거기서 흑5에서 7로 뛰어나가는 리듬이 그만이다.

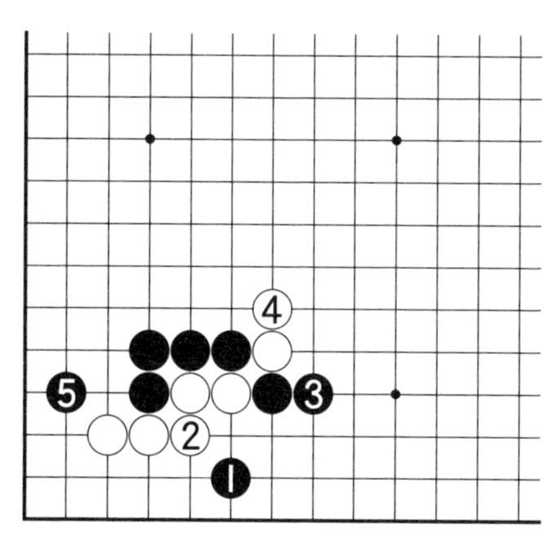
3도

3도 (흑5, 통렬)

앞 그림 흑3의 활용을 싫어해, 백2로 꽉 잇는다면 흑3으로 늘어두고 백4 때 흑5가 통렬한 일격이 된다.

백은 이제 삶이 불안한 모양으로 좌우에서 더 많은 활용을 당할 듯하다. 백은 앞 그림처럼 참는 정도일 것이다.

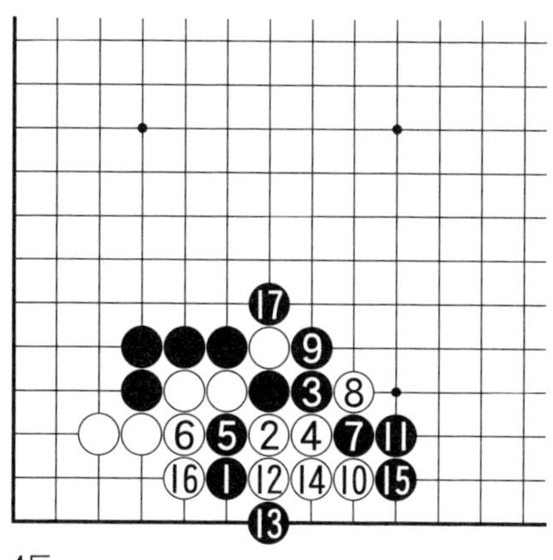
4도

4도 (철벽 구축)

흑1에 백2, 4로 저항하는 것은 흑5로 끊겨 7의 젖힘을 맞는 게 아프다. 이하 흑17의 빵따냄까지는 필연적인 수순으로 흑이 사석을 이용해 철벽을 쌓게 되어서는 성과가 엄청 크다.

24형

사석전법을 피하라

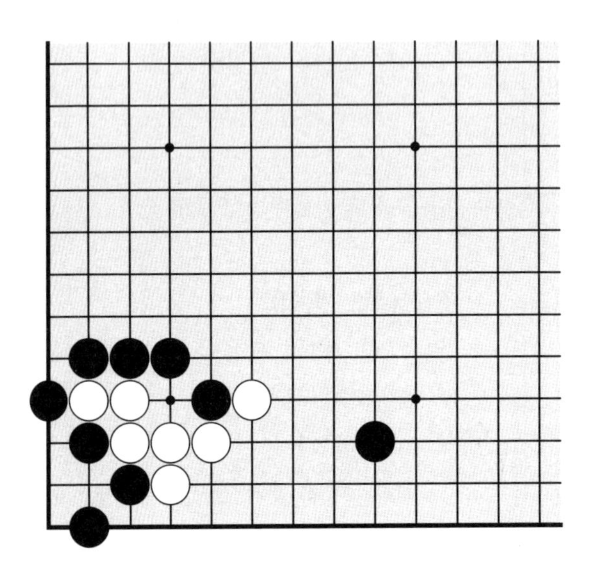

▨ 흑 차례

이 장면의 정해가 되는 공격의 맥은 앞서 한 차례 나온 바 있다.

자칫 기분대로 두었다간 상대의 사석전법에 걸리게 된다는 점을 주의해서 다음 한수를 맞추기 바란다.

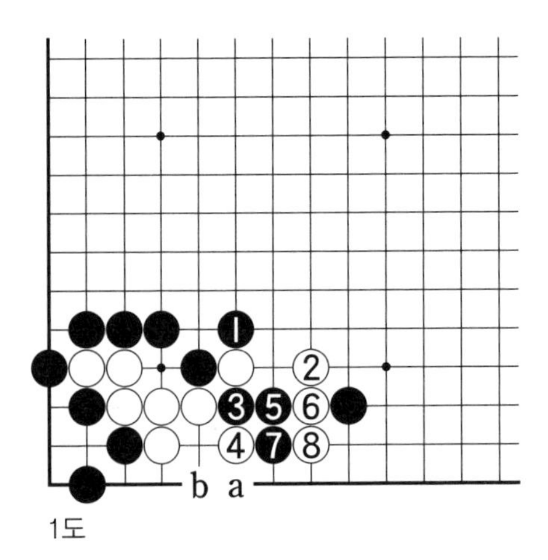

1도

1도 (저항)

기분 같아서는 흑1로 젖히고 싶지만 백2로 뛰는 저항이 있다.

흑3에는 백4로 몰고 6, 8로 뚫는 수순이 한점을 사석으로 한 멋진 반격이 된다. 더구나 흑a에는 백b의 패도 남았다.

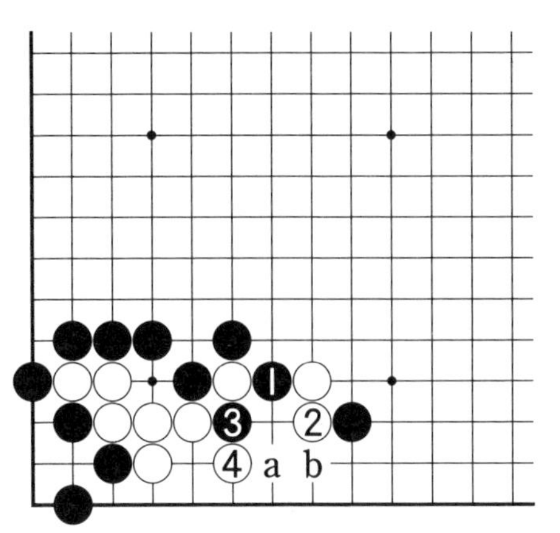

2도

2도 (대동소이)

흑1로 몰아도 백2로 나가고 흑3 때 백4로 받으면 건너는 모양이다.

다음 흑a면 백b로 따라 내려와 패는 불사할 것이다. 앞 그림과 대동소이하다.

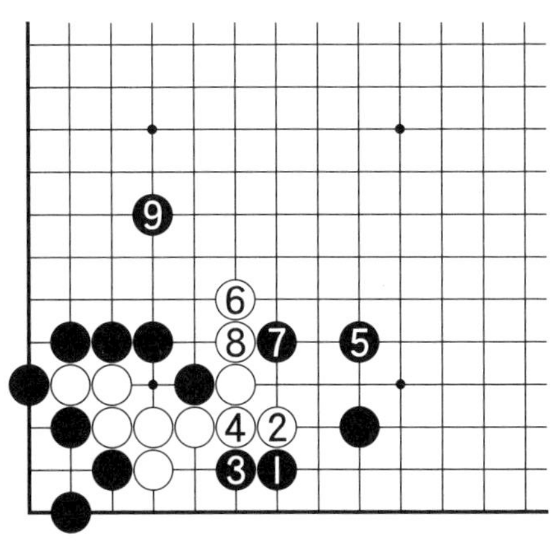

3도

3도 (호조의 공격)

흑1로 2선에서 들여다보는 것이 교묘한 공격수단이다. 백2로 받는다면 흑3으로 들어가는 수가 선수활용이다. 다음 흑5에서 7, 9까지 좌우에서 동행하며 공격하는 이상적인 자세가 된다.

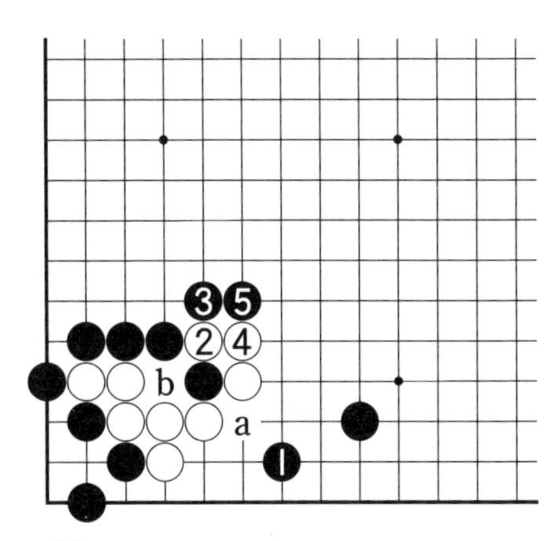

4도

4도 (흑3, 급소)

흑1에 대해 백2의 단수를 활용하려는 것은 넌센스이다. 흑은 받지 않고 3으로 몰아 역시 백의 모양이 무너진다.

이후 흑a면 백b로 공배 연결을 강요당하는 모양이라는 점도 백은 아프다.

25형

우형을 강요하는 맥점

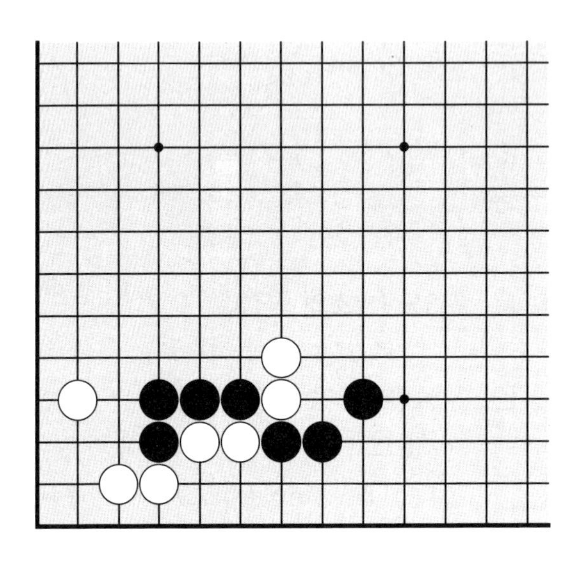

흑 차례

흑이 좌우로 분단되어 있어 다소 막막한 느낌이다.

중앙의 백 두점을 무겁게 만들어 수습하는 리듬을 구한다면 거꾸로 주도권을 쥘 수 있다.

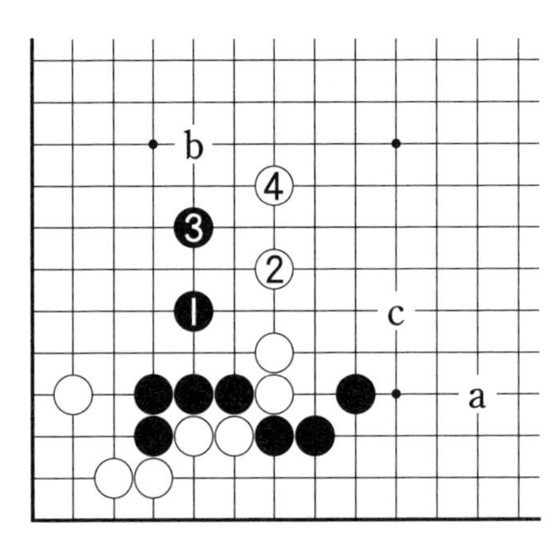

1도

1도 (무책)

흑1로 뛰는 것은 백2, 4로 뛰어나오게 만들어 바빠진 쪽은 좌우로 갈린 흑쪽이다. 다음 백은 a의 공격과 b의 씌움이 맞보기가 된다.

또 백4로는 a로 일격을 가하고 흑c 때 두는 수도 있을 것이다. 아무튼 흑1은 책략이 없다.

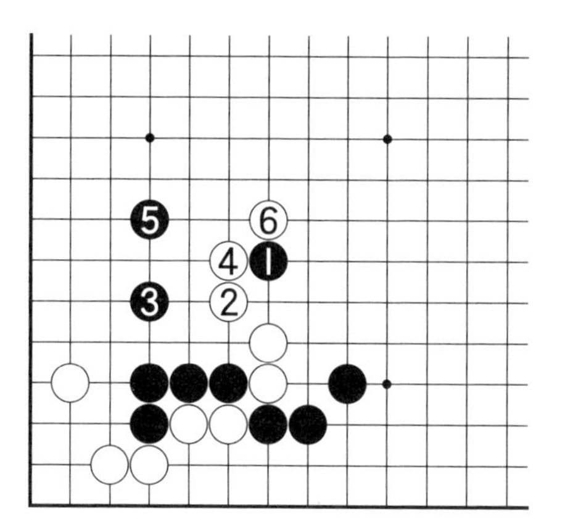
2도

2도 (고급의 리듬이지만)

흑1로 모자 한방을 알린 후 3, 5로 진출하는 수는 고급의 리듬이다.

그러나 백6으로 제압하는 자세도 두터워 흑이 만족스럽다고 말하기는 힘들 것이다.

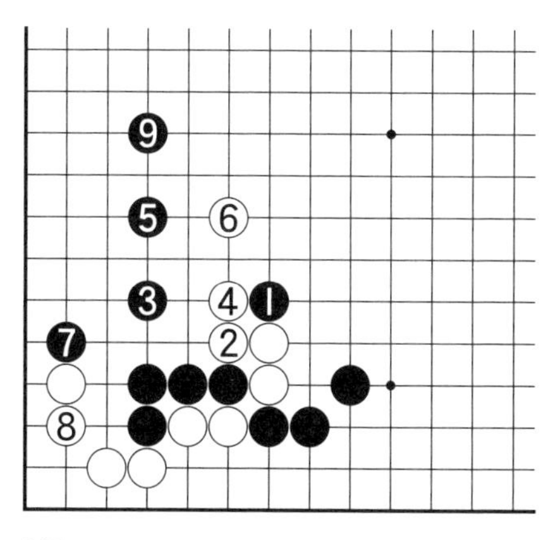
3도

3도 (코붙임)

흑1의 코붙임이 배워둘 만한 맥이다. 백2로 꼬부린다면 흑3, 5로 자연스럽게 진출한다. 이하 9까지 흑은 상당한 성과를 얻을 수 있다.

중앙 백의 자세가 앞 그림에 비해 무겁다는 차이에 주목한다.

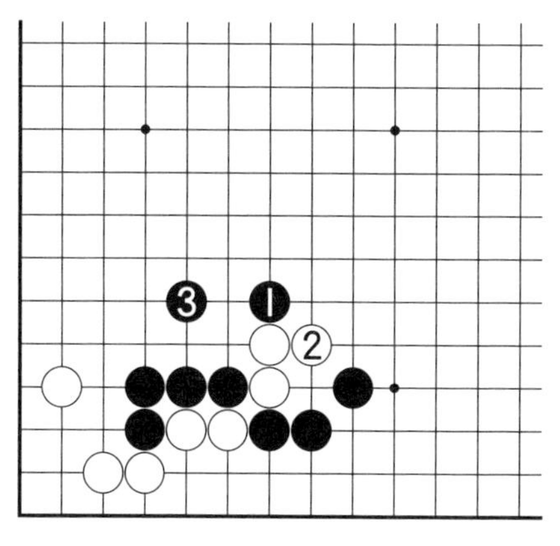
4도

4도 (기분 좋은 활용)

흑1에 대해 백2로 꼬부린다면 흑3으로 뛰는 수가 안성맞춤의 틀이다.

실전에서 백2와 같은 수를 두는 사람은 거의 없겠지만 코붙임 맥의 위력이 그만큼 크다는 뜻이다.

26형

정석 이후

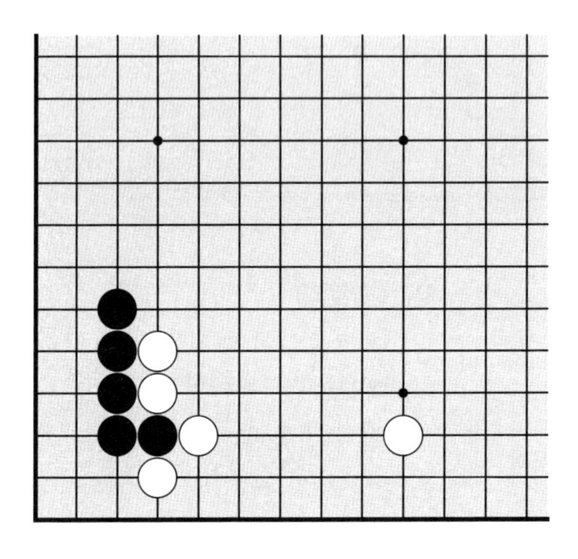

▨ 흑 차례

장면은 밀어붙이기 정석의 한 가지로 백이 하변의 벌림으로 전환해서 생긴 형태이다.

귀의 백은 물론 약점이 많지만, 흑이 자칫 섣불리 건드렸다가는 이적행위가 된다는 데 주의한다. 공격의 급소는 거의 한 군데로 한한다.

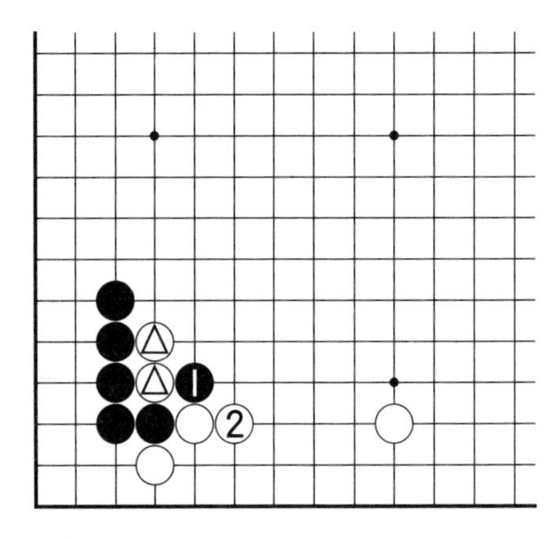

1도

1도 (이적행위)

흑1로 끊는 것은 초심자의 맥. 백2로 늘면 흑은 거의 폐석에 지나지 않은 백Ⓐ 두점을 잡자는 얘기밖에 안 된다. 게다가 하변 백진을 강화시키는 마이너스가 크다.

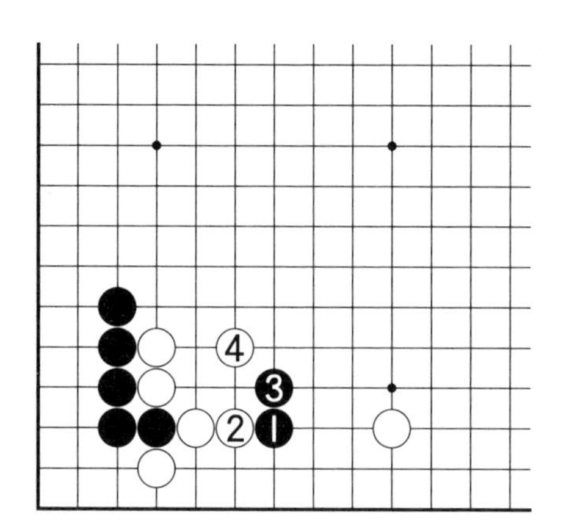

2도

2도 (침투는 무겁다)

흑1의 침투도 형태상의 급소이기는 하다.

그러나 백2에서 4로 모양을 갖추면서 싸워오면 오히려 흑 두점이 무거운 인상이다. 흑1의 수는 재고하고 싶다.

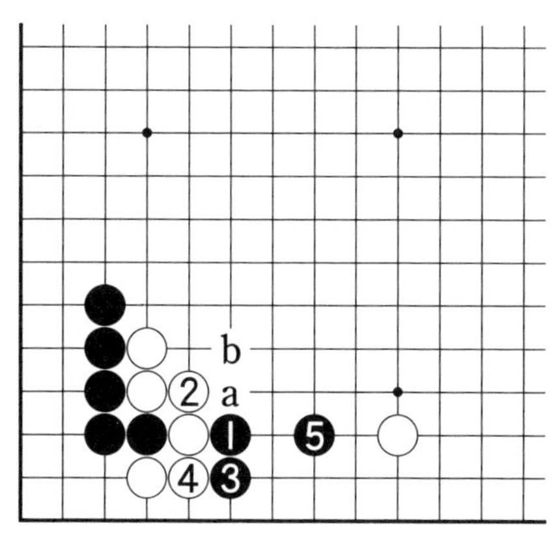

3도

3도 (껴붙임 일발)

흑1로 껴붙이는 수가 급소로 백의 형태가 무너진다. 백2로 위를 이으면 흑은 3을 선수하고 5로 백을 좌우로 분단해 공격할 태세이므로 성공이다.

또 백2로 4면 흑a나 b로 활용해 역시 백은 견딜 수 없을 것이다.

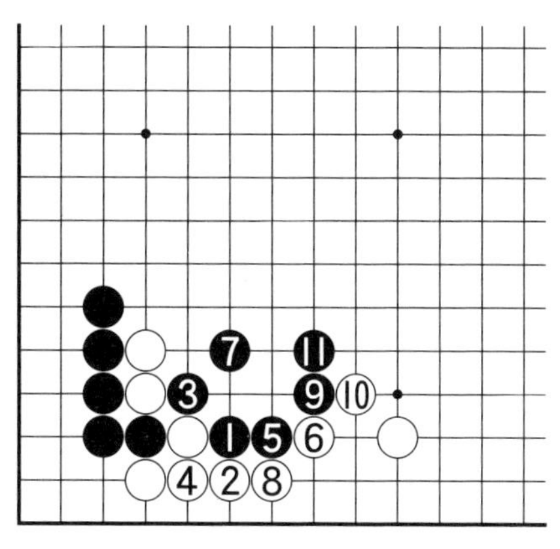

4도

4도 (공격 시기가 중요)

실전에서는 흑1에 대해 백2의 호구를 선택할 가능성이 높다. 흑3의 단수를 얻어맞지만 백6의 맥점 이하 10까지 부풀려 하변을 선수로 굳히는 것으로 만족한다.

따라서 흑도 공격의 시기를 잘 맞추어야 한다.

27형

수순과 타이밍

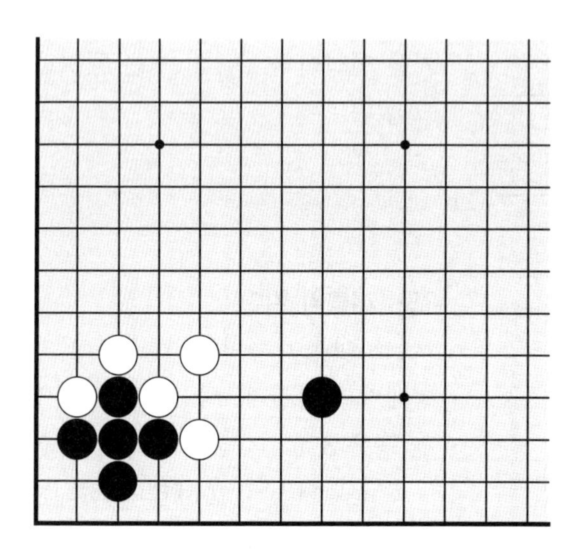

▒ 흑 차례

귀의 흑을 둘러싸고 있는 바깥 백은 들여다보는 수가 많지만 그 수순이 중요하다.

상대가 반발할 타이밍을 주지 않도록 정밀하게 공격하길 바란다.

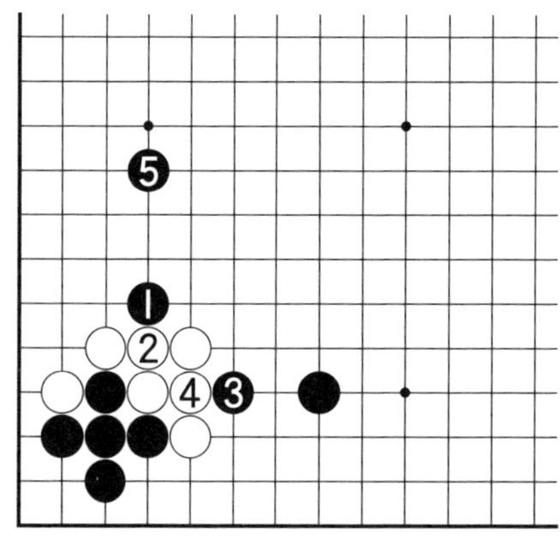

1도

1도 (들여다보는 수순)

흑1로 좌변에서 먼저 들여다보는 것이 수순이다.

들여다보는 곳이 복수일 때는 자신이 약한 쪽, 상대가 강한 쪽부터 두는 것이 요령이라고 알아둔다. 흑5까지 백을 크게 공격하는 데 일단 성공한 모습이다.

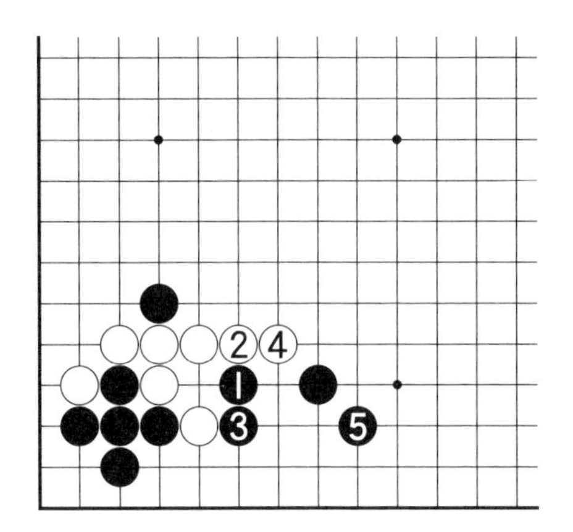

2도 (백의 반발)

앞 그림의 3, 즉 이 그림 흑1에 대해 백2로 밀어 반발하는 수도 있다. 이때는 흑3이 요령이며 백4에 흑5까지 일단락한다.

백은 실리의 손해를 감수하고 흑의 의도를 거스르는 데 주목적이 있으며, 쌍방 이런 정도일 것이다.

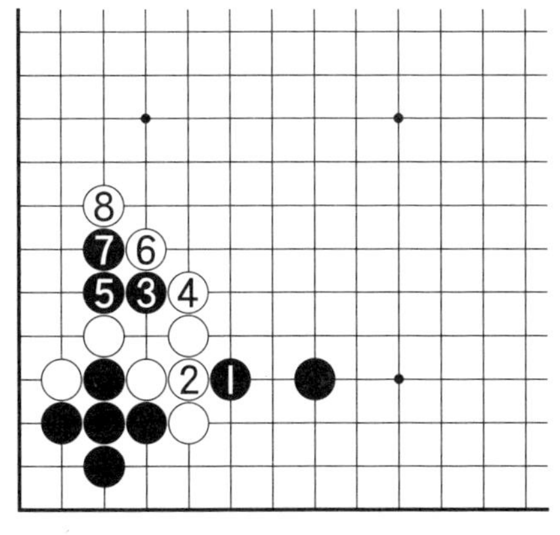

3도 (수순 미스)

흑1로 하변에서 먼저 들여다보고 3이면 백은 4 이하로 반발할 여지가 농후하다.

백6, 8의 이단젖힘이 통렬한 모양으로 흑은 수순 미스로 말미암아 일을 그르친 케이스라 하겠다.

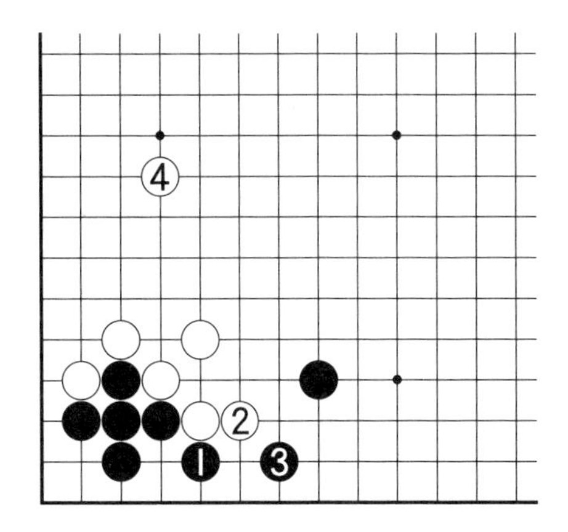

4도 (그냥 넘는 정석)

흑1로 젖히고 3으로 넘는 바둑도 있다. 흑의 입장에서 1도냐 이 그림이냐는 물론 주변의 사정에 따른다.

28형

미는 방향

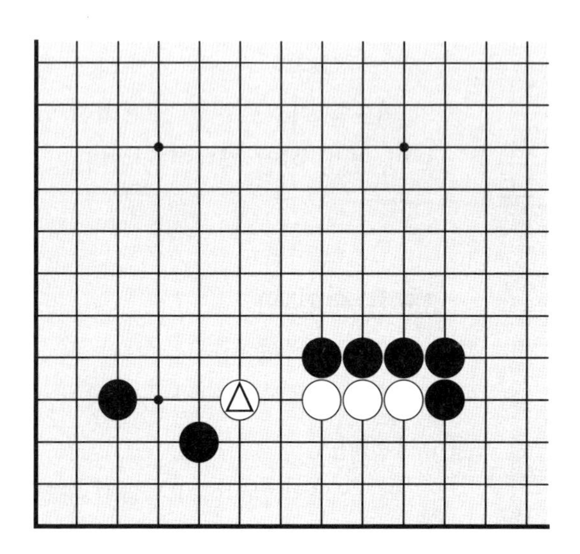

▨ 흑 차례

방금 백Ⓐ로 뛰어나왔다. 상대가 어깨짚음을 해왔을 때 항상 어느 쪽을 먼저 밀 것인가 하는 문제가 생기는데, 방향에 따라 부분적으로 형세의 우열이 생김은 말할 것도 없다.

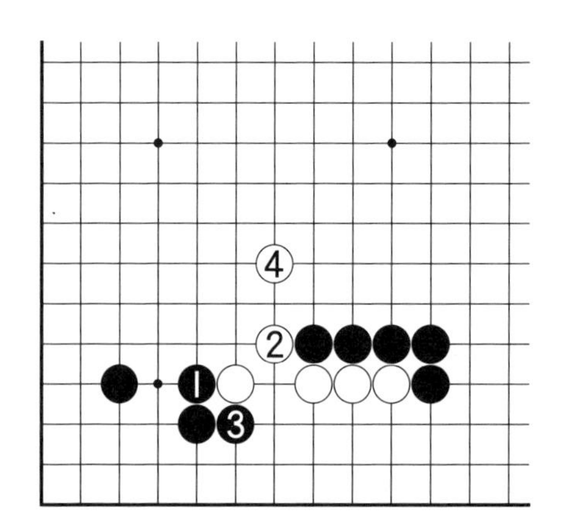

1도

1도 (방향 잘못)

흑1로 위에서 미는 것은 잘못. 백2로 부풀리는 리듬이 좋게 되고 흑3에는 백4로 뛰어 공격의 효과가 미진한 느낌이다.

흑1은 무심코 둔 실수이거나 맥을 몰랐던 탓이다.

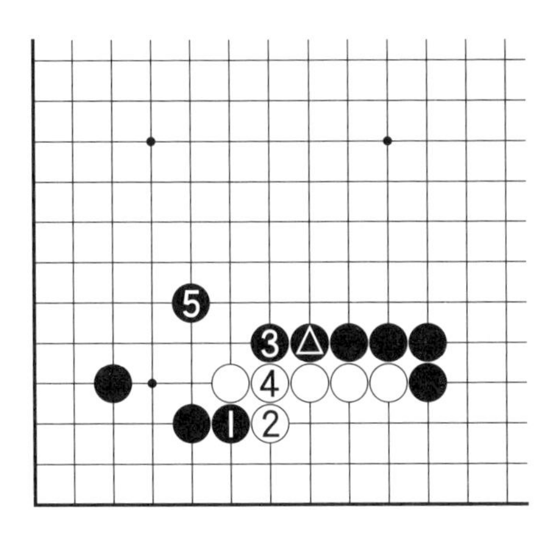

2도

2도 (봉쇄 성공)

흑1로 아래에서 미는 것이 올바른 수순이다. 다음 백2라면 흑3의 들여다봄이 듣는 것이 자랑이다. 거기서 흑5로 씌워 백을 봉쇄하는 데 성공한다.

흑▲가 1의 곳에 있을 때도 마찬가지 맥이 통한다(이번에는 흑▲로 먼저 민다).

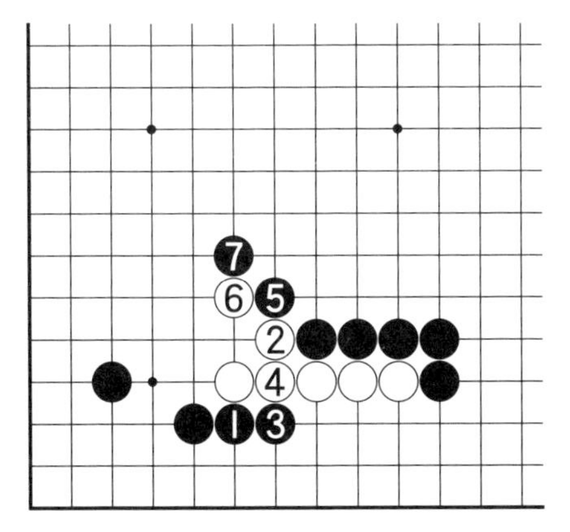

3도

3도 (통렬한 젖힘)

흑1에 대해 백2로 호구쳐 막는다면 흑3이 역시 기분 좋은 선수이다. 백4에 흑5, 7로 이단젖혀 가는 수가 통렬해 백은 견디기 힘들 것이다.

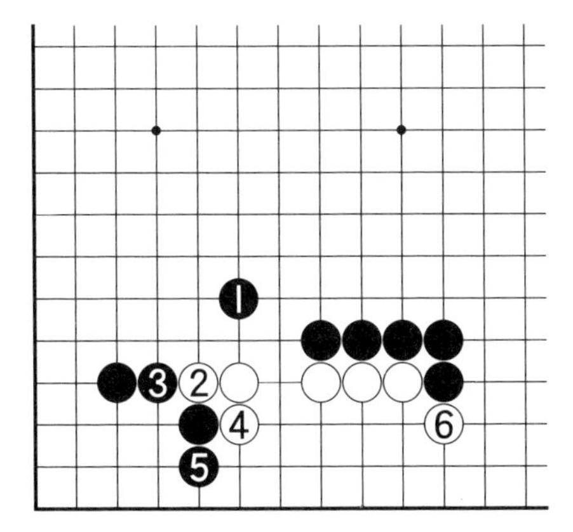

4도

4도 (느슨한 씌움)

처음부터 흑1로 씌우는 것은 느슨하다. 백2, 4를 선수한 다음 6으로 젖혀가는 여유를 주게 된다.

29형

복합 장문

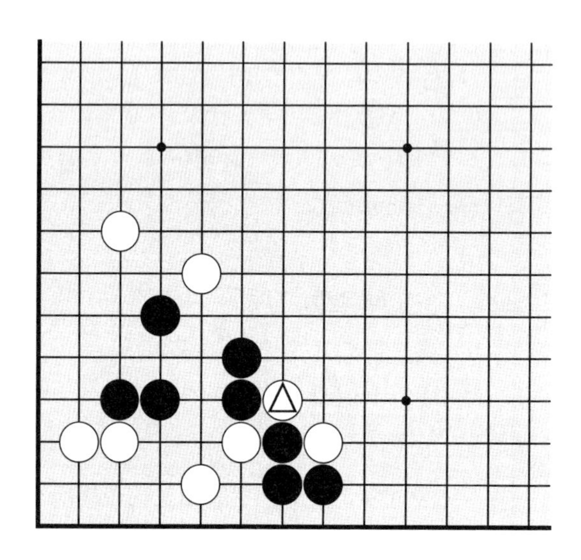

▨ **흑 차례**

백△로 끊겨 분단된 흑을 수습하려면 이 돌을 반드시 잡아야 할 상황이다.

돌을 잡는 대표적인 기술 중의 하나인 장문에도 여러 가지 형태가 있는데, 정해가 되는 맥은 '복합 장문'이라고 말해도 좋을 것이다.

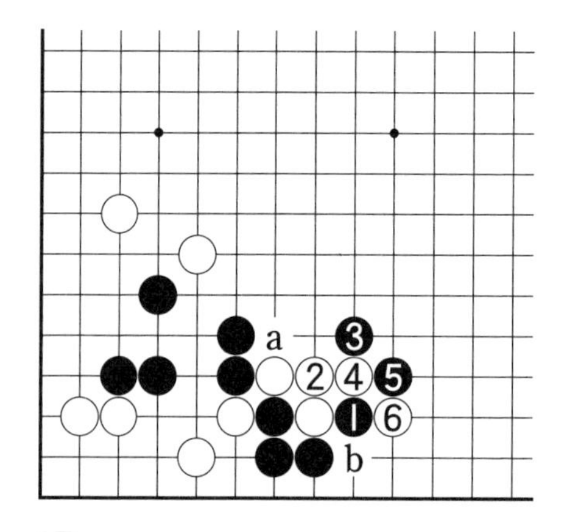

1도

1도 (속수)

흑1로 젖히고 3으로 씌우는 것은 강렬하긴 하지만 백4, 6으로 나와끊는 수가 성립한다.

다음 흑a면 백b로 따내게 되는데, 사석작전 치고 실리의 손해가 이렇듯 커서는 곤란하다.

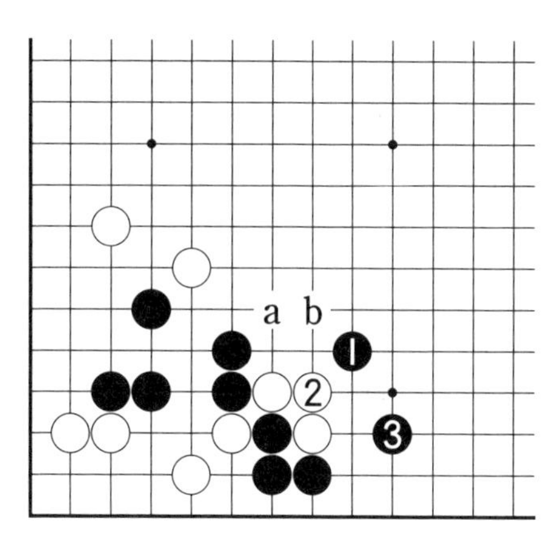

2도

2도 (교묘한 장문)

흑1의 장문이 교묘하다. 백2로 잇는다면 흑3이 후속타이다. 이것으로 백 석점은 빠져 나가지 못한다.

이후 백a든 b든 백이 잘 안 되는 모양이다.

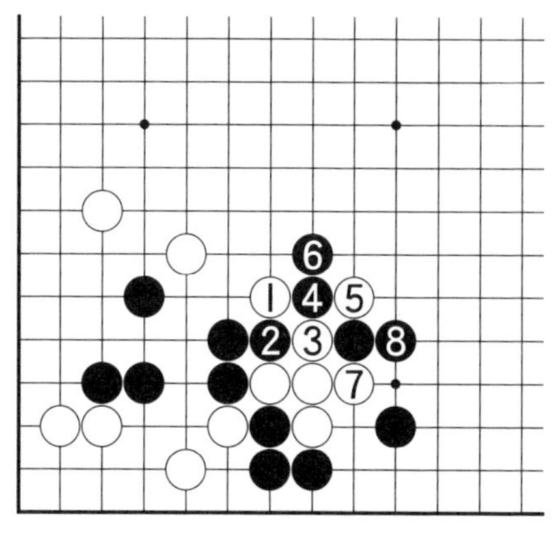
3도

3도 (확인 1)

백1에는 흑2, 4로 나와끊어 백은 몇 발짝 달아나지 못한다.

이하 흑8까지는 그걸 확인하는 수순이나 다름없다.

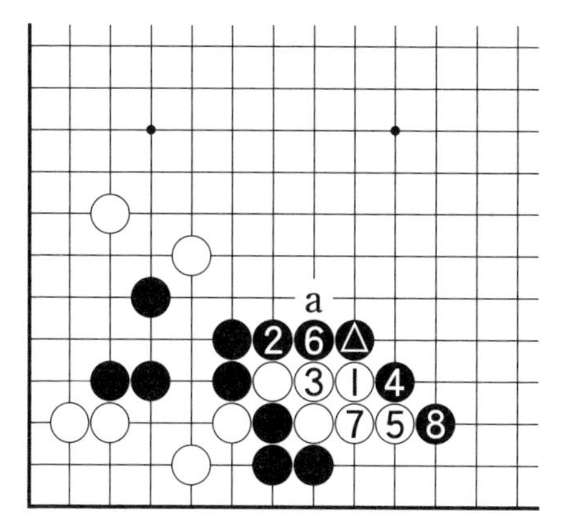

4도

4도 (확인 2)

흑▲에 대해 백1로 호구쳐 저항해도 흑2로 먼저 모는 수에 의해 빠져나가지 못한다.

백3에 흑4 이하는 앞 그림에서와 마찬가지로 그걸 확인하는 수순이다(백5로 6에 찌르면 순간 흑a의 단수로 축).

30형

맥의 힘

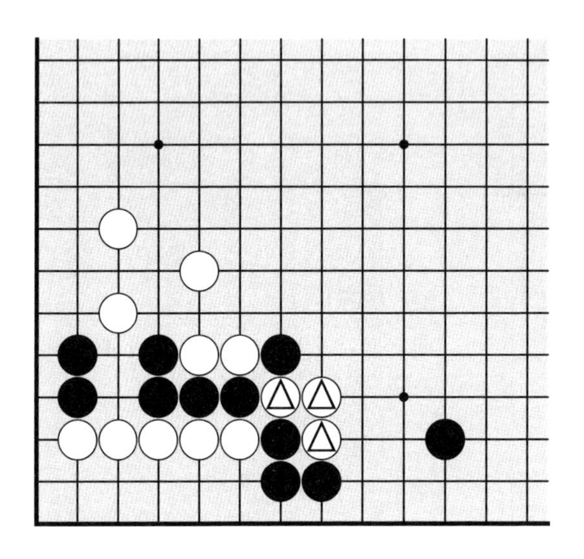

▨ 흑 차례

같은 맥을 성립시키더라도 수순에 따라 손익이 달라지는 예가 가끔 있다.

이 모양에서 흑이 백Ⓐ 석점을 잡는 데 미리 손해 보는 수를 두지 않아야 한다는 것이 문제의 포인트이다.

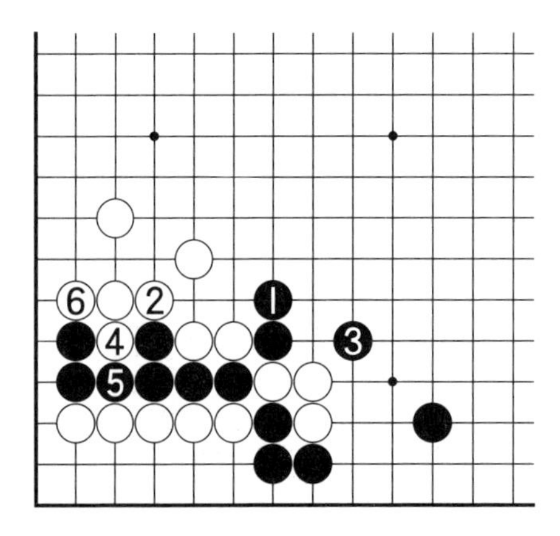

1도

1도 (지나친 예비동작)

흑1로 서고 3으로 씌우는 것은 준비가 지나쳐 일을 그르치고 있다.

백4, 6으로 메워 흑이 1수 부족으로 잡히게 되어서는 실패이다.

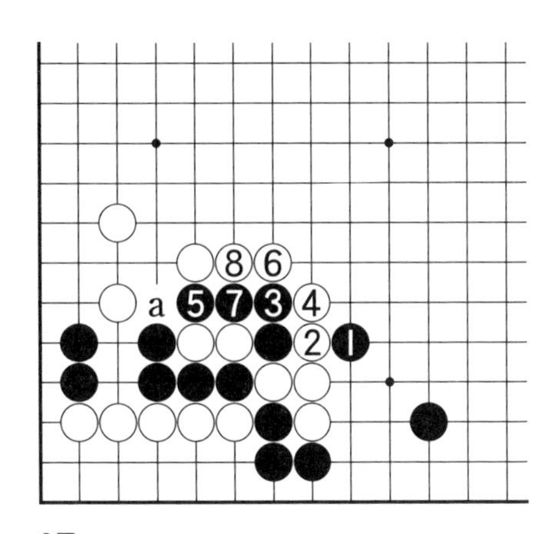

2도

2도 (준비 부족)

흑1로 뛰는 수는 준비 부족. 백2에서 4로 뚫고 나와 왼쪽 두점을 버리면 할 말이 없다. 그리고도 흑 전체가 아직 한 눈뿐.

또 흑5로 이제 와서 6에 늘어도 백a로 막아 흑의 죽음이다.

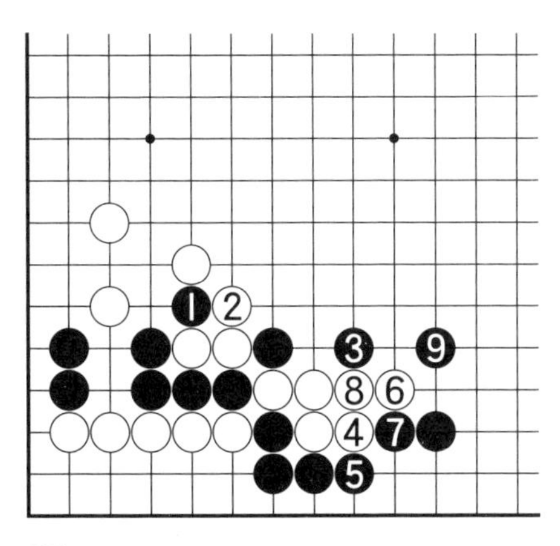

3도

3도 (절묘한 끼움)

흑1로 끼우면서 단수해 백2와 교환시키고 나서 흑3으로 씌우는 것이 절묘한 수순이다. 백4 이하로 달아나려 해도 결국 흑9의 장문이 기다리고 있다.

흑은 4수인데 백은 3수이므로 수상전은 흑의 1수 승이다.

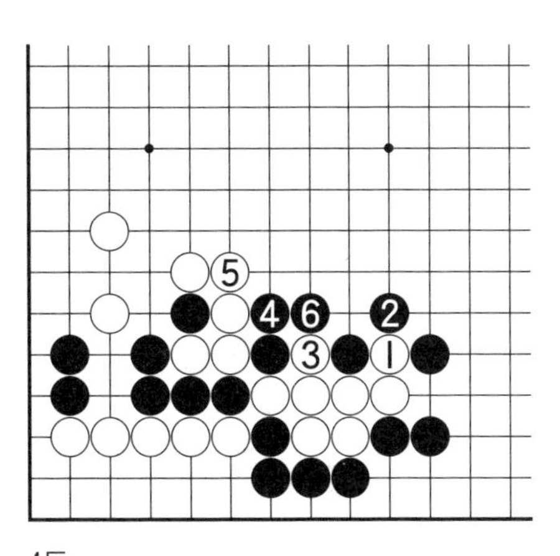

4도

4도 (촉촉수)

백1부터 움직여봐도 흑4의 단수가 들어 6까지 촉촉수이다.

백이 왼쪽 석점을 포기하지 않는 이상 죽음을 피할 길이 없다.

2장

타개의 맥과 급소

타개나 수습의 맥은 공격과는 상반된 개념이다. 초반과 중반에 걸쳐 자신의 형태를 정비하는 것은 물론 상대의 집을 부수러 들어가거나 삭감할 때, 그리고 자신의 위급한 말을 처리하거나 상대의 약점을 추궁하는 경우 등 다양한 용도를 갖는다.

특히 여기서는 붙임수가 많은데, '타개나 수습은 붙임으로부터'라고 할 만큼 실전에서도 유용한 맥으로 쓰일 때가 많기 때문이다.

우선 시작하기 전에 상대의 진영에서 가볍게 수습하는 맥을 집중해서 알아보도록 하자.

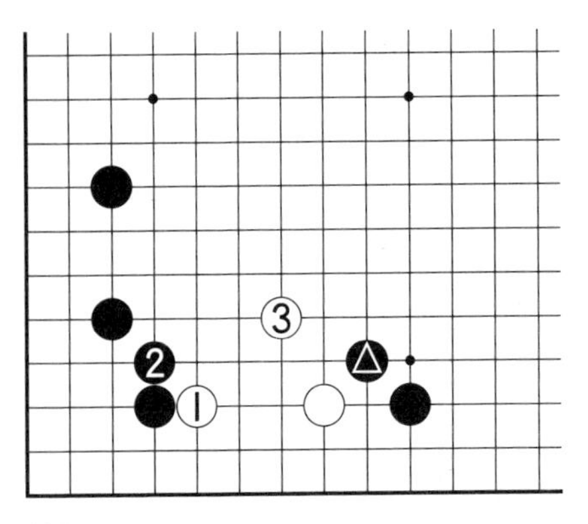

1도

1도 (붙이고 달아난다)

백이 하변의 흑 진영에 뛰어들고 방금 흑▲로 공격을 받아 어려운 상황이다. 여기서 백1로 하나 붙여 3으로 달아나는 맥에 주목하기 바란다. 백1은 '수습은 붙임으로부터'라는 격언대로이다. 단순히 백3으로 달아나면 쉽게 공격의 표적이 된다.

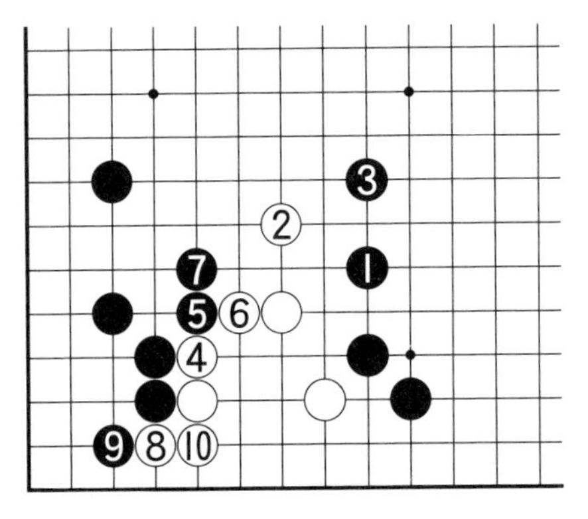

2도

2도 (효과 충분)

계속해서 흑1로 뛰면 백2, 흑3 다음 백4 이하 10까지 쉽게 삶의 모양을 갖추게 된다.

처음의 상황과 비교할 때 붙인 효과는 충분하다 하겠다.

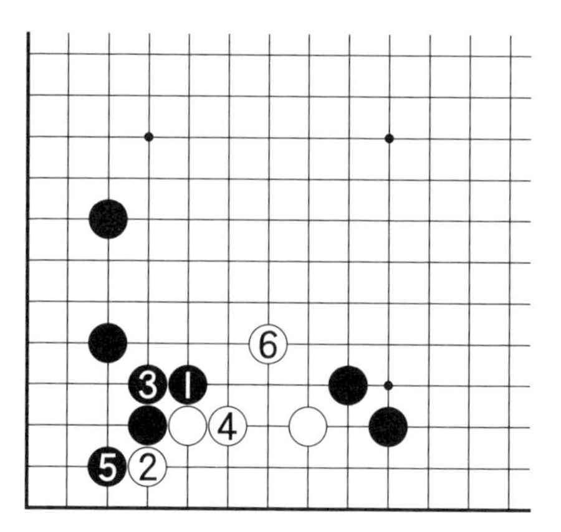
3도

3도 (되젖힘)

백의 옆구리붙임에 흑1로 위로 젖힌다면 백2로 아래서 되젖히는 것이 수습의 리듬이다. 다음 흑3이라면 백4에서 6으로 거뜬히 진출한다.

그리고 귀의 젖힘 하나는 눈모양에도 도움이 되고 있다.

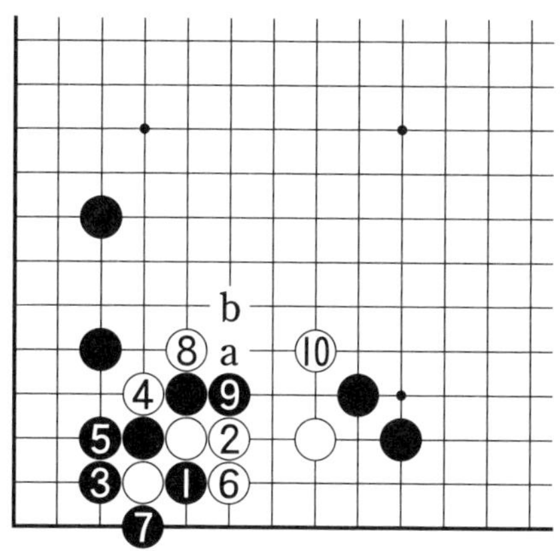

4도

4도 (백10, 탈출의 맥)

앞 그림의 3으로 이 그림 흑1에서 3으로 끊어 잡는다면 백4, 6을 듣게 하고 8로 몬다. 흑9에는 백10이 탈출의 맥.

계속해서 흑a에는 백b로 죄어붙이는 요령으로 수습한다.

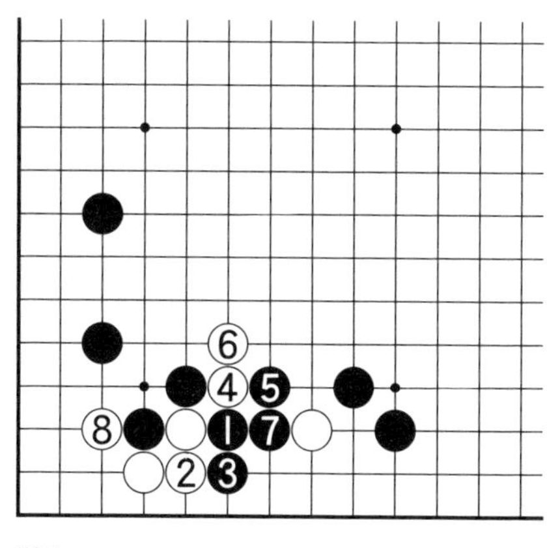
5도

5도 (귀를 부수고 산다)

또 흑1로 몰고 3으로 반발한다면 백4로 끊어두는 것이 수순이다.

흑5, 7로 몰고 잇는 것은 절대인데, 거기서 백8로 젖혀 귀를 부수고 크게 살 태세이다.

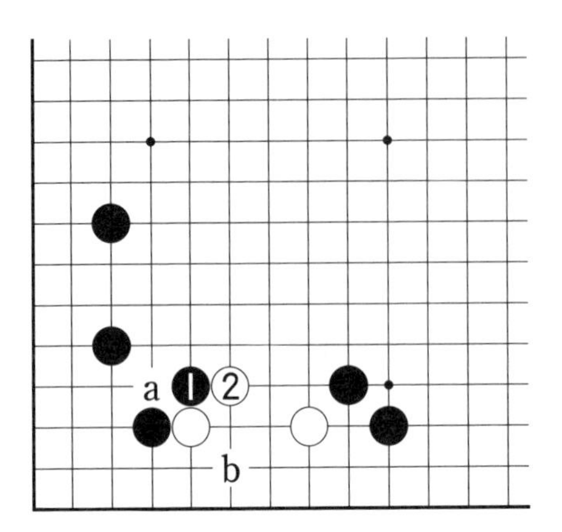

6도

6도 (되젖히는 맥)

이번에는 흑1에 백2로 되젖히는 맥이다.

다음 흑a로 이으면 백b로 호구쳐서 역시 안전한 자세가 나온다.

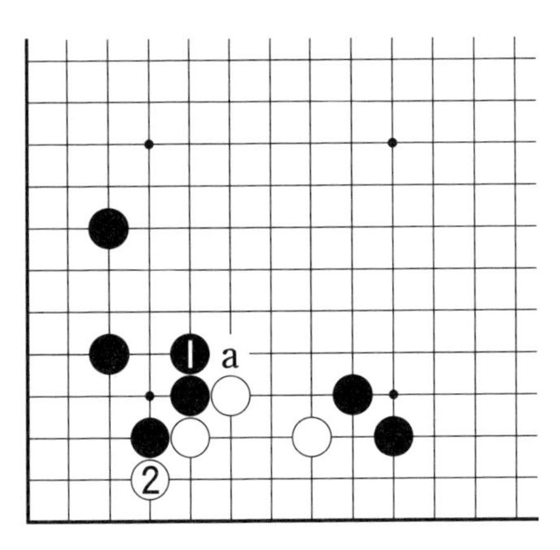

7도

7도 (이단젖힘)

흑1로 서는 수에는 백2의 이단젖힘이 경쾌한 수습의 맥이다. 참고로, 백2의 수로 a에 미는 것은 무거운 발상이므로 주의를 요한다.

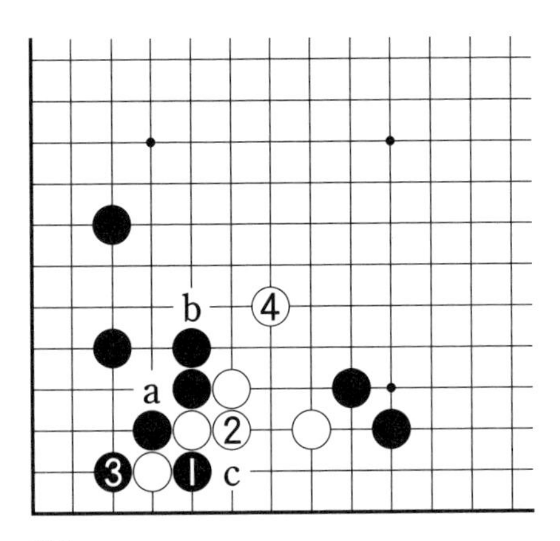

8도

8도 (듣는 맛)

계속해서 흑1에서 3으로 끊어 잡는다면 백4로 뛰어나가는 리듬이 좋다. 백은 a의 단수에서 b의 붙임, 그리고 c의 단수 활용이 있어 충분히 안정된 형태라 할 수 있다.

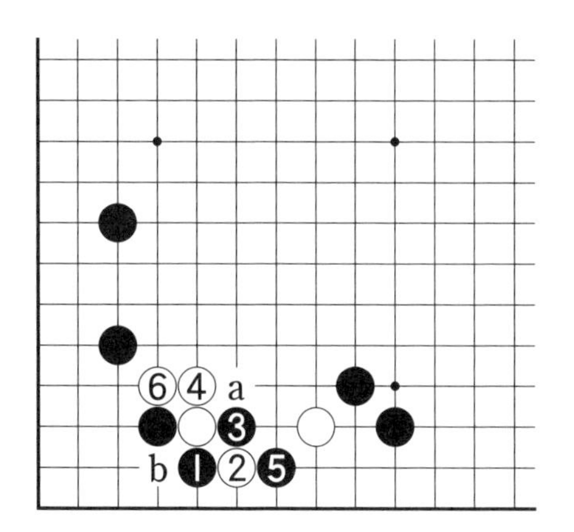

9도

9도 (단순히 꼬부려 수습)

백이 붙인 수에 흑1로 아래서 젖히면 백2로 되젖히는 것이 맥이다. 흑3, 5로 반발한다면 백6으로 가만히 꼬부려 간단히 수습한다.

물론 백은 a, b의 단수를 보류하는 것이 묘미이다.

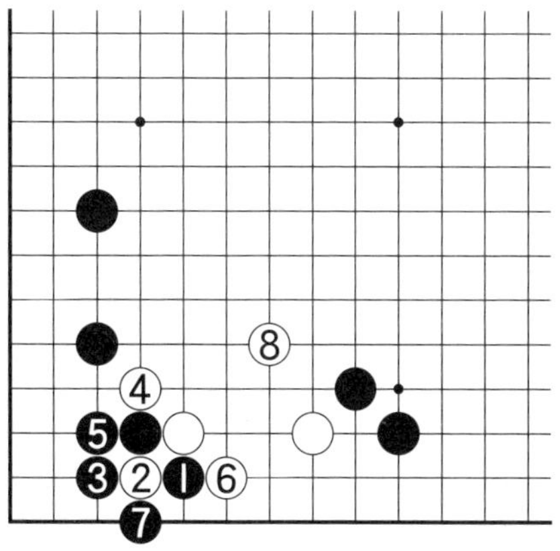

10도

10도 (맞끊는 맥)

국면에 따라서는 흑1에는 백2로 맞끊는 것도 맥이다.

흑3으로 잡기를 기다려 백4 이하 8까지 가볍게 날아오르는 수가 포인트이다.

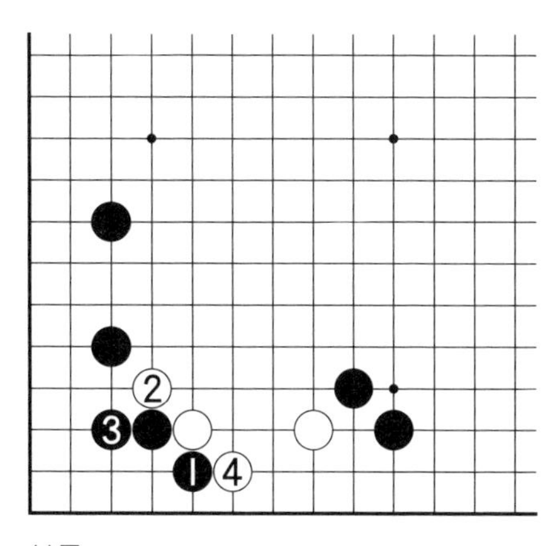

11도

11도 (되젖힌 후 이단젖힘)

흑1에는 백2로 되젖히고 흑3과 교환한 다음 백4로 이단젖히는 수도 맥이다.

이것 역시 수습한 형태라 볼 수 있다.

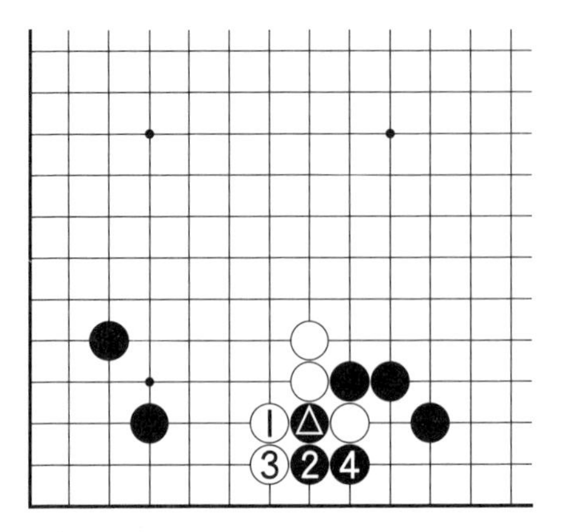

12도

12도 (백3, 속수)

테마를 약간 달리해서, 흑▲로 끊은 수에 대해 백1로 몬 것까지는 좋았으나 3의 막음을 결정한 것은 속수이다.

이제 흑은 아무 뒷맛도 없는 모양으로 백은 무겁게 달아나야 할 처지가 되었다.

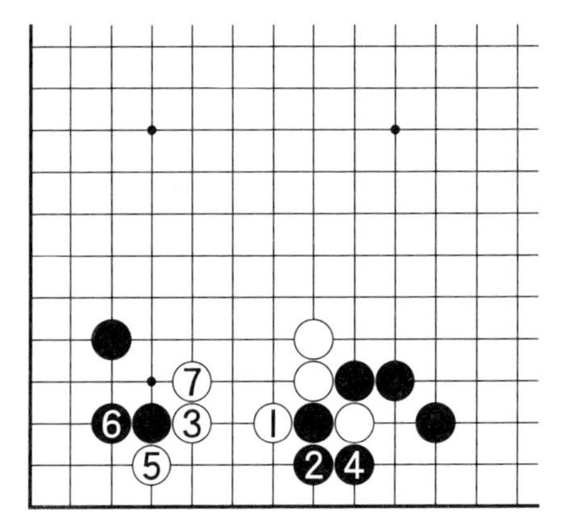

13도

13도 (백3, 붙임이 맥)

백1로 몰아둔 다음 3으로 왼쪽 흑의 옆구리에 붙여가는 것이 묘미 있는 맥이다.

흑은 곱게 4로 잡는 정도인데, 거기서 백5의 젖힘을 듣게 하고 7로 올라선다. 이 백은 보다시피 대번에 안정한 모양이다.

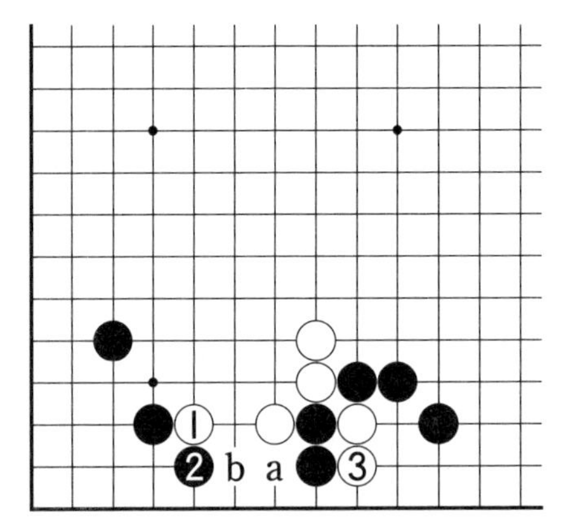

14도

14도 (두점이 잡힌다)

백1에 대해 흑2로 반발한다면 백3으로 막아 하변의 흑 두점은 이대로 잡힌 모양이다.

다음 흑a로 달아나려 해도 백b로 끼워서 흑은 살 수 없다.

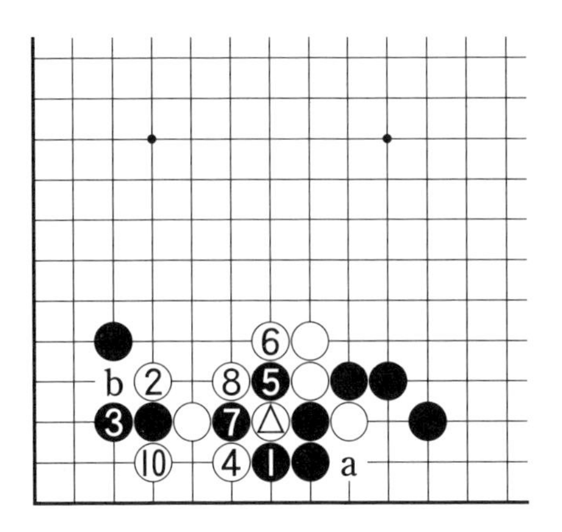

15도

15도 (흑, 무리)

앞 그림 2의 수로 이 그림 흑1로 움직인다면 백2의 젖힘을 하나 듣게 하는 것이 기분 좋다.

계속해서 백4로 틀어막고 흑5에는 백6, 8로 죄어붙인다. 백10 다음 a와 b가 맞보기. 보다시피 흑이 망한 결과이다.

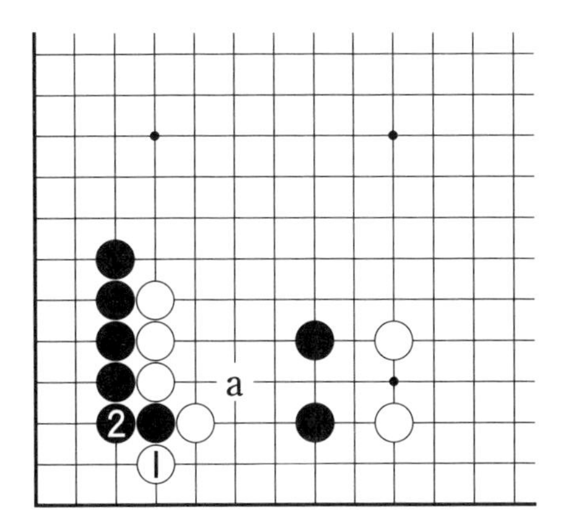

16도

16도 (백1, 속수)

이 형태에서도 백1로 모는 것은 기교가 없다.

흑2 다음 백a로 보강하자니 억울하고 손을 빼자니 흑a부터의 공격이 두려운 모양이다. 따라서 백1로는~

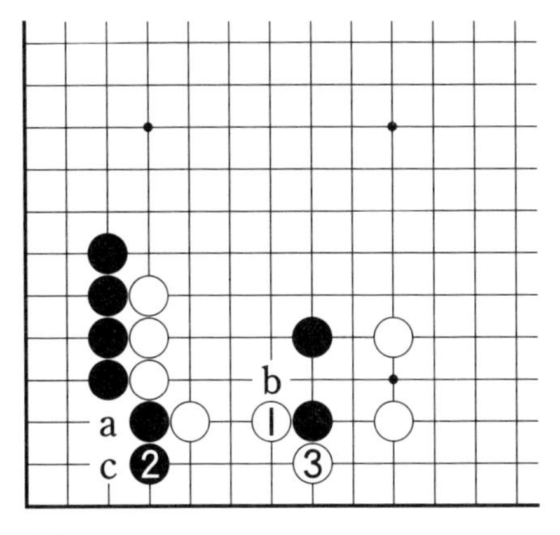

17도

17도 (효율적 붙임)

백1로 붙여서 흑의 응수를 묻는 것이 돌의 효율을 최대한으로 추구하는 맥이다. a의 단점을 방비해 흑2로 내려선다면 백은 3으로 젖혀 오른쪽 우군과 연결해서 성공이다.

또 흑2로 b라면 백a, 흑2, 백c로 두점을 잡는다.

1형

시야를 넓혀라

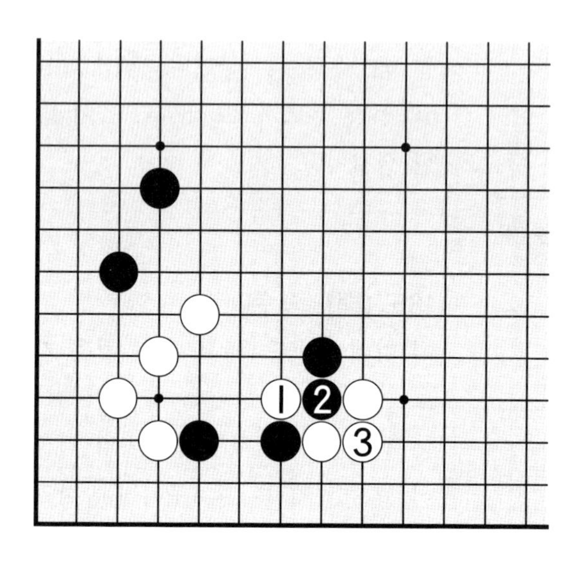

■ 흑 차례

백1로 반발해 3으로 이은 장면이다.

여기서 흑은 개개의 돌에 신경을 쓰기보다는 시야를 넓혀 가볍게 수습하는 기술이 필요하다.

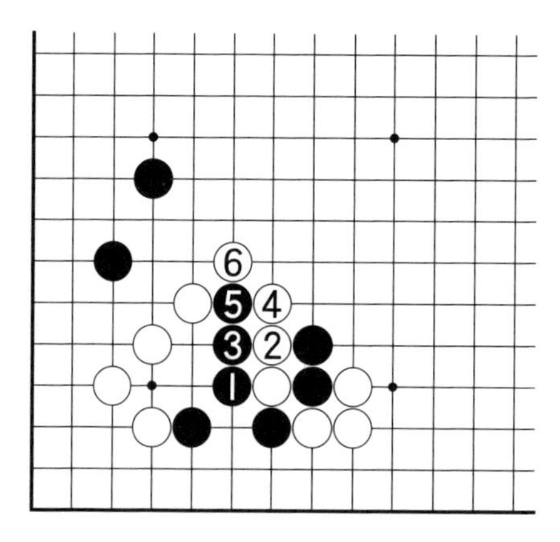

1도

1도 (속맥)

흑1로 몰고 나가는 것은 속맥. 백6으로 막혀 꼼짝없이 포위된 신세로 거의 압사를 당할 지경이다. 흑은 보다 유연한 발상이 필요하다.

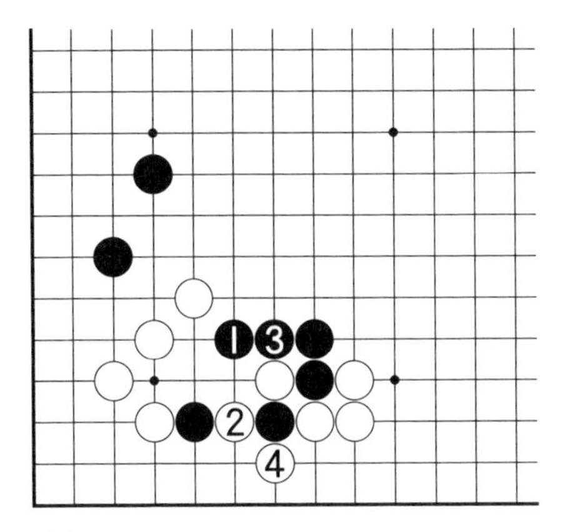
2도

2도 (씌우는 맥)

단수를 보류하고 흑1로 씌우는 것이 수습의 맥이다.

그런데 백2 때 흑3의 단수를 결정하는 것은 묘미를 잃는다. 출발은 좋았으나 마무리에 문제가 있다. 흑3으로는~

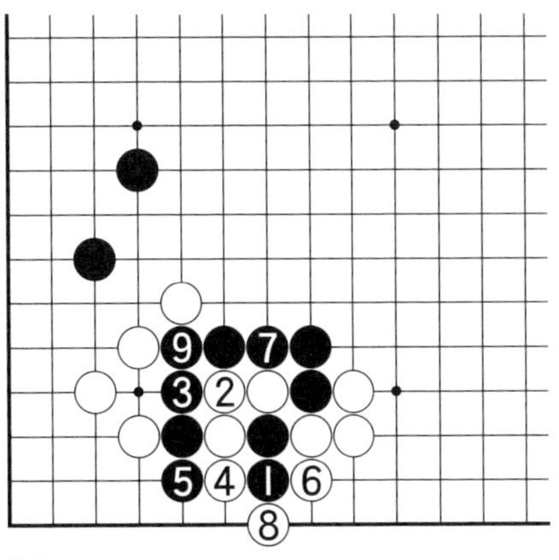
3도

3도 (키워서 버린다)

흑1의 두점으로 키워서 버리는 것이 좋은 사석전법이다.

백2, 4에는 흑3, 5로 죄어붙이는 맥이 그것으로 이하 흑9까지 백진을 맛좋게 돌파하는 데 성공한다.

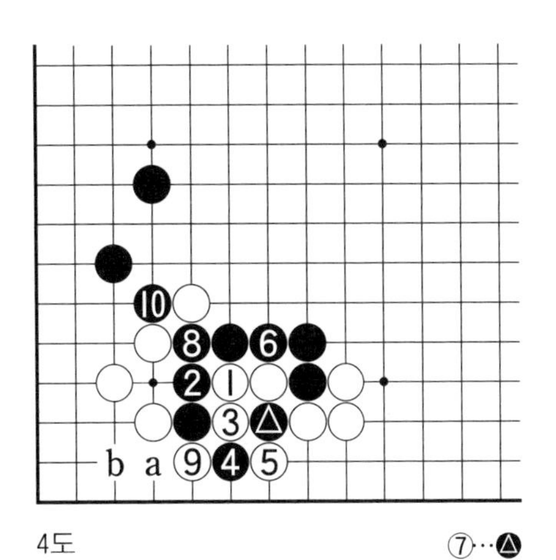

4도 ⑦…▲

4도 (절단)

처음부터 백1로 나가는 것은 흑2로 막혀 자충이나 다름없다. 백3에는 흑4, 6으로 회돌이를 치고 8로 꽉 이어 백의 피해는 더 커진다.

백9에는 흑10의 끊음이 선수로 작용한다. 백은 흑a의 맛을 방비해 b로 보강해야 하는 모양이다.

2형

죄어붙여 타개한다

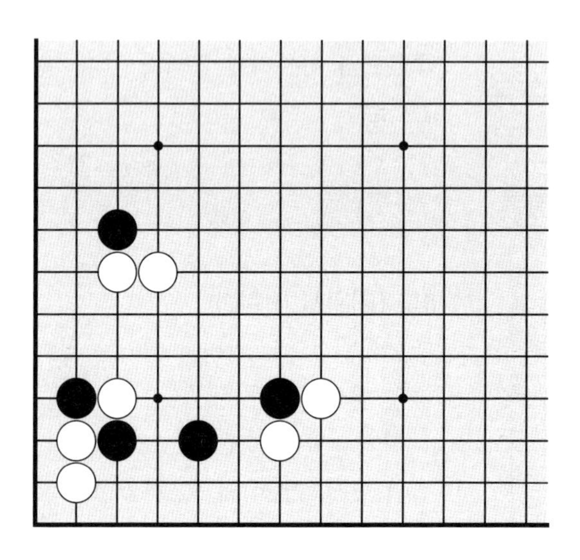

▩ 흑 차례

한눈에 죄어붙여 타개하는 맥을 요구한다고 느끼면 형태에 밝은 사람이다. 다만 그것을 위해 용의주도한 준비공작이 필요하다.

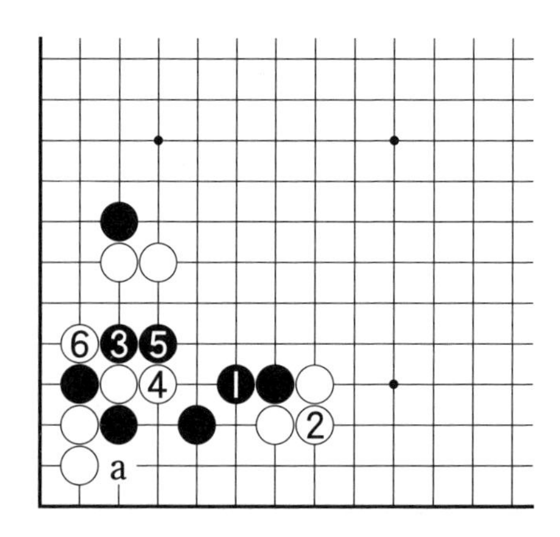

1도

1도 (거리가 멀다)

흑1로 끄는 수는 다음 2의 끊음과 3부터 죄어붙이는 수를 맞보기로 삼는다는 뜻인데, 여기서는 그 거리가 너무 멀다. 백6으로 잡아 별 게 없는 모양이다.

흑3으로 4에 몰고 백3, 흑a에 막는 것도 불충분한 결과로 보인다.

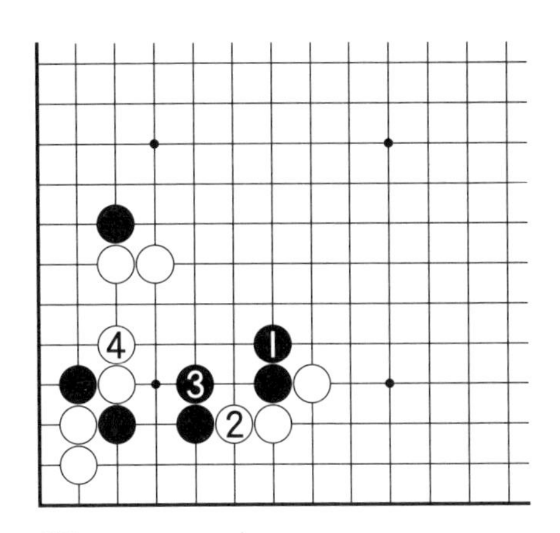
2도

2도 (느슨)

흑1로 느는 것은 그야말로 느슨한 수이다. 백2에서 4로 두면 흑은 전체가 불안한 형태가 된다.

죄어붙여 타개한다는 테마를 망각한 처사라고 밖에는 볼 수 없다.

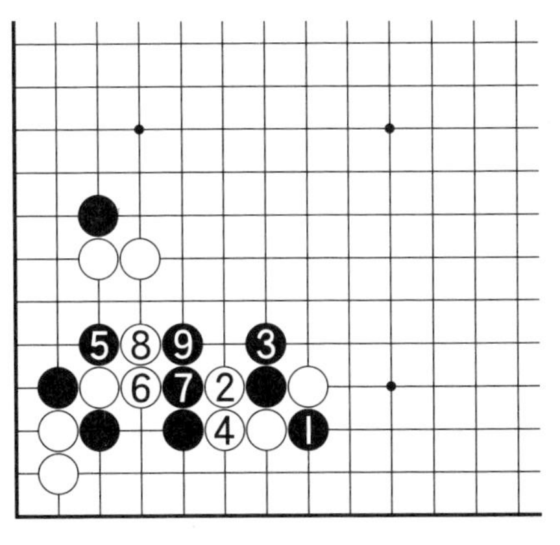
3도

3도 (맞끊음)

흑1로 맞끊어 수습을 구하는 것이 최강 최선의 방책이다.

백2로 몰고 4로 잇는다면 흑5로 몰고 7, 9로 돌파하는 수순으로 죄어붙이는 맥이 멋지게 성립한다.

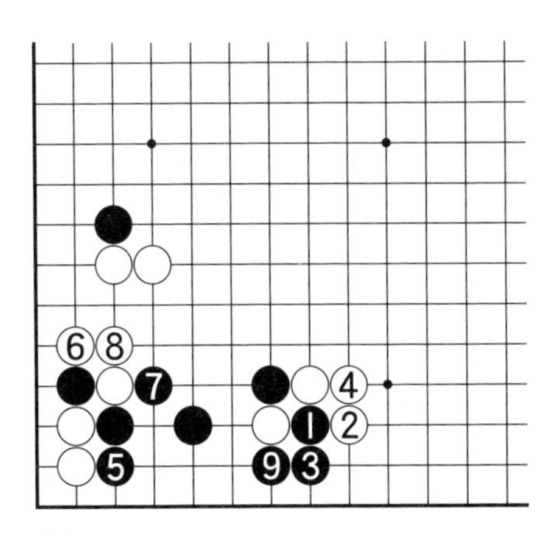
4도

4도 (서로 수습)

흑1에 대해 백2, 4로 몰고 잇는 정도일 것이다. 이제 흑은 5의 막음을 선수하고 9까지 깨끗이 수습하는 모양이다.

물론 이것은 백의 수습책이기도 하다.

3형

주문을 거부한다

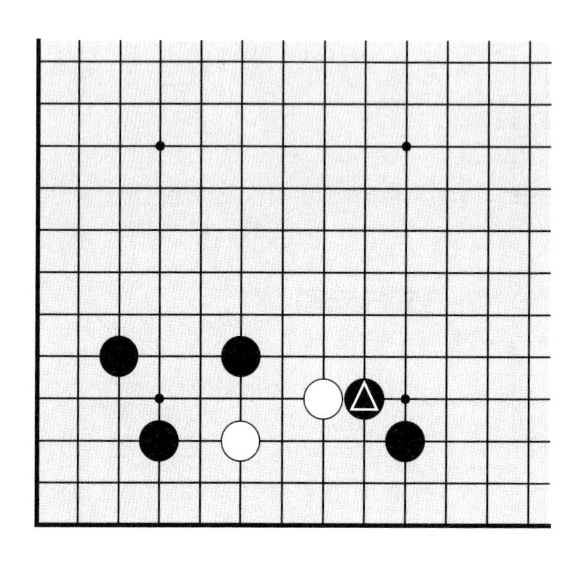

▒ 백 차례

흑△의 마늘모붙임에 백은 어떻게 응할 것인지가 초점이다.

상대의 주문을 가볍게 피하는 것도 수습과 타개에서 중요하다.

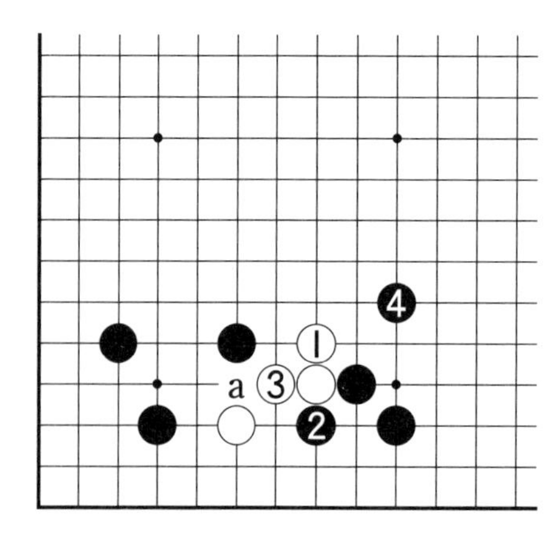

1도

1도 (흑의 주문대로)

백1로 느는 것은 마늘모붙임의 주문을 그대로 들어주는 수이다.

흑2로 젖혀 백3의 빈삼각을 강요하고 흑4로 뛰게 되면 백 일단이 잔뜩 무거워진 모습이 되어 한방 먹은 결과이다. 도중 백3으로 a면 흑3의 끊음이 아프다.

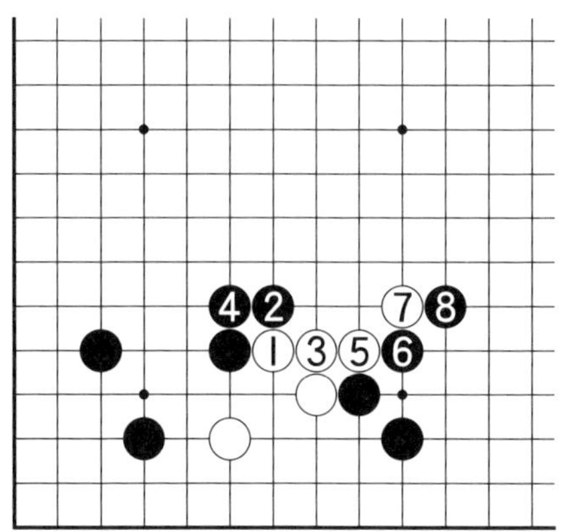

2도

2도 (역시 괴롭다)

마늘모붙임에 마늘모붙임. 백1은 앞 그림과 같은 우형을 피한 뜻이지만, 역시 백3의 빈삼각을 두어야 하는 것이 쓰라리다.

흑4로 차분히 잇고 백5에는 흑6, 8로 이단젖혀와 백이 괴롭기는 매한가지다.

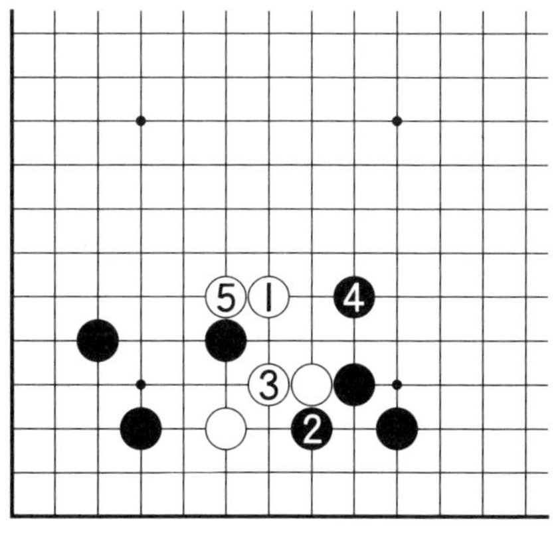

3도

3도 (날일자 맥)

백1의 날일자로 벗어나는 수가 눈여겨보아야 할 맥이다. 흑2에는 백3에서 5로 효과적인 탈출이 가능하다.

백1은 '상대가 무겁게 나오면 이쪽은 가볍게' 대응하는 리듬감각인 것이다.

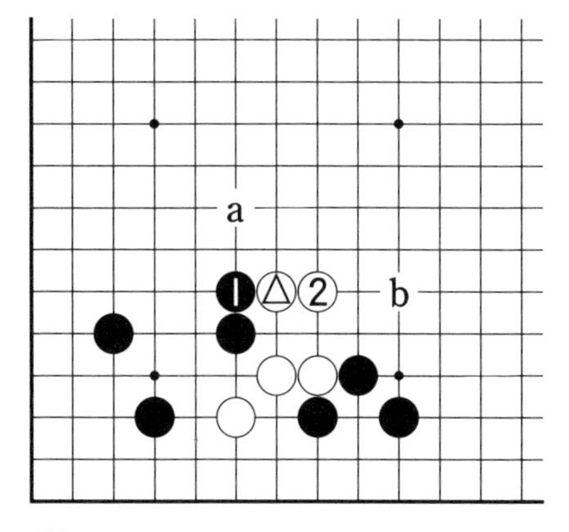

4도

4도 (쌍립 탈출)

백△에 대해 흑1로 밀어온다면 백2로 쌍립을 서서 안전하게 탈출한다. 다음 흑a에는 백b의 뜀이 요령이다.

4형

돌파의 기술

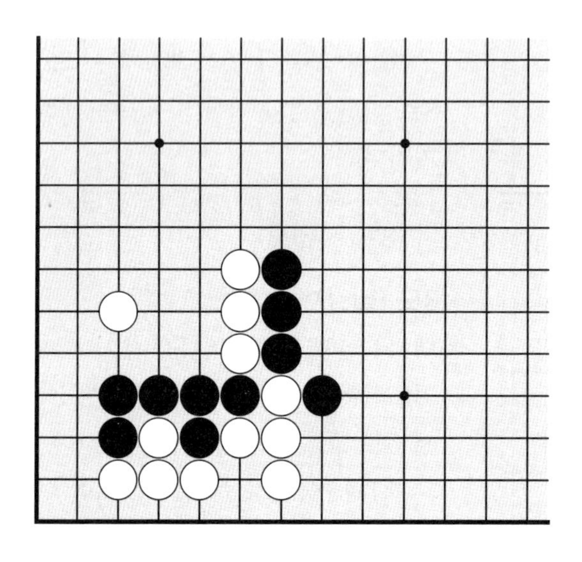

▨ 흑 차례

백진 속에 갇힌 흑 여섯점이 어떻게 탈출할 것인지가 초점이다.

실은 성공이냐 실패냐가 생사문제로 직결되는 케이스인데, 백의 두칸 포위망의 허점을 교묘하게 찌른다면 죽는 일은 없다.

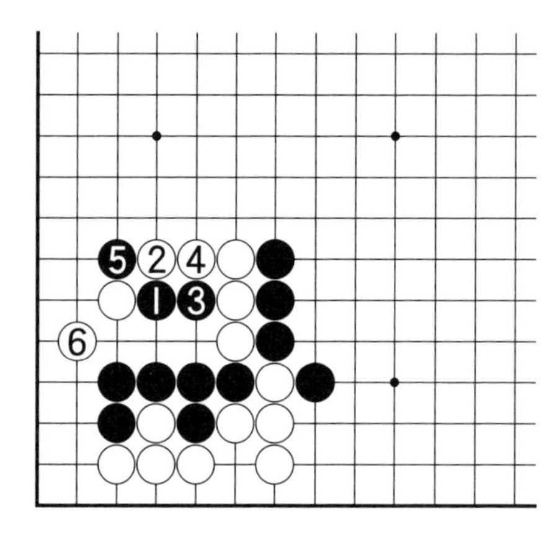

1도

1도 (교묘한 마늘모)

흑1로 붙여 3으로 쌍립을 만드는 것은 스스로 공배를 메워 좋지 않다.

흑5로 끊어 보지만 백6의 마늘모가 교묘한 맥으로 흑은 무사하지 못하다.

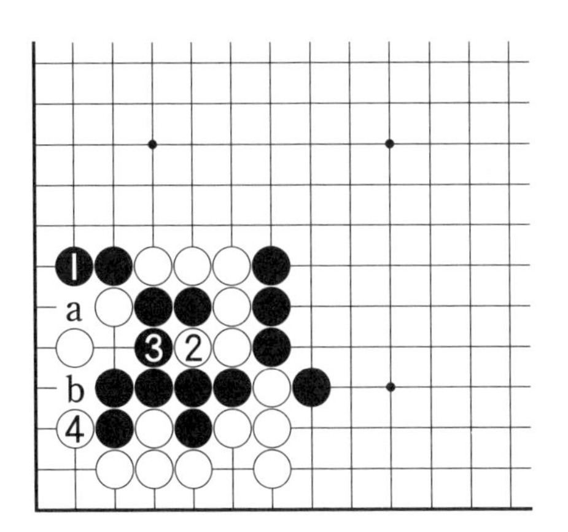

2도

2도 (흑, 죽음)

흑1로 내려서는 한수인데 백2에서 4로 젖혀 흑 일단이 그대로 죽음을 맞는다.

다음 흑a에는 백b로 두어 환격이 성립하는 모양이다.

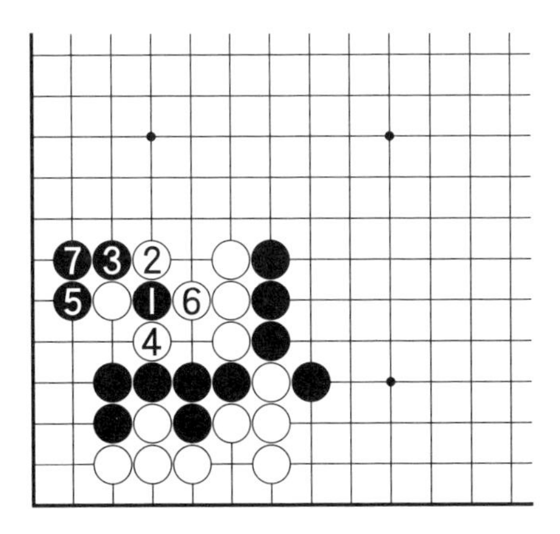

3도

3도 (붙여끊음)

평범한 맥으로는 안 된다는 위기의식을 갖는 마음가짐이 우선 중요하다. 흑1에서 3으로 맞끊는 비상수단이 아니면 안 된다.

백4를 기다려 흑5로 모는 타이밍이 그것으로, 7까지 좌변으로 진출해 삶을 확보하는 데 성공했다.

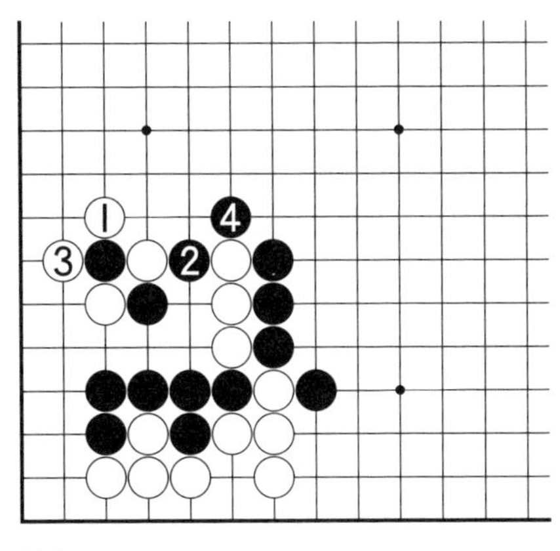

4도

4도 (석점 포획)

붙여끊은 수에 대해 백1로 몬다면 이번엔 흑2로 몰고 4로 막아 백 석점을 포획하고 산다.

이처럼 붙여끊는 수는 양쪽을 맞보며 탈출하는 맥으로 실전에서도 흔히 나온다.

5형

피해를 최소로 하는 안목

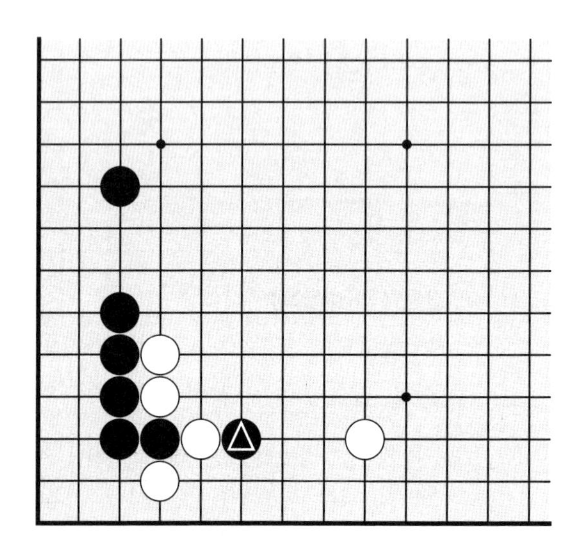

▨ 백 차례

상대가 급소를 찔러왔을 때 무겁게 처리하는 것은 나쁘다고 말했지만, 어차피 상당한 피해가 예상된다면 희생을 최소로 줄이는 안목이 필요하다.

흑△로 붙여온 수에 백은 어떻게 대응할지 생각해보자.

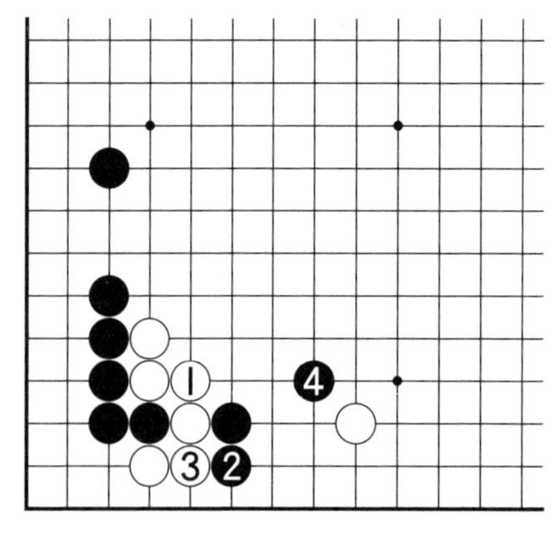

1도

1도 (흑의 주문)

백1로 위를 잇는 것은 상식적인 태도이지만, 흑2에서 4로 기대어 나오면 양분된 백이 괴로워진다.

더구나 왼쪽은 흑의 강한 벽이 대기하고 있지 않은가.

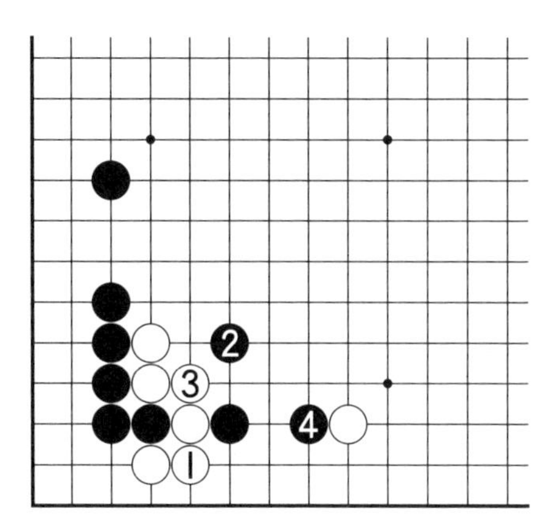

2도

2도 (아래 이음이면)

백1로 아래를 잇는다면 흑2로 뛰는 수가 호착이 된다.

다음 백3의 이음을 강요하고 흑4로 뛰어붙이는 리듬이 좋아 백은 역시 수습하기 힘든 모양이다.

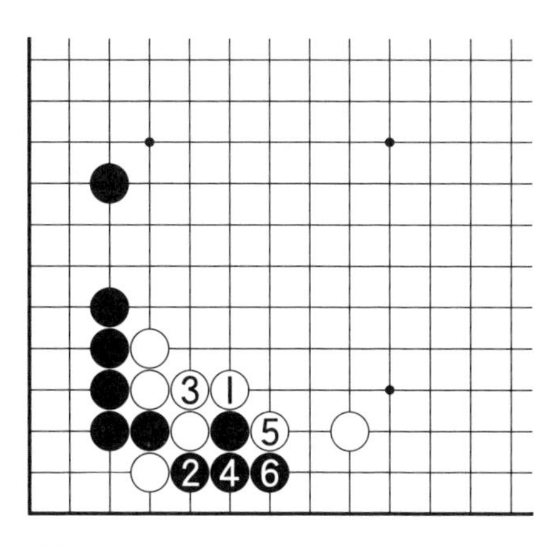

3도

3도 (손실이 크다)

백1로 호구치는 것은 흑2의 단수를 얻어맞아 실리의 손실이 크다.

흑4에서 6으로 밀고들어와 백의 근거를 파헤치는 것도 쓰라리다.

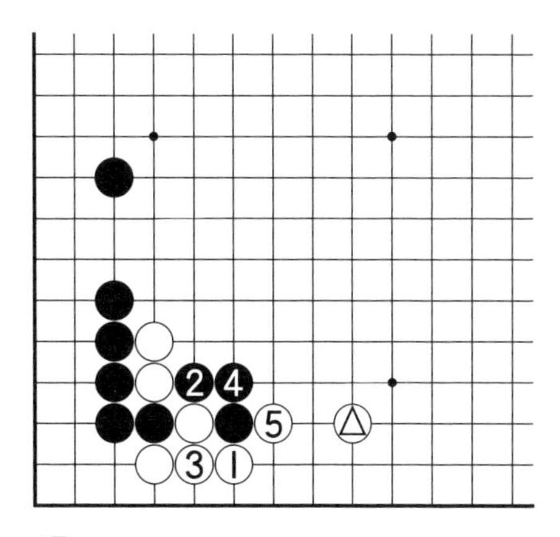

4도

4도 (충분한 자세)

이때는 백1의 아래 젖힘이 올바르다. 흑2의 단수를 얻어맞더라도 백5로 부풀리는 자세가 그럴듯해 충분히 수습하고 있는 모양이다.

백1을 둘 때부터 이미 5와 Ⓐ 사이의 거리를 계산하는 수읽기는 기본이다.

6형

상식의 허점

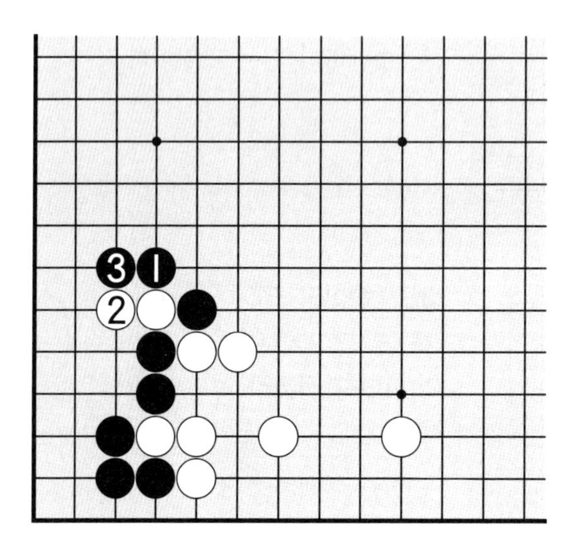

백 차례

백의 끊음에 대해 흑1로 몰고 3으로 막아 잡으러 왔다. 여기서 백은 어떻게 두어야 할지가 초점이다.

흔히 이런 자리에서 맥으로 작용하는 마늘모 행마를 먼저 검토해보기 바란다.

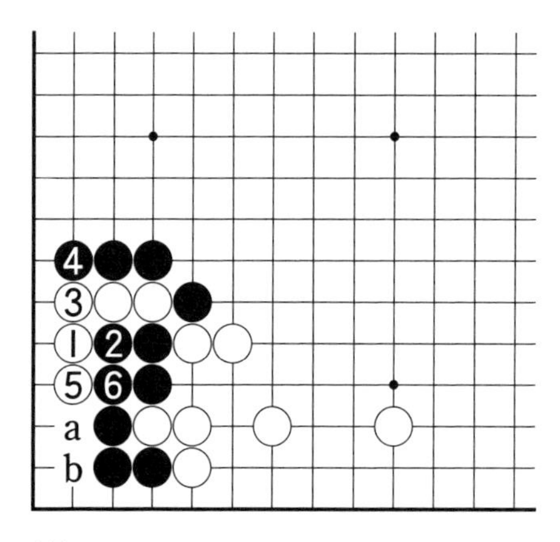

1도

1도 (이맥)

자칫 백1의 마늘모를 두기 쉬운데 실은 상식에 얽매인 급소이다.

흑2의 단수를 결정해 4로 막는 수로 백이 안 된다. 다음 백a면 흑b로 막아 흑의 1수 부족이다.

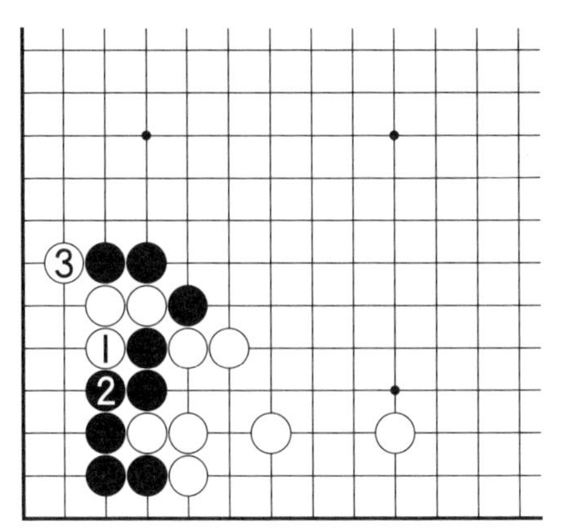

2도

2도 (타개의 교환)

백1, 흑2의 교환이 얼핏 속수 같지만 유일한 타개의 맥이다. 여기서 백3으로 젖혀 간다.

지금까지 몰랐던 사람도 이쯤 되면 백3의 젖힘이 무엇을 의미하는지 눈치챘으리라.

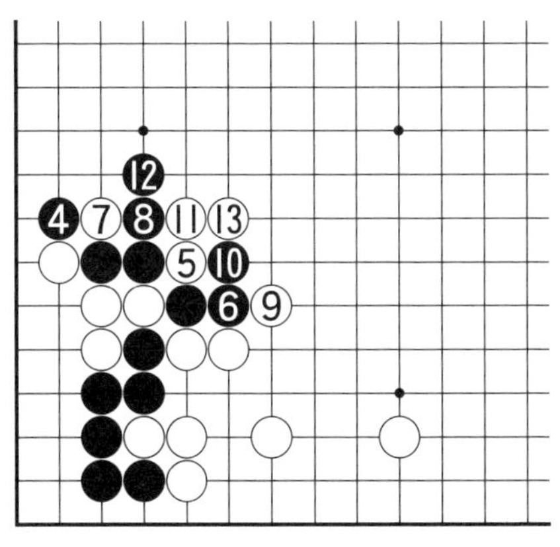

3도

3도 (축)

계속해서 흑4로 막는다면 백5의 끊음부터 이하 13까지 필연적인 수순에 의해 축이 성립한다.

물론 우상 쪽의 축머리는 백이 유리하다는 전제 아래서다.

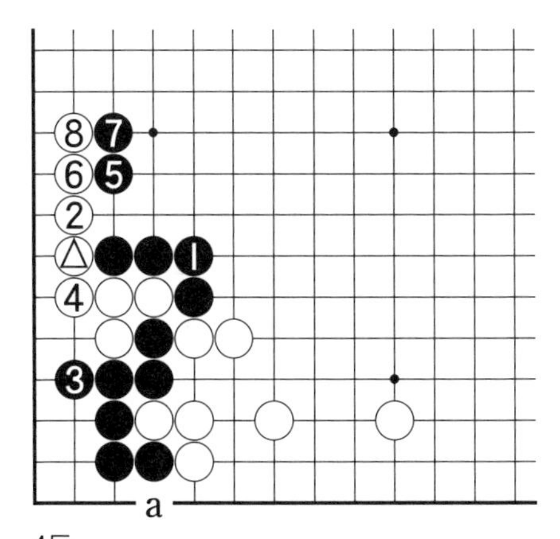

4도

4도(귀가 미생)

백△에 대해 흑1로 잇는 것은 귀와의 수상전을 노린 것이지만, 백2로 뻗고 이하 8까지 밀어가면 잡히지 않는다. 귀의 흑은 백a의 젖힘으로 죽음이 남았다.

7형

격언의 상식에 도전

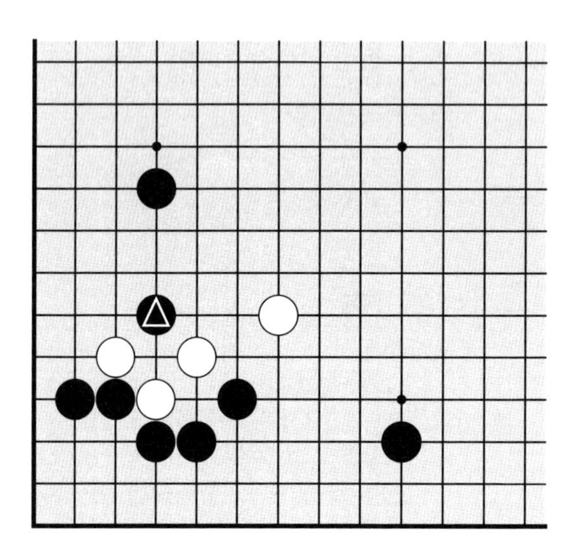

▨ 백 차례

방금 흑△로 급소를 들여다보았다. 들여다보는 데 잇지 않는 바보 없다지만 그것은 어디까지나 상식일 뿐 격언이 그대로 통용되지 않는 때도 많다.

그렇다면 어떻게 수습할 것인지 생각해보자.

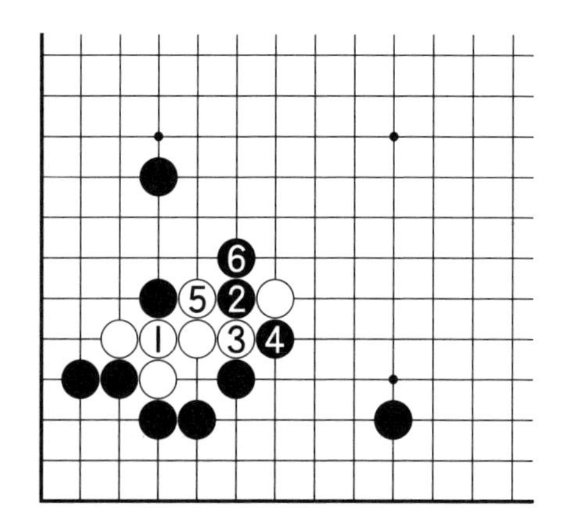

1도

1도 (무겁다)

백1로 잇는 것은 무거운 처리. 흑2로 건너붙여 4로 끊는 순간 백은 안에 갇힌 신세가 되고 만다.

백은 가볍게 수습하는 반발정신이 필요하다.

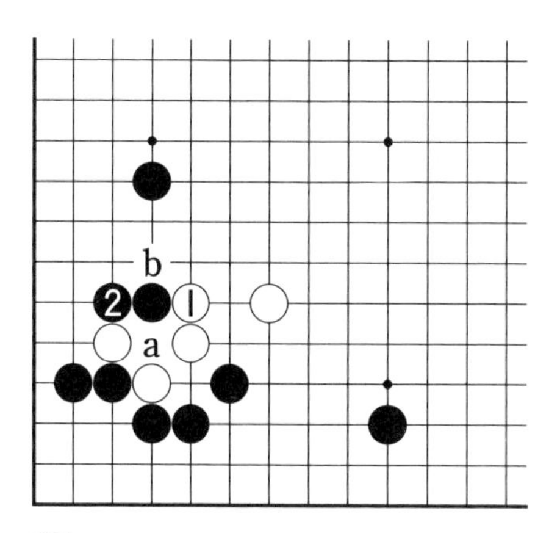

2도

2도 (일방적인 생각)

그렇다고 백1로 미는 것은 흑2로 맛 좋게 넘어 실리가 너무 헤프다.

백1은 흑a에 끊으면 백b로 몰겠다는 독단이 들어 있다.

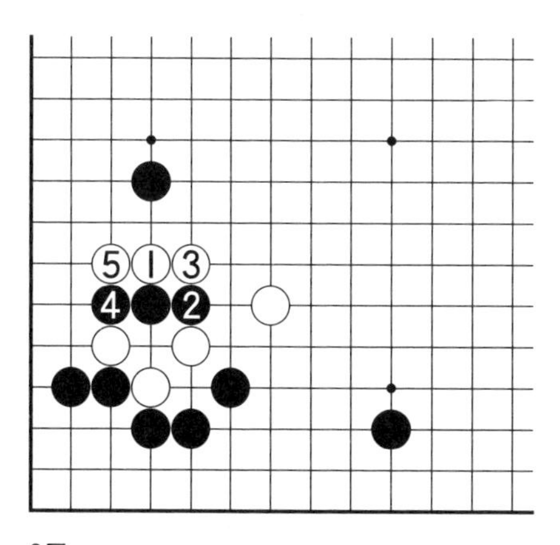

3도

3도 (갖다붙임)

백1로 뒤에서 갖다붙이는 수가 맥이다. 흑2로 나오면 백3으로 따라 밀고 흑4에도 백5로 민다.

이러면 백은 몇 점을 사석으로 훌륭하게 수습하고 있다.

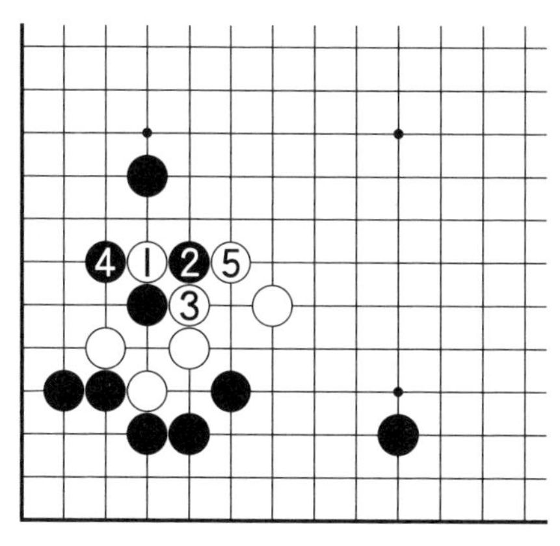

4도

4도 (모양 정비)

백1에 흑2로 반발한다면 이제 백3으로 끊고 5로 정비하는 리듬이 좋다. 어찌됐든 백은 상대의 주문을 거부해 사석전법을 생각하는 것이 문제의 포인트였다.

8형

기대어서 수습

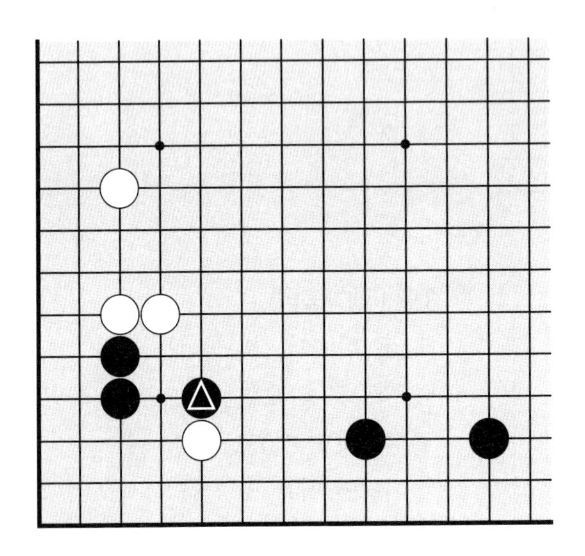

백 차례

상대가 공격해 오면 돌을 버릴 각오로 바꿔치기를 시도해 가급적 상대에 부담을 주면서 맥을 구사해야 한다.

흑△의 붙임에 대응하는 백의 수법은 그에 딱 맞게 시도하면 좋을 것이다.

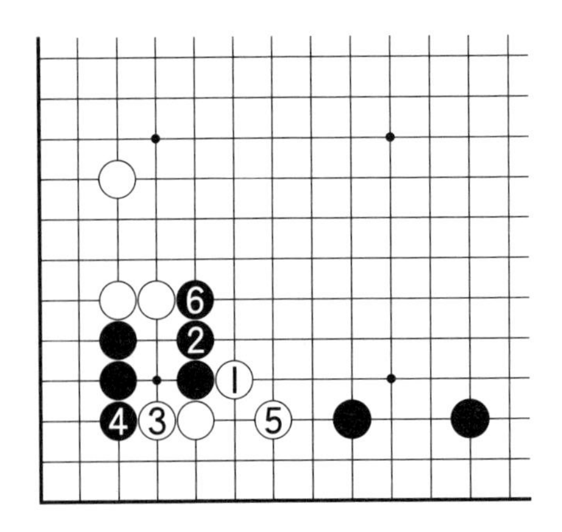

1도

1도 (좌변에 영향)

보통대로 백1로 젖히고 3, 5로 두는 것은 어느 정도 안정된 모양을 갖추게 되지만, 문제는 흑6으로 밀어와 좌변에 나쁜 영향을 끼치고 있다.

그렇다고 좌변을 지키자니 하변 백이 불안해질 것이다.

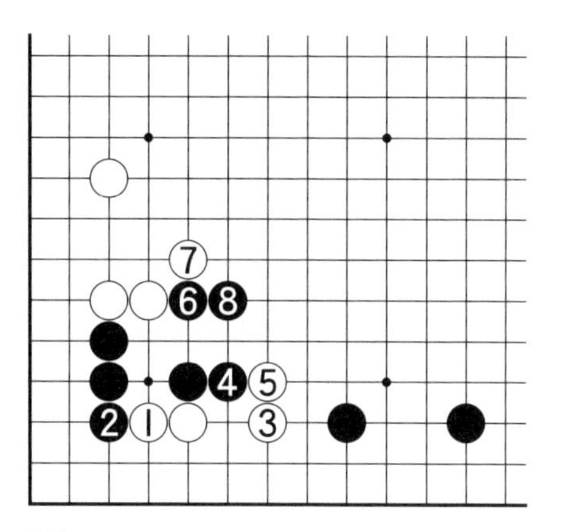

2도

2도 (부담은 여전)

백1로 밀고 들어가는 수는 보다 가볍게 수습하려는 뜻이다. 그리고 백3으로 뛰어 보지만 흑4에서 6, 8로 기대어 나와 역시 한쪽의 부담은 덜어 버리기 힘든 모습이다.

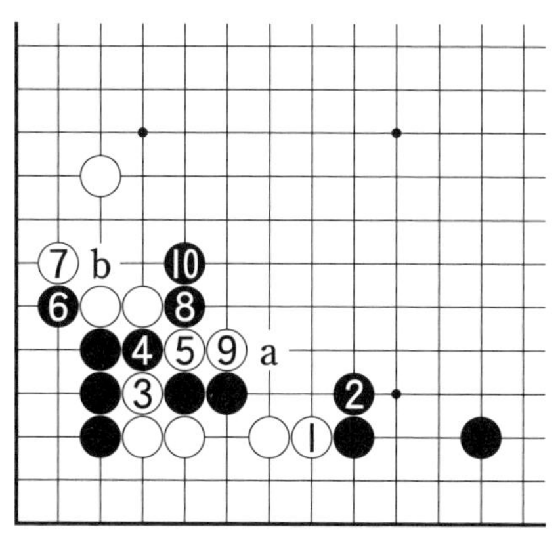

3도

3도 (무리한 나와끊음)

앞 그림 5의 수로 백1에 치받고 3, 5로 나가 끊는 것은 무리이다.

흑6에서 10까지 다음 a의 축과 b의 끊음이 맞보기로 역시 백이 곤란하다.

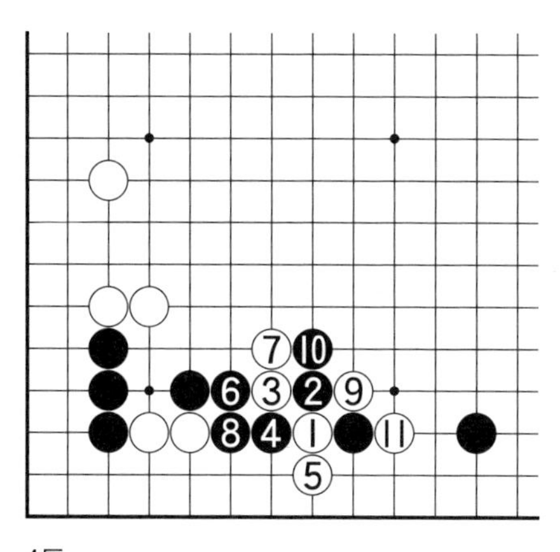

4도

4도 (바꿔치기)

백은 2도 3처럼 뛰지 않고 이 그림의 1로 붙여가는 것이 수습의 맥이다. '수습은 붙임으로부터'라는 말이 생각나는 순간이다.

흑2라면 백3으로 젖히는 수가 준비된 후속타로 이하 백11까지 바꿔치기에 성공한다.

9형

자충을 이용한다

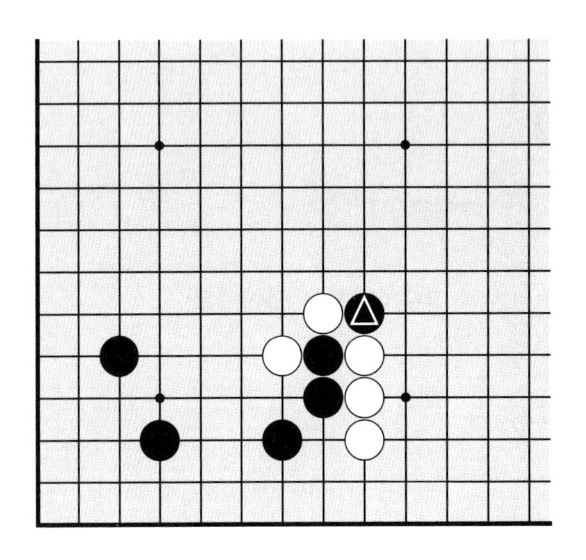

■ 백 차례

방금 흑△로 끊어 왔다. 백은 어떻게 수습하는 것이 최선일까?

흑이 나와끊은 변의 모양을 유심히 살피면 자충을 이용하는 맥이 떠오르지 않는지….

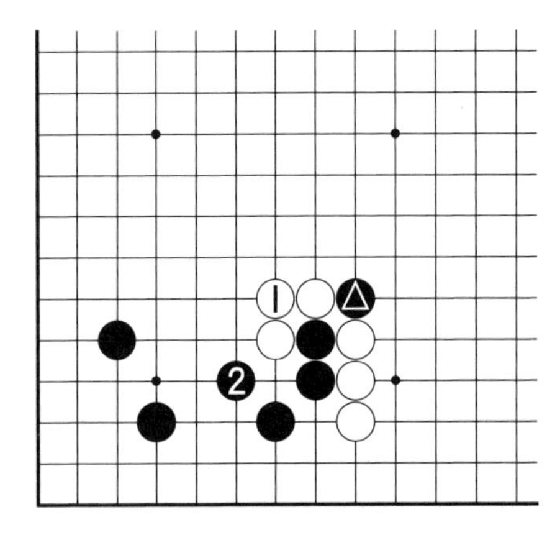

1도

1도 (과잉 이음)

백1로 잇는 것은 과잉 반응. 한마디로 돌이 무겁다. 흑은 맛좋게 2로 지켜 버릴 것이다.

이제 흑△가 백을 양단하는 강력한 끊음으로 변한 모양이다.

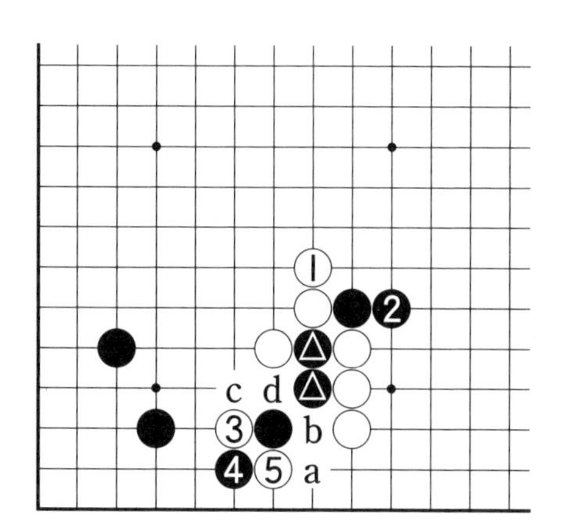
2도

2도 (교묘한 맞끊음)

일단 백1로 설 자리. 흑2로 같이 뻗는다면 백3으로 붙여가는 맥이 통렬하다. 흑4로 받는 한수인데 백5의 맞끊음이 교묘하다.

이것으로 흑▲ 두점은 살아갈 수 없는 모양이다(다음 흑a면 백b의 끊음, 흑c면 백d).

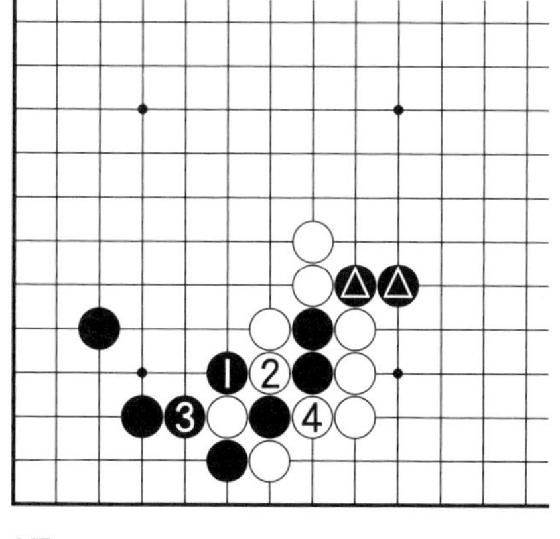
3도

3도 (두점 추락)

예를 하나만 나타내면 흑1로 몰 때 백2로 끊어 죄는 수단으로 뒤의 흑 두점은 떨어지는 모양이다.

그리고 백4로 따내고 나면 바깥 흑▲ 두점은 이미 폐석으로 변한다.

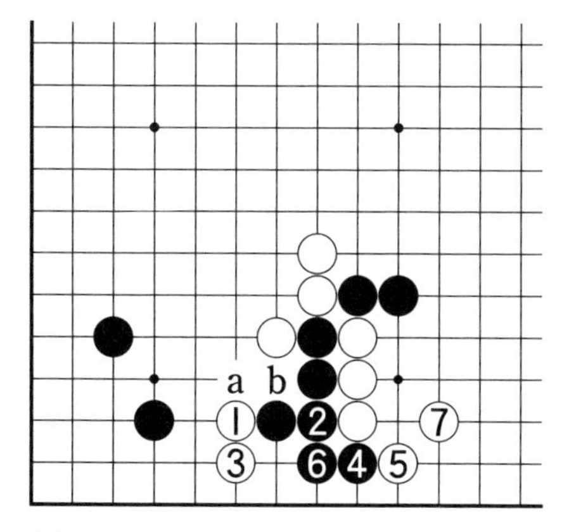
4도

4도 (흑, 수 부족)

백1에 대해 흑2로 저항하는 것은 소용없는 일이다.

백3으로 내려서면 흑4, 6으로 젖혀 이어봐도 다음 흑a, 백b로 흑의 수 부족이다.

10형

예로부터 유명한 맥

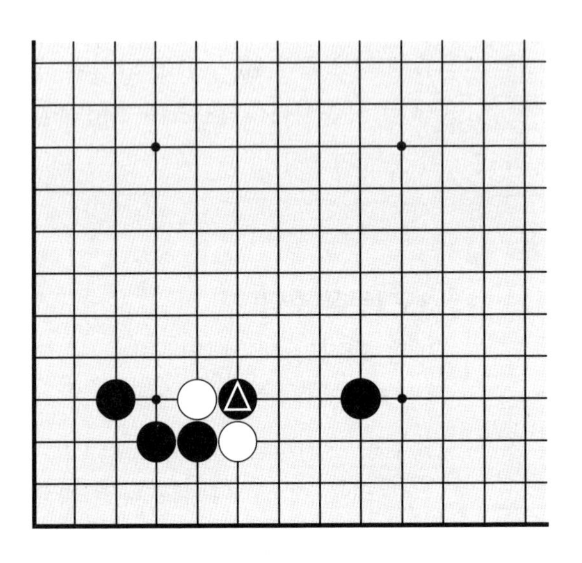

▨ 백 차례

주변에 흑돌이 많으므로 무거운 처리는 금물이다.

흑△의 끊음에 대해 정해가 되는 수는 실은 예부터 유명한 맥인데, 어디까지나 가볍게 수습하는 방책을 궁리하기 바란다.

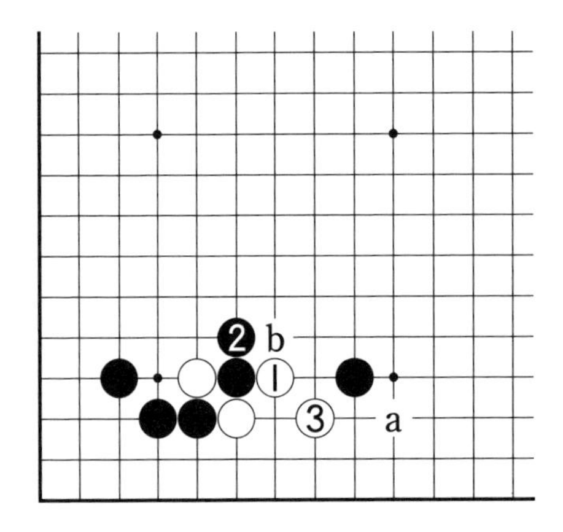

1도

1도 (호구는 무겁다)

백1, 3으로 호구치는 수는 다음 a의 뜀과 b의 밀기를 맞보기로 삼는 맥이지만 우선 형태부터 무겁다.

흑이 어느 쪽으로 공격하든 백은 심하게 시달릴 듯하다.

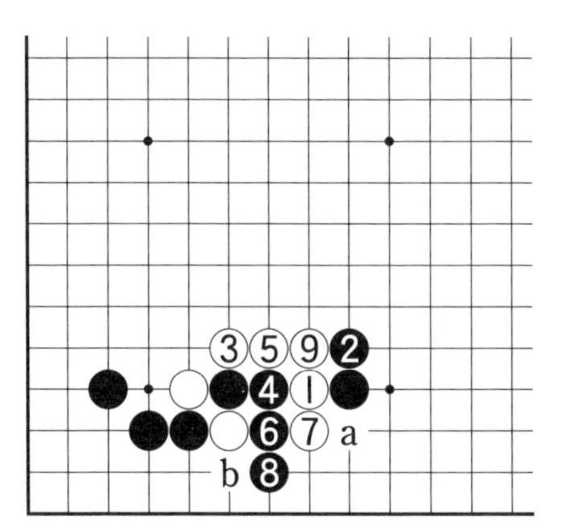

2도

2도 (붙임)

백1로 붙이는 것이 수습의 맥. 흑2로 선다면 백3부터 돌려치는 맥이 준비되어 있다. 흑8 다음 백a로 꼬부리기만 해도 중앙의 흑은 모양이 엷다.

수순 중 흑8로 b는 백8의 단수를 한번 더 얻어맞는다.

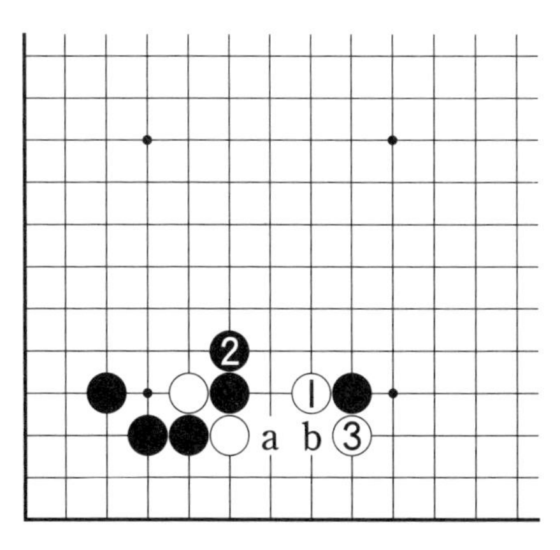

3도

3도 (수습형)

백1에 대해 흑2로 이쪽을 선다면 백3으로 젖혀가서 역시 수습형이다.

다음 흑a면 백b로 꽉 잇기만 해도 백은 두터운 교환일 것이다.

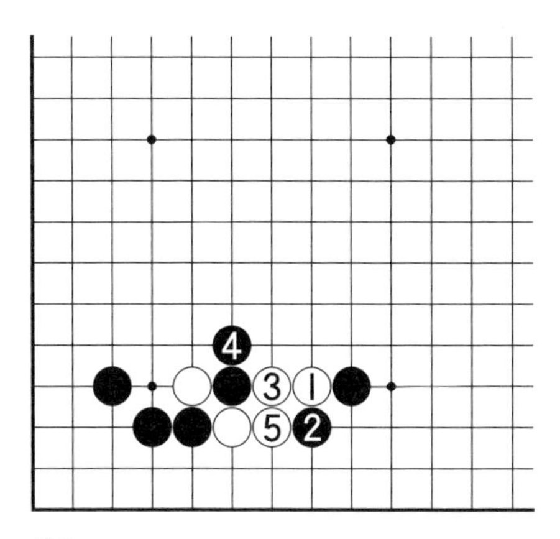

4도

4도 (흑2, 악수)

백1에 대해 흑2로 젖혀 반발한다면 백3의 단수가 듣는다.

그리고 백5로 꽉 이으면 흑2의 젖힘이 악수로 변한다.

11형

반발 정신

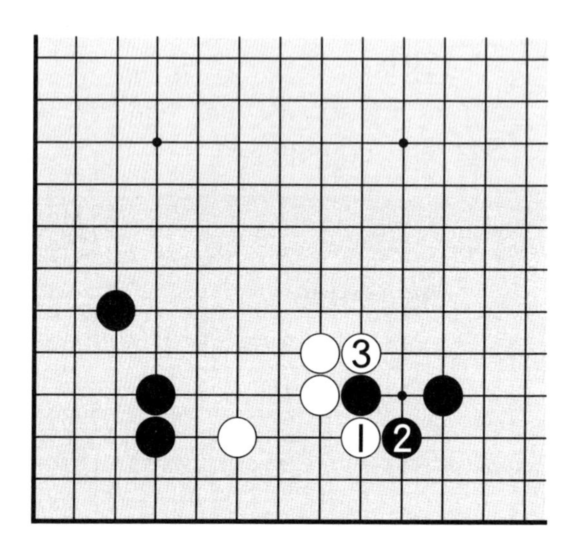

▨ 흑 차례

백1로 젖히고 흑2에 백3으로 몬 장면이다.

여기서 흑의 다음 수가 생각을 요하는데, 돌의 무거움과 가벼움을 안다면 쌍방 필연적인 응접으로 이어진다.

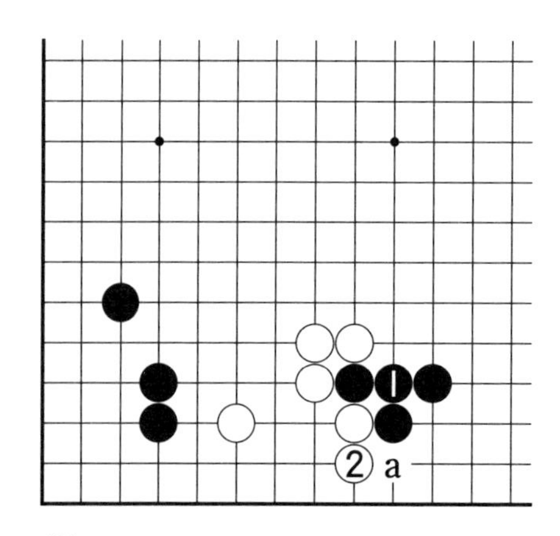

1도

1도 (무겁다)

흑1로 잇는 것은 무겁다. 백2로 내려서서 다음 a의 급소 꼬부림을 강조할 것이다.

더구나 흑1로 이은 결과 흑 넉점은 삿갓의 우형 아닌가.

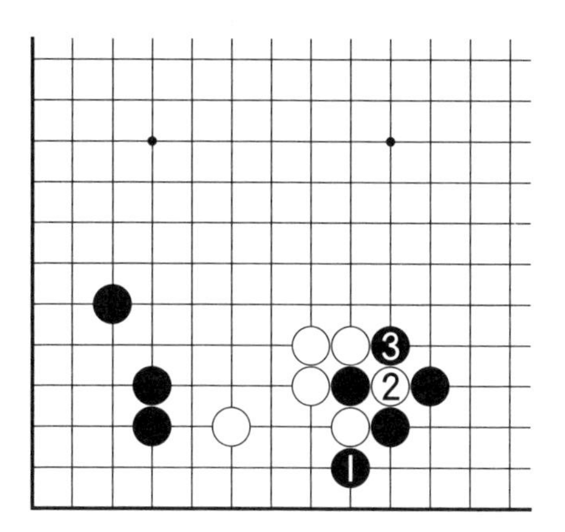

2도

2도 (되몰기)

흑1로 되모는 것이 기세이자 가볍게 수습하는 요령이다. 백2로 따낸다면 흑3으로 몰아 패로 버틴다.

흑은 출발이 가벼웠으므로 이렇게 도전하지 못할 이유가 없다.

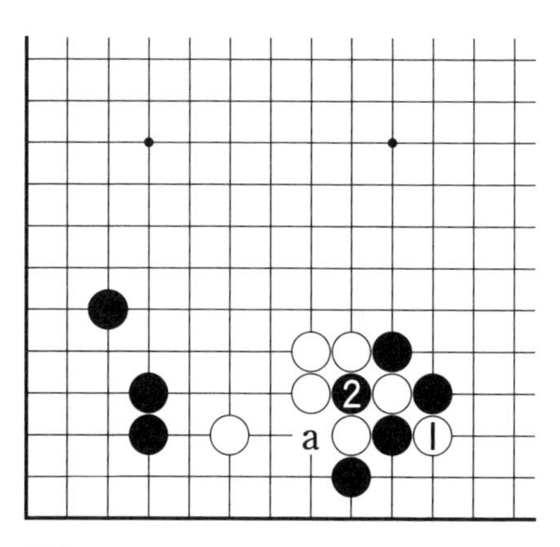

3도

3도 (만패불청)

다음 백1로 끊는다면 흑2로 따내고 다음은 만패불청할 태세이다.

a로 따낸 모양을 상상하면 백은 겁나는 일이 아닐 수 없다.

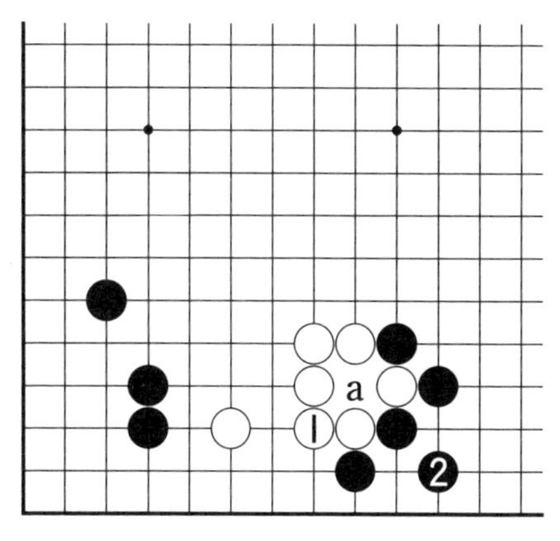

4도

4도 (흑, 충분)

백이 흑a로 따내는 패에 대비해 1로 웅크리는 것은 하나의 맥이다.

그러면 이번에는 흑2로 모양 좋게 호구쳐 충분하다.

12형

적진에서 움직이는 방법

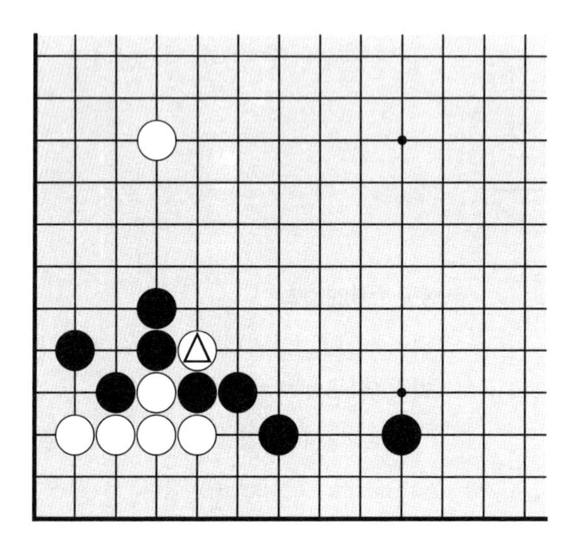

▨ 백 차례

적진에 갇힌 백△ 한점을 움직이는 방법은 여러 가지이다.

직접 움직이는 것이 좋은지, 간접적인 맥에 의해 움직이는 것이 좋은지 잘 따져보고 가장 좋은 수습의 방책을 이끌어내 보기 바란다.

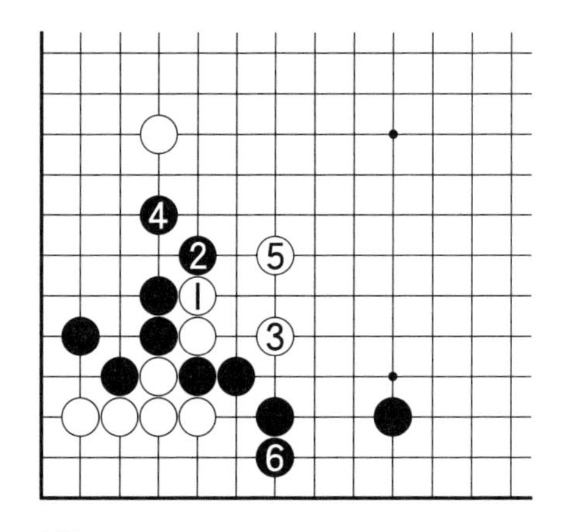

1도

1도 (이적행위)

백1로 직접 움직이는 것은 좋지 않다. 더구나 미는 방향이 잘못되어 상대의 약한 돌을 강화시켜 준 이적 행위이다.

보다시피 흑4와 6의 호수를 허용한 죄가 크다.

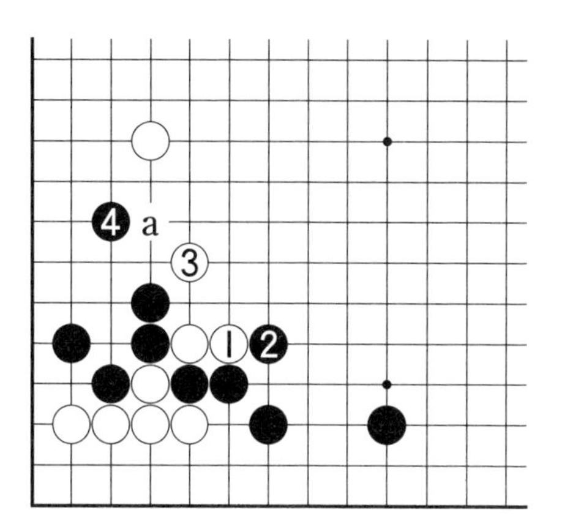

2도

2도 (젖힘 한방)

백1로 밀고 3으로 뛰는 것은 그래도 낫지만, 역시 흑2의 젖힘을 얻어맞아서는 모양이 잘 안 나온다.

흑도 2의 수로 a의 지킴을 서두르는 것은 백2로 뻗어 좋지 않다.

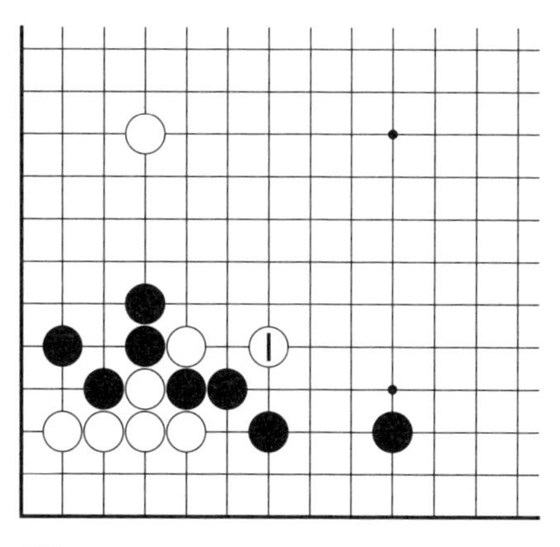

3도

3도 (뛰는 맥)

예비동작 없이 백1로 그냥 뛰는 것이 맥이다.

같은 맥이라도 수순 하나를 보류하고 두느냐 아니냐에 따라 맥의 파장과 효과가 궁극에 가서 크게 달라지는 예는 비일비재하다.

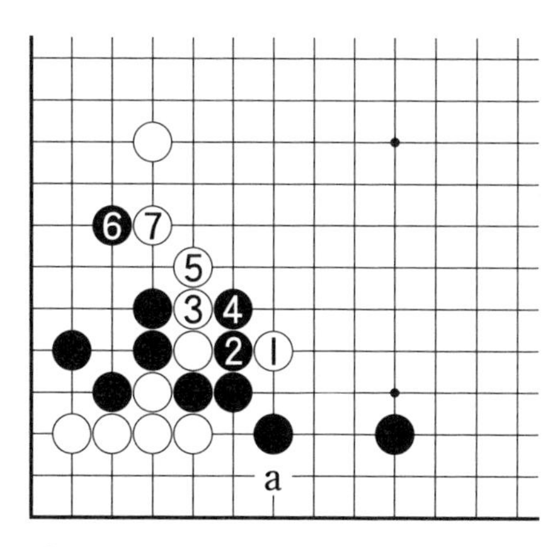

4도

4도 (좌변 압박)

백1에 흑2, 4의 단수를 결정하고 나와 6으로 둔다면 백7의 마늘모붙임으로 좌변 흑을 압박할 수 있는 것이 자랑이다.

다만 백1로 5쪽은 흑3, 백2, 흑4, 백1, 흑a로 모양이 잡혀 백이 신통치 않다.

13형

부분에 집착을 버린다

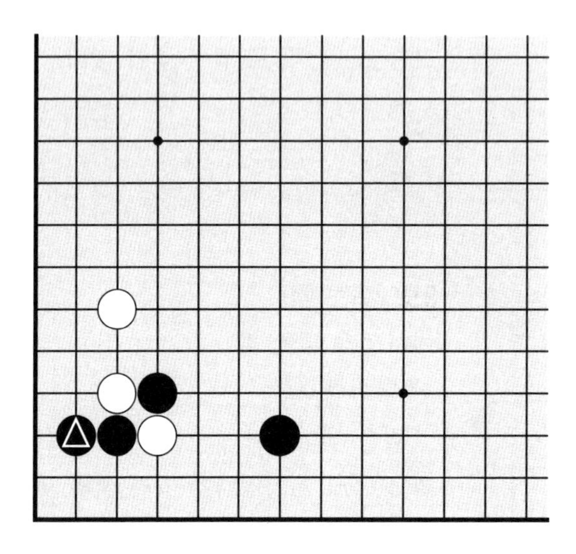

▨ 백 차례

화점 눈목자받음 정석에서 백이 붙여 끊자 흑△로 2선에 뻗어 생긴 형태이다.

돌 하나하나에 집착을 갖고 전체를 수습하려고 하면 시야가 트이지 못하는 경우가 있다. 흑도 엷은 모양이라는 데 착안해야 한다.

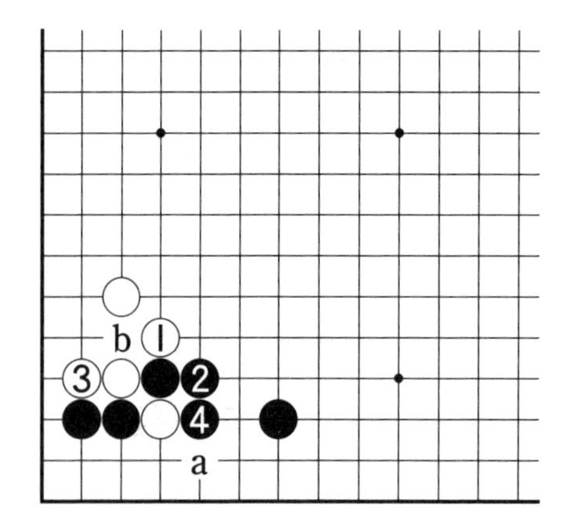

1도

1도 (속맥)

백1로 몰고 3으로 막는 것은 맥이라는 느낌이 전혀 들지 않는다. 흑4로 잡혀 손해가 크다.

부분적으로는 백1로 2에 몰고 흑1, 백a로 호구쳐 두는 것이 맥이지만 다음 흑b로 잡아 역시 탐탁치 않은 결과이다.

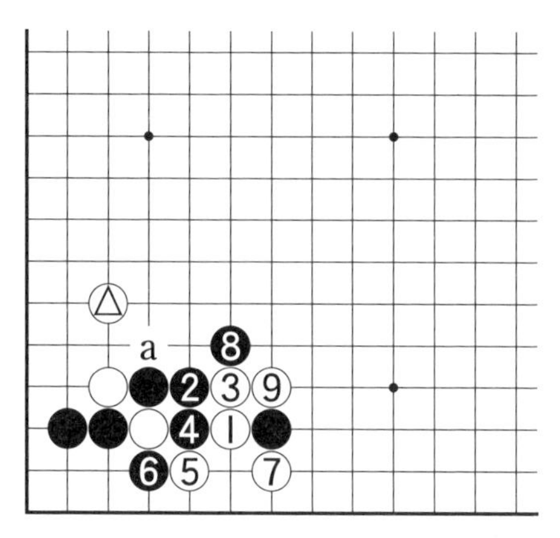

2도

2도 (뛰어붙임)

백1로 뛰어붙이는 것이 맥. 흑2라면 백3으로 올라서고 흑4에는 백5에서 9까지 바꿔치기해서 충분하다. 더구나 좌변에 백△ 한점도 활력이 남은 모양이다.

흑2로 9는 백의 주문으로 다음 백a, 흑2, 백3으로 돌파하며 더 쉽게 수습한다.

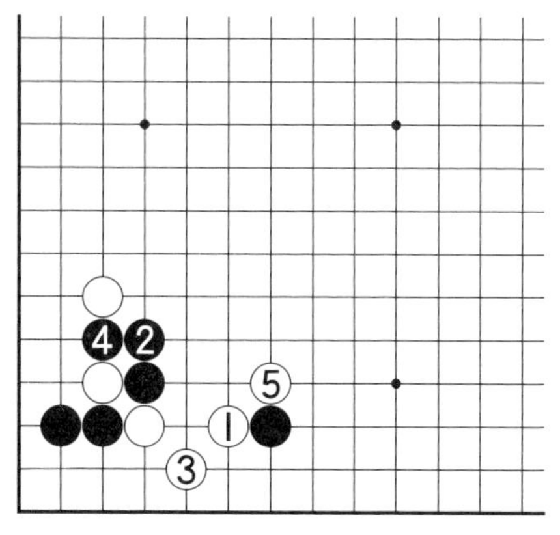

3도

3도 (호각의 결과)

백1에 대해 흑2로 왼쪽에 선다면 백3으로 모양을 잡고 흑4로 잡기를 기다려 백5로 젖힌다. 이 정도면 호각의 결과일 것이다.

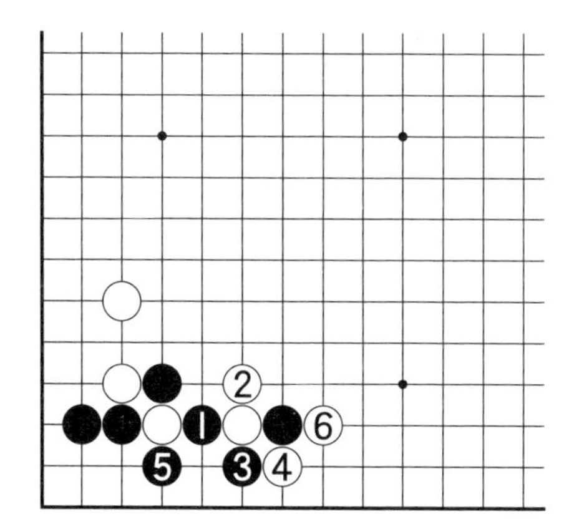

4도

4도 (백, 둘 만하다)

백이 뛰어붙인 수에 대해 흑1로 몬다면 백2로 서는 한수이다.

계속해서 흑3, 5에는 백6의 축으로 잡아 역시 백은 둘 만할 것이다.

14형

건넘을 노리는 타이밍

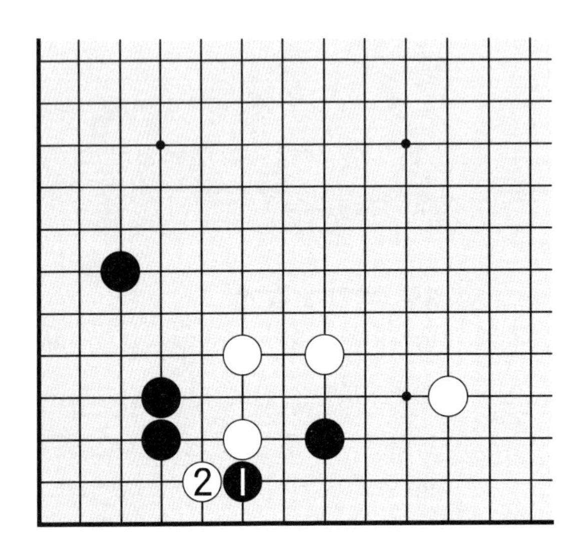

▨ 흑 차례

흑1로 붙인 수에 대해 백2로 막은 것은 당연하다. 여기서 흑은 어떻게 두어야 할지가 초점이다.

형태에 밝은 사람이라면 망설이지 않고 구사할 만한 맥점이 있다.

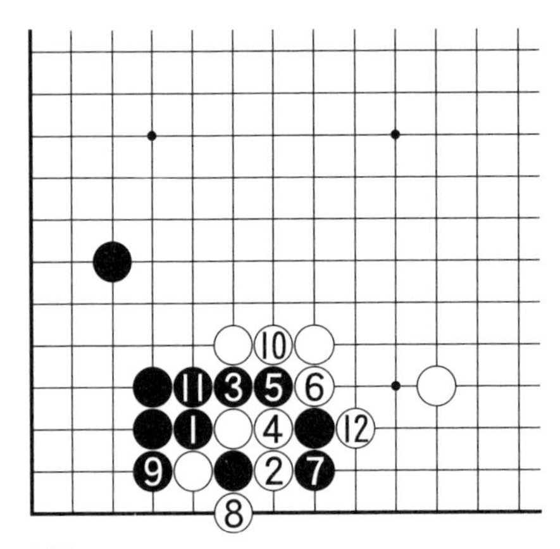

1도

1도 (직접 끊음은 별게 없다)

흑1로 직접 끊는 것은 위쪽 백의 배석에 신경을 쓰지 않은 탓이다.

백2로 잡으면 흑3, 5로 돌파하는 정도인데 백6의 끊음으로 이쪽 피해는 미미한 수준에 그친다. 백12까지 하변은 몽땅 백집이 된다.

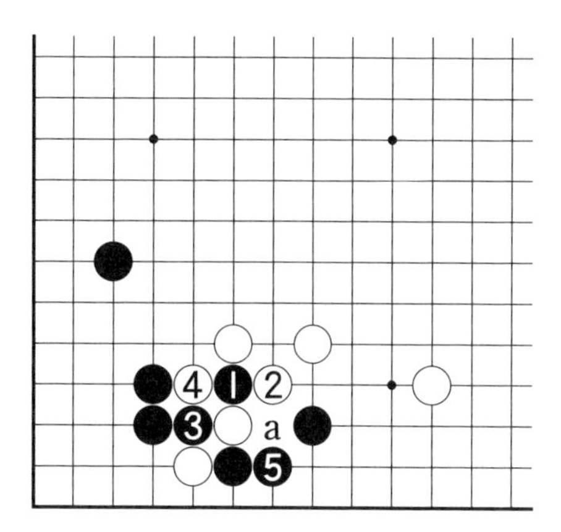

2도

2도 (끼운 후 끊음)

흑1로 하나 끼워 백2와 교환한 다음 흑3으로 끊는 것이 수순이다. 백4로 따내면 흑5로 고스란히 건너는 데 성공한다.

도중 백4로 a에 이어도 비슷한 결과이다.

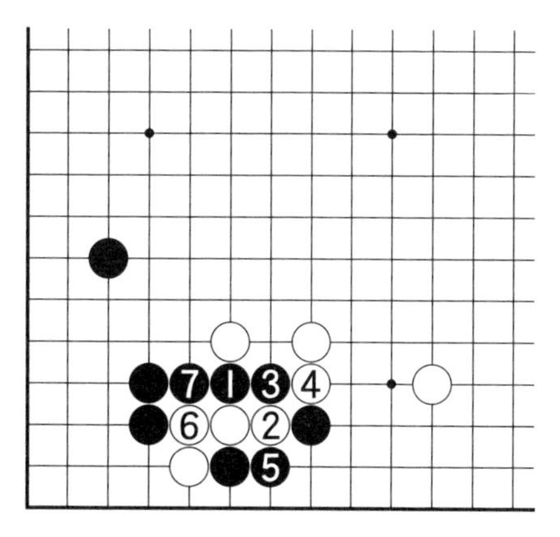

3도

3도 (백의 저항)

흑1에 대해 백2로 치받는다면 흑3으로 나가 백4에 흑5로 몰고 7로 잇는다.

이후는 필연적인 수순으로 이어지는데, 과연 어떤 결과가 나올까?

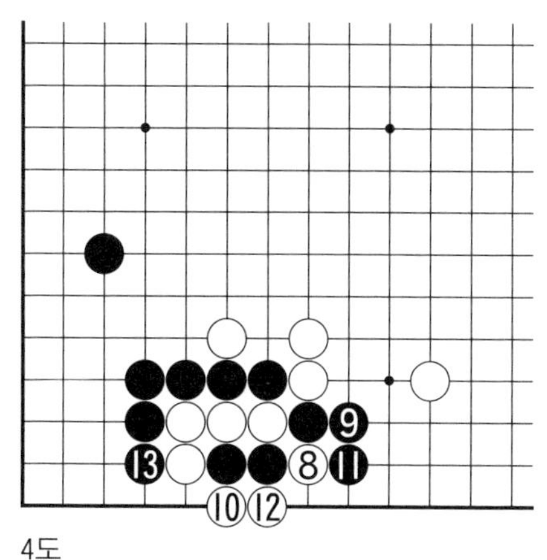

4도

4도 (백, 수 부족)

백8부터는 외길수순인데 결과는 흑13까지 보다시피 백이 두점은 잡았지만 수 부족으로 잡히는 모양이다.

따라서 **장면도**에서 흑1의 붙임이 들어가면 변의 흑 한점은 귀와 연결되는 모양이라고 기억하기 바란다.

15형

버리는 방법

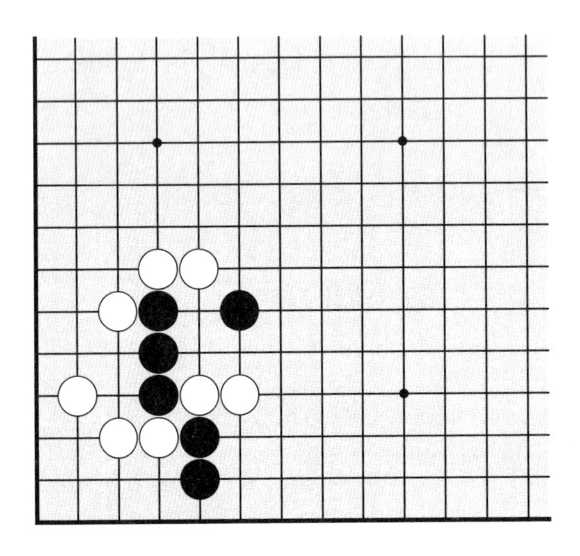

▨ 흑 차례

흑은 상하로 분단되어 있어 수습이 쉽지 않다. 그렇다고 한쪽을 그냥 달아나는 것은 그야말로 일패도지의 형국이다.

먼저 한쪽을 어떻게 버릴 것이냐를 궁리한다면 자연스레 해답도 나올 것이다.

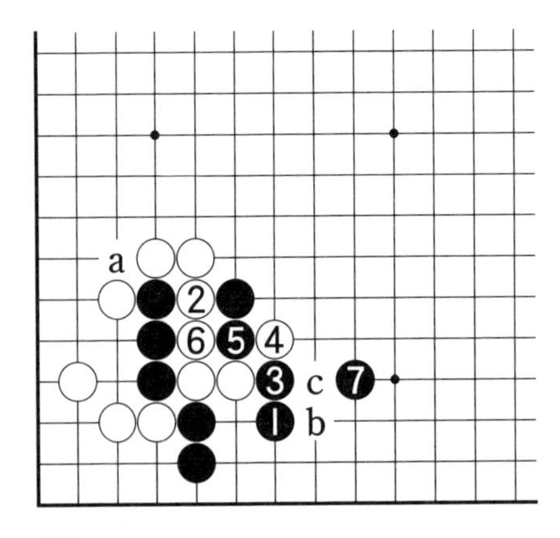

1도

1도 (요석 잡힘)

흑1로 달아나는 것은 백2로 뚫어 요석 석점이 잡힌다. 더구나 백은 a의 단점이 자동해소된 것도 기분이 좋다. 도중 백2로 3에 밀어 흑b, 백c로 중앙을 크게 도모하는 것도 유력하다.

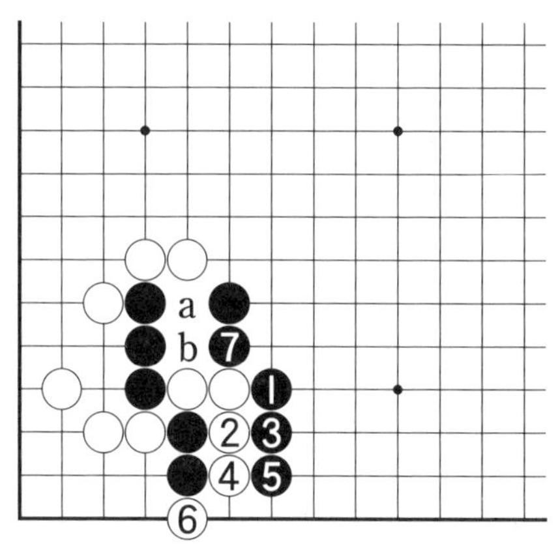

2도

2도 (코붙임)

흑1로 코에 붙여 백2 이하의 수순을 강요하는 것이 맥이다. 이하 흑7까지 두점을 사석으로 바깥을 싸바른 데 성공한 모습이다.

수순 중 백2로 a는 자충으로 흑b와 교환된 순간 흑의 죄어붙임이 선수로 듣게 된다.

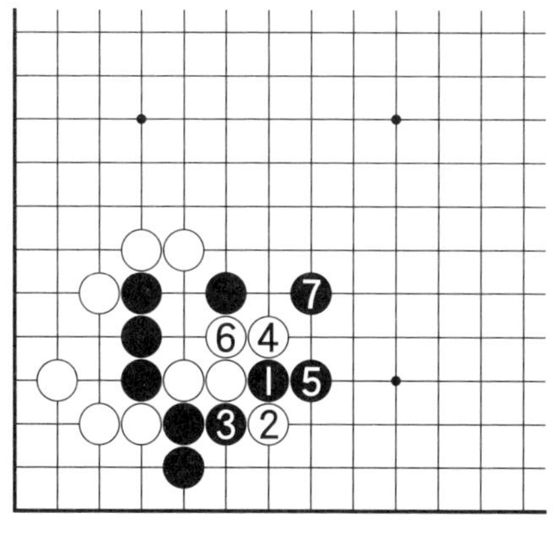

3도

3도 (중앙에서 사석작전)

흑1에 대해 백2로 젖히고 4, 6으로 나오는 수도 있지만, 흑은 7로 씌워 중앙에서 사석작전을 펼쳐 충분히 둘 수 있다.

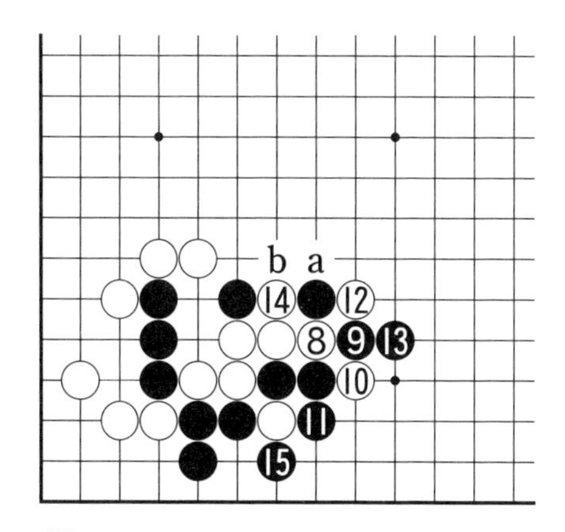

4도

4도 (하변에 철벽)

계속해서 백8 이하 흑15의 빵따냄까지는 필연적인 수순인데, 흑은 하변 쪽에 막강 철벽을 구축한다.

흑은 a의 달아남이나 b로 돌려치는 활용이 남은 것을 제외해도 충분한 바꿔치기일 것이다.

16형

예봉을 피하는 방법

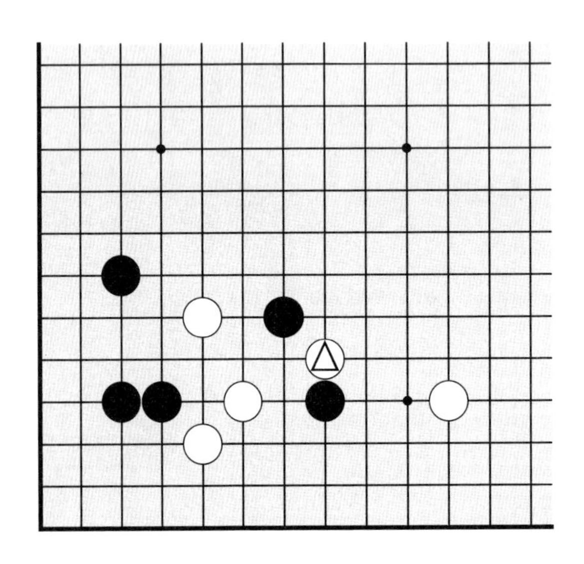

▒ 흑 차례

상대가 부딪쳐올 때 예봉을 슬쩍 피하고 보는 것은 당연한 감각인데, 물론 직접 싸우는 변화를 잘 읽어본 뒤에 판단할 일이다.

방금 백Ⓐ로 건너붙여 싸우러 왔는데, 이럴 경우는 흑이 어떻게 대처해야 할지 생각해보자.

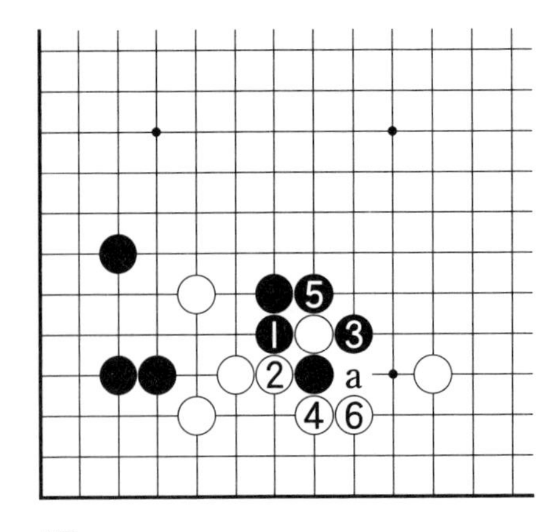

1도

1도 (백의 주문)

건너붙인 수에 흑1로 직접 대응하는 것은 백의 주문이다. 백2면 흑3으로 잡을 수밖에 없는데 백은 4, 6으로 넘어 만족한다.

도중 흑3으로 a면 백은 5로 밀어 싸운다.

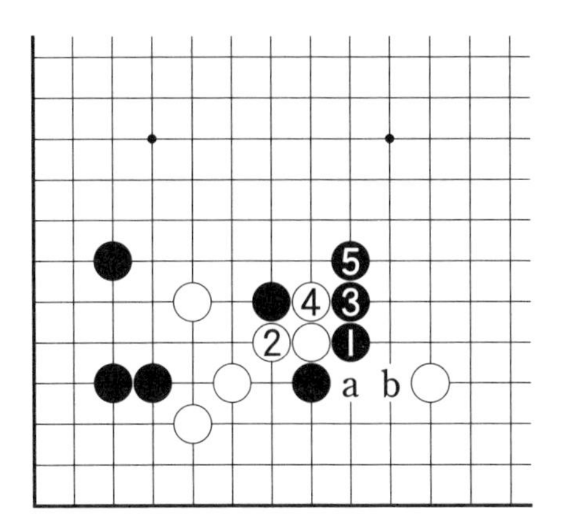

2도

2도 (바깥 젖힘)

흑1로 바깥에서 젖히는 것이 맥이다. 백2로 끈다면 흑3, 5로 뻗어서 충분하다.

이후 흑a라면 백b로 한점을 버려서 좋다.

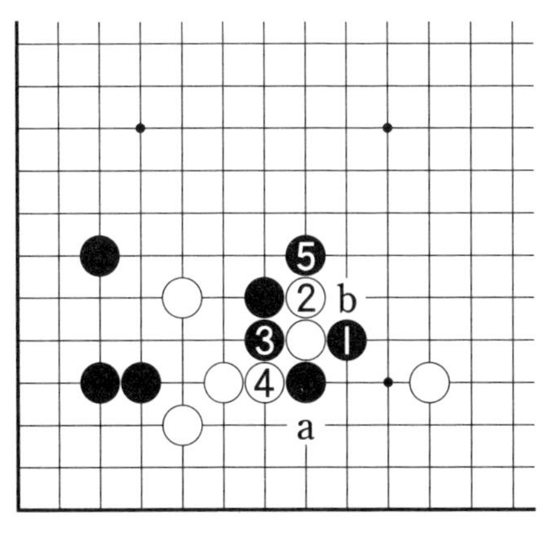

3도

3도 (보태주다)

흑1에 백2로 는다면 이제야말로 흑3으로 막아 5의 축으로 잡는다. 다음 백a라면 흑b의 거북등때림.

1도와 비교하면 백이 크게 보태준 결과이므로 흑은 만족한다.

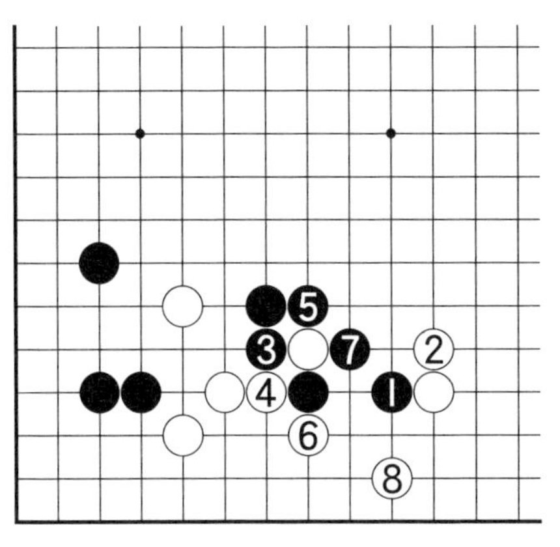
4도

4도 (역시 손해)

흑1로 붙여 백2와 교환한 후 흑3에서 5로 잡는 것 역시 손해이다.

백6, 8로 건너는 모양이 엷어지긴 했지만 흑1, 백2의 악수 교환에 비할 바 아닐 것이다.

17형

박자에 맞게 타개하는 리듬

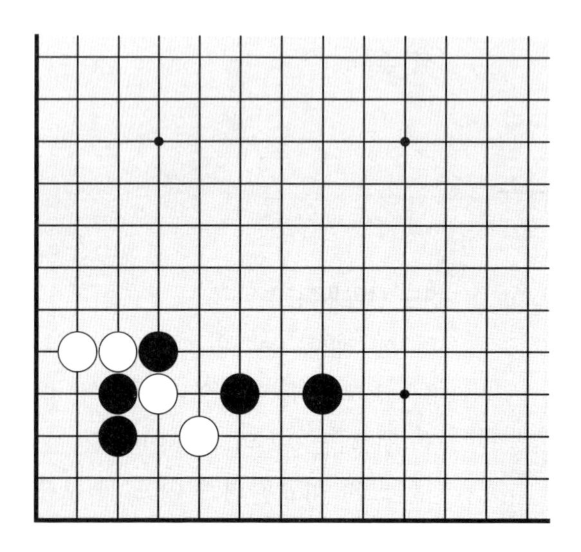

백 차례

안에 갇힌 백이 궁색한 모양이긴 하지만 속수는 금물이다.

이런 와중에 박자도 좋게 타개하는 리듬을 찾는다면 감각이 뛰어난 사람이다.

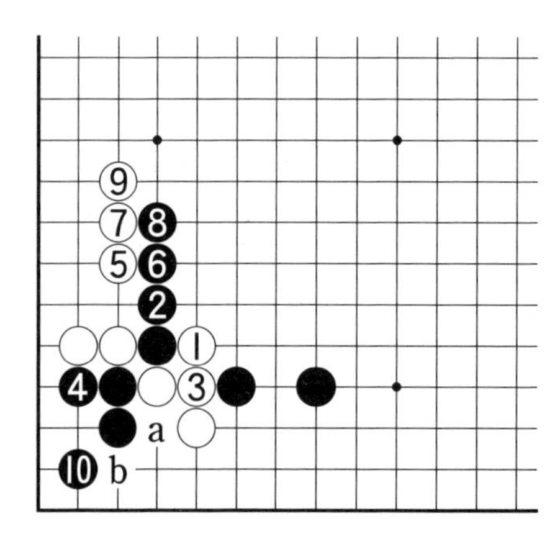

1도

1도 (우형)

백1로 몰고 3으로 잇는 것은 벌써부터 우형을 자초해 모양이 무너진다. 흑4로 막고 6, 8로 리듬을 구해 10까지 귀를 살아 두면 중앙싸움은 흑의 무대이다.

백1로 a면 흑b로 내려선 다음 백4, 흑3으로 백의 수 부족이다.

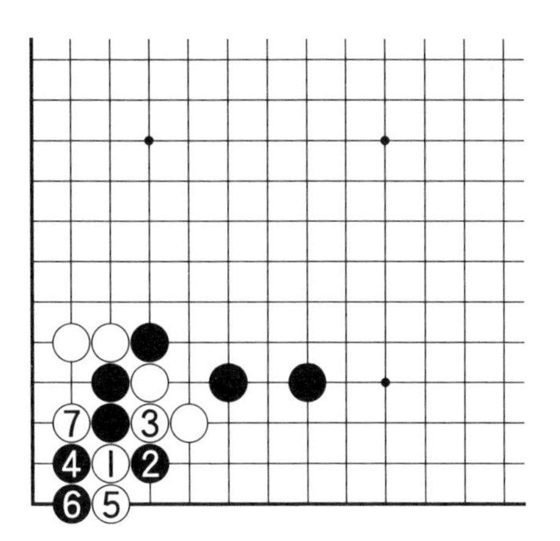

2도

2도 (백의 주문)

백1로 붙이는 것이 맥. 흑2라면 백3으로 끊어 귀삼수를 유도한다.

결국 백의 1수 승리로 끝나는 모양임을 확인하기 바란다.

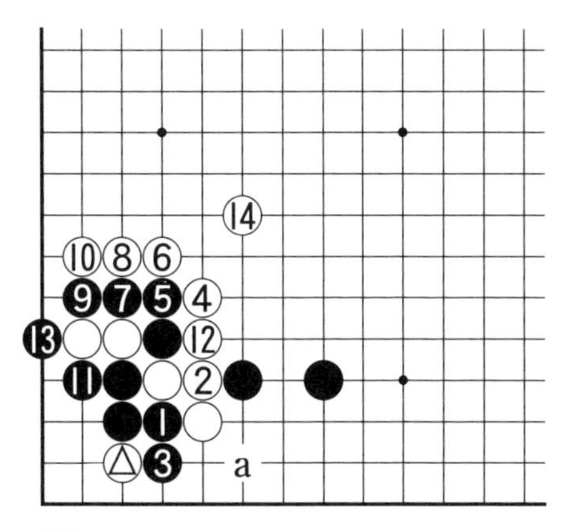

3도

3도 (백, 충분)

백◎에 흑은 1로 몰고 3으로 차단하는 한수이다. 다음 백4로 씌우는 것이 후속수단. 이하 백12까지 싸바른 다음 14로 지키게 된다.

흑a의 건넘이 남아 실리로는 백이 손해이지만, 중앙 쪽이 매우 두터우므로 백이 충분한 바꿔치기라 생각된다.

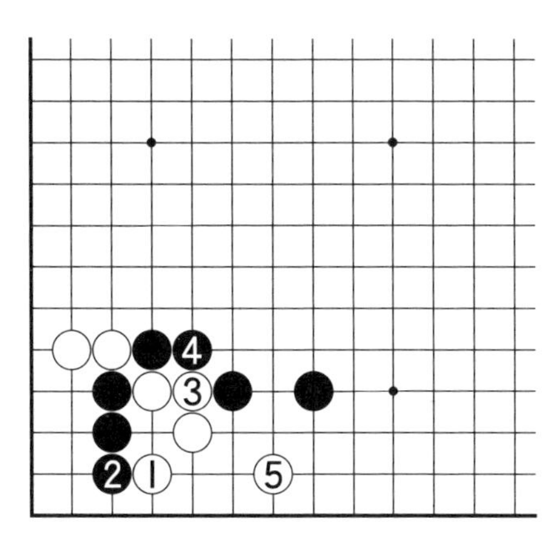

4도

4도 (백의 변화)

백은 경우에 따라 1의 마늘모에서 3, 5로 두는 진행도 생각할 수 있을 것이다.

물론 앞 그림과의 차이는 주변의 사정에 따를 일이다.

18형

선수를 잡는 궁리

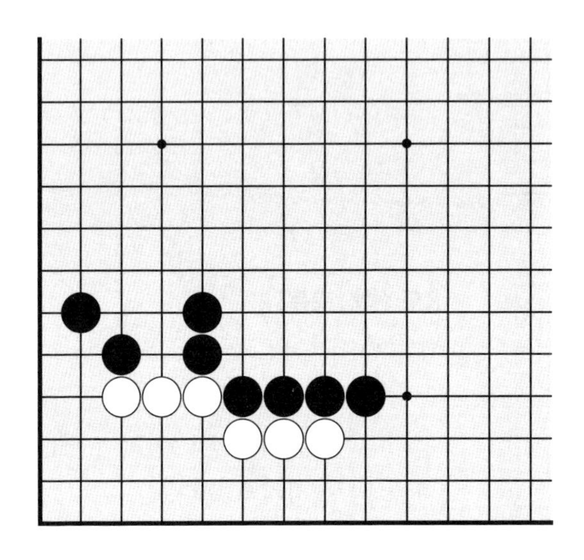

백 차례

선수를 잡으면서 모양을 수습하더라도 일방적으로 듣는 곳은 보류하고 두는 게 원칙이다.

좌하의 모양에 주목해 백의 활용수단을 찾아보기 바란다.

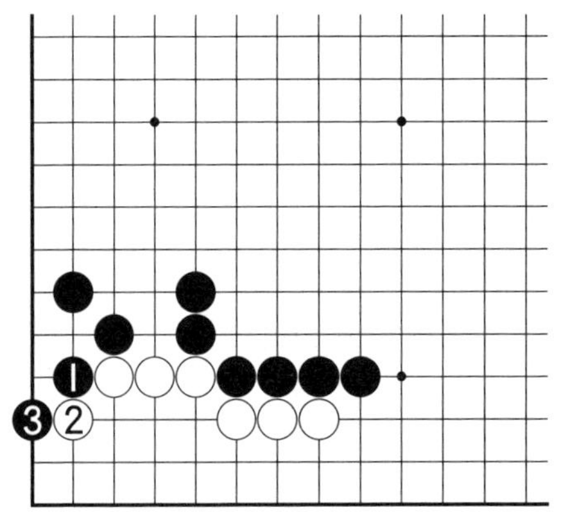

1도

1도 (흑이 먼저 둘 경우)

먼저 백이 손을 뺄 경우이다. 흑1로 젖히게 되면 끝내기로도 크거니와 하변 쪽에도 영향을 미친다.

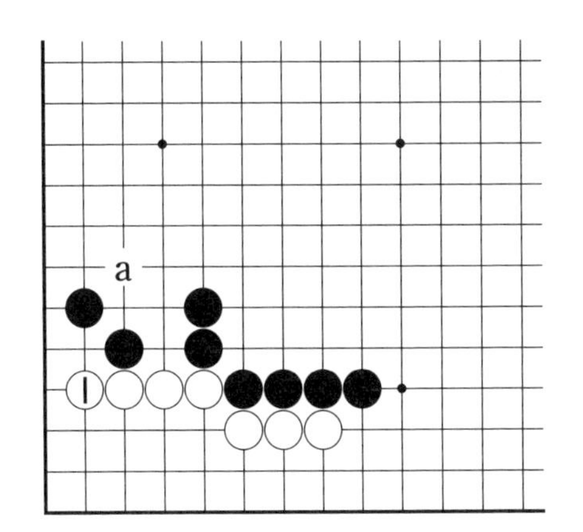

2도

2도 (참은 수)

백1로 내려서는 것은 참은 수로 후수이지만 두텁다(다음 a로 들여다보는 활용도 남았다).

그러나 보통은 한수의 가치가 있긴 해도 지금은 발이 너무 느린 느낌이다. 귀를 선수로 방어하는 맥이 아쉬운 장면이다.

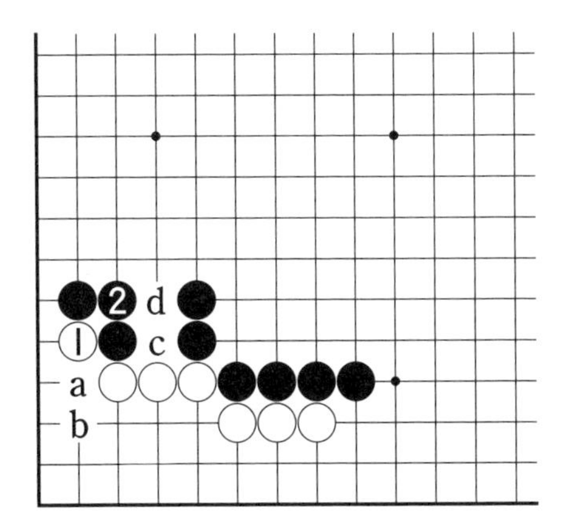

3도

3도 (찝는 수)

백1로 찝는 수가 좋은 맥이다. 흑2와 교환한 자체로 백은 선수로 귀를 지킨 효과가 있다. 다음 흑a는 백b로 후수.

주의할 것은 백c, 흑d의 교환을 보류하고 단순히 1로 두는 것이 묘미라는 점이다.

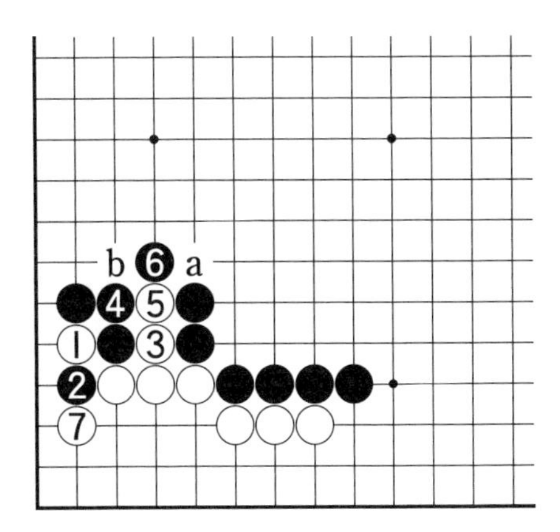

4도

4도 (맥의 효과)

백1에 대해 흑2로 잡는다면 백3, 5로 나가 바깥 흑의 모양이 무너진다. a와 b의 단점이 눈에 보이지 않는가.

19형

선수를 위한 작은 희생

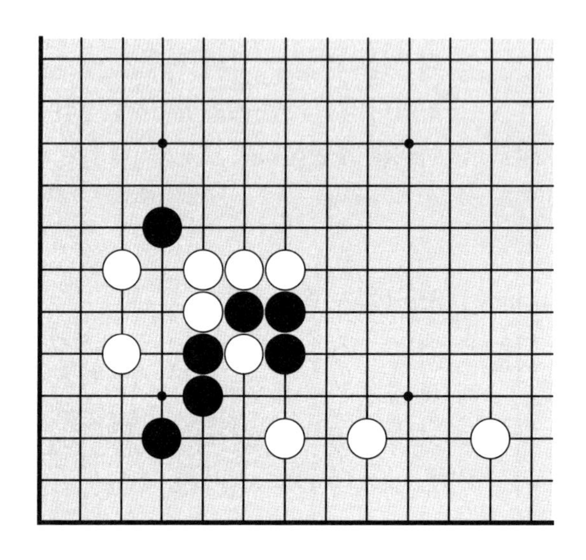

흑 차례

선수를 빼앗으려면 작은 희생쯤은 감수해야 한다.

상대를 굳혀 주더라도 더 큰 이익을 바랄 수 있다면 그런 맥은 당연히 결행하는 게 옳다.

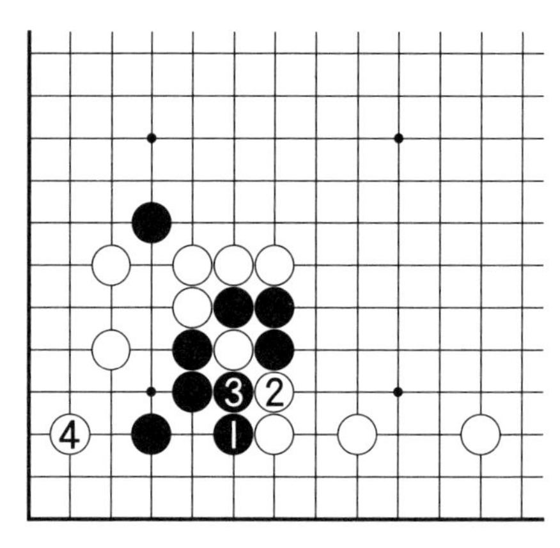

1도

1도 (평범)

백 한점이 달아나는 것을 방어해 흑1, 3으로 두는 것은 너무 평범하다.

흑1로 2나 3이라도 위축된 모양으로, 결국 백4의 달림을 허용하게 된다.

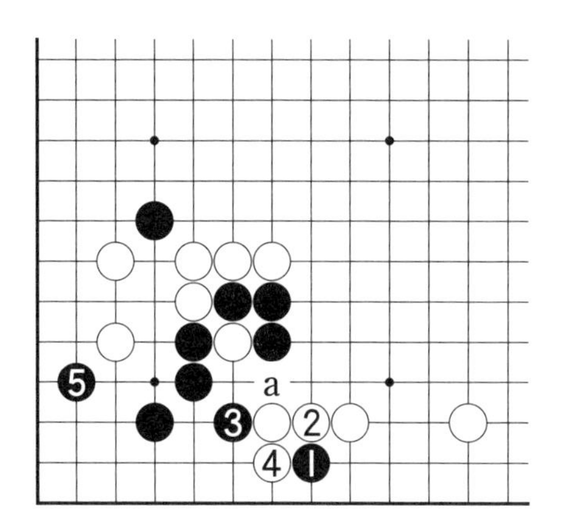

2도

2도 (치중의 맥)

흑1로 치중해 백2로 잇게 한 다음 흑3으로 붙이는 것이 선수를 잡는 맥이다. 백4를 기다려 흑5로 귀를 지키는 수순을 얻는다.

또 백2로 4면 이번에는 흑a가 선수가 된다.

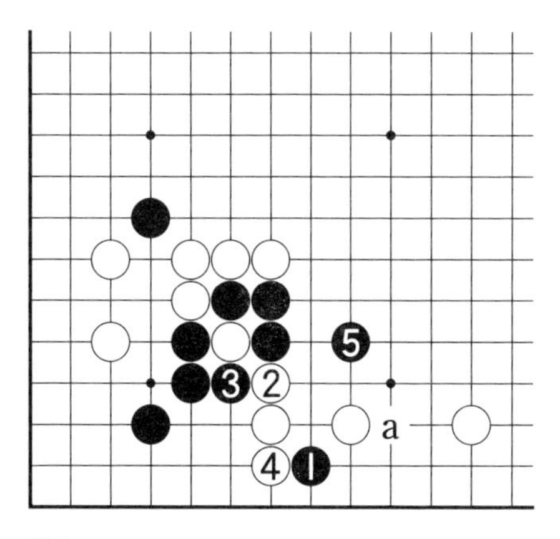

3도

3도 (최강의 저항)

흑1의 치중에 대해 백2로 치받는 수는 최강의 저항이다.

흑3에 백4로 한점을 잡게 되는데, 흑은 한점을 보태주었지만 선수를 뽑아 흑5를 두는 것으로 만족한다(차후 a의 붙임이 노림이다).

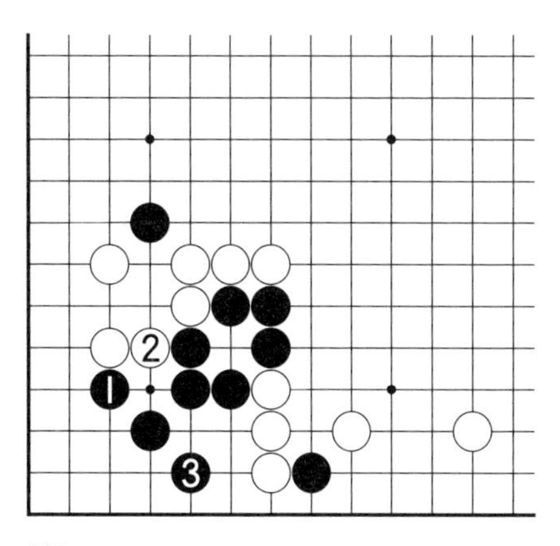

4도

4도 (일책)

앞 그림 흑5의 변화. 흑이 중앙으로 나가는 게 별 실익이 없다고 판단되면 흑1로 마늘모하고 3으로 귀를 지키는 수도 일책이다.

20형

손해 없는 선수 지킴

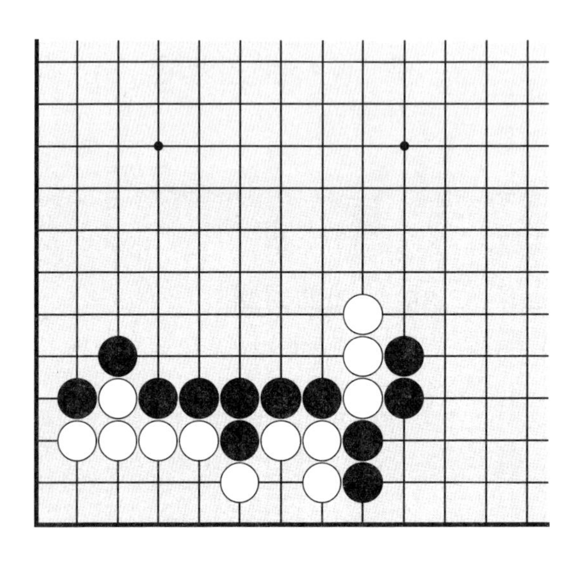

흑 차례

자신의 약점을 선수로 지키되 손해 없이 두는 방법이 있다면 금상첨화일 것이다.

이 모양에서 흑은 오른쪽 단점을 선수로 지키려면 어떤 맥을 구사해야 할까? 단, 좌하 부근에서의 축은 백이 유리하다는 전제이다.

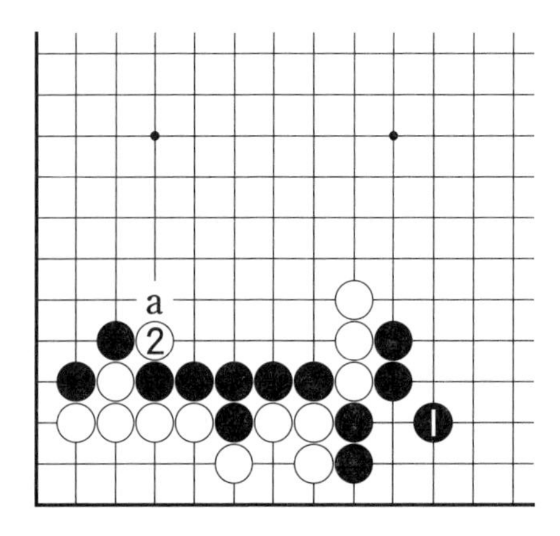

1도

1도 (후수)

흑1은 하변의 단점을 지키는 정수이지만 후수라는 것이 불만이다. 백이 먼저 2로 끊게 되면 흑이 괴로울 것이다.

흑a의 축은 불리하다고 문제에서 밝힌 바 있다.

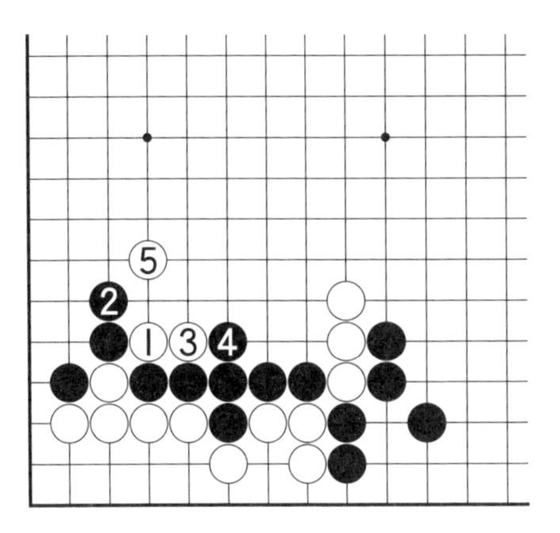

2도

2도 (흑, 괴롭다)

계속해서 예상되는 진행을 몇 수 더 표시하면, 백1에 흑2로 뻗을 때 백3에서 5로 두어 좌우 흑이 수습불능에 빠진다.

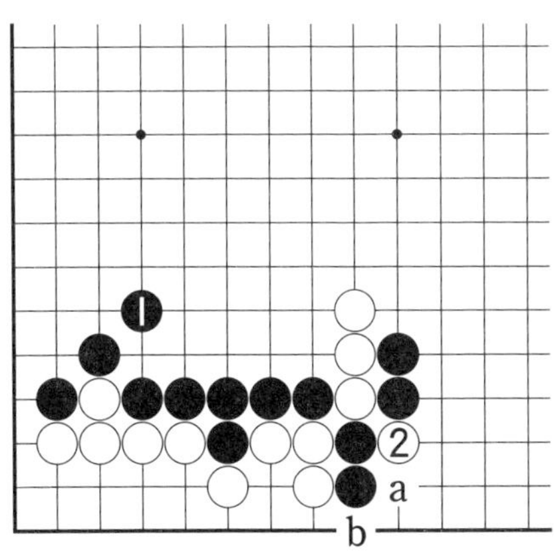

3도

3도 (하변이 다친다)

애초 흑1로 좌변을 보강한다면 이번에는 백2의 끊음으로 하변이 다친다. 흑a부터 밀어가면 아래 두점은 살리겠지만 위쪽 두점은 잡힐 운명이다. 그리고 백2에 흑b라면 백a로 그만.

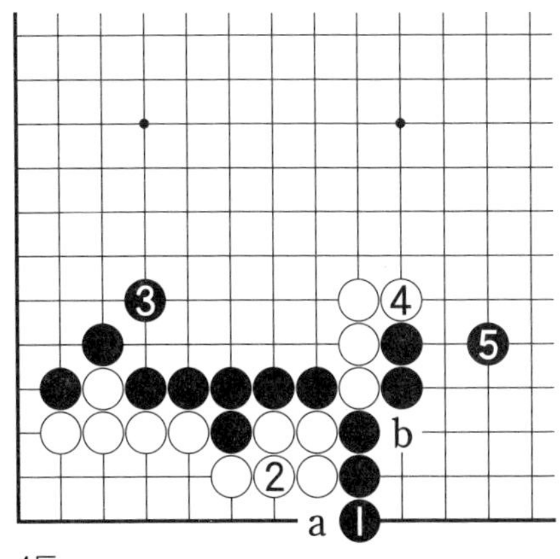

4도

4도 (내려섬이 맥)

흑1로 내려서는 것이 2의 곳 먹여침을 보는 선수이다. 백은 a의 공배를 메워 압박할 수 없으므로 흑은 b의 단점을 자동 방지한 모양이다.

이에 따라 백2의 보강을 기다려 흑3으로 손질할 여유가 생긴다. 다음 백4라면 흑5.

21형

응급조치

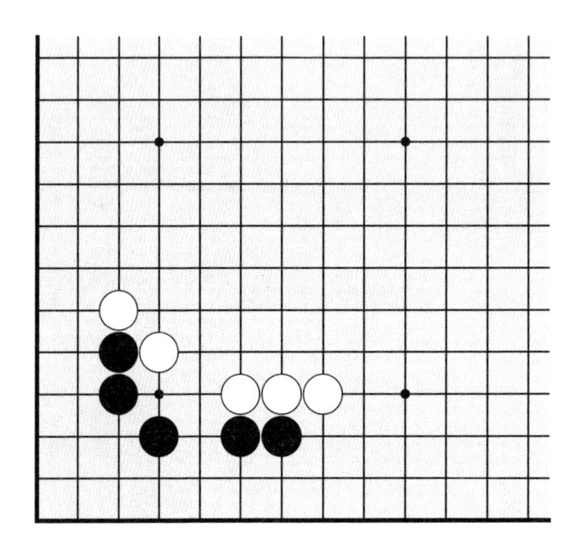

▨ 백 차례

상황에 따라 상대를 굳혀 주는 교환이 손해가 되더라도 응급조치를 하고 손을 빼는 것이 더 유리한 경우가 있다.

좌하의 정석진행에서 생기는 모양이 대표적인데, 백의 다음 한수는 어디가 그런 취지에 맞을까?

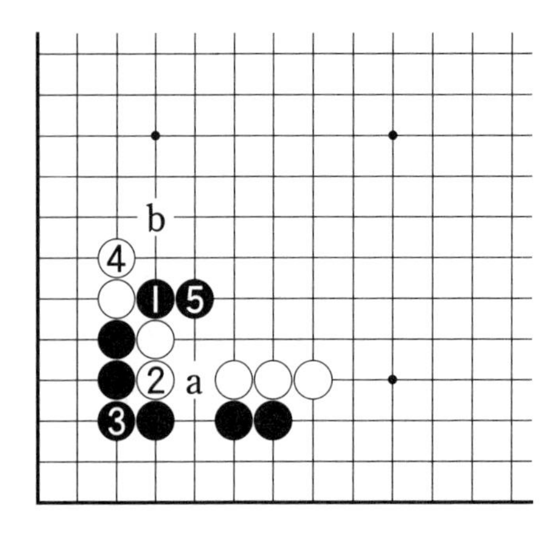

1도

1도 (통렬한 끊음)

백이 이대로 손을 빼면 흑1로 끊는 수가 통렬하다. 백2로 치받아두고 4로 뻗던가 해야 하는데, 흑은 5로 서서 다음 a와 b를 맞본다.

따라서 백은 흑이 끊어오기 전에 어떻게든 보강이 필요하다.

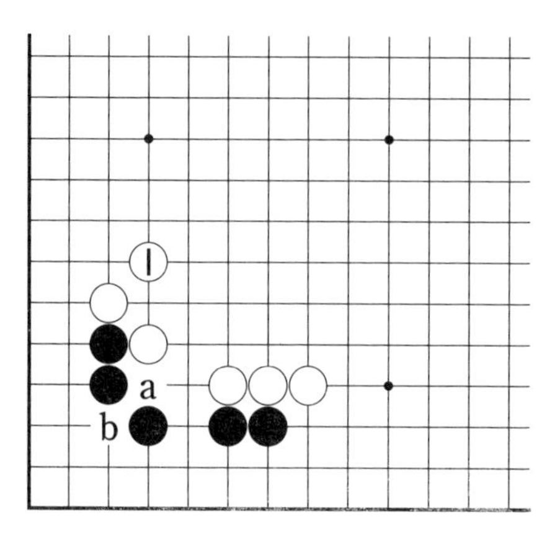

2도

2도 (후수)

백1로 호구치는 것은 단점을 지키는 정수이지만 후수라는 점이 좀 불만이다. 흑은 선수로 귀의 실리를 차지했으므로 즐거울 것이다.

백1로 a, 흑b를 교환한 후 손을 빼는 것은 앞 그림과 다를 바 없다.

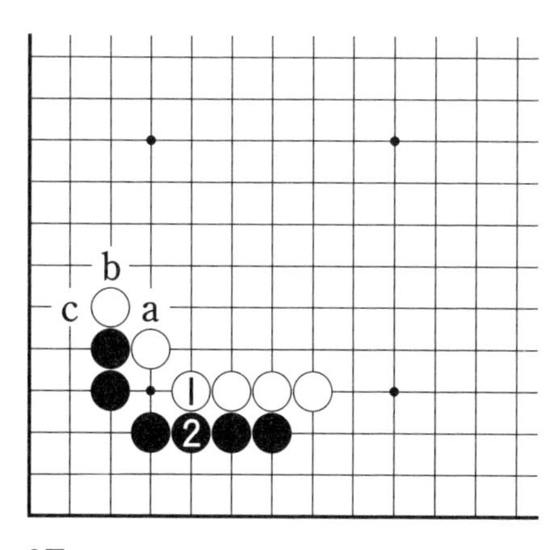

3도

3도 (선수를 잡는 교환)

백1로 두어 흑2와 교환하는 것이 선수를 잡는 맥이다. 백은 이대로 손을 빼더라도 다음 흑a면 백b로 늘어서 싸운다.

그리고 흑2로 c라도 백b로 늘어서 좋다(차후 2의 곳이 노림이다).

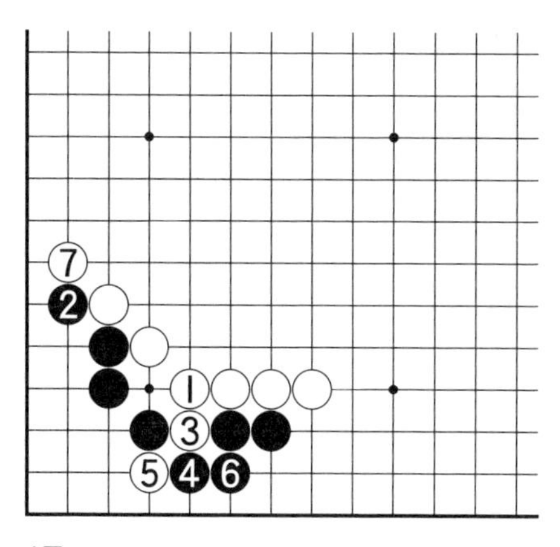

4도

4도 (나가끊는 맛)

그리고 흑2 때 당장 백3, 5로 나가끊는 맛이 있다.

흑6으로 이으면 백7의 이단젖힘이 강렬한 맥이 되는 모양이다.

22형

유연한 지혜

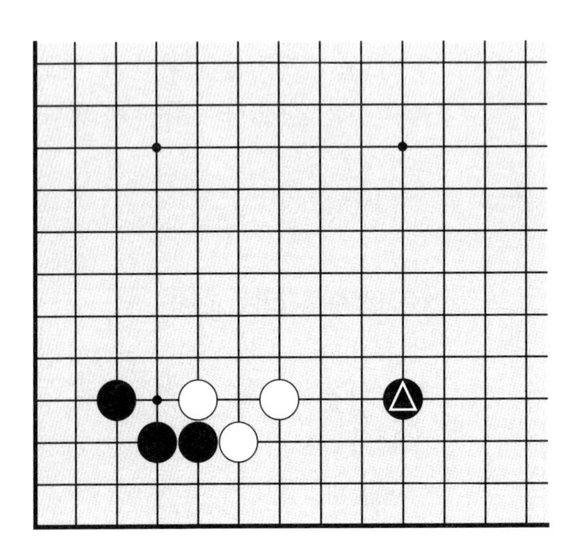

▨ 백 차례

상대의 반격이 어느 정도 예상되는 곳에서는 유연한 수를 두는 지혜가 필요하다. 물론 상대가 받아주면 선수이므로 만족한다.

그런 관점에서 흑△의 협공에 대해 백은 어떻게 대처하는 것이 좋을지 생각해보자.

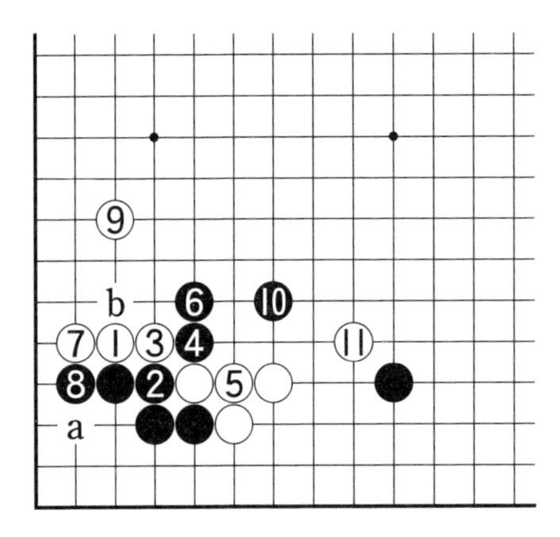

1도

1도 (급전)

백1로 붙여가면 흑2, 4로 치받고 끊어 급전을 피할 수 없게 된다.

수순 중 흑2로 7이면 백2, 흑a, 백b로 백의 주문에 걸려든다.

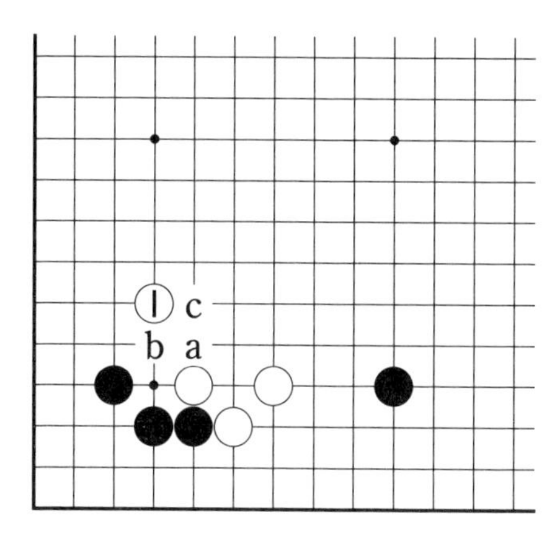

2도

2도 (날일자 행마)

백1의 날일자 행마로 유연하게 두는 것이 좋다. 이 수는 자신을 보강한 뜻이자 귀의 흑에도 은근히 압박을 가하는 모양이다.

물론 a의 약점은 있지만, b의 마늘모나 c의 뜀보다는 효율적인 수라 할 수 있다.

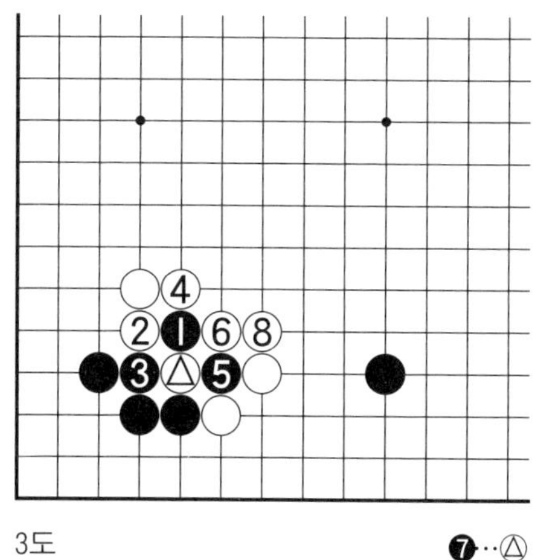

3도

❼··Ⓐ

3도 (백, 두터움)

백Ⓐ에 흑1로 건너붙인다면 백2에서 4로 모는 것이 요령이다.

흑5에는 백6으로 죄고 8로 이어 바깥에 쌓은 두터움으로 만족한다.

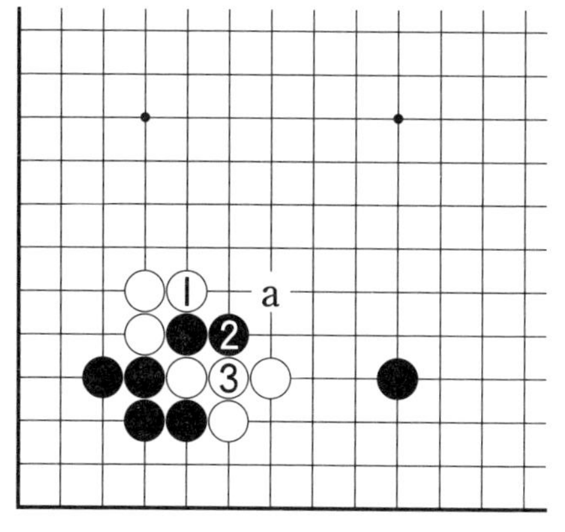

4도

4도 (싸움 또는 봉쇄)

백1에 대해 흑2로 나간다면 백3으로 잇고 싸운다. 주변 상황이 여의치 않으면 백3으로는 a로 씌워 봉쇄하는 방법도 있을 것이다.

어찌됐든 백은 흑의 건너붙이는 반격을 두려워할 필요가 없는 모양이라고 알기 바란다.

23형

일거양득

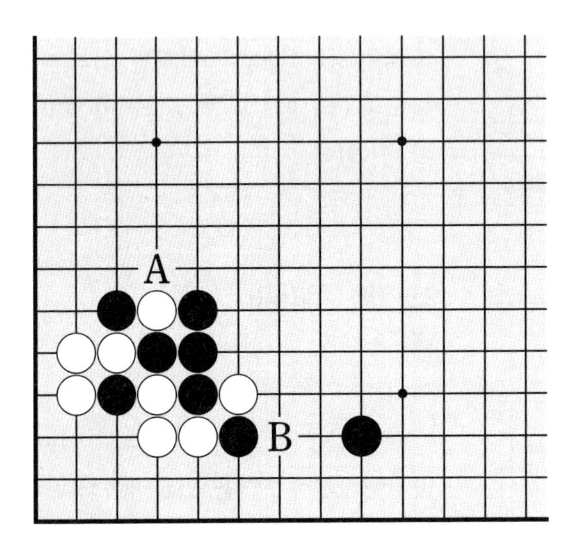

▩ 흑 차례

지금 흑은 A로 따내는 수와 B의 단점을 방지하는 수를 모두 두고 싶은데, 그것이 가능할까?

바둑은 착수교대의 원리를 따르지만 맥의 힘을 빌린다면 항상 예외는 있는 법이다.

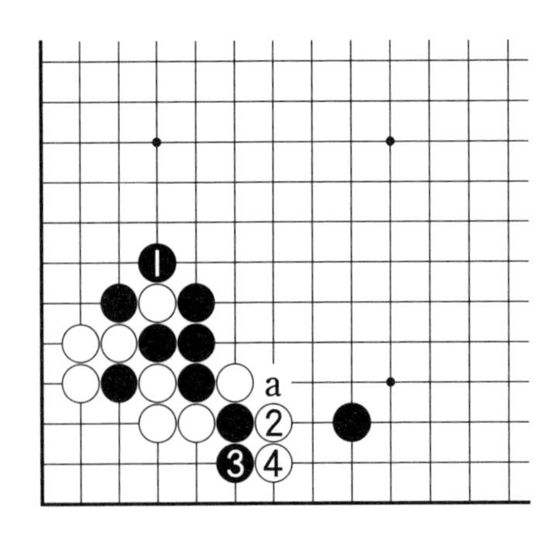

1도

1도 (흑, 실패)

흑1로 따내는 것은 백2, 4로 잡는 수가 성립해 흑의 실패이다.

물론 흑a의 축은 성립하지 않는다는 조건이 붙는다.

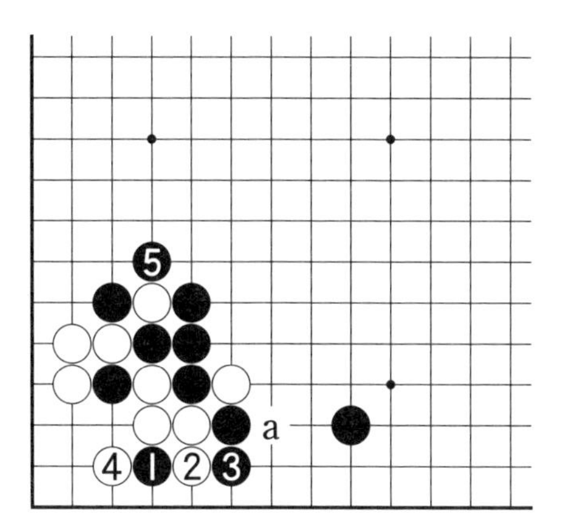

2도

2도 (붙이는 맥)

흑1의 붙임이 백a의 잡음을 선수로 방어하는 맥이다.

백2라면 흑3의 막음을 듣게 해 5로 따내는 데 손이 돌아가 소기의 목적을 달성한다.

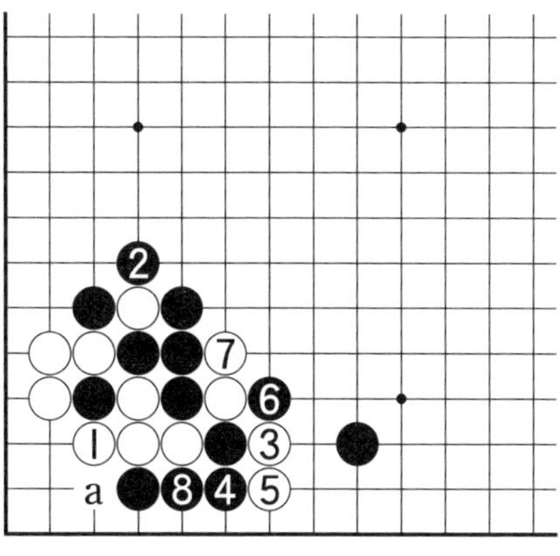

3도

3도 (붙인 효과)

백이 1로 그냥 따낸다면 흑이 손을 빼 2로 좌변의 한점을 따내도 된다. 백3, 5로 잡으러 와도 흑6으로 몰고 8로 이으면 흑이 수가 늘어져 백이 곤란한 모습이다. 흑이 먼저 붙여둔 효과이다. 백1로 a라도 흑8의 단수가 선수로 들으므로 마찬가지로 흑이 손을 빼도 된다.

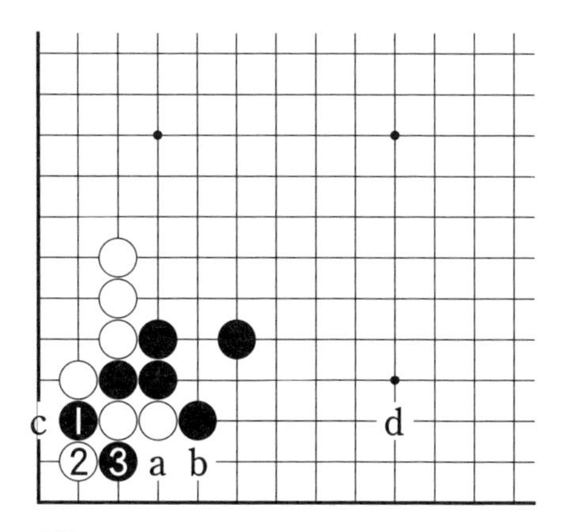

4도

4도 (일맥상통)

2도 흑1의 맥은 이 그림 흑1에서 3으로 끊는 맥과 유사하다.

다음 백a라면 흑b가 선수로 들어 흑이 d 방면의 전개로 향할 수 있으며, 백c로 따내면 흑a의 단수 활용이 자랑이다.

24형

정석 공부

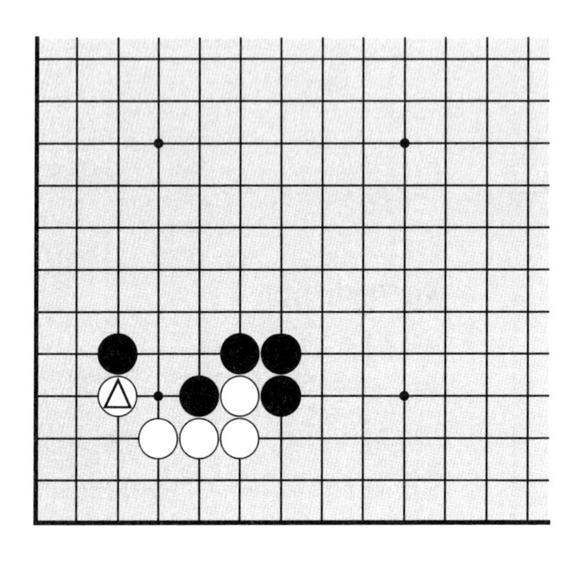

▨ 흑 차례

좌하의 형태는 외목 정석의 한가지로 방금 백△로 붙여 왔다. 흑의 응수는 두 가지인데 하나는 선수를 잡는 맥, 또 하나는 후수라도 두터움을 취하는 방법이다.

우선 선수에 초점을 맞춰 다음 한수를 생각하기 바란다.

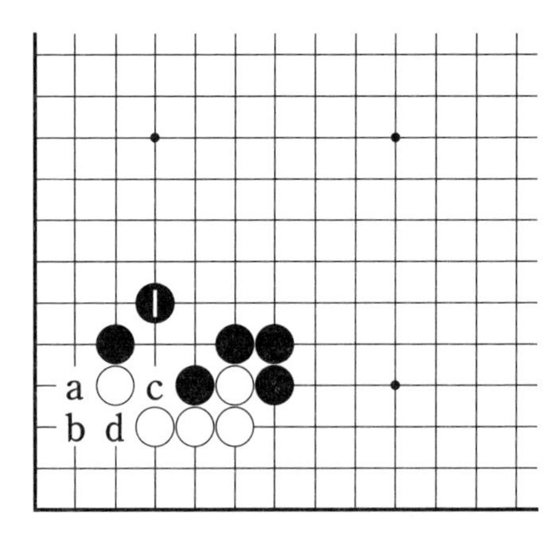

1도

1도 (후수)

흑1로 두는 것은 부분적으로 이곳을 지키는 정수이다. 이후 흑a, 백b, 흑c, 백d로 정비하는 수단을 본다.

다만 백이 손을 빼게 되므로 흑의 후수이다.

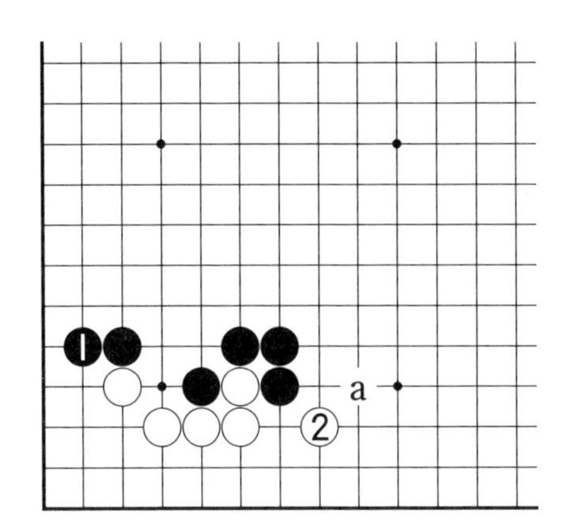

2도

2도 (내려서는 맥)

흑1로 내려서는 것이 선수를 잡는 맥이다. 백은 뒷문이 열려 있으므로 손을 빼지 못한다.

다음 백2로 뛰는 데까지 일단락하는데, 장차 흑a로 씌워 압박하는 수를 본다.

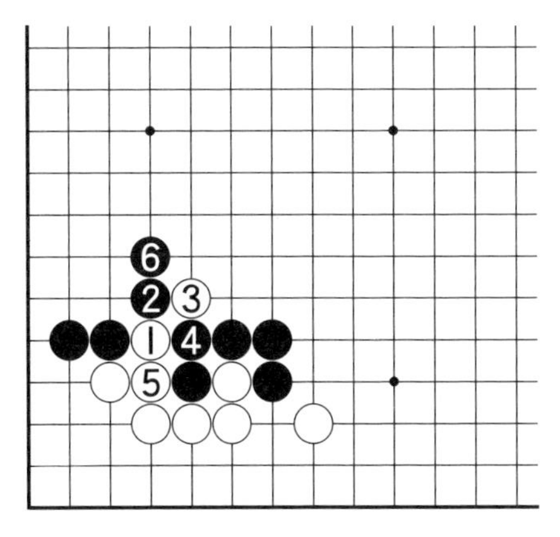
3도

3도 (맛)

앞 그림에 이어 백1, 3으로 젖혀나오는 수단이 남아 있지만 흑4에서 6으로 늘어두어 충분히 싸울 수 있는 모양이다.

흑의 입장에서 1도냐 2도냐는 선후수 관계 외에도 주변의 사정을 고려해 선택할 문제이다.

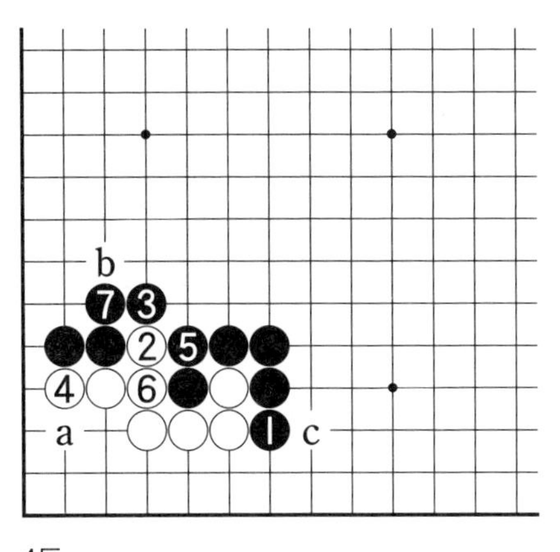

4도

4도 (절대 막음)

2도 백2를 생략하면 흑1의 막음이 절대 선수가 된다. 백은 흑a의 뜀을 방어해 2, 4로 젖혀 막게 된다. 흑도 7을 생략하고 차후 백7로 끊어오면 흑b로 몰아 두점을 버리는 방법도 있다.

대개는 흑1의 막음이 아프므로 백c의 뜀은 생략하지 않는 게 좋다.

25형

효율을 최대한 추구하라

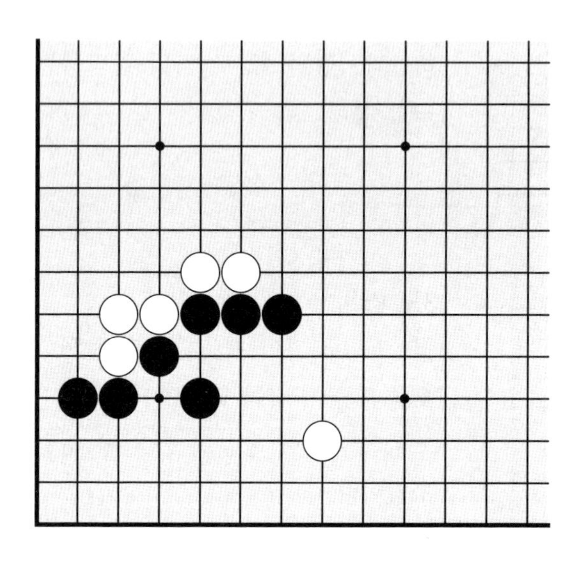

▩ **흑 차례**

좌하 흑 진영에 다가와 있는 하변의 백 한점에 주목하면서 흑의 가장 상식적인 응수와 문제점을 생각하기 바란다.

그러고 나서 귀를 지킨다면 가장 효율적인 방법이 뭔지도 생각해 보자.

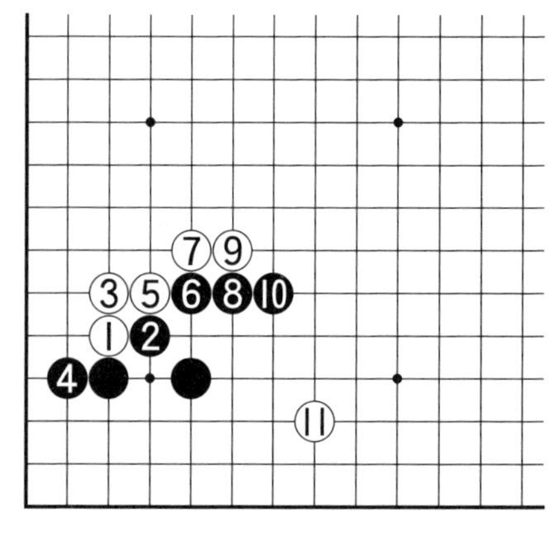

1도

1도 (경과)

좌하는 소목 한칸굳힘에서 백1의 옆구리붙임으로 생겨난 형태이다.

이하 백9까지 좌변을 밀어올리고 11로 다가서서 문제의 장면이 이루어졌다.

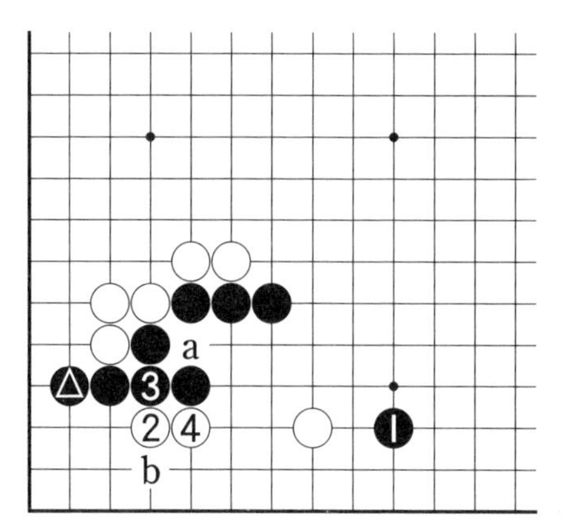

2도

2도 (실속을 잃는다)

흑1로 협공하는 것은 백2로 들여다보고 4로 밀고나와 귀의 집이 크게 부서진다. 더구나 흑▲로 내려선 가치가 상실된 모양이다.

수순 중 흑3으로 4는 백3, 흑a, 백b로 빠져 귀의 흑 두점이 무사하지 못하다.

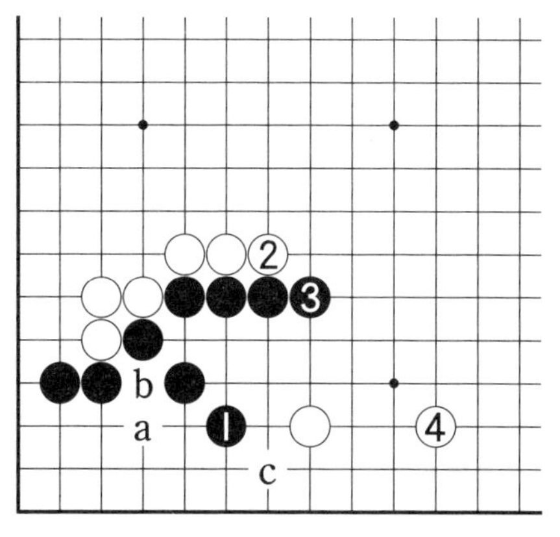

3도

3도 (느슨한 마늘모)

흑1의 마늘모로 지키는 것은 정수이지만, 그러면 백은 2로 아낌없이 밀고 4로 벌릴 것이다.

이다음 백a, 흑b, 백c가 선수로 듣는 모양인데, 흑이 좌우에서 활용당한 느낌을 지울 수 없다.

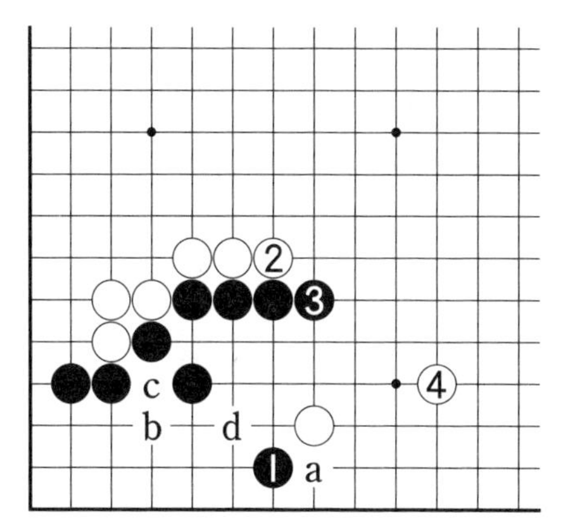

4도

4도 (턱밑 급소)

백의 턱밑에 뛰는 흑1이 맥이다. 이젠 백도 a로 받는 것은 무거우므로 2에서 4로 가볍게 둘 것이다. 흑은 기회를 보아 a로 미는 것이 크다. 백도 a에 막는 수순이 오면 다음 백b, 흑c, 백d가 장차 큰 수로 남는다.

26형

명암의 교차점

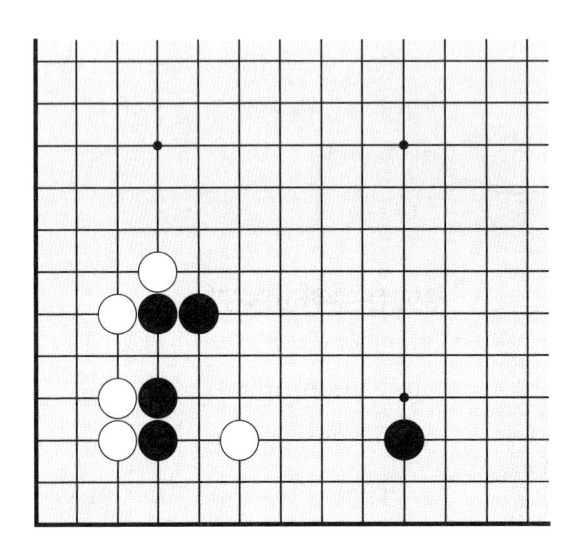

흑 차례

누가 먼저 두느냐에 따라 두터움과 엷음의 차이가 현격하게 드러나는 모양이다. 자신의 형태를 정돈하면서 상대의 약점을 부각시키는 맥이 요구된다. 그런 명암이 교차되는 지점은 어디인지 생각해보자.

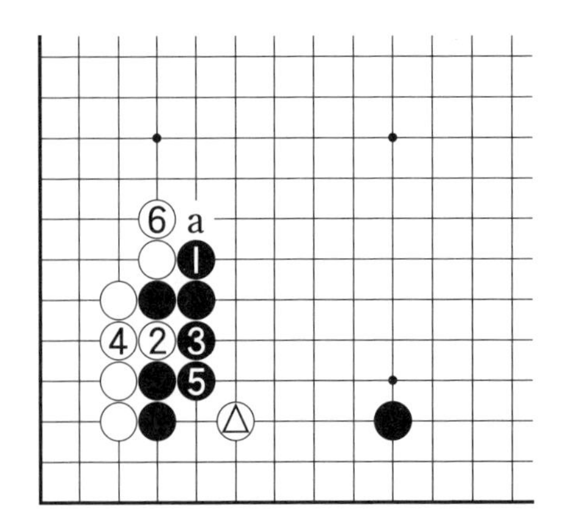

1도

1도 (우형 강요)

무심코 흑1로 밀면 백은 당장 2, 4로 끼워이어 흑의 우형을 강요할 것이다. 백6 다음 흑a로 미는 것은 4선이므로 손해이다. 반대로 백a의 꼬부림이 오면 흑의 자충을 이용하며 백△가 활동할 여지가 생긴다.

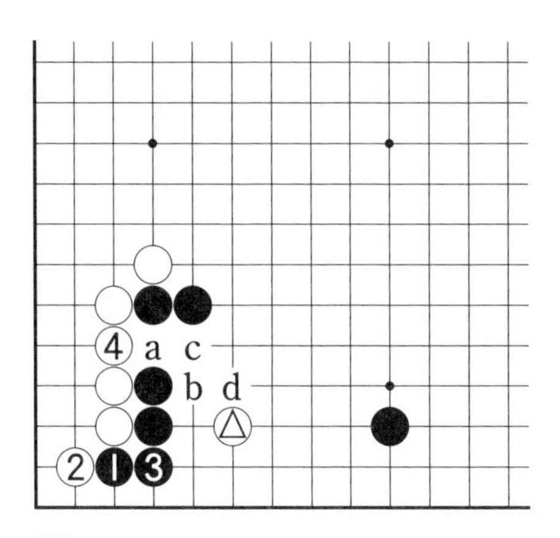

2도

2도 (백4, 호수)

흑1, 3의 젖혀이음에는 백4로 가만히 잇는 호수가 있다. 다음 백a를 방어해 흑은 a나 b로 두어야 하는데, 백◬ 한점도 그대로 살아 있어 흑이 불만인 모습이다.

백4로 a에 끼우면 흑c, 백4, 흑d로 흑은 좋은 모양이 된다.

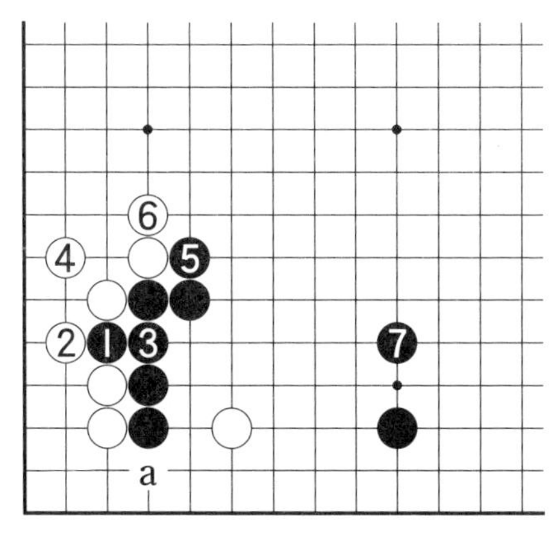

3도

3도 (끼워이음)

흑1, 3으로 끼워잇는 것이 맥. 백4로 지키기를 기다려 흑5로 밀어두고 7의 뜀까지 당당한 자세를 갖추게 된다.

이처럼 앞 그림 백4의 이음과 이 그림 흑1, 3은 쌍방 간의 급소라고 할 수 있다. 물론 백a부터의 젖혀이음은 백의 권리이다.

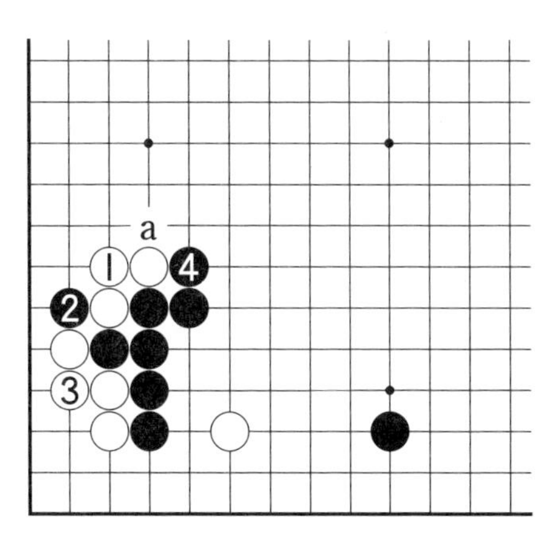

4도

4도 (끊음 한방)

앞 그림 백4의 호구이음은 정수. 이 그림 백1로 꽉 잇는 것은 흑2로 하나 끊어 백의 모양에 단점이 생긴다. 백3에 흑은 4로 꼬부려 다음 a의 젖힘을 노릴 수 있다.

27형

탈출의 테크닉 (1)

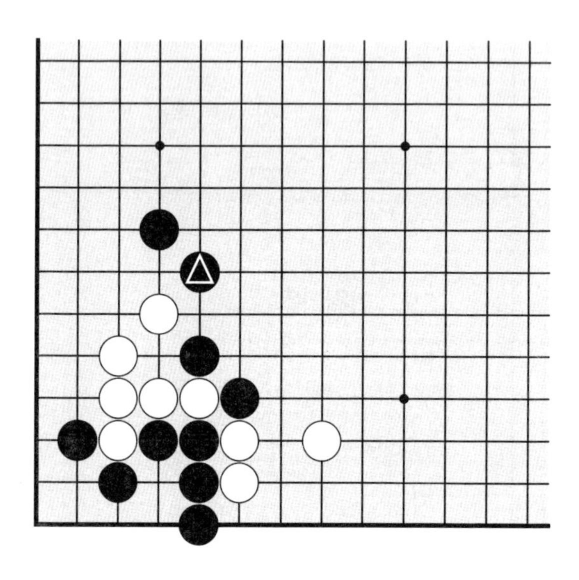

▒ 백 차례

흑▲로 씌웠다. 백은 안에서 살려 하기보다는 포위망을 뚫고 탈출을 모색하는 것이 나을 것이다.

그리고 탈출한다고 해도 손해가 없는 방법이라야 한다.

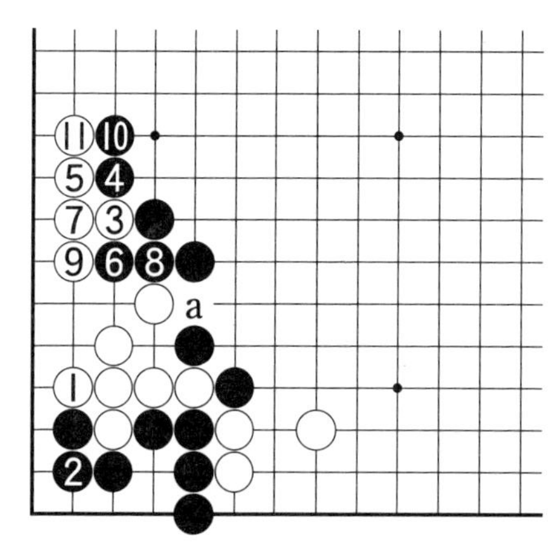

1도

1도 (안에서 삶)

백1로 막고 3, 5로 이단젖히는 것은 안에서 살려는 뜻이다.

그러나 이런 진행이면 전체적으로 흑의 세력이 좋은 갈림이라 할 수 있다.

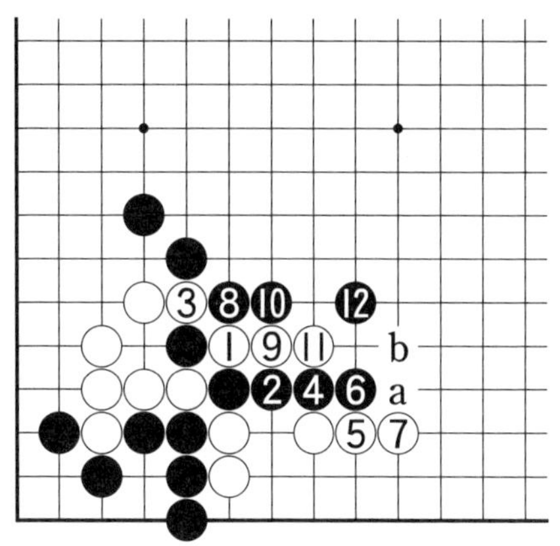

2도

2도 (봉쇄)

백1로 몰고 3으로 잡는 것은 흑4, 6이 선수로 들어 8에서 12의 씌움까지 다시 봉쇄된다.

백7로 a라도 흑b가 들어 백이 탈출할 수 없음은 마찬가지다.

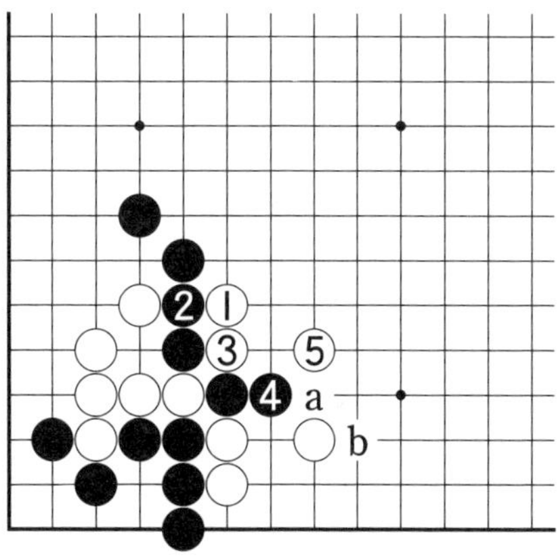

3도

3도 (탈출의 맥)

중앙 백1의 뜀이 맥이다. 흑2 때 백3에서 5의 장문으로 탈출한다. 흑2로 4면 백은 2로 잇는다(다음 흑a에는 백b로 늘어 하변 백도 여유 있게 탈출하는 모양이다).

어찌됐든 처음부터 백3, 흑4는 손해 교환이며, 단순히 백1로 두는 것이 맥이다.

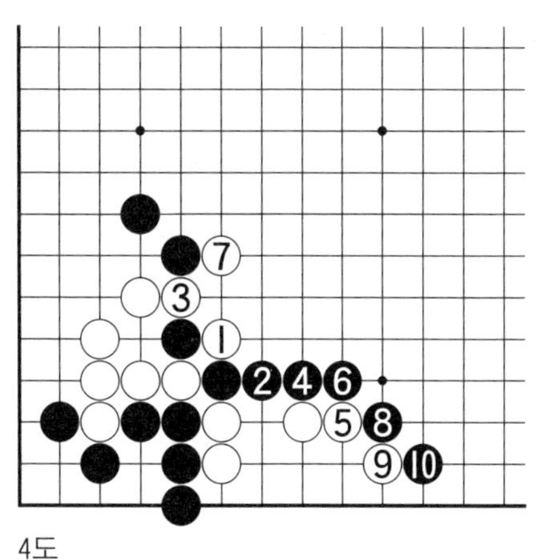

4도

4도 (이단젖힘)

2도의 변화. 흑6까지 된 다음 백7이라면 흑8, 10의 이단젖힘으로 하변 백이 무사하지 못하다. 백1이 속수였기 때문이다.

28형

탈출의 테크닉 (2)

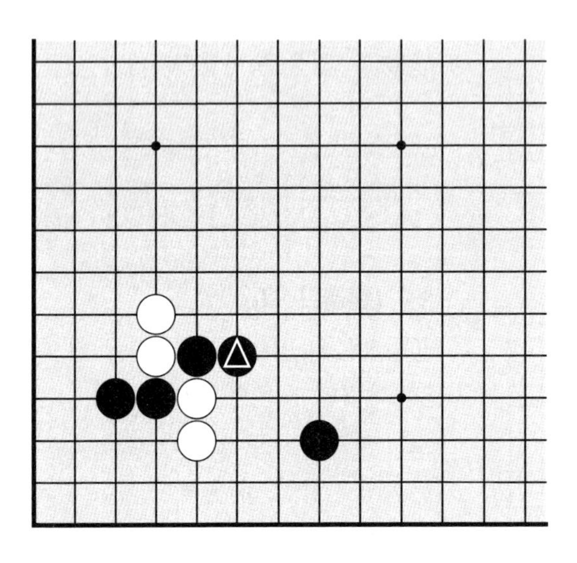

▨ 백 차례

방금 흑△로 뻗은 장면. 직접 탈출하기가 곤란할 경우 준비 작업이 필요함은 당연하다.

그러나 준비를 위한다 해도 과잉 투자는 탈출의 효과가 줄어들 것이므로 그 사이의 밸런스가 중요하다.

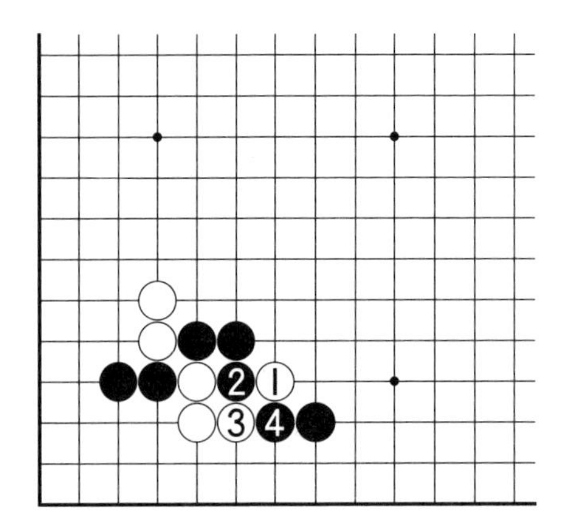

1도

1도 (직접은 불가능)

백1로 나오는 것은 흑2에서 4로 나와끊어 탈출이 불가능하다.

따라서 백은 귀에서 뭔가를 공작해둘 필요가 있는데, 가장 좋은 수단이라면 뭐가 있을까?

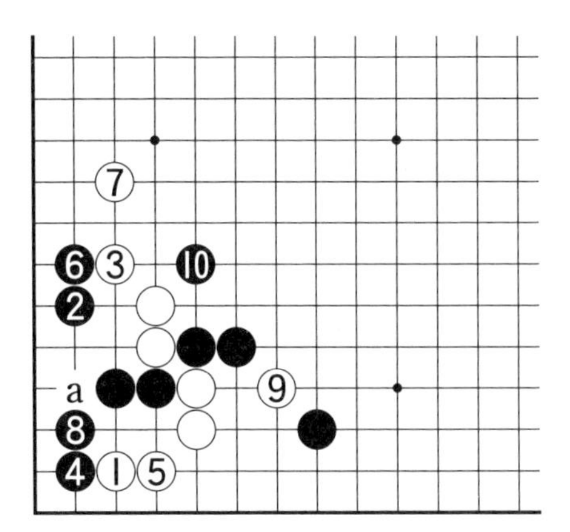

2도

2도 (지나치게 굳혀준다)

백1로 달리는 수는 보통 귀의 흑을 공격하는 맥으로 탈출과 무관하게 유력하다. 흑2 이하 8로 살 때 백9로 진출할 수 있지만, 문제는 지나치게 귀를 굳혀준 점이다.

수순 중 백3으로 8은 흑a로 막은 다음 5의 자리 건너붙임이 남는다.

3도

3도 (마늘모 맥)

백1의 마늘모가 귀를 핍박하는 수와 탈출을 맞보기로 삼는 맥이다. 흑2라면 백3으로 나올 수 있다.

다음 흑a면 백b로 받아 끊어지지 않는다.

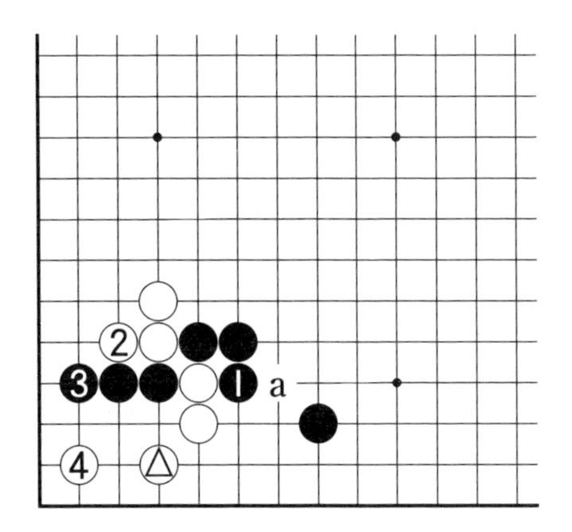

4도

4도 (수상전)

백△에 대해 흑1로 꼬부려 백a의 나옴을 방지하면 백2로 막고 흑3에 백4로 뛰어 싸움이다.

물론 백이 불리하지 않은 수상전이다.

29형

탈출의 테크닉 (3)

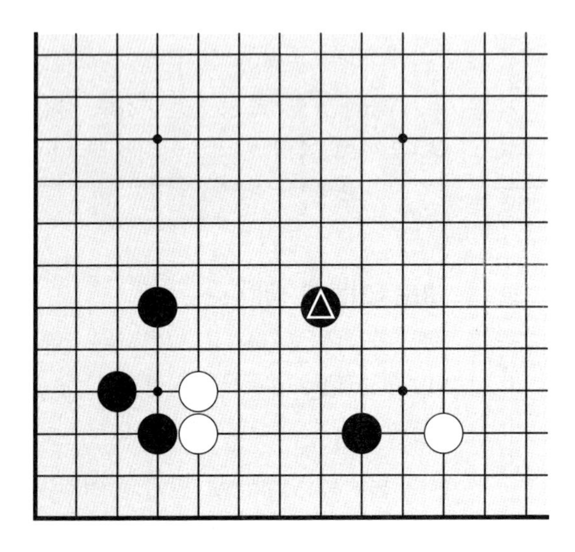

백 차례

흑▲로 씌운 장면. 역시 탈출의 맥을 묻는다.

눈에 보이는 직접적 수법보다 눈에 보이지 않는 간접적 수법이 그 효과에서 더 뛰어난 경우가 많다는 것은 이미 알 테지만, 과연 어디서부터 시작해야 할까?

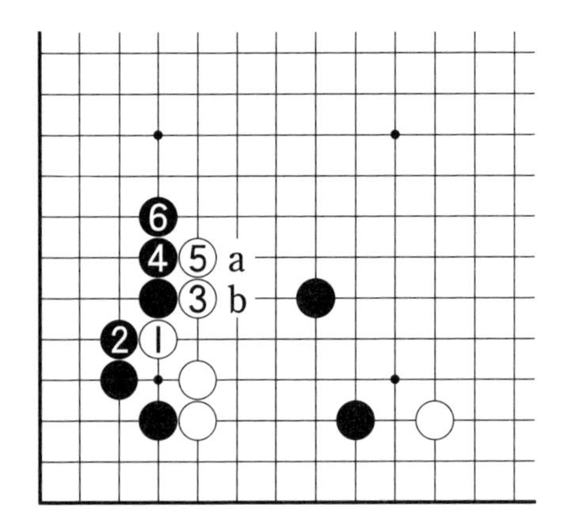

1도

1도 (노골적 수순)

백1에서 3, 5의 탈출은 눈에 보이는 수순이지만 그 방법이 너무 노골적인 탓으로 막대 모양의 말이 되면서 흑을 굳혀주고 있다. 애초 백1로 단순히 3이면 흑4가 올바른 대응이다. 그렇지 않고 흑5로 젖히면 백a로 같이 젖히는 리듬이 생겨난다. 또 백1로 b면 흑a로 차단한다.

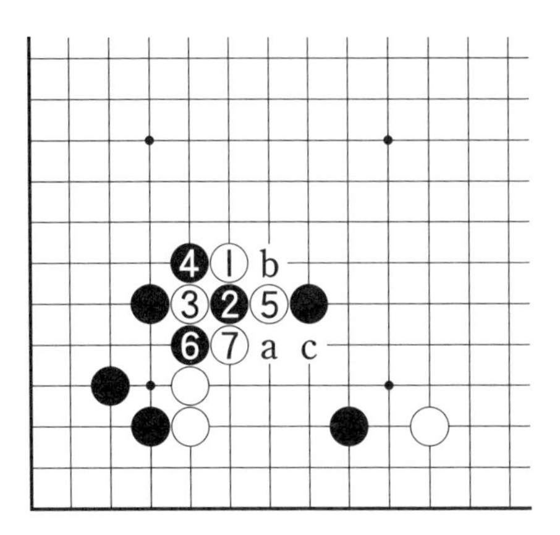

2도

2도 (멀리 뛰는 맥)

백1로 멀리 뛰는 것이 쉽게 찾을 수 없는 맥이다. 흑2에는 백3으로 젖혀 끼우고 흑4에 백5, 7로 몰고 죄는 것이 후속타이다.

다음 흑이 3에 이으면 백a, 흑b, 백c로 탈출한다.

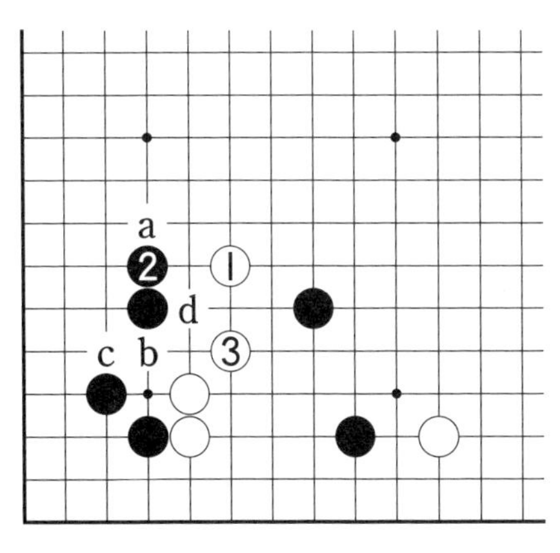

3도

3도 (교묘한 방어)

백1에 대해 흑2가 교묘한 방어이다. 백은 3으로 두는 정도인데 이후 흑은 공격을 보아 충분할 것이다. 백도 열악한 조건에서 이 정도 탈출에 만족해야 한다.

수순 중 흑2로 a는 백b, 흑c, 백d를 가정할 때 1도보다 백의 모양이 낫다.

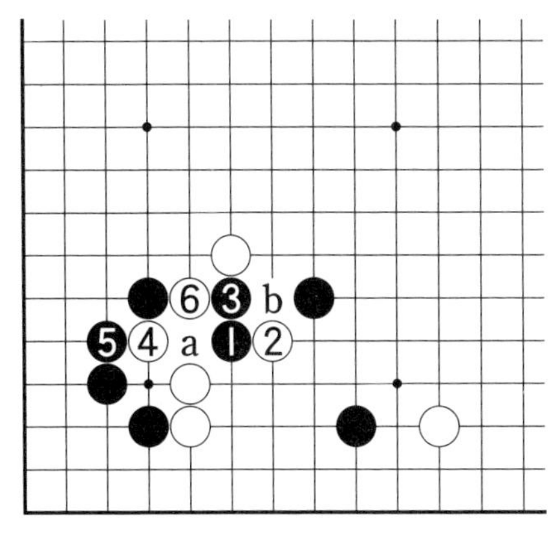

4도

4도 (건너붙임)

흑1로 탈출을 방해하러 오면 백2로 건너붙이는 것이 맥이다.

백a를 방어해 흑3이라면 백4에서 6으로 탈출한다. 다음 백은 a와 b가 맞보기.

30형

탈출의 테크닉 (4)

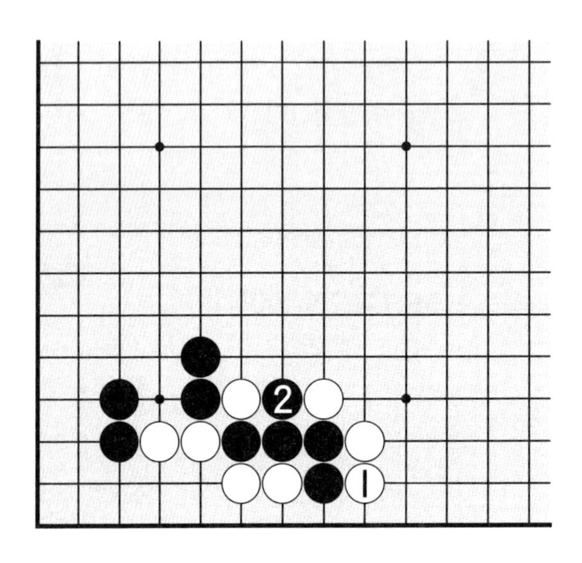

▨ 백 차례

백1로 넘자하고 흑2로 나온 장면이다.

다음 백이 강수를 두었다가는 오히려 상대의 역습을 받아 위험해질 수도 있지만, 그렇다고 눈에 보이는 활용을 마다하면 아쉬움이 남는다. 축을 방지하는 묘수를 안다면 해결의 실마리가 풀릴 것이다.

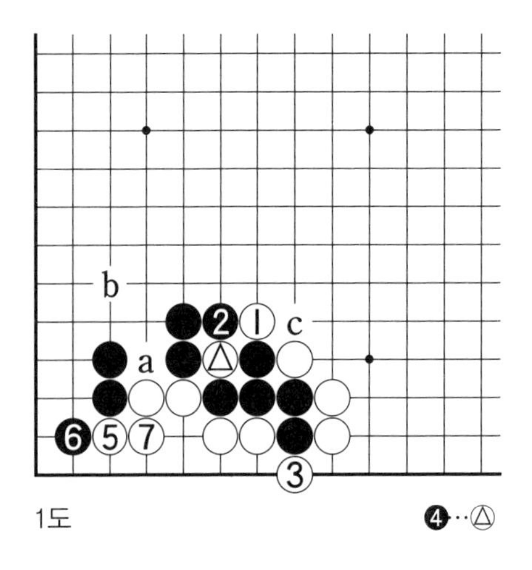

1도 ❹…△

1도 (백, 만족)

백1로 몰고 흑2로 따낸다면 백3의 선수로 넘고 5, 7로 젖혀잇는다. 다음 백a의 나옴을 방지해 흑b라면 백c로 이어 만족한다.

백1로 단순히 3에 몰아 흑1로 뻗게 하는 것은 두터움에서 큰 차이가 난다.

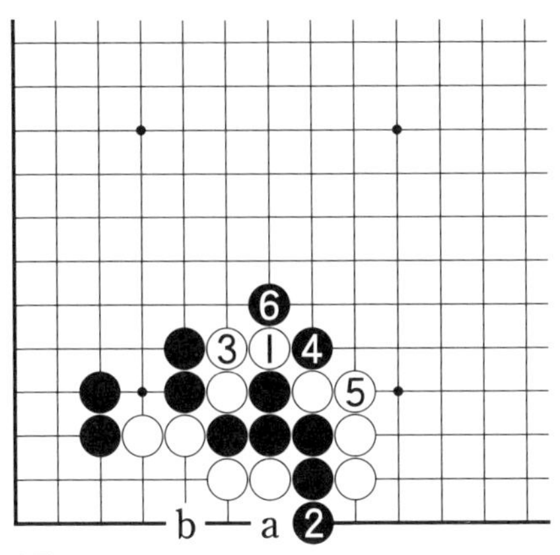

2도

2도 (역습)

백은 1에 흑2로 뻗는 수가 무섭다. 백3으로 잇더라도 흑4에서 6이면 축이다. 따라서 백은 흑2로 내려서는 역습에 대책이 서 있지 않으면 이렇게 둘 수 없다.

백3으로 a, 흑3, 백b로 사는 것은 너무 비참하므로 논외.

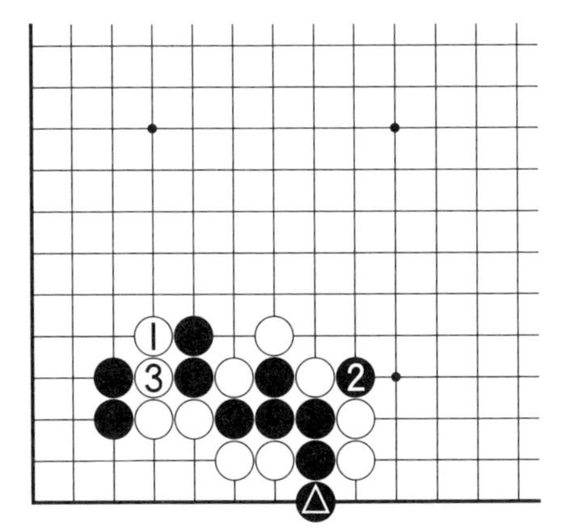
3도

3도 (붙임 일발)

흑△에는 백1로 붙이는 수가 진기한 맥이다. 다음 흑2라면 백3으로 탈출한다.

흑2의 수로 왜 3에 차단하지 않았는지는 다음 그림에서~

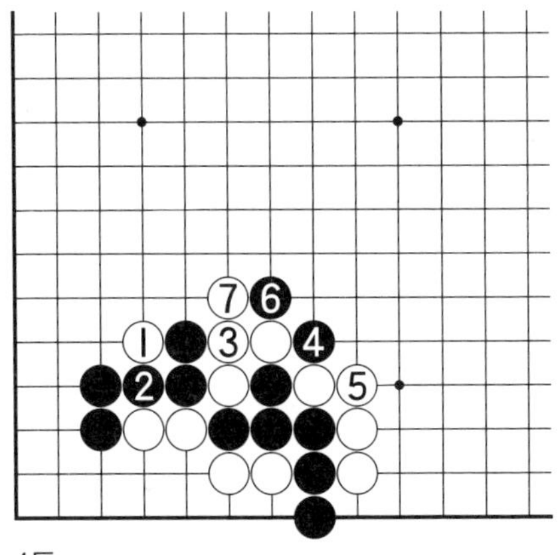
4도

4도 (붙인 한점의 역할)

백1에 흑2면 백3으로 잇는 수가 있다. 흑4로 끊고 6으로 몰아 축이 되어야 하는데, 이제는 백1의 한점 때문에 축이 성립하지 않음에 주목하기 바란다.

3장

침투의 기본 유형

⛵ 들어가기 전에

침투는 상대 집모양의 허점을 파고들어 최대한 파괴하자는 치열한 수법이다. 침투에 능해지려면 상대 진영의 허점을 찾는 급소감각과 더불어 공격을 견디어내는 타개능력이 뒷받침되어야 한다.

이 장에서는 실전에서 가장 많이 나타나는 귀와 변의 침투유형 9가지를 살펴보았다. 특히 침투 능력을 키우기 위해 그 대응법과 후속 공방에 대해서도 상세히 다루었다.

침투 5계명

① 넓은 쪽으로 뛰어들어라

② 출구를 살핀 후 뛰어들어라

③ 자신이 강한 쪽으로 뛰어들어라

④ 타개의 수단을 미리 읽어두어라

⑤ 전체를 살리려 욕심내지 마라

1형

변 침투의 기본형

○ 백 차례

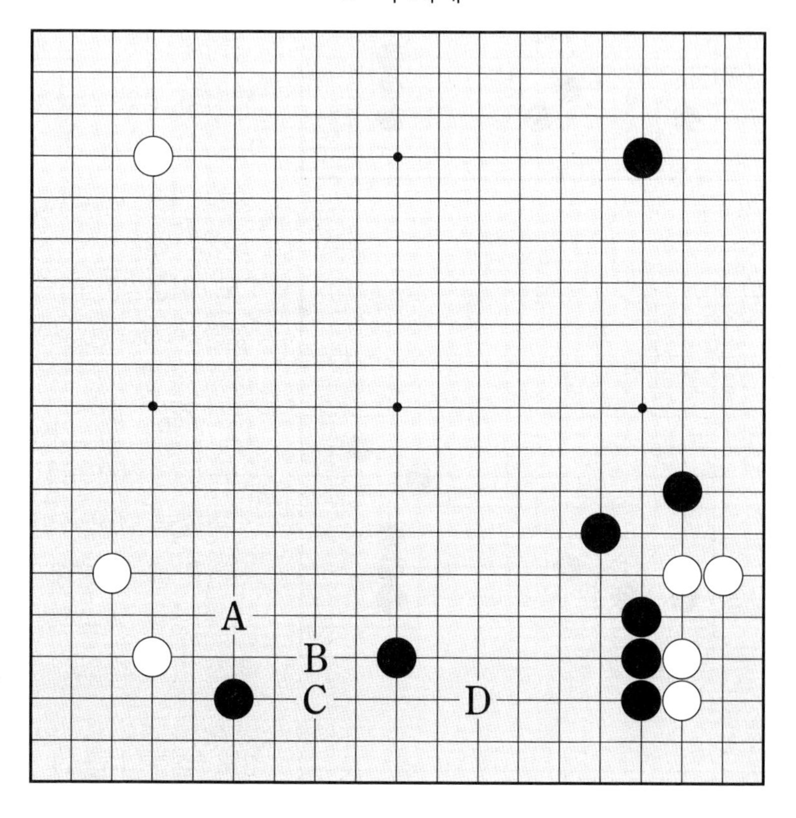

다음은 화점 바둑에서 가장 흔히 나타나는 장면이자 변 침투의 기본형이 될 만한 재료이다.

하변 흑 모양이 초점. 흑A로 가일수해 하변이 크게 굳어지기 전에 백은 침입을 서둘러야겠다. 침투의 급소는 B~D 가운데 어디일까?

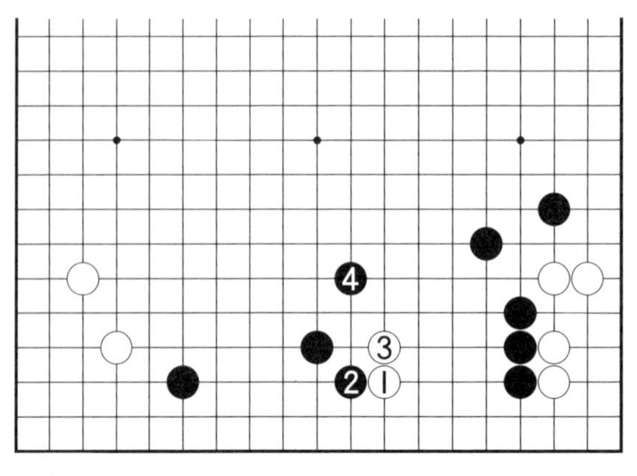

1도

1도 (방향착오)

백1로 뛰어드는 것은 방향착오. 흑2, 4로 공격당하면 오른쪽 흑세 때문에 질식할 형국 아닌가. 공연히 상대의 강한 쪽으로 뛰어들어 고난을 자초한 꼴이다. 침투 시 금기사항 제3조를 어긴 셈이다.

2도

2도 (어정쩡한 태도)

당연히 허술한 왼쪽이 올바른 방향이다. 그런데 백1로 4선에 들어가는 것은 어정쩡한 행마이다.

흑2로 넘어가면 너무 싱거운 모습. 이래서는 상대 진영을 파괴하는 침투라고 할 수가 없을 것이다.

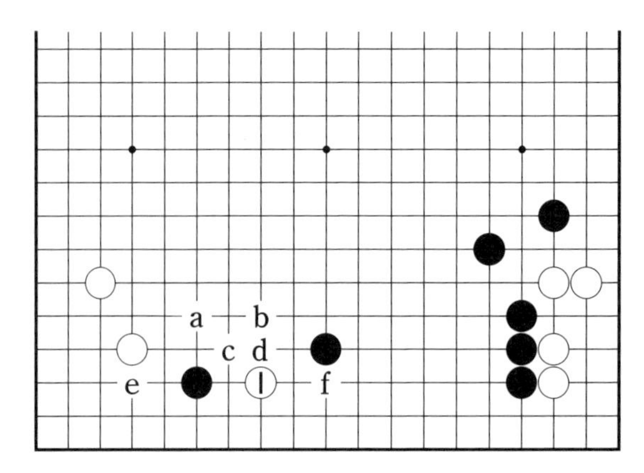

3도

3도 (침투의 급소)

백1로 3선에 들어가는 것이 흑진의 허를 추궁하는 침투의 급소이다. 이제 중앙 진출과 자체 삶을 맞보기로 삼아 흑진을 어렵지 않게 파괴할 수 있다.

여기서 흑의 응수방법은 a~f 등 다양한데~

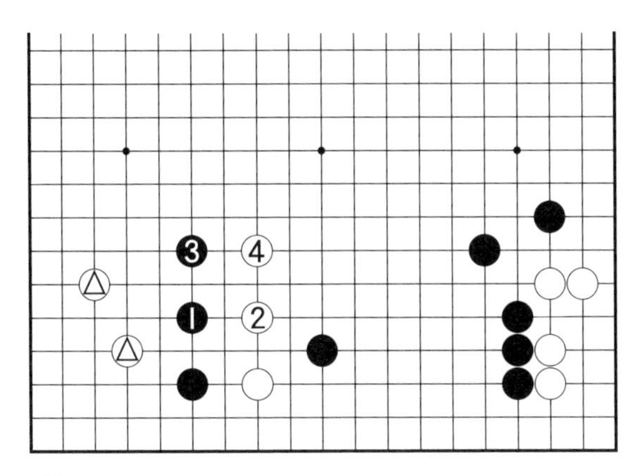

4도

4도 (흑, 무책)

먼저 흑1로 뛰는 것은 책략이 없다. 백2, 4로 훨훨 빠져나가면 오른쪽 세력이 저절로 퇴색해 흑의 실패가 역력하다.

반면 백Ⓐ들은 견실한 자세여서 흑이 대가를 구하기가 막막하지 않은가.

5도

5도 (소극적 태도)

흑1의 철주는 우하 쪽을 집으로 만들겠다는 의도이지만 너무 소극적이다.

백10까지 선수로 세력을 쌓은 뒤 12 정도로 벌리면 흑은 위축되고 백은 활짝 핀 모습이라 백 우세!

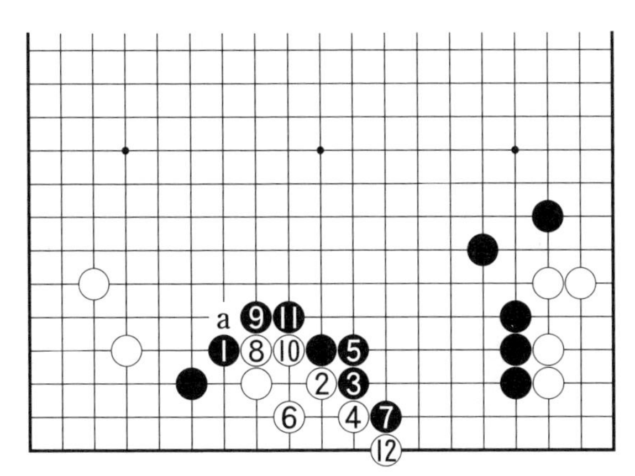

6도

6도 (어설픈 봉쇄)

그렇다고 흑1로 씌워 백을 공격하려는 것은 어설픈 감각이다.

백2, 4의 맥으로 간단히 살아버리면 a의 단점도 남고 해서 흑이 불만스럽다. 게다가~

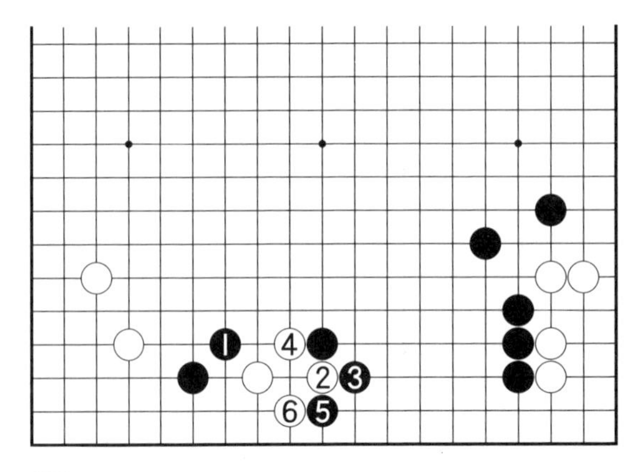

7도

7도 (백의 강수)

상황에 따라 백2~4로 맞서는 수도 유력하다. 흑5에는 백6으로 패!

물론 이 패는 하변 초토화가 걸려있는 흑의 부담이 훨씬 크다.

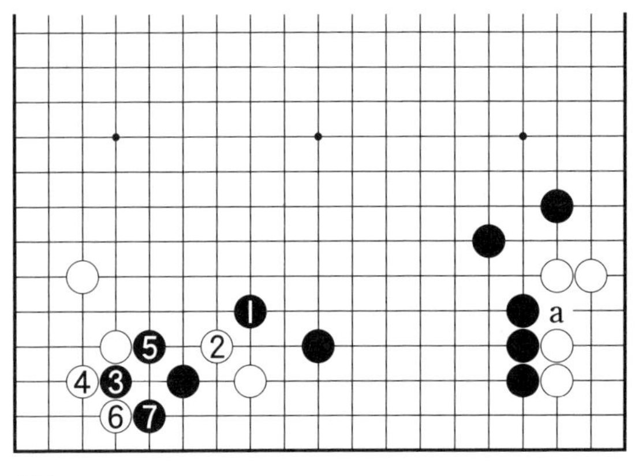

8도

8도 (흑의 책략)

흑1로 모자 씌우는 수가 한때 유행했다. 만약 백2로 나온다면 흑3~7로 양동작전을 펼치며 저절로 포위망을 형성하겠다는 뜻이다. a쪽에 팻감이 있는 지금은 제법 유력해 보인다. 그러나~

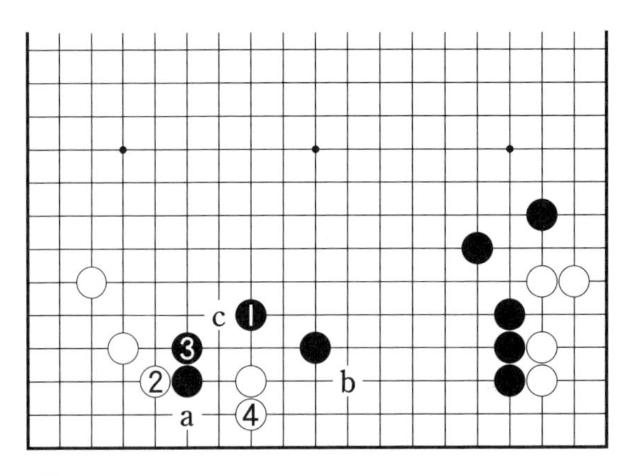

9도

9도 (백의 묘책)

흑1에는 백2, 4라는 묘책이 개발되었다. 다음 백a와 b가 맞보기인 데다 c의 반격 수단도 있어 흑의 부담이 크다.

그래서 요즘엔 흑1의 씌움수가 잘 쓰이지 않는다.

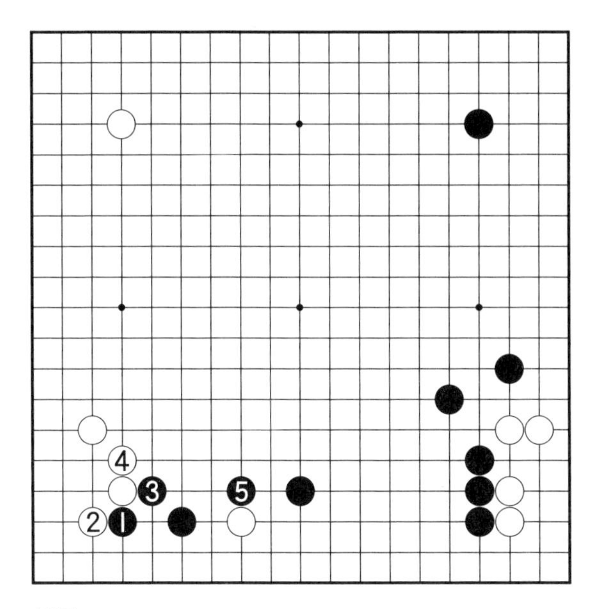

10도

10도 (흑의 주문)

흑은 1, 3으로 사전공작을 펴는 수가 있다. 만약 백2, 4로 손 따라 받아준다면 흑5의 봉쇄가 안성맞춤이다.

이래서는 백이 매우 답답하다. 그러나 이것은 흑 혼자만의 생각이다.

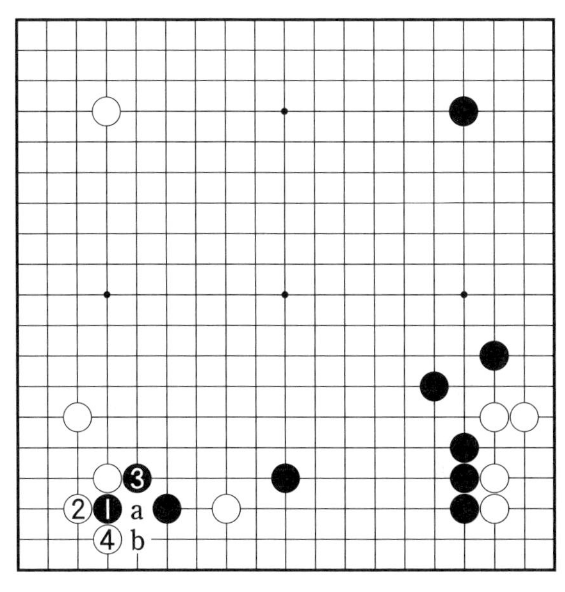

11도

11도 (백의 반발)

흑1, 3에는 백2, 4가 강력한 반발이다.

이제 흑은 a로 잇자니 모양 사나운 굴복이고, b로 버티자니 초반무패의 형상이어서 진퇴양난에 빠진 격이다.

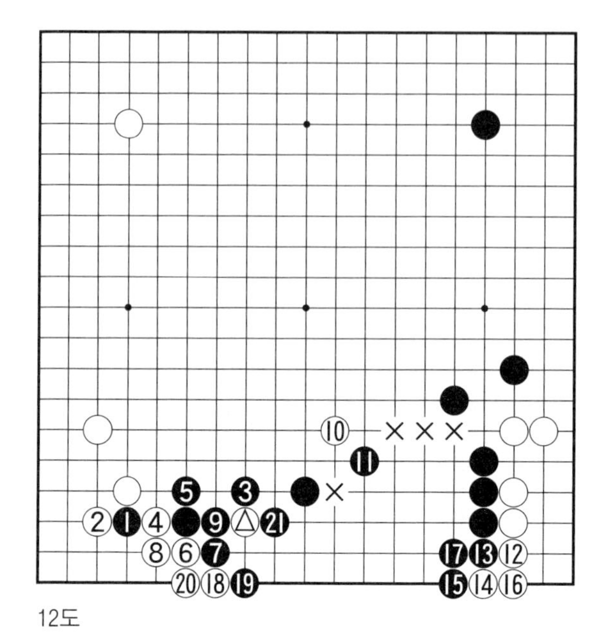
12도

12도 (실속이 적다)

흑1, 백2만 교환한 뒤 흑3으로 백△ 포획에 나서는 수도 있지만, 백4~8을 선수로 당하고 나면 의외로 실속이 적다.

백10~20의 선수 끝내기를 가정하면 하변 흑집은 ×선 기준 30집 정도에 불과한데, 좌우 백의 실리도 그 정도는 된다. 게다가 백의 선수라서 도리어 백이 유망한 국면이다.

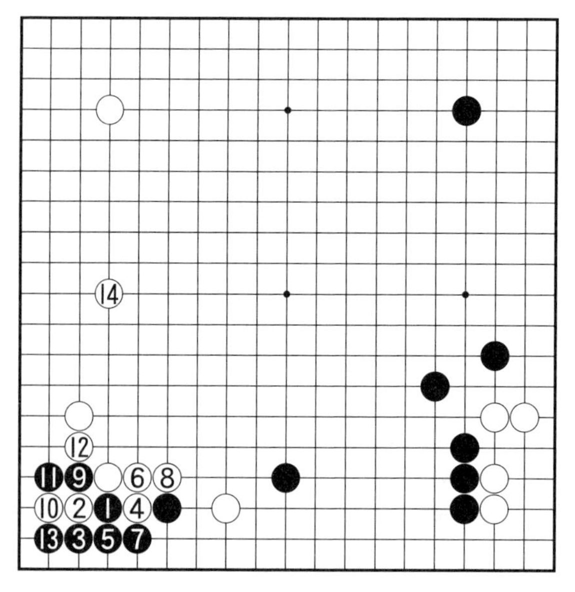
13도

13도 (백, 두터운 정비)

흑1, 3의 변화구도 여기서는 부적절하다. 이하 14까지 백이 두텁게 정비되어서는 당초 흑의 세력구도가 완전히 무너진 모습이다.

흑1, 3은 수세의 입장에서나 쓰이는 타개수법이다.

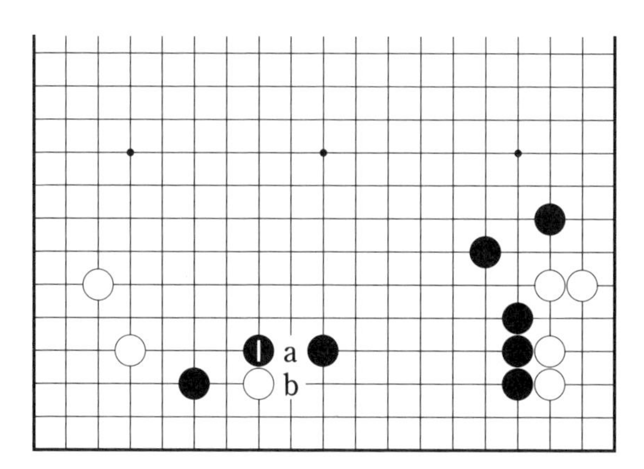

14도

14도 (붙여막음이 최선)

일단 흑1로 붙여막는 것이 무난하면서도 최선이다. 이렇게 봉쇄하는 것이 작전의 일관성에서도 마땅하지 않은가.

여기서 백은 a와 b 가운데 어디가 정답일까?

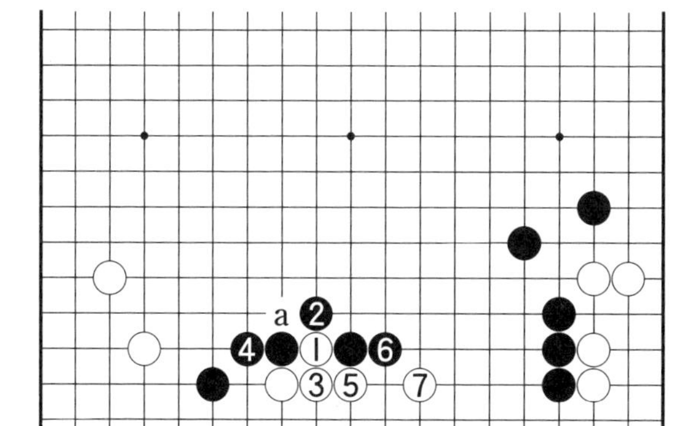

15도

15도 (백, 대만족)

사실 부분적으로 백1에 끼우는 것이 강수이다. 이때 흑2로 물러선다면 백7까지 하변을 크게 깨고 살면서 a의 단점까지 남겨 백의 대만족이다. 그러나~

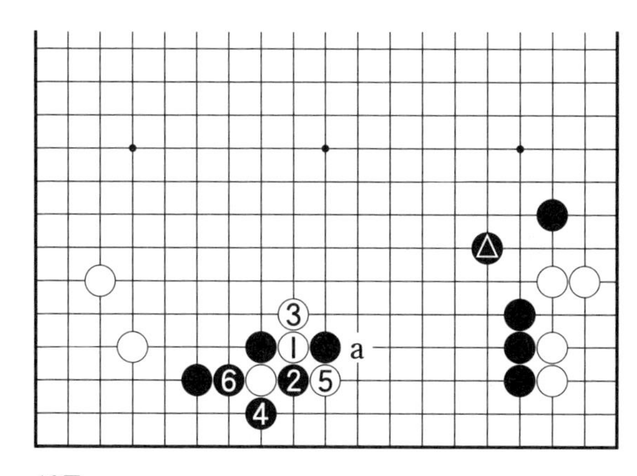

16도

16도 (백, 곤란)

지금은 흑2의 절단이 추상같아 백이 곤란해진다. 흑6까지 되고 난 다음 a의 축이 되지 않아 백은 수습불능이다.

흑△가 축머리에서 빙긋이 웃고 있지 않은가. 축이 불리하다면 백1의 끼움은 불가능하다는 결론이다.

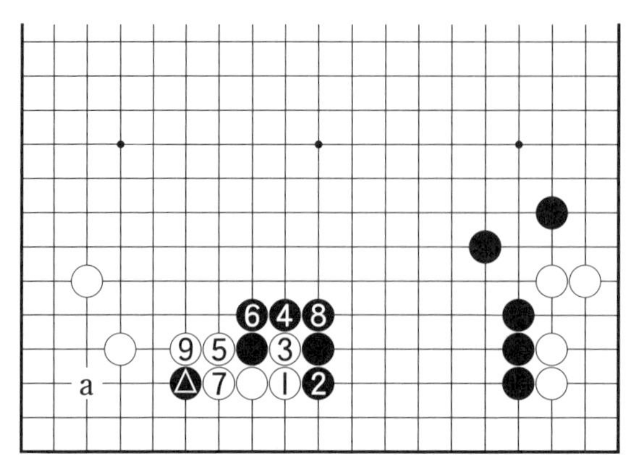

17도

17도 (흑, 불리)

여기서는 백1로 그냥 들어가는 수밖에 없다. 이때 흑2로 막는 것은 우하 쪽 실리에만 급급한 수이다. 이하 백의 실리가 커 흑이 불리하다. 백9에 의해 흑▲도 제압되고, a의 침입도 없어졌음에 주목하자.

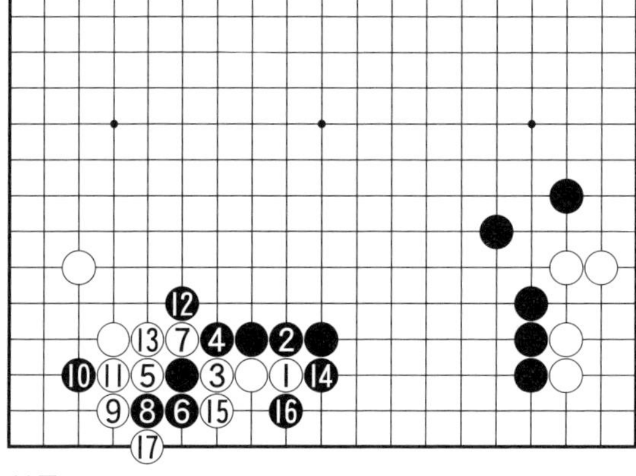

18도

18도 (백, 성급한 연결)

흑2로 잇는 것이 일단 정수이다. 그런데 이때 백3, 5로 즉각 넘어가려는 것은 성급한 태도로 화를 부른다. 이하 흑이 16까지 석 점을 버림돌 삼아 선수로 이곳을 싸발라서는 대세를 제압한 모습이다.

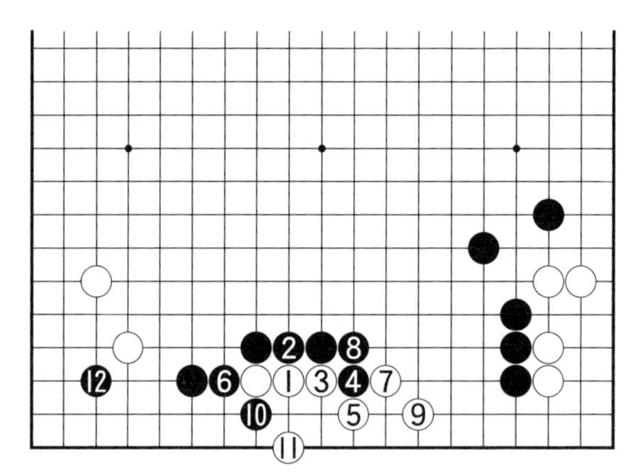

19도

19도 (쌍방 최선)

백3으로 밀고 들어가는 것이 최선. 흑6의 차단은 기세이며, 11까지 백은 하변에서 둥지를 틀고 안정했다. 흑도 등을 두텁게 한 뒤 12로 보복 침입할 수 있어 불만이 없다.

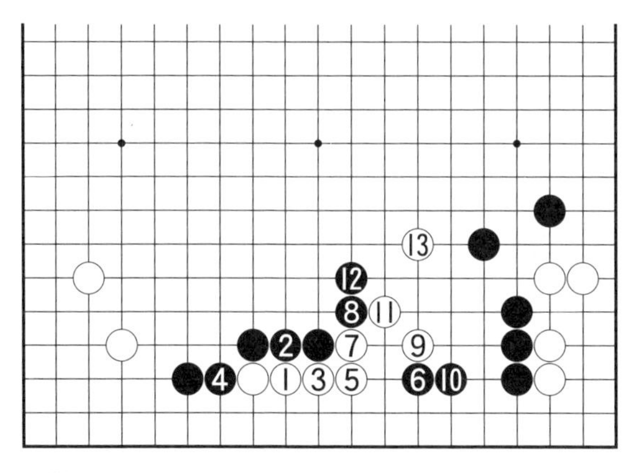

20도

20도 (흑, 수순착오)

백3 때 흑4로 그냥 막는 것은 수순착오로 백5의 변화 여지를 허용한다.

백13까지 흑진의 가운데를 돌파하며 빠져나가면 흑은 여기저기 약점이 노출되어 더 이상의 공격이 힘들다.

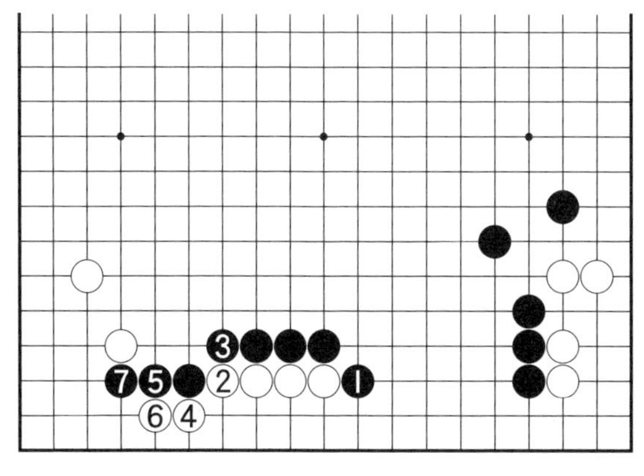

21도

21도 (어불성설)

따라서 흑1의 석점머리 젖힘은 긴요한 수순이다. 그런데 백2~6으로 도생에 급급하는 것은 흑7까지 좌하 일대를 관통당해 어불성설이다. 이래서는 하변에서 백이 아무리 큰 이득을 보아도 좋을 리가 없다.

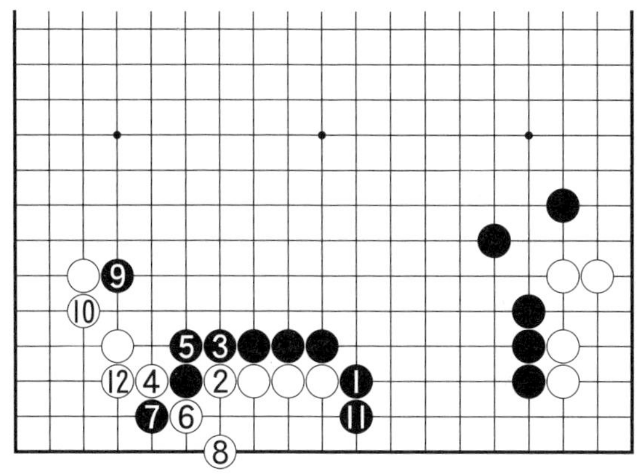

22도

22도 (흑, 활발)

백2, 4면 하변을 넘어갈 수는 있다. 그러나 이때는 흑9가 절묘한 응수타진이어서 백이 약간 곤혹스럽다. 흑11을 선수로 두고 중앙 쪽에 선착하면 흑이 활발한 국면이다.

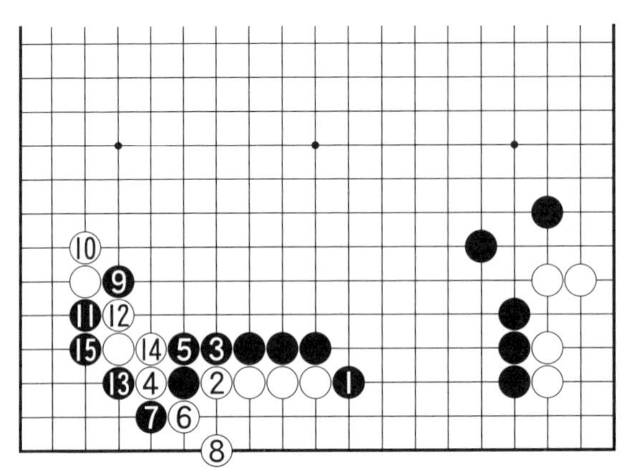

23도

23도 (백, 대망)

흑9에 백10, 12로 완강히 버티다가는 흑15까지 축에 걸려 바둑이 끝나게 된다. 그렇다고 백12로 15자리에 늦추는 것은 흑에게 큰 두터움을 허용할 테니 역시 백이 불리하다.

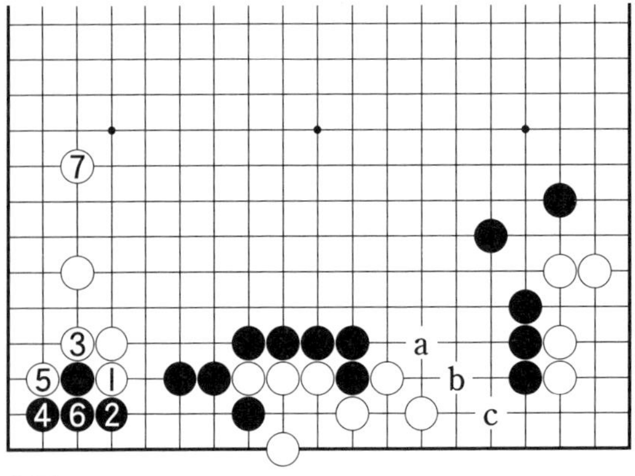

24도

24도 (호각의 결과)

19도에 이은 최선의 수순이다. 이 결과는 백이 하변을 크게 깼지만, 흑도 두터움을 쌓고 선수로 좌하귀를 도려내 불만이 없다. 차후 a~c 등을 골라서 이용할 수 있다는 것이 흑의 자랑이다.

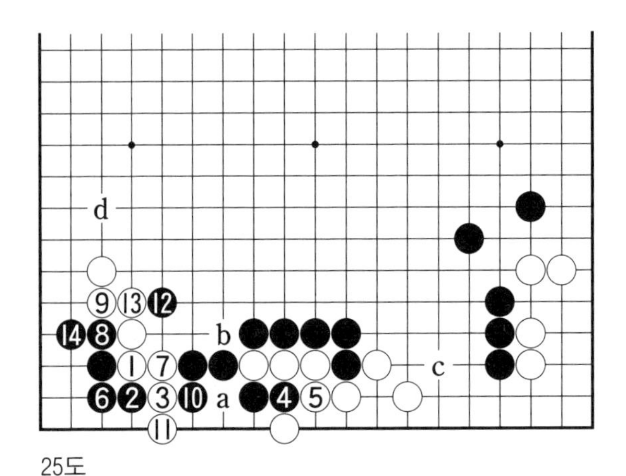

25도

25도 (백, 무리)

백3으로 차단을 고집하는 것은 무리. 흑4가 긴요한 수순이며 10, 12로 a, b의 약점을 자동 해소하면서 좌하귀를 살고 나면, 흑c의 추궁과 d의 협공이 맞보기가 되어 백이 걸려든 형국이다.

2형

한 줄에 따라 달라지는 급소

○ 백 차례

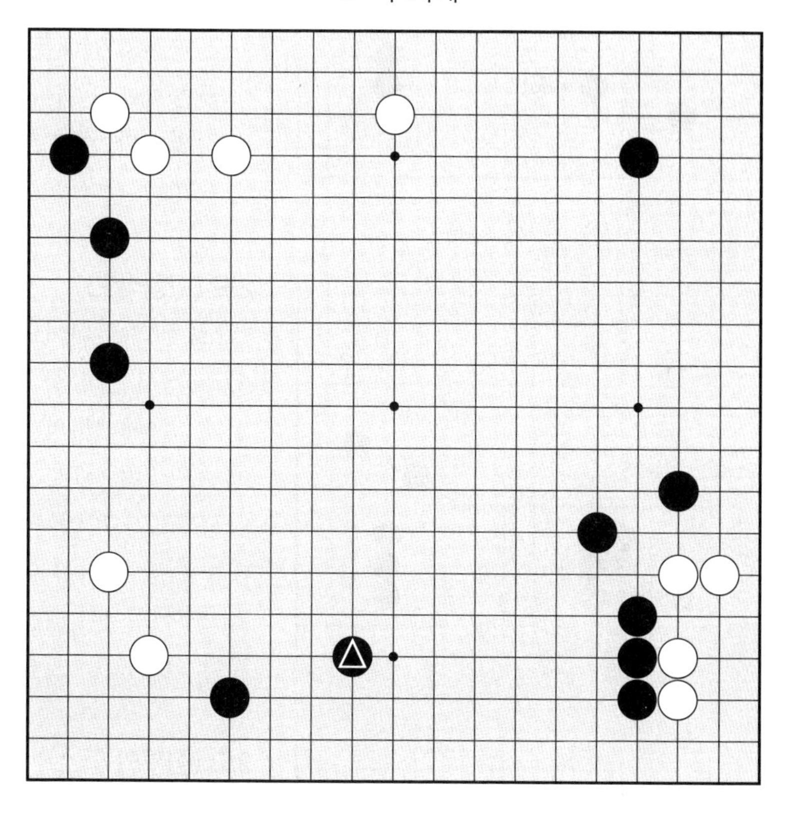

이번에는 하변의 흑 모양이 약간 바뀌었다. 흑▲의 위치가 한 발 왼쪽으로 쏠린 것이다.

'바둑은 한 줄 차이'라는 속담처럼 이 경우에는 침투의 급소도 달라질 뿐더러 이후의 변화도 앞서 [1형]과는 전혀 다른 양상을 보이게 된다.

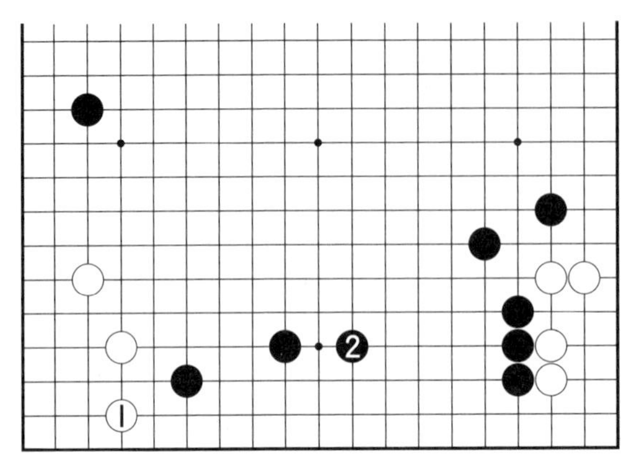

1도

1도 (하변 완성)

백은 하변 침입을 서둘러야 한다. 만약 백1로 느긋한 태도를 보이면 흑2의 한 수로 하변 일대가 큰 집으로 굳어지기 때문이다.

물론 이래도 백이 못 둘 것은 없지만, 어쨌든 싱거운 느낌이 짙다.

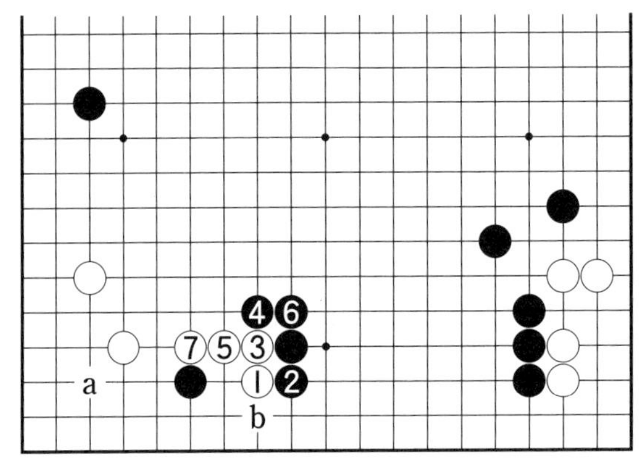

2도

2도 (방향착오)

백1로 왼쪽에 뛰어드는 것이 여기서는 방향착오가 된다. 흑4에 백5의 빈삼각이 쓰라리며 백7로 지키고 나서도 a가 비어 좌하 일대는 아직 백집이 아니다. 흑b도 선수여서 백은 남는 것이 별로 없는 모습이다.

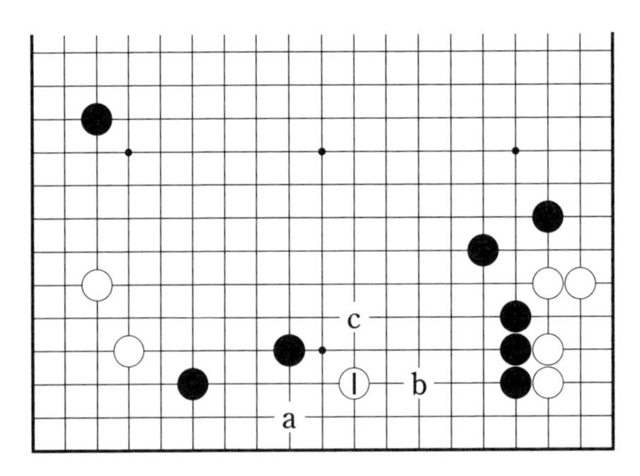

3도

3도 (침투의 급소)

이번에는 백1로 뛰어드는 것이 침투의 급소가 된다.

[1형]과는 달리 오른쪽에 a나 b로 근거를 잡을 여유 공간이 충분한 데다 c의 진출도 있어 크게 시달리지 않을 형상이다.

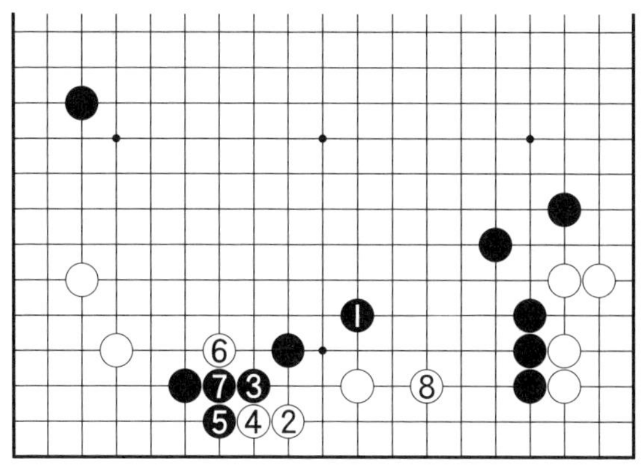

4도

4도 (백, 거뜬히 안정)

계속해서 흑1로 봉쇄를 시도한다면 백2~8까지 거뜬히 안정할 수 있다.

백의 침입군이 이처럼 별 대가 없이 쉽게 살아서는 일찌감치 흑의 집부족이다. 따라서 흑1은 낙제!

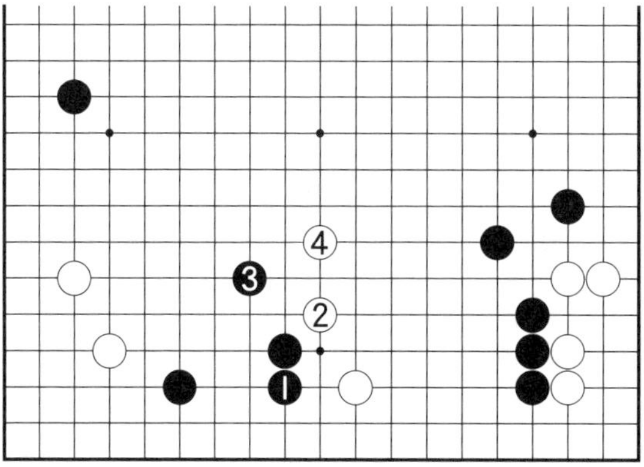

5도

5도 (흑, 불만)

흑1의 철주는 하변을 지키며 근거를 박탈하자는 의도이지만 지금은 부적절하다. 백2, 4로 공격의 사정권에서 벗어나면 흑은 오른쪽 세력이 퇴색한 데다 하변도 중복의 형태여서 큰 불만이다.

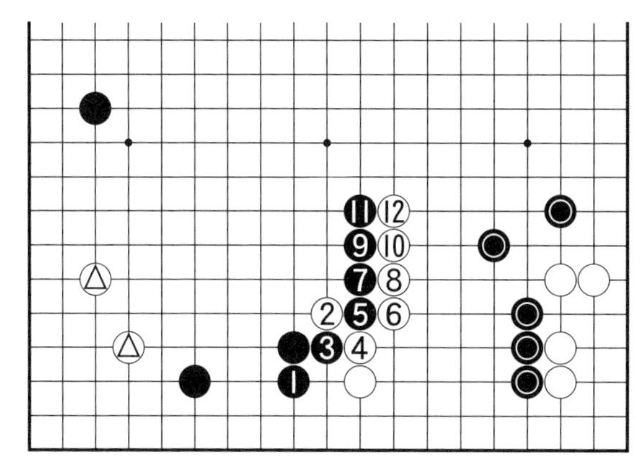

6도

6도 (흑, 속수)

백2 때 흑3, 5로 절단하는 것은 성급한 속수이다. 백12까지 밀어붙이면 흑◉들이 졸지에 곤마로 전락할 분위기이다.

반면 백△들이 견실한 자세여서 흑세는 쓸모가 적다. 백의 미끼작전에 걸려든 꼴이다.

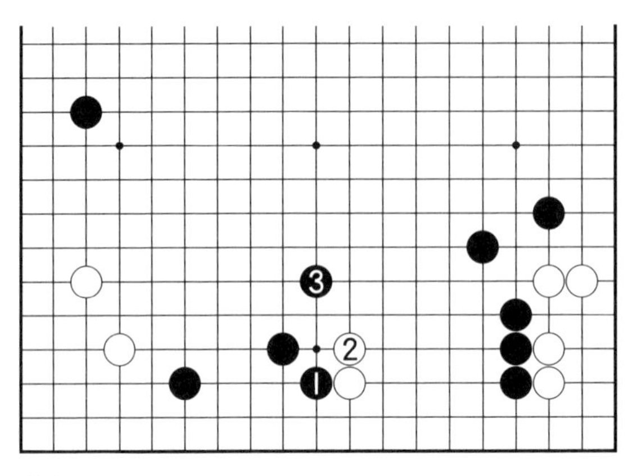
7도

7도 (백, 무거운 행마)

그러므로 여기서는 흑1로 마늘모 붙이는 것이 일단 최강 최선이다. 이때 곧이곧대로 백2로 서는 것은 무거운 행마의 전형이다. 흑3을 당하면 둔한 몸을 이끌고 타개해 나갈 길이 아득하지 않은가.

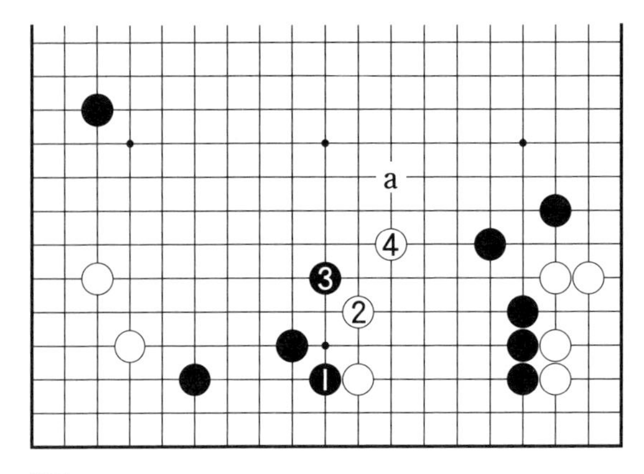
8도

8도 (경쾌한 행마)

백2, 4가 경쾌한 행마. 흑세를 의식해 가볍게 움직이며 중앙으로 진출해 수습에 성공한 모습이다. 이후 흑은 a로 공세를 취하거나 큰 곳으로 손을 돌리겠지만, 어쨌든 하변을 쉽게 파괴한 백의 호조이다.

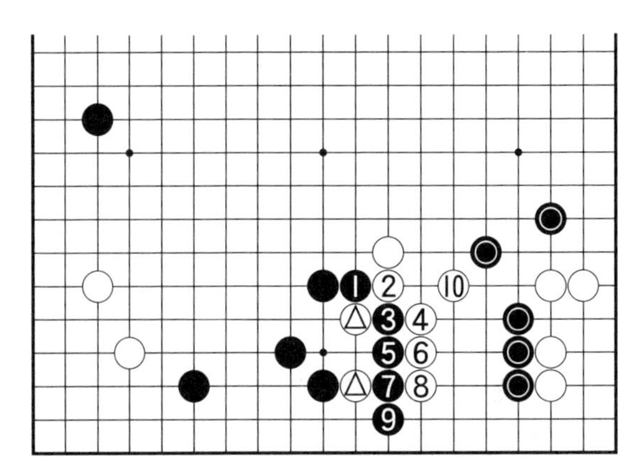
9도

9도 (흑, 소탐대실)

이때 즉각 흑1, 3으로 나가 끊는 것은 하수적 발상이다. 이하 10까지 되고 나면 백은 두터워지고 흑◎들이 박약해져 흑의 소탐대실이 역력하다.

영락없이 백△의 낚시밥에 걸려든 꼴 아닌가.

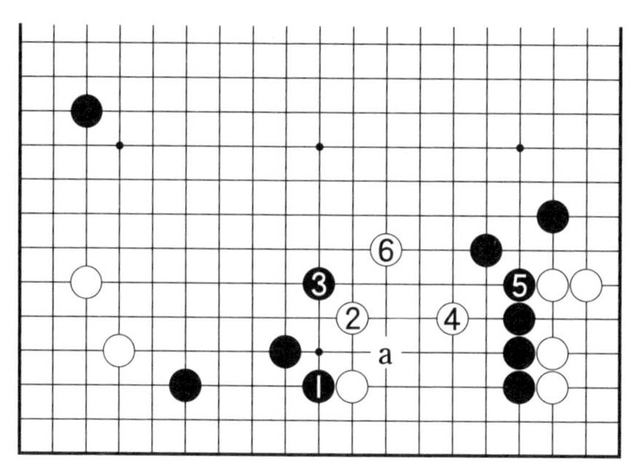

10도

10도 (백의 안전장치)

만약 그래도 흑a 등의 추궁이 신경 쓰인다면 흑3 때 백4를 선수활용한 뒤 6으로 뛰어나가면 된다.

이로써 백은 자체의 안형까지 갖추어 공격권에서 벗어난 모습이다.

11도

11도 (흑, 굴욕적 자세)

백2 때 흑3, 5로 연결을 서두르는 것은 대완착이다. 백6으로 안정시키고 나면 당초 위용을 과시하던 흑세가 2선에 깔린 꼴이어서 흑은 견딜 수 없는 지경이다. 게다가 백a면 흑이 쉽게 넘어가지도 못할 형국 아닌가.

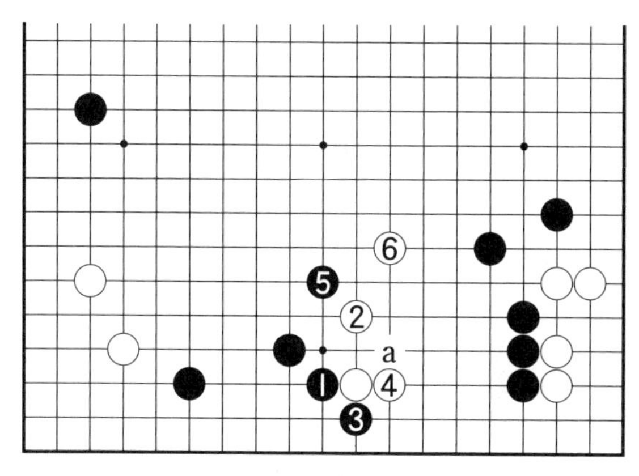

12도

12도 (흑, 이적행위)

흑3, 백4의 교환 뒤 흑5로 씌우는 것도 별무신통이다. 이제는 흑a 등의 노림수가 완전히 사라진 채 백의 형태가 정비되어 흑이 이적행위를 범한 느낌이 짙다.

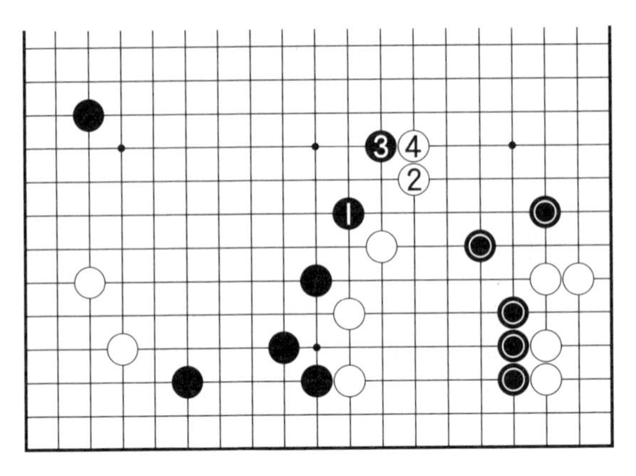

13도

13도 (흑, 무모한 공세)

8도 이후 흑이 1로 씌워 강공을 펴는 것은 무모하다. 백2, 4로 나가는 순간 흑◉들의 엷음이 일시에 부각되지 않는가.

이래서는 흑은 공격은 커녕 수습에 신경을 써야 할 형편이다.

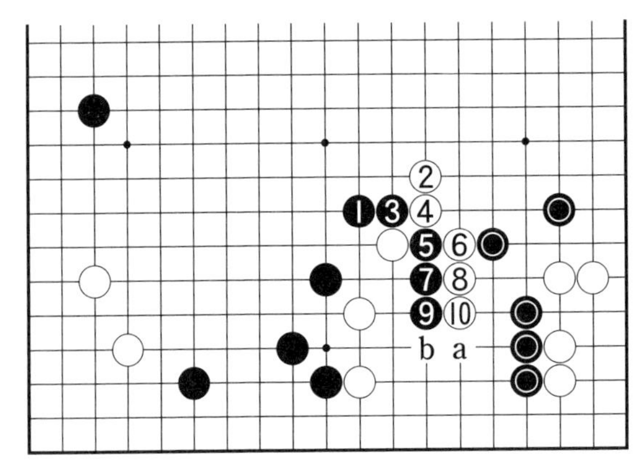

14도

14도 (역시 흑의 무리)

그렇다고 백2 때 흑3, 5로 도발하는 것은 더욱 무리이다. 백6~10으로 밀려 흑a로 막자니 백b로 끊기면 흑이 난감하다. 그렇다면 흑◉들이 모조리 폐석화될 공산이 크다.

결국 백의 경쾌한 날일자 행마에 섣부른 절단은 금물이라는 결론이다.

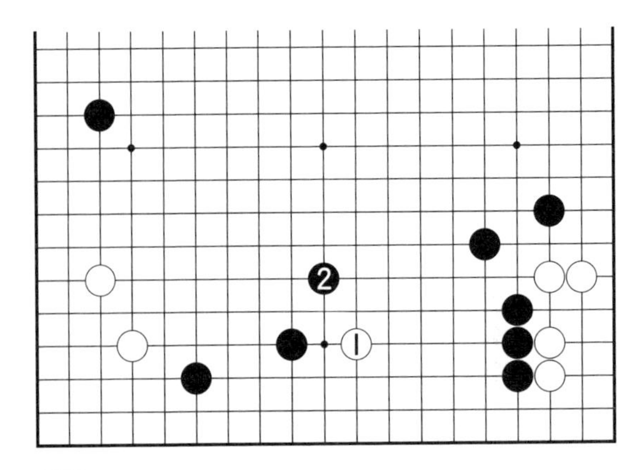

15도

15도 (미흡한 4선 침입)

같은 침입이라도 백1의 4선 선택은 부적절하다. 흑2로 씌움 당하면 천상 안에서 도생을 모색해야 하는데, 근거를 장만하기가 3선 때보다 더 쉽지 않다.

3형

화점 한칸협공의 단골형

○ 백 차례

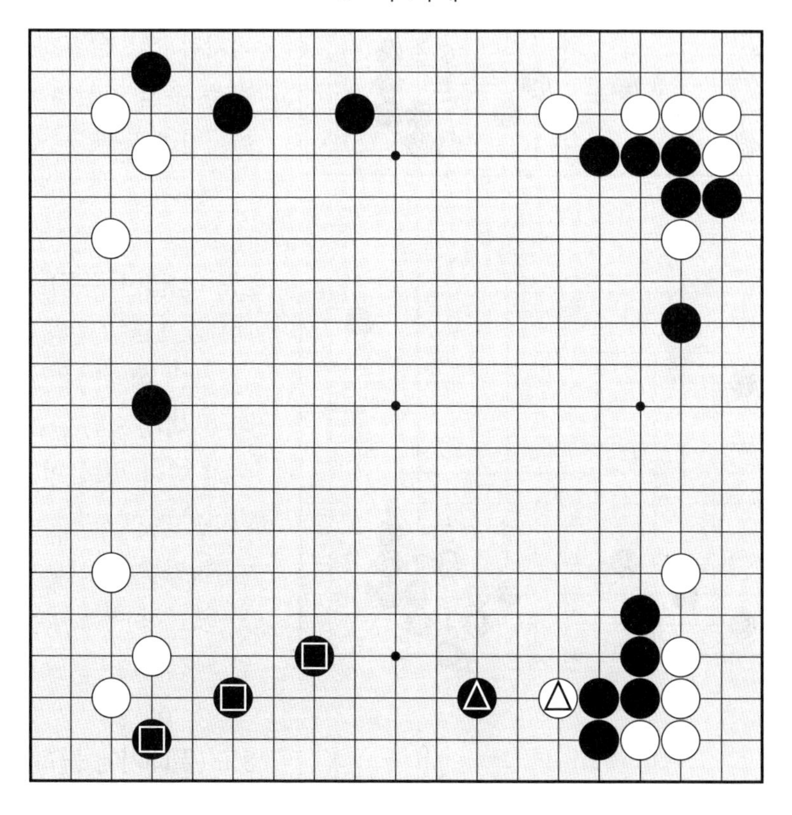

화점에서 한칸협공이 유행함에 따라 아마추어의 실전에서 매번 등장하는 형태이다. 보기에도 아름다운 흑■들과 흑▲, 그리고 오른쪽 흑세가 어우러져 구축된 하변 흑 모양이 가히 이상적인 형태로 보인다.

그런데 의외로 치명적인 허점이 있으니, 포로(백△)의 뒷맛을 십분 활용한 흑진의 파괴 수단을 연구해보자.

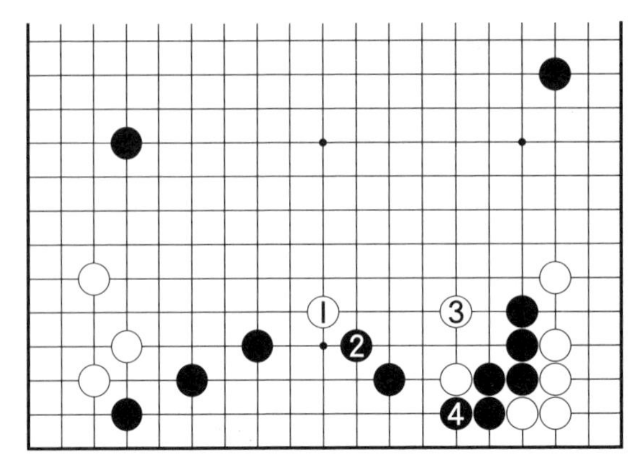

1도

1도 (싱거운 삭감)

백1, 3 정도로 삭감하는 것이 일견 유연해 보이지만 실은 이적행위에 가깝다. 결정적인 파괴 수단을 이처럼 스스로 무산시키는 것은 우선 최선의 태도가 아니지 않는가.

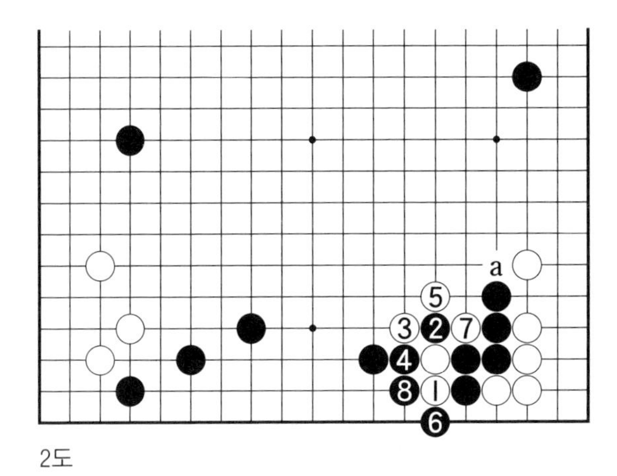

2도

2도 (성급한 준동)

백1로 포로를 즉각 움직이는 것은 어떨까? 그러나 이하 흑6, 8로 돌려치는 수가 있어 백의 별무신통이다.

흑a가 절대 선수여서 백은 공연히 미생마의 부담만 남긴 격이다.

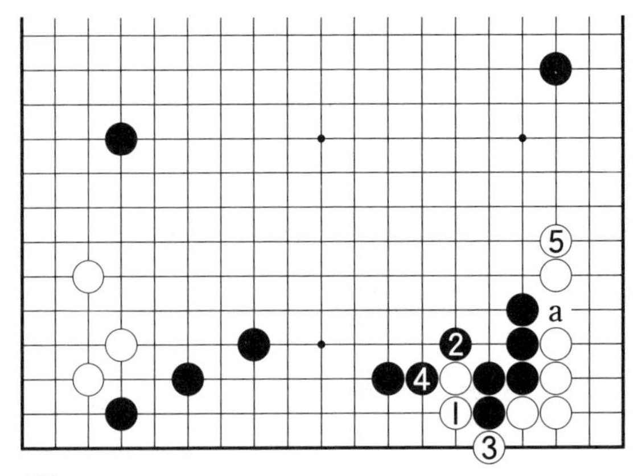

3도

3도 (끝내기에 불과)

그렇다고 백3으로 서둘러 넘는 것은 흑4로 막아 아무 것도 아니다.

흑을 두텁게 해준 데다 흑a의 추궁 때문에 백5의 가일수가 불가피해 결국 백은 후수 몇 집 끝내기를 한 데 불과한 꼴이다.

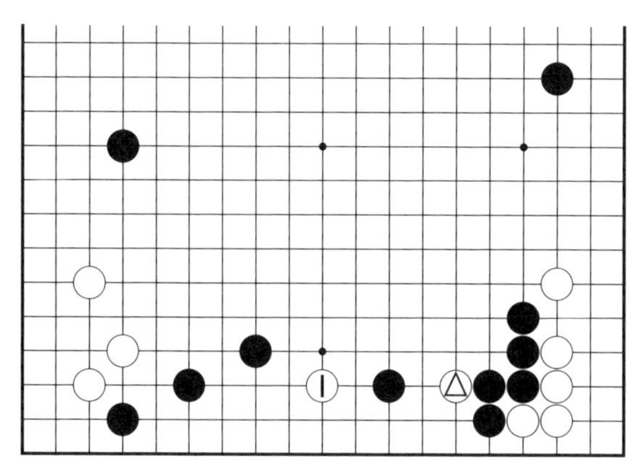

4도

4도 (침입의 급소)

여기서도 흑 세칸벌림의 한가운데 3선 지점이 침투의 급소가 된다.

침입군 단독으로는 무리라는 느낌이지만, 지금은 2~3도에서 살펴본 백 Ⓐ의 뒷맛과 연계되어 타개에 문제가 없는 것이다.

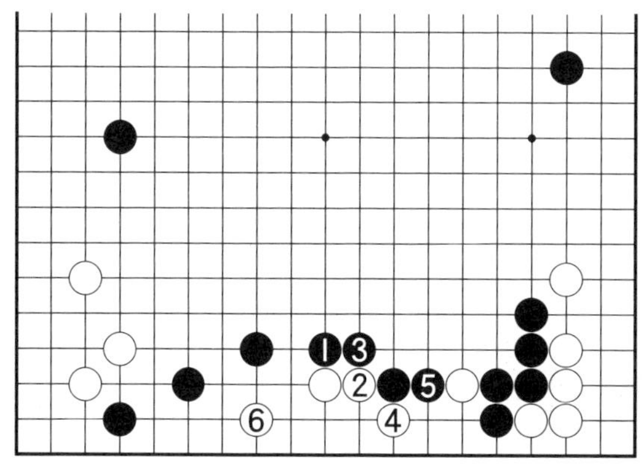

5도

5도 (알기 쉬운 완생)

먼저 제일감은 흑1로 봉쇄하는 것이다.

그러나 막상 백은 2~6으로 쉽게 살기만 해도 흑은 가죽만 남은 신세가 된다. 게다가~

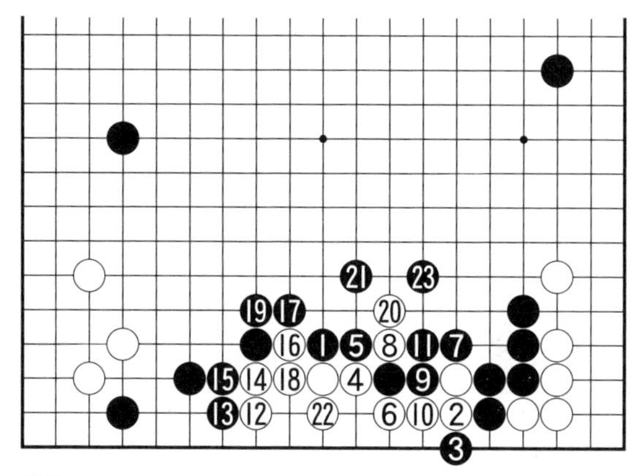

6도

6도 (묘미 있는 수순)

먼저 백2로 움직여보는 것이 묘미 있는 응수타진이다. 흑3에는 이하 백20까지 볼일 다 본 다음 22로 완생한다.

결국 백은 선수로 하변을 초토화시킨 셈이어서 만족이다.

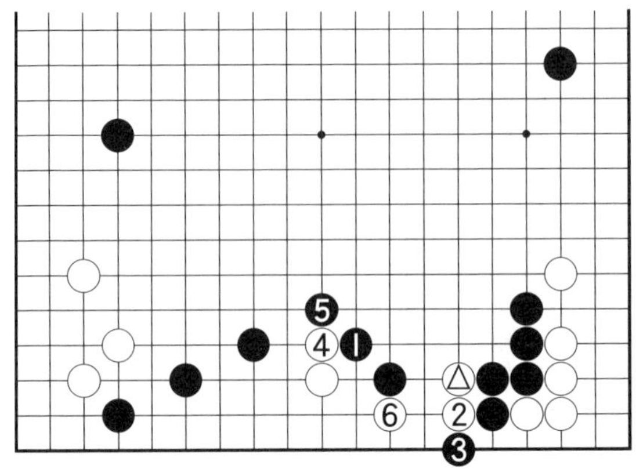
7도

7도 (역시 쉬운 타개)

그렇다고 흑1의 마늘모로 봉쇄를 시도하는 것도 백2~6으로 거뜬히 타개할 수 있어 전혀 걱정이 없다.

역시 백◬가 결정적인 구실을 하고 있다.

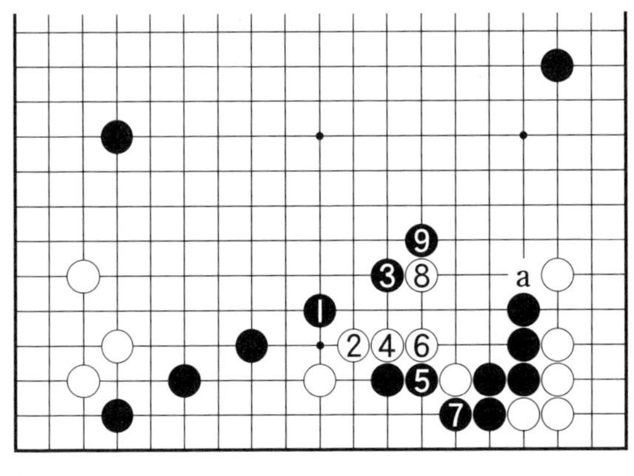

8도

8도 (백, 위험천만)

흑1의 모자씌움이 유력한 응수이다. 이때 백2로 나가는 것은 무책의 속수이다. 흑9까지 파상공세를 당하게 되는데, 흑a가 선수인 데다 대마의 안형이 부실해 백은 위험천만이다. 이것이 흑1의 주문!

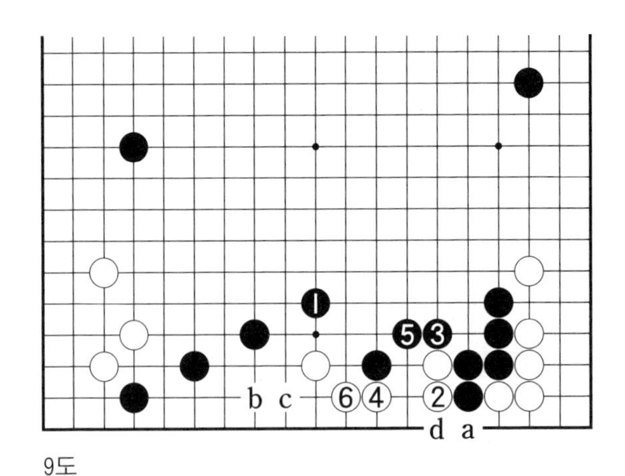

9도

9도 (쌍방 최선)

여기서도 일단 백2로 응수를 묻는 것이 긴요한 수순이다. 흑3에는 백6까지 a와 b를 맞보아 타개 성공이다. 흑도 피해를 최소화하면서 훗날 c와 d를 선택하는 것으로 위안을 삼을 수밖에 없다.

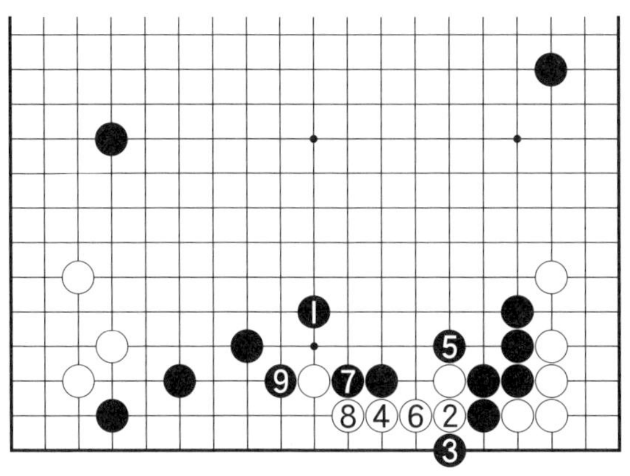

10도

10도 (흑의 변화구)

그런데 백은 흑3, 5의 변화수단에 약간은 주의해야 한다.

무심코 백4, 6으로 응하다가는 흑7, 9의 매서운 추궁을 당해 위험해지기 때문이다.

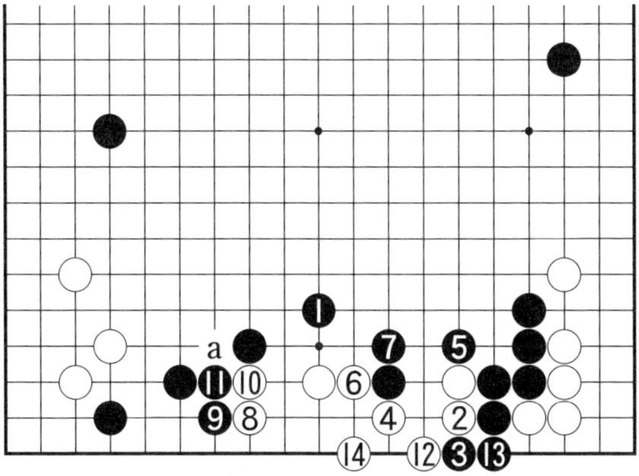

11도

11도 (완생의 수순)

이때는 백6, 8이 흑의 예봉을 피하는 정확한 대응이다.

이하 백은 14까지 깨끗하게 완생한 뒤 a의 단점을 노릴 수 있어 대만족이다. 따라서 흑3, 5는 별무신통.

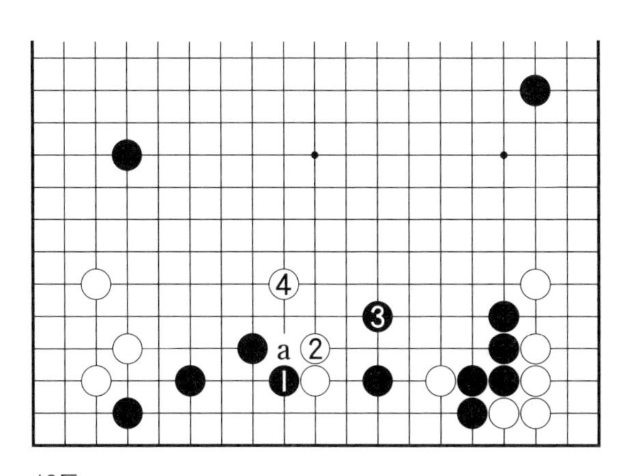

12도

12도 (중앙 진출)

흑1, 3으로 크게 공격하는 수법도 종종 쓰이지만 그리 위력적이지는 않다.

a의 선수를 발판 삼아 백4까지 시원스럽게 진출해서는 하변을 깬 만큼 일단 백이 이득을 본 셈이다.

4형

3연성의 허점 파고들기

○ 백 차례

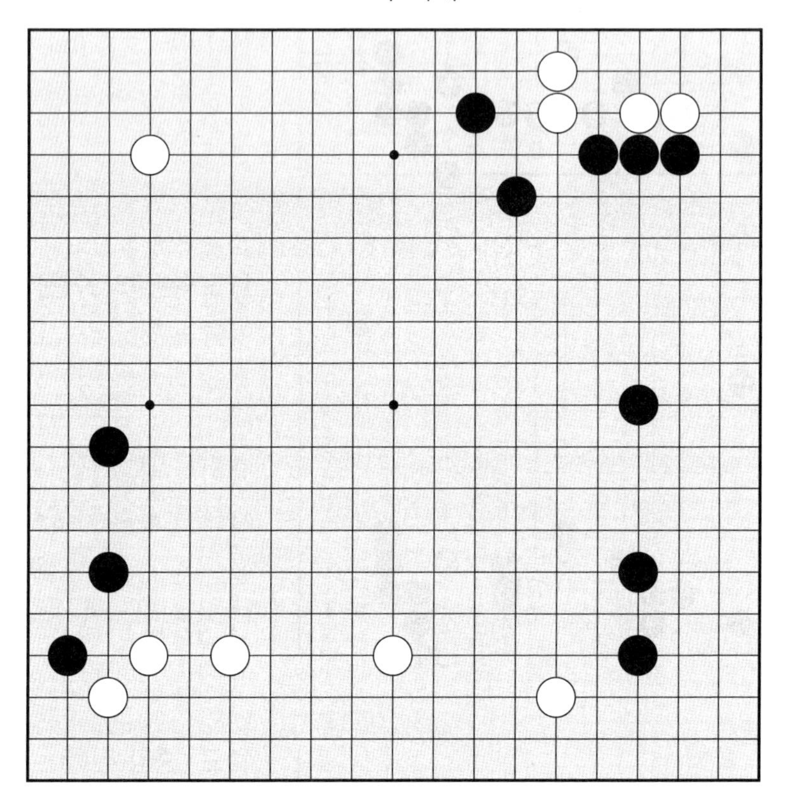

3연성으로 구축된 우변 흑 모양이 자못 당당하다. 침입의 급소는 한눈에 들어오지만, 이후 타개와 공방 수순에 많은 갈래가 있어 결코 쉽지 않다. 주위 배석이나 취향에 따라 프로 사이에서도 좋고 나쁨에 판단이 엇갈리기도 한다.

일단 침투의 급소를 눈으로 짚어가며 흑의 응수방법도 함께 생각해보자.

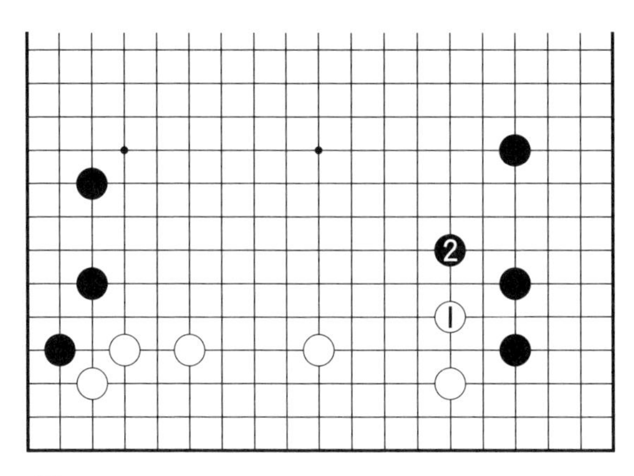

1도

1도 (싱거운 처리)

사실 유연하게 국면을 이끌려면 백1로 한칸 뛰는 것이 요처이다. 그러나 흑2가 더 빛나는 대세점이어서 백이 뒤진 형국이다.

우변 흑진은 거의 굳어진 반면, 하변 백진은 불완전한 점도 불만이다.

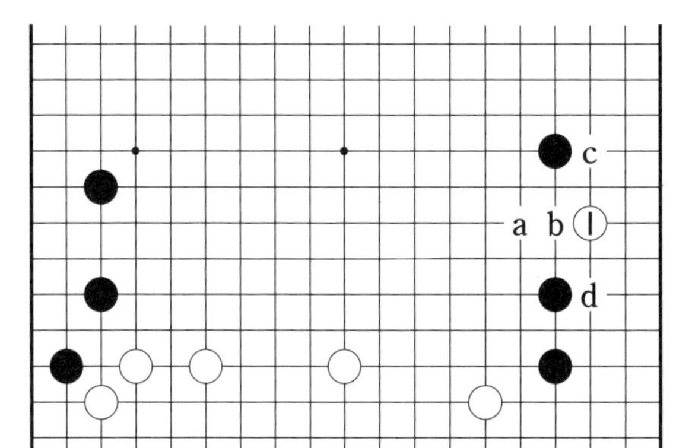

2도

2도 (침투의 급소)

백1이 침입의 급소. 한 수로 우변 흑진이 완성되는 걸 막는다는 점에서 시급한 절대 요소이다.

여기서 흑은 a~d 가운데 어디가 최선의 응수일까?

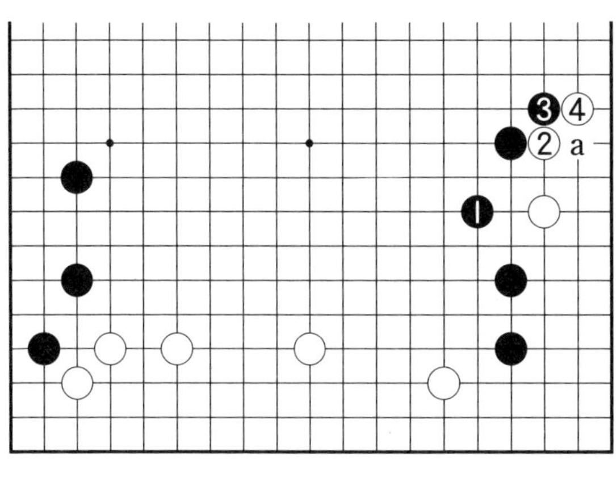

3도

3도 (어설픈 씌움)

흑1로 씌우는 것은 어설프다. 백이 2, 4로 알기 쉽게 타개하면 흑은 가죽만 남는 모습 아닌가(백2로는 a에 달리기만 해도 잘 잡히지 않는다).

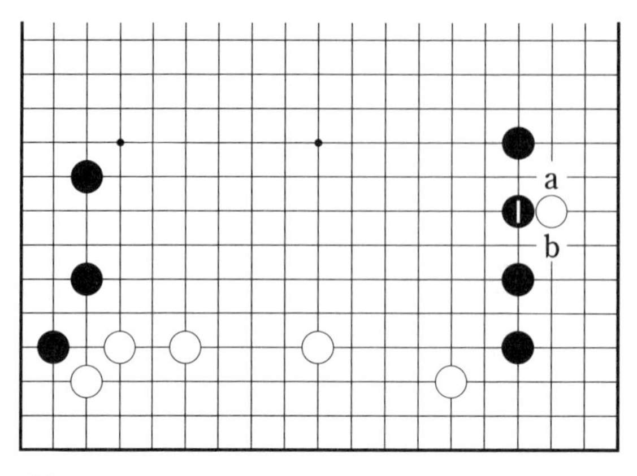

4도

4도 (붙여막음)

흑1로 붙여막는 것이 제일감. 이로써 일단 침입군을 안에 가두는 데는 성공한 모습이다.

이제 문제는 백의 타개 방법인데, a와 b 가운데 어디로 나가는 것이 좋을까?

5도

5도 (호각의 절충)

백1로 아래로 들어가는 것이 급소이다. 흑2로 꽉 잇는다면 백3, 5 다음 7로 달려 쉽게 삶의 모습을 갖춘다.

그러나 흑도 세력을 얻은 뒤 12로 보복 침입해 불만이 없다. 그런데~

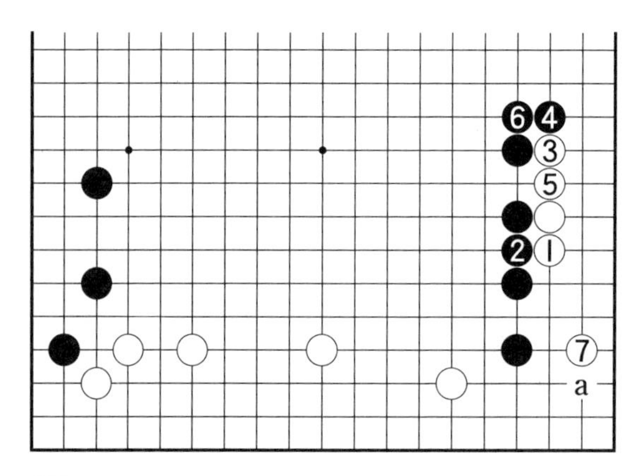

6도

6도 (흑, 완착)

백5 때 흑6으로 잇는 것은 두텁기는 하지만 늘어진 감이 짙다.

이제는 흑a로 막는 수가 선수로 듣지 않는 만큼 앞 그림에 비해 흑의 손해가 분명하다.

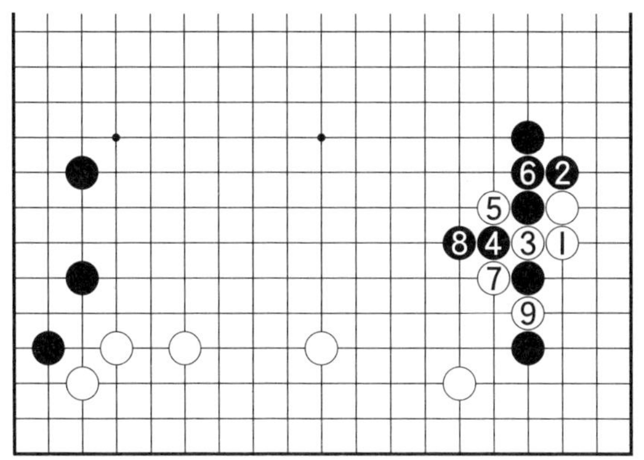

7도

7도 (흑, 유력)

백1 때 흑2로 막는 수도 유력하다. 그러면 백3~9로 추궁하러 나서는 것은 필연의 수순인데, 이때가 흑의 중요한 고비이다.

과연 여기서 어떻게 처리해야 할까?

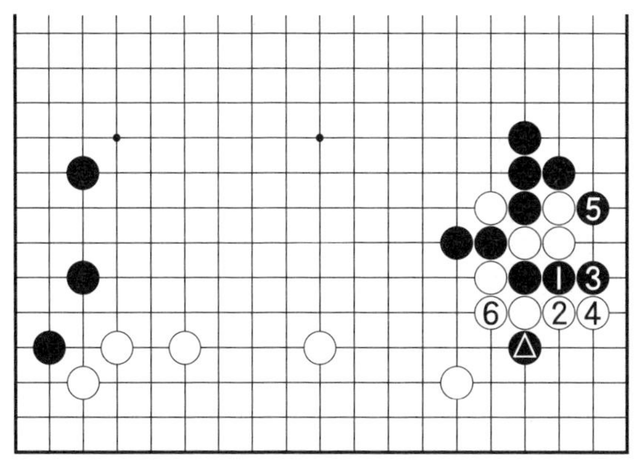

8도

8도 (흑, 손해)

흑1로 나가는 것은 좋지 않다. 그러면 백 석점을 잡지만, 대신 흑▲를 헌상하며 지불한 우하귀 실리의 손실이 너무 크다. 이래서는 백 우세!

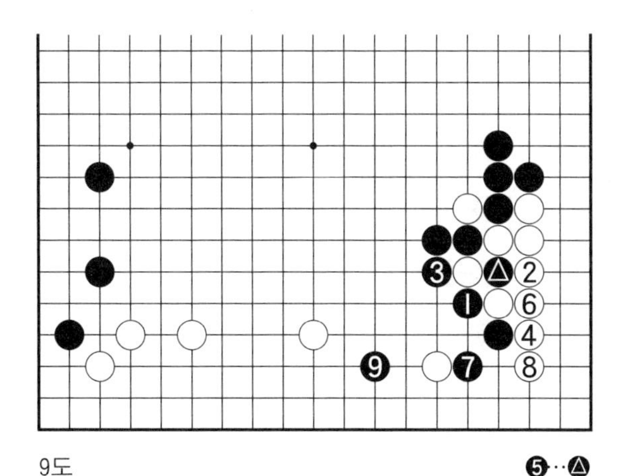

9도　　❺··▲

9도 (바꿔치기)

흑1, 3으로 돌려치는 것이 중요한 맥점이다. 백4는 정수이며, 8까지 백은 상당한 실리를 장만하며 안정해 침투의 성과를 충분히 올렸다.

흑도 두터움을 쌓은 후 9로 하변 파괴에 나서 호각의 바꿔치기이다.

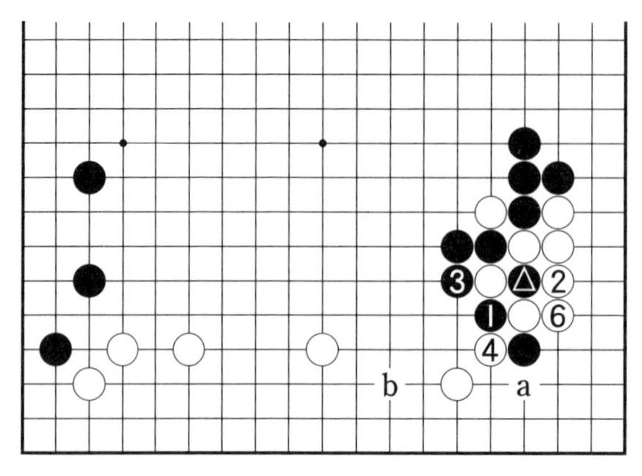

10도

❺…▲

10도 (백, 과욕)

흑3 때 백4로 끊는 수는 한마디로 과욕이다. 백6까지 되고 나면 일견 우하귀를 크게 삼킨 것 같지만 실은 그렇지 않다.

흑a로 움직이는 뒷맛과 b의 침입수단이 남아 도리어 맛이 고약한 것이다.

11도

11도 (귀살이의 뒷맛)

훗날 흑1로 뻗으면 이 흑을 잡기란 불가능하다. 흑9까지 간단히 완생!

이래서는 우변 백이 거꾸로 후수 삶을 해야 하므로 백의 손해가 크다.

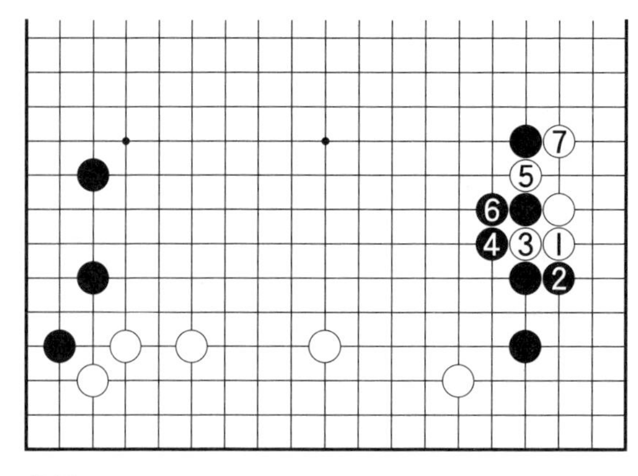

12도

12도 (흑, 손해)

백1 때 덥석 흑2로 막다가는 좋지 않다. 백7까지 되면 공들인 우변이 쑥밭이 되고 만다.

좁은 곳을 막다 넓은 곳을 망가뜨리는 우를 범한 격이라고 할까.

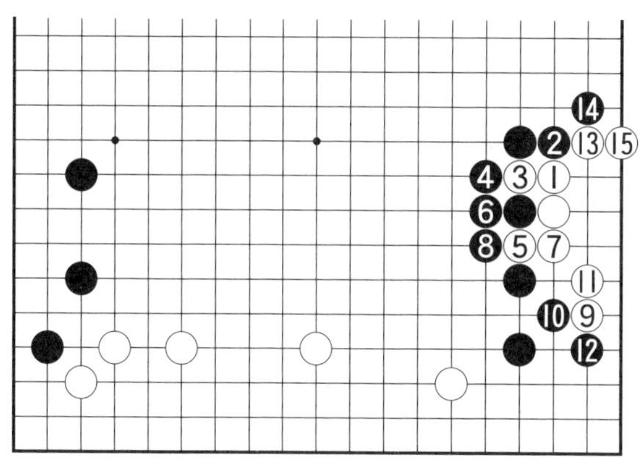

13도

13도 (백, 방향착오)

백1로 위쪽에 들어가는 것은 중대한 방향착오이다.

흑2로 막히고 나면 아래쪽에서 삶을 구해야 하는데, 백9까지 밖에 달릴 수 없어 삶의 자세가 매우 옹색해진다. 5도와 비교해 보라.

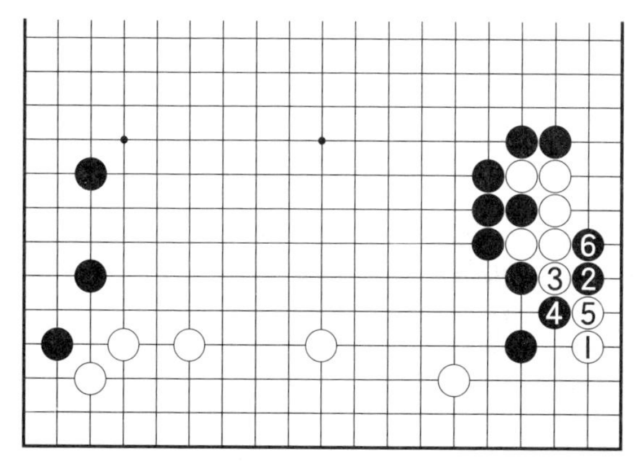

14도

14도 (백, 욕심)

백1의 눈목자달림까지 욕심을 내는 것은 흑2의 치중에 의해 가랑이가 찢기고 만다.

백진이 어느새 자충이 된 탓이다.

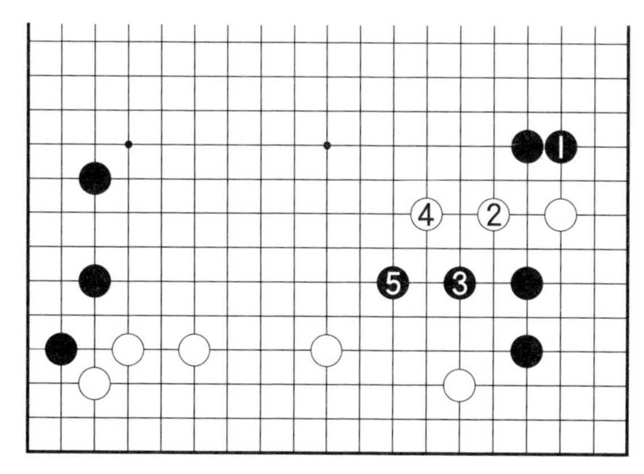

15도

15도 (내모는 공격)

거슬러 올라가 이번에는 다른 응수를 살펴보자.

흑1의 철주는 우변 실리를 지키며 백을 내몰아 공격하겠다는 의도이다. 흑5까지 쌍방 무난하며, 흑은 공격을 통해 하변 백진의 엷음을 노리고 있다.

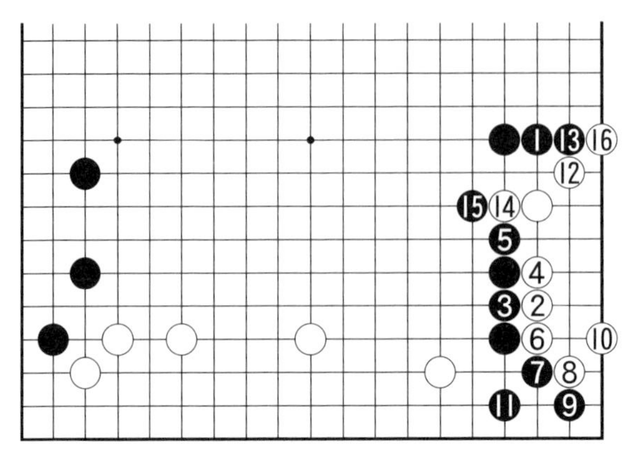

16도

16도 (백, 자체 도생)

앞 그림처럼 미생마로 뜨는 것이 피곤하다고 느껴진다면 백2, 4로 자체 도생을 도모할 수도 있다.

이하 백16까지 쉽게 살았지만, 흑도 막강 두터움을 쌓아 불만이 없다.

17도

17도 (유력한 변신)

흑3 때 백4로 귀에 들어가는 수도 유력하다. 흑5에는 백6~8을 선수한 뒤 10으로 넘어 귀의 실리로 변신한다(다음 흑a에는 백b가 요령).

역시 실전에 곧잘 나오는 형태로 호각이다.

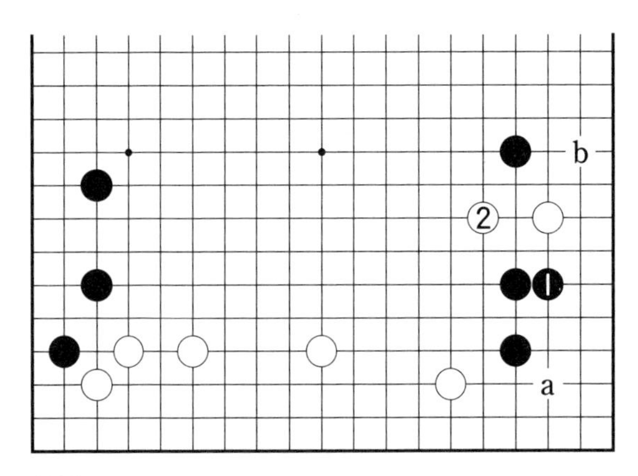

18도

18도 (흑, 이상감각)

같은 철주라도 흑1쪽으로 지키는 것은 방향이 틀렸다. 백2로 탈출하고 나면 a의 3三도 비고 b의 뒷문도 열려 흑이 실속 없는 모습이다.

지금 흑의 본진은 우변 아닌가.

5형

소목 굳힘의 양날개형 파괴작전

○ 백 차례

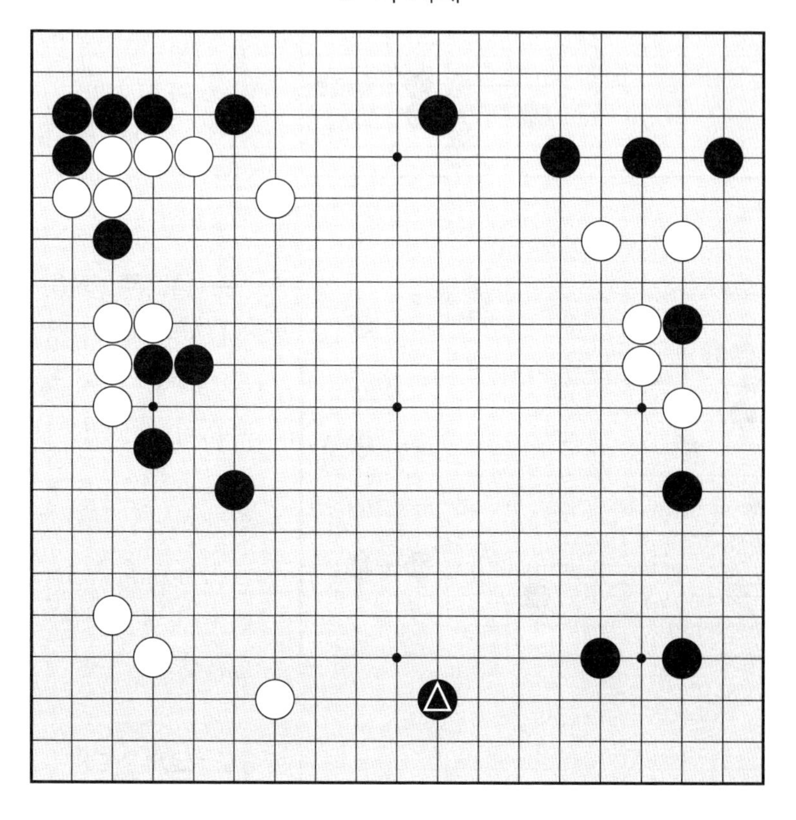

소목 굳힘에서 날개를 벌린 우하 흑 모양이 초점이다. 특히 흑△로 벌려진 이 형태는 다름 아닌 중국식 포진에서 파생된 모양이라서 현대바둑에서는 반드시 익혀두어야 할 침투의 기본유형이라고 할 수 있다.

침투의 급소는 한눈에 들어오지만, 이후 최선의 타개수순을 구하는 것은 그리 쉽지 않다.

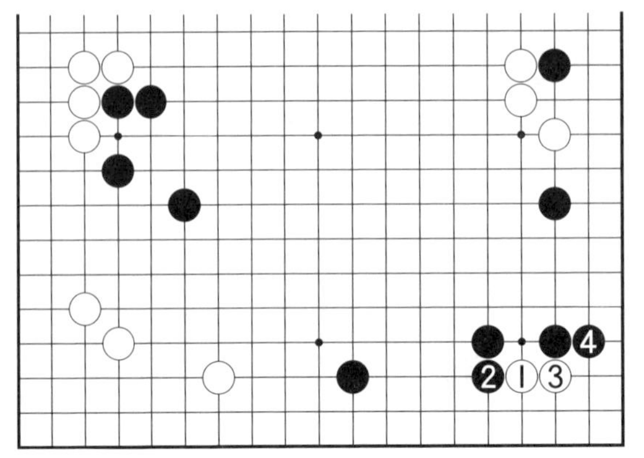

1도

1도 (성급한 귀의 침투)

백1로 귀에 곧장 들어가는 것은 성급하다.

흑2, 4로 응수해 살기도 어렵거니와 설령 산다고 하더라도 허술하던 흑의 외곽을 철통처럼 만들어 득이 없을 것이다.

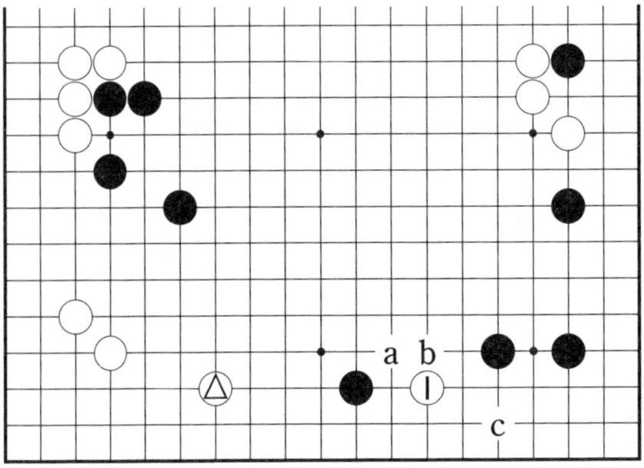

2도

2도 (올바른 방향)

백1로 뛰어드는 것이 올바른 방향감각. 지금은 특히 백△의 원군이 기다리고 있기에 이 침입은 상당히 위력적이다.

여기서 흑은 a~c 가운데 어떻게 응수하는 것이 좋을까?

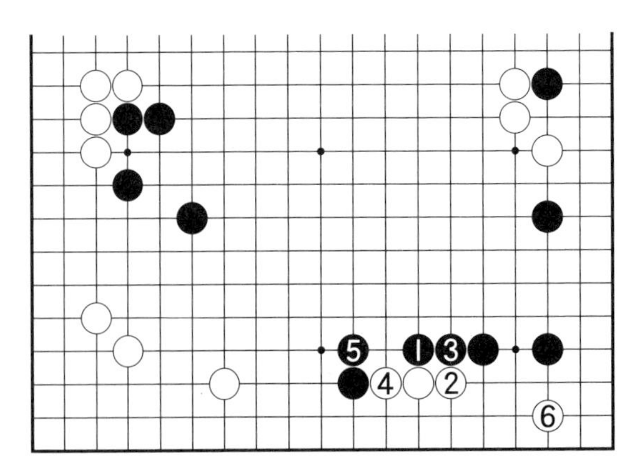

3도

3도 (크게 산다)

흑1로 봉쇄하려는 것은 하수 제일감의 발상이다. 그러면 백2~6으로 흑진을 초토화시키며 크게 살아 흑은 껍데기만 남는다.

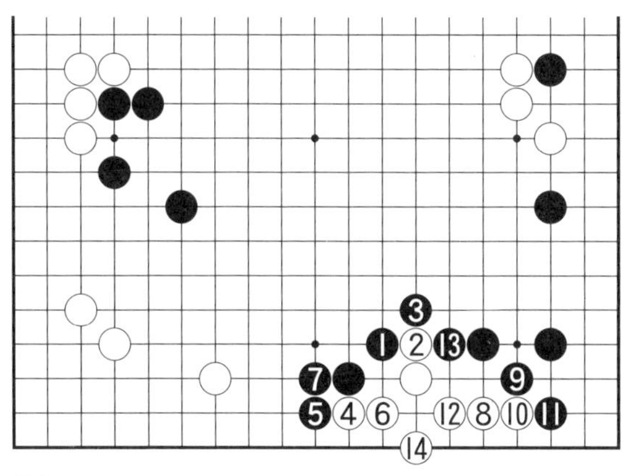

4도

4도 (백, 옹색한 삶)

봉쇄를 시도하려면 흑1의 마늘모씌움이 좋다. 이때 백2, 4로 즉시 움직이는 것은 성급한 몸부림이다. 백14까지 간신히 두 집 내고 사는 모습이 옹색한 데다 흑을 너무 두텁게 해주어 생불여사에 가깝다.

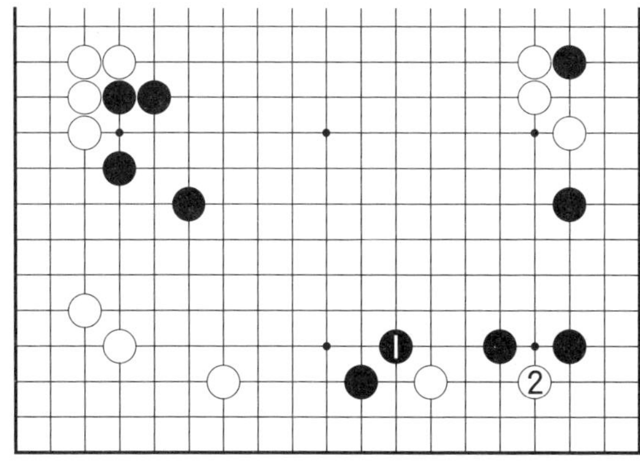

5도

5도 (묘미 있는 2중침투)

흑1에는 백2로 들여다보는 것이 묘미 있는 2중침투 수법이다. 흑의 응수를 물어 타개의 방향을 정한다는 고급전술이다.

여차하면 귀살이로 변신하겠다는 탄력적 발상의 산물이다.

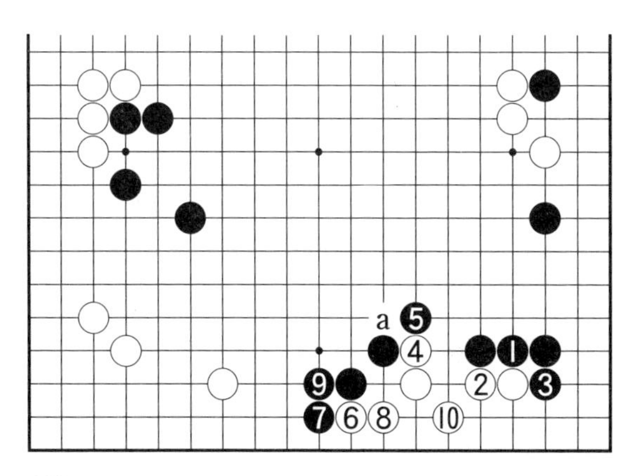

6도

6도 (백, 효과적인 삶)

흑1로 순순히 잇는다면 백2, 흑3을 교환한 뒤 백4~10으로 완생한다.

귀까지 침식하며 크게 산 데다 a의 약점까지 노릴 수 있어 4도와는 비교가 안 되는 모습이다.

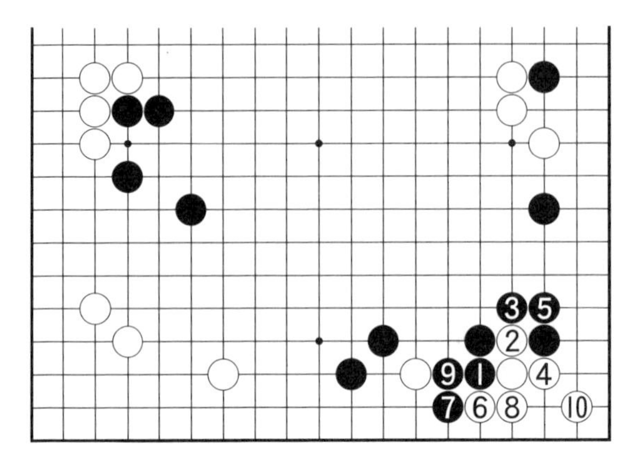

7도

7도 (귀살이로 변신)

흑1로 막아 반발한다면 백10까지 귀살이로 변신한다. 이 형태는 안방을 빼앗은 실리의 이득이 큰 반면, 외곽 흑 모양은 중복된 모습이어서 백이 만족스럽다.

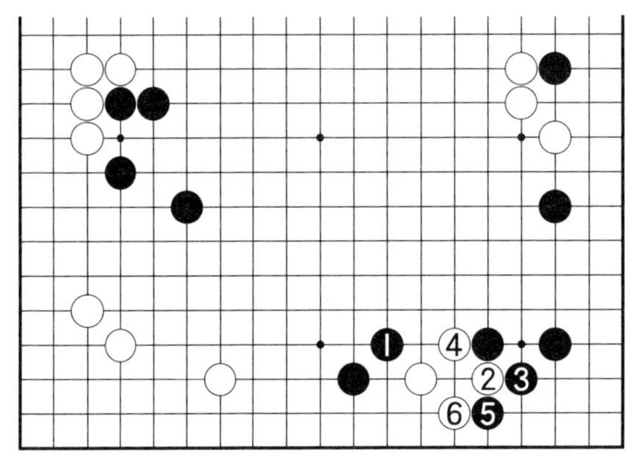

8도

8도 (백의 초강수)

흑1 때 백2~6으로 패모양을 만들어 버티는 초강수도 있다.

이 패를 이기는 날이면 흑진 전체가 거덜날 것이므로 확실한 팻감만 있다면 유력한 수법이라고 하겠다.

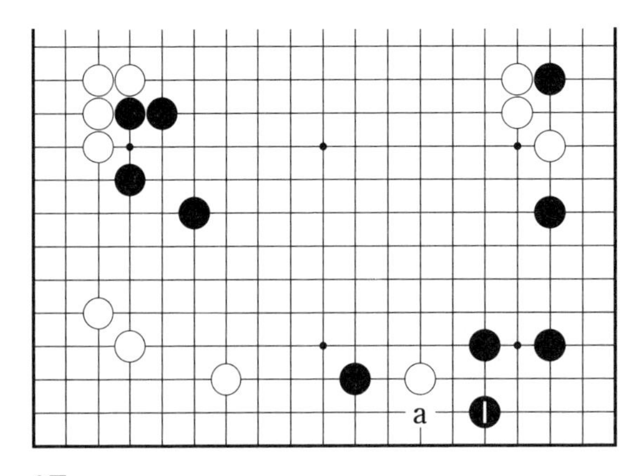

9도

9도 (흑, 실리지향)

당초 흑은 1로 귀를 지키는 수도 유력하다.

이후 백은 중앙으로 뛰어나가 공중전의 양상이 되는데, 여차하면 a로 넘어가는 수가 있어 흑도 충분히 싸울 만하다.

6형

대모양의 허를 찌르는 저공잠입

○ 백 차례

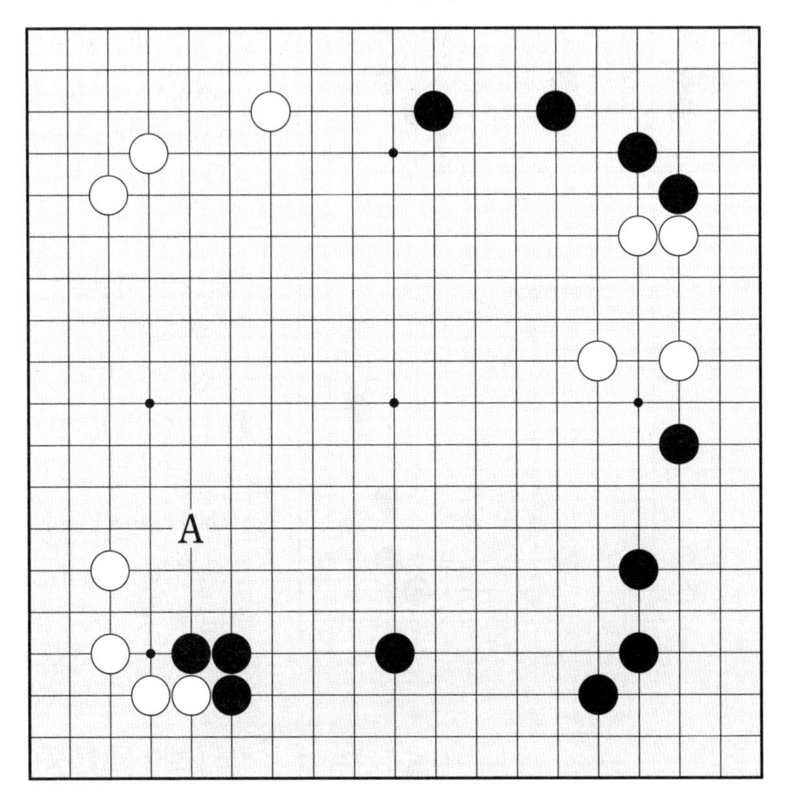

반상이 두루 정리된 가운데 하변의 흑 모양이 관심의 초점으로 떠오르고 있다. 게을리하다 흑A를 허용하는 날이면 하변이 손쓰기 어려울 정도로 크게 굳어질 공산이 높으므로 바로 지금이 침투의 타이밍이다.

흑진을 파괴하는 뜻밖의 급소가 있다. 과연 어디일까?

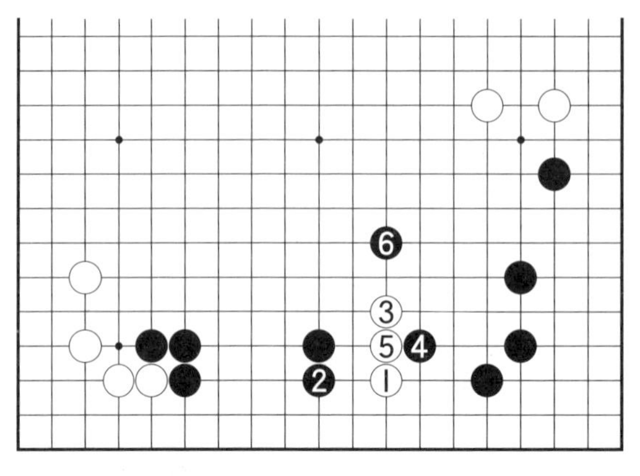

1도

1도 (빗나간 침투)

백1은 빗나간 급소. 흑6까지 심하게 공격당해 답답하다.

좌우 흑진이 견고한 탓에 백은 타개해나갈 길이 아득하며, 자칫 우변 백 대마와 양곤마로 엮일 우려마저 있다.

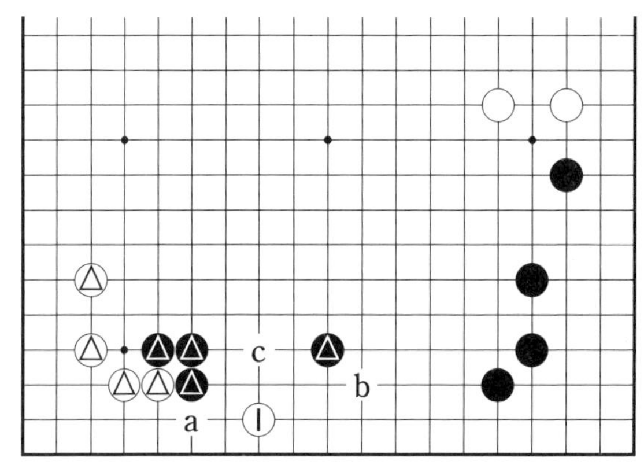

2도

2도 (2선 저공침투)

백1의 2선 잠입이 재미있는 침투수법. 이 수는 흑▲와 백△들로 이뤄진 소목 붙여뻗기 정석에서의 급소이기도 하다.

다음 a의 도강, b의 근거, c의 진출 등 다양한 후속수단을 엿보고 있다.

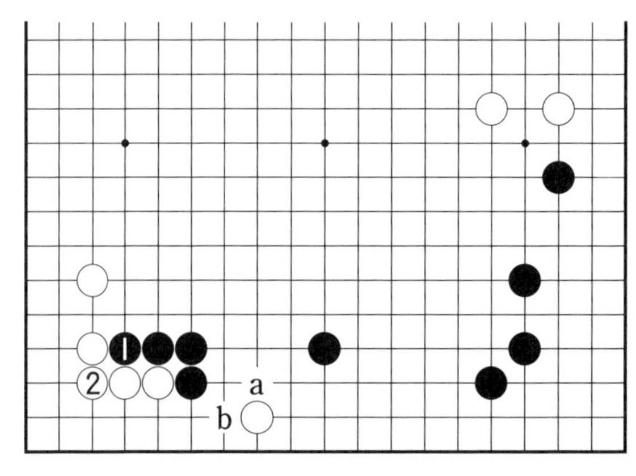

3도

3도 (먼저 응수타진)

여기서 흑은 과연 어떻게 응수해야 할까?

응수방법을 결정하기 전에 먼저 흑1로 찔러 백2의 굴복을 얻어내는 것이 긴요하다. 그런 다음 상황에 따라 a와 b의 여부를 결정하는 것이 순서이다.

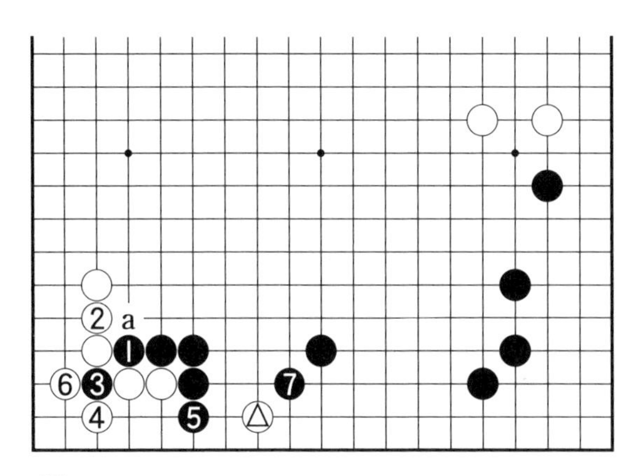

4도

4도 (선수로 작용)

흑1 때 백2나 a로 버티는 것은 흑3의 절단에 이은 5가 선수로 작용해 백△의 침입군이 좌사하고 만다.

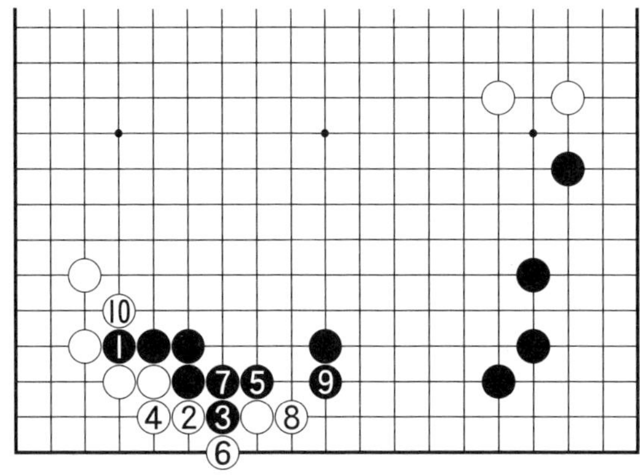

5도

5도 (백, 무리한 버팀)

그렇다고 백2로 넘고 버티는 것은 흑3의 끼움이 예리해 백이 곤란해진다.

이하 흑9 때 백10의 가일수가 불가피해서는 백의 별무소득이다. 이래서는 백이 고작 후수 몇 집 끝내기를 한 데 불과하다.

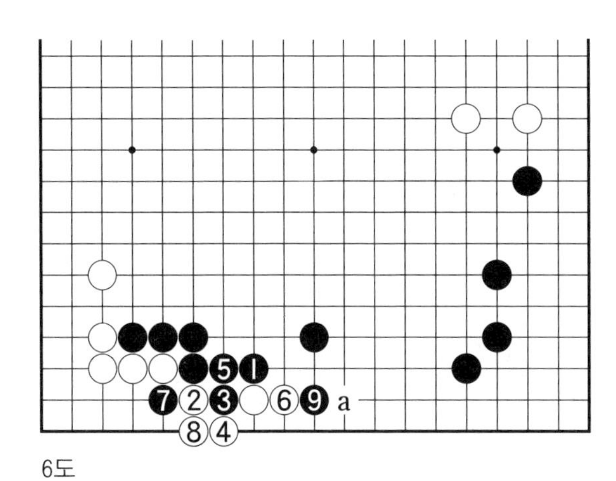

6도

6도 (백, 성급한 연결)

3도에 이어, 먼저 제일감은 흑1의 봉쇄. 이때 즉각 백2로 넘는 것은 성급하다. 흑9 다음 백은 뒤의 약점 때문에 더 이상의 진격이 어려워 후수 몇 집 끝내기에 불과한 꼴이다.

흑9로는 a로 받아도 무난하다.

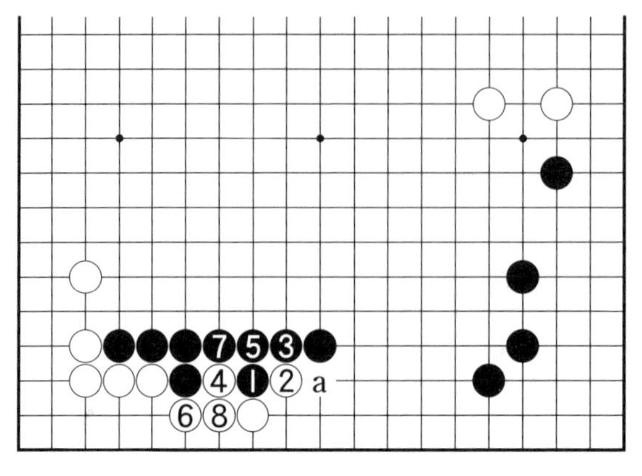

7도

7도 (최선의 응접)

흑1에는 백2, 4를 선수한 뒤 6으로 넘는 것이 빈틈 없는 수순이다. 이하 백8까지 쌍방 최선이며, 이후 a가 쟁탈의 요소로 남는다. 백은 상당한 실리를 벌며 하변을 잠식해 침투에 성공한 모습이다.

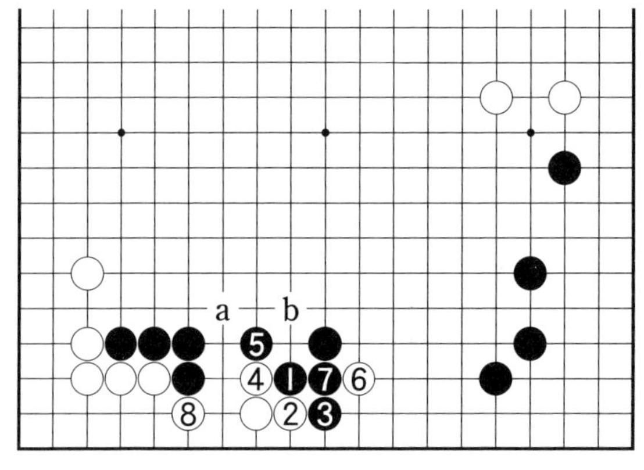

8도

8도 (늘어진 응수)

흑1은 무난한 응수이지만 늘어진 감이 짙다.

백8까지 넘고 나면 흑은 두터움 면에서 앞 그림에 크게 뒤지는 모습이다. 장차 백a, b를 선수당하고 나면 우형을 면치 못한다.

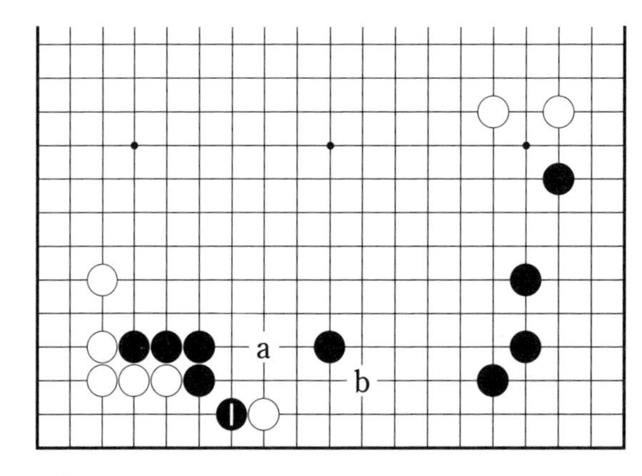

9도

9도 (강력한 차단)

7도가 불만이라고 느껴진다면 흑1로 차단하는 것이 기세이다.

그러나 백a와 b가 맞보기 성격이어서 이 침입군을 잡기란 불가능하다. 다만 공격을 통해 이득을 취하는 것이 관건일 것이다.

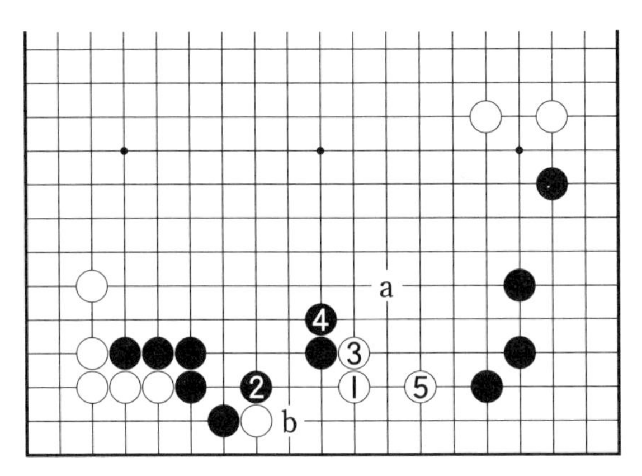

10도

10도 (어렵지 않은 타개)

백1로 뛰기만 해도 백은 쉽게 타개가 가능하다. 백5까지 a와 b를 맞보기 삼아 수습 성공이다.

그러나 흑도 2로 호구친 자세가 두터워 그런대로 둘 만하다.

11도

11도 (적극적 수법)

지금 상황이라면 백1로 가르는 것이 좀 더 적극적이다. 백5까지를 가정할 때 백1과 흑2의 교환이 백에게 분명 이득이다.

훗날 백a에 손이 돌아오면 만족스러운 형태가 될 것이다.

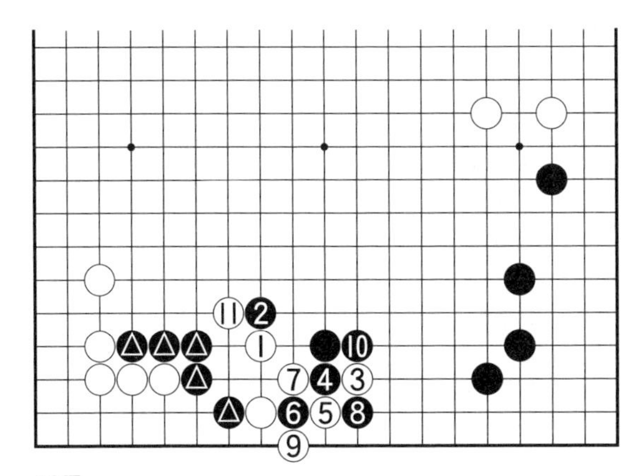

12도

12도 (흑, 무리)

그렇다고 백3 때 흑4~10으로 이득을 취하고 버티려는 것은 무리이다.

백11을 당해서는 흑▲들이 궁지에 몰려 흑이 괴롭다.

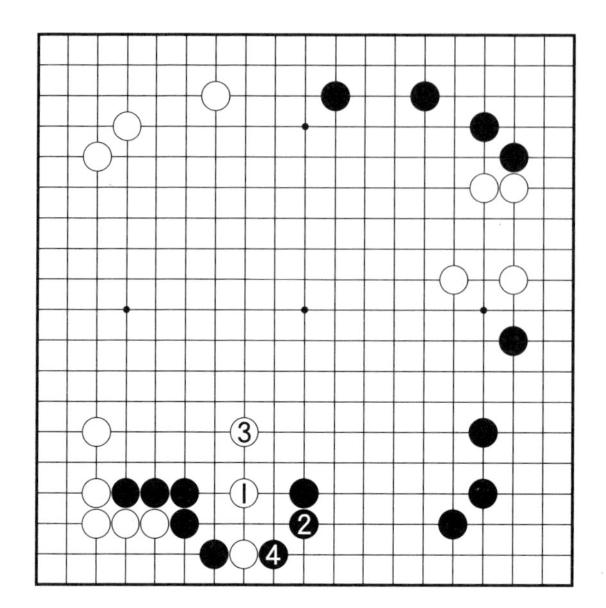

13도

13도 (백, 성급)

백1 때 흑2로 철주를 내리고 버티는 수도 유력하다. 이때 즉각 백3으로 뛰어나가는 것은 성급하다.

흑4로 넘어가면 흑은 연결되고 백만 허공에 뜬 신세여서 흑의 만족이다.

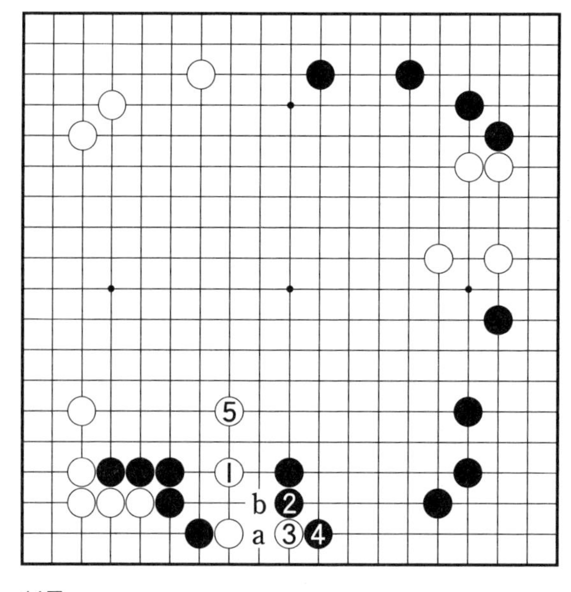

14도

14도 (쌍방 최선)

흑2 때 백3과 흑4를 교환해 두는 것은 긴요한 수순이다(다음 흑a에는 백b로 차단되어 있다).

결론적으로 흑은 차단한 이상 11도나 14도를 선택하는 것이 최선이라고 하겠다.

7형

화점 한칸굳힘에서 귀 침투의 급소

○ 백 차례

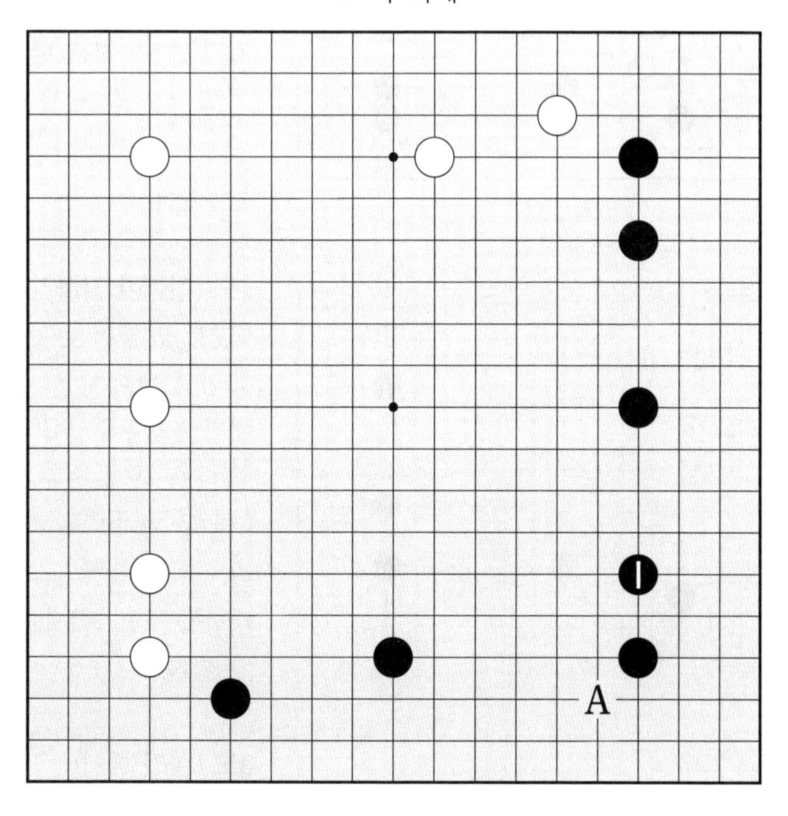

이번에는 3三침입을 제외한 귀 부근의 침투방법을 살펴본다(3三침입에 관한 내용은 〈화점과 3三 마스터〉 책 참조).

흑1의 한칸으로 굳히자 우하귀 일대가 시급해졌다. 게을리하다 흑A를 허용하면 우하 일대가 크게 굳어지게 되므로 바로 지금이 침투의 적기인데, 백은 과연 어떤 방법이 적절할까?

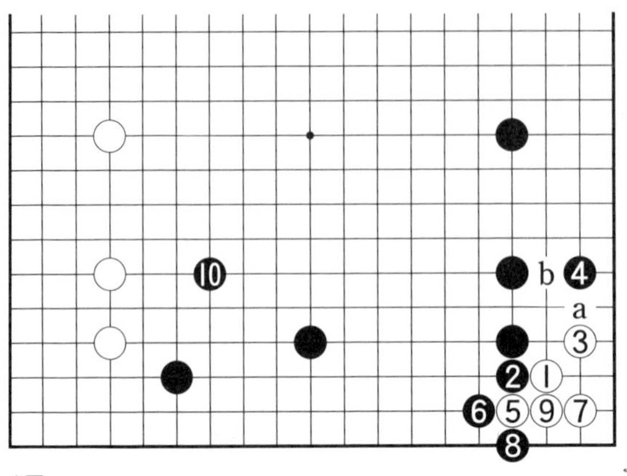

1도

1도 (소탐대실의 3三침입)

백1의 3三침입은 이 경우 좋지 않다. 귀살이 자세가 옹색한 데다 외곽을 강화시켜 준 죄가 커서 이적행위의 인상마저 있다.

귀의 사활 관계상 흑a나 b도 선수여서 우변도 굳어졌다.

2도

2도 (간명한 밑붙임)

백1로 밑붙여 가는 것이 흑의 공격여지를 줄이는 간명한 침투수법이다.

다음 흑의 응수는 a와 b의 두 가지인데, 그에 따라 귀살이와 변의 파괴 중 하나를 자연스럽게 이뤄낼 수 있다.

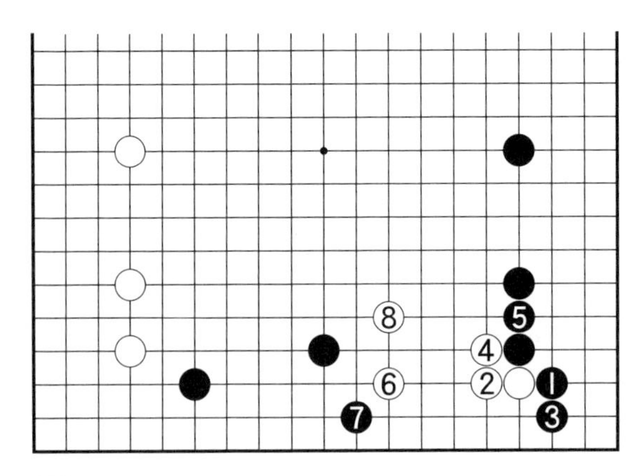

3도

3도 (실리 중시)

흑1로 안쪽에서 젖히는 것은 실리를 중시하는 태도이다. 그러면 백8까지 변을 깨며 쉽게 안정할 수 있다.

피차 간명한 정석이자 화점 바둑에서 가장 많이 나타나는 형태이다.

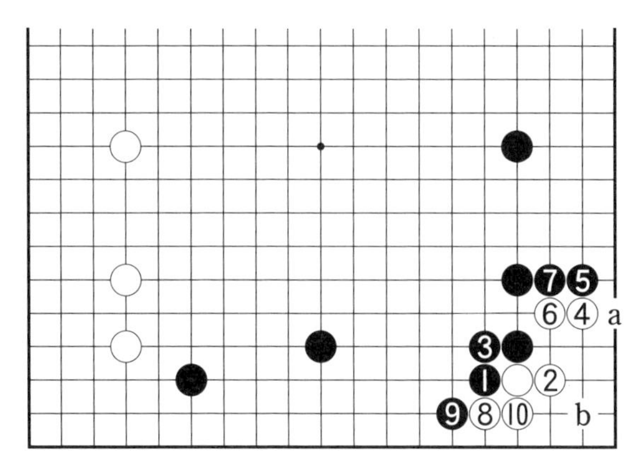

4도

4도 (세력 취향)

흑1로 밖에서 젖히는 것은 물론 세력 지향적 선택이다. 이때 백2로 늘면 흑3 이하 백10까지 간명한 절충이 이루어진다(차후 흑a에는 백b로 완생).

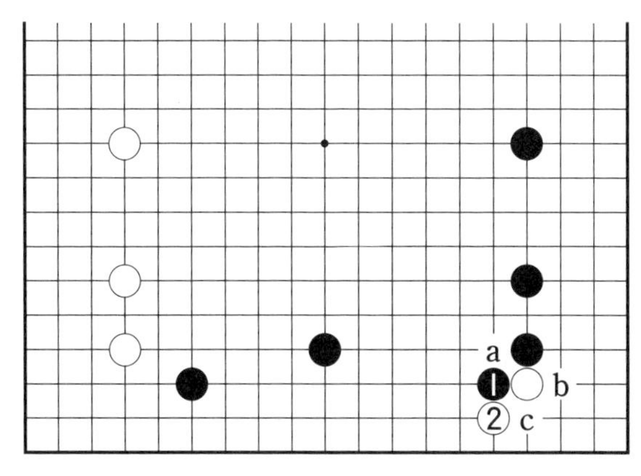

5도

5도 (묘미 있는 맥점)

백2의 되젖힘이 묘미 있는 맥점. 이후 행마에 따라 정석과 사활을 둘러싼 갖가지 변화가 연출되므로 이 수법에 대해서는 반드시 익혀두어야 한다.

여기서 흑의 응수는 a~c의 3가지가 보통이다.

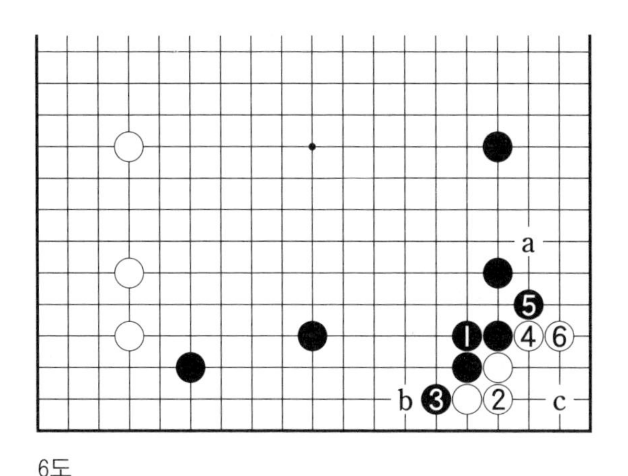

6도

6도 (세력 대 귀살이)

흑1로 꽉 잇는 것은 간명한 응수이다. 그러면 6까지 세력 대 귀살이로 갈리는 정석의 일단락이다(이 형태는 흑a의 눈목자굳힘 때도 자주 나타난다).

이후 백은 b의 끝내기를 노리고, 흑은 c의 급소를 노리게 된다.

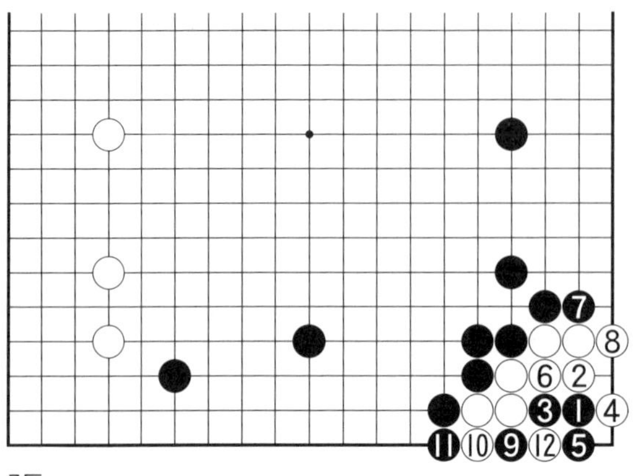

7도

7도 (1수 늘어진 패)

우하 백은 아직 완생이 아니다. 흑1로 치중하면 백12까지 1수 늘어진 패가 필연이다.

따라서 백은 여유가 있으므로 가일수가 시급하지는 않지만, 이곳 사활에는 늘 신경을 써야 한다.

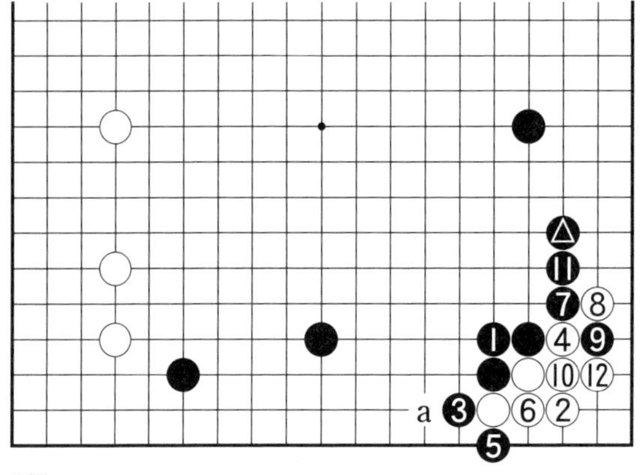

8도

8도 (눈목자일 경우)

참고로 흑▲의 눈목자일 때는 백2로 호구친 다음 8로 이단젖히는 변화구가 유력하다.

그러면 이하 백12까지 패의 부담 없이 완생할 수 있다(다만 백a의 수단은 사라진다). 그런데~

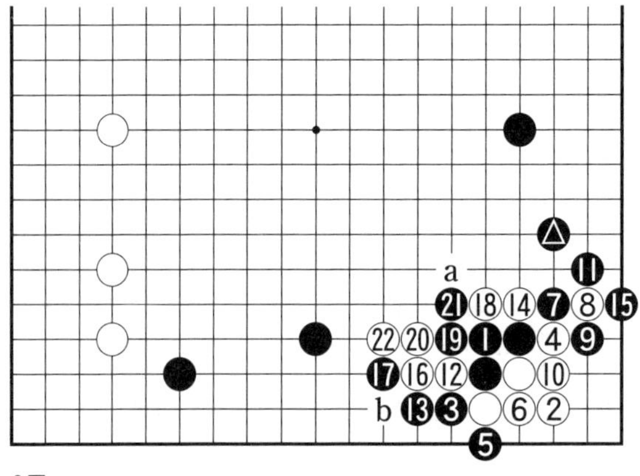

9도

9도 (축머리가 관건)

백8 때 흑9, 11로 잡으러 가는 것은 무리이다. 백12~22의 묘 수순에 의해 흑이 파탄지경에 빠진다(백a와 b가 맞보기).

결국 백2~8의 변칙수단은 a의 축머리가 유리하다는 전제가 필요하다.

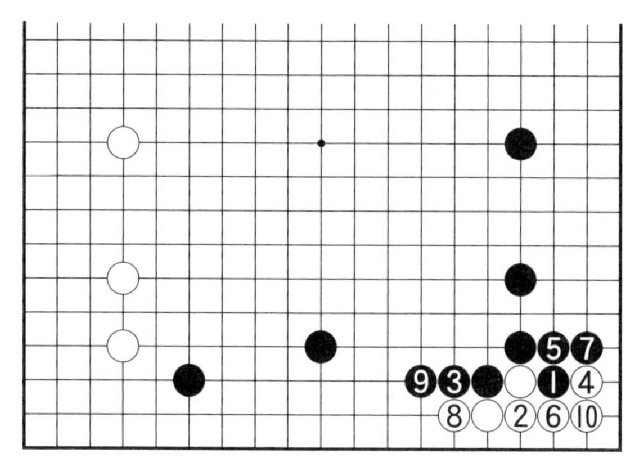

10도

10도 (흑의 별책)

흑1, 3으로 몰고 느는 수도 있다. 이때는 백4의 껴붙임이 기억해야 할 맥점이며, 이하 백10까지 정석의 일종이다. 흑은 7도에 비해 실리 상으로 손해지만, 우변 쪽을 보다 견고하게 했다는 장점이 있다.

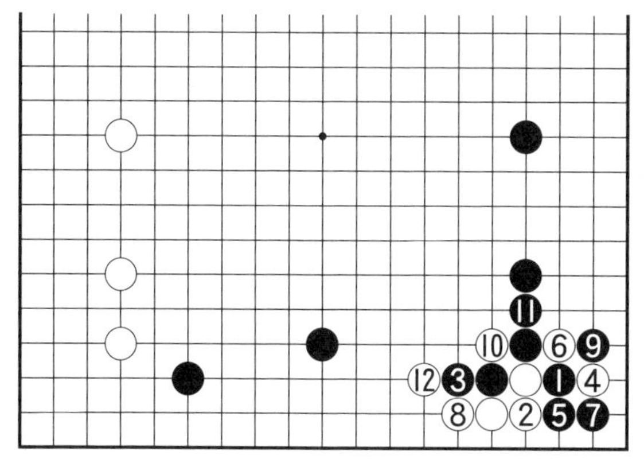

11도

11도 (흑, 무리)

백4 때 흑5로 반발하는 것은 무리이다.

백12까지 교묘한 수순으로 하변 쪽이 돌파당해 흑이 난감해진다.

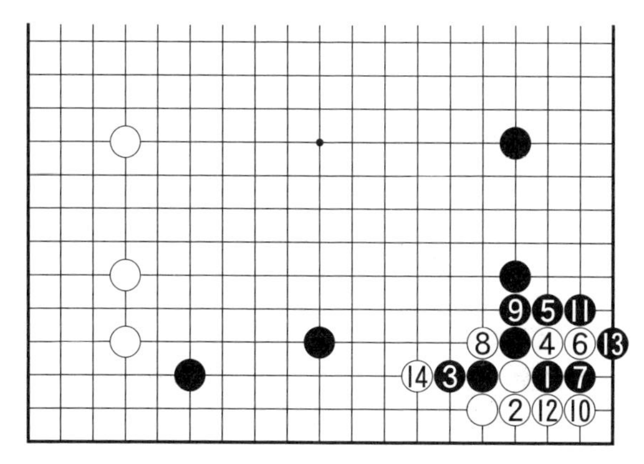

12도

12도 (백의 별책)

경우에 따라서는 백4로 끊는 수도 있다.

이하 백14까지 두점을 사석 삼아 어렵지 않게 타개할 수 있다. 그런데~

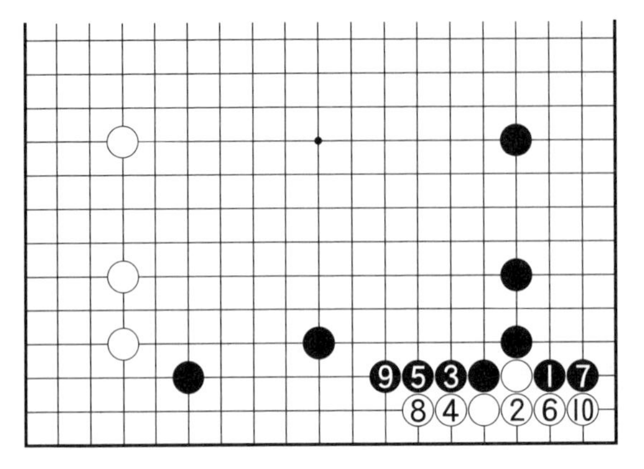

13도

13도 (속수 퍼레이드)

껴붙임이나 끊는 맥점을 모른 채 그냥 백4, 6으로 밀어대는 것은 묘미 없는 속수 퍼레이드이다.

백10까지 2선을 박박 기고 살아서는 백의 수모가 말이 아니다.

14도

14도 (정석 수순이지만)

이번에는 흑1로 끊는 수를 알아보자. 보통 백4~12까지가 정석 수순. 흑은 실리를 차지하고, 백은 하변을 깨 쌍방 불만 없는 절충이다.

그런데 사실 이 수법(흑1, 3)은 흑▲가 a의 날일자나 b의 눈목자일 때 가능하다.

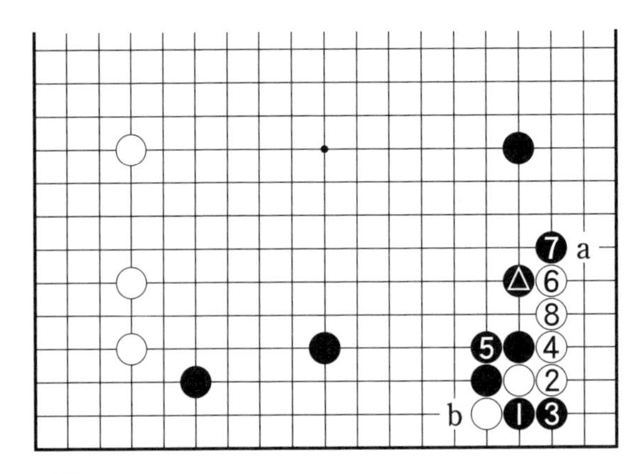

15도

15도 (흑, 실패)

지금처럼 흑▲가 한칸일 때는 백4의 반발이 성립하는 것이다.

백8 다음 a와 b가 맞보기가 되어서는 흑의 실패이다.

8형

변의 파괴가 주목표인 저공비행

● 흑 차례

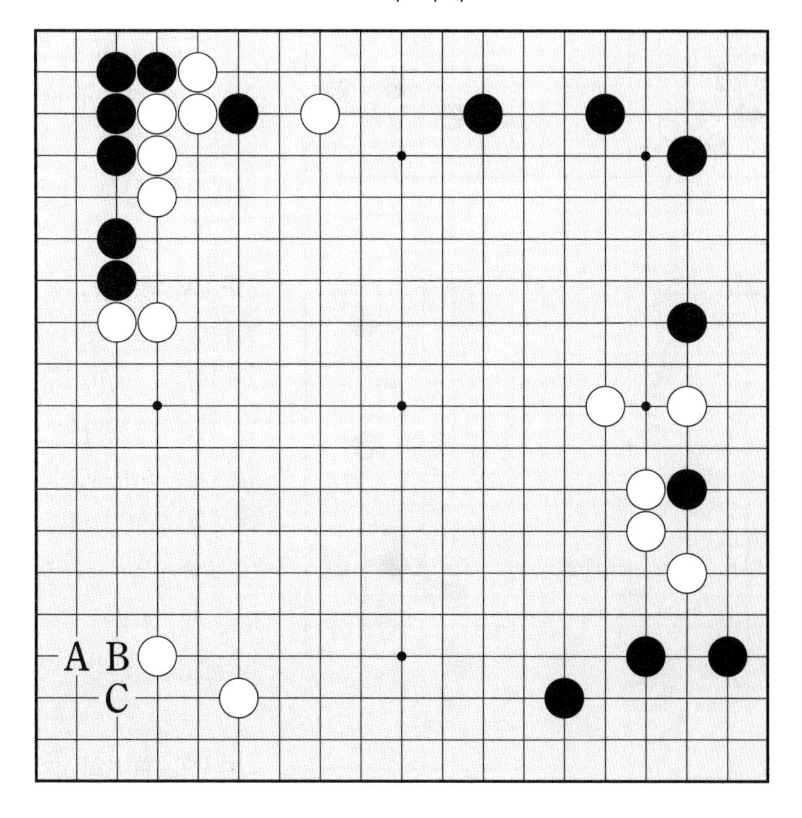

화점 굳힘 형태에서의 침투법을 한 가지 더 익혀보자. 이번에는 날일자굳힘 모양이다. 흑의 실리가 착실한 가운데 좌변에서 하변으로 펼쳐진 백의 대모양이 초점이다. 백진을 줄이는 침투수단과 그에 대응한 응수를 둘러싼 연구가 아직도 활발한 형태이다.

먼저 적절한 흑의 침입수단은 A～C 중 어디일까?

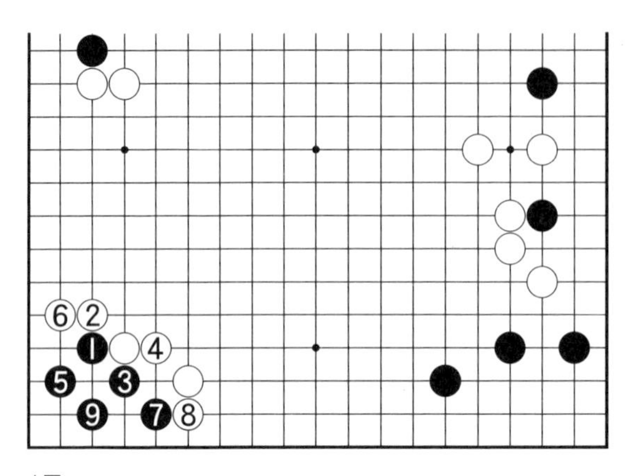

1도

1도 (대모양 허용)

화점 굳힘 형태에서는 앞서 익힌 대로 흑1의 붙임이 간명한 침투수법으로 9까지 쉽게 귀살이할 수 있다. 그런데 지금 같은 상황에서는 좌변에 대모양을 허용하고 후수를 잡아 소탐대실의 혐의가 있다.

2도

2도 (저공비행)

흑1의 저공비행이 이 경우 재미있는 수법이다. 이 수는 귀를 깨겠다는 뜻보다는 넓은 좌변 파괴를 주목적으로 하고 있다. 이때 백의 응수는 a~e의 5가지가 있는데, 상황에 따라 최선의 대응이 달라진다.

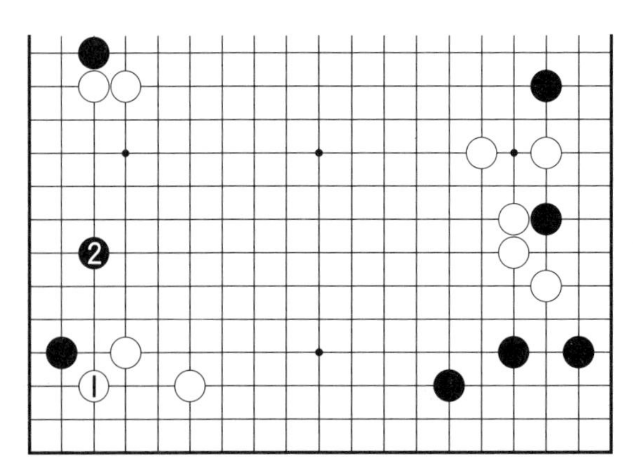

3도

3도 (백, 늘어진 응수)

먼저 백1은 늘어진 수로 낙제점. 흑2로 늘씬하게 자리 잡은 뒤 귀와 변, 그리고 중앙으로 여유가 풍부해 도저히 공격당할 모습이 아니다.

이래서는 공들인 좌변만 쉽게 깨진 결과이다.

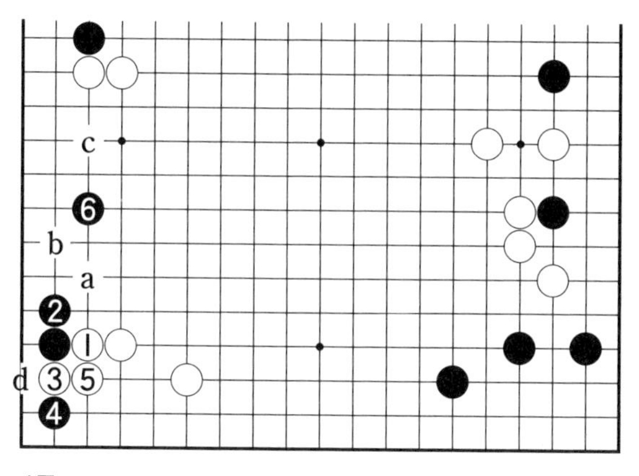

4도

4도 (상용의 응접)

백1로 치받는 것이 좋은 응수법. 흑4가 긴요한 응수타진이며, 6까지가 흔히 나타나는 형태이다. 이후 백은 a~c 등에서 골라 흑을 압박할 수 있으며, 흑은 좌변 안정 후 d의 연결이 큰 수로 남는다.

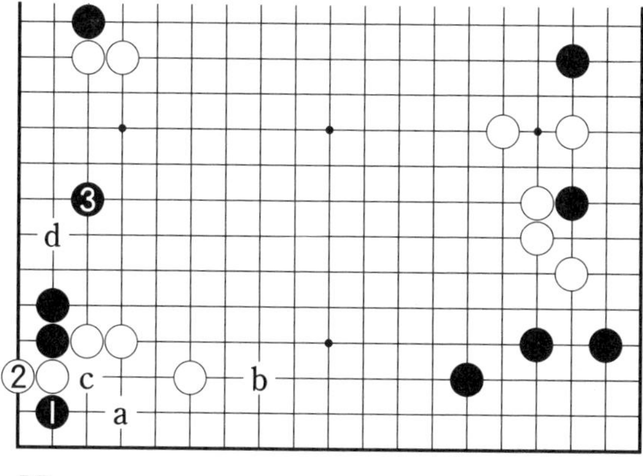

5도

5도 (고약한 뒷맛)

흑1의 껴붙임에 백2로 내려서는 것은 뒷맛이 다소 고약하다.

a의 수단 때문에 흑b의 다가섬이 선수로 듣게 될 뿐더러 c의 뒷맛 탓에 백d의 치중수가 어렵게 되는 것이다.

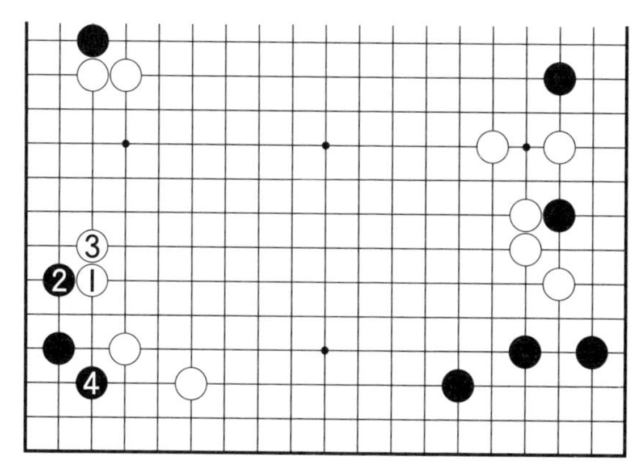
6도

6도 (백, 세력 취향)

백1로 바깥쪽에서 받는 수도 일책. 대범한 세력작전이지만 흑에게 쉽게 실리를 내주며 안정시켜 주어 다소 싱거운 느낌이 있다. 그래서 특수한 경우가 아니고는 잘 쓰이지 않는다.

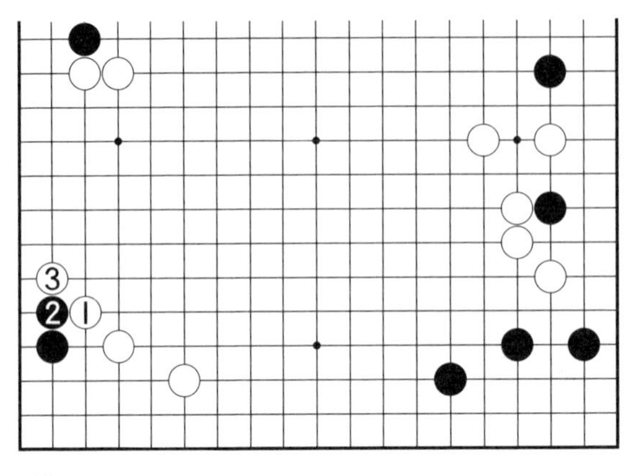

7도

7도 (현대적인 응수)

백1의 마늘모 행마가 근래 들어 개발된 응수법이다. 흑을 미생마로 몰면서 좌우에서 실속을 챙기겠다는 의도이다.

계속해서 흑2에는 백3이 강수인데, 여기서 흑은 어떻게 두어야 할까?

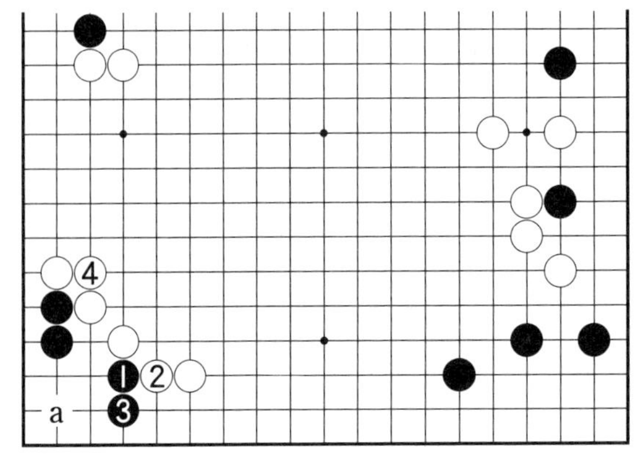

8도

8도 (나약한 삶)

흑1, 3으로 삶을 서두르는 것은 나약한 태도이다.

백4까지 백의 외곽이 깨끗하게 정비되는 데다 귀에는 백a로 치중하는 뒷맛이 남아 흑의 불만이다.

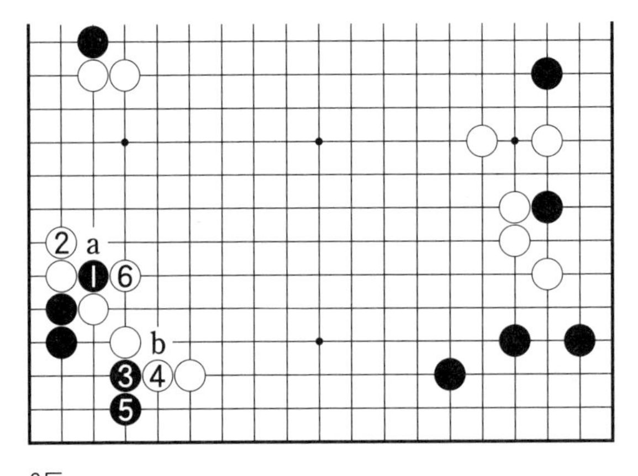

9도

9도 (긴요한 절단)

일단 흑1로 끊는 것이 긴요한 수순이다. 백2로 뻗는다면 이제야 흑5까지 귀를 안정시켜 일단락이다.

이 형태는 흑a나 b의 노림수가 강하게 남아 흑도 충분하다고 하겠다.

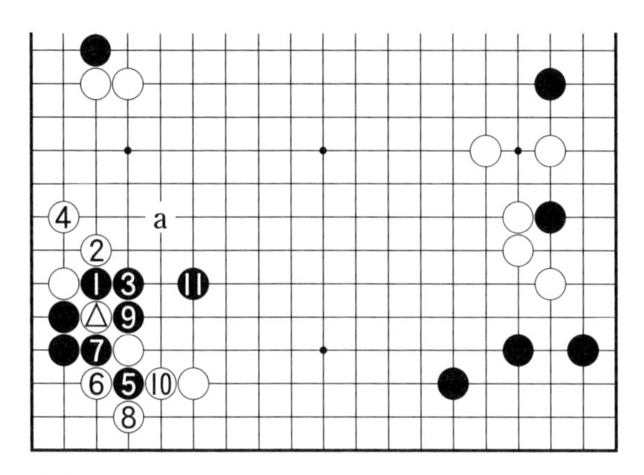

10도

10도 (백의 강수)

백2, 4의 호구가 △ 때부터 준비된 수이다. 백6, 8이 연관된 강수이며 흑11까지가 현대적 정형이다.

다음 백a로 추격하며 양쪽에서 실속을 챙긴다는 의도인데, 하변 쪽에 백돌이 있다면 금상첨화이다.

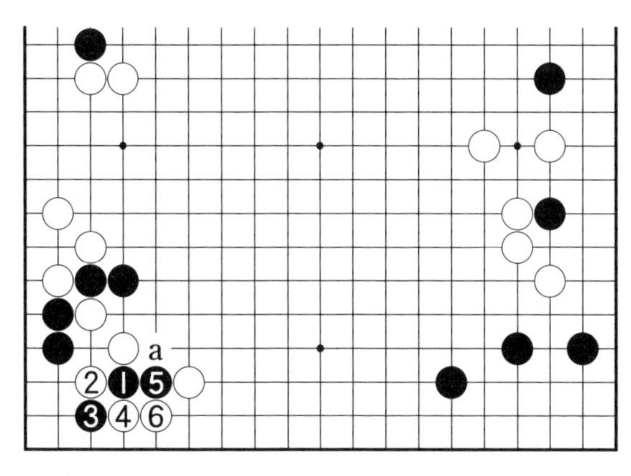

11도

11도 (흑의 저항)

그런데 백2의 강수에 끊지 않고 흑3으로 되젖히는 수단이 있다.

백6 다음 a의 축이 유리할 때 가능한 반발수법인데, 과연 이대로 된다면 백이 수습불능에 빠진 형국이다.

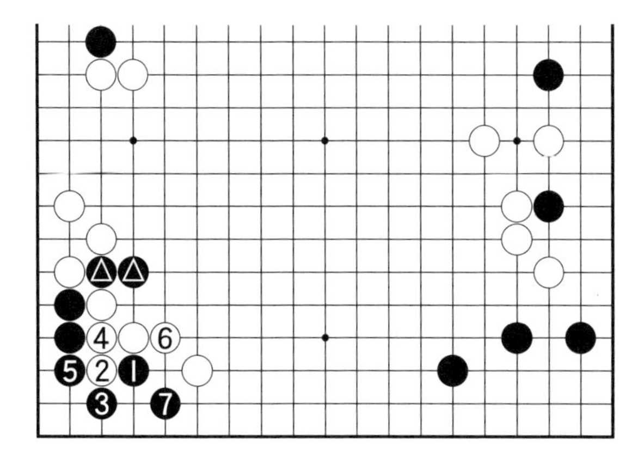

12도

12도 (백, 불만)

흑3에 백4로 그냥 잇는 것은 무난하긴 하지만 좀 무거운 느낌이다.

이하 7까지 흑이 실속이 클 뿐더러 △들은 아직 생생히 숨을 쉬고 있어 백의 불만이 역력하다.

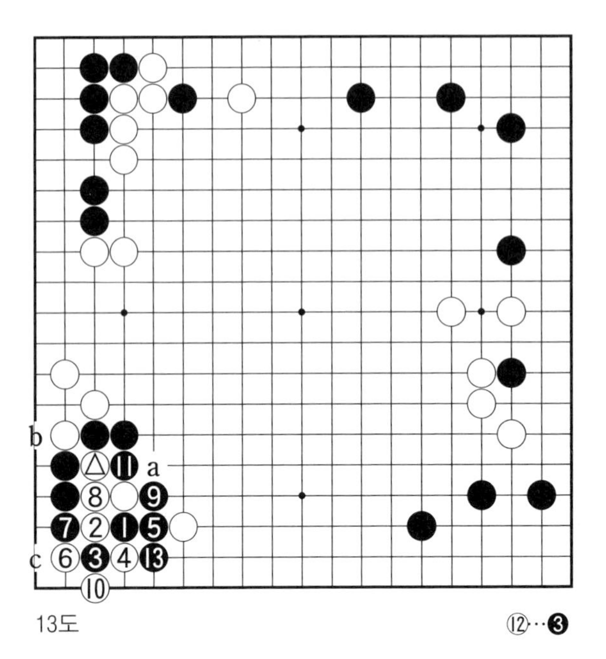

13도　　⑫…❸

13도 (흑, 두터움)

백4, 6이 최강의 반발. 그러나 13까지 관통해서는 흑이 두터운 느낌이다.

다만 백a의 절단이 강수로 남았는데, 귀에도 흑b의 단수 후 c의 패맛이 있어 만만치 않다.

축이 불리할 때는 백△를 구사하기가 어렵다는 결론이다.

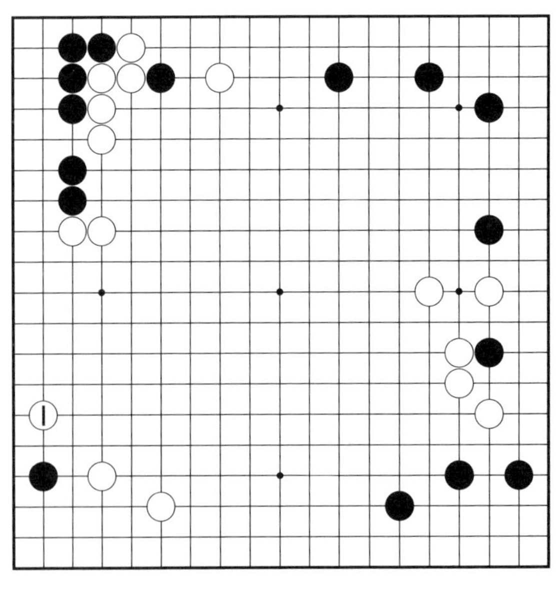

14도

14도 (2선 압박수법)

흑의 저공비행에 2선에서 압박해가는 백1이 재미있는 유력 수법이다.

변쪽을 깨려는 흑의 의도에 맞서 변쪽을 사수하려는 뜻이다.

여기서 흑은 어떻게 응수하는 것이 좋을까?

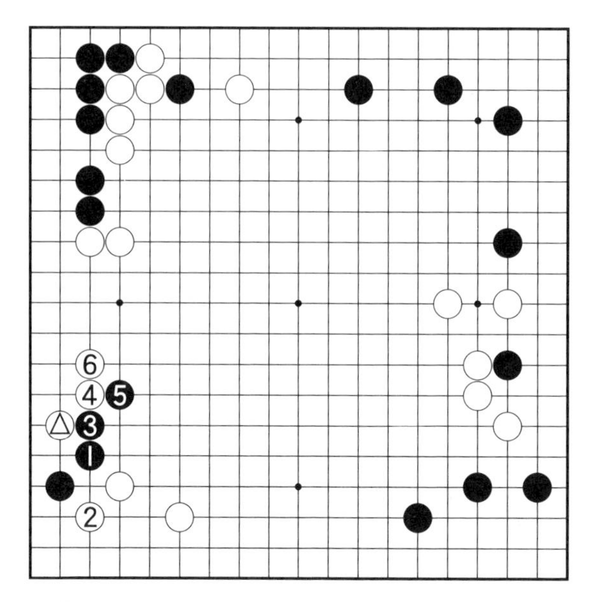

15도

15도 (백의 함정)

이때 흑1로 나가는 것은 무책! 백2를 당해 흑이 곤란해진다.

백에게 양쪽에서 실속을 허용하며 일방적으로 몰려서는 흑의 실패이다. 백△의 함정에 단단히 빠진 꼴이다.

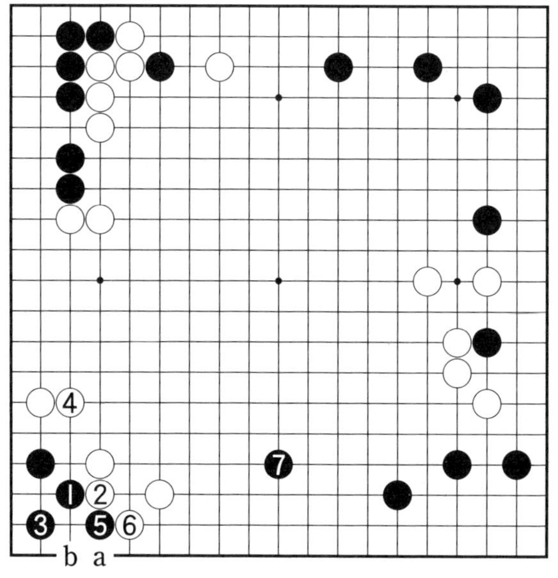

16도

16도 (쌍방 최선)

흑1의 3三이 공방의 포인트. 백2에는 흑3의 호구가 좋은 수이며, 백6까지 최선의 수순이다.

백은 좌변을 견고하게 지켜 만족이며, 흑도 귀살이 수단을 남겨둔 채 7의 큰 곳에 선착해 불만이 없다(백a에는 흑b로 패). 그런데~

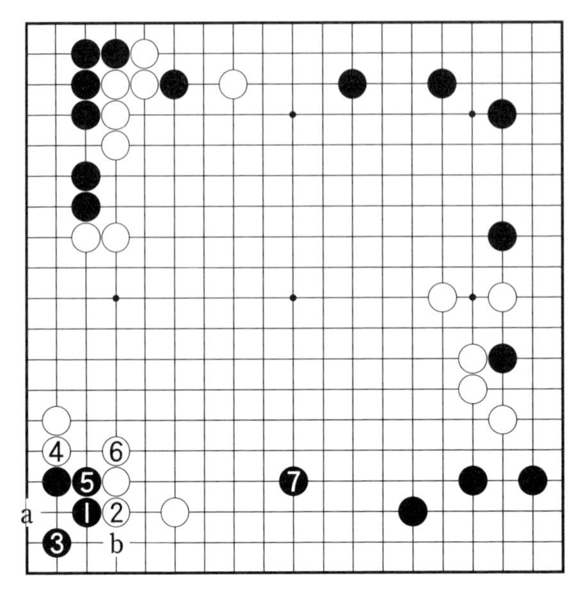

17도

17도 (백, 악수 치받음)

흑3 때 백4로 치받는 것은 흑을 선수로 완생시켜주는 악수이므로 유의해야 한다(다음 백a로 치중해도 흑b로 젖히면 삶).

귀의 흑이 '절반의 삶'인 앞 그림과는 큰 차이가 난다.

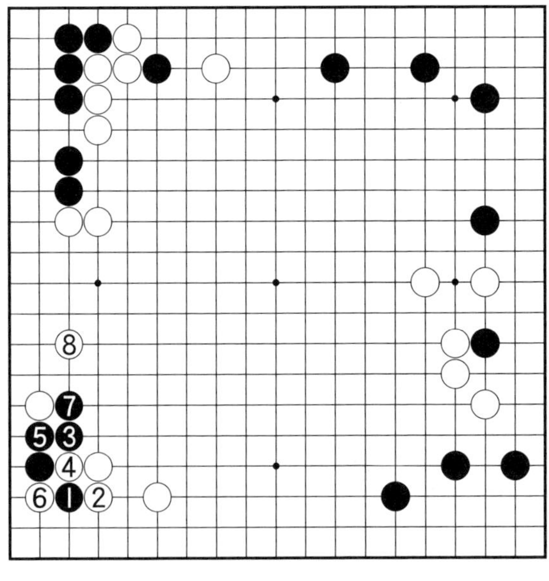

18도

18도 (경우에 따라)

꼭 좌변 쪽을 깨고 싶다면 흑1, 백2만 교환해둔 채 흑3으로 나가는 수도 있다. 그러면 백8까지가 최선의 응접이다.

흑은 소원대로 좌변을 파괴했지만, 대신 미생이라는 것이 부담이다.

9형

뒷맛을 이용한 다단계 침투

● 흑 차례

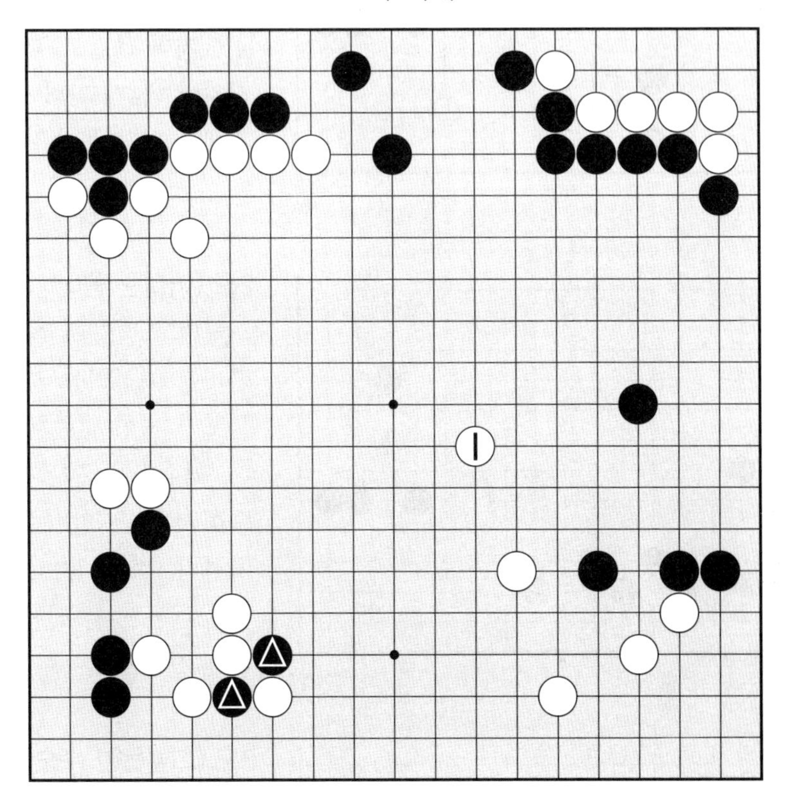

이번에는 난이도가 높은 실전형 교재로 상대 진영의 뒷맛을 이용한 침투수법을 살펴보자.

백1로 한껏 모양을 넓혀오자 하변 백 모양이 승부의 관건으로 떠오른 장면이다. 흑은 과연 어디서부터 손을 대야 할지 다소 막연한 상황인데, ▲의 뒷맛이 결정적인 침투의 '도우미'가 되고 있다.

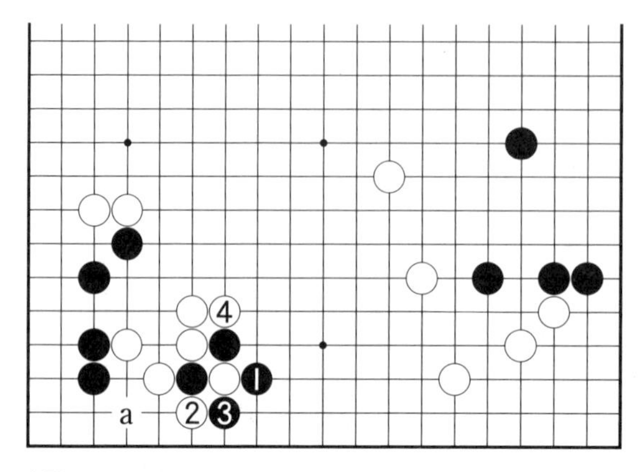

1도

1도 (성급한 발상)

흑1, 3으로 직접 수를 내려는 것은 단순 성급한 발상이다. 백4로 반발하면 막상 흑은 답답해진다.

잇자니 무겁고, 패로 버티자니 백a가 거의 선수인 관계로 힘겹지 않은가.

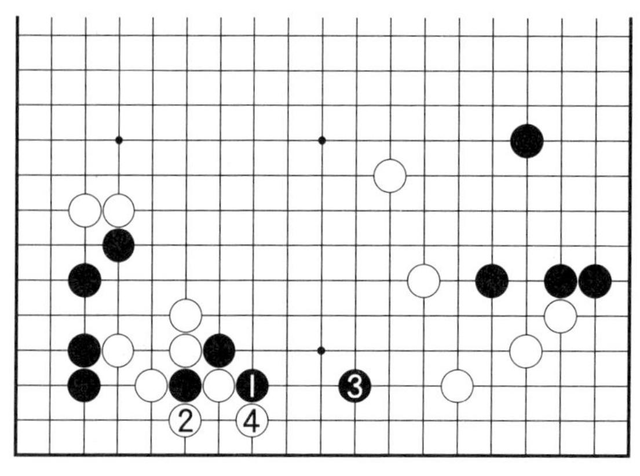

2도

2도 (어설픈 행마)

그렇다고 백2 때 흑3으로 근거를 취하려는 것은 어설프기 짝이 없는 행마이다. 백4의 호구가 강인한 수여서 흑은 빈사상태에 처한다. 결국 흑1로 직접 손을 대는 것은 신통치 않다는 결론이다.

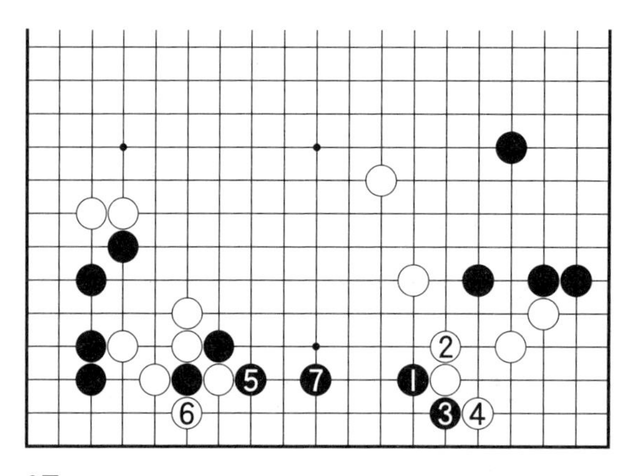

3도

3도 (그럴듯한 수순?)

먼저 흑1로 붙여 응수를 묻는 것이 긴요한 사전공작이다.

백2에는 흑3을 선수한 뒤 5, 7이면 얼핏 그럴듯하게 근거가 잡힌 것 같다.

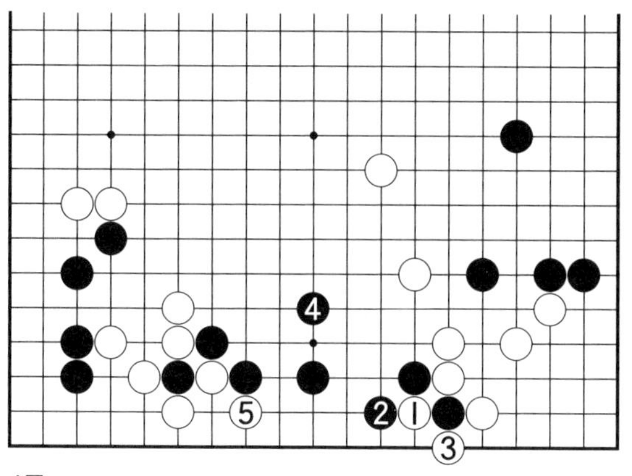

4도

4도 (흑, 불안)

그러나 백1~5로 실속을 챙기며 압박해오면 흑이 곤란해진다. 근거가 부실해 강한 백진 속에서 타개하기가 만만치 않다.

설령 살더라도 백을 두텁게 해주며 우변 흑 모양이 다칠 공산이 크다.

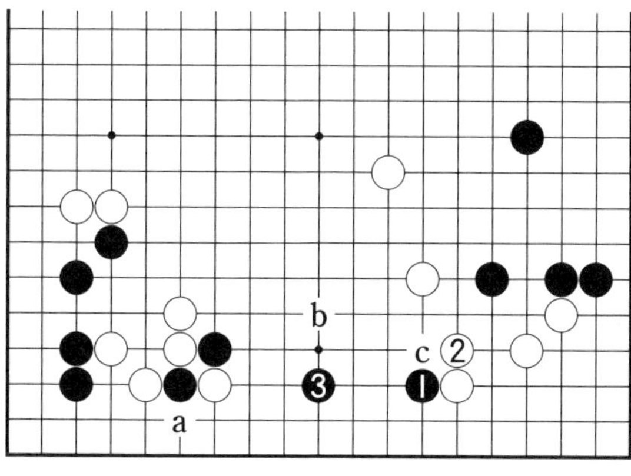

5도

5도 (함축적인 수법)

흑1, 백2의 교환 뒤 흑3으로 가만히 벌려 백의 동태를 살피는 것이 재미있다.

왼쪽으로는 흑a의 노림수를 엿보면서 b나 c의 안형 갖추기 등 다양한 후속 수단을 품고 있는 함축적인 수법이라고 할까.

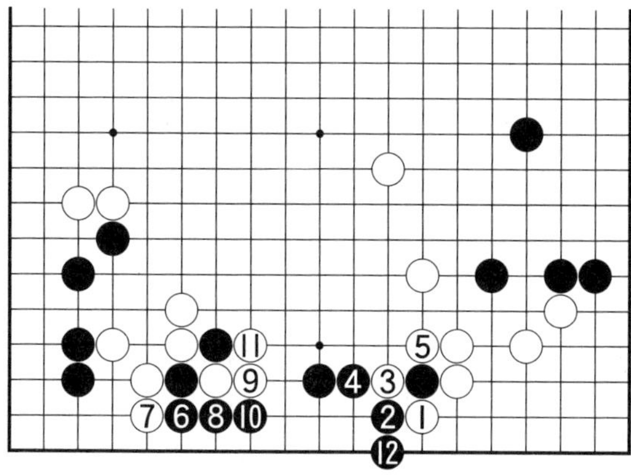

6도

6도 (알뜰한 완생)

백1~5로 오른쪽을 파호해온다면 흑6의 맥점이 기다린다. 백7에는 흑8~12로 알뜰하게 완생!

바깥쪽에 악영향을 끼치지 않은 채 이처럼 쉽게 살아서는 흑의 성공이다.

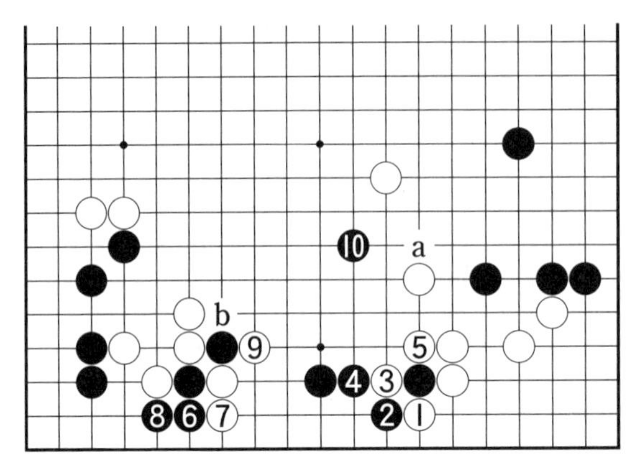

7도

7도 (백, 무리)

그렇다고 백7, 9로 버티는 것은 일단 실리의 손실이 큰 데다 축에 얽힌 뒷맛이 고약해 무리이다.

지금은 흑10이 a와 b를 맞보는 멋진 축머리 묘수여서 백 곤란!

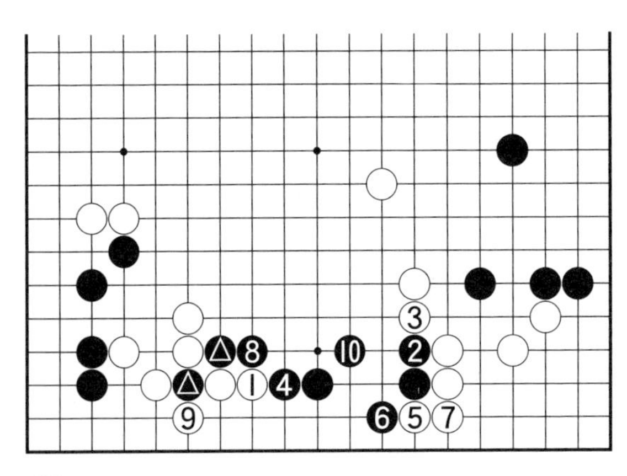

8도

8도 (쌍방 최선)

결국 백은 1로 흑▲의 뒷맛을 제거하는 것이 정수이다.

그러면 흑은 2~10으로 어렵지 않게 완생해 역시 흑의 침투작전은 성과를 거둔 셈이다.

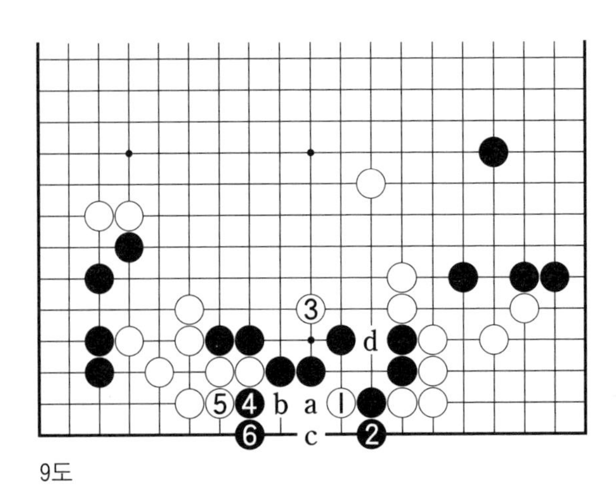

9도

9도 (완생 수순)

차후 백1, 3으로 추궁해도 흑4, 6으로 간단히 살 수 있다. 다음 백a면 흑b, 백c에는 흑d로 완생한 형태이다.

이처럼 과감한 침투작전에는 탄탄한 사활실력도 뒷받침되어야 한다.

4장

삭감의 기본 유형

⛵ 들어가기 전에

침투가 상대의 집모양을 크게 깨자는 강경책이라면 삭감은 상대의 집을 서서히 줄여나가는 온건책이다.

삭감에서 가장 중요한 것은 형세판단에 따라 전국을 두루 살펴 균형을 맞추어가는 대세관과 균형감각이다. 자칫 부분에 집착하다 보면 삭감에 성공하고도 자신의 집모양이 더 줄어드는 최악의 결과를 초래할 수도 있기 때문이다. 그래서 삭감에서는 위기십결의 '입계의완(入界宜緩: 상대 진영에 들어갈 때는 서두르지 말고 완만하게 들어가라)'이라는 경구를 금과옥조로 삼을 만하다.

이 장에서는 실전에서 가장 자주 나타나는 변과 중앙의 삭감 유형 9가지를 살펴보았다.

삭감 5계명

① 가볍게 행마하라
② 상대 진영에 접근할 때는 완만하게 들어가라
③ 상대 세력의 경계선을 넘지 마라
④ 형세판단에 따라 삭감의 깊이를 결정하라
⑤ 위기에 몰리면 꼬리를 떼어줄 각오로 임하라

1형

강렬한 직격탄 삭감인 어깨짚기

● 흑 차례

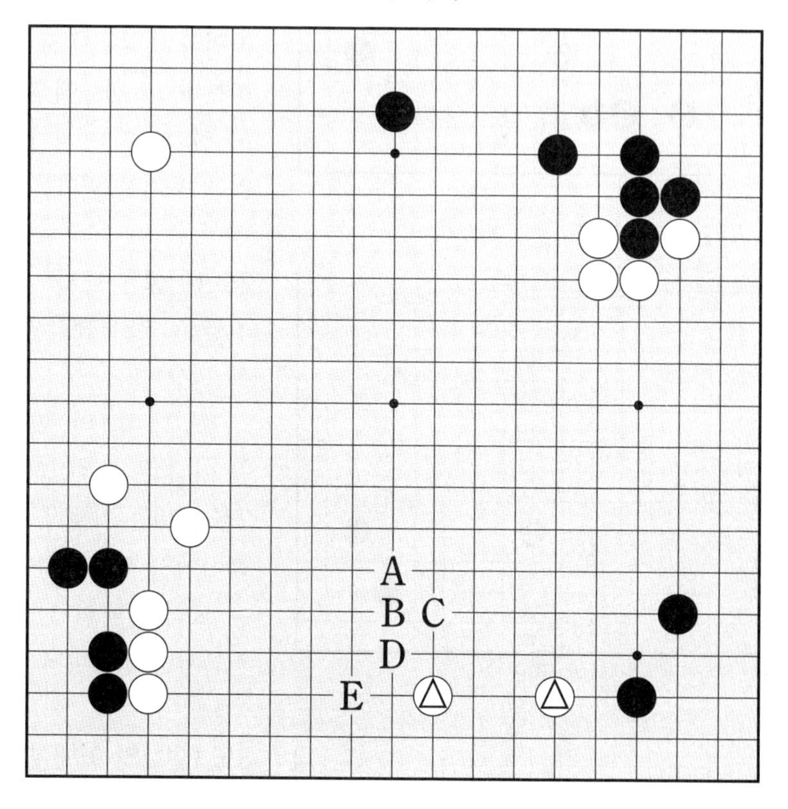

하변 백 모양이 관심의 초점이다. 게을리하다가 백A 정도로 둘러싸면 이상형이 구축되므로 바로 지금이 삭감의 적기이다.

백△들이 왼쪽 백 세력에서 멀고 낮은 자세인데, 이런 백의 허점을 찌르는 절호의 한수를 찾아보자. 흑은 B~E 가운데 어디가 좋을까?

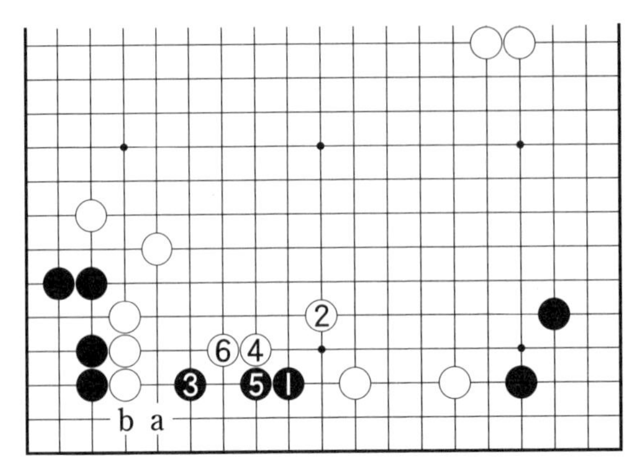

1도

1도 (무리한 침입)

흑1로 뛰어드는 것은 무리. 백6까지 공격당해 매우 답답하지 않은가.

살기 위해서는 흑a, 백b 따위의 대악수를 교환해야 하는데, 그 바람에 좌하 흑이 위험해지는 등 대세를 잃을 우려가 높다.

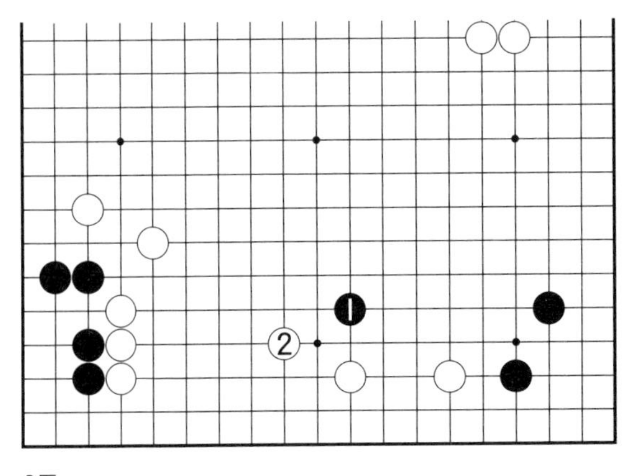

2도

2도 (어설픈 모자)

지금은 역시 삭감이 올바른 발상이다.

그런데 흑1의 모자씌움은 이 경우 부적절하다. 백2로 지키는 자세가 안성맞춤이어서 삭감했다기보다는 도리어 백의 집짓기를 거들어준 인상마저 있다.

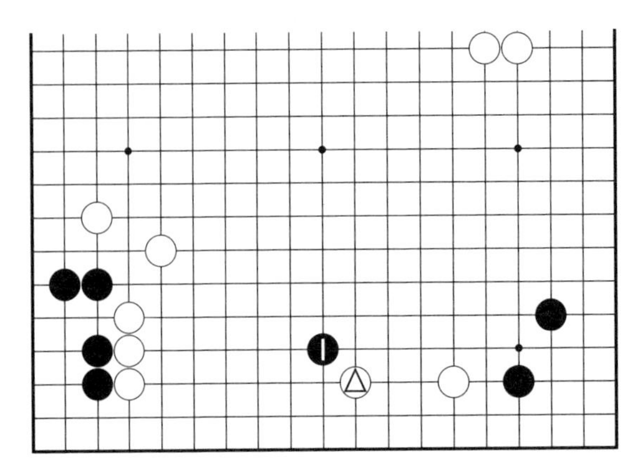

3도

3도 (절호의 어깨짚기)

흑1로 어깨짚어 가는 것이 절호점이다.

상대의 3선(백△)을 압박해가며 자연스럽게 왼쪽 백세를 지워가는 강렬한 삭감수법이다.

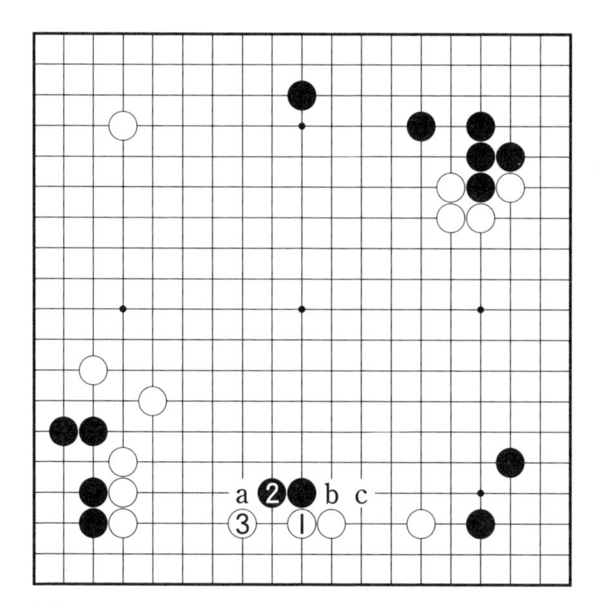

4도

4도 (백, 굴욕)

이때 백1, 3으로 기어 넘어가는 것은 굴욕적 태도이다.

흑a는 물론 b나 c까지 선수여서 백은 하변에 바짝 엎드린 신세가 되면서 단번에 대세를 잃게 된다.

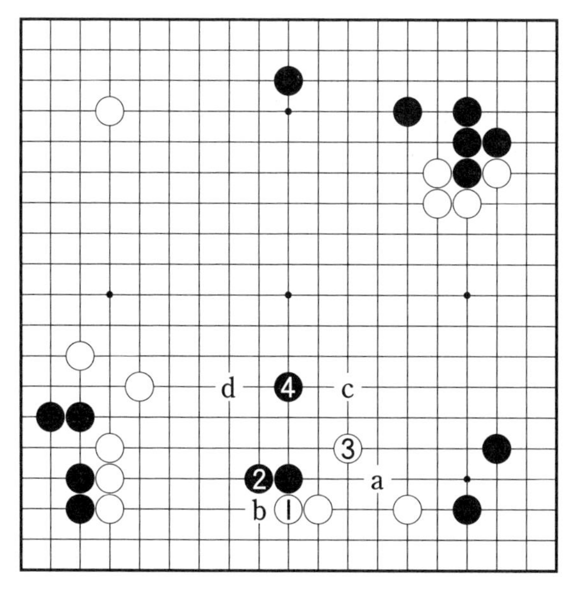

5도

5도 (삭감 성공)

그러므로 백3으로 머리를 내미는 것이 중요하며, 그러면 4까지 일단 흑이 가벼운 삭감에 성공한 모습이다.

차후 흑은 a의 추궁과 b의 막음이 유력한 후속 수단이며, 백은 c나 d의 공격을 엿볼 수 있다.

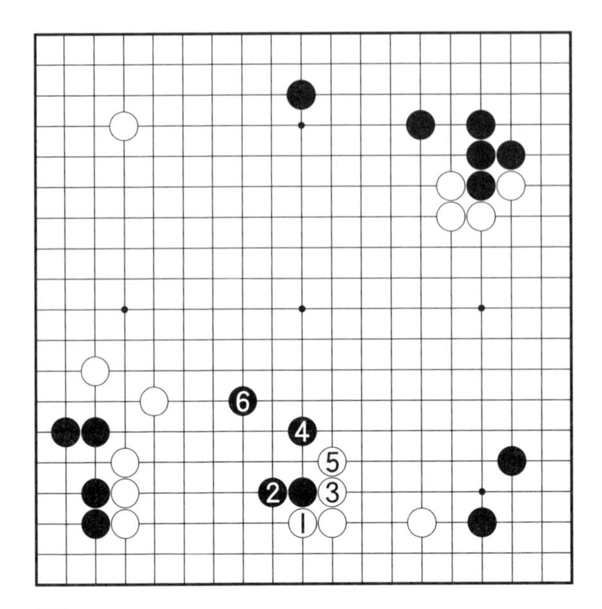

6도

6도 (두터움 중시)

흑2 때 백3, 5로 두텁게 밀어가는 수도 있다. 그러면 흑6이 틀이다.

앞 그림에 비해 백의 형태가 좀 더 두터운 반면, 흑의 자세도 활발해 역시 호각이다. 그런데~

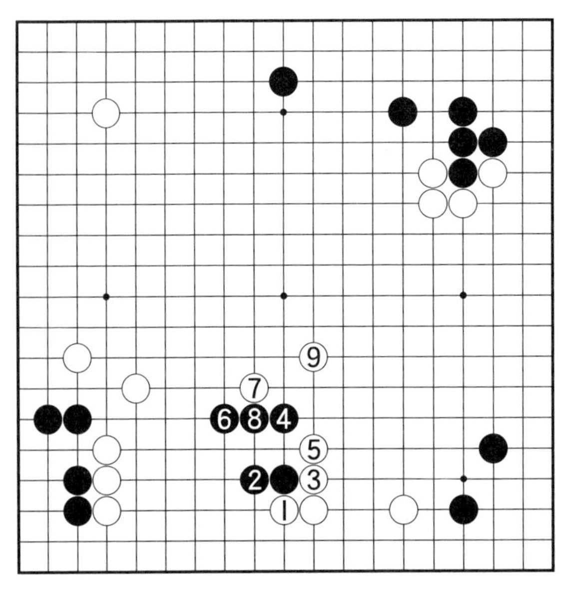

7도

7도 (흑, 무거운 행마)

흑6의 틀은 무거운 행마. 백7을 당하는 것이 너무 따금하며 9로 추격당해서는 흑이 답답한 모습이다.

그렇다고 흑6으로 7자리에 마늘모 형태로 두는 것도 백6을 선수로 당해 역시 우형이 된다.

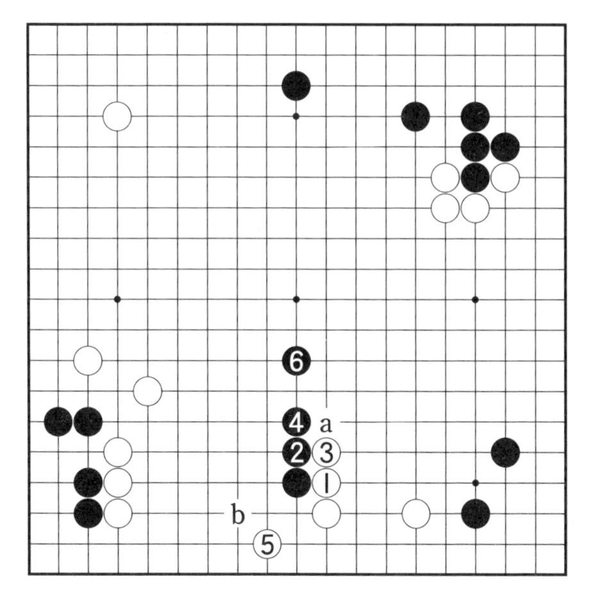

8도

8도 (상용수법)

이번에는 백1로 위에서 미는 변화를 살펴보자. 다음 백3, 5가 상용수순.

그러면 흑도 6(또는 a)으로 자세를 잡아 역시 삭감에 성공한 모습이다. 장차 b가 흑의 노림.

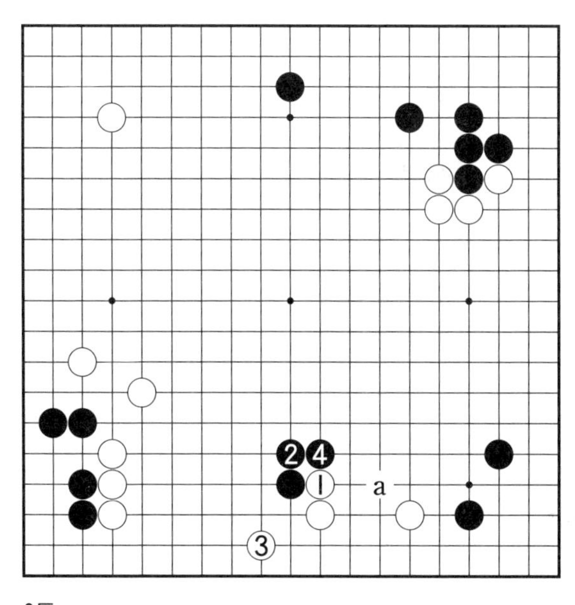

9도

9도 (흑, 두터움)

그런데 흑2 때 곧장 백3으로 달리는 것은 섣부르다. 흑4로 두텁게 꼬부리는 수가 천금의 요소로 흑이 대세를 제압한 모습이다. 흑a가 선수여서 이제는 백의 중앙 진출이 어렵다.

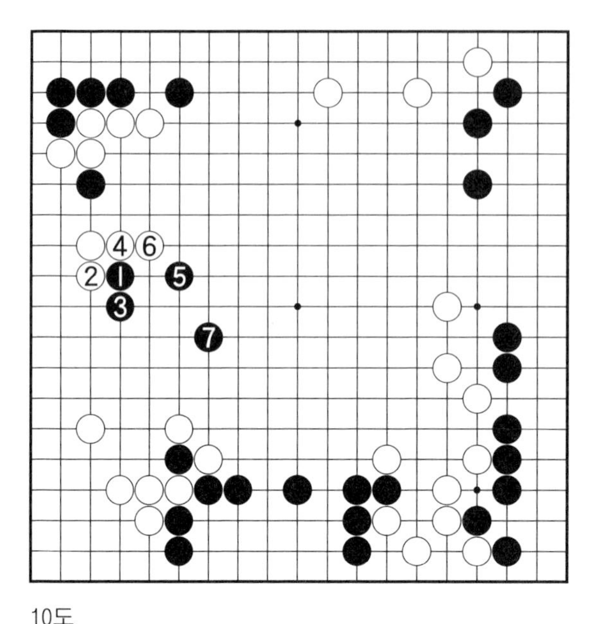

10도

10도 (대모양 삭감)

3선에 어깨짚어 가는 수는 실전에서 가장 많이 쓰이는 삭감법으로 응용도가 매우 높다.

다음은 조치훈 9단의 실전 예. 백이 좌변에서 대모양작전을 펼쳐 흑의 실리에 맞서려는 찰나 흑1로 어깨짚어 간 수가 빛나는 절호점이다. 흑7까지 좌변 백 모양의 팽창을 제한시켜 흑이 유연하게 우위에 섰다.

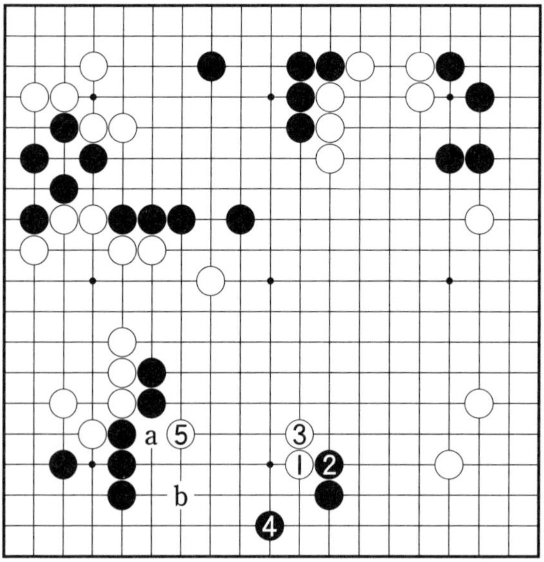

11도

11도 (예리한 급소)

역시 프로의 실전 예인데, 백1의 어깨짚기가 좌하 흑 모양을 무너뜨리는 급소가 되고 있다.

백5가 경쾌한 행마(다음 흑a에는 백b)로 삭감은 물론 흑 전체를 곤경에 빠뜨리는 공격적 의미까지 담고 있다. 이처럼 어깨짚기는 성공할 경우 상대의 형태를 완전히 헝클어뜨리는 최대의 효과까지 발휘할 수 있다.

2형

완만한 곡사포 삭감인 모자씌움

● 흑 차례

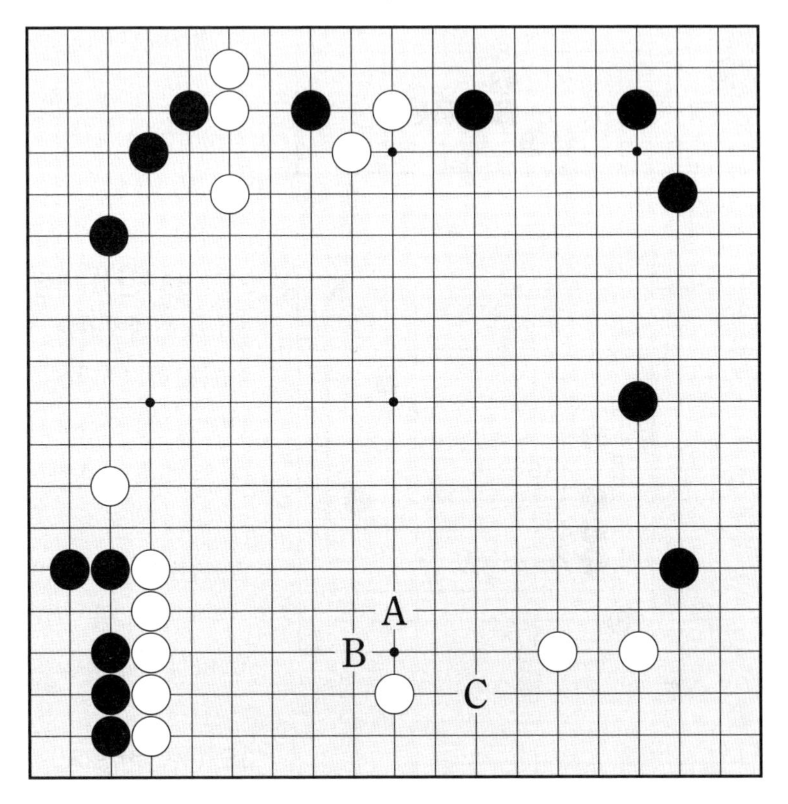

흑의 실리가 돋보이는 가운데 하변 백 모양이 초점으로 떠올랐다.

백이 가일수해 모양을 입체화시키기 전에 삭감에 나서야 할텐데, 흑은 A~C 중 과연 어떤 수법이 좋을까? 대세를 중시하는 유연한 태도가 필요하다.

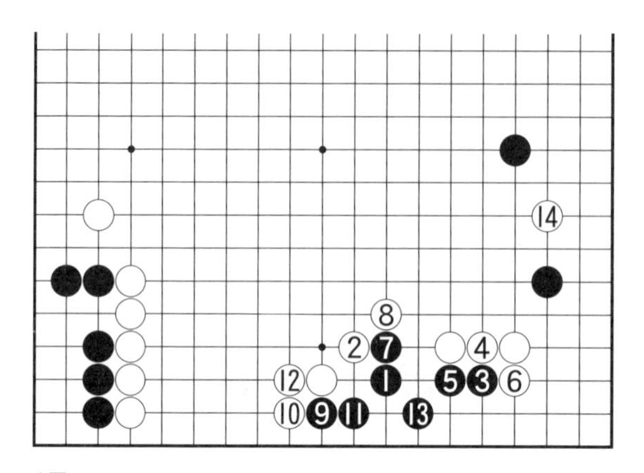

1도

1도 (생불여사)

흑1로 돌입하는 것은 과격한 발상이다.

흑13까지 쌈지뜨고 사는 사이 백의 외곽은 철벽이 된 데다 백14까지 허용해 흑은 가히 생불여사의 전형이다.

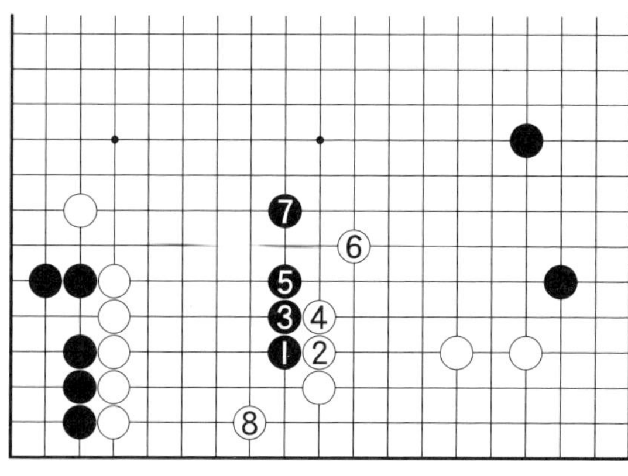

2도

2도 (빗나간 어깨짚기)

흑1의 어깨짚기는 이 경우 부적절하다. 왼쪽은 조금 깎았지만, 오른쪽에 두터운 백세를 허용하며 중앙이 몰려 전국적으로 흑이 엷어진다. '강한 곳에 가까이 가지 마라'는 기리를 어긴 이상감각이다.

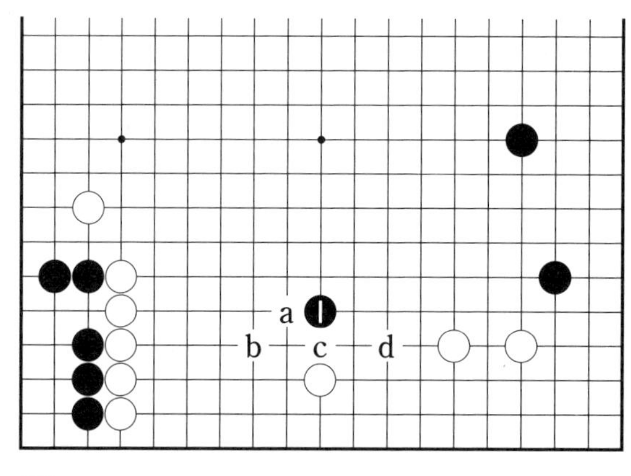

3도

3도 (유연한 모자)

백 모양의 중심점이 되는 곳에 흑1로 모자를 씌우는 수가 절호점이다. 모자는 어깨짚기와 더불어 널리 쓰이는 삭감의 기본수법인데, 좀 더 유연하다는 특징이 있다.

백은 a~d 가운데 어떻게 받아야 할까?

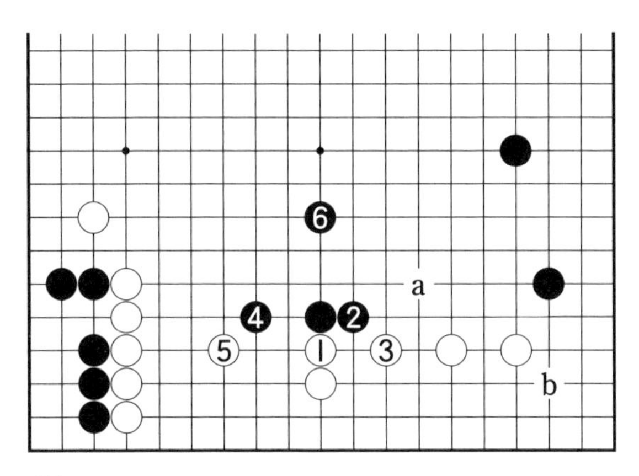

4도

4도 (하수 치받음)

백1로 치받는 것은 하수적 발상이다. 하변 실리를 보존할 수는 있지만, 흑에게 세력을 허용해 득보다 실이 많다. 다음 흑a면 중앙이 봉쇄될 처지이며, b도 비어 있어 막상 백의 실리는 그리 크지 않다.

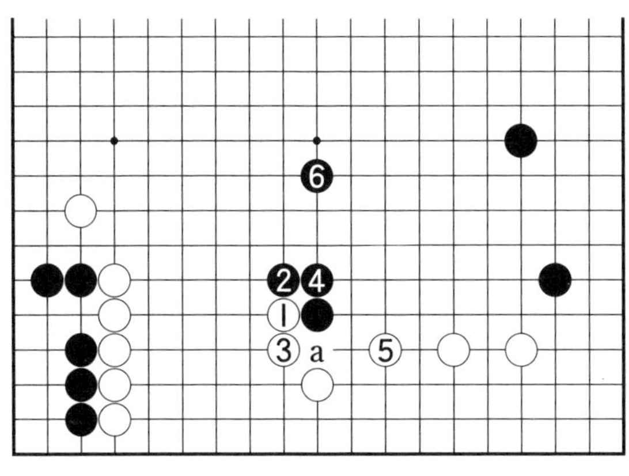

5도

5도 (역시 흑 활발)

백1로 붙이는 수도 바람직하지 않다. 이하 6까지 중앙 흑이 활발해져 흑의 만족이다. 우하귀가 열려있어 백의 실리는 생각보다 크지 않다. 도중 흑2로는 a에 치받아 하변을 깨자는 수법도 유력하다.

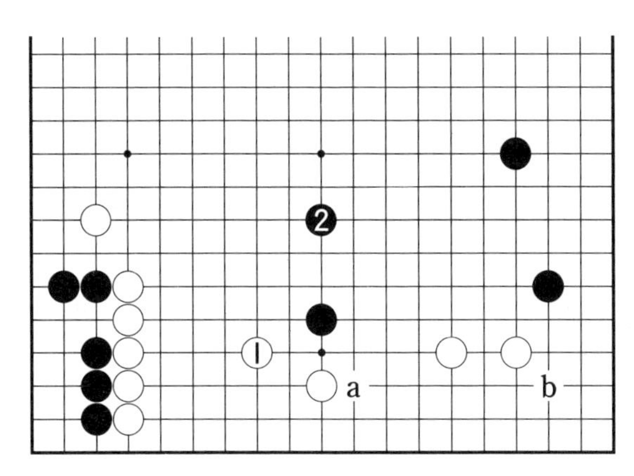

6도

6도 (유연한 삭감)

'모자는 날일자로 받아라.' 격언처럼 왼쪽 백1의 날일자 행마가 최선이다.

그러면 흑은 2로 뛰어 둔 다음 a로 하변을 깨는 수와 b의 침입을 맞보아 유연한 국면이다.

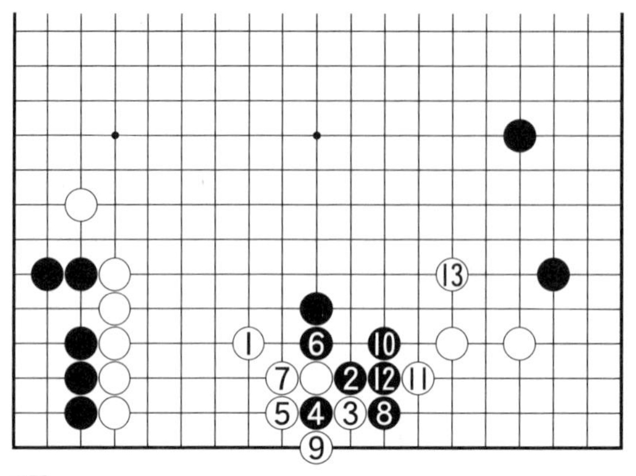

7도

7도 (하변 파괴)

백1 때 즉각 흑2로 하변 파괴에 나서는 수도 유력하다. 백3에는 흑4의 맞끊음이 맥점이며, 이하 10까지 하변을 크게 깨 흑의 성공이다. 백도 11, 13으로 공격을 노리며 후일을 기약하는 도리밖에 없다.

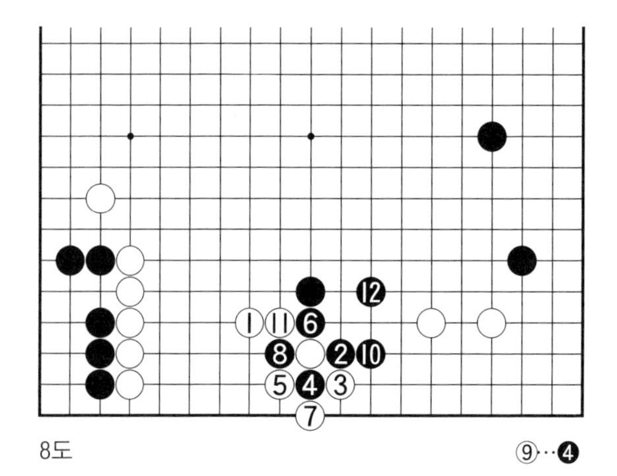

8도

⑨…❹

8도 (역시 흑 만족)

흑6 때 백7로 따내고 버티는 수도 흑8을 당해 좋을 것이 없다. 이하 12까지 형태를 깨끗하게 정비해 흑의 만족이다. 그렇다고 흑8 때 백10으로 맞서 패를 하는 것은 백의 부담이 너무 커 무리이다.

9도

9도 (백, 무리한 반발)

흑2 때 백3, 5로 도발하는 것은 무리이다. 흑6의 교묘한 맥점에 도리어 백이 곤란해진다.

흑12까지 돌파하며 정비해서는 백 실패!

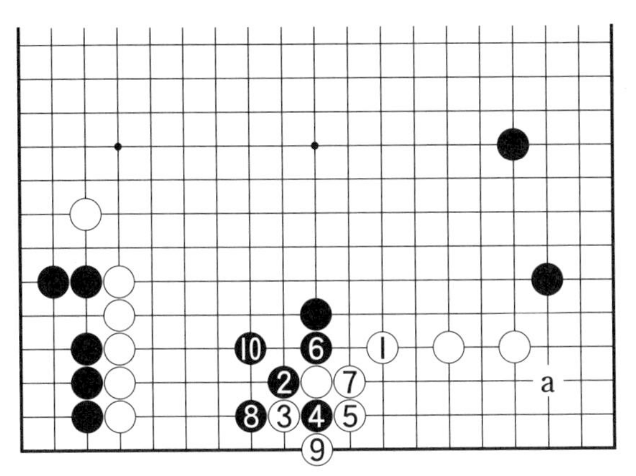

10도

10도 (백, 최악의 결과)

같은 날일자 행마라도 백1 쪽은 이상감각이다.

이하 10까지 가정할 때 백은 좌변 세력이 곤마로 전락한 데다 오른쪽은 a가 비어있어 좌우에서 돌의 능률이 크게 떨어지는 최악의 결과이다.

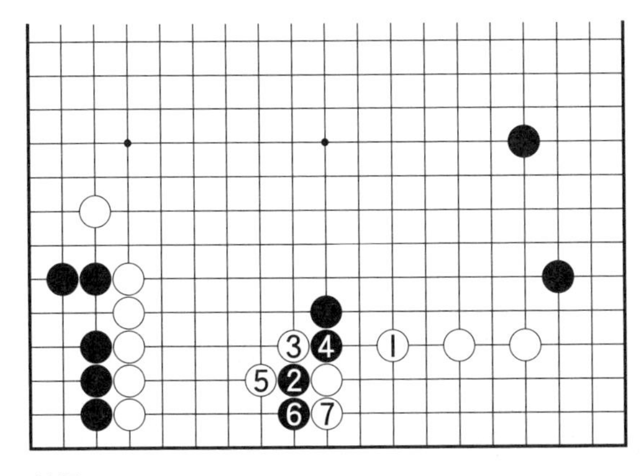

11도

11도 (백의 강타)

그런데 흑도 주의할 일이 한 가지 있다. 흑2 때 백3, 5로 되감아오는 초강수에 대비해야 한다.

이때 덥석 흑6으로 나가다가는 백7 다음 응수가 없다. 백의 강타에 흑이 말려든 형상이다.

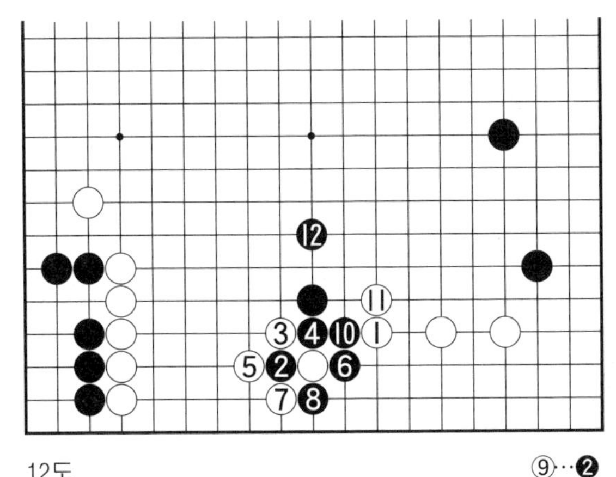

12도 ⑨…❷

12도 (백, 별무신통)

백3, 5에는 흑6으로 버리는 것이 현명하다. 그리고 흑12까지 수습해 일단락이다.

빵때림을 했다고는 하지만 중복된 형태인 데다 우하 쪽이 크게 열려있어 백은 헛힘을 쓴 격이다.

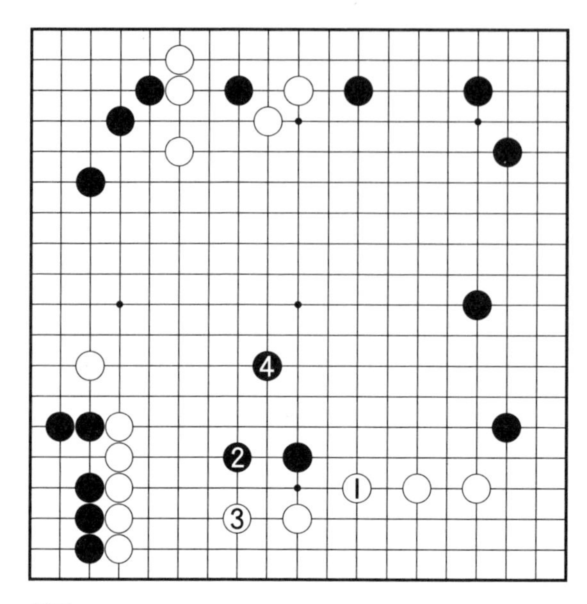

13도

13도 (유연한 처리)

백의 반발이 귀찮다면 흑 2, 4로 유연하게 처리하면 된다.

이 정도면 이미 하변 백집을 최소로 제한시킨 데다 제공권도 강화시켜 흑이 충분한 모습이다.

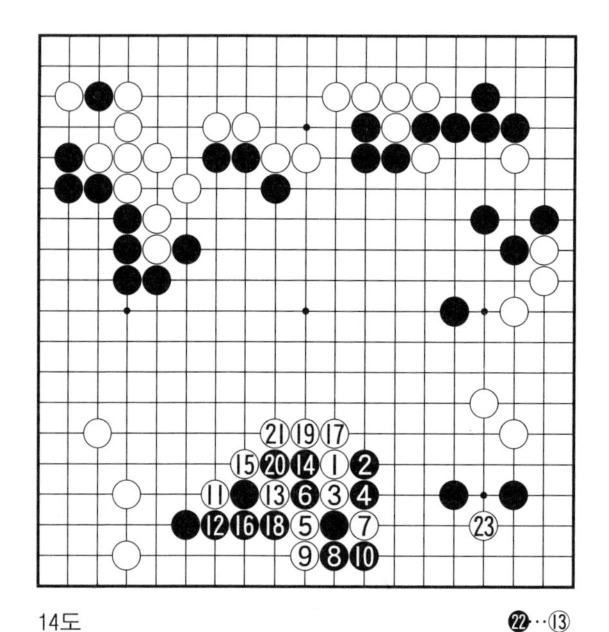

14도 ㉒…⑬

14도 (모자의 활용)

모자 역시 다양한 형태로 실전에 응용된다.

프로의 실전에서 나온 장면으로 백1의 모자가 절호의 삭감점. 흑2가 최강의 대응이지만, 백은 3 이하 교묘한 수순으로 중앙을 싸바른 뒤 23까지 선점해 모자삭감이 대성공을 거두었다.

3형

삭감과 확장의 일석이조인 날일자씌움

● 흑 차례

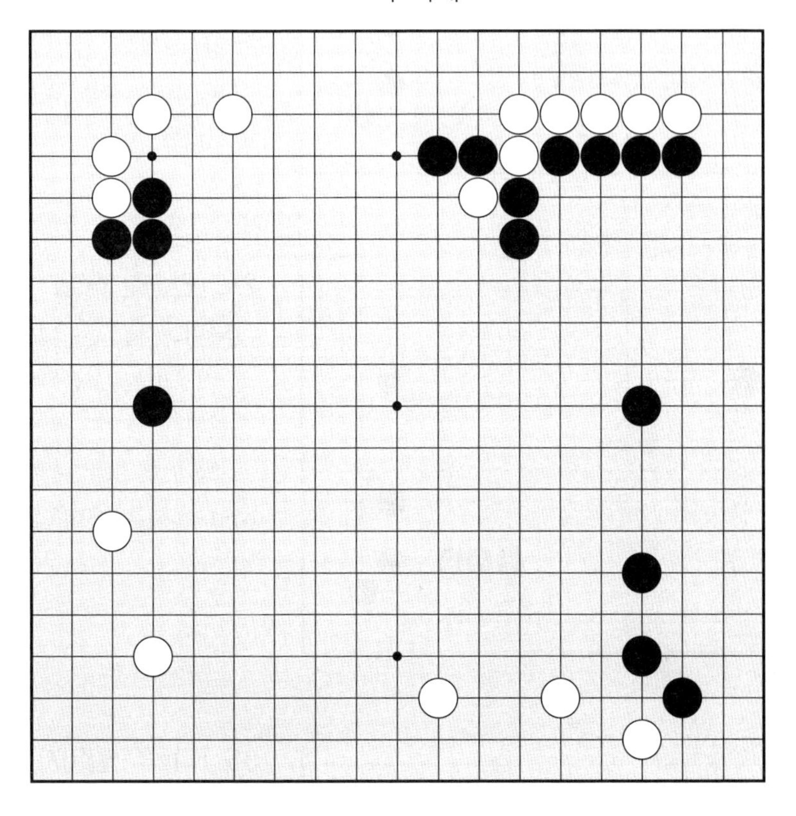

우변 흑 모양과 하변 백 모양이 맞대결하는 양상이다. 흑은 하변 삭감과 우변 흑진 확장을 함께 고려한 발상을 하고 싶은 장면이다.

전국의 조화를 고려하는 대승적인 감각의 다음 한수는 어디일까?

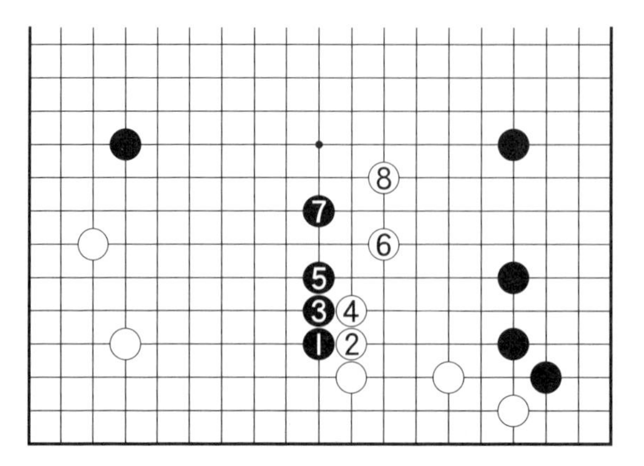

1도

1도 (다소 미흡)

흑1의 어깨짚기는 상식적인 삭감수이지만, 여기서는 다소 미흡하다.

백2~8로 진출하면 우중앙 흑세가 자연스럽게 지워져 흑이 별무소득인 것이다.

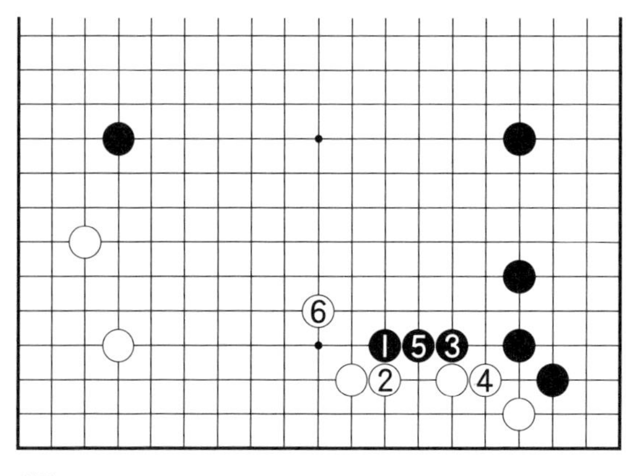

2도

2도 (단순한 착상)

그렇다고 흑1, 3으로 우변을 키우려는 것은 너무 단순하다.

백6으로 하변도 크게 불어나 흑이 안심할 수 없는 형국이다.

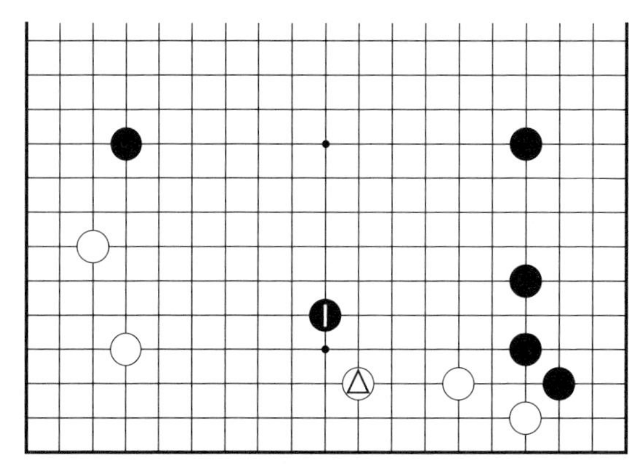

3도

3도 (다목적 날일자)

백△의 날일자가 되는 곳인 흑1로 고공비행하는 수가 재미있다.

이 수는 단순한 삭감의 뜻 외에도 우중앙 흑 모양을 은연중에 확장하려는 다목적 수법이다.

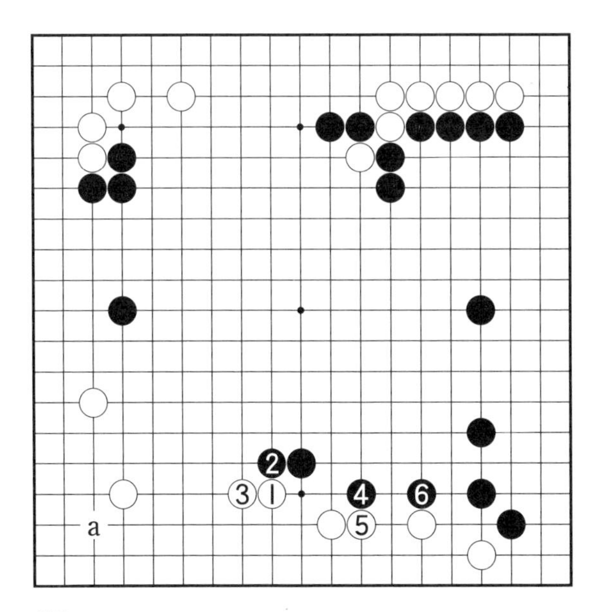

4도

4도 (흑의 주문대로)

백1로 받는다면 흑2~6으로 자연스럽게 우중앙이 봉쇄되어 흑의 대만족이다. 좌하 쪽에 a가 비어 있는 점도 흑의 자랑이다.

백이 자기 입장만 생각하다 흑의 시나리오에 말려든 격이다.

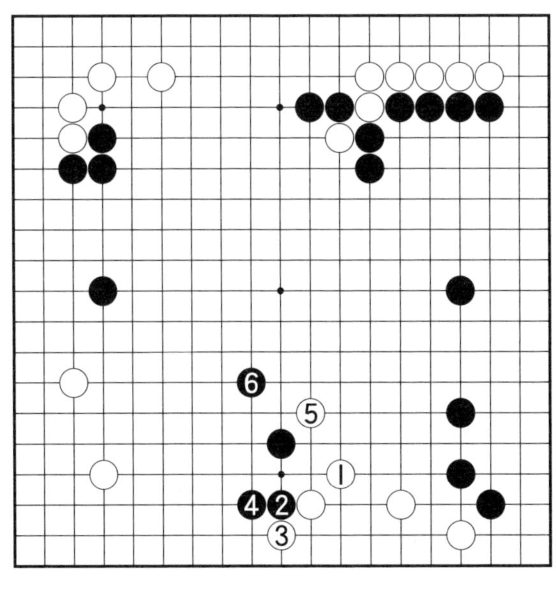

5도

5도 (백의 최선)

그러므로 백도 1의 마늘모로 받아 힘을 비축한 채 중앙 진출과 공격을 엿보는 것이 냉정한 태도이다.

그러면 흑도 2로 하변을 깨는 것이 기세이며 6까지 호각의 응접이다.

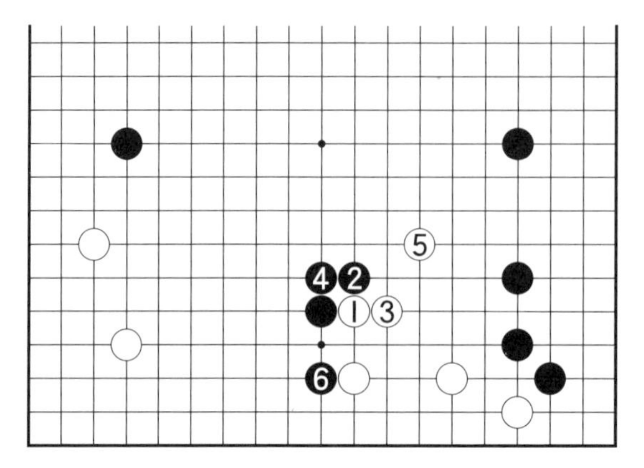

6도

6도 (흑, 두터움)

백1, 3으로 붙여뻗는 수도 있지만, 흑을 두텁게 해주어 바람직하지는 않다.

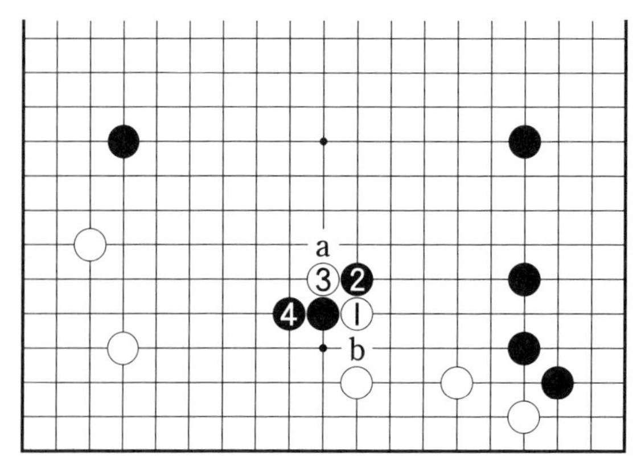

7도

7도 (백의 무리한 강수)

백1, 3으로 붙여끊는 것이 백도 최강수이다. 특히 이 수는 좌변 쪽 백세가 강할 때 매우 유력하다.

그러나 지금 상황에서는 흑4 다음 a의 축과 b의 돌파가 맞보기여서 백의 무리이다.

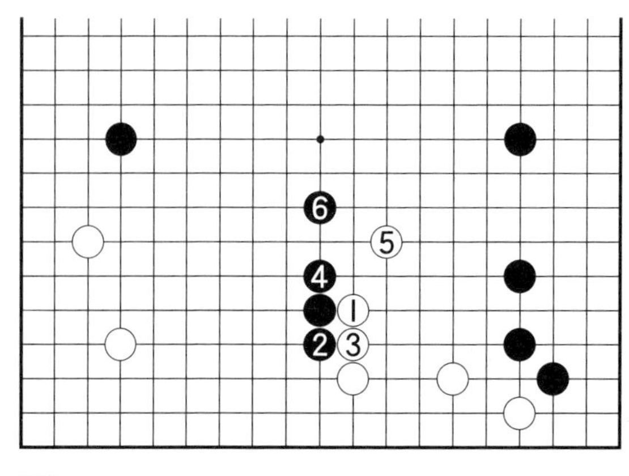

8도

8도 (어깨짚기로 환원)

흑의 입장에서 앞 그림의 도발이 정 두렵다면 백1 때 약간 미흡해도 흑2, 4로 처리하면 간명할 것이다. 그러면 수순만 틀릴 뿐 1도의 어깨짚기 때와 같은 형태가 된다.

4형

소목 굳힘에서 양날개 모양의 급소인 모자씌움

○ 백 차례

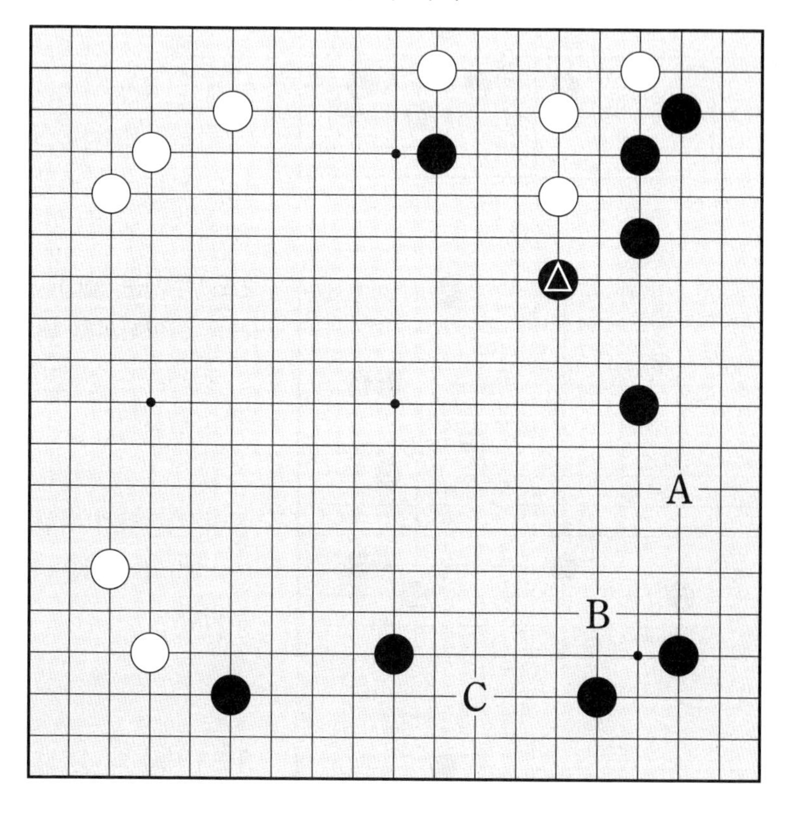

흑△로 한껏 확장한 장면. 귀굳힘에서 양날개를 벌린 흑의 대모양이 자못 위력적이다.

대모양이 굳어지기 전에 백은 어딘가 침투해 삭감에 나서야 할 텐데, A~C 가운데 과연 어디가 삭감의 급소일까?

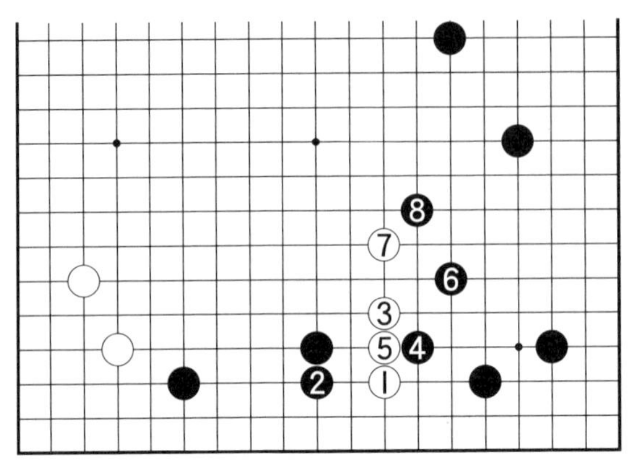

1도

1도 (방향착오)

백1로 하변에 뛰어드는 것은 중대한 방향착오이다. 흑8까지 장대 말로 몰리는 사이에 우변 흑진이 저절로 크게 굳어져 백의 필패 지세가 된다.

침투의 방향도 발상도 모두 틀렸다.

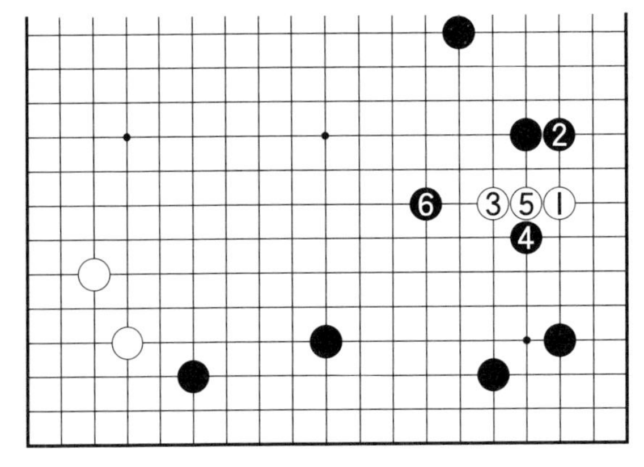

2도

2도 (무거운 행마)

같은 침입이라도 백1로 우변에 뛰어드는 것이 방향 감각 면에서는 조금 낫다.

그러나 흑6까지 심하게 몰려서는 가히 위험천만이다. 백3의 무거운 행마 때문이다.

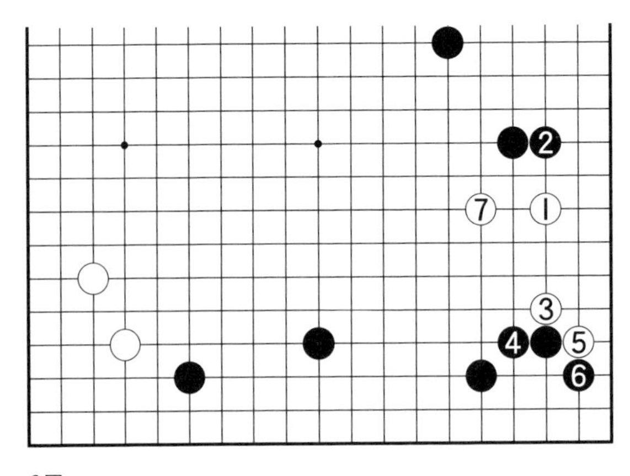

3도

3도 (역시 백 실패)

흑2에는 백3의 붙임이 타개의 맥점. 그러면 백7까지 활로가 트인 모습이다.

그러나 여전히 허약한 곤마여서 흑의 파상 공세를 받게 될 것이고, 그 사이에 하변 흑진이 크게 굳어질 것이다. 따라서 백1도 실패!

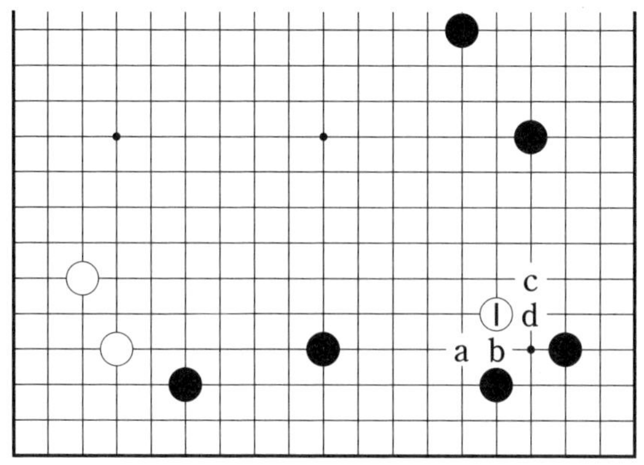

4도

4도 (삭감의 급소)

대모양의 중심지는 우하귀. 그중 귀 굳힘에서 기축이 되는 백1의 모자가 삭감의 급소이다.

여기서 흑의 응수는 대략 a~d가 있는데, 어디가 가장 좋을까?

5도

5도 (하수 감각의 치받음)

먼저 흑1로 치받는 것은 하수 발상이다. 흑5까지 하변을 굳히는 데는 성공했지만, 백의 형태를 활발하게 안정시켜 주어 득보다 실이 많다. 상대의 약한 돌에 이처럼 치받는 것은 이적수의 표본이다.

6도

6도 (하변 중시)

하변 쪽을 지키겠다면 흑1의 마늘모로 받는 것이 좋다. 그러면 백도 8까지 경쾌하게 틀을 잡아 삭감에 성공한 모습이다. 그러나 흑도 하변과 우변 실리를 견고하게 지키며 후속공격을 노려 불만이 없다.

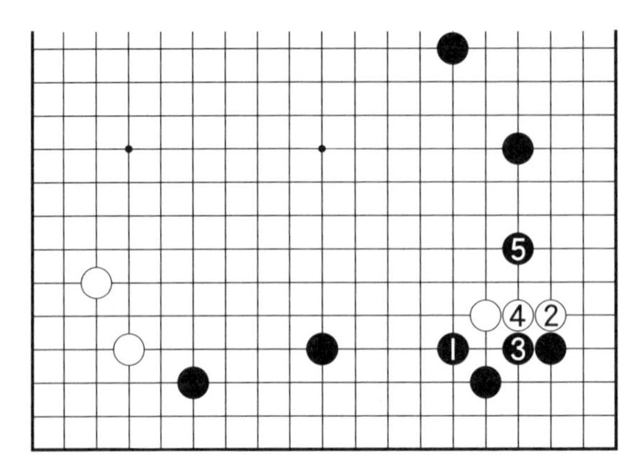
7도

7도 (백, 무거운 행마)

흑1 때 백2, 4로 고지식하게 응수하는 것은 무거운 행마이다. 흑5로 협공당해 답답하기 짝이 없다. 상대가 강한 곳에서 이렇게 무겁게 움직이는 것은 고전을 자초하는 격이다.

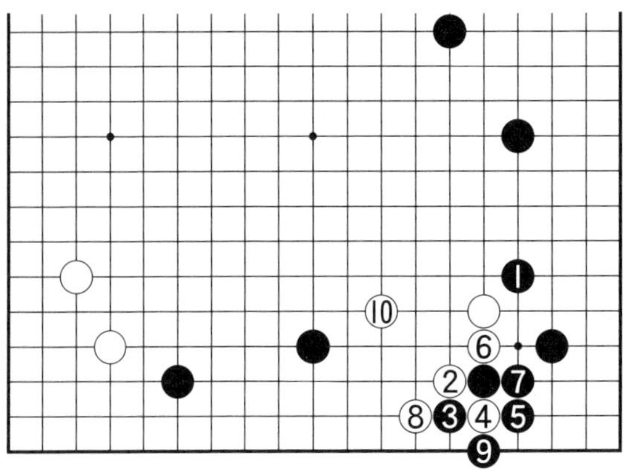
8도

8도 (우변 중시)

흑1의 날일자로 받는 것은 우변을 중시한 태도이다. 그러면 백은 2, 4로 맞끊는 것이 익혀두어야 할 수습의 맥점이다. 한점을 버림돌 삼아 흑 모양을 제한시킨 뒤 백10으로 틀을 잡아 삭감 성공이다.

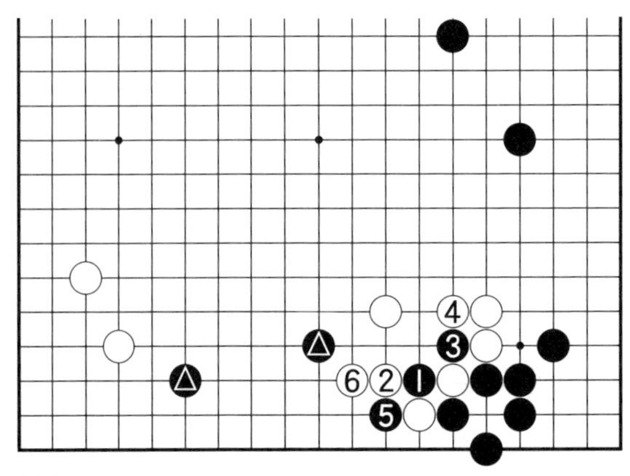
9도

9도 (흑, 소탐대실)

계속해서, 즉각 흑1~5로 추궁하는 것은 단세포적 발상이다. 백4, 6의 잇따른 사석작전에 의해 백은 튼튼해지고 흑△들은 박약해져 흑이 망한 꼴이다.

이곳은 건드릴수록 흑의 소탐대실이다.

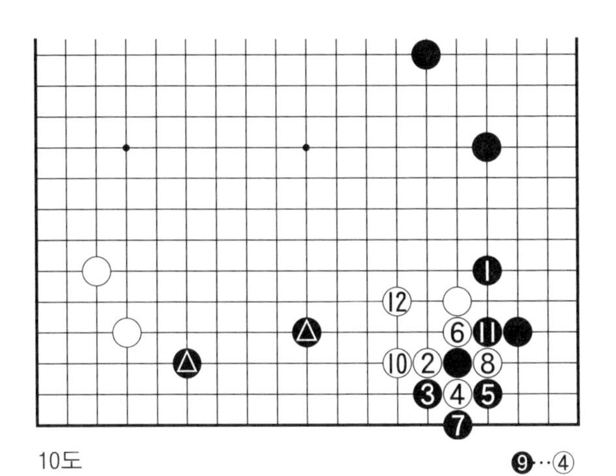

10도

10도 (흑, 별무신통)

백6으로 몰 때 흑7로 그냥 따내는 것은 백8, 10을 선수로 당해 별무신통이다.

흑11이 불가피할 때 백12로 깨끗하게 틀을 잡아서는 흑▲들도 저절로 약해져 흑은 8도보다 못한 모습이다.

11도

11도 (고약한 뒷맛)

앞 그림의 흑11은 필수. 만약 손을 빼면 백1로 움직이는 뒷맛이 고약하다. 흑8까지 된 다음 백a나 b가 모조리 선수로 들어 하변 흑이 매우 허약해진다.

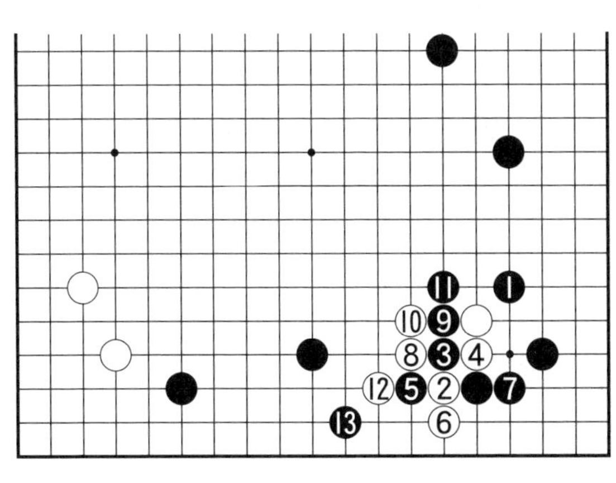

12도

12도 (흑의 강수)

백2 때 흑3, 5로 되감아모는 강수가 있다. 이때 백6으로 나가는 것은 무리.

흑11까지 우변 쪽에 큰 실리를 허용한 데다 흑13으로 추궁당해 백이 미흡하다.

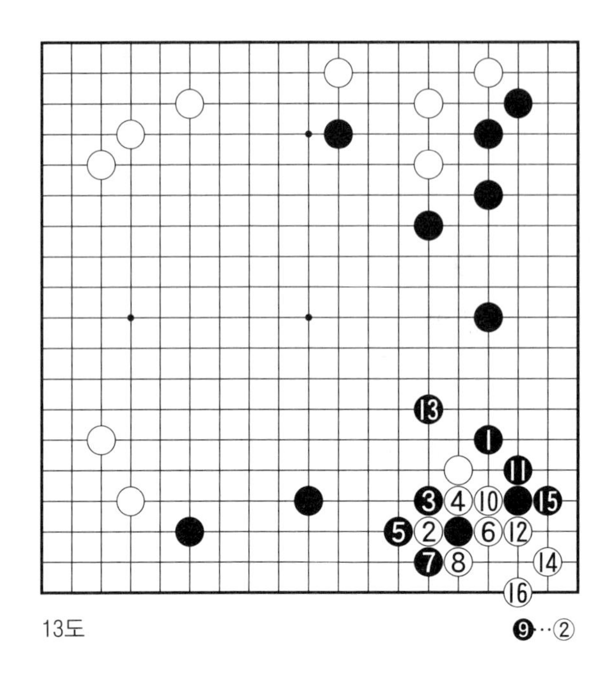

13도

❾…②

13도 (흑, 별무신통)

그러므로 백6으로 되모는 것이 정수. 흑7의 빵때림이 아프지만, 막상 백16까지 귀를 빼앗으며 안정해서는 도리어 흑이 별무신통인 결과이다.

수순 중 백14, 16이 눈여겨보아야 할 완생의 급소이다.

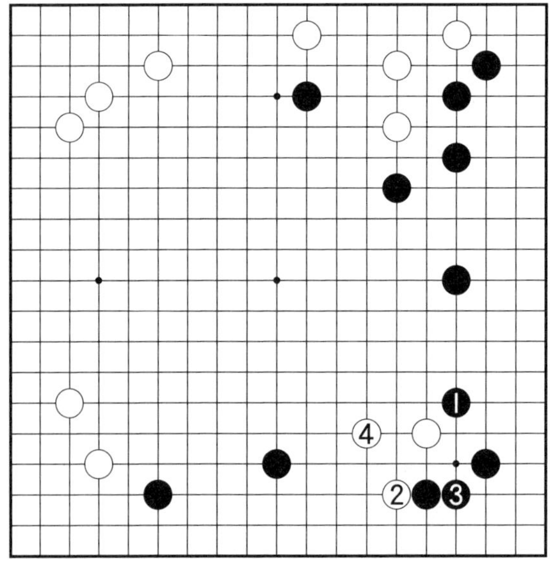

14도

14도 (간명한 늘어섬)

백2로 붙여올 때 흑3으로 늘어서는 응수도 있다.

백의 책략여지를 원천봉쇄하며 귀를 견실히 하는 간명한 처리로 중급자들에게 추천할 만하다. 그러면 백은 4로 틀을 잡는 것이 경묘한 행마이다.

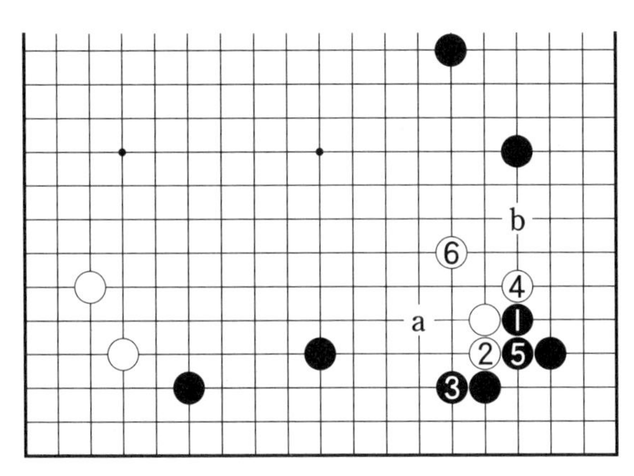

15도

15도 (귀의 중시)

흑1로 마늘모붙이는 수도 유력한 응수법이다. 귀를 확실히 한 뒤 백을 공격하겠다는 공격적 발상이다. 백2에는 흑3이 강수이며, 백6까지가 상용의 형태이다. 이후 흑은 a나 b의 급소를 짚어 전체를 공격하는 수를 노린다.

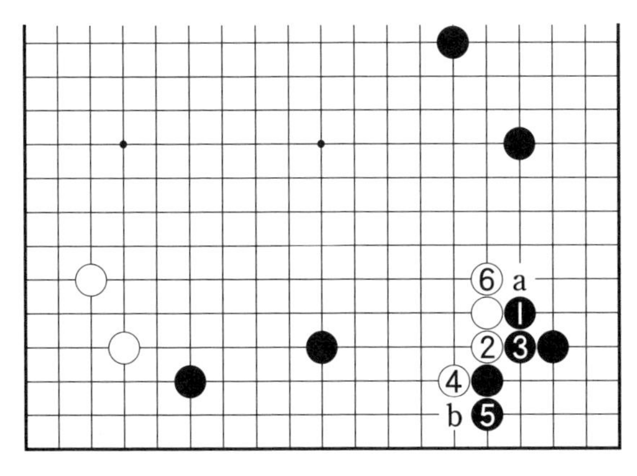

16도

16도 (흑, 불만)

백2 때 무심코 흑3으로 받는 것은 무책임하다. 백6까지 놓고 보면 흑1이 백의 등 뒤를 밀고 있는 형상이라 흑이 불만스럽다.

다음 백은 a와 b가 맞보기여서 만족이다.

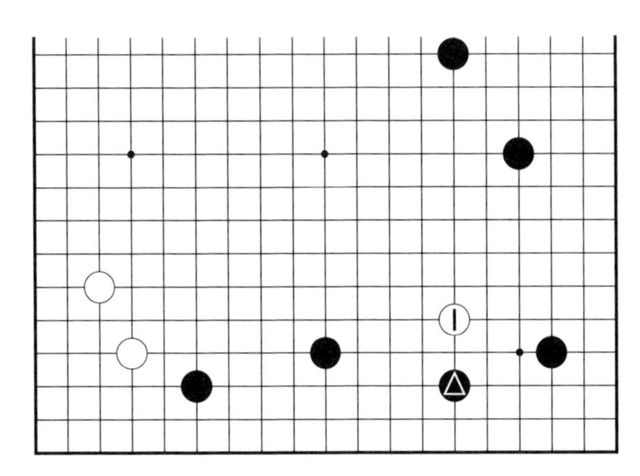

17도

17도 (눈목자굳힘에서)

흑△의 눈목자굳힘에서 양날개를 벌린 형태에서도 백1의 모자는 삭감의 급소가 된다.

5형

3연성에서 대세력 삭감의 기본형

○ 백 차례

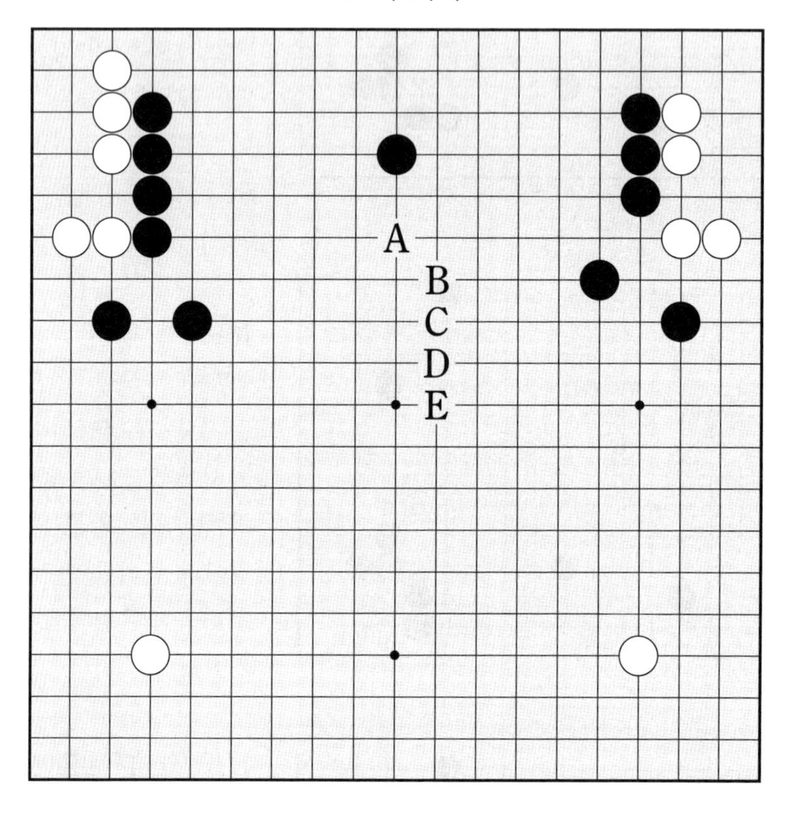

상대의 대세력작전을 무력화시키기 위해서는 우선 삭감의 적정선을 찾는 것이 중요하다.

3연성에서 대세력의 기본형이라 할 수 있는 형태에 대한 삭감방법을 익혀보자. 백은 A~E 가운데 어디쯤 낙하산을 띄우는 것이 적당할까?

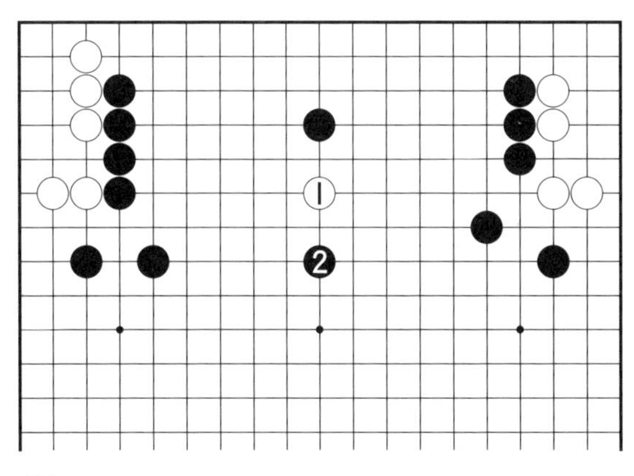

1도

1도 (위험한 발상)

백1까지 들어가는 것은 흑의 대세력을 과소평가한 경거망동이다. 흑2의 단호한 공격에 백은 수습할 길이 막막하다.

세력권에 이처럼 대책 없이 깊숙이 들어가는 것은 가장 위험한 발상이다.

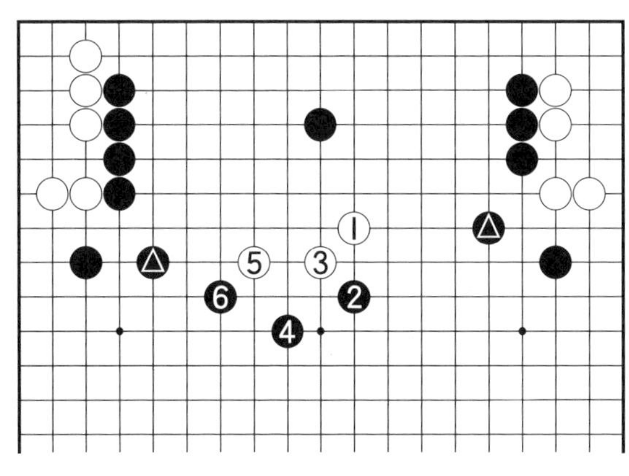

2도

2도 (역시 깊다)

백1의 삭감 역시 너무 깊어 무리. 흑2를 얻어맞아 답답하기 그지없다. 백3, 5로 탈출을 시도해도 흑6으로 갇히지 않는가.

흑세의 최종 수비수(▲)를 넘어선 '오프사이드'가 분명하다.

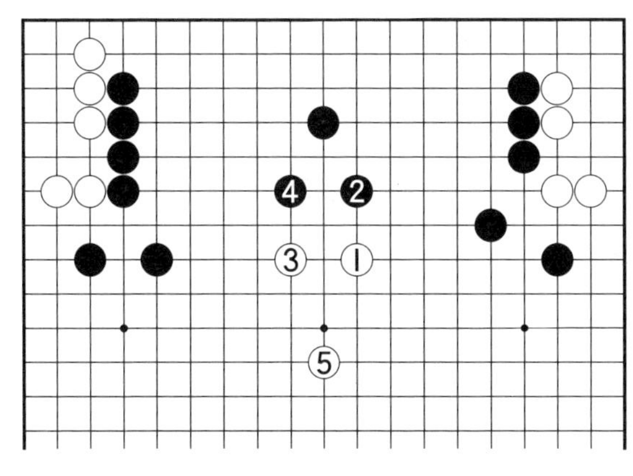

3도

3도 (흑, 무기력)

백1로 들어가는 것은 어떨까? 이때 순순히 흑2로 받아준다면 백5까지 정비해 백의 대만족이다.

그러나 백 혼자만의 생각일 뿐 흑이 이처럼 무기력하게 응해줄 리가 없다.

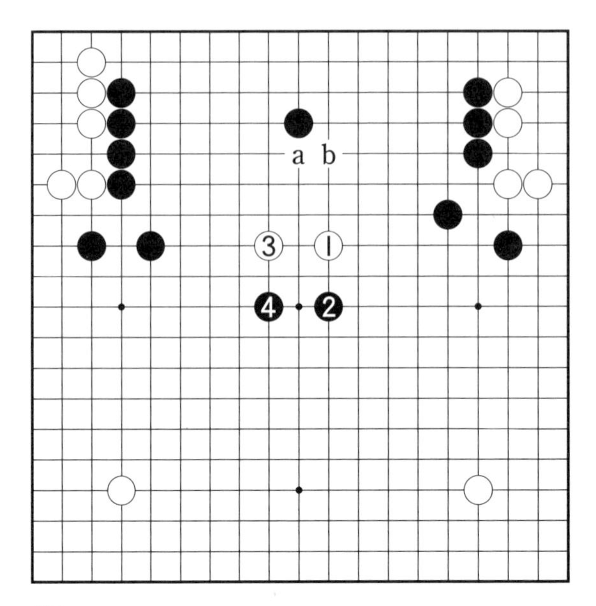

4도

4도 (흑의 반격)

흑은 당연히 2로 씌워 반격해올 것이다. 흑4까지 백이 답답한 모습이다.

물론 백a나 b 등으로 타개해나가면 잡히지는 않겠지만, 그 과정이 몹시 피곤한 데다 그 대가로 중앙도 두텁게 해주어 별 소득이 없다.

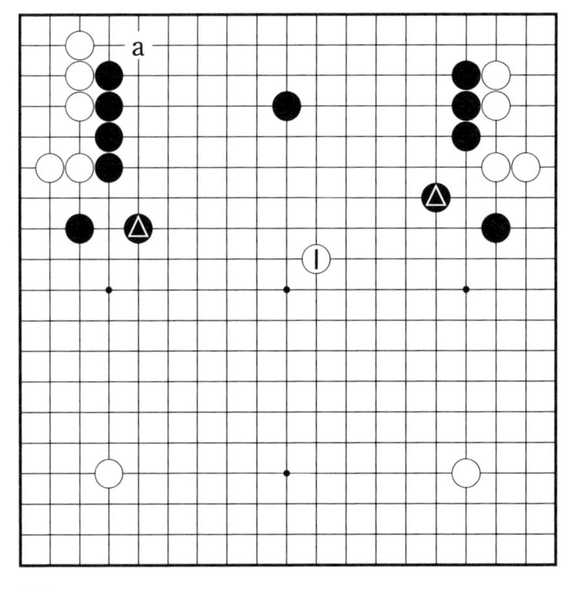

5도

5도 (완만한 삭감)

백1 정도로 완만하게 들어가는 것이 현명한 태도이다.

흑세의 경계선을 고려할 때 얕은 감도 있지만, 좌상 쪽 뒷문(a)도 열려 있으므로 굳이 피곤하게 더 들어갈 필요가 없다는 냉철한 형세판단에 따른 것이다.

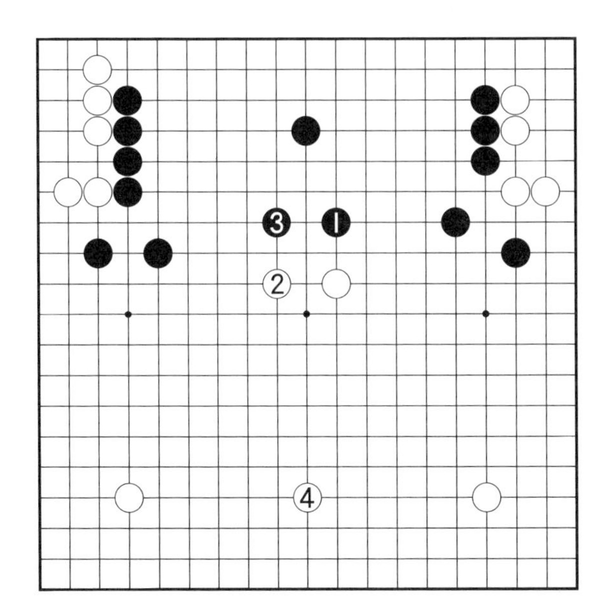

6도

6도 (유연한 처리)

계속해서 흑1로 받는 정도인데, 백2를 선수한 뒤 4의 큰 곳으로 손을 돌려 유연한 국면이다.

그럼 이 정도로 백의 형세가 괜찮은 것인지 한번 따져보자.

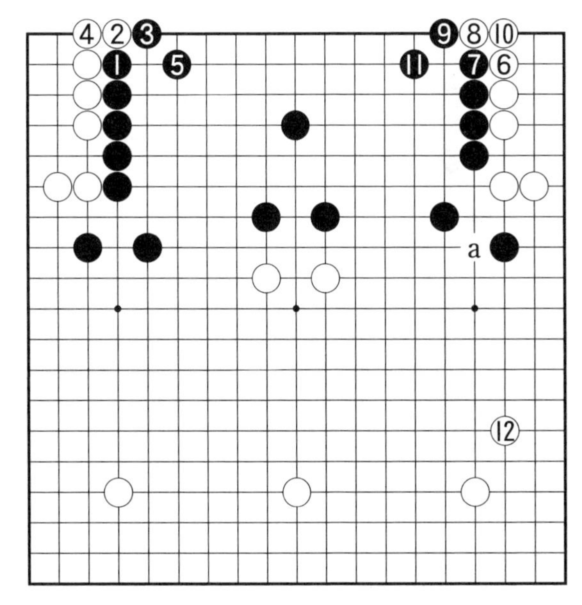

7도

7도 (백, 충분한 형세)

좌상귀를 흑1로 막았다고 가정하고 형세판단을 해보자(백2~10은 백의 선수권리). 상변 흑집은 약 60집 가량. 그러나 백도 좌상, 우상에 이미 20여 집을 확보하고 있는 데다 하변~우하 일대에 적어도 30여 집 가치의 무한한 잠재력이 있으며, a의 약점까지 노릴 수 있어 충분한 형세이다.

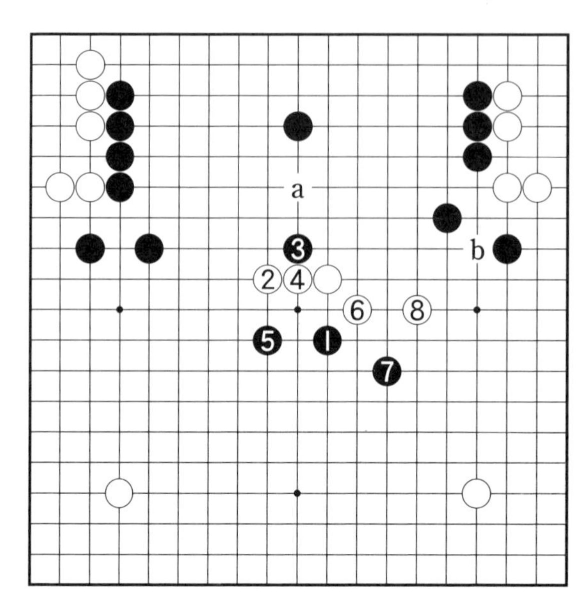

8도

8도 (공격이 안 먹힌다)

그렇다고 흑1로 씌워 공격하려 해도 백은 2~8로 거뜬히 탈출해 그만이다. 퇴로도 충분한 데다 a로 안형을 장만하는 수와 b쪽의 약점추궁 등도 있어 이 백 일단은 공격이 전혀 먹히지 않는 모습이다.

이처럼 완만한 삭감은 타개의 공간도 풍부하게 보장된다는 장점이 있다.

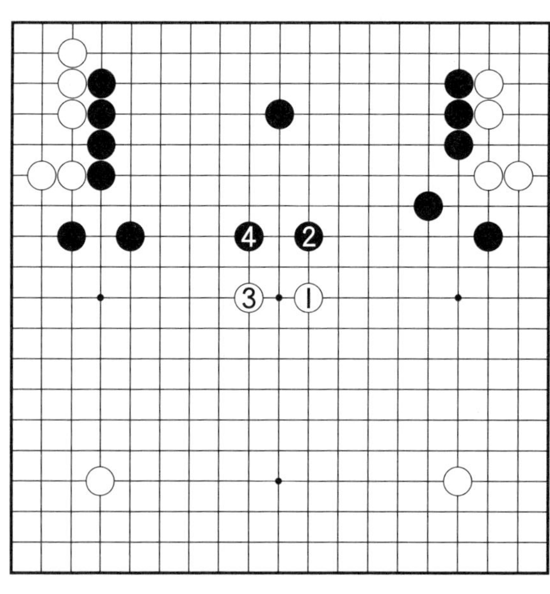

9도

9도 (지나친 여유)

백1 정도로 삭감하는 것은 여유가 지나치다. 이제는 흑2, 4로 지켜 상변 흑집이 너무 크게 굳어진다.

'중앙의 한 줄은 10집 차이'임을 감안할 때 7도에 비해 10집은 족히 손해라는 결론이다.

6형

고공 삭감의 진수인 5선 비행

● 흑 차례

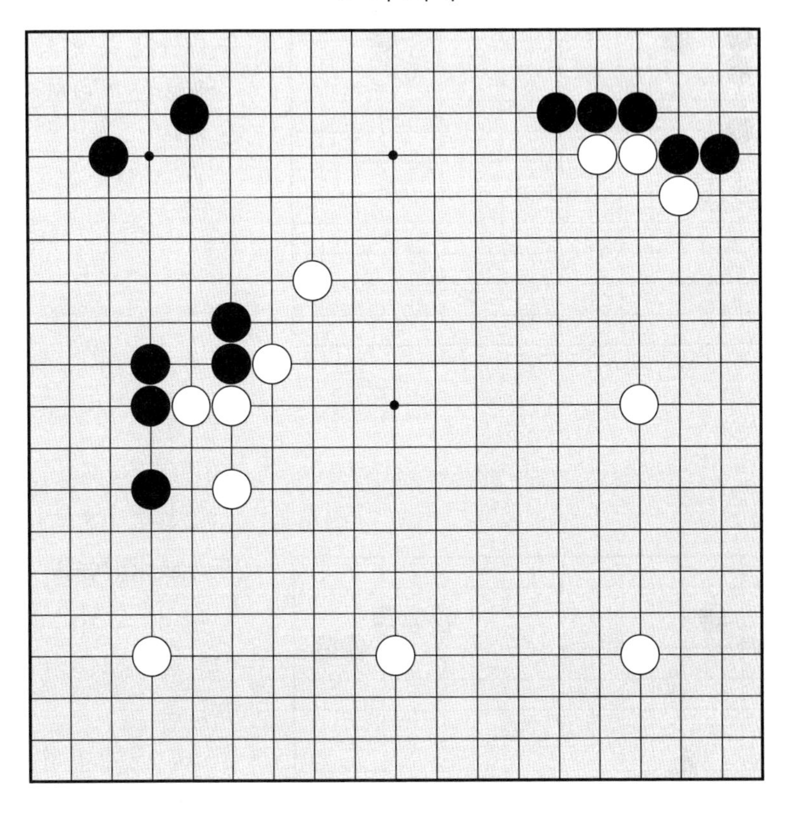

백이 대모양작전을 펼치고 있다. 하변에서 중앙으로 확산된 백 모양이 워낙 넓어 과연 산이 될지 바다가 될지 모르지만, 분명한 건 흑이 지금 삭감에 나서야 한다는 점이다. 과연 어디서부터 어떻게 손을 대야 할까?

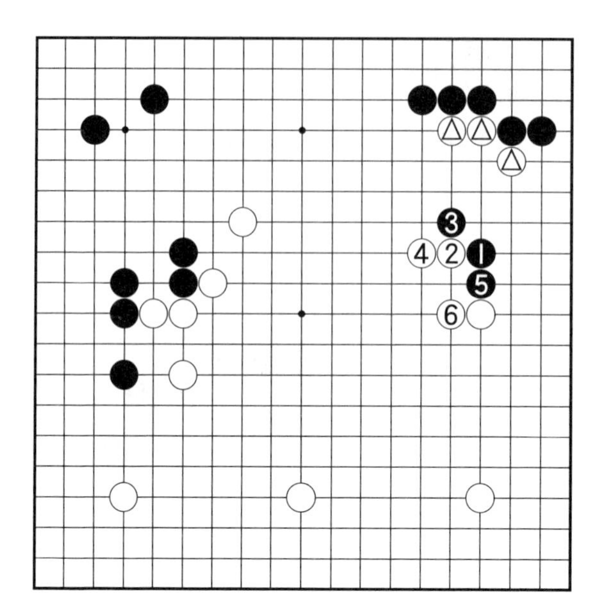

1도

1도 (방향착오)

흑1로 뛰어드는 것은 중대한 방향착오. 백2~6의 사석작전이 제격이어서 도리어 백의 대세력작전을 거들어 준 인상이다.

백△ 잡고 망한 꼴이라고 할까.

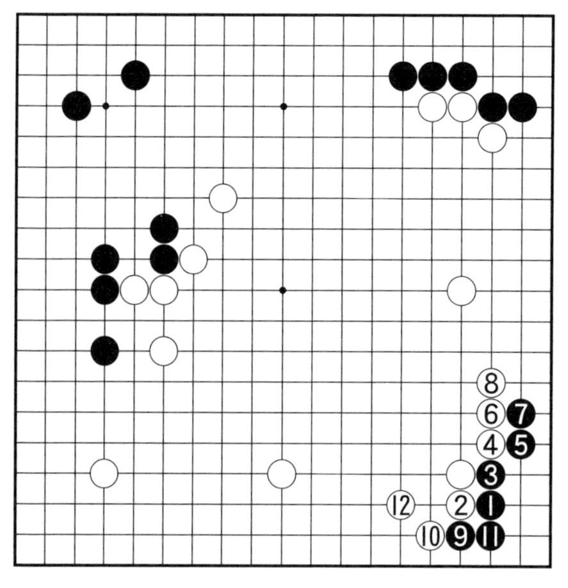

2도

2도 (실리집착증)

흑1의 3三침입은 병으로 치면 지나친 실리집착증이다.

이하 12까지 허술하던 하변 백 모양을 저절로 강화시켜 주어 되로 받고 말로 준 격이다.

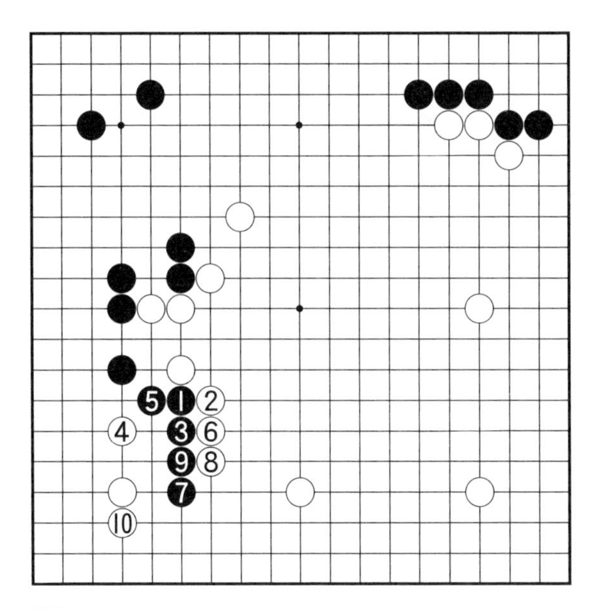

3도

3도 (성급한 돌파)

언뜻 흑1, 3으로 돌파하는 수단이 보인다고 즉각 시도하는 것은 단세포적 발상이다.

이하 10까지 되고 나면 백은 중앙 세력도 쌓고 좌하 실리도 벌어 꿩 먹고 알 먹은 격이다.

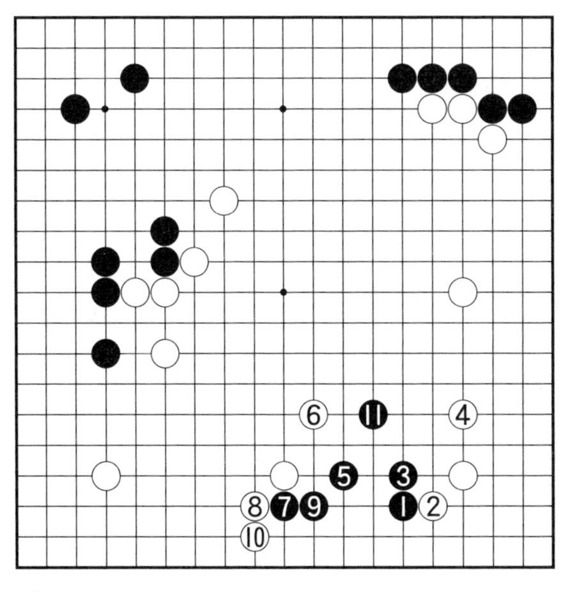

4도

4도 (상식적 침입)

역시 지금 백의 본진은 아무래도 하변 쪽이다. 그런 의미에서 흑1은 본진을 파괴하는 상식적인 침입수이다.

이때 백2, 4로 받는다면 흑은 11까지 중앙 쪽을 지우며 안정해 둘 만하다. 그런데~

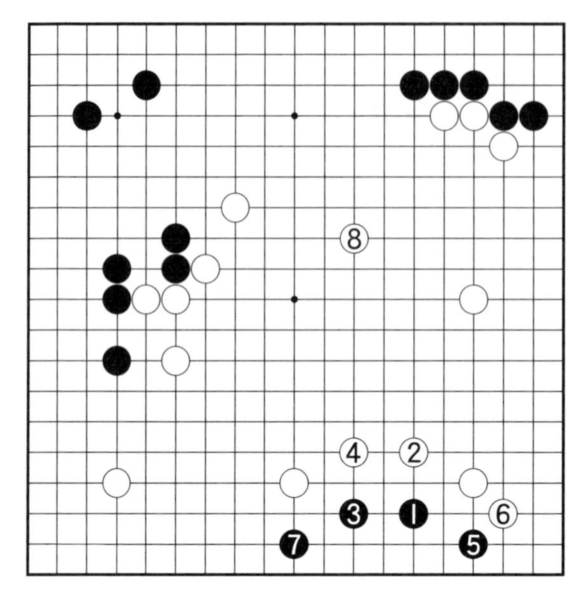

5도

5도 (백, 활발)

백2의 씌움이 임기응변의 멋진 응수. 흑도 7까지 하변을 깨며 안정해 부분적으로는 불만이 없지만, 백은 선수로 중앙을 봉쇄한 뒤 8 정도로 울타리를 쳐 활발한 모습이다.

따라서 귀에 흑1의 걸침도 부적절하다.

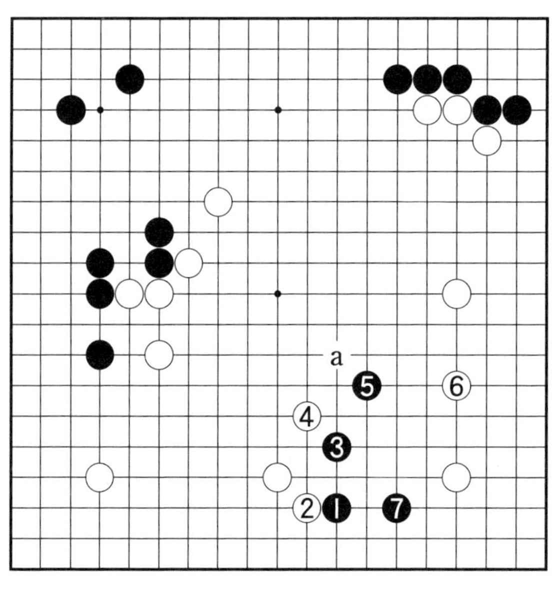

6도

6도 (변쪽 침입)

흑1로 변쪽에 뛰어드는 것은 어떨까?

만약 이때 백이 상식대로 2로 응해준다면 흑은 7까지 중앙을 지우며 틀을 갖추어 성공이다. a쪽의 출구도 열려있는 만큼 흑의 만족이다. 그런데~

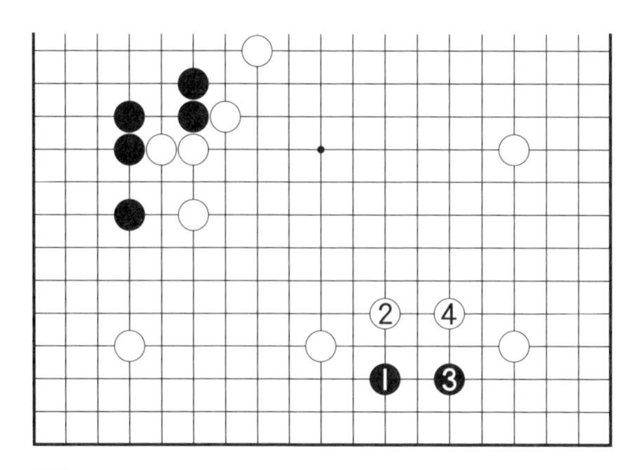

7도

7도 (백, 호방한 호착)

흑1에는 백2로 씌우는 수가 호방한 호착이다.

흑3에 백4로 덮어가면 어느새 5도로 환원된 모습 아닌가.

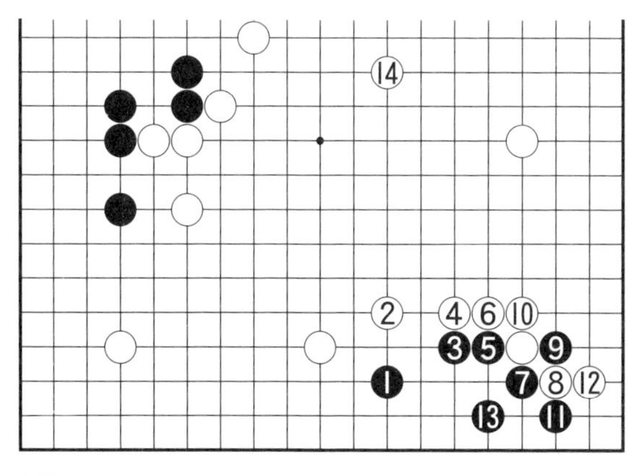

8도

8도 (역시 백 만족)

그렇다고 백2 때 흑3으로 높이는 수도 백4로 틀어막혀 별무신통이다.

이하 12까지 백을 한껏 두텁게 해주어 5도, 7도보다 나을 것이 없다. 백은 14에 선착해서 역시 활발하다.

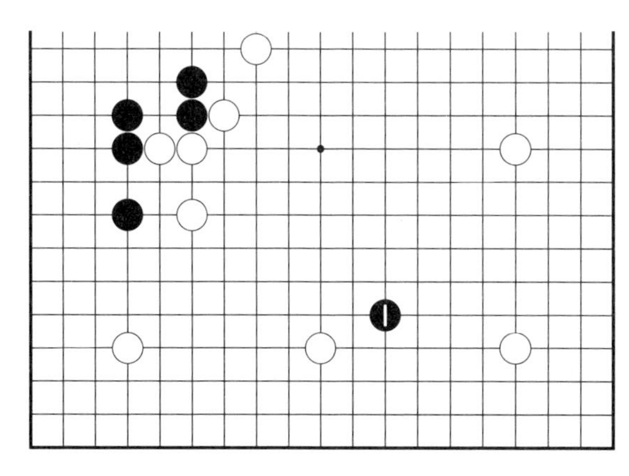

9도

9도 (고공비행)

여기서는 흑1로 5선에 고공비행하는 것이 경묘한 응수타진이다.

백의 응수에 따라 침투나 삭감의 방향을 정하겠다는 '반삭감 반침투'의 고급 타진이기도 하다.

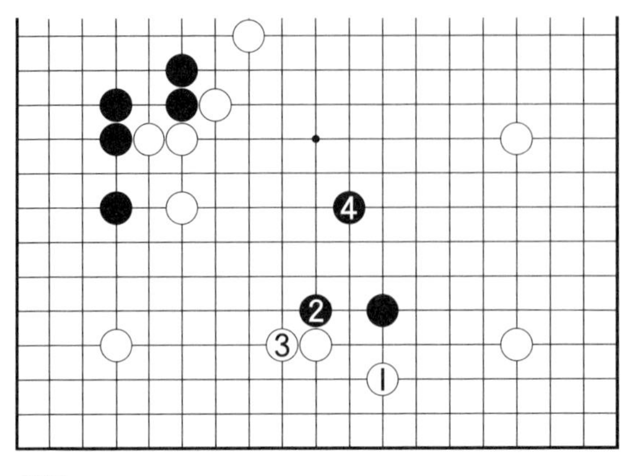

10도

10도 (가벼운 삭감)

백1로 변에서 받는다면 흑2, 4로 틀을 잡아 가볍게 삭감에 성공한다. 탄력이 풍부한 형태여서 크게 공격받을 모습이 아니다. 중앙을 상당히 지운 데다 우변, 우하귀가 아직 허술해 흑이 충분한 국면이다.

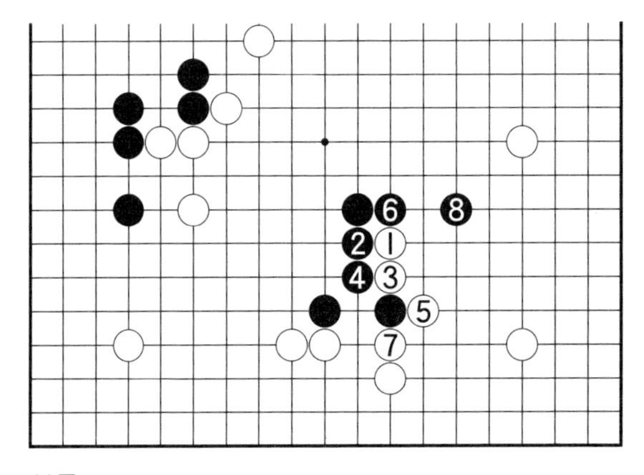

11도

11도 (손쉬운 수습)

계속해서 백1 이하로 공세를 펴보아도 흑8까지면 어렵지 않게 수습할 수 있다.

백이 이 흑 일단을 선불리 공격하려다가는 중앙쪽이 크게 깨지므로 큰 부담이 따른다.

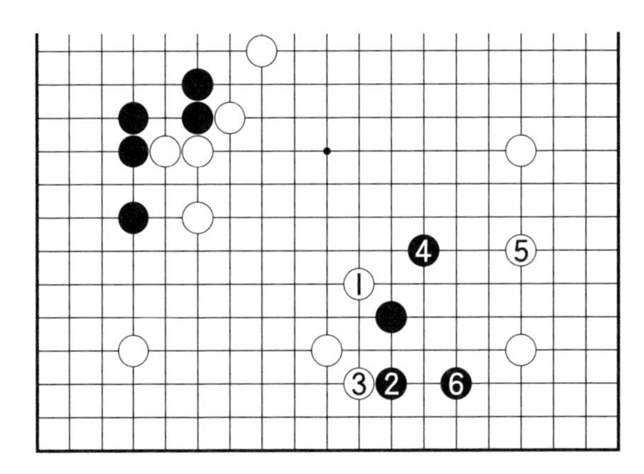

12도

12도 (변의 침투로 전환)

그렇다고 백1로 중앙에서 공격적인 자세를 취한다면 흑2로 변에 파고들어 뿌리를 내린다.

백3에는 흑4, 6으로 쉽게 근거와 안형을 갖추며 안정해 역시 흑이 성공한 모습이다.

7형

선삭감 후침입의 수순

● 흑 차례

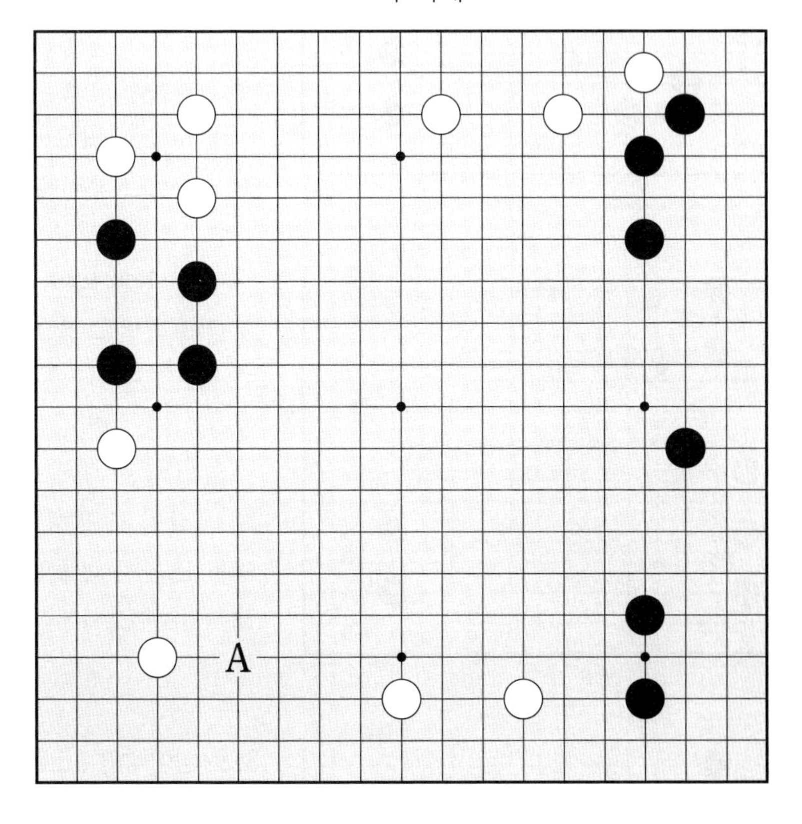

침투와 삭감 수순이 어우러진 유형을 하나 더 살펴본다. 좌하귀에서 양날개를 벌린 백 모양이 관심의 초점이다.

백A 정도로 가일수하기 전에 흑이 손을 써야 할 시기인데, 가장 효과적인 수순을 연구해보자.

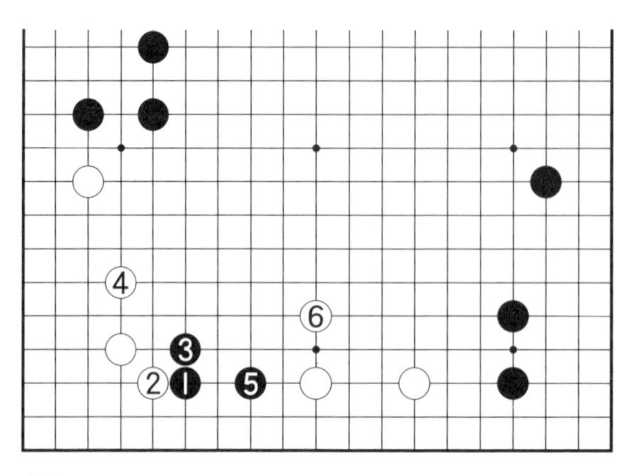
1도

1도 (흑, 최악의 침투)

흑1로 하변에서 걸쳐가는 것은 하수 발상이다. 백2~6으로 공격당하는 사이 양쪽에서 백에게 실리와 두터움을 모조리 허용해 대세를 그르친다. 양날개형에 이렇게 걸쳐가는 것은 최악의 침투방법이다.

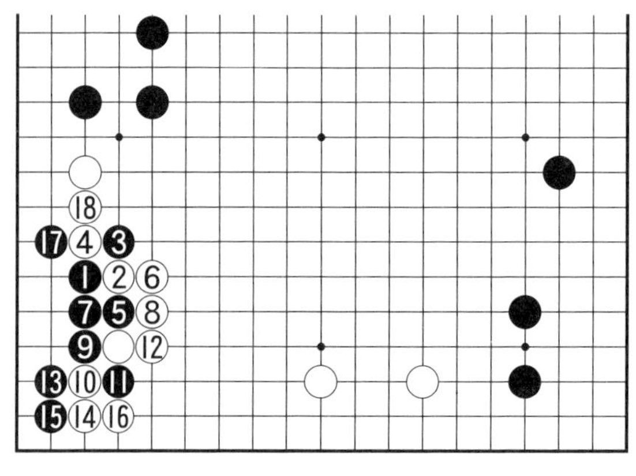
2도

2도 (역시 흑 불만)

견실한 좌변 흑을 배경삼아 흑1로 걸쳐가는 것은 일리 있는 수법이다.

그러나 이때는 백2, 4가 적절한 대응책. 이하 백은 18까지 하중앙 일대를 두텁게 정비해 우세가 확실하다.

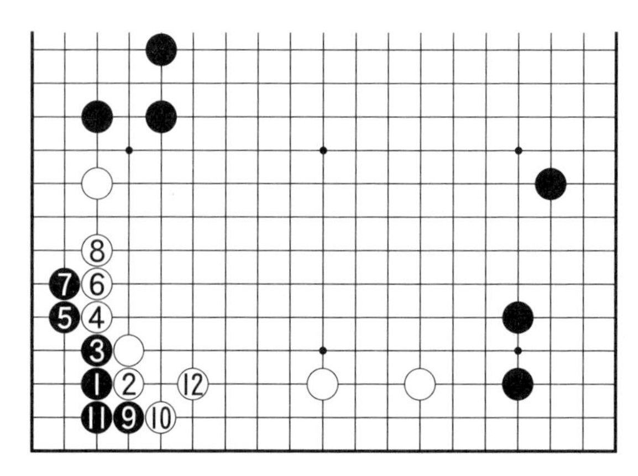
3도

3도 (상식적인 3三침입)

화점/ 양날개형에는 흑1의 3三침입이 가장 상식적인 침투법이다.

만약 백이 2~12로 순순히 응해준다면 흑도 선수로 귀를 도려낸 다음 큰 곳에 손을 돌려 둘 만하다. 그런데~

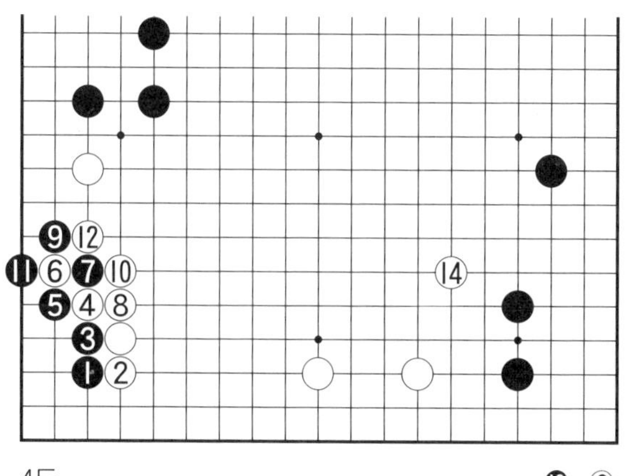

4도 ⓭··⑥

4도 (백, 활발)

지금은 백4, 6의 이단젖힘이 멋진 임기응변이다. 이하 백은 12까지 선수로 처리한 다음 14의 요처로 손을 돌려 단연 활발하다.

좌변 쪽은 이미 흑이 견실한 곳이므로 가치가 별로 없다. 따라서 흑의 3三 침입도 별무신통이다.

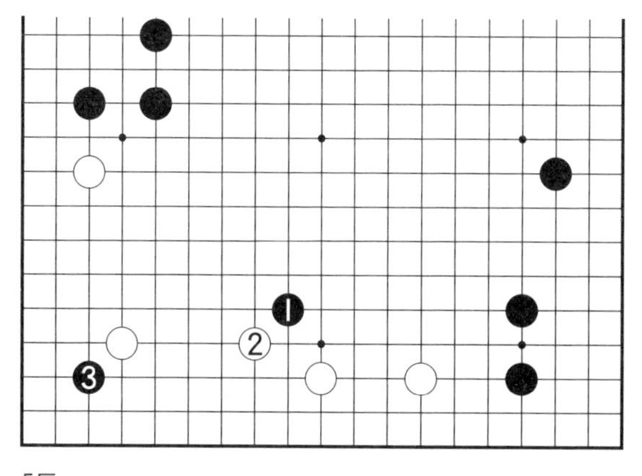

5도

5도 (선삭감 후침입)

먼저 흑1 정도로 외곽에서 삭감하는 것이 치밀한 태도이다. 그런 다음 흑3으로 뛰어드는 것이 멋진 수순이다.

이른바 '선삭감 후침입'의 모델형이다.

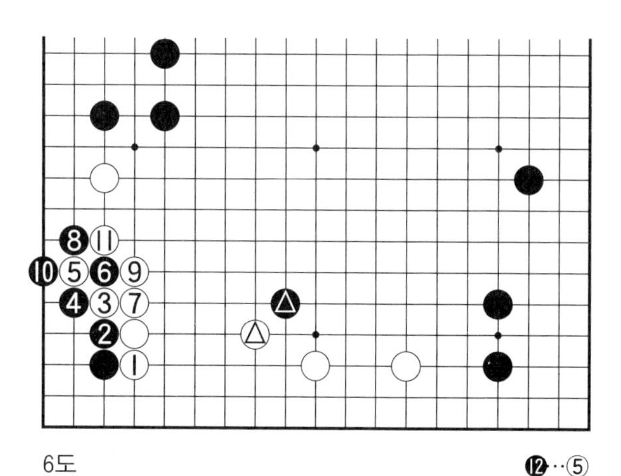

6도 ⓬··⑤

6도 (흑의 의도대로)

계속해서, 앞서 4도처럼 백1～흑12의 진행을 가정할 때 흑▲와 백△의 교환이 흑에게 큰 이득이 되고 있음을 알 수 있다. 이게 바로 흑의 시나리오!

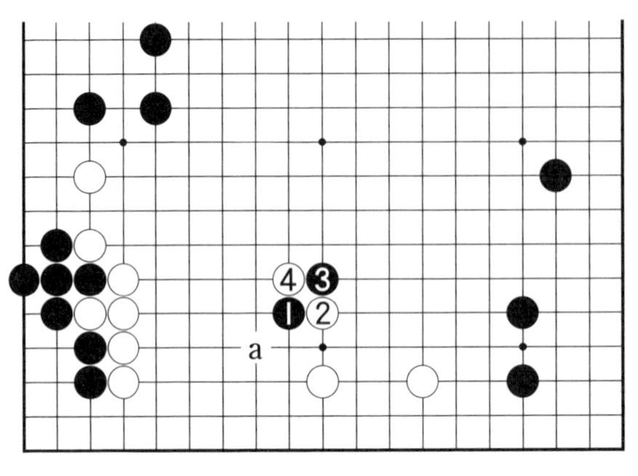

7도

7도 (수순의 차이)
그런데 먼저 3三에 뛰어들어 4도의 수순을 밟은 뒤에 뒤늦게 흑1로 삭감한다면 백a로 받아줄 리가 만무하지 않은가.

이제는 백2, 4의 반격으로 흑 곤경! 수순의 차이를 실감할 수 있다.

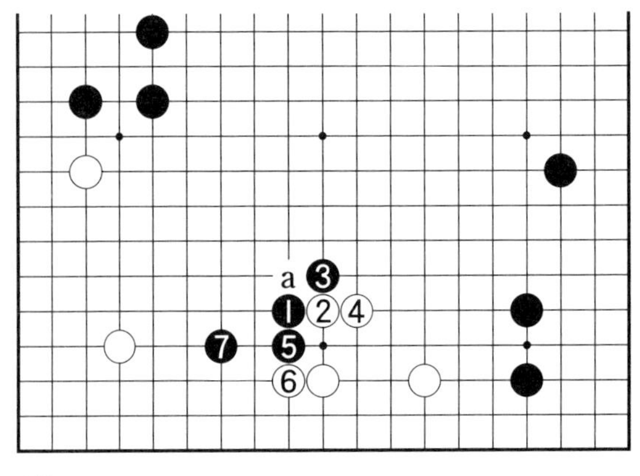

8도

8도 (흑, 삭감에 성공)
흑1 때 백2, 4로 반발한다면 흑7까지 수습해 놓고 좌변 쪽의 허점을 엿보아 이 역시 흑이 삭감에 성공한 모습이다(왼쪽에 원군이 없는 상황에서 백4로 a에 끊는 것은 무리).

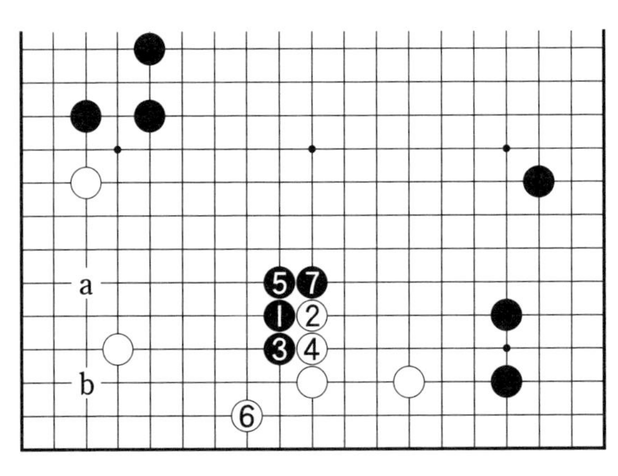

9도

9도 (흑의 간명책)
그래도 백의 도발이 두렵다면 백2 때 흑3, 5로 간명하게 처리하면 된다. 흑7까지 어깨짚어 삭감한 형태와 같다.

좌변 쪽은 a와 b의 두 곳이 열려있어 큰 집이 되지 않는다.

8형

중국식에서 삭감과 침입의 타이밍

○ 백 차례

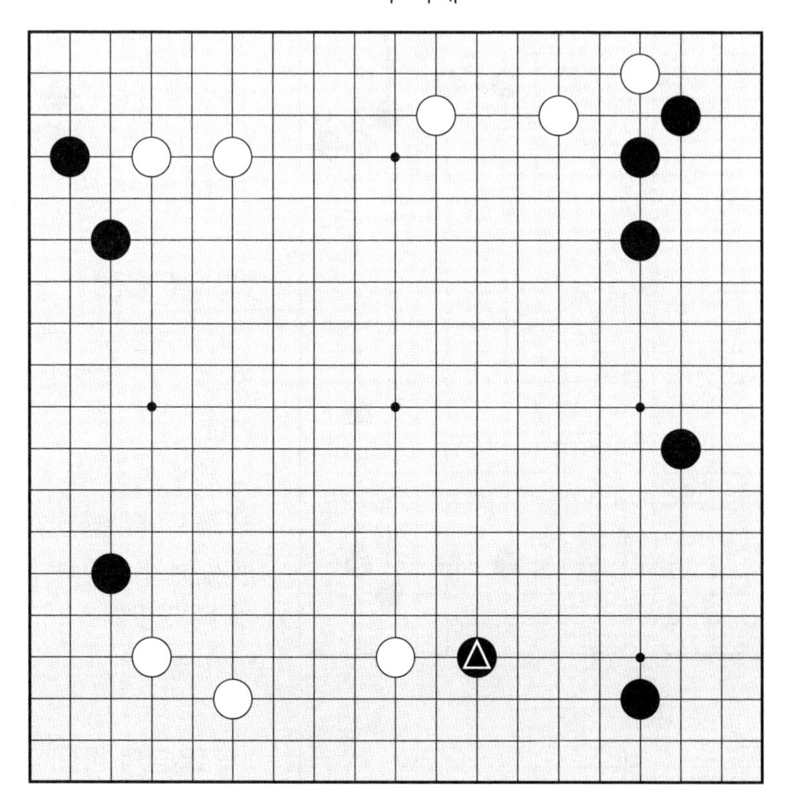

이번에는 유행하는 중국식 포진의 삭감법에 대해 살펴보자. 흑△로 다가서며 확장하자 우변~하변 일대가 웅장하게 피어나고 있다.

백은 과연 어디서부터 침투와 삭감에 균형을 맞추는 것이 좋을까?

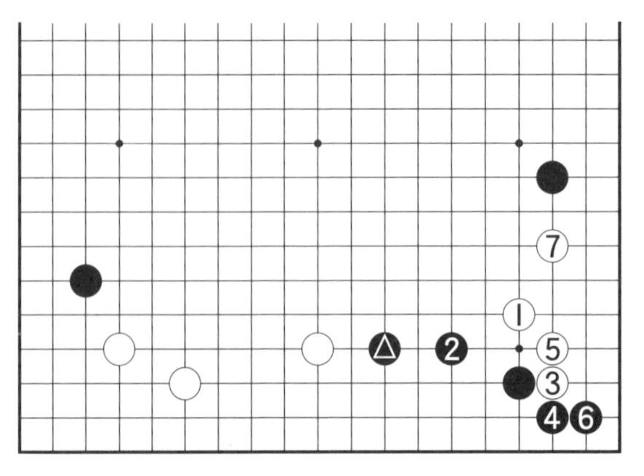
1도

1도 (제일감 걸침)

제일감은 백1로 걸쳐가는 것이다. 이때 흑2로 순순히 받아준다면 백7까지 쉽게 자리를 잡으며 흑 모양을 분산시킬 수 있다.

이 결과는 흑▲가 다소 억울한 위치여서 흑이 미흡하다.

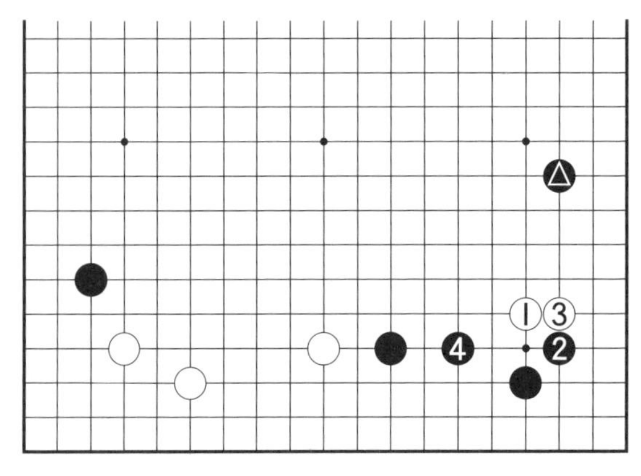
2도

2도 (백, 곤란)

백1에는 흑2로 근거를 빼앗는 것이 최강의 공격수이다.

이때 백3으로 막는 것은 흑4 다음 응수가 막막해져 백이 곤란하다. 흑▲가 백의 앞길을 가로막고 있지 않은가.

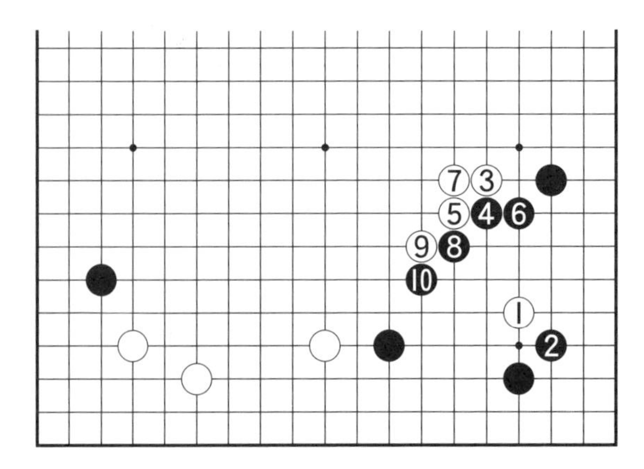
3도

3도 (일당백 통집)

그렇다고 흑2 때 백3으로 손을 돌리는 것은 너무 헤프다.

흑10까지 우하 일대가 일당백의 통집으로 굳어져서는 흑 우세!

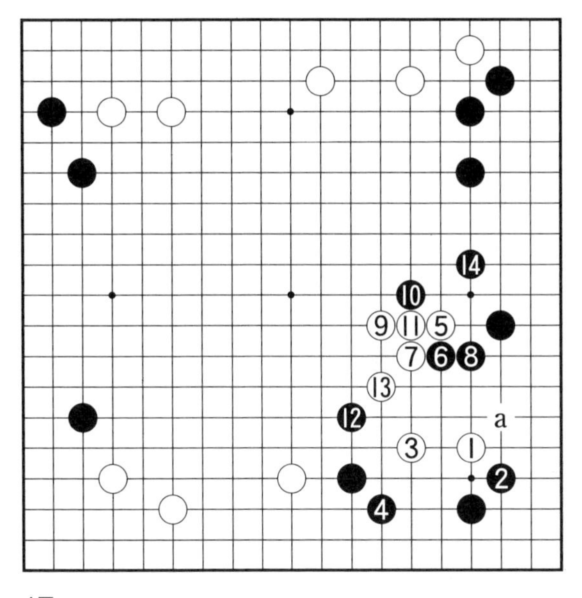

4도

4도 (흑의 페이스)

그러므로 흑2에는 백3, 5로 가볍게 벗어나는 것이 현명하다. 흑6~14는 상용의 공격수법. 우변 쪽은 약간 삭감당했지만, 하변에서 우변 실리가 짭짤하게 굳어져 흑은 불만이 없다(차후 흑a면 실리가 크게 불어난다).

물론 백도 못 둘 것은 없지만, 흑의 파상공세에 휘말리지 않는 좀 더 유연한 수법을 연구하고 싶다.

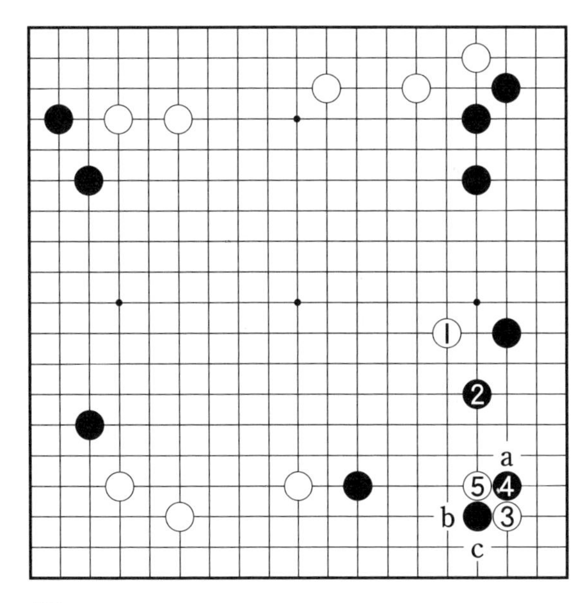

5도

5도 (삭감과 응수타진)

여기서는 일단 백1로 모자 씌우는 수가 재미있는 삭감수법이다. 흑은 2로 받는 정도. 이때 백3, 5가 귀에 뒷맛을 노리는 기민한 응수타진이다.

이 수순이 왜 바로 지금 필요한지는 잠시 후 따져보기로 하고, 우선 흑의 응수는 a~c의 세 가지가 보통이다.

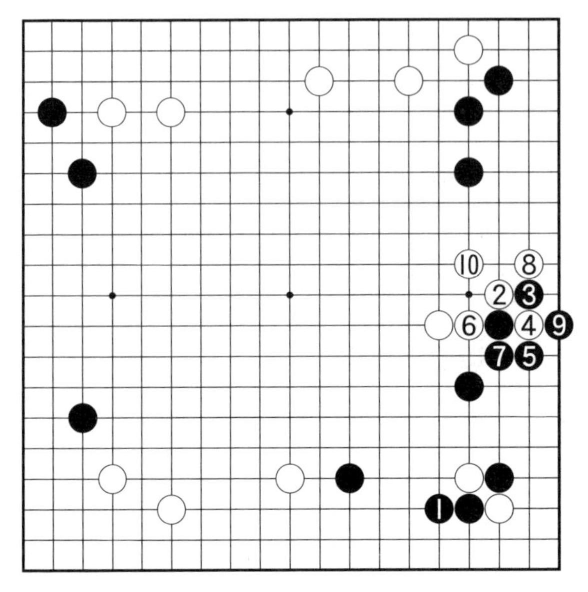

6도

6도 (유연한 삭감)

흑1로 뻗는 것이 보통. 그러면 백은 일단 우하귀를 보류한 채 2~10으로 우변의 모양을 삭감해 유연한 국면으로 이끈다. 그런 다음~

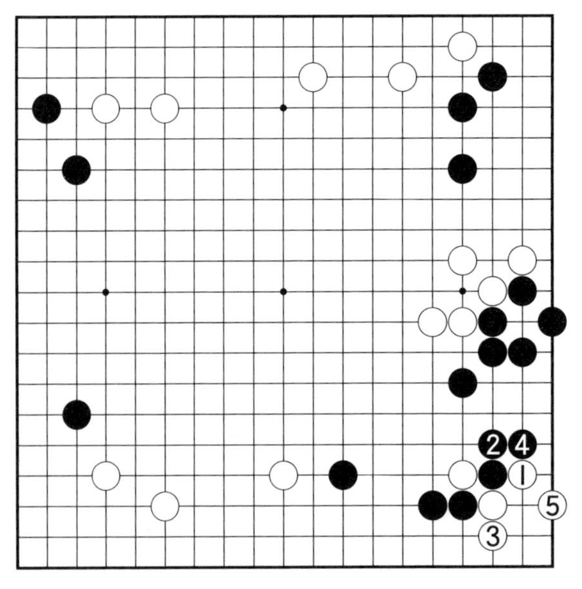

7도

7도 (귀살이의 뒷맛)

우하귀는 훗날 백1~5로 간단히 귀살이하는 수단이 큰 수로 남아 있어 완전치 않다.

막상 이렇게 되고 나면 흑은 위로 깎이고, 아래로 침식당해 별로 남는 것이 없게 된다. 그런데~

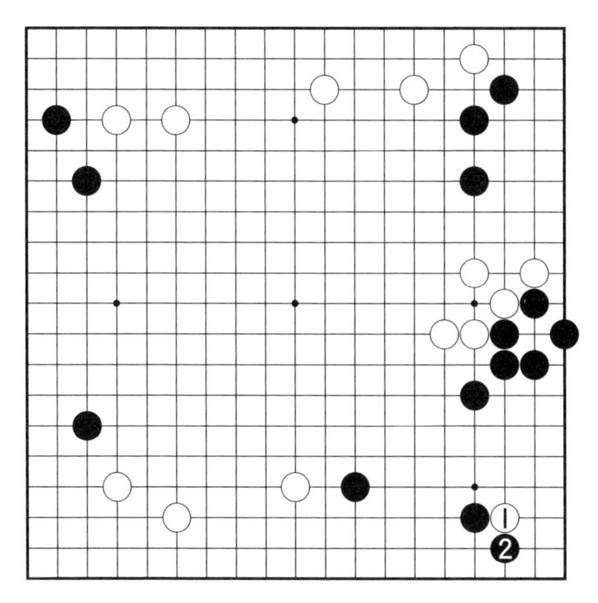

8도

8도 (뒤늦은 귀의 타진)

만약 백이 바깥쪽의 삭감 작업을 서두르다 외곽 쪽을 굳혀준 상황에서 뒤늦게 백1로 붙인다면 이제는 흑2로 버틸 것이 빤하지 않은가. 5도 백3, 5가 그래서 적시의 타이밍이라는 것이다.

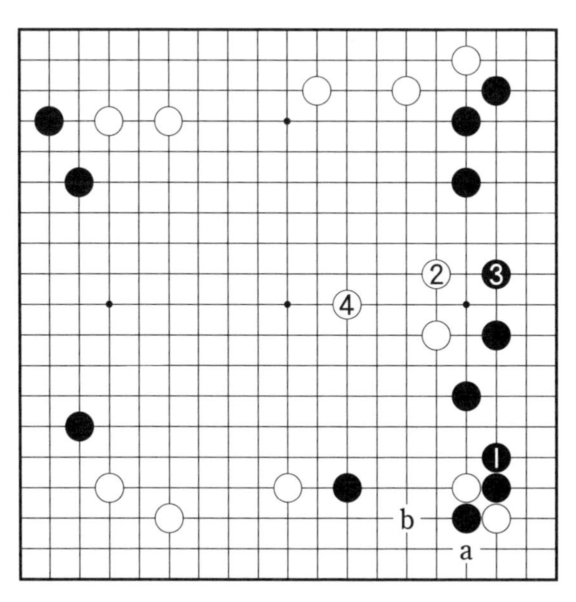

9도

9도 (역시 백 성공)

흑1쪽으로 뻗는 것도 생각할 수 있다.

그러면 백은 2, 4로 가볍게 삭감한 뒤 a의 귀살이나 b의 침입을 노린다. 역시 백은 삭감 성공이다.

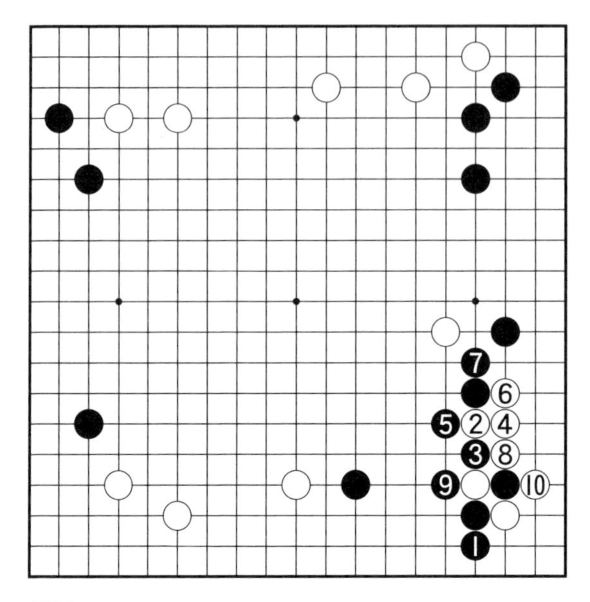

10도

10도 (흑진 초토화)

귀살이 여지를 봉쇄하기 위해서는 흑1로 강하게 버텨야 한다.

그러나 이때는 백2 이하로 즉각 움직이는 수단이 통렬하다. 이하 10까지 우하 일대를 초토화시켜서는 백의 대만족이다.

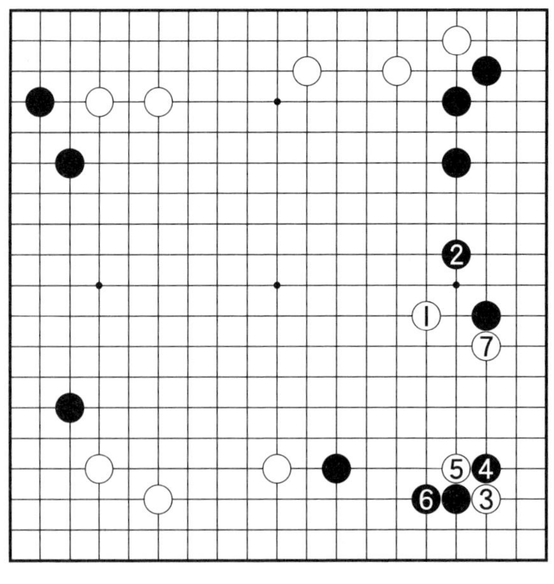

11도

11도 (우변 파괴로 전환)

애당초 백1의 모자에 흑2 쪽으로 받는다면 백3, 5로 응수를 물은 뒤 7로 곧장 우변 파괴작전에 나서는 것이 제격이다.

이 경우에도 백3, 5의 활용수가 유효적절한 원군이 되고 있다.

9형

침투와 삭감의 변주곡인 2선 붙임

○ 백 차례

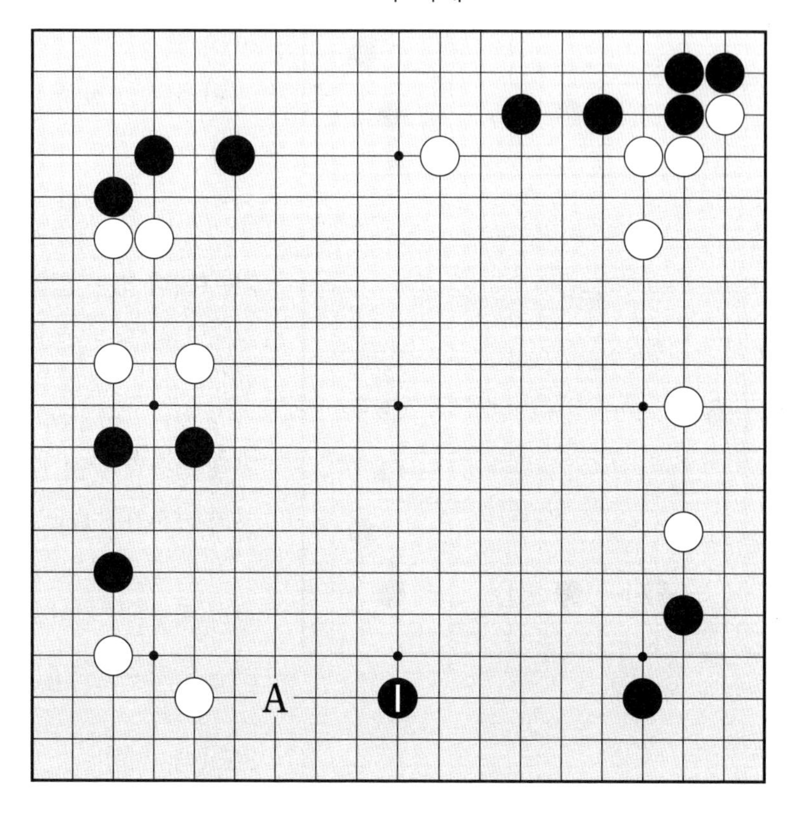

이번에는 난이도 높은 침투와 삭감의 복합형을 살펴본다. 흑1로 하변에 벌리자 우하 일대가 초점으로 떠오르고 있다. 특히 흑A의 다가섬이 거의 선수이므로 하변 흑 모양이 자칫 크게 부풀 가능성이 있다.

여기서 흑진을 제한시키는 백의 묘책을 연구해보자.

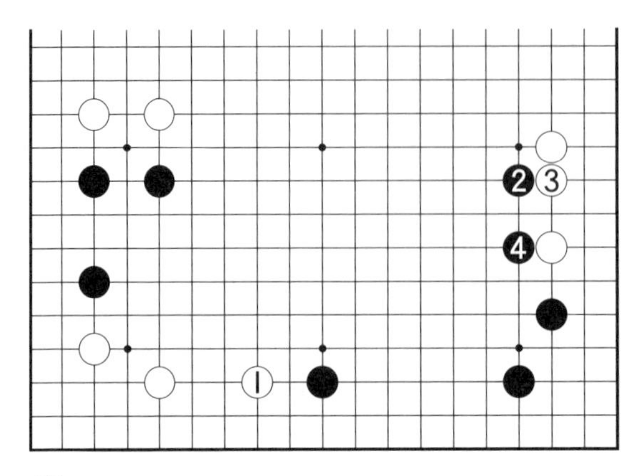

1도

1도 (타이밍 상실)

크기 자체로는 물론 백1의 벌림이 가장 크다. 그런데 흑2, 4로 우하 일대가 입체화되는 것이 백의 고민이다.

이래서는 침투의 타이밍을 잃게 되는 것이다.

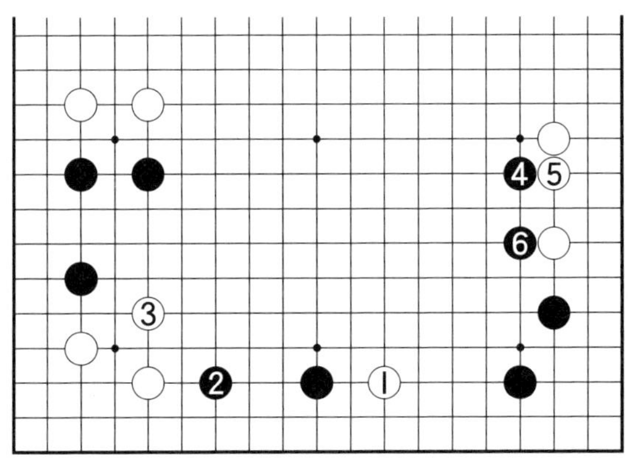

2도

2도 (대책 없는 침입)

그렇다고 백1로 무작정 변에 뛰어드는 것은 대책 없는 수이다. 우선 흑2를 선수로 당하는 것이 너무 아프지 않은가. 그런 다음 흑4, 6으로 원거리 공격을 당하면 백1의 침입군은 저절로 미아신세가 된다.

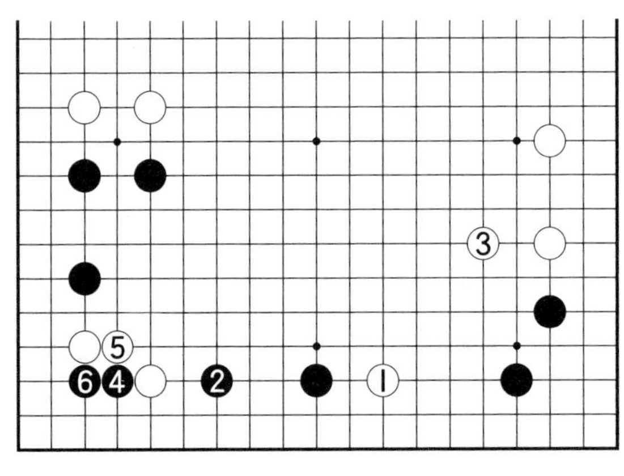

3도

3도 (백, 위험)

흑2 때 백이 좌상 쪽 손을 빼기는 어렵다.

흑4로 추궁당하면 실리 손실은 물론 생사마저 걱정해야 하는 신세가 되고 마는 것이다.

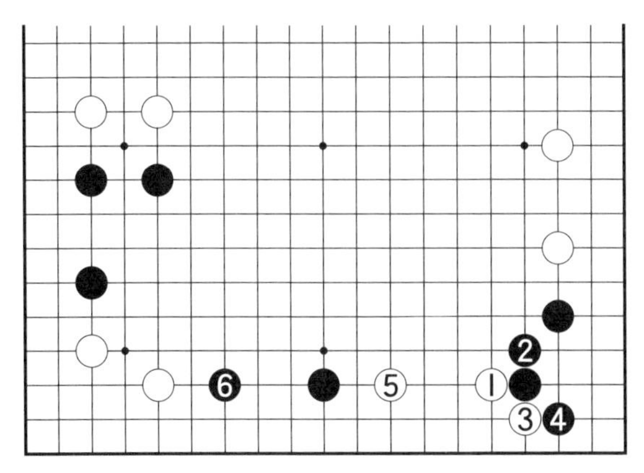

4도

4도 (옆구리붙임)

백1로 옆구리에 붙여가는 수가 상용의 침투수법이지만 지금은 신통치 않다.

백5로 자리를 잡고 하변을 깨더라도 흑6을 허용하는 아픔이 더욱 크기 때문이다.

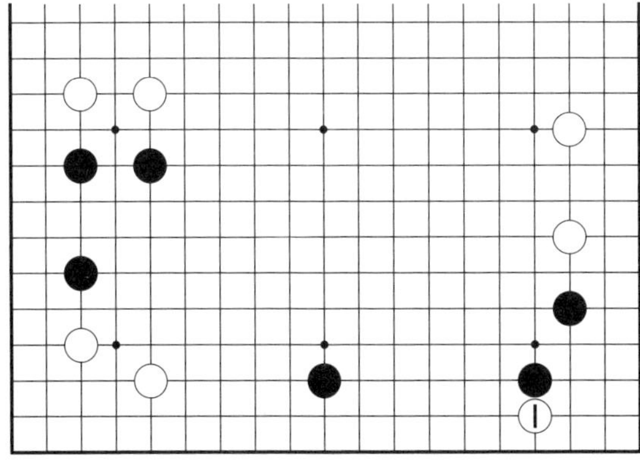

5도

5도 (2선 응수타진의 묘)

백1로 2선 엉덩이에 붙여보는 수가 재미있는 수법이다.

이 수는 꼭 귀에서 수를 내겠다는 의도보다는 흑의 응수를 물어 향후 침투나 삭감의 방향을 정하겠다는 고도의 응수타진이다.

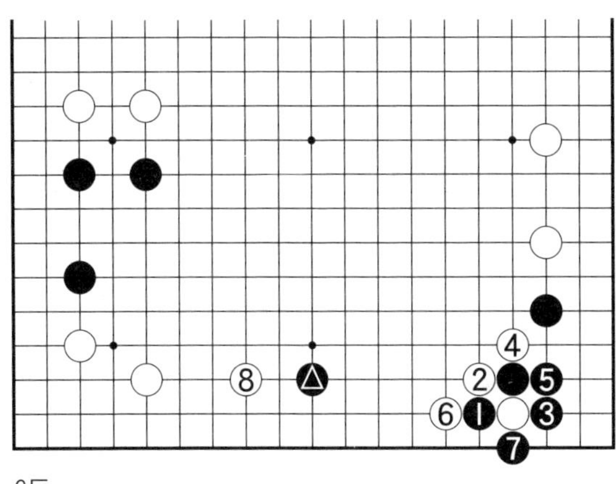

6도

6도 (멋진 활용)

흑1에는 백2의 맞끊음이 멋진 맥점이다. 다음 백4, 6을 선수활용한 뒤 8로 벌리면 어느새 흑△가 저절로 고립되고 있지 않은가.

백4, 6의 활용수가 흑진의 팽창을 제한하고 있음은 물론이다.

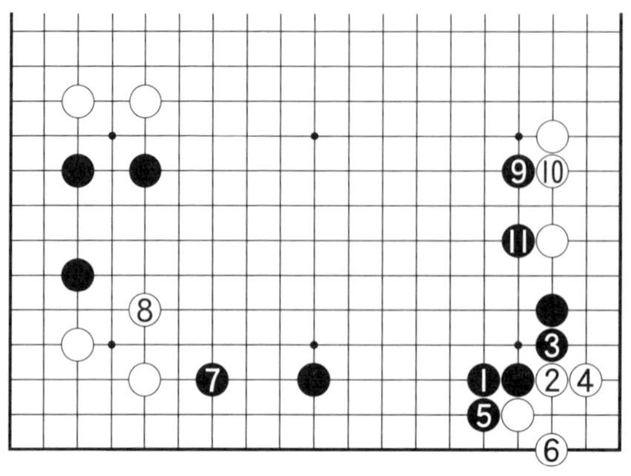

7도

7도 (백, 소탐대실)

흑1로 뻗는 것은 앞 그림을 꺼려하는 두터운 응수이다.

그런데 이때 즉각 귀를 살리는 것은 성급. 흑7에 이어 9, 11을 당하면 하변 흑진이 크게 부풀어 백의 소탐대실이 역력하다.

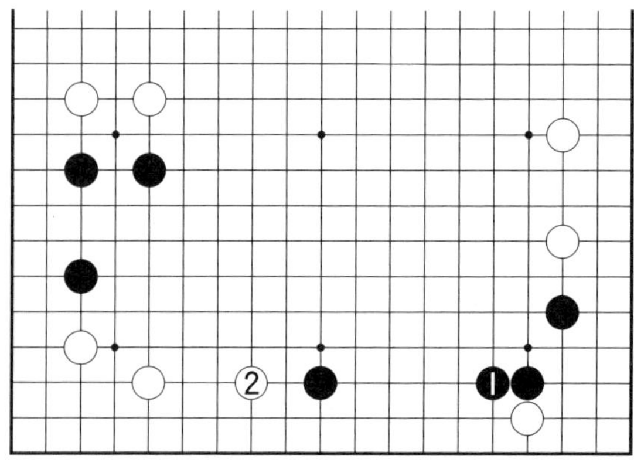

8도

8도 (대승적 태도)

흑1에는 귀살이 수단을 남겨둔 채 대망의 백2로 손을 돌리는 것이 대승적인 태도이다.

이로써 백은 요소 차지와 우하귀 침식이라는 두 마리 토끼를 모두 잡은 셈이다. 그런데~

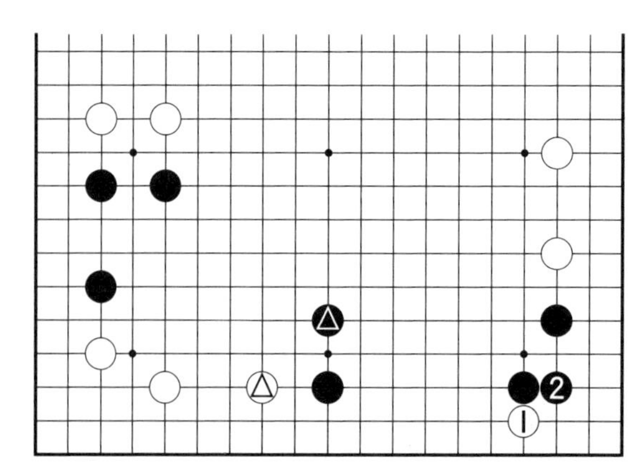

9도

9도 (수순착오)

수순을 바꿔 백△와 흑▲를 미리 교환시킨 상황에서 백1로 붙여가는 것은 수순착오이다.

이제는 순순히 살려주지 않고 흑2로 늘어 백을 잡으러 올 것이 뻔하다. 이래서는 백의 위험천만이다.

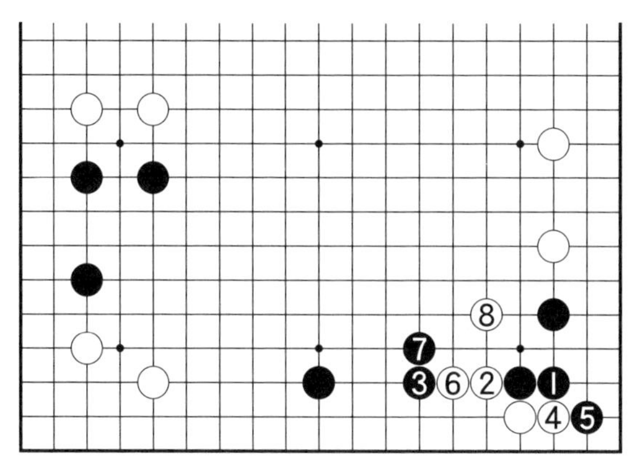

10도

10도 (무력한 공격)

물론 변의 교환이 없는 지금이라면 흑1~5로 공격적 자세를 취해보아도 별 위력이 없다. 백8까지 훨훨 빠져나오면 우하귀 흑도 약해져 좌하 쪽에 손을 돌리기가 어려울 것이다.

따라서 지금의 흑1은 부적절한 응수이다.

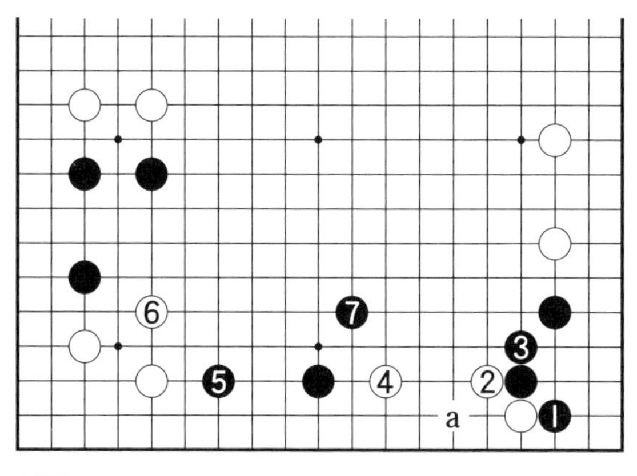

11도

11도 (백, 실패)

흑1로 안에서 젖혀받는 것이 최강 최선의 응수이다.

그런데 백2, 4로 변에 안정하려는 것은 미흡하다. 흑5를 허용하고 7(또는 a)로 선공당해 백의 실패가 확연하다.

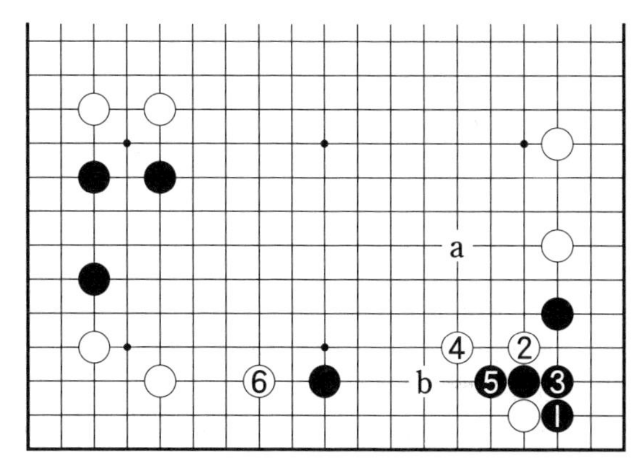

12도

12도 (가벼운 삭감)

흑1에는 백2, 4로 가볍게 처리하는 것이 좋은 행마이다. 그런 다음 백6을 차지하면 백의 성공이다.

차후 백a면 흑b가 불가피해 우변 백 모양 확장에도 큰 도움이 되고 있다.

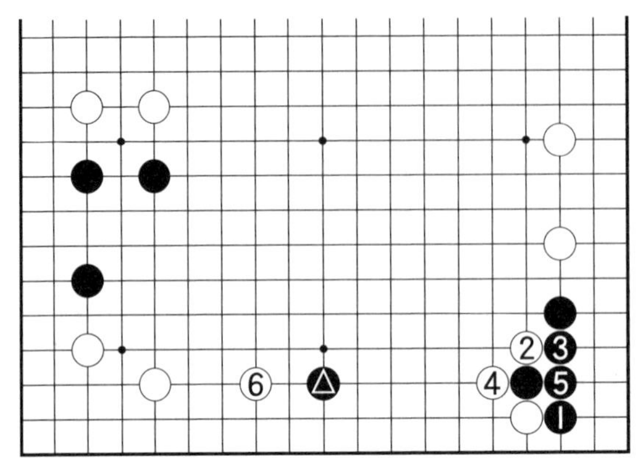

13도

13도 (공수 역전)

백2 때 흑3으로 막는 것은 백4를 선수로 당해 좋지 않다.

이래서는 흑△가 저절로 고립되어 공수가 역전되는 모습이다.

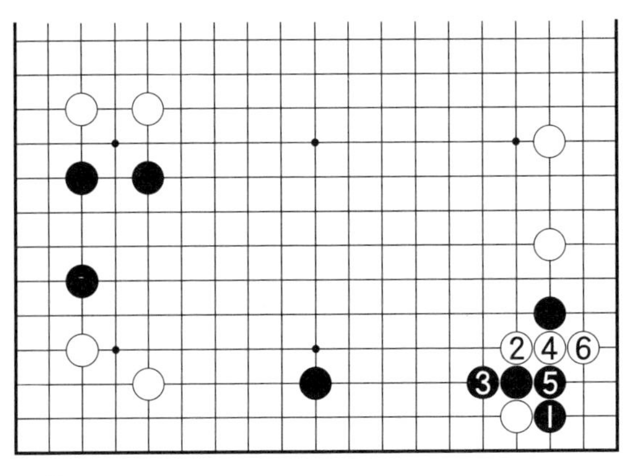

14도

14도 (흑, 망함)

그렇다고 백2 때 흑3으로 나와 반발하는 것은 무모한 객기이다. 백6까지 우변이 뚫려서는 당연히 흑이 망한 꼴이다.

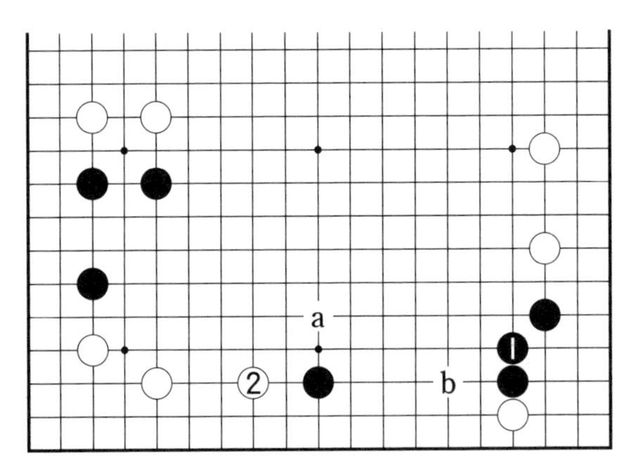

15도

15도 (나란히 서는 수)

흑1로 꿋꿋이 선다면 손을 돌려 백2로 전환한다.

이렇게 되면 장차 흑이 우하 쪽을 둘 때 a로 확장하지 못한 채 b로 좁혀 지켜야 하므로 이 자체로 흑진의 팽창을 제한시킨 효과가 있다.

연습문제

❀

그동안 공격과 타개, 그리고 침투와 삭감에 대해 그 이론과 실전적 활용을 주로 다루었다. 이번 코너는 그렇게 익힌 감각과 능력에 대해 복습 겸 테스트해 보는 연습문제이다.

주로 침투와 삭감에 초점을 두고 그 타이밍, 급소를 찾는 감각, 형세판단에 따른 선택 요령 등 10문제로 간추려 보았다. 침투와 삭감은 사실 그 안에 공격과 타개도 포함된 개념이므로 주로 중반을 운영하는 데 필요한 핵심 테크닉이라 봐도 무방하다.

2부로 넘어가기 전 이론 정리를 겸해서 쉬어가는 성격이지만, 문제를 풀어가는 동안 흥미와 더불어 기력향상에 가시적 효과가 나타나기를 기대한다.

▦ 문제 01 ● 흑 차례

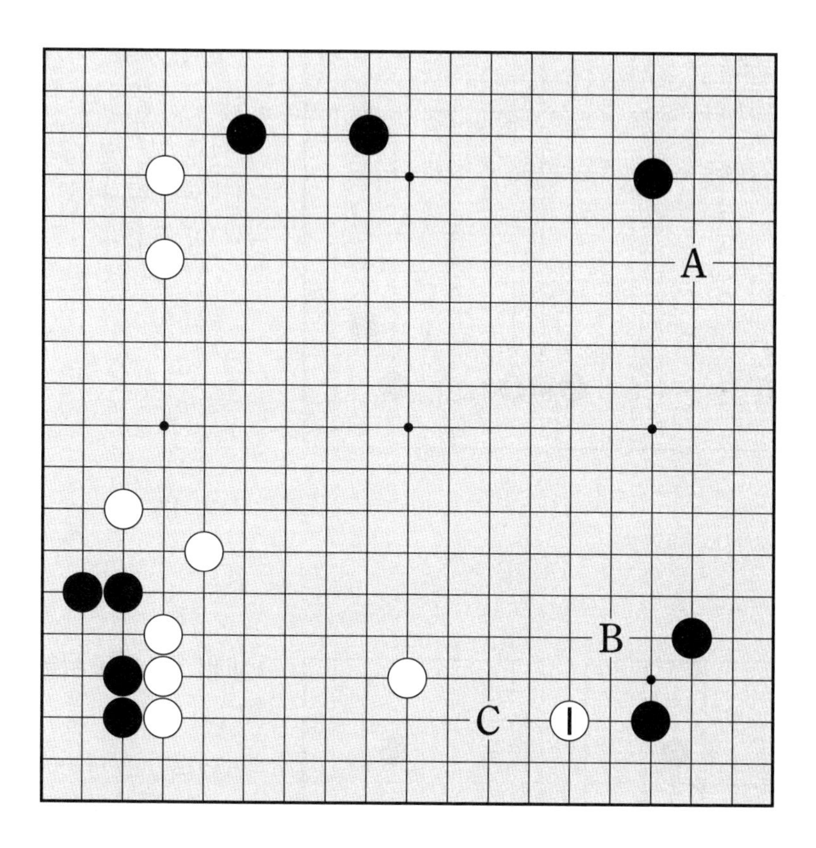

▨ 침투의 타이밍 포착

백1로 한껏 벌려온 장면이다.

흑은 두고 싶은 자리가 대략 3군데 있는데, A~C 중 과연 어디를 선택해야 할까?

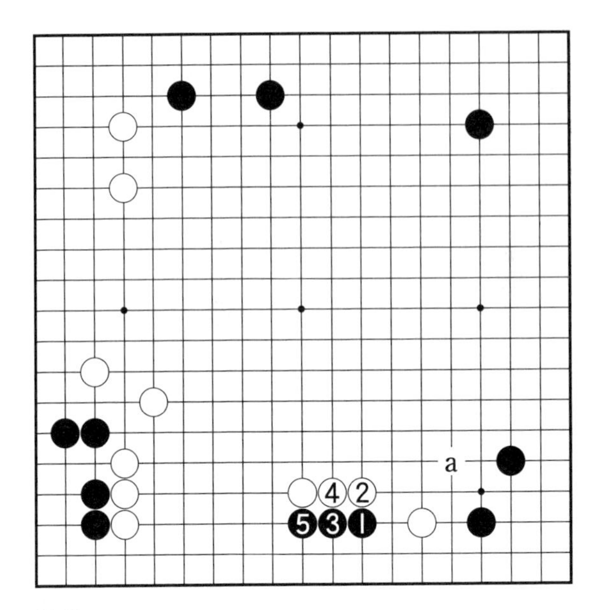

정해

정해 (침투의 타이밍)

흑1로 즉각 뛰어드는 것이 놓칠 수 없는 요소이다.

일견 성급한 느낌이 있지만, 머뭇거리다 백a를 당하는 날이면 기회를 놓치게 되므로 바로 지금이 타이밍이다.

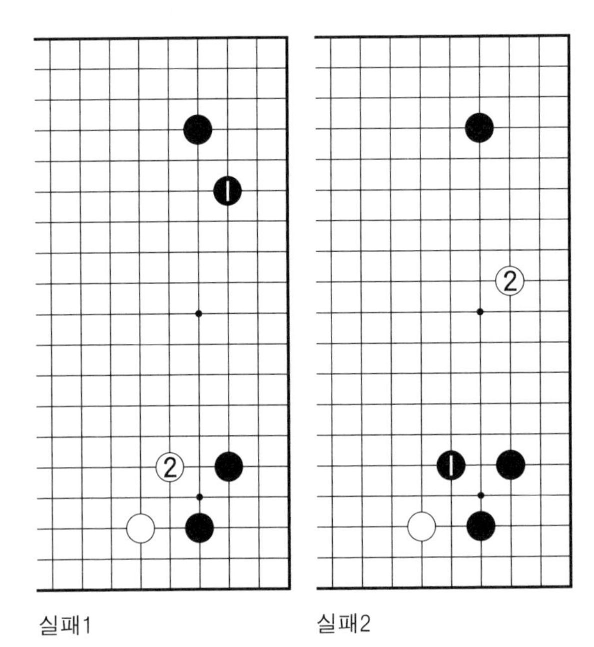
실패1 실패2

실패1 (대세점 허용)

흑1의 굳힘도 큰 곳이지만, 백2가 빛나는 대세점이어서 흑의 불만이다. 이로써 흑은 하변 백진에 침입하는 것이 거의 불가능해졌다는 데 주목한다.

실패2 (완착)

흑1은 하변 침입과 우변 구축을 맞보는 침착한 수이지만 한가한 느낌이다. 백은 하변을 응수해주지 않고 2로 갈라칠 것이다.

▦ 문제 02

● 흑 차례

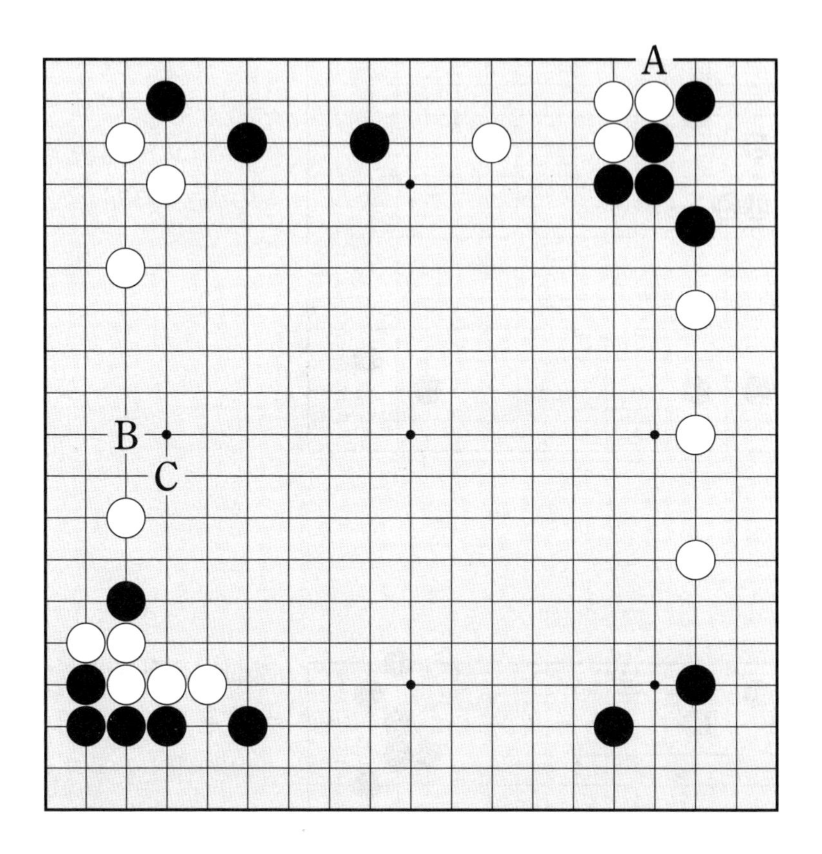

▨ 국면의 초점과 타이밍

아기자기한 포석이 펼쳐진 가운데 흑이 두고 싶은 자리가 대략 3군데 있다. A~C 가운데 과연 어디가 우선일까?

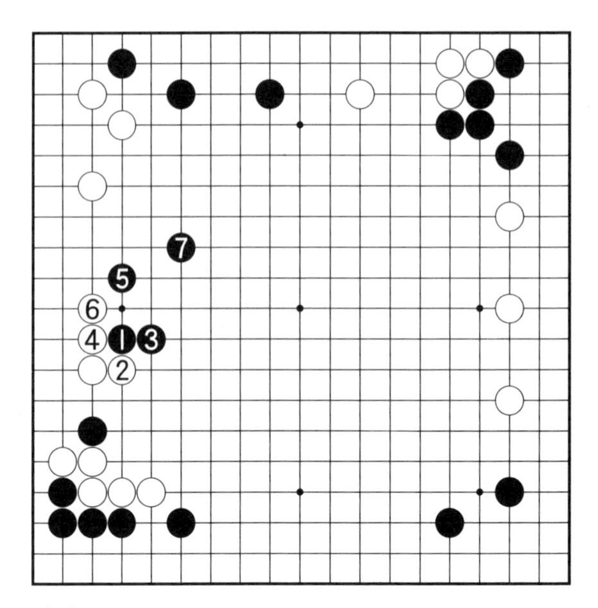

정해

정해 (삭감의 타이밍)

흑1로 어깨짚는 것이 시급하다.

흑7까지 좌변 백 모양의 팽창을 억제해 두면 전체적으로 흑의 실리가 돋보이는 유연한 국면이다.

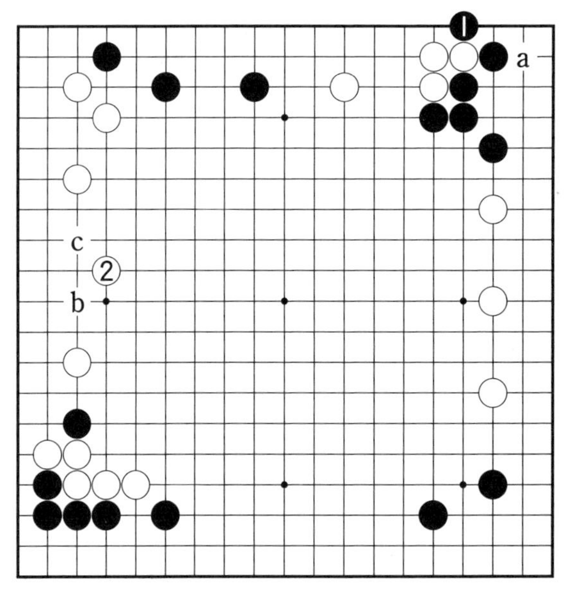

실패

실패 (초점 외면)

흑1은 백a를 방지하면서 상변 백진에 공격을 노리는 짭짤한 수이지만 초점에서 벗어나고 있다. 백2로 지켜 백의 호조이다.

한편 흑b로 뛰어드는 것은 다소 과격하다. 백c로 공격당하면 국면의 주도권이 백에게 넘어갈 공산이 크기 때문이다.

▦ 문제 03

○ 백 차례

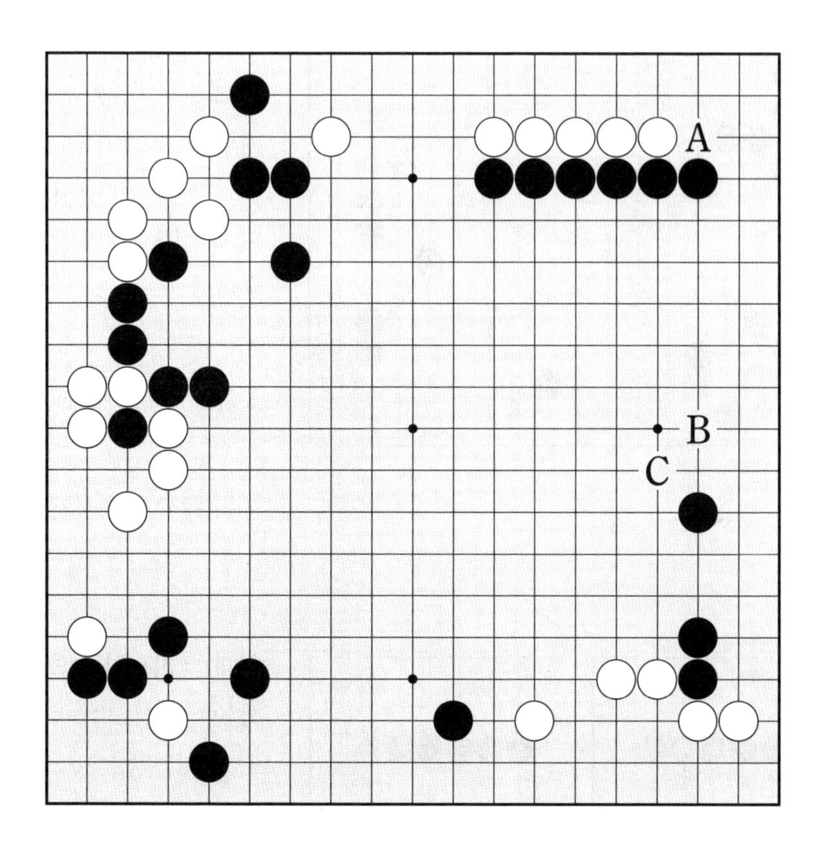

▨ 대세의 급소를 찾는 눈

우상 쪽에 흑의 철벽이 쌓이면서 시선의 방향이 반상의 오른쪽으로 모아지고 있다.

백이 국면을 유연하게 이끌 수 있는 대세의 급소는 어디일까?

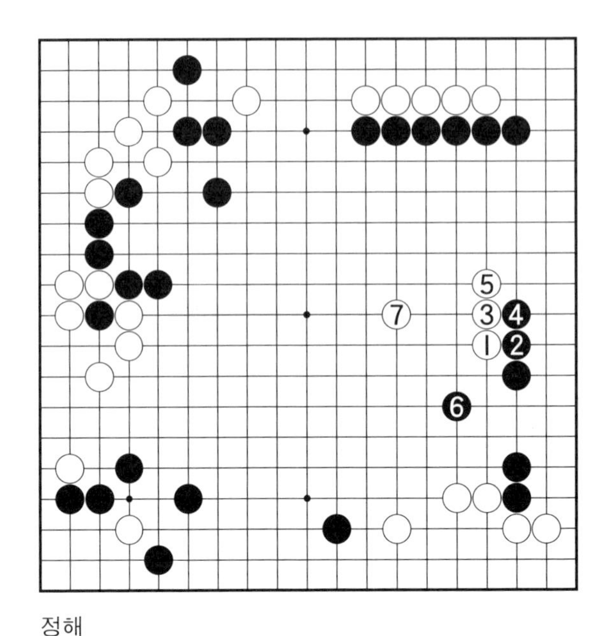

정해

정해 (절호의 삭감)

백1의 어깨짚기가 대세상의 급소이다.

이 한수로 우상 쪽의 흑세를 가볍게 무력화시키면서 유연하게 국면을 리드할 수 있다. 이하 백7까지 훨훨 날아 삭감 성공이다.

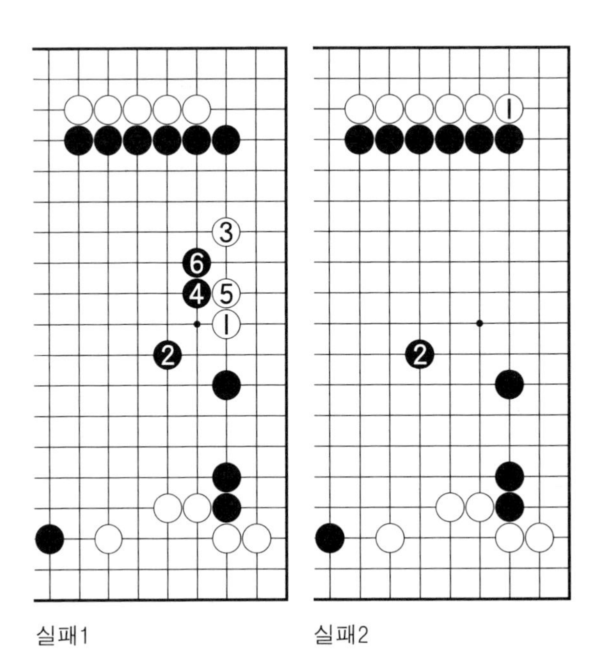

실패1 실패2

실패1 (과격한 침입)

백1로 뛰어드는 것은 하수 발상. 흑2~6으로 심하게 공격당해 숨이 막힐 지경이다.

흑세의 위력을 십분 살려준 이적행위에 가깝다.

실패2 (초점 외면)

백1은 실리 상 20집이 넘는 큰 곳이지만, 초점에서 벗어나고 있다. 흑2로 우변이 '연탄공장'으로 돌변하고 있지 않은가.

▦ 문제 04

● 흑 차례

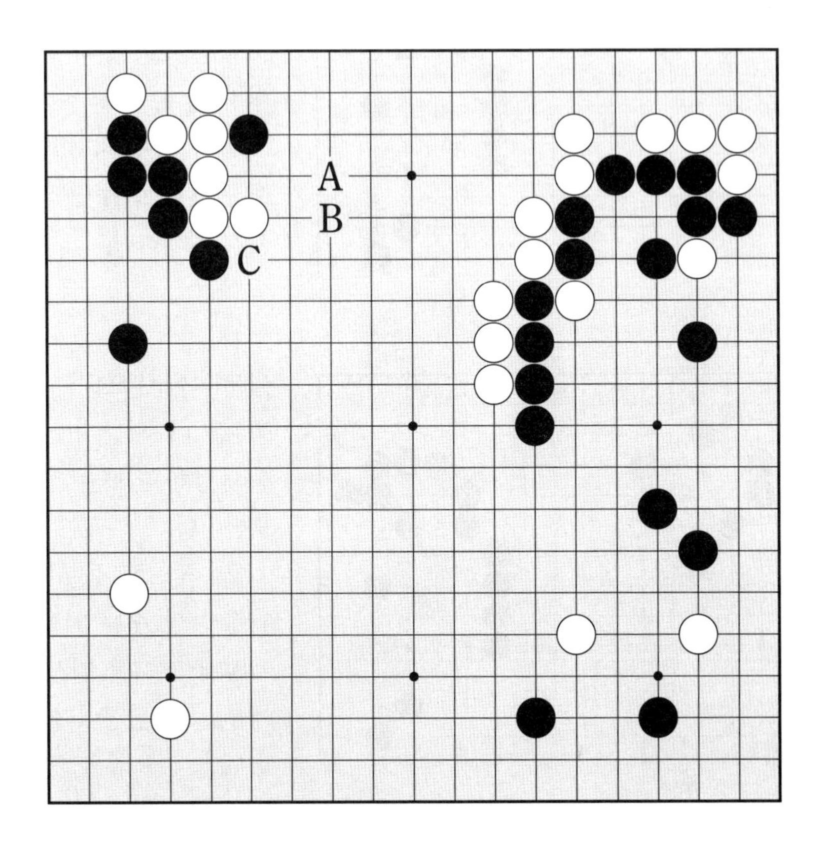

▨ 침투와 삭감의 감각 테스트

흑의 실리에 대해 백이 상변의 대모양으로 맞서고 있는 장면이다.

상변 백진의 팽창을 저지하며 대세를 리드할 수 있는 흑의 다음 한수는 A~C 중 어디가 적당할까?

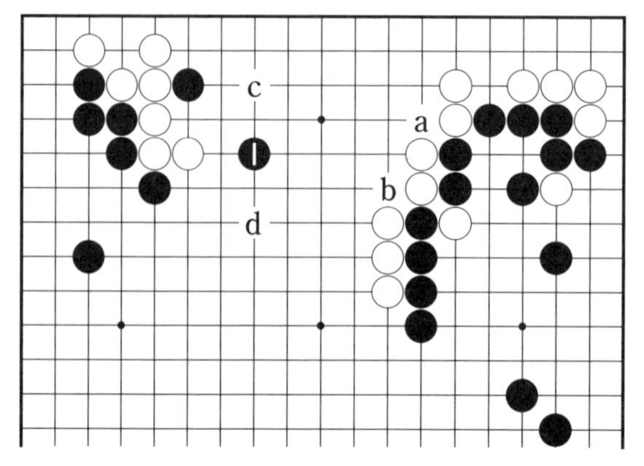

정해

정해 (일류 감각)

흑1이 일류 감각. 일견 깊은 것 같지만 백의 약점(a, b)을 엿보고 있어 전혀 그렇지 않다.

이어 백이 약점을 손볼 때 흑c나 d로 두면 흑의 우세가 확실하다.

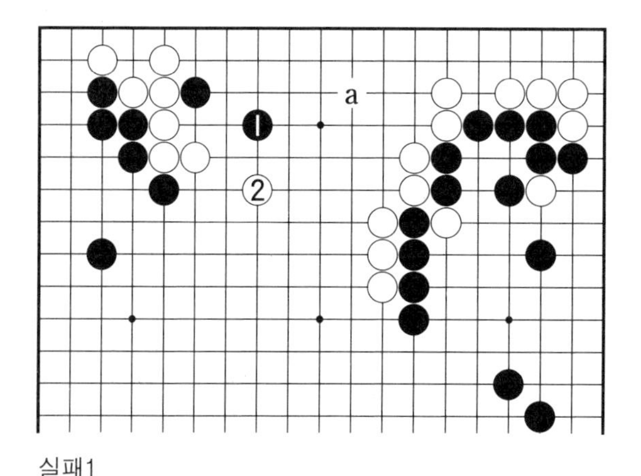

실패1

실패1 (쌈지 뜨다)

흑1은 너무 깊다. 백2로 봉쇄당하면 매우 답답한 모습이다.

흑a 등으로 몸부림치면 안에서 살 수는 있겠지만, 이렇게 쌈지를 떠서는 대세를 잃기 십상이다.

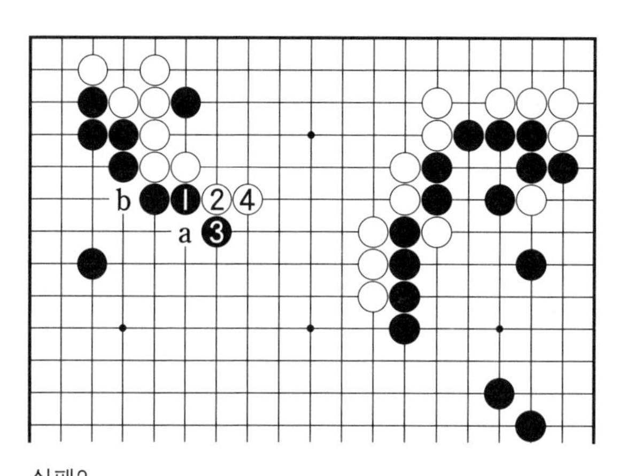

실패2

실패2 (속수의 표본)

흑1로 밀어가는 것은 대책 없는 속수이다.

백2, 4로 상변이 크게 굳어지는 데다 흑은 a, b의 약점만 남아 무엇을 했는지 모르는 결과가 된다.

▦ 문제 05 ● 흑 차례

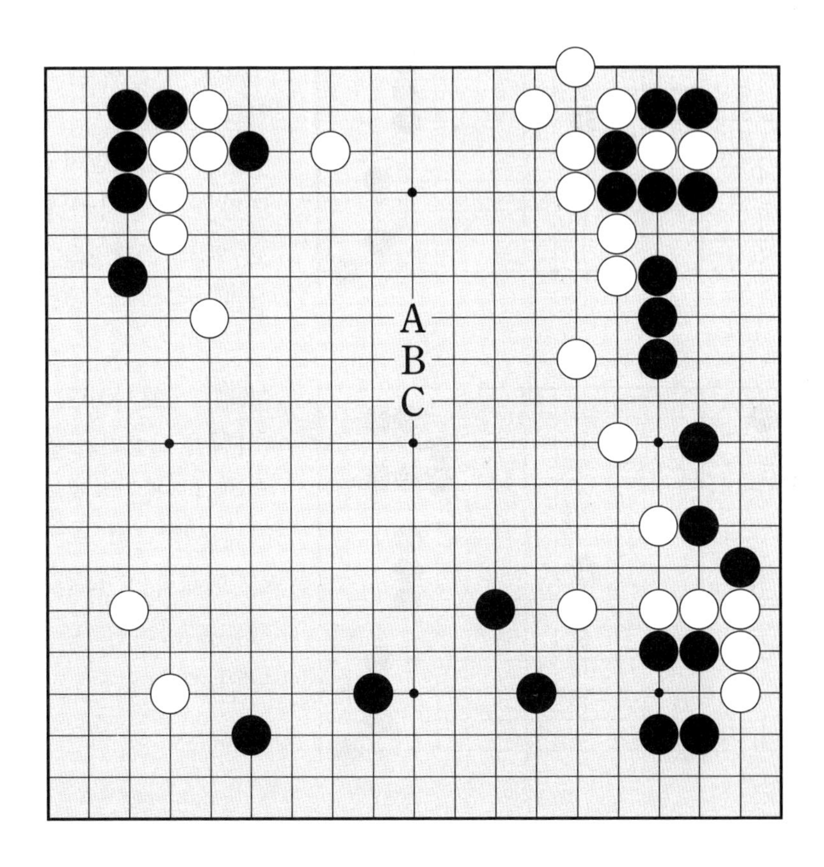

▨ 삭감의 깊이

도처에 흑의 실리가 짭짤한 가운데 상중앙의 백 모양이 얼마나 집으로 굳어지느냐가 승부의 관건으로 떠올랐다.

여기서 흑은 어디쯤 삭감의 낙하산을 띄우는 것이 좋을까? A~C 중에서 선택해보자.

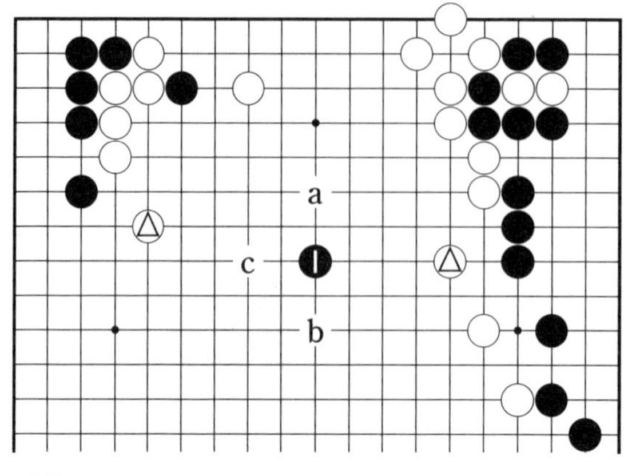

정해

정해 (적정한 깊이)

흑1이 삭감의 적정선. 백△들로 이어진 백세의 경계선을 넘지 않는 것이 포인트이다.

다음 백a로 받아주면 백 모양을 제한시켜 만족이고, 백b의 공격에는 흑c로 쉽게 탈출할 수 있다.

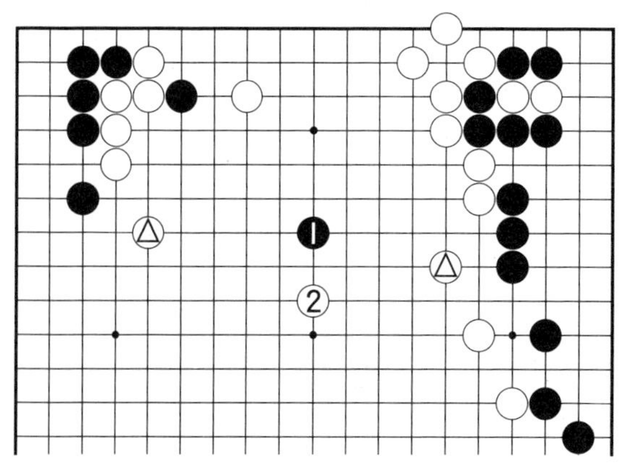
실패1

실패1 (오프사이드)

흑1까지 들어가는 것은 과욕이다. 백2로 공격당해 대세를 그르칠 우려가 높다. 백세의 최종 수비수인 △들을 넘어선 '오프사이드'인 셈이다.

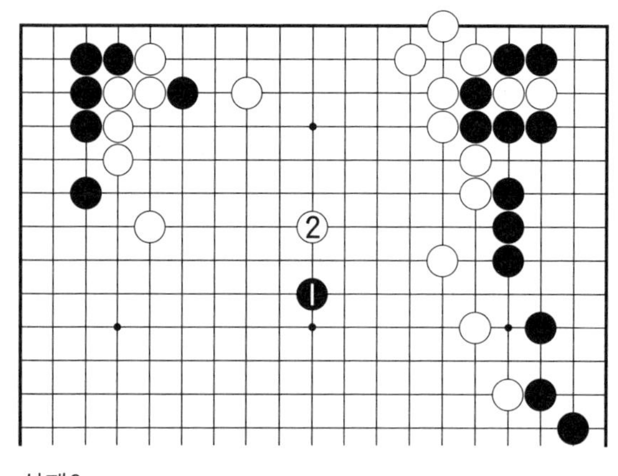
실패2

실패2 (너무 얕다)

흑1까지만 얕게 들어가는 것은 지나친 몸조심이다.

백2로 지키는 것이 제격이어서 흑이 불안한 형세가 된다.

▦ 문제 06

○ 백 차례

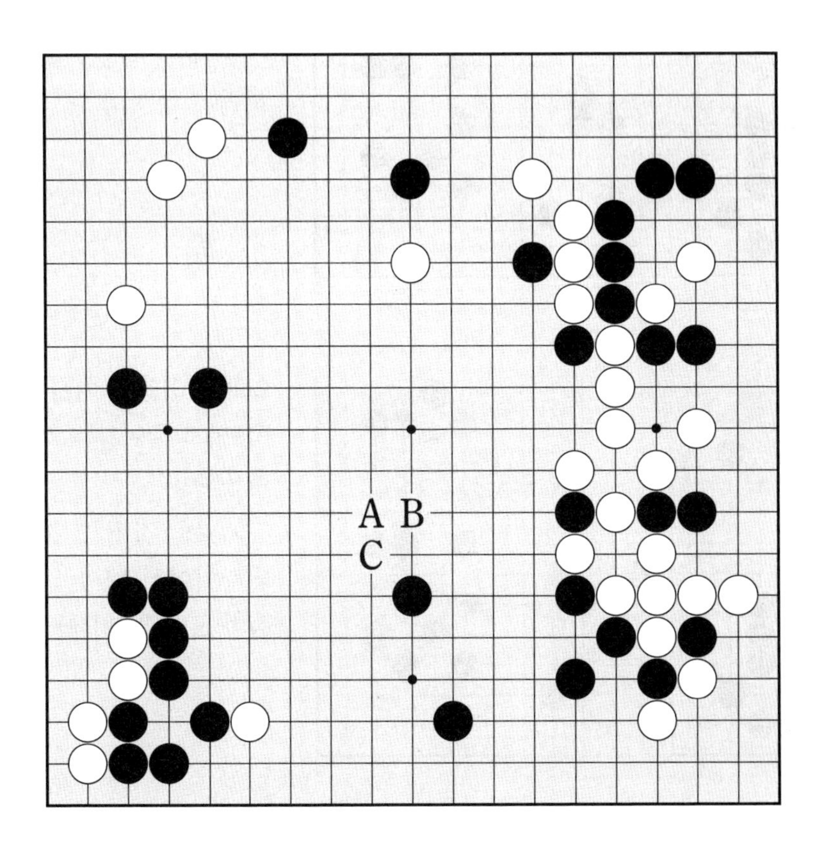

▨ 삭감의 급소를 찾아라

두터운 좌중앙 흑 모양이 얼마나 집으로 굳어지느냐가 관건이다.

백은 A~C 가운데 과연 어디까지 들어가야 할까? 전체 형세와도 밀접한 관련이 있다.

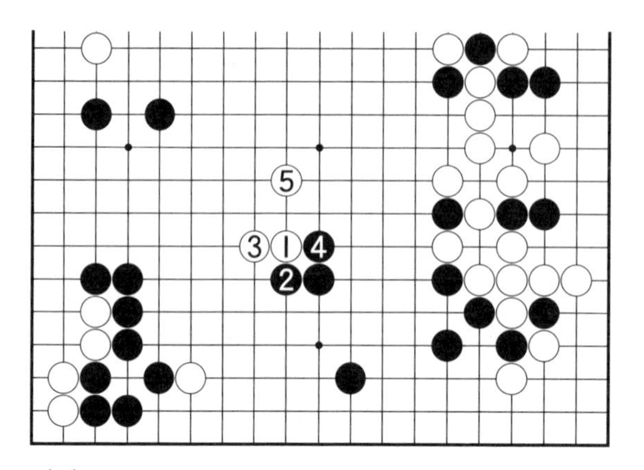

정해

정해 (절호의 어깨짚음)

백1로 어깨짚어 가는 것이 절호의 삭감점이다.

이래야 흑집을 최소화 시키며 형세의 균형을 잡을 수 있다.

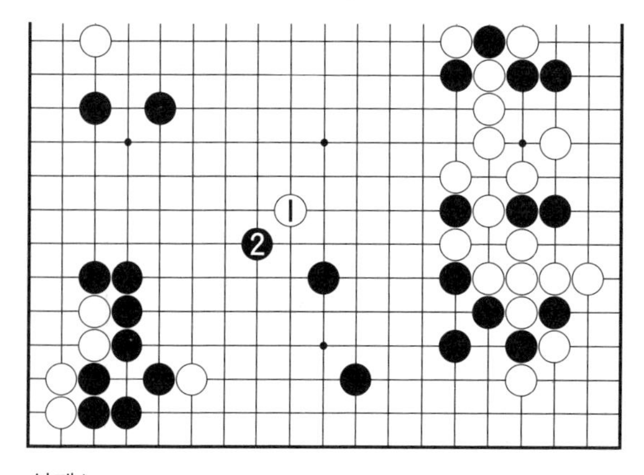

실패1

실패1 (미흡한 삭감)

백1까지 들어가는 것은 좀 미온적이다.

흑2로 지키는 자세가 제격이어서 백이 크게 미흡하다. 백의 비세!

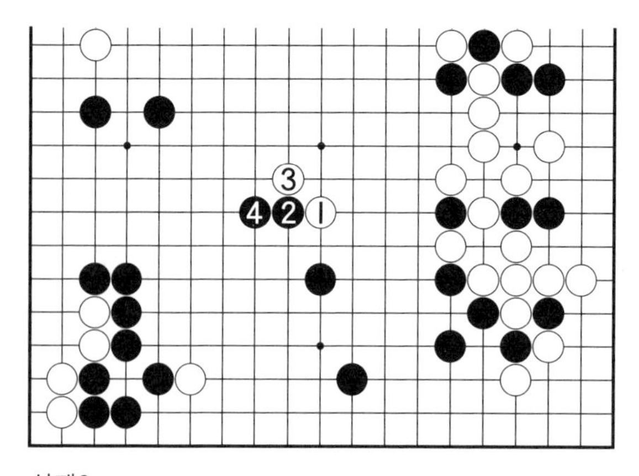

실패2

실패2 (천하태평)

백1의 모자는 지나친 안전책이다.

형세가 아주 넉넉할 때나 쓸 수 있는 무기력한 태도이다.

▦ 문제 07

● 흑 차례

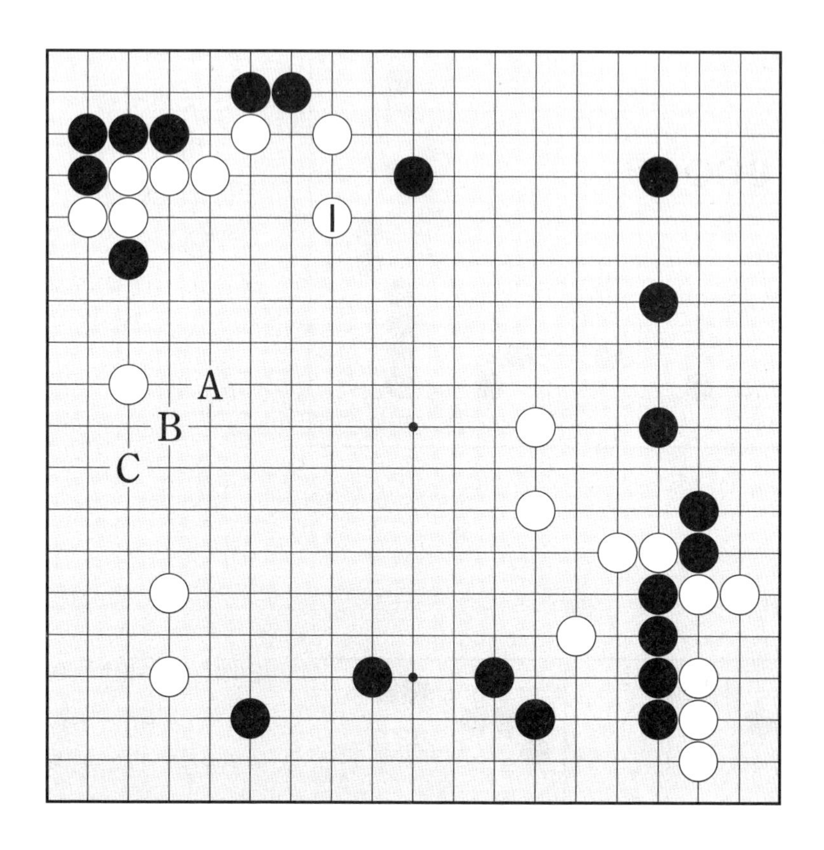

▨ 침투냐 삭감이냐 (1)

백이 1로 뛰자 좌변 백 모양이 초점으로 부상했다. 흑은 A~C 가운데 어떤 자세를 취해야 할까?

겉보기에 침투와 삭감 사이에서 균형감을 갖고 신중하게 선택해야 한다.

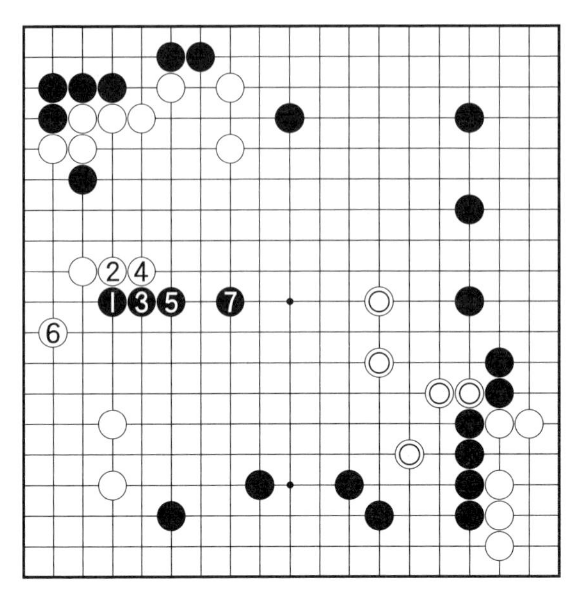

정해

정해 (대세 중시)

흑1로 어깨짚어 삭감해가는 것이 대세를 중시한 태도이다. 이하 7까지 좌변 백진을 납작하게 만들면서 중앙을 강화시켜 흑이 충분한 국면이다.

백◎들도 은연중에 약해졌다는 데 주목된다.

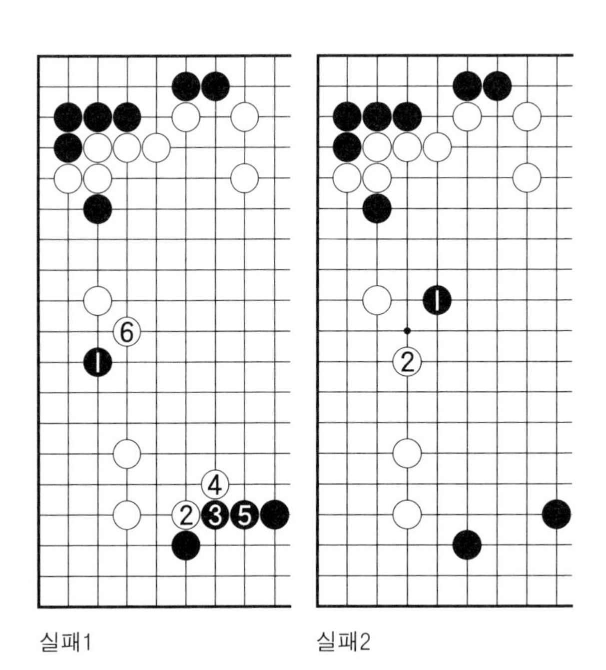

실패1　　실패2

실패1 (과격한 발상)

흑1로 침입하는 수는 백2~6으로 공격을 당해 답답하다. 흑이 안에서 쌈지뜨고 사는 사이 대세의 주도권은 백에게로 넘어갈 것이다.

실패2 (어설픈 감각)

흑1의 모자는 어설픈 감각이다.

백2가 안성맞춤이어서 너무 싱겁지 않은가.

문제 08

○ 백 차례

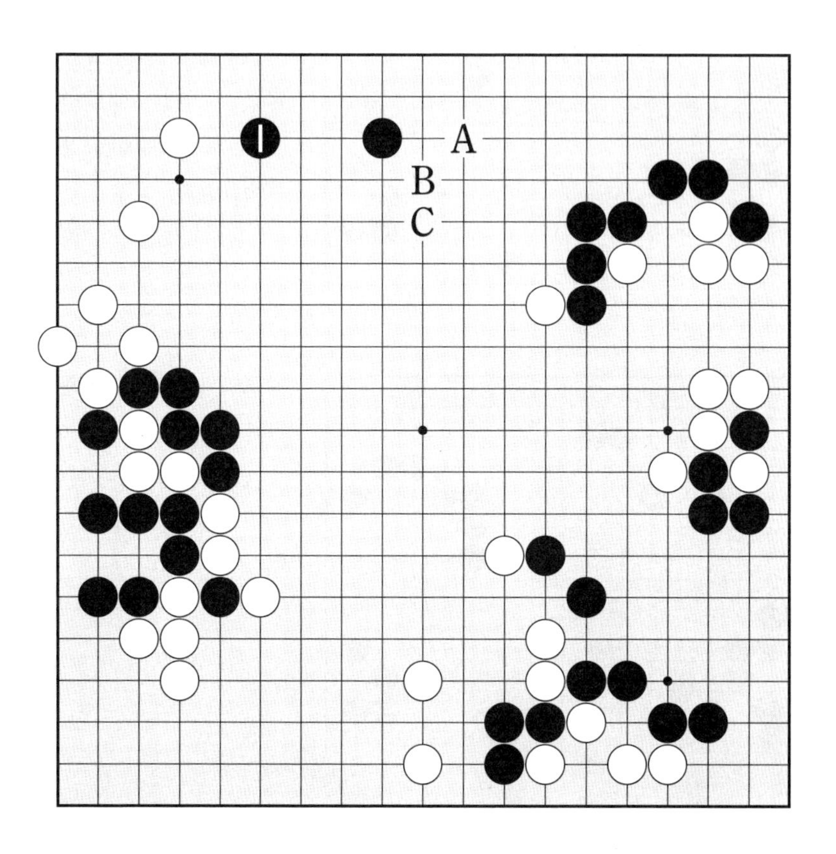

침투냐 삭감이냐 (2)

흑이 1로 벌리자 상변 흑진이 크게 부풀 형국이다.

백은 A～C 가운데 어떤 수법을 써야 할까? 냉정한 형세판단이 중요하다.

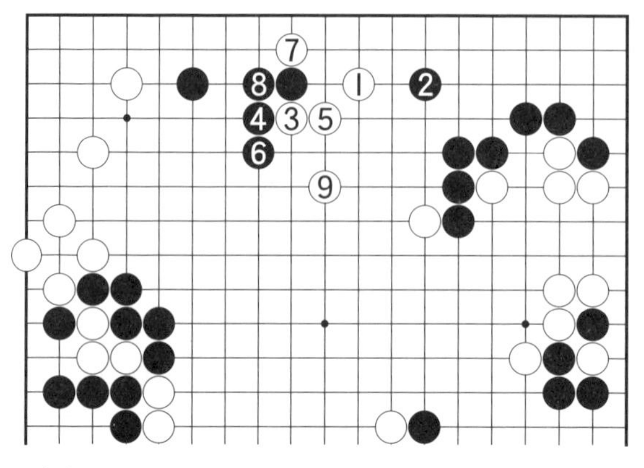

정해

정해 (과감한 돌입)

지금은 백이 불리한 형세인 만큼 1로 과감히 침입하는 승부수를 던져야 한다. 흑2에는 백9까지 그런대로 수습해 한숨 돌린 모습이다.

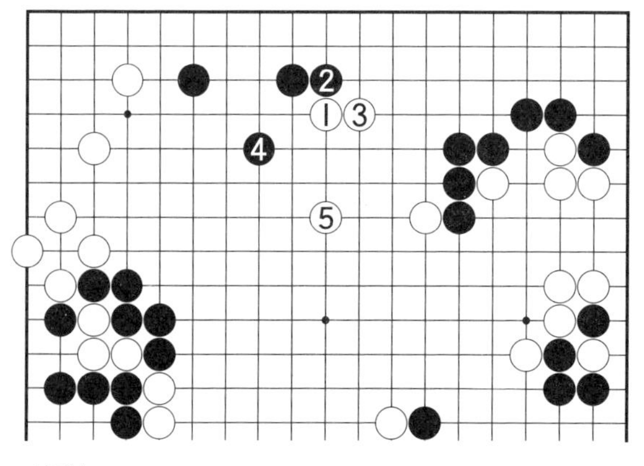

실패1

실패1 (미흡한 어깨짚기)

백1의 어깨짚기는 이런 형태에서의 상용 수법이지만, 형세가 불리한 지금은 미흡하다.

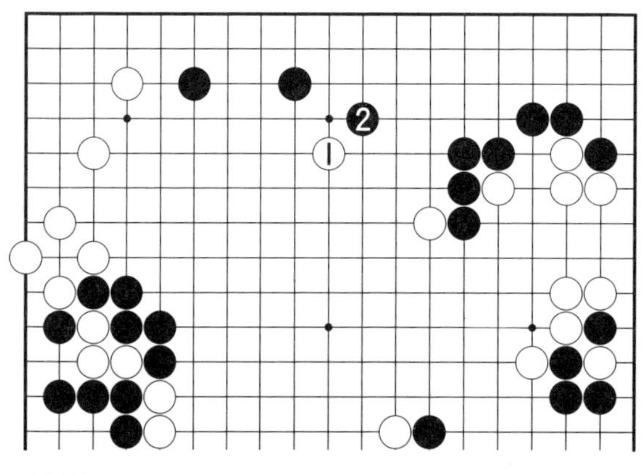

실패2

실패2 (앉아서 지는 길)

백1은 너무 무력한 태도이다. 흑2로 상변이 고스란히 굳어지는 순간 백은 필패지세가 된다.

▦ 문제 09

○ 백 차례

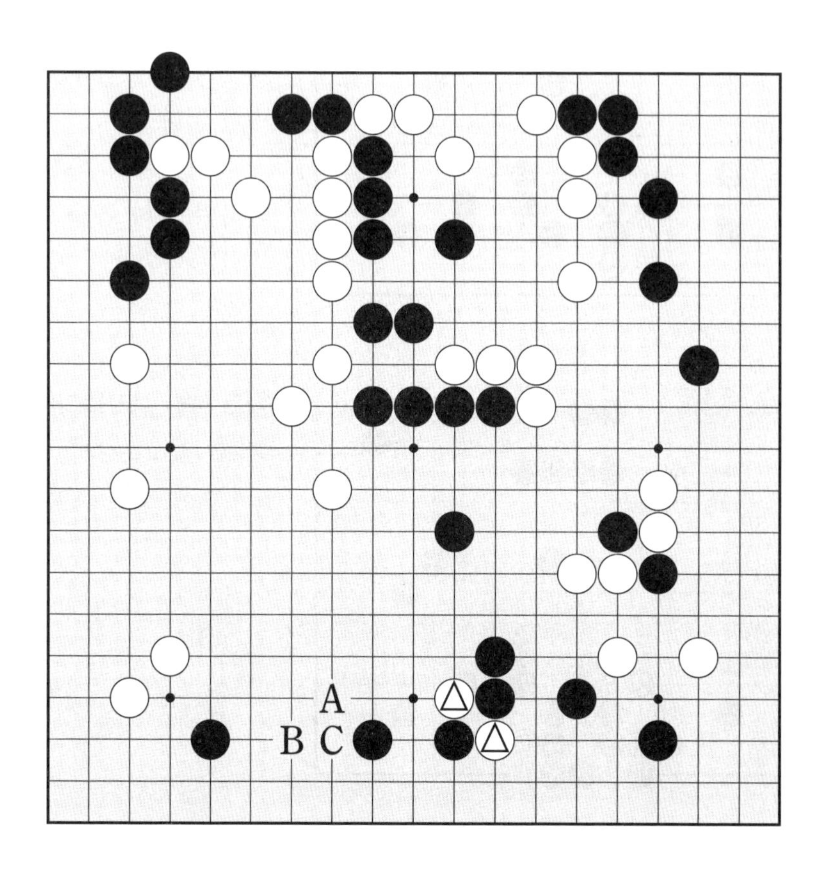

▨ 포로의 뒷맛을 이용하라

하변 흑 모양이 일견 완벽해 보이지만, 실은 치명적인 허점이 있다.

흑진의 허를 찌르는 침투의 급소는 A~C 가운데 어디일까? 백△들의 뒷맛이 복선이다.

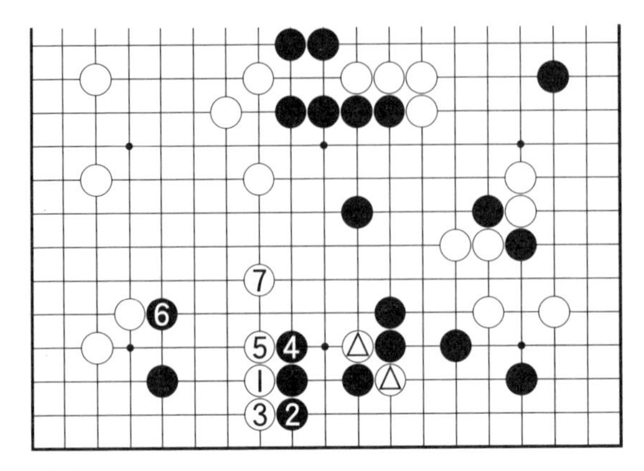

정해

정해 (예리한 맥점)

백1로 붙여가는 것이 예리한 맥점이다. 백△의 뒷맛 때문에 흑은 함부로 맞설 수가 없다.

이하 7까지 흑진을 돌파하며 좌하 흑을 고립시켜서는 백의 침투 대성공!

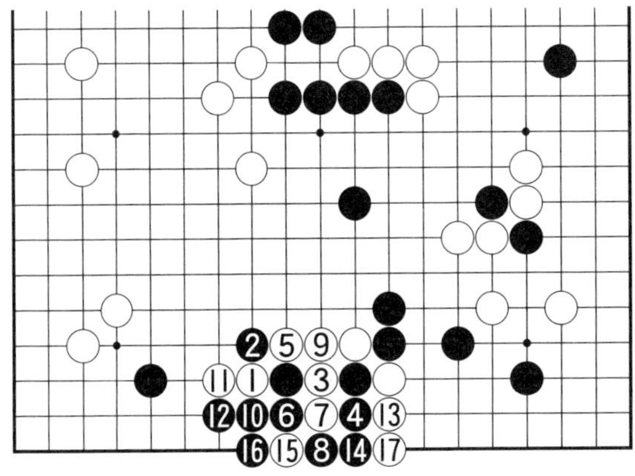

참고

참고 (흑, 걸려들다)

흑2로 젖히는 것은 백3~5의 맥에 걸려 큰 일이 난다. 흑8~10으로 버텨보아도 백17 다음 흑은 응수 두절이다.

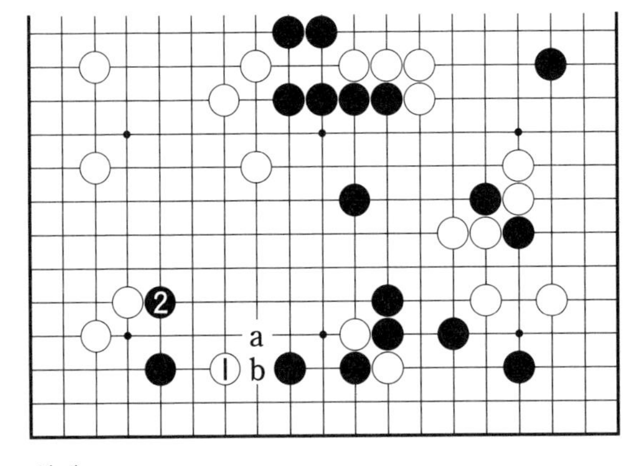

실패

실패 (단순한 발상)

단순히 백1로 뛰어드는 것은 묘미가 없다. 흑2의 반발을 불러 서로 어려운 상황이 될 것이다.

한편 백a는 어설픈 속수. 흑b를 두게 해주어 이적행위에 가깝다.

▦ 문제 10

○ 백 차례

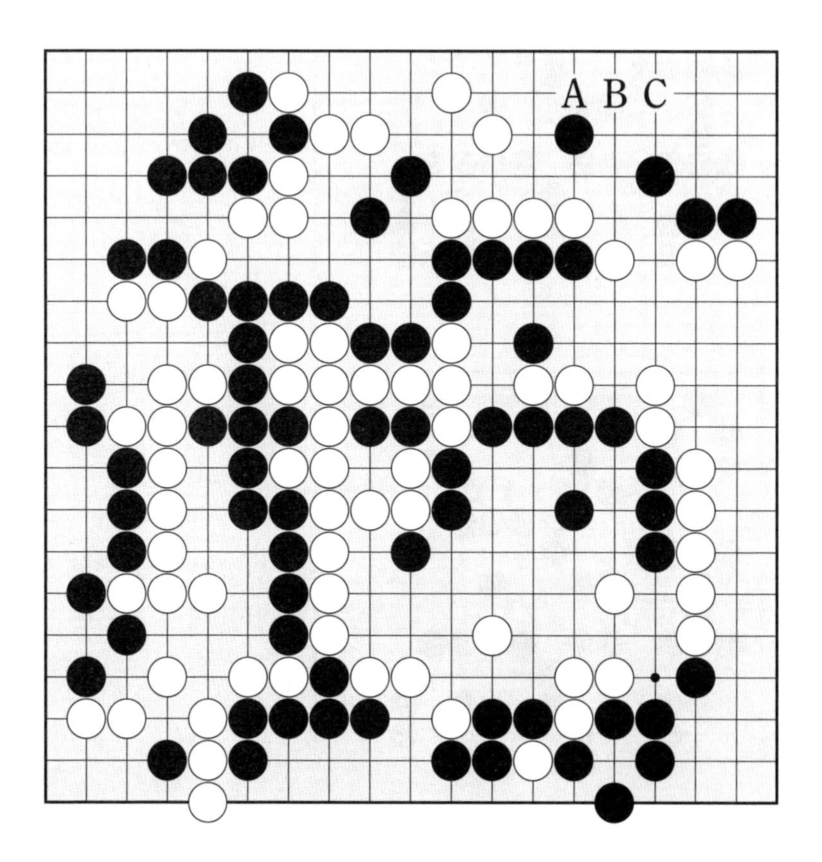

▨ 최선의 끝내기를 찾아라

반상이 거의 정리되고 끝내기만 남은 상황이다.

우상귀 흑진을 추궁해 최대한의 이득을 구하는 최선의 끝내기 수단을 찾아보자. A~C 중에서 선택해보자.

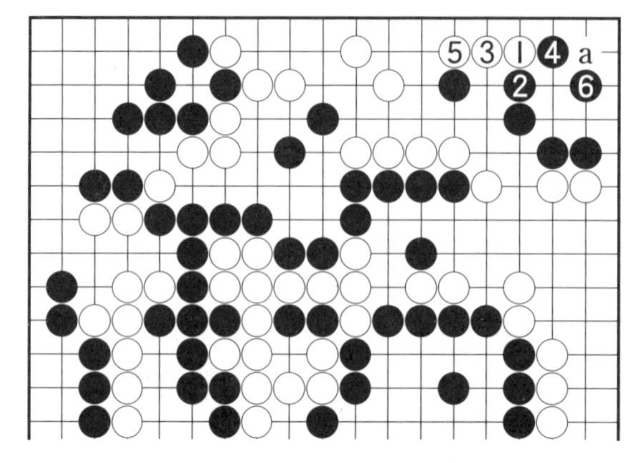

정해

정해 (통렬한 급소)

백1의 저공침입이 통렬한 급소이다. 이하 6까지 백은 선수로 큰 이득을 취해 승세를 굳힐 수 있다(흑6을 손 빼면 백a로 큰 일).

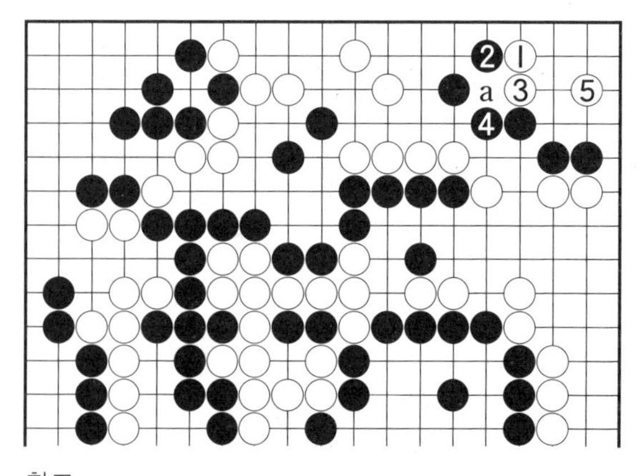

참고

참고 (흑, 위험)

백1 때 흑2로 버티는 것은 대무리이다.

백5까지 되고 나면 a의 단점 때문에 백을 잡을 수 없어 흑이 거꾸로 잡힐 공산이 크다.

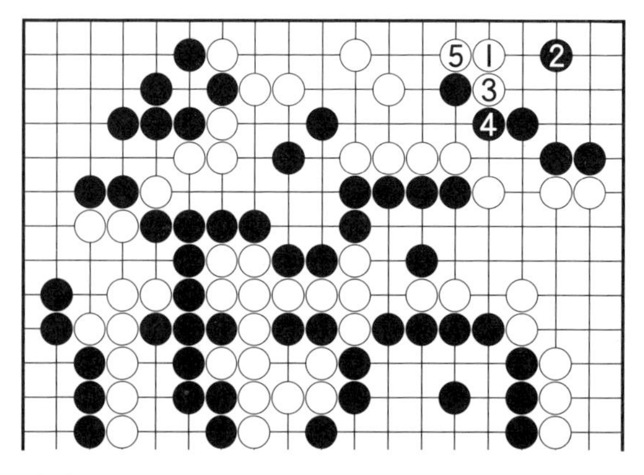

실패

실패 (어설픈 끝내기)

백1의 침입은 사이비 급소. 백5까지 이득은 취했지만, 백의 후수라는 점에서 정해에 못 미친다.

한편 백이 5로 붙이는 수는 낙제점에 해당한다. 흑1로 받아 그만이다.

중반 실전편

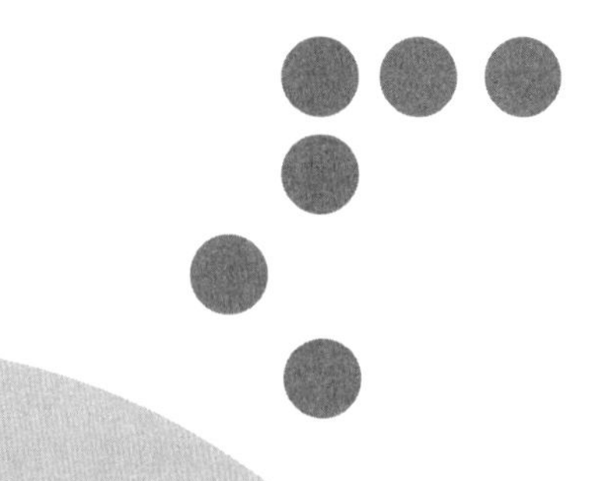

1장

중반 전술의 기본

들어가기 전에

한판의 바둑에서는 반드시 뛰어들기의 장면이 나오기 마련이다. 그 시기와 장소는 각각 다르겠지만, 상대의 진영에 뛰어들어 일거에 우세를 쌓기도 하고 불리한 형세를 역전시키기도 한다.

따라서 그 과정에서 공격과 방어가 일어날 것이다. 즉 한쪽은 뛰어든 말을 몰아붙여 이득을 보려 하고, 다른 한쪽은 그에 맞서 가볍게 타개하든가 반격을 노리는 일련의 싸움이 벌어진다.

말하자면 초반과 중반 무렵에 공격하는 자와 방어하는 자로 나뉘어 가장 첨예한 싸움을 벌이는 분야가 이 뛰어들기 또는 침입이라고 할 수 있다. 이 장에 나오는 유형들은 포석과 정석 이후, 중반 무렵에서 테마를 구한 것들로 가벼운 마음으로 도전하고 배우기 바란다.

1형

공격의 기본감각 (1)

● 흑 차례

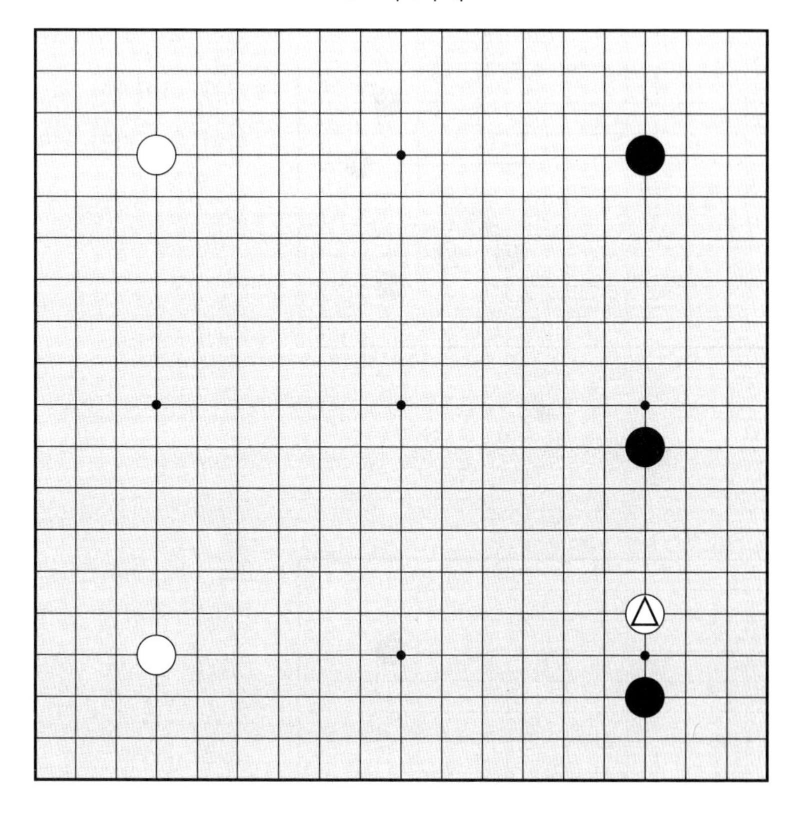

흑이 우변에 높은 중국식을 편 포석에서 백△로 곧장 뛰어들었다.

이 수는 부분적으로는 걸침이지만, 흑의 세력권에 들어온 것이므로 당연히 침입의 한수이기도 하다. 공격의 기본 패턴을 그려보기 바란다.

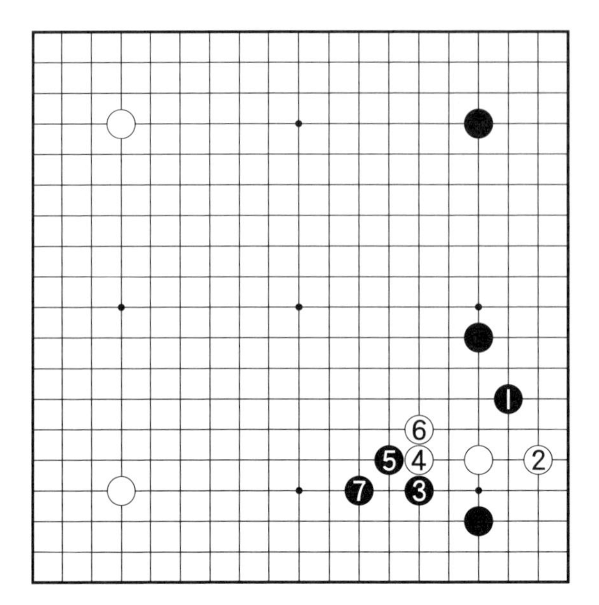

1도

1도 (흑의 독단)

흑1로 다가서는 것은 감각이 나쁘다. 백2로 뛰어만 준다면 흑3으로 여유있게 추격하며 하변도 굳히는 그림 같은 진행이 되지만, 여기에는 흑의 일방적인 수읽기가 들어있다. 백2로는~

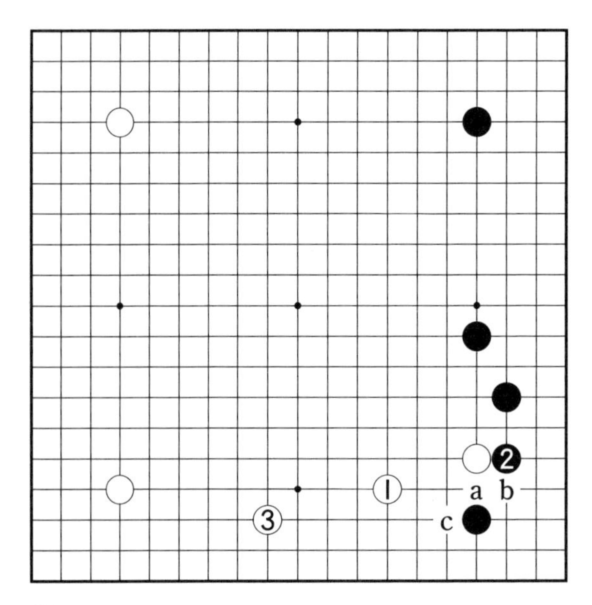

2도

2도 (흑, 뒤처진다)

백1로 가볍게 돌아선다. 흑2로 넘으면 백3으로 하변을 전개해 흑이 포석부터 뒤처지는 느낌을 지울 수 없다.

다음 백은 a, 흑b, 백c로 두든가 직접 b로 젖혀 귀에서 사는 수를 노릴 것이다.

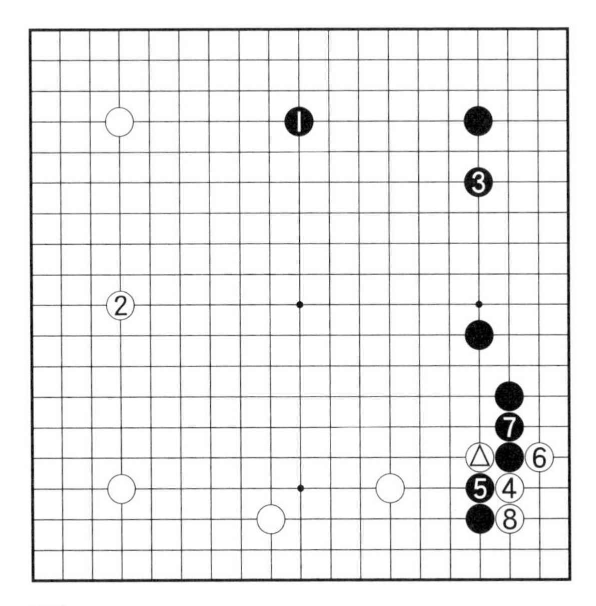

3도

3도 (귀의 맛)

일례로 흑1로 상변의 큰 자리를 가고 백2, 흑3의 진행을 예상하면 백은 당장이라도 4부터 귀에서 사는 수단이 있다.

귀의 사활은 패가 나는 과정도 있지만, 흑이 패에 지면 백Ⓐ 한점의 역할이 커진다.

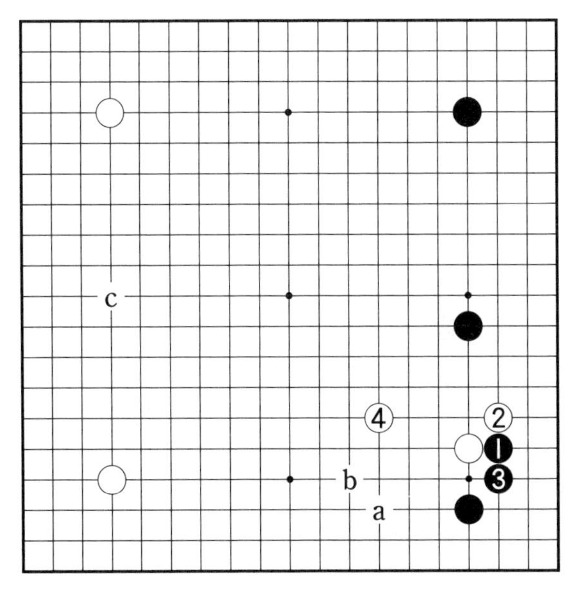

4도

4도 (붙여끌기)

흑1, 3으로 붙여끄는 수도 무거운 발상이다. 가볍게 날아오르는 백4의 눈목자 응수가 빛나는 호착이 된다.

다음 흑a라면 백b로 어깨를 짚든가 c로 좌변의 큰 자리로 돌아서던가 해서 백이 둘 만할 것이다.

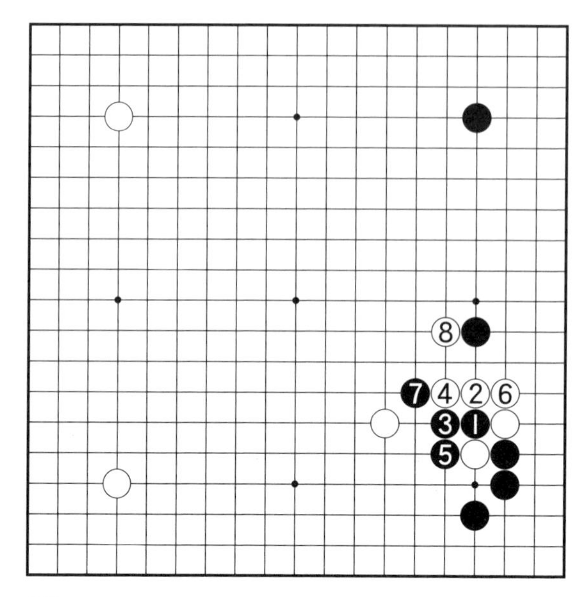

5도

5도 (탄력 있는 모양)

우하 백의 모양은 얼핏 허술해 보이지만 탄력이 있다. 흑1로 끊으면 백2, 4로 몰고 밀어 모양을 정돈한다. 흑7에는 백8로 붙여나가 수습한다.

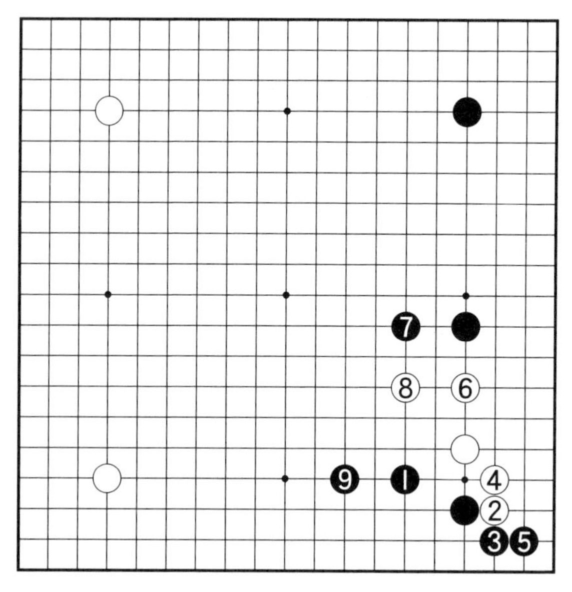

6도

6도 (날일자 응수)

여기서는 하변 쪽에 주력하는 감각으로 둘 자리로, 흑1의 날일자 응수가 상식이다. 백2, 4의 붙여끌기 이하 흑9까지의 진행이 보통의 패턴이라 할 수 있다.

흑은 백을 상하에서 압박하며 세력과 집을 동시에 얻어 충분하다.

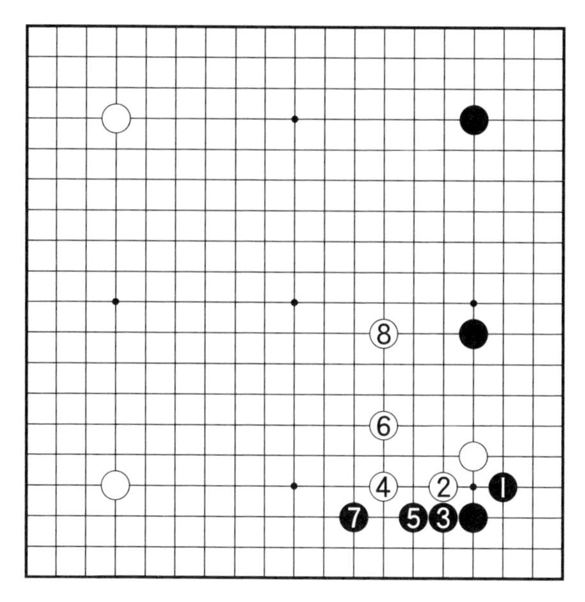

7도

7도 (가볍게 진출)

흑1은 공격에 뜻을 두고 근거부터 없앤 뜻이지만, 백이 막지 않고 2에서 4로 가볍게 진출해 할 말 없게 된다.

이하 백8까지 보기 좋게 상대 세력권에서 터를 잡아서는 흑의 실패가 분명하다.

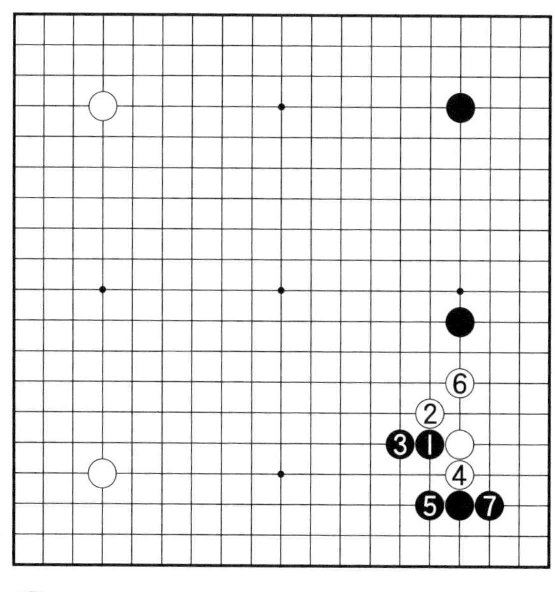

8도

8도 (붙여뻗음)

참고로 흑1로 위에서 붙여뻗는 수도 백4, 6까지 탄력 있는 모양을 만들어 준다.

4도에서도 그랬지만 공격을 하려는 돌에 붙이는 것은 기리에 어긋난다. 그래도 이 그림이라면 좀 낫지만~

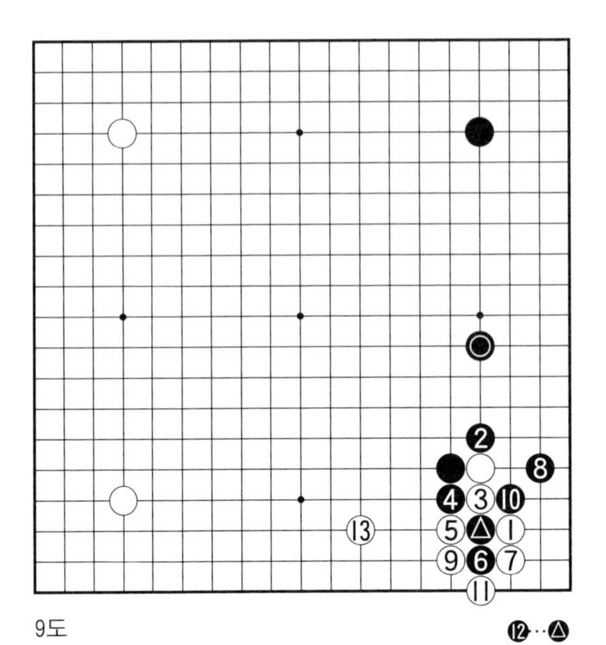

9도

9도 (흑, 불만)

앞 그림의 2로는 이 그림 백1로 안쪽 붙임을 둘 가능성이 높다.

이하 13까지는 하나의 정석인데, 백의 실리가 훌륭한 반면 흑의 두터움은 ◉ 한점이 가까이 있는 게 불만이다.

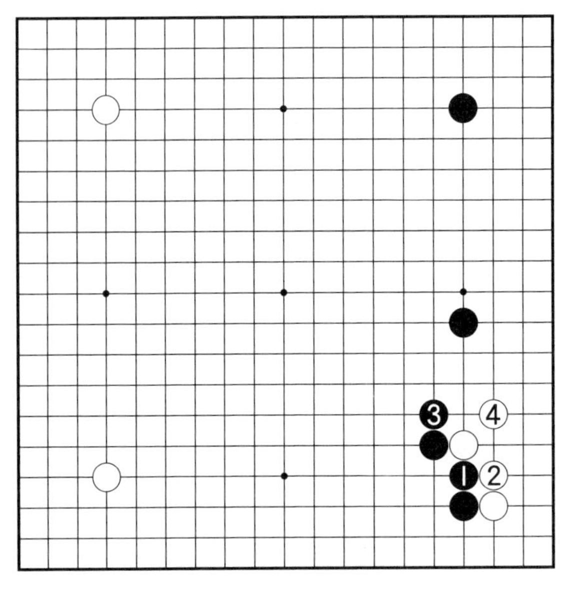
10도

10도 (이상감각)

끝으로, 돌의 방향감각이 근본적으로 잘못된 예를 본다.

앞 그림 2의 수로 이 그림 흑1로 치받고 3으로 뻗는 것도 백4까지 귀를 크게 파고 살아 흑의 의문이다. 자신이 소중히 해야 할 우변 쪽에 아무 꿈이 없게 되어서는 작전 실패가 역력하다.

2형

공격의 기본감각 (2)

● 흑 차례

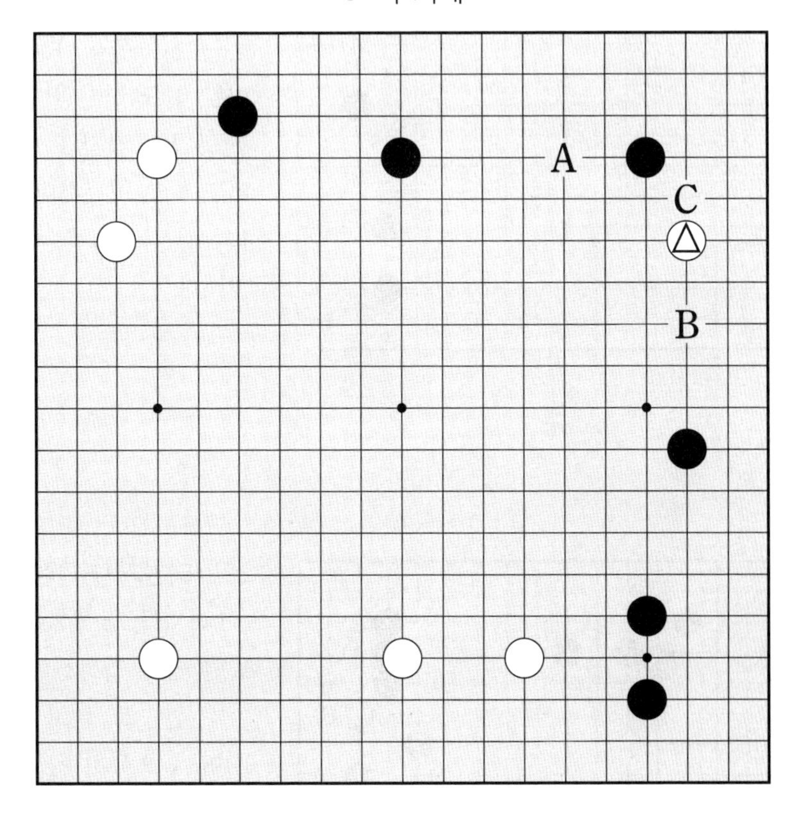

이번에는 낮은 중국식 포석으로 12수째 백Ⓐ로 걸쳐왔다. 흑의 다음 수는 A의 한칸받음, B의 협공, 그리고 C의 마늘모붙임 등 세 가지가 보통이다.

우선 감각적으로 떠오르는 수를 선택해보고, 만약 틀렸다면 정해의 그림과 비교해보기 바란다.

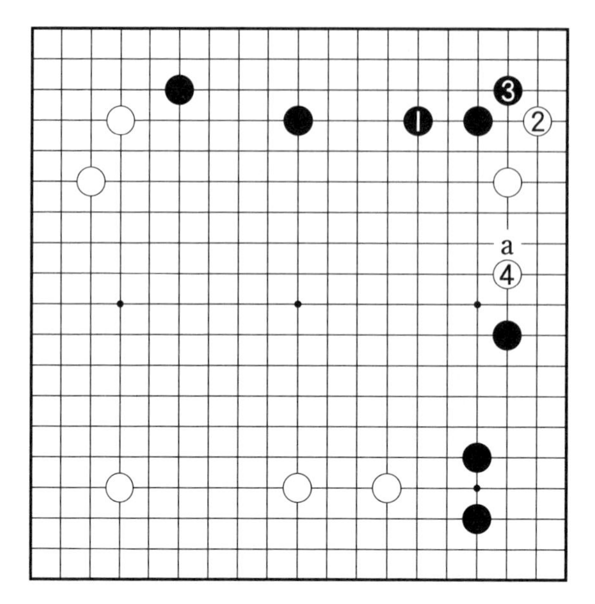

1도

1도 (백, 쉽게 안정)

흑1로 받으면 백2로 미끄러지고 흑3에 백4로 안정해 재미없다. 또 흑3으로 a에 협공해도 백은 3으로 마늘모해 들어가 마찬가지로 쉽게 안정한다.

공격의 감각을 조금이라도 갖고 있는 사람은 흑1과 같은 수를 두지 않을 것이다.

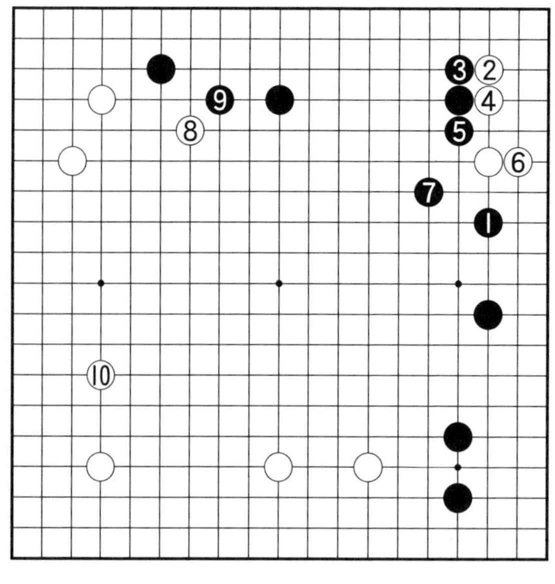
2도

2도 (마찬가지 안정)

흑1의 협공도 백2로 뛰어들면 쉽게 안정한다. 백6까지 선수로 살고 8에서 10이면 포석의 관상으로 보아 흑이 덤을 내기 힘든 국세이다.

흑3으로 4, 백3으로 두는 정석도 흑이 더 낫다고 말할 수 없을 것이다.

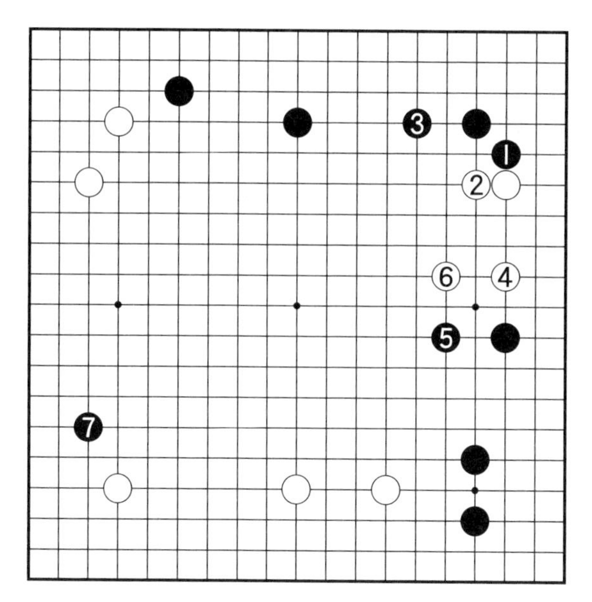

3도

3도 (붙여세우는 공격)

흑1로 붙이고 3으로 뛰는 것이 타당한 공격이다. 백4로 좁게 벌리게 하고 흑5로 추격한다.

이것이면 흑은 상변과 우하 일대의 집에 큰 기대를 걸 수 있다.

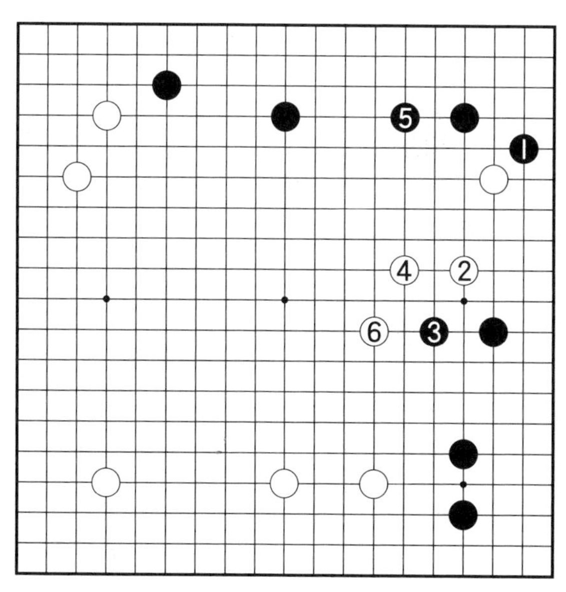

4도

4도 (처진 날일자)

흑1의 처진 날일자는 집에 짠 공격이지만 백2에서 4로 발 빠르게 달아나게 해서 좀 아쉽다.

흑5로 지키는 정도인데 백6으로 날일자 씌운 데까지 백은 앞 그림보다 활발한 국세일 것이다.

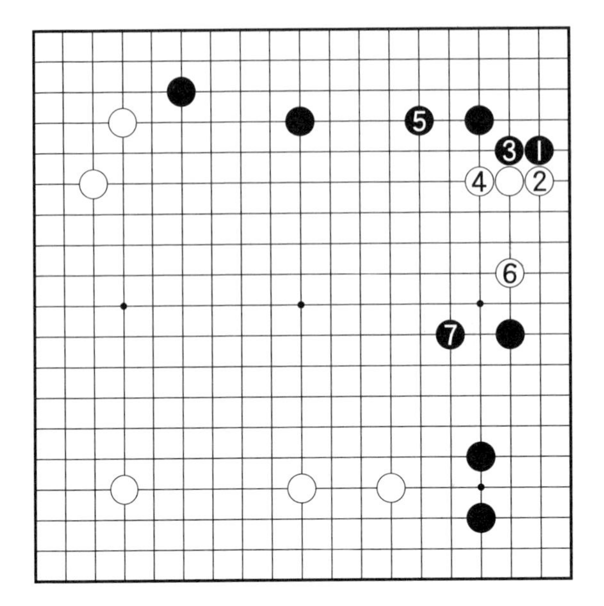

5도

5도 (주문에 편승)

노파심에 하는 얘기지만 흑1에 백2로 막는 것은 흑의 주문에 편승한 꼴이다.

흑3, 5로 귀를 착실하게 지키고 7로 추격하는 리듬이 그만이다. 3도와 비교하면 그 차이가 자명해진다.

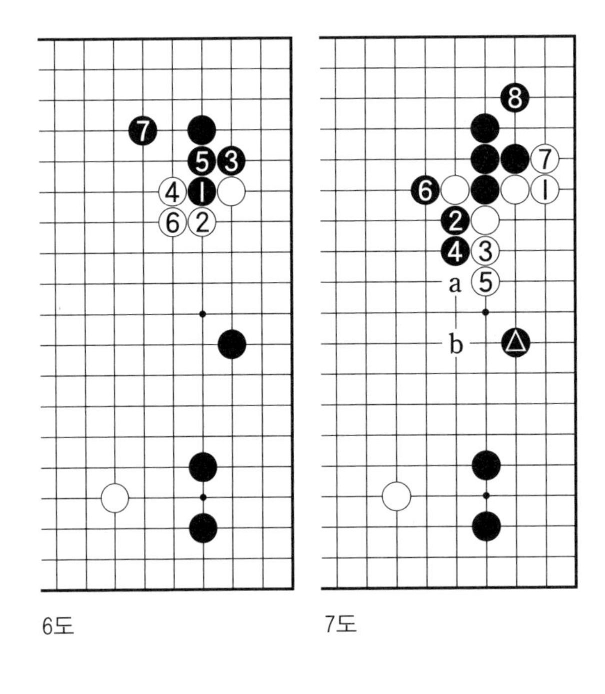

6도 7도

6도 (붙여막음)

흑1, 3으로 붙여막는 수도 추천할 만하다. 백4로 하나 얻어맞지만 백6으로 이은 모습이 무거워 이것도 흑이 둘 만할 것이다.

7도 (안성맞춤의 자세)

그렇다고 백1로 내려서는 것은 흑2로 끊어 견딜 수 없을 것이다. 흑8까지 되고 나서 보면 ▲ 한점이 안성맞춤의 위치에 있다. 다음 백a라면 흑b.

3형

과감하게 손을 빼는 용기

○ 백 차례

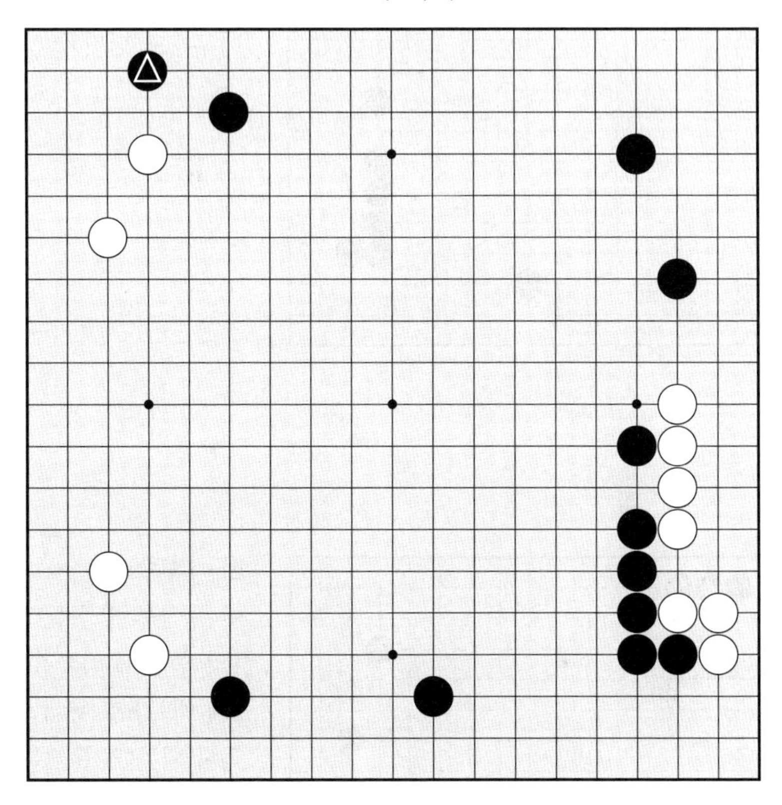

흑이 하변에 미니중국식으로 출발한 포석이 눈에 띈다. 방금 좌상에서 흑△로 미끄러진 장면이다.

백의 다음 착점은 좌상 부근뿐만 아니라 독자적으로 선택해도 좋다.

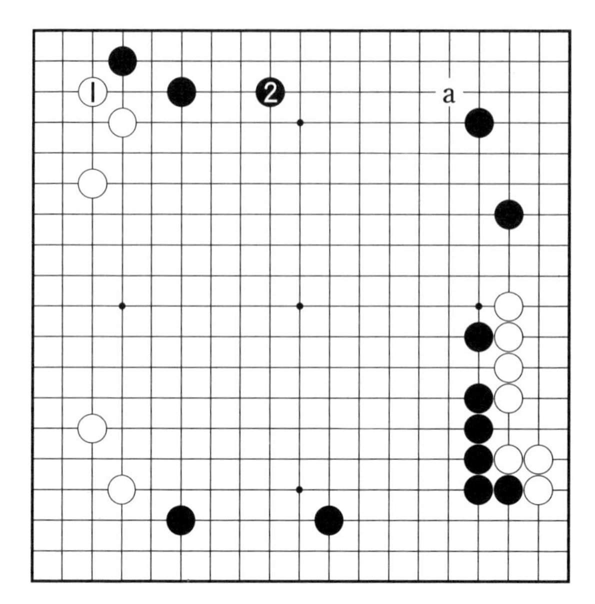

1도

1도 (평범한 정석)

백1로 받는 것은 평범한 정석을 따른 것이지만, 흑2로 벌리고 나면 장차 우상 a의 굳힘이 커서 백은 아무래도 탐탁치 않다.

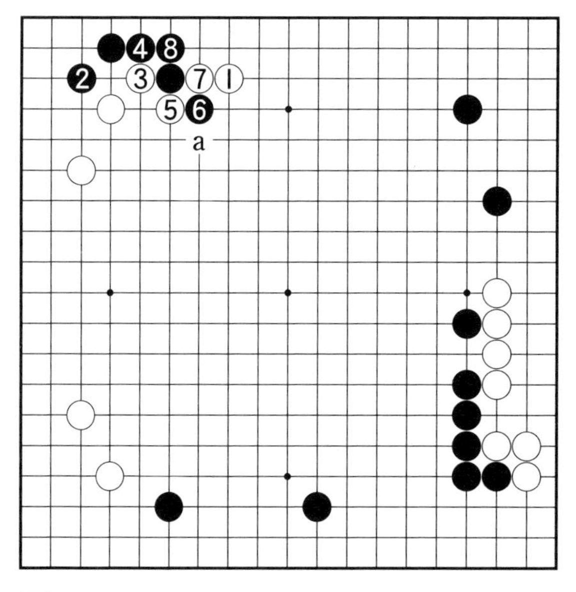

2도

2도 (후수)

이 부근을 응수한다면 백1의 협공도 떠오른다. 흑2에 백3, 5로 봉쇄하는 바둑이 되는데, 문제는 백이 후수라는 점이다.

더구나 흑8 다음 백a의 축이 안 된다. 보다시피 우하 쪽에는 흑의 세력이 대기하고 있지 않는가.

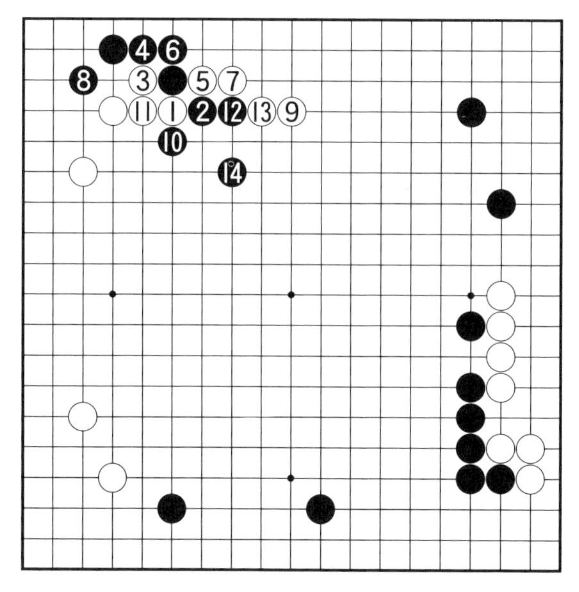

3도

3도 (좌우가 바쁘다)

백1로 붙여가 이하 7까지라도 앞 그림과 같은 모양으로 돌아간다.

여기서 몇 수를 더 진행해 백9에 흑10에서 14로 두게 되면 백은 좌우가 바쁜 모습이어서 탐탁하지 않음을 알 수 있다.

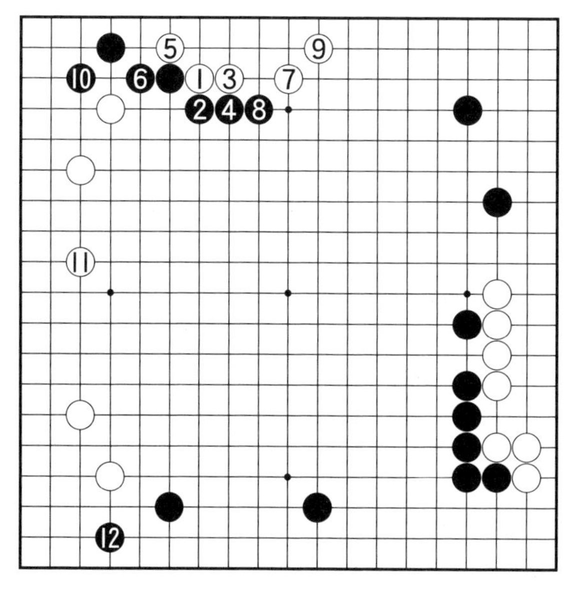

4도

4도 (옆구리붙임)

백1의 옆구리붙임은 어떨까?

흑2로 위쪽에서 젖히면 백3으로 늘어 이하 9까지 상변에서는 백이 재미있지만, 귀에서 흑10이면 백11의 벌림을 생략할 수 없어 흑12의 달림을 허용한다.

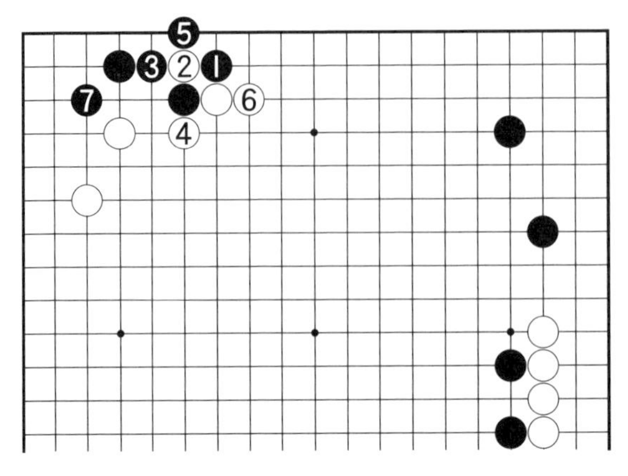

5도

5도 (오산)

흑1에 백2로 맞끊는 맥이 있지 않느냐고 항변하는 사람이 있을지도 모른다. 이하 7까지면 백의 세력이 좋고 선수를 잡으므로 상당한 결과이지만 이는 오산이다. 흑3으로는~

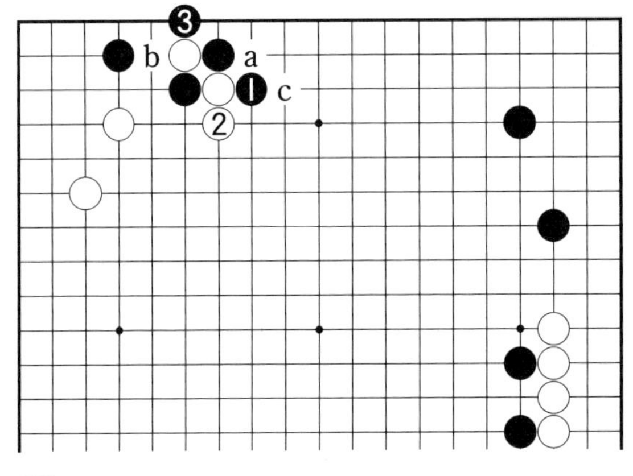

6도

6도 (흑의 반발)

흑1로 몰고 3으로 잡는 반발이 있다.

다음 백a, 흑b, 백c의 축이 성립하지 않을 뿐 아니라 우하 쪽에 백이 축머리를 이용할 소지도 없는 모습이다.

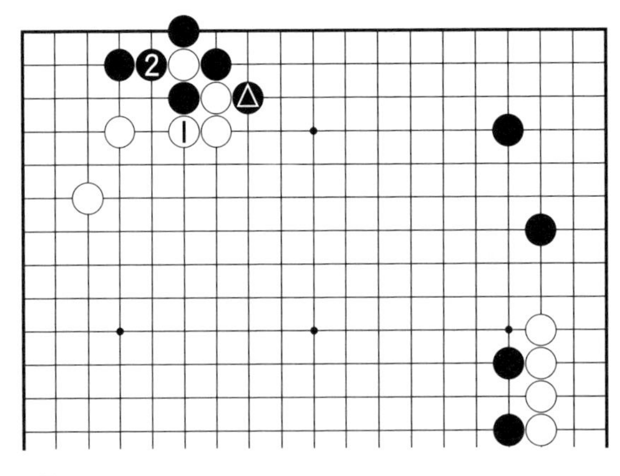

7도

7도 (백, 불만)

그러면 백1로 꼬부리는 정도인데 흑△의 젖힘이 와 있어 상변 쪽의 세력관계에서 5도와는 큰 차이가 난다. 물론 백의 불만이다.

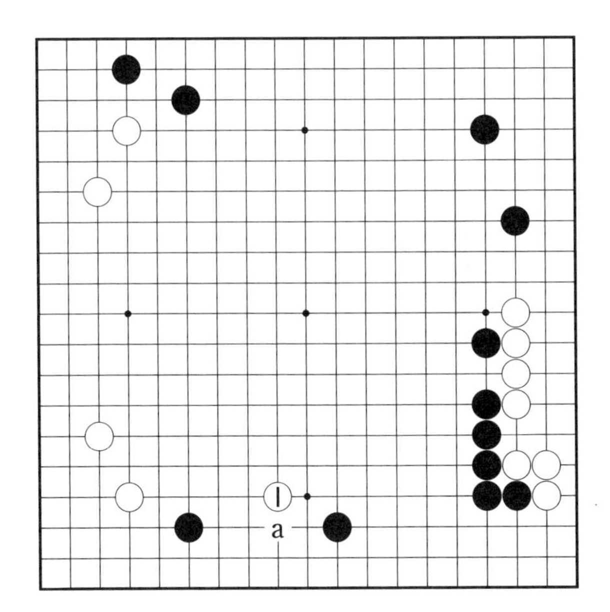

8도

8도 (하변 뛰어들기)

지금까지 보았던 대로 백이 상변 쪽을 두는 것은 어떻게 해도 좋은 결과가 나오지 않았다.

그래서 눈을 돌려 하변 백1로 뛰어드는 수를 권한다. 백1 대신 a도 있지만 그 우열은 가릴 수 없으며, 단지 이 방향이라는 것이 포인트이다.

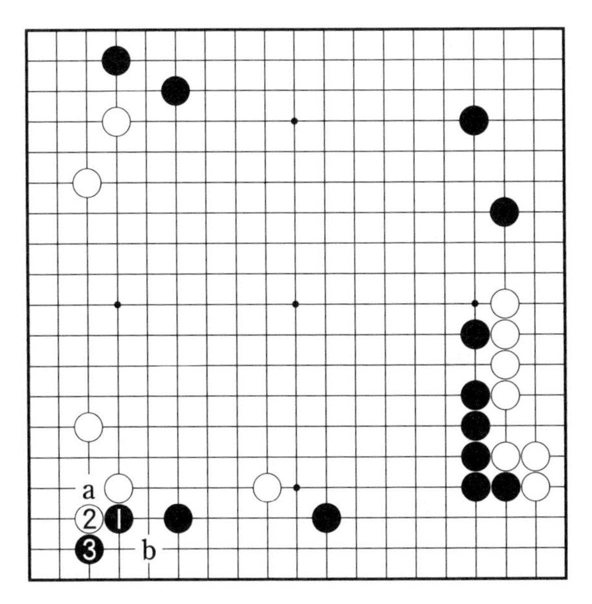

9도

9도 (이단젖힘)

좌하는 흑1로 붙여 3으로 이단젖히는 수가 보통인데, 이에 대해 백a라면 흑b로 쉽게 안정하므로 별 재미없을 것이다.

여기서 백의 최선책은 뭘까?

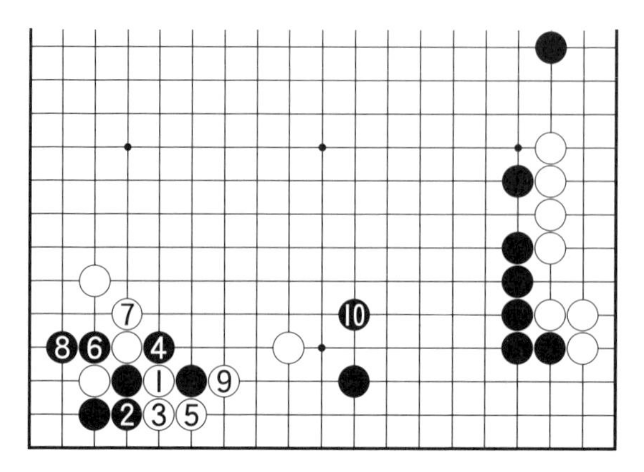

10도

10도 (흑, 앞선 형세)

백1로 몰고 3으로 내려가는 수를 보자. 흑은 4의 끊음으로 맛을 남긴 다음 6, 8로 귀를 살고 백9에 흑10의 요점을 차지하게 된다.

그 결과 아무래도 집으로는 흑이 앞선 형세이다.

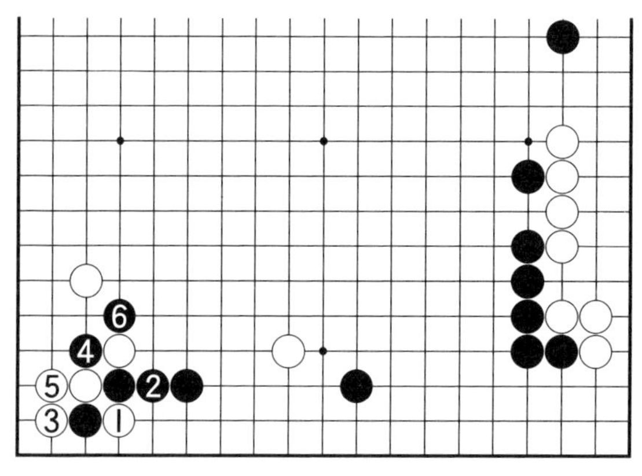

11도

11도 (과격)

그렇다고 백1, 3으로 한점을 끊어잡는 것은 과격하다. 흑4에서 6으로 두어 당장 하변 백 한점이 외로운 처지가 된다.

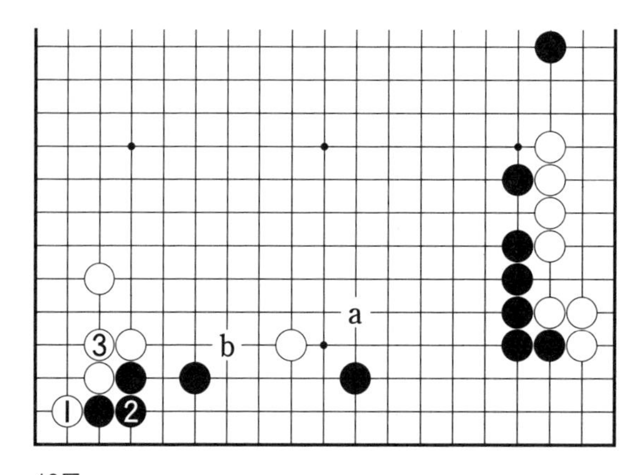

12도

12도 (호각)

백1의 이단젖힘으로 막는 것이 맥이다. 흑2면 백3으로 같이 잇고, 다음 흑이 10도에서처럼 a라면 백b로 공격하는 리듬이 좋다.

이 정도면 호각의 흐름일 것이다.

4형

용이한 수습은 불허하라

● 흑 차례

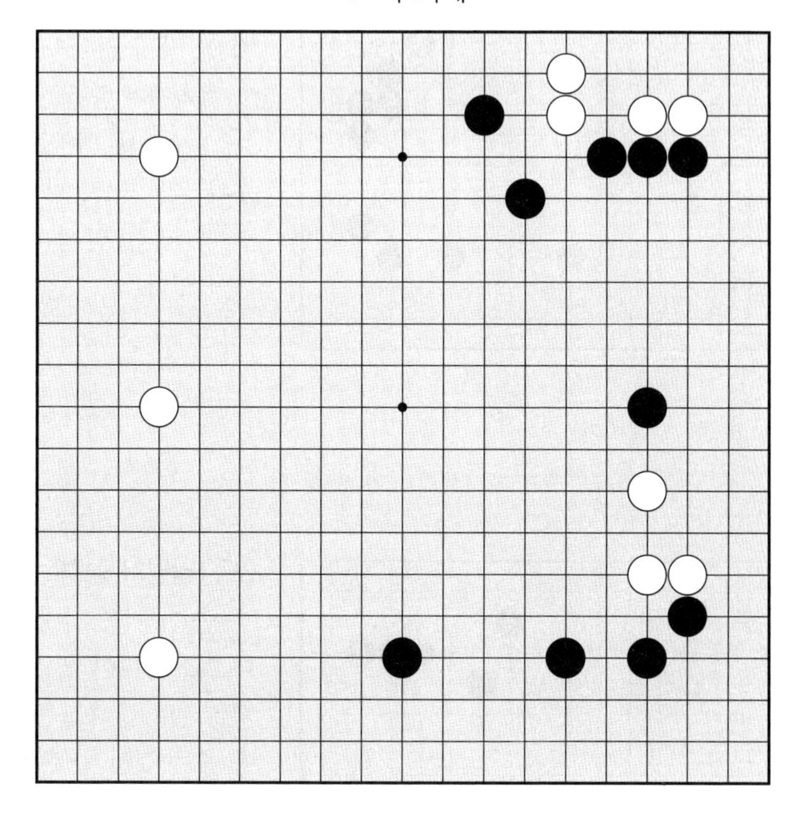

이번에는 3연성 포석. 흑이 둘 차례로 우변 백 석점에 대한 공격이 초점이다.

가장 상식적인 수단을 생각하되 백이 쉽게 수습하지 못하도록 하는 첫수가 중요하다.

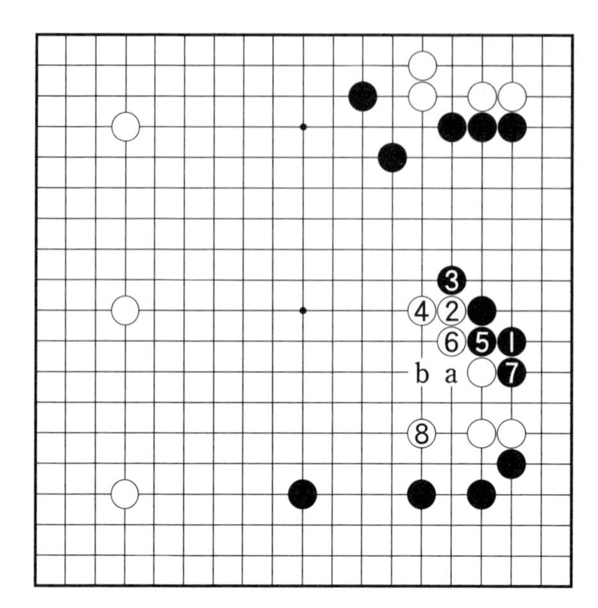

1도

1도 (마늘모 공격)

가장 먼저 떠오르는 수는 흑1의 마늘모 공격이다. 그러나 여기서는 백2, 4로 붙여느는 리듬을 허용해 썩 좋지 않다.

계속해서 흑5, 7로 두는 정도인데 백8로 뛰는 수가 좋은 틀로, 다음 흑a면 백b라는 안성맞춤의 맥이 있다.

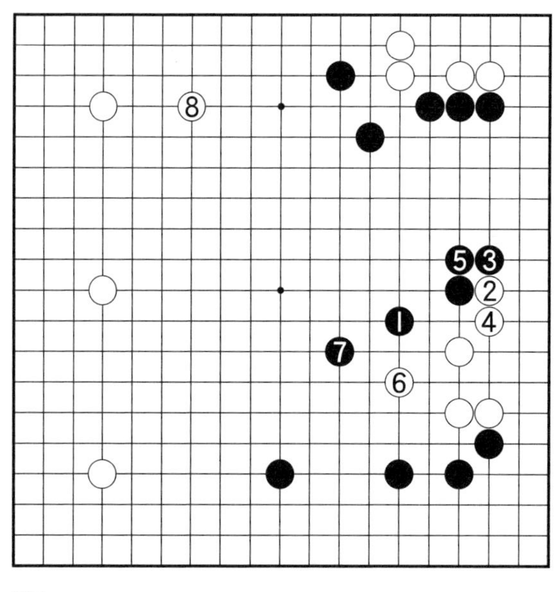

2도

2도 (날일자 공격)

흑1은 '공격은 날일자' 그대로의 행마이다. 그러나 백2, 4로 붙여끄는 여유를 주는 것이 난점이다.

흑7까지 후수를 잡게 되고, 좌상 백8의 두칸 전개가 빛나는 일착이다.

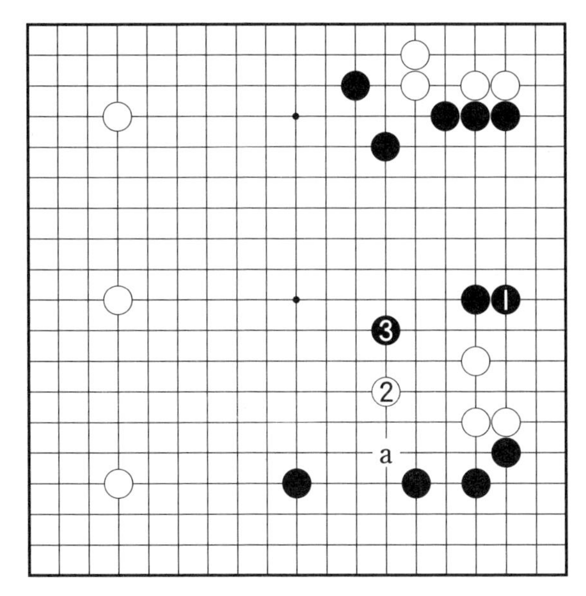

3도

3도 (쌍점 공격)

흑1의 쌍점이 배워 둘만한 공격수이다. 발은 느리지만 이렇게 쐐기를 박아 놓으면 백이 쉽게 수습할 여지를 주지 않는 것이 장점이다.

백2에는 흑3으로 추격하고 다음 a의 급소공격을 본다.

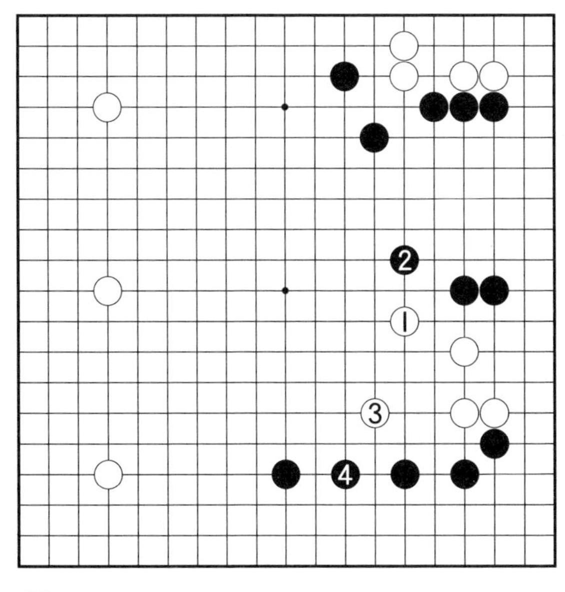

4도

4도 (능률적 공격)

백1의 날일자라면 흑2로 받아 두고 백3에는 흑4로 지키는 리듬이 좋다.

이 그림은 앞 그림과 함께 보다 능률적으로 집을 지키며 공격하고 있는 데 주목한다.

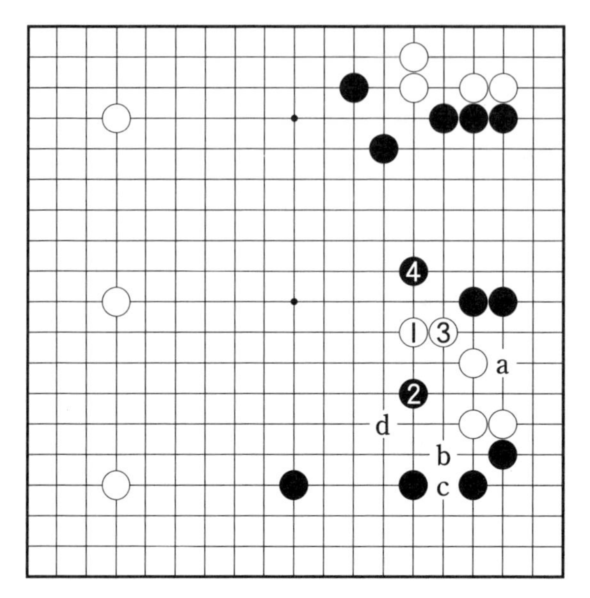

5도

5도 (급소 공격)

백1에 대해 경우에 따라서는 흑2로 급소를 알리고 백3이면 흑4로 추격하는 수도 고려할 만하다.

그러면 흑a의 붙임도 있어 강력한데, 단 백b, 흑c, 백d의 반발수단도 있음에 유의해야 한다.

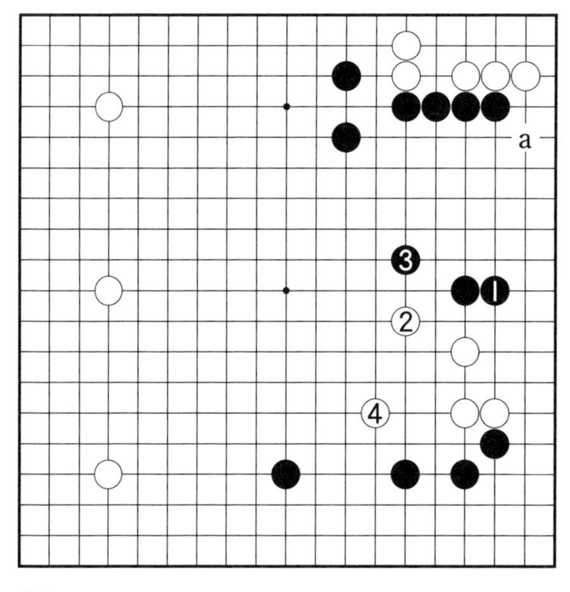

6도

6도 (뒷문 열린 곳)

우상의 뒷문이 열린 곳, 즉 백a의 뜀이 남은 이 같은 배석에서 흑1로 두는 것은 의문이다.

'뒷문 열린 곳을 둘러싸지 마라'는 격언을 떠올리기 바란다.

5형

공격 수순의 중요성

● 흑 차례

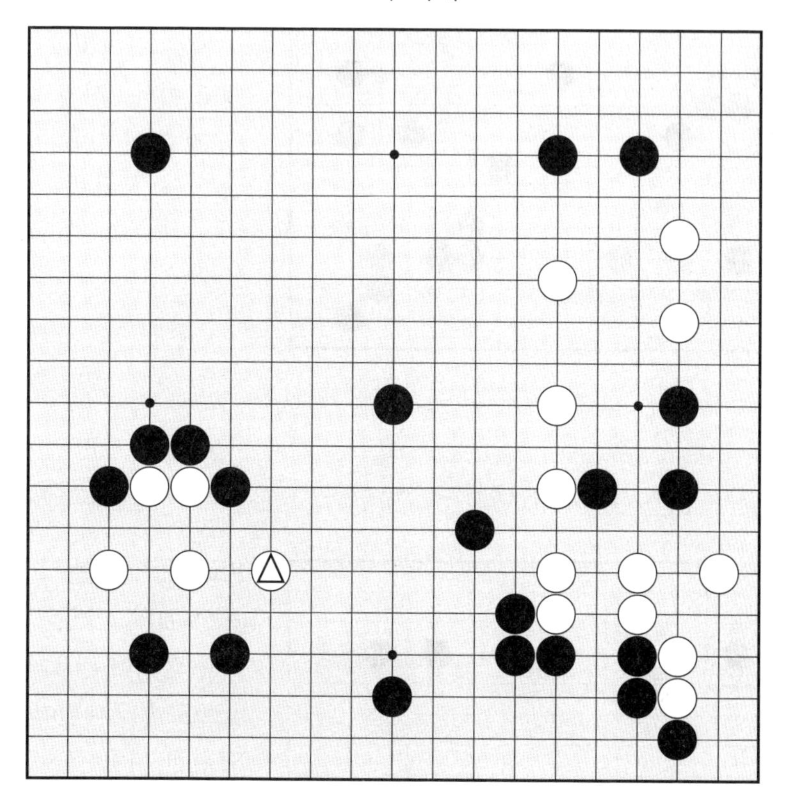

넉점 접바둑으로 방금 백△로 뛰었다.

이 백은 상당히 엷은 돌이지만, 그렇다고 아무렇게나 생각해서 공격했다가는 쉽게 안정한다. 공격하는 수순이 중요하다.

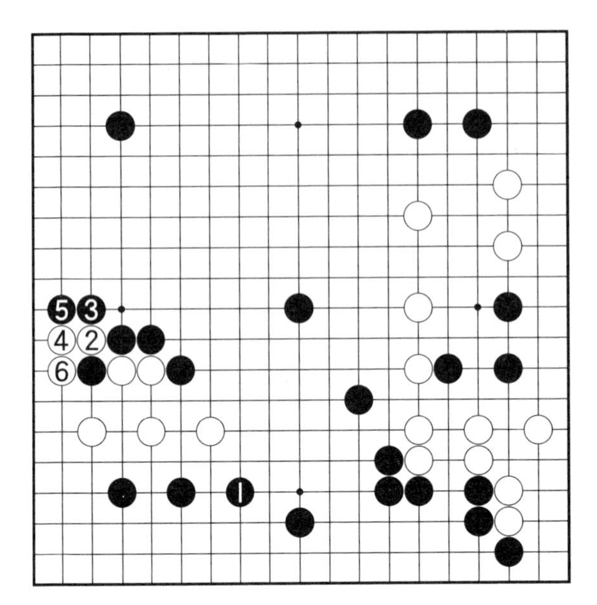

1도

1도 (무기력한 공격)

흑1로 뛰는 것은 공격에는 관심이 없고 자신의 집을 넓히는 데만 신경을 쓰는 태도이다.

백은 당연히 2로 끊을 테고 이하 6까지 흑 한점을 잡고 안정한다.

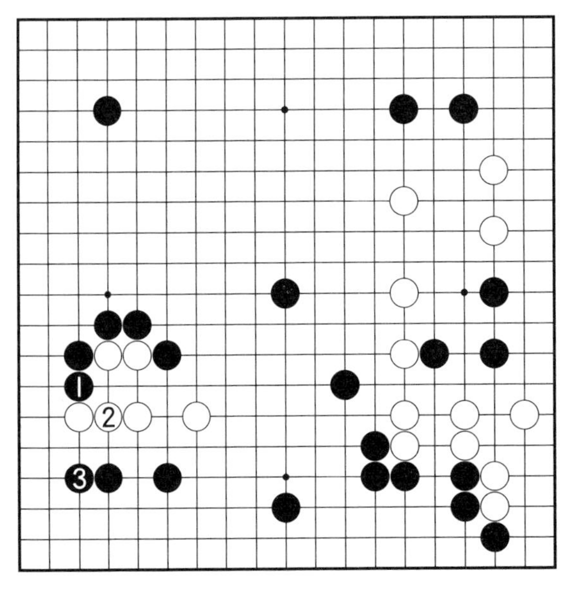

2도

2도 (근거 박탈)

우선 백의 근거를 빼앗는다는 생각이 긴요하다. 흑1로 고개를 내밀어 백2와 교환한 다음 흑3으로 쌍점을 선다.

이로써 백은 눈모양이 취약한 막대 말이 되어 타개하기 곤란한 모습이다.

6형

급소의 위력

● 흑 차례

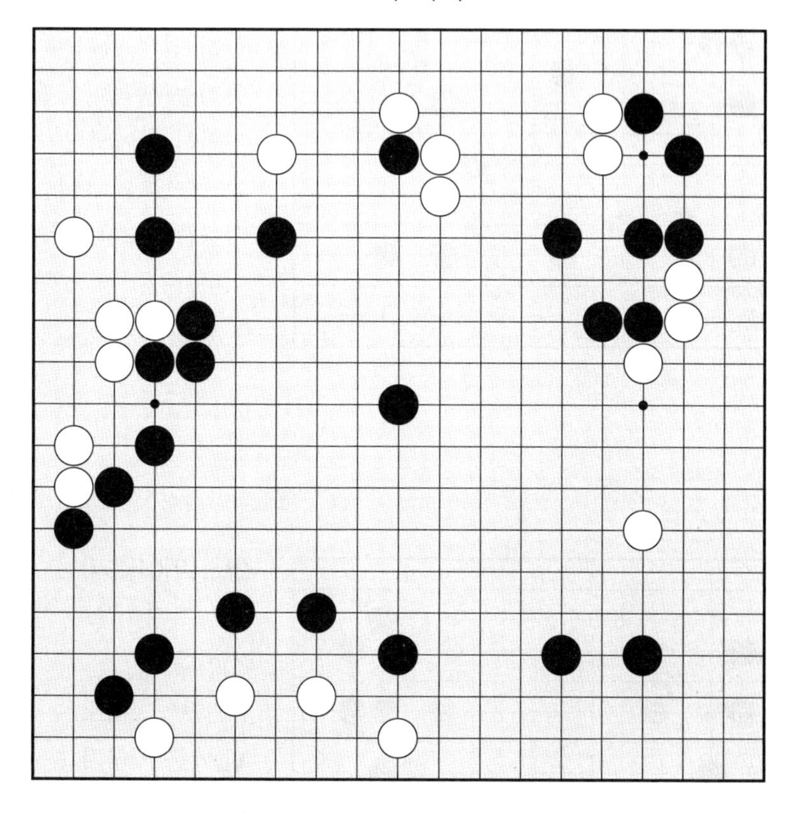

역시 넉점 접바둑. 바둑은 한창 중반단계로 흑이 둘 차례이다.

다음 한수는 공격인데 아무래도 눈길이 가는 곳은 우변이다. 백의 허술함을 정확하게 찔러가는 급소를 발견하기 바란다.

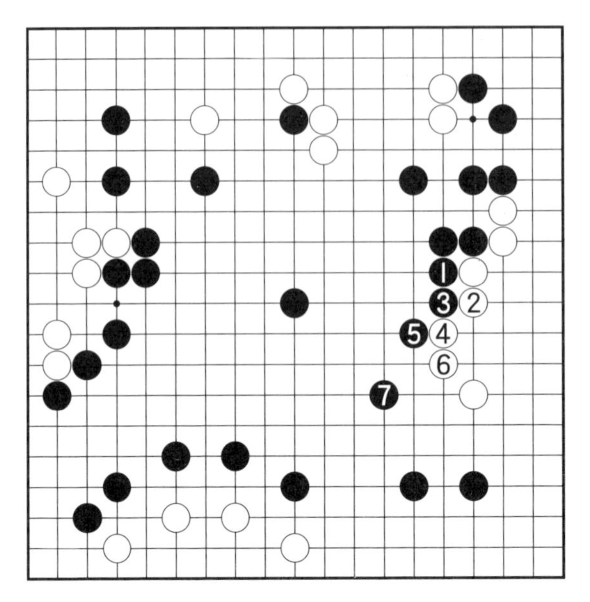

1도

1도 (잘못된 밀어가기)

흑1로 밀어가는 사람은 승패를 떠나 돌의 생리나 기리를 모르는 사람이다.

이하 흑7까지 중앙을 알기 쉽게 둘러싸서 유리하다는 생각이지만, 백은 가만히 앉아서 20집이 넘는 큰 집을 벌며 도처의 짭짤한 실리로 대항할 것이다.

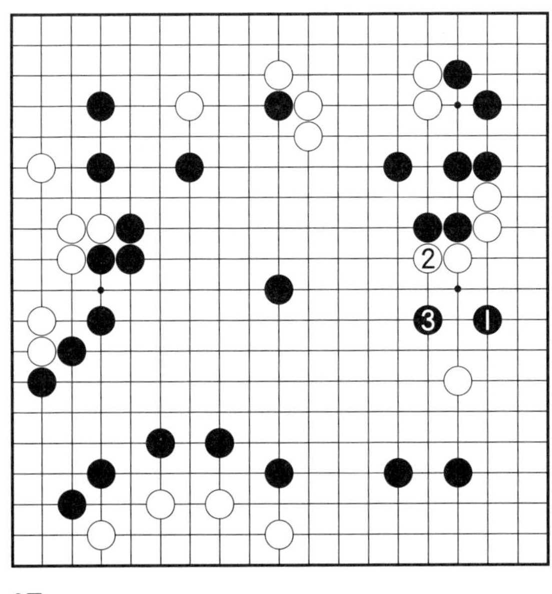

2도

2도 (뛰어들기)

흑1로 뛰어드는 것이 급소이다.

백2에 흑3으로 뛰게 되면 백은 상하가 분단된 채 가운데 흑 세력을 향해 달아나야 할 처지이니 괴롭기 그지없다.

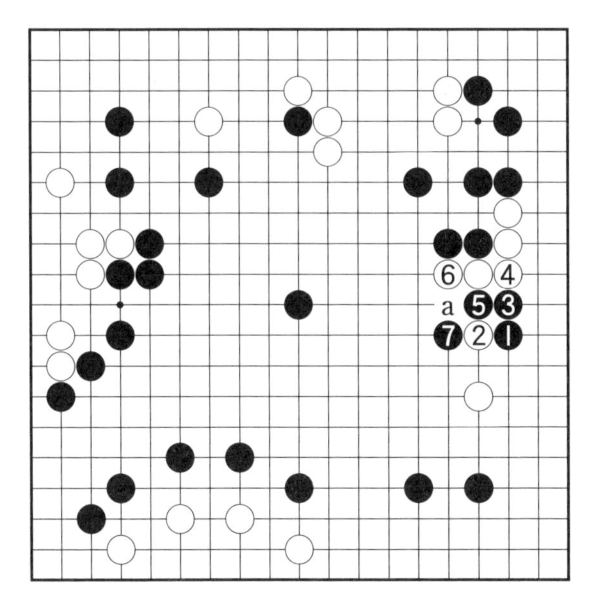

3도

3도 (백, 괴로움)

흑1에 백2로 뛰어붙인다면 흑3으로 머리를 내밀어 5, 7까지 역시 백이 괴롭다.

수순 중 백6으로 a는 흑이 6으로 끊어서 백의 무리이다.

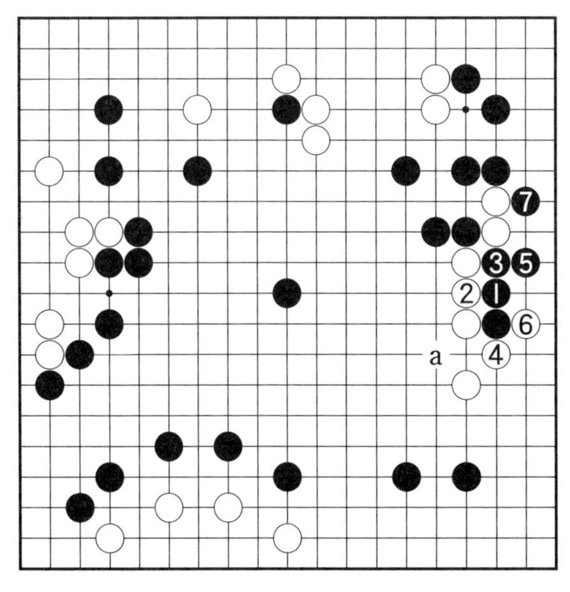

4도

4도 (흑, 큰 성과)

흑1에 백2로 잇고 버틴다면 흑3으로 끊는다. 백4로 막을 수밖에 없는데 흑5에서 7까지 두점을 잡아 흑의 큰 성과이다.

더구나 백은 아직 a의 급소가 노출되어 있는 불안정한 말이다.

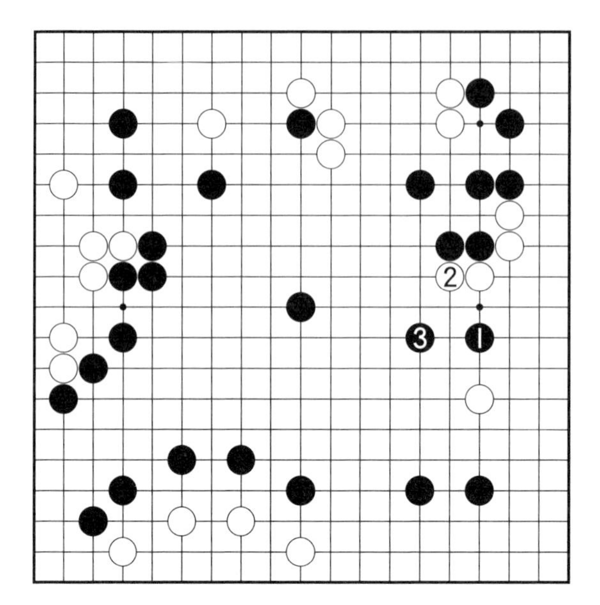

5도

5도 (취향)

흑1로 높이 뛰어드는 수도 좋은 공격이다.

백2에는 흑3으로 뛰어 2도와 대동소이한 모양인데, 2도냐 이 그림이냐의 선택은 각자의 취향에 맡길 일이다.

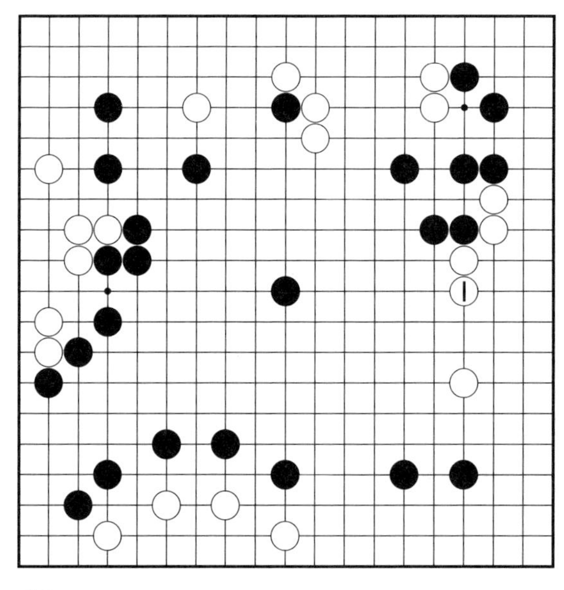

6도

6도 (쌍점 지킴)

참고로 백이 우변을 지킬 기회가 있었다면 1의 쌍점이 올바른 모양이다.

앞에서도 보았겠지만 이처럼 한 수 지킴이 있느냐 없느냐는 공수관계에 있어 큰 차이가 난다.

7형

여유 있는 공격의 마음

● 흑 차례

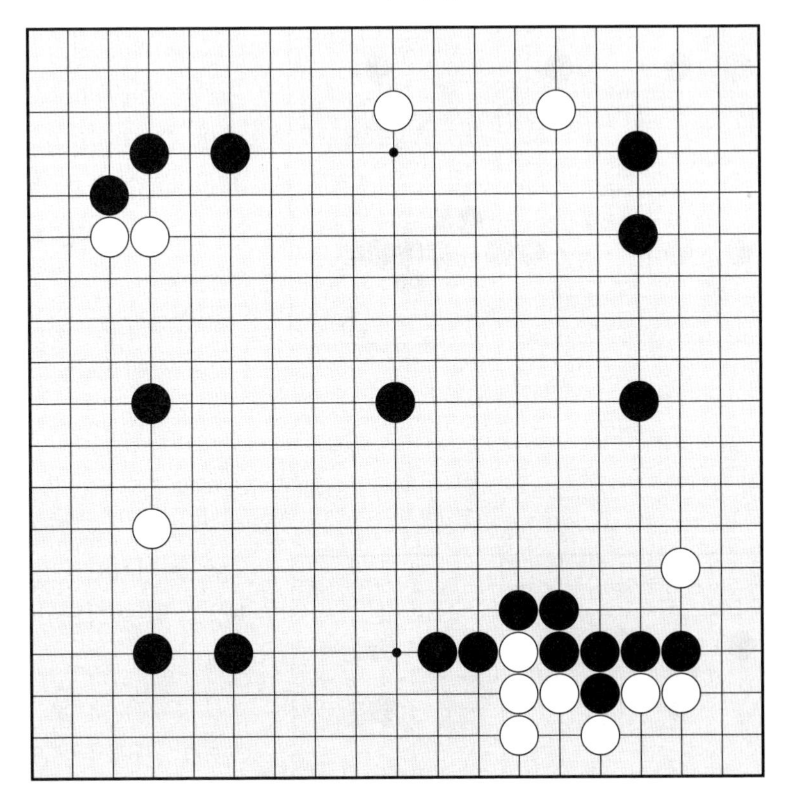

다음은 일곱점 접바둑. 흑의 다음 한수는 당연히 좌변 어딜까라고 느꼈다면 방향은 제대로 잡은 셈이다.

공격의 첫수로 떠오르는 자리를 가되 만약 그것이 정해와 다르다면 미세한 차이점이라도 느껴주기 바란다.

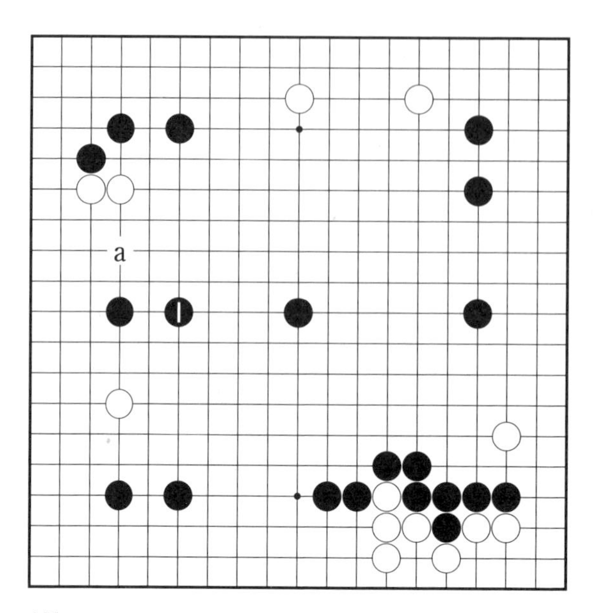

1도

1도 (자연스런 한칸 뜀)

흑1로 한칸 뛰는 수가 가장 자연스런 공격이라고 생각하기 바란다.

위쪽 백 두점에 대해서는 a로 직접 다가서는 것이 통렬하지만, 그보다는 좌변 일대의 전체를 놓고 보면 이 수가 더 무게 있는 공격이 된다. 다음 진행을 보자.

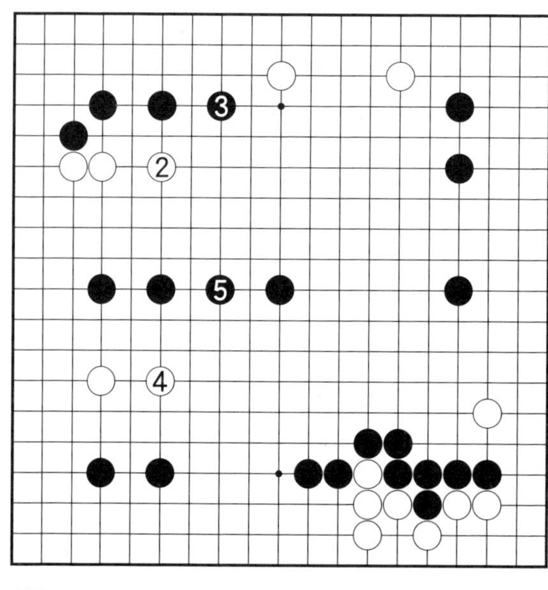

2도

2도 (뜀뛰기)

백2로 뛰는 정도이고 흑3으로 같이 뛴다. 그리고 아래쪽에서 백4로 뛴다면 흑5로 뛰어 중앙을 가로지르는 큰 울타리가 형성된다.

말하자면 흑은 자연스럽게 상하의 백에 압력을 가하며 우세를 구축하는 것이다.

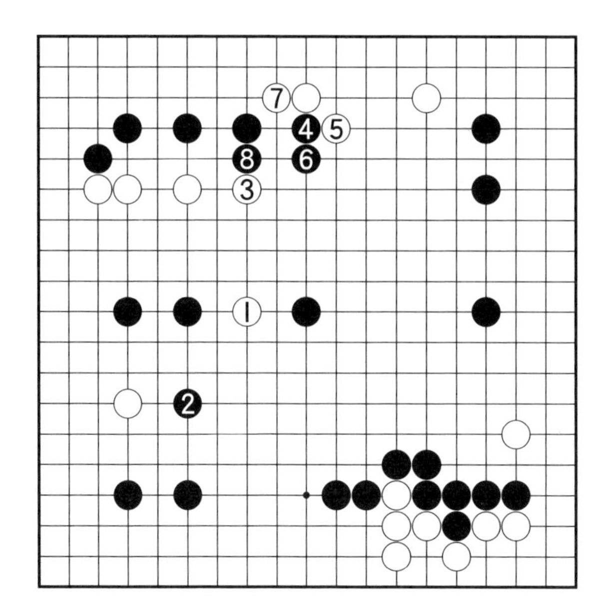

3도

3도 (절호의 모자공격)

앞 그림의 4로 백1로 갈라쳐오면 흑2로 벗어나는 수가 왼쪽 백 한점에 대한 좋은 모자 공격이 된다.

상변에서 백3으로 뛰는 수에는 흑4, 6으로 붙여나와 좌상의 백은 여전히 불안한 말로 남아 있다.

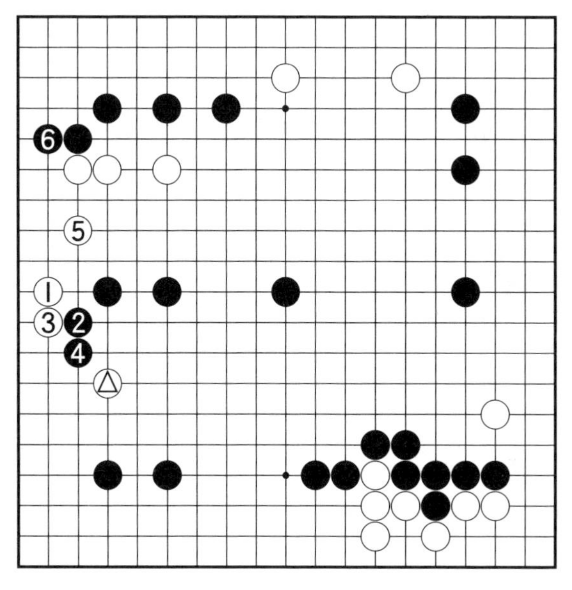

4도

4도 (흑, 충분)

이번에는 백1로 2선에 달리는 수. 그러면 흑2에서 4로 슬슬 늘어받아 백△ 한점을 수중에 넣는 것으로 충분하다.

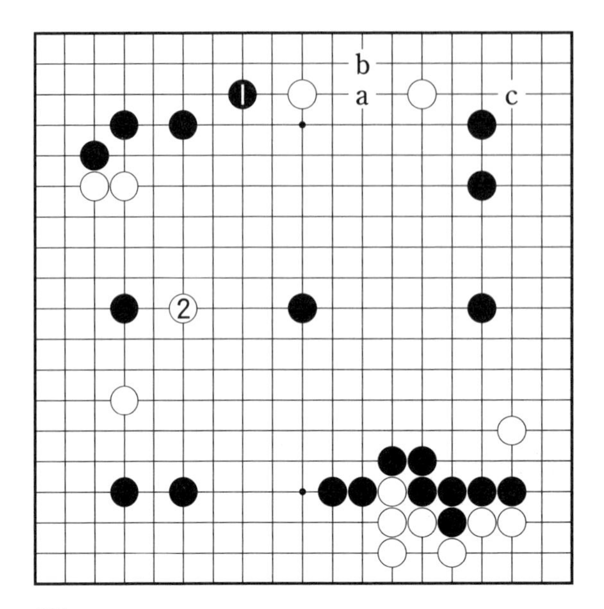

5도

5도 (방향착오)

흑이 방향착오를 범한 대표적인 예를 본다. 흑1로 상변을 두면 백2의 모자가 빛나는 한수가 된다.

흑은 좌상 자신의 약한 곳을 지켜둔 다음 a의 침입을 노리겠다는 뜻이지만, 흑a에 백은 b로 붙여 수습하는 맥이 있으며 경우에 따라서는 c의 3三침입도 가능하다.

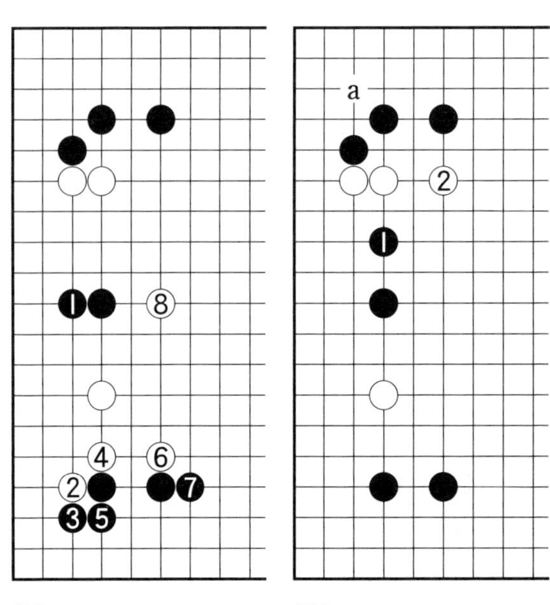

6도 7도

6도 (수습 여유를 준다)

흑1의 쌍점은 백을 확실하게 분단하는 공격이지만, 백2에서 6으로 공작한 다음 8로 가볍게 수습하는 여유를 준다.

7도 (급소이지만 미흡)

흑1은 부분적으로 공격의 급소이지만, 백은 a의 3三을 보며 2로 뛰어나가 2도에서와 같은 여유 있는 공격은 안 나온다.

8형

한 줄의 차이

○ 백 차례

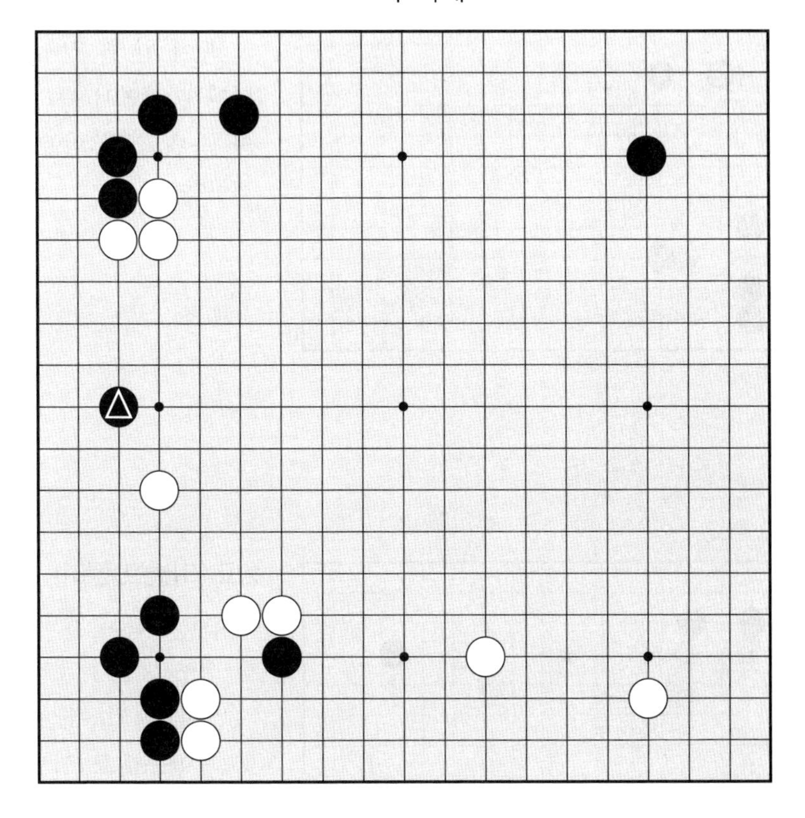

좌변에서 흑△로 육박해 왔다. 이에 대해 백은 어떻게 수습하는 것이 좋은지 생각해 보자.

그리고 흑도 △ 대신 더 좋은 수는 없었는지도 함께 검토해 보자.

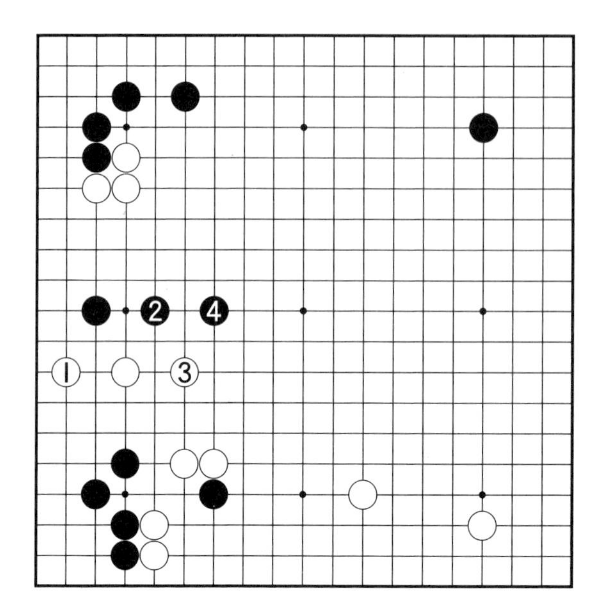

1도

1도 (흑의 주문)

백1로 아래로 뛰는 것은 흑의 주문. 흑2에서 4로 뛰게 되면 백은 상하를 수습하기 바빠진다.

흑이 한 줄 앞서 뛰어 나가게 되면서 특히 좌상의 백 석점이 외로운 신세가 된다.

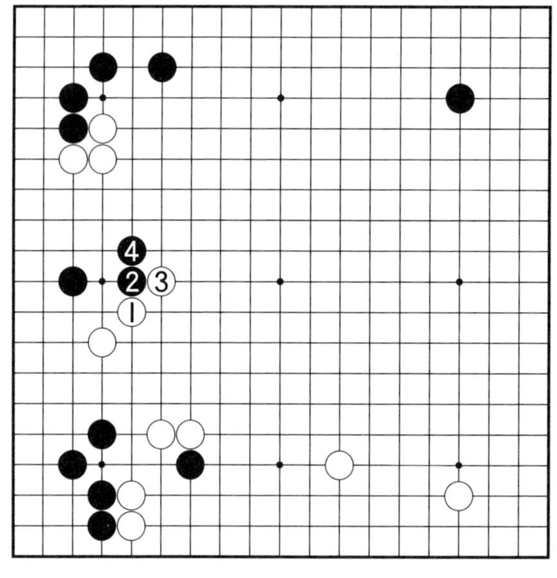

2도

2도 (마늘모 행마)

백1의 마늘모 행마는 이런 경우 상용의 틀이긴 하지만 흑2, 4로 붙여나와 백은 아무래도 시달리는 바둑이 예상된다.

따라서 백은 보다 가볍게 수습하는 행마가 요구되는 장면이다.

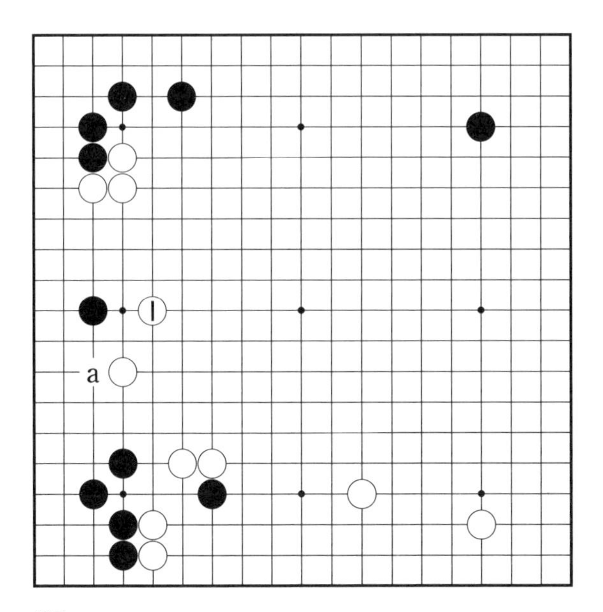

3도

3도 (가벼운 날일자)

백1의 날일자로 씌우는 수가 앞서 말한 가벼운 발상이다.

이 수는 흑a의 붙임에 약하긴 하지만 그보다는 오히려 그걸 유도해 중앙을 매끄럽게 처리하려는 뜻이 숨어있다.

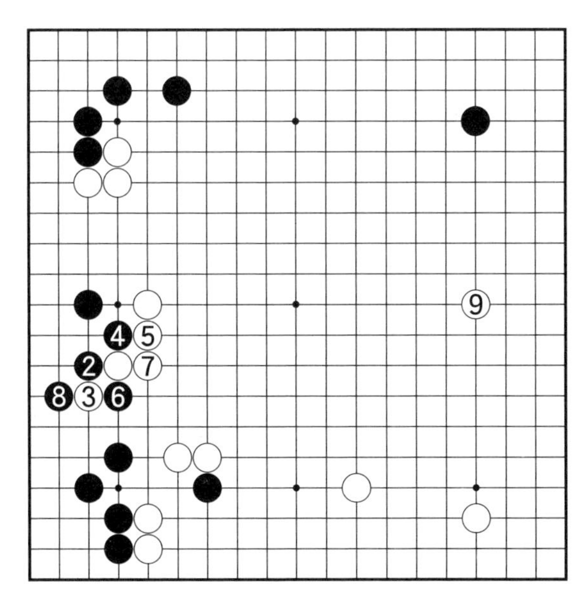

4도

4도 (두터움으로 만족)

계속해서 흑이 2에서 4로 부풀려 8까지 넘으면 백은 자연스럽게 중앙에 두터움을 쌓으며 좌변을 연결한 모습이므로 우변의 큰 자리 9로 향할 수 있다.

도중 백은 3의 한점을 희생타로 이용한 테크닉에 주목한다.

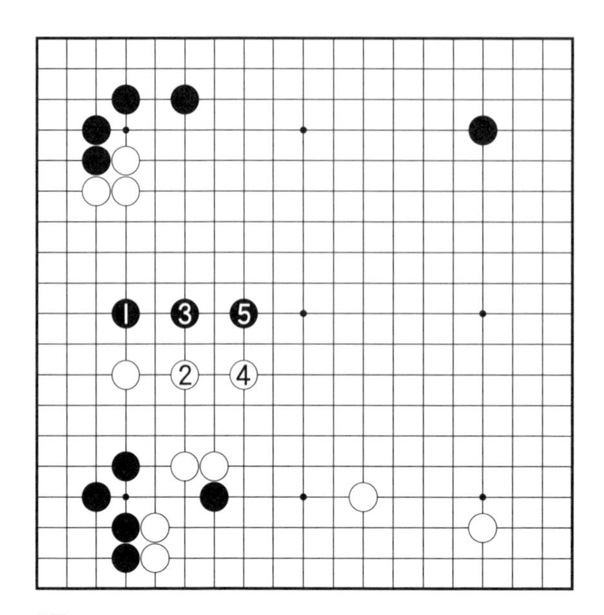

5도

5도 (높게 갈라칠 곳)

따라서 앞 그림에서 보았듯이 흑도 애초 1로 높이 갈라치고 싶은 자리였다.

백2로 뛰는 정도인데 흑3, 5로 뛰는 자세가 좋고 위쪽 백 석점에 대한 공격의 즐거움으로 충분할 것이다.

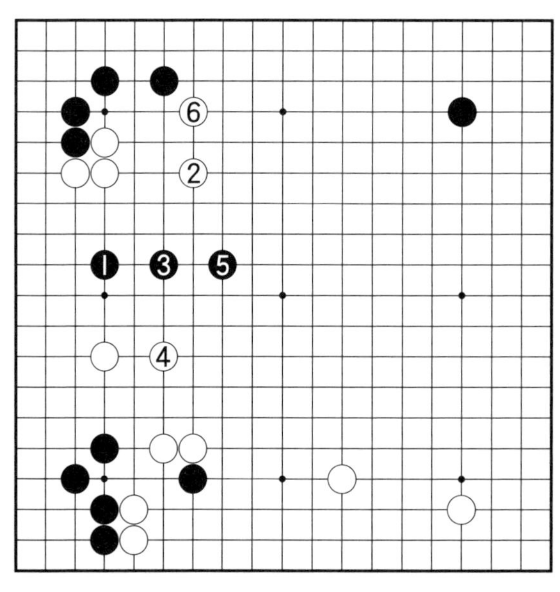

6도

6도 (한 줄의 차이)

흑1로 한가운데를 갈라치는 것은 아래쪽에 박력이 없다. 백2로 뛰고 흑3, 5로 같이 뛰는 리듬인데 백6으로 압박을 가하는 자세가 좋아진다.

한 줄의 차이지만 1, 2도보다는 3도가, 6도보다는 5도가 확실하게 낫다는 것을 다시 확인하기 바란다.

9형

공격할 때는 나를 돌아보라

○ 백 차례

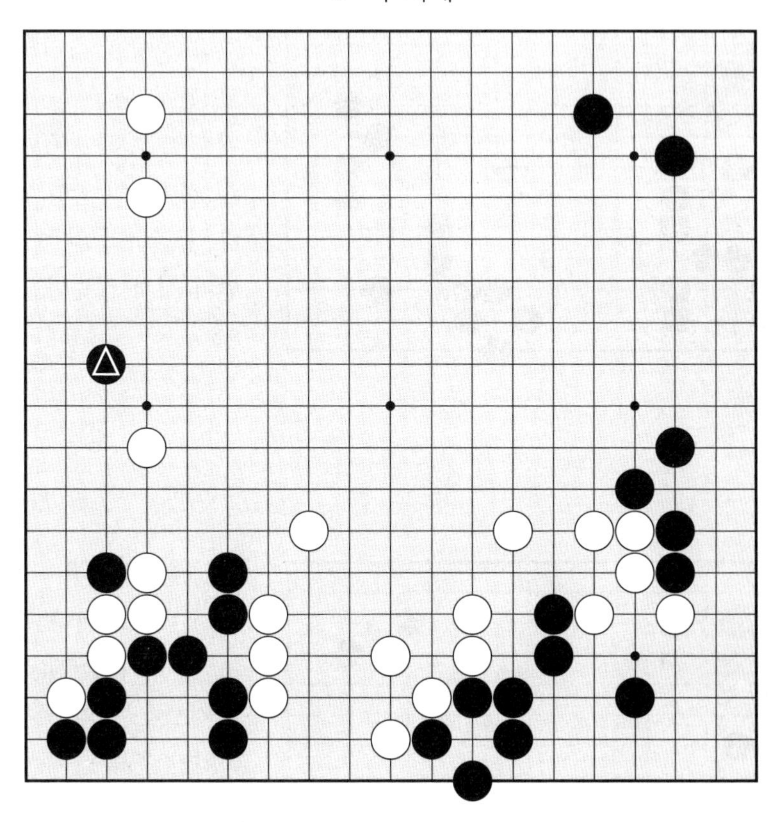

역시 흑▲로 다가선 수에 주목한다.

백은 이에 대해 어떻게 받을 것인지, 공격과 수비의 양면을 잘 생각해서 정해를 끌어내기 바란다.

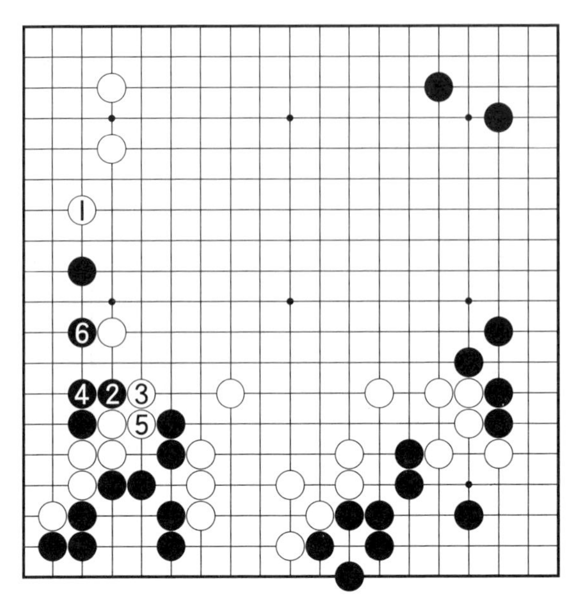

1도

1도 (공격 방향에 문제)

백이 공격을 선택한다면 1의 협공을 떠올리는 것은 당연하다.

그러나 좌하의 백도 견고한 진영은 아니다. 흑2로 젖혀 오는 약점이 그것으로, 이하 흑6까지 백은 껍데기만 남은 모습이다. 공격하러 간 백1의 체면이 서지 않는다.

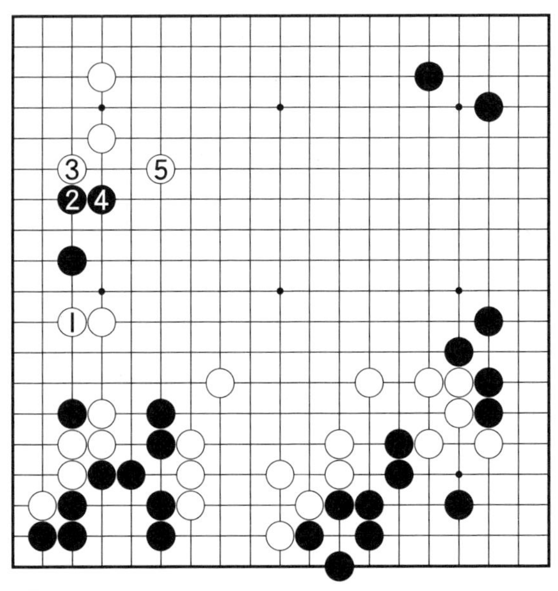

2도

2도 (철주 공격)

먼저 백1로 철주를 내리는 것이 최선이다.

겉으로는 지키는 한수이지만 흑의 근거를 허락하지 않는 공격의 의미도 크다. 흑2에는 백3에서 5로 공격하는 리듬이 훌륭하다.

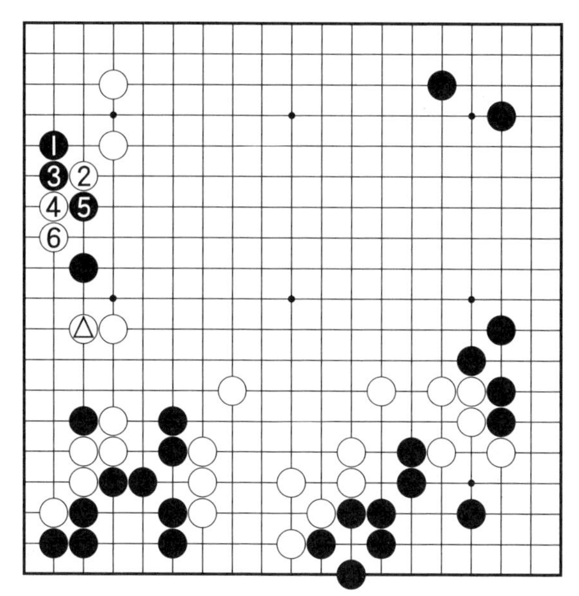

3도

3도 (차단)

백Ⓐ에 대해 흑1의 저공비행을 들고 나온다면 평범하게 백2로 마늘모하고 4, 6으로 차단하는 공격이 매섭다.

참고로 백4의 수로 5에 늦추는 것은 흑4로 건너 싱거운 모양이다.

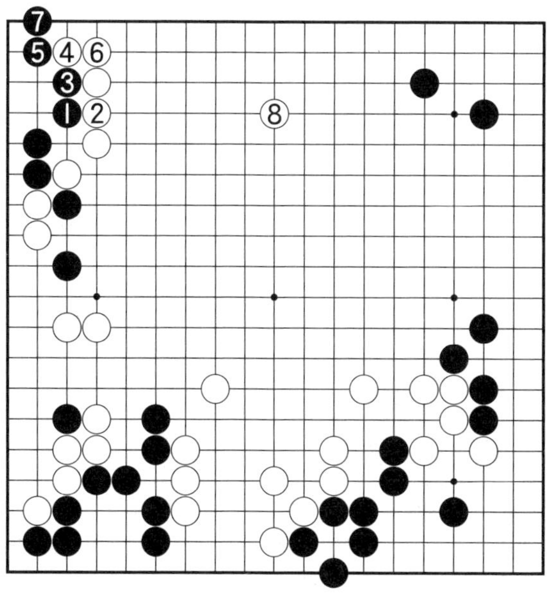

4도

4도 (거대한 세력)

흑1의 마늘모 이하로 귀에서 사는 것은 어쩔 수 없는데 백은 4, 6의 젖혀이음을 선수하고 8로 크게 벌린다.

귀를 흑에게 내주었지만 대신 좌변에서부터 상변에 이르는 거대한 세력으로 백은 충분하다.

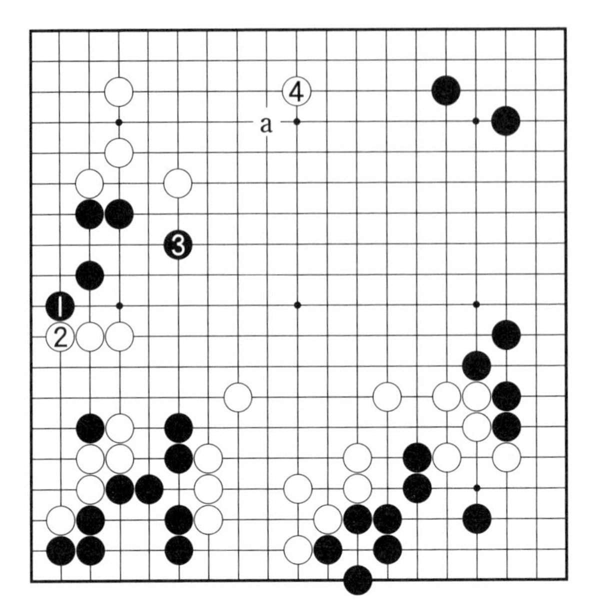

5도

5도 (호각)

2도에 이어 흑1로 마늘모하고 3으로 모양을 갖추는 정도인데, 백은 4의 큰 자리를 차지해 역시 둘 만하다.

이후 흑은 a의 어깨짚음으로 삭감을 서두르는 바둑이 예상된다. 이 정도가 이 장면에서 호각의 결말이다.

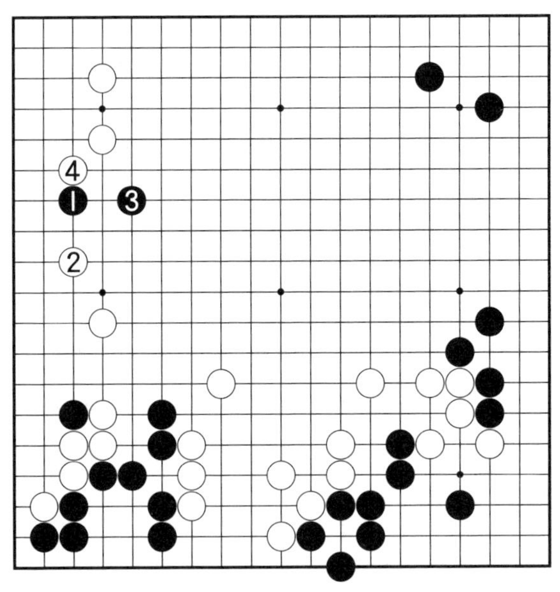

6도

6도 (공수를 겸한 호착)

참고로 흑이 1로 뛰어드는 것은 백2의 다가섬이 공수를 겸한 호착이 된다. 흑3에는 백4로 붙이는 리듬이 좋다.

지금까지 위기십결의 하나인 "공피고아(功皮顧我: 공격할 때는 먼저 자신의 처지를 돌보라)"와 딱 어울리는 케이스였다.

10형

전체를 보는 시야

● 흑 차례

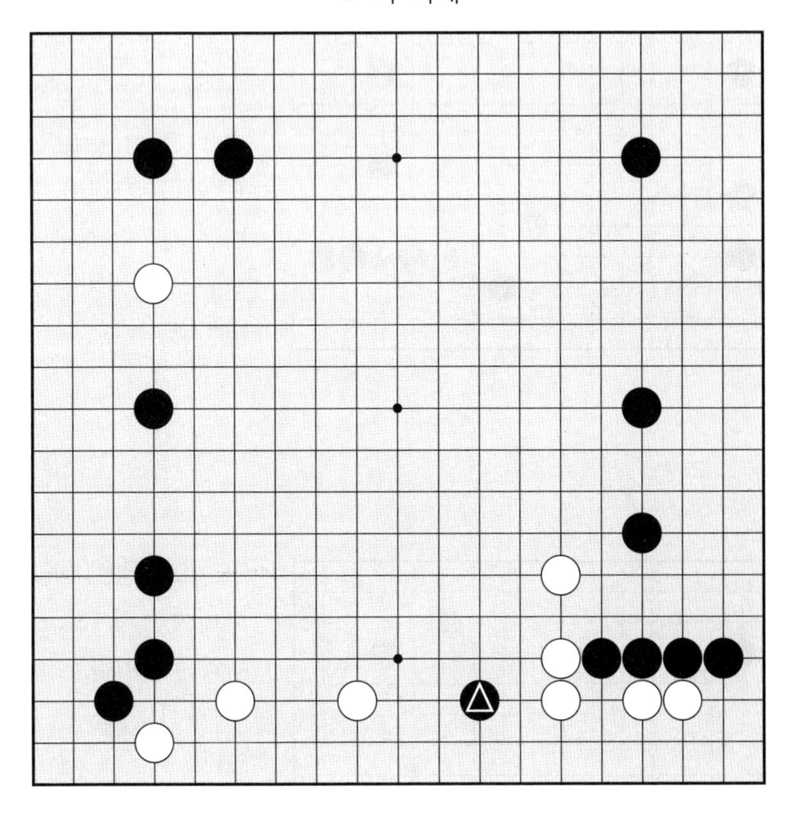

여섯점 접바둑이다. 흑의 다음 작전은 하변 백 세력을 삭감해야 할지, 아니면 다른 좋은 자리가 있는지 눈여겨봐야 한다.

우선 하변 백진 속에 외롭게 있는 흑▲ 한점에 눈길이 가는데, 전체를 보는 시야가 필요하다.

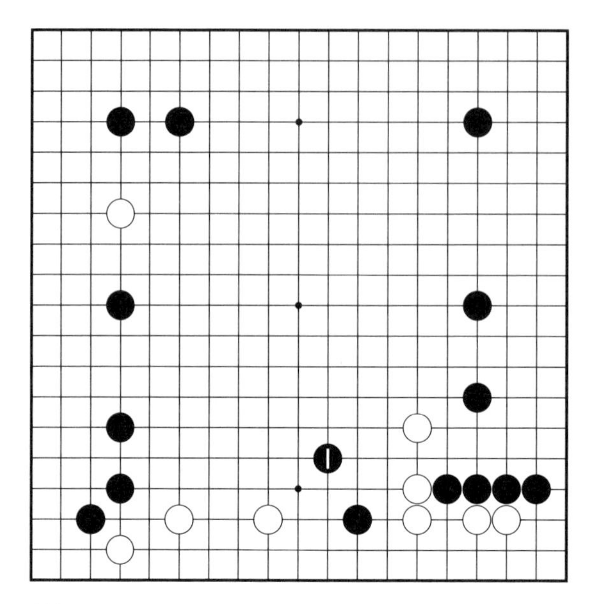

1도

1도 (싱거운 탈출)

하변에 국한해서 본다면 흑1의 날일자로 벗어나는 수가 떠오른다.

그러나 다음에 뚜렷한 공격수가 보이지 않으므로 백은 이대로 손을 빼고 다른 데 눈을 돌릴 수도 있다. 상대가 손을 뺀다는 것은 이쪽에서도 그만큼 싱거워지는 의미가 있는 것이다.

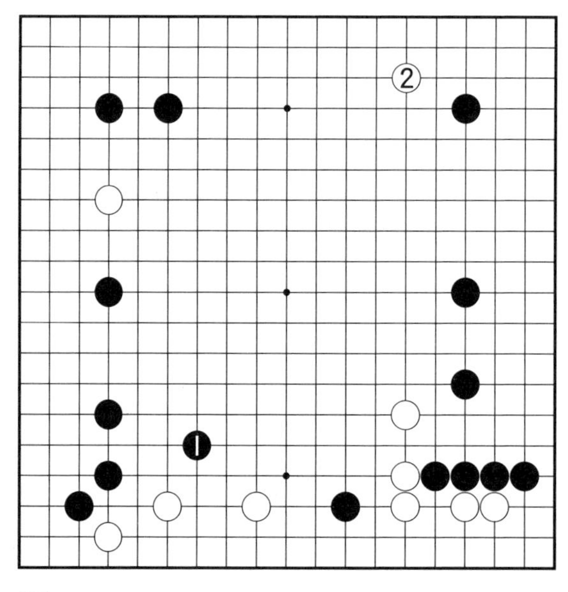

2도

2도 (어정쩡한 삭감)

이번에는 흑1로 크게 삭감하는 수이다. 그러나 백은 역시 손을 뺄 공산이 크다.

이 수는 좌변의 흑 세력을 확장하는 것인지, 하변 백 세력을 삭감하는 것인지 어정쩡한 느낌이다. 하변을 두려면 오히려 앞 그림 흑1이 나을 것이다.

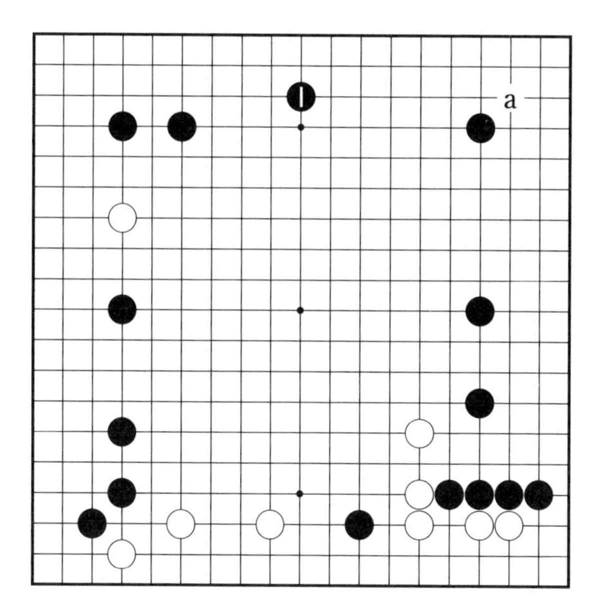

3도

3도 (소극적 전개)

그렇다면 눈을 돌려 상변에서 흑1로 전개하는 수는 어떨까?

물론 이 수로 좌상에서 우변에 이르는 거대한 세력권이 형성될 조짐이지만, 백a의 3三침입이 남아 있어 큰 집을 기대하기 힘든 것이 난점이다.

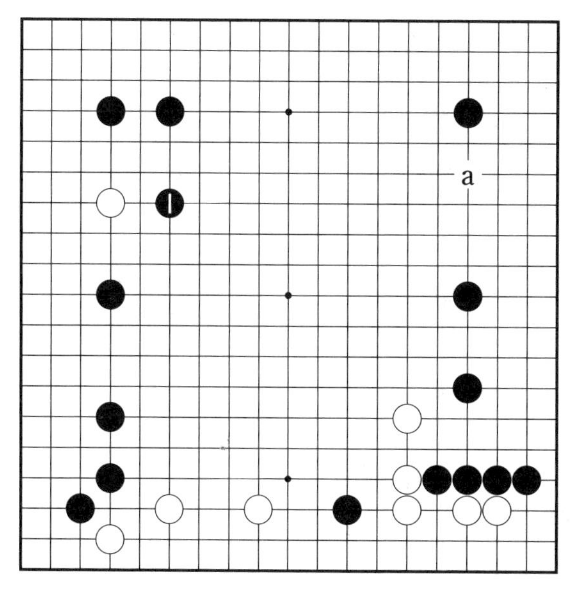

4도

4도 (모자 한방)

흑1의 모자로 압박하는 한수이다. 백이 손을 뺀데를 추궁하는 뜻뿐 아니라 이곳을 한방 제압한 효과로 상변은 자연스럽게 흑의 세력권으로 변한다. 또 기회를 보아 흑a의 굳힘이 큰 자리이다.

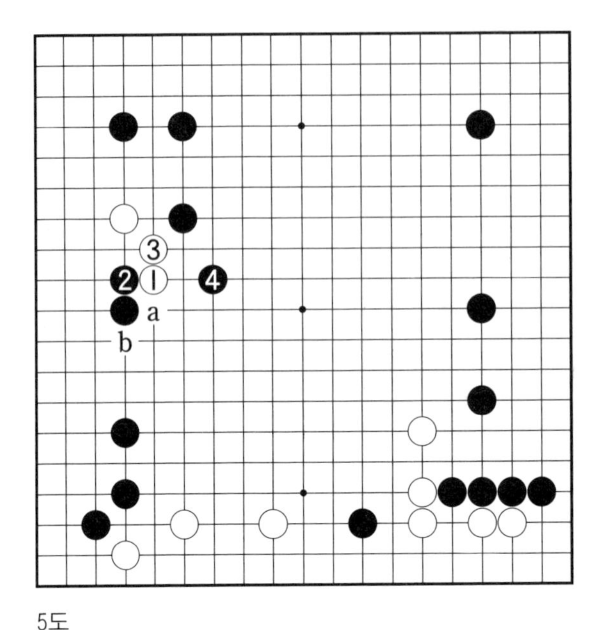

5도

5도 (공격의 틀)

계속해서 백1로 움직여 나오면 흑2로 밀고 4의 날일자 행마가 공격의 틀이다. 흑은 백의 수습을 기다려 하변 백 세력을 자연스럽게 지우는 양상으로 리듬을 탈 것이다.

이를 1도나 2도와 비교하면 그 차이를 실감할 수 있다. 흑4 다음 백a면 흑b.

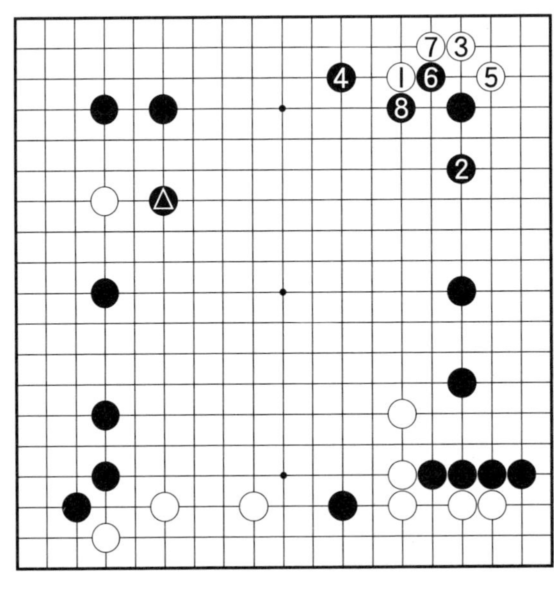

6도

6도 (중앙에 큰 세력)

또 백1로 우상을 걸쳐 오면 흑2로 받고 백3에는 흑4에서 8까지 중앙을 봉쇄하는 정석이 유력하다.

보다시피 흑△ 한점이 빛나는 한수가 된다.

11형

반발수단에 묘수가 숨어있다

● 흑 차례

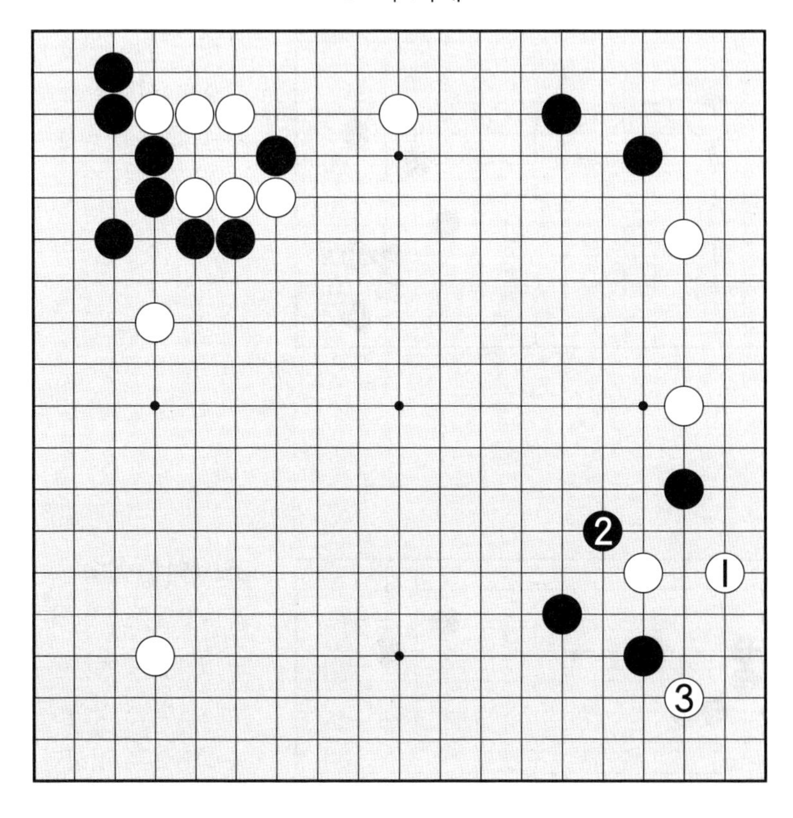

우하의 공방이 초점. 백1로 뛰고 흑2로 씌우자 백3으로 귀에 들어간 것은 예정된 작전이다.

이후 우하귀의 공방은 필연적인 절충으로 이어지는데, 흑의 상식적인 처리법을 궁리하되 도중 반발수단에 따른 백의 숨은 묘수를 감상하기 바란다.

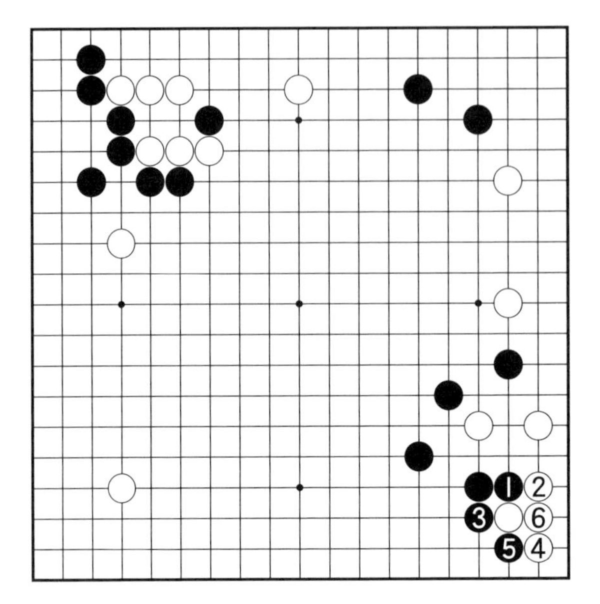

1도

1도 (서로 무난)

이런 자리에서는 흑1로 찌르고 백2로 젖혀막으면 보통이다.

그러면 흑도 3으로 꼬부려 6까지 선수를 잡는 것으로 일단락하게 된다. 서로 무난한 진행이다.

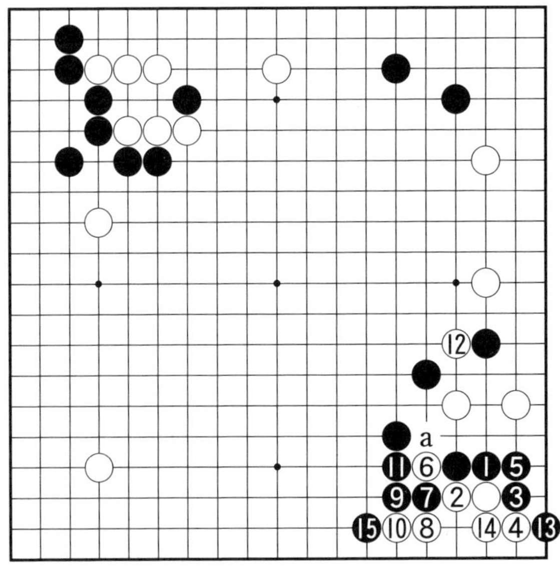

2도

2도 (백4, 실수)

흑1에 백2로 밀어가는 수도 있다. 그런데 흑3 때 백4로 받는 것은 문제. 다음 백6으로 젖히면 흑7이 통렬한 끊음으로 백8, 10으로 길 수밖에 없다.

흑11에 백이 a에 나가는 것은 무리이므로 12로 건너붙이는 정도인데, 흑은 15까지 막는 것이 일단 기분 좋다.

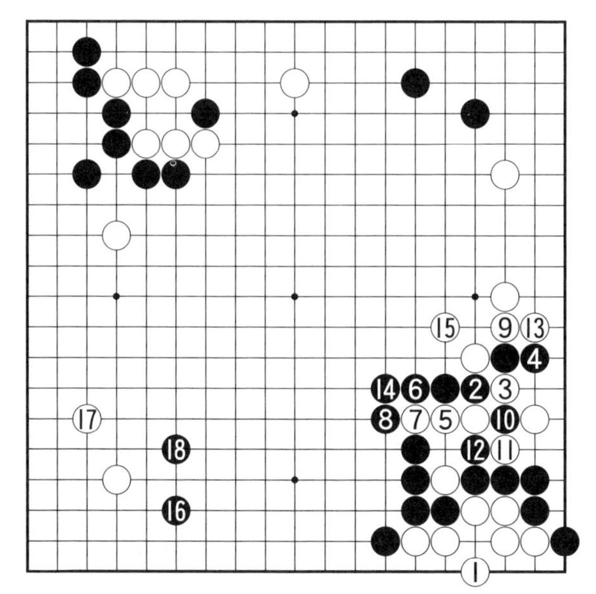

3도

3도 (흑, 우세)

계속해서 백1로 궁색하게 살아야 하고, 흑은 2에서 4로 키우는 것이 좋은 수순이다.

흑14까지 선수로 중앙에 두터움을 쌓은 후 16, 18로 좌하에 선착하면 흑의 우세가 두드러진 국면이 된다.

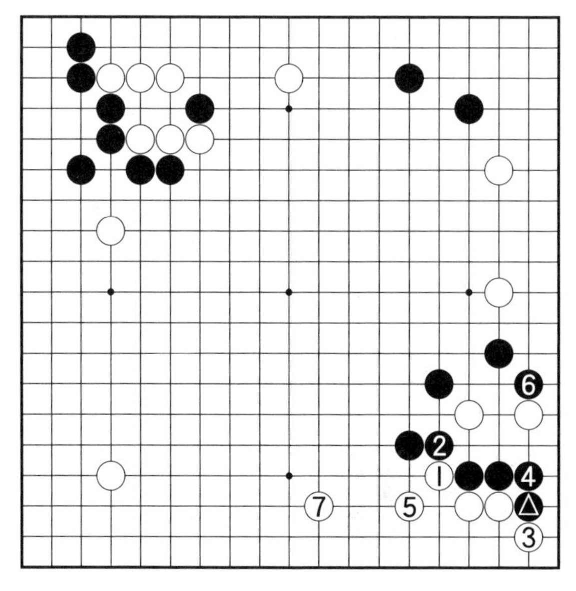

4도

4도 (먼저 젖힌다)

흑▲에 대해 백1로 먼저 이쪽을 젖혀 흑의 응수를 묻는 것이 묘미 있는 수순이다. 흑2로 곱게 받는다면 그때 백3의 막음으로 돌아가 5로 호구친다.

다음 흑6으로 우변 백 두점을 잡고 백7로 벌린 데까지 백은 결국 호각의 절충을 얻는다.

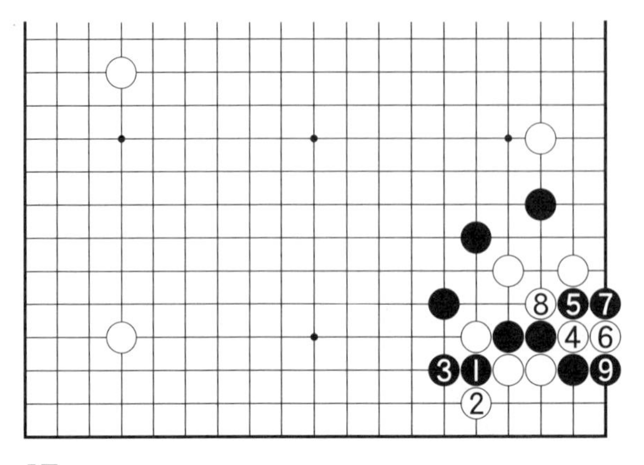

5도

5도 (끊는 묘수)

백의 젖힘에 흑이 2도처럼 1로 끊어온다면?

그러나 이번에는 백2로 하나 몰아두고 4로 끊는 묘수가 있다. 흑5로 잡을 수밖에 없을 때 백은 6으로 키우고 8로 끊어 죄는 맥이 교묘하다. 흑9로 따내고 나서~

6도

⓭…⑩

6도 (맞보기로 타개)

백10으로 먹여치고 12의 단수, 흑13의 이음까지는 외길이다.

이때 백14로 나가는 수가 멋진 마무리. 이제 백은 a와 b를 맞보기로 타개할 수 있다.

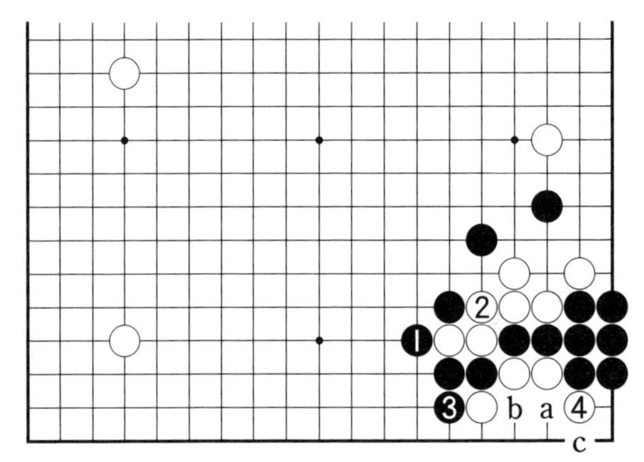

7도

7도 (패는 만패불청)

앞 그림에 이어 흑1, 3에는 백4로 젖혀가 흑의 포도송이 여덟점이 고스란히 잡힌다.

물론 흑a, 백b, 흑c로 패이지만 백은 만패불청할 것이므로 흑의 무리임이 불을 보듯 뻔하다.

12형

높게 가느냐, 낮게 가느냐?

● 흑 차례

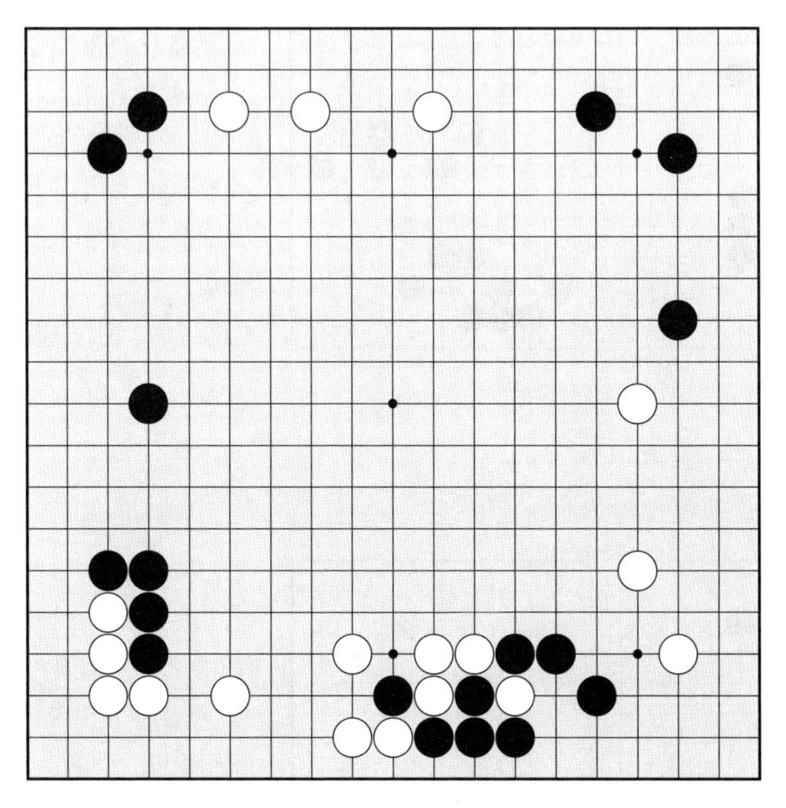

우변에 흑이 뛰어들 찬스. 그러나 방향을 맞추었다 하더라도 주변관계에 따른 적합한 지점을 포착해야 한다.

과연 높게 가느냐, 낮게 가느냐?

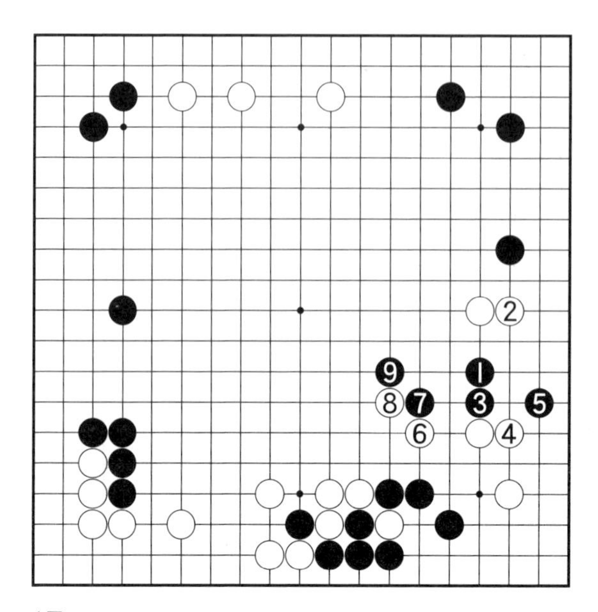

1도

1도 (높게 갈라친다)

흑1로 높게 뛰어들 곳이다. 백2로 연결을 방해하면 흑3으로 치받고 5로 뛰는 것이 행마의 요령이다. 계속해서 백6에는 흑7에서 9로 젖힌다.

백을 상하로 분단해 싸우는 자세가 좋아 흑이 주도권을 장악했다고 할 수 있다.

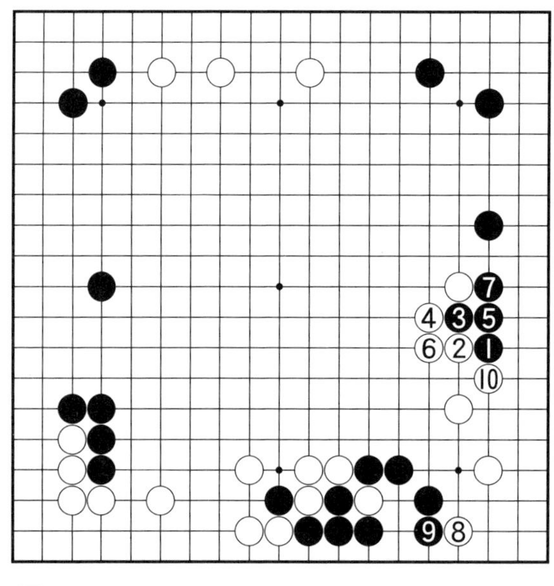

2도

2도 (흑, 미흡)

흑1로 낮게 뛰어드는 것은 백2로 뛰어붙이는 맥을 허용해 중앙의 사정이 달라진다.

백은 10까지 두텁게 처리해 결과적으로 흑의 공격이 미흡한 느낌이다.

13형

높고 낮음의 감각

○ 백 차례

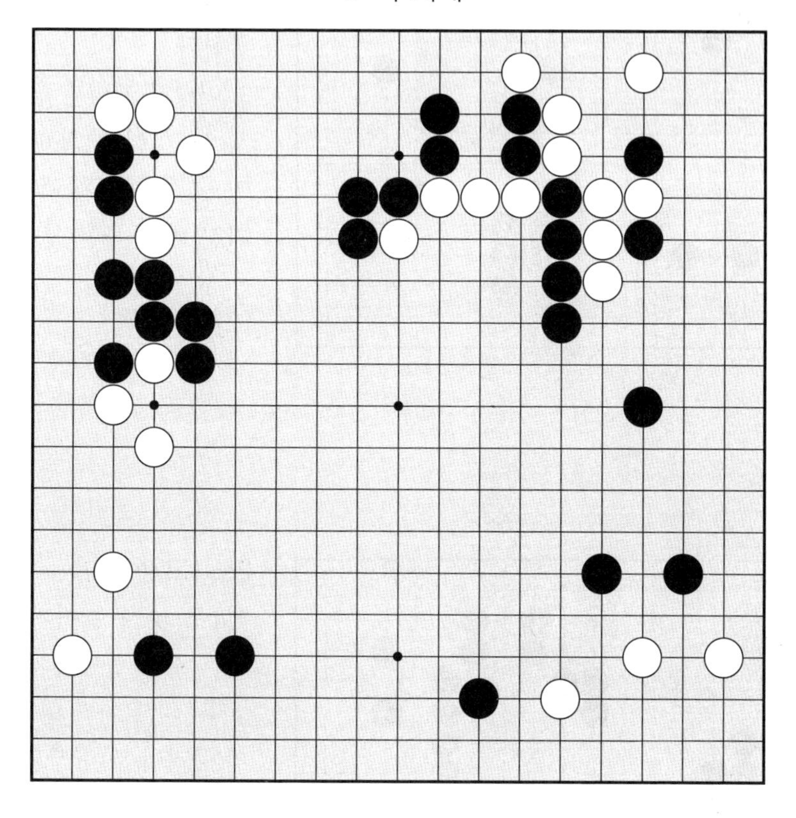

두점 접바둑. 하변에서 흑의 벌림이 넓어 백은 일단 이쪽을 뛰어들고 싶다.

다만 자칫 잘못하면 흑에게 또 다른 세력을 허용한다는데 주의해야 한다.

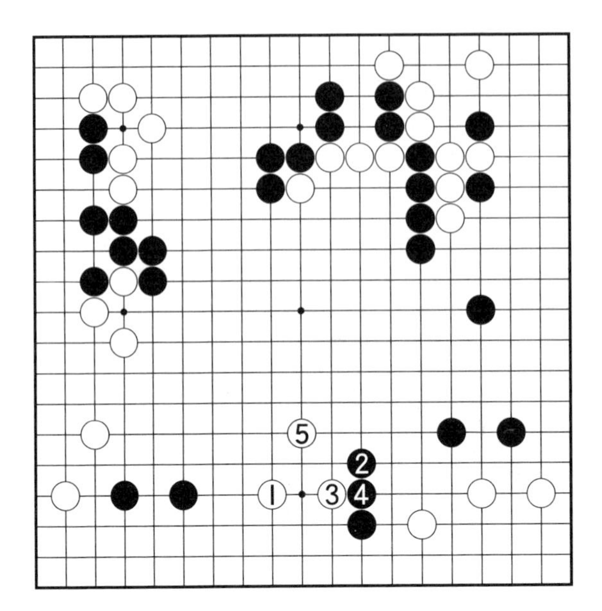

1도

1도 (백, 경쾌한 흐름)

백1로 높게 뛰어드는 것이 좋은 감각이다. 흑2로 뛰는 정도인데 백3으로 하나 들여다보고 5로 진출한다.

이렇게 가볍게 틀을 잡게 되면 이제 좌하의 흑이 안정을 기해야 할 처지인 데 주목한다.

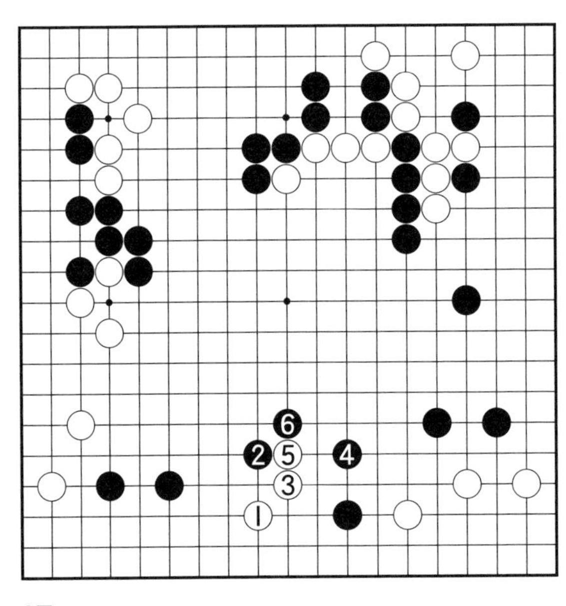

2도

2도 (고압작전)

백1로 낮게 들어가는 것은 감각에 문제가 있다.

흑2의 모자가 안성맞춤의 공격이 되어 백은 활로를 구해 달아나야 하는데, 가령 백3이라면 흑4에서 6의 고압작전이 그럴듯해진다.

14형

간격의 넓음을 응징하라

○ 백 차례

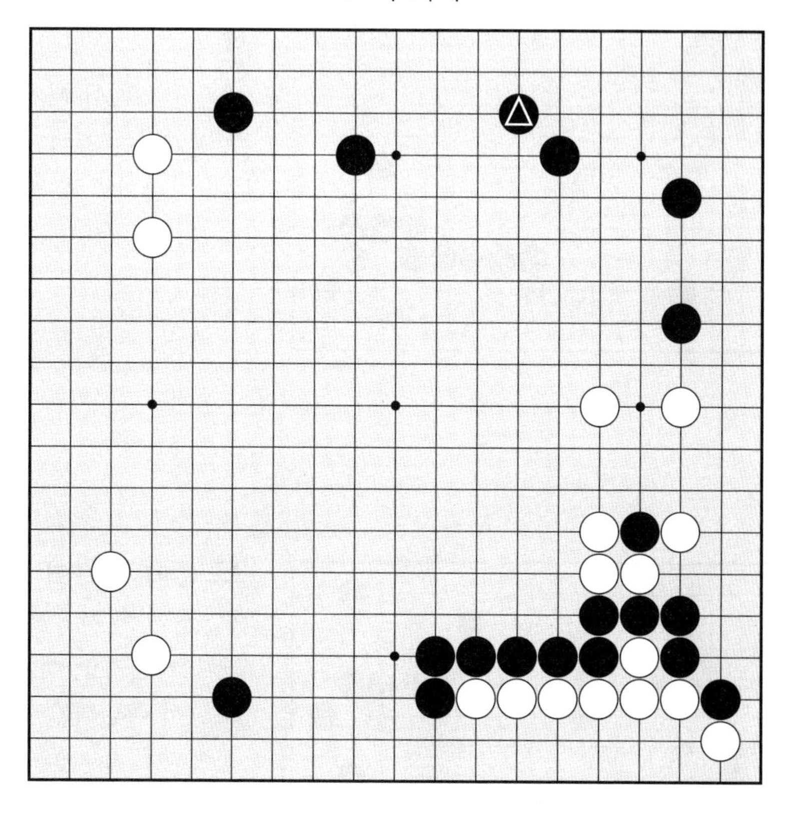

우상에서 방금 흑▲로 굳혔다. 그러나 이렇게 한수를 지켰음에도 불구하고 귀를 완전한 흑집이라고 볼 수 없다. 얼핏 봐도 간격이 넓어 이대로 흑집으로 굳혀주면 억울할 일이다.

흑▲의 잘못을 추궁하는 백의 다음 한수는 어디일까?

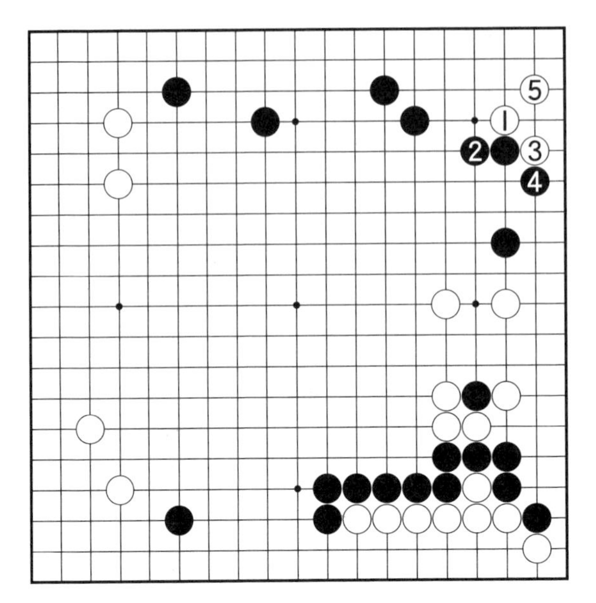

1도

1도 (옆구리붙임)

백1의 옆구리붙임이 침입의 급소이다. 흑2로 는다면 백3에서 5로 두어 간단히 사는 모양을 갖추게 된다.

흑은 귀에서 패가 난다고 생각하는 것이 보통의 수읽기이지만 공간이 넓은 만큼 생각대로 되지 않는다.

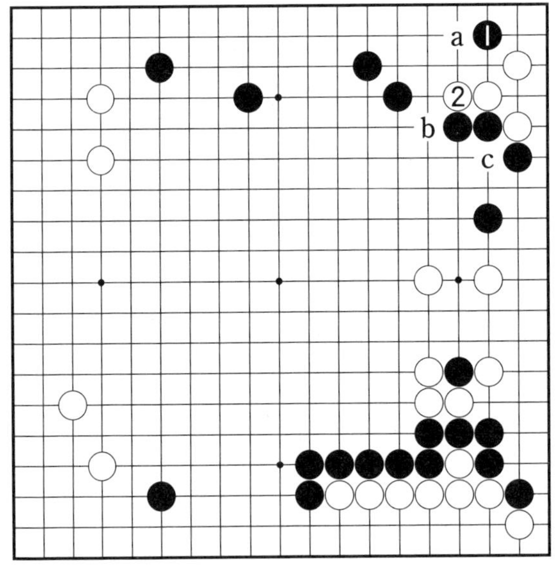

2도

2도 (잡히지 않는다)

우선 흑1로 치중해 잡으러가고 싶지만 백2로 나가 흑이 곤란해진다.

백은 다음 a로 뛰어붙이는 수와 b의 젖힘에서 c로 끊는 수가 맞보기가 된다. 그러면 잡힐 일이 없다.

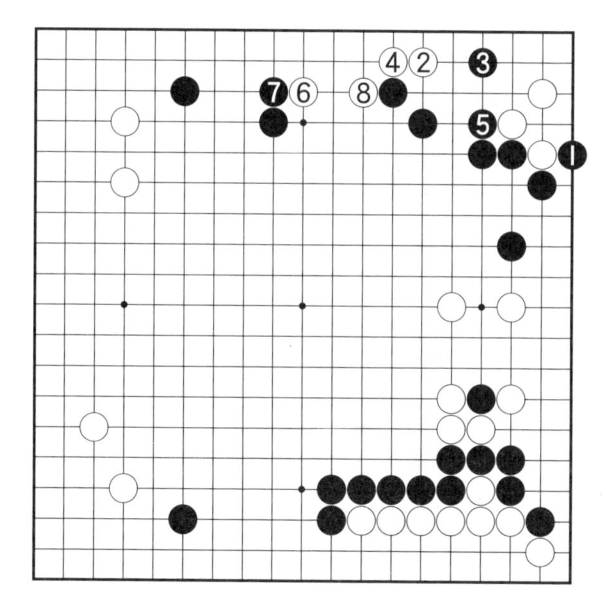

3도

3도 (상변에서 삶)

흑1은 그나마 패를 기대하지만 백2로 달리는 수가 타개의 급소이다.

흑3으로 차단하는 정도인데 백4로 밀면 흑5의 손질이 불가피하고 거기서 백6, 8로 상변에서 터를 잡는다. 또 흑3으로 4는 백3이 삶의 급소이다.

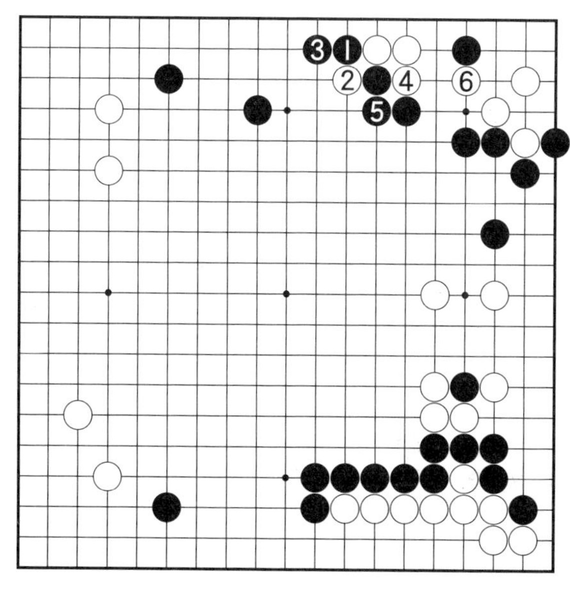

4도

4도 (귀의 삶)

앞 그림 5의 수로 이 그림 흑1에 막는다면 백2로 끊어두고 4의 단수가 듣는 것이 자랑이다.

흑5에 백6으로 붙여 간단히 귀에서 산다.

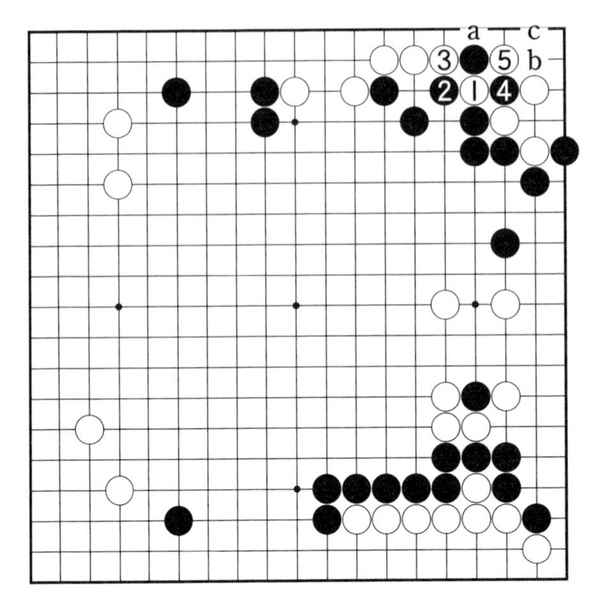

5도

5도 (귀의 뒷맛)

그리고 3도 이후 백1, 3의 수단이 남은 것도 기분 좋다. 흑4에는 백5의 패를 이용해 a로 넘고 흑b에는 백c로 또 패로 버틴다.

물론 고대로는 되지 않겠지만 얘기가 그렇다는 것이다.

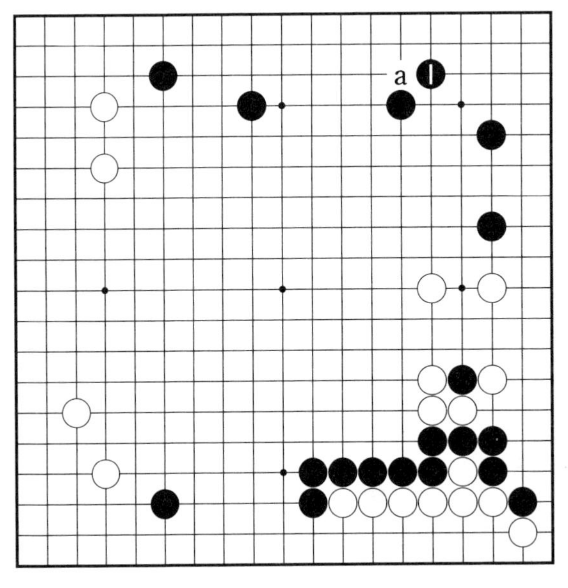

6도

6도 (좁게 굳힘)

따라서 우상귀는 애초 흑1로 좁게 굳히는 것이 올바르다.

a의 철주도 있지만 어차피 상변까지 완전하게 방어하기는 쉽지 않으므로 이렇게 귀를 확실하게 지키는 것이 나은 것이다.

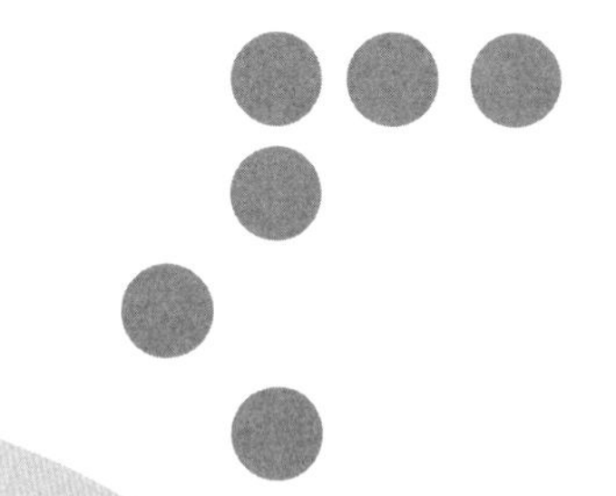

2장

프로의 전술 1탄

(공격과 타개)

들어가기 전에

프로의 바둑은 한수 한수 심혈을 기울여 두므로 공격과 타개의 문제는 치열하고 세밀해서 이해하기 힘든 면도 많다.

그래도 아마추어는 프로의 기보를 통해 이들이 반상에서 직접 싸우는 테크닉을 구경한다는 것 자체가 기력을 증진하는 데 큰 도움이 된다. 조금씩 감상하고 이해하는 습관을 들이면 단시일 내에는 아니더라도 보이지 않게 기력향상에 플러스로 작용할 것이다.

다만 여기에 실는 장면 가운데는 고도의 수읽기나 형세판단을 요하는 것들도 있지만 가벼운 테마가 많이 포함되어 있다. 눈으로 읽되 혹 어려운 장면이 나오면 반상에 직접 놓아보고 음미하기를 권한다.

1형

양수겸장의 잽

● 흑 차례

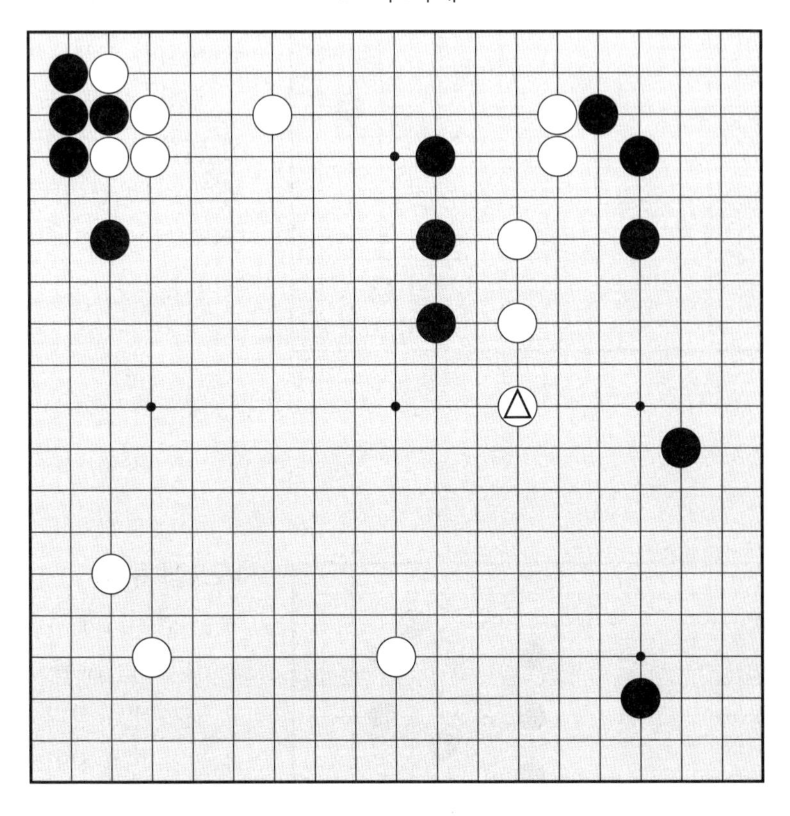

우상에서 서로 뜀뛰기를 한 가운데 방금 백Ⓐ로 둔 장면이다. 흑은 다음 어떻게 두어야 할까?

우변의 집을 보전하면서 중앙의 제공권도 확보하는 두 가지 목적을 충족시키는 행마의 테크닉이 필요하다.

최고위전 본선에서 목진석(흑)과 김승준의 대국이다.

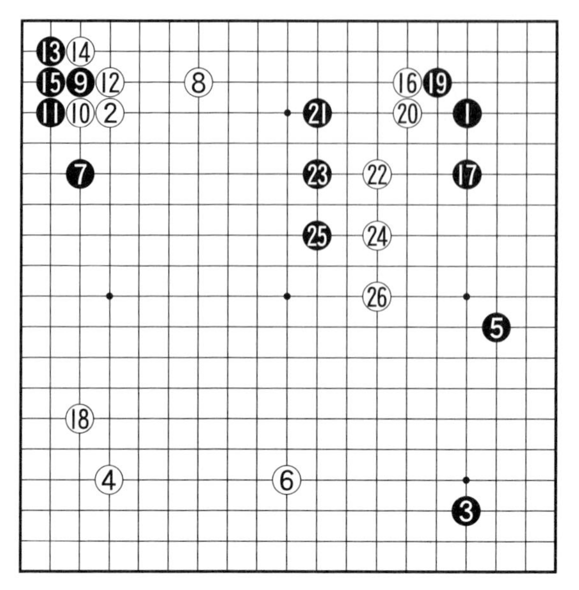

경과도

경과도 (1~26)

흑이 우변에 낮은 중국식을 펼친 포석이다. 좌상 흑9의 침입에 백12, 14 그리고 16, 18로 발 빠르게 두는 수법이 눈에 띈다.

흑19, 21로 공격에 나서 백26까지 뛰어나온 데까지는 '한칸 뜀에 악수 없다' 격언대로 필연의 진행이다.

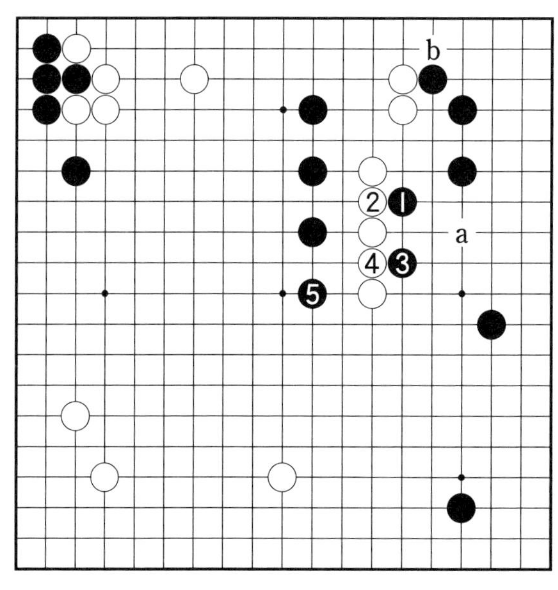

1도

1도 (잽 두방)

흑은 먼저 1에서 3으로 들여다보는 수를 활용하고 5로 뛰고 싶다. 이 결과 백의 우변 침입하는 맛을 상당부분 방어했으며, 아울러 중앙의 제공권을 확보한 모습이다. 이랬으면 흑은 여전히 주도권을 이어갈 수 있었다.

흑1, 3의 활용을 게을리해 백a, 흑b로 된 나중 실전진행과 비교해보라.

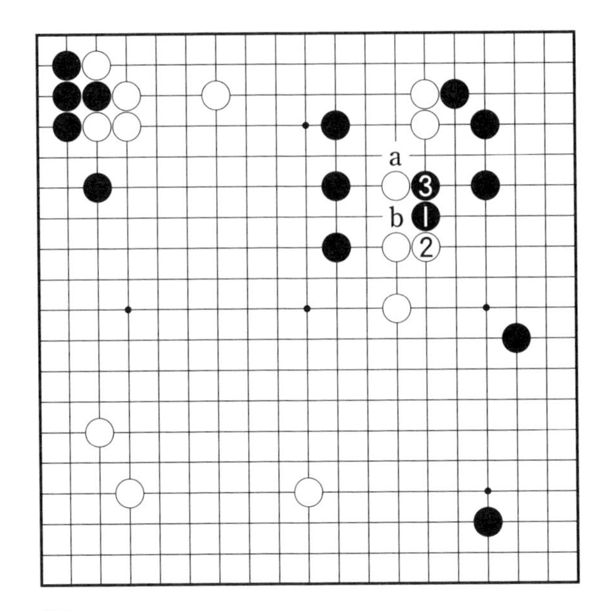

2도

2도 (반발은 없다)

앞 그림 백2, 4의 이음은 어쩔 수 없다. 가령 흑1로 들여다본 수에 대해 백2로 반발한다면 흑3으로 올라서서 백의 단점이 그대로 노출된다.

흑은 다음 a와 b의 차단이 맞보기인 모양으로 백이 당장 곤란해진다.

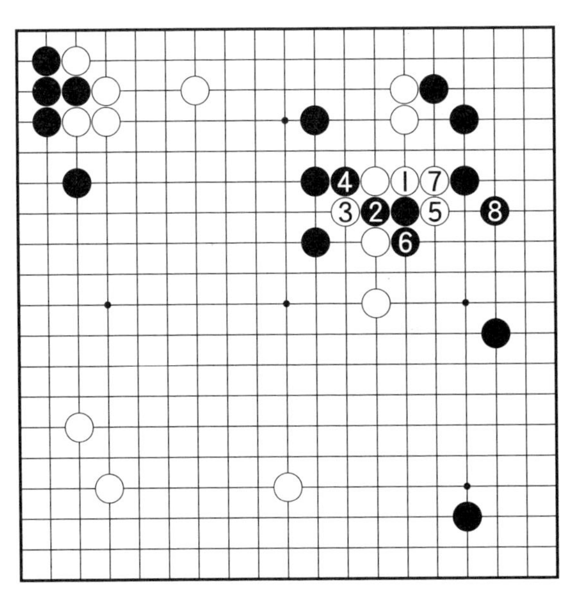

3도

3도 (반대쪽 반발)

흑의 들여다본 수에 백1 쪽에서 민다면 흑은 지체없이 2, 4로 나가끊을 것이다.

축 관계는 흑이 유리하므로 백은 5, 7로 몰고 잇는 정도인데 흑8까지, 이 결과는 중앙의 허리가 잘려나간 것도 그렇고 위쪽 백 대마도 아직 불안해서 백이 피곤한 모습이다.

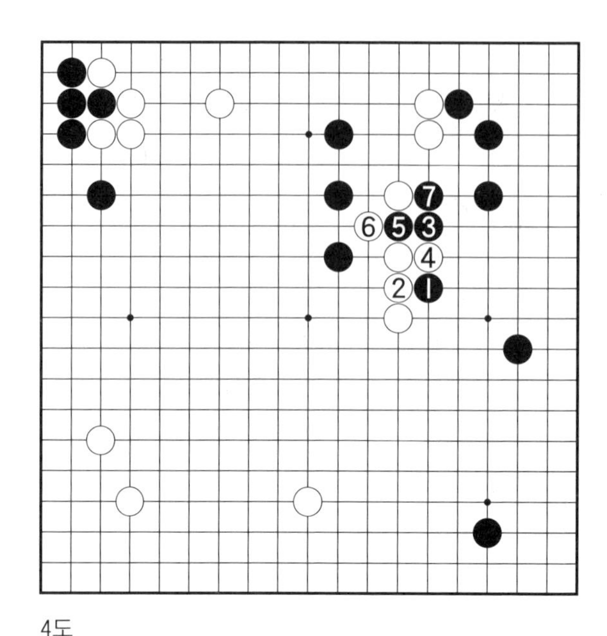

4도

4도 (역시 분단)

흑1로 이쪽을 먼저 들여다보는 수도 있을 것이다. 백2로 이을 수밖에 없고 다시 흑3의 들여다봄. 백4로 저항한다면 흑5, 7로 두어 이번에도 백은 분단을 면치 못한다.

물론 백4로 5라면 1도의 모양으로 환원된다.

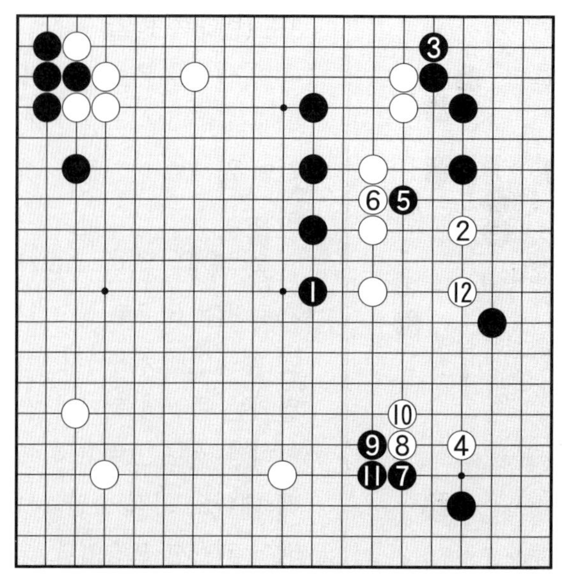
실전진행

실전진행 (단순한 뜀)

흑1로 그냥 뛴 것이 실전. 백2로 육박하자 흑3으로 내려서 귀를 지켰으나 공격을 외쳤던 흑은 왠지 뒷걸음치는 자세가 역력하다. 백은 가볍게 우하로 손을 돌려 4 이하 12까지 되어서는 누가 누구를 공격하는지 모를 양상이다.

행마를 하는 데 수순과 타이밍의 중요성을 다시 한번 일깨운 문제였다.

2형

축머리 작전

● 흑 차례

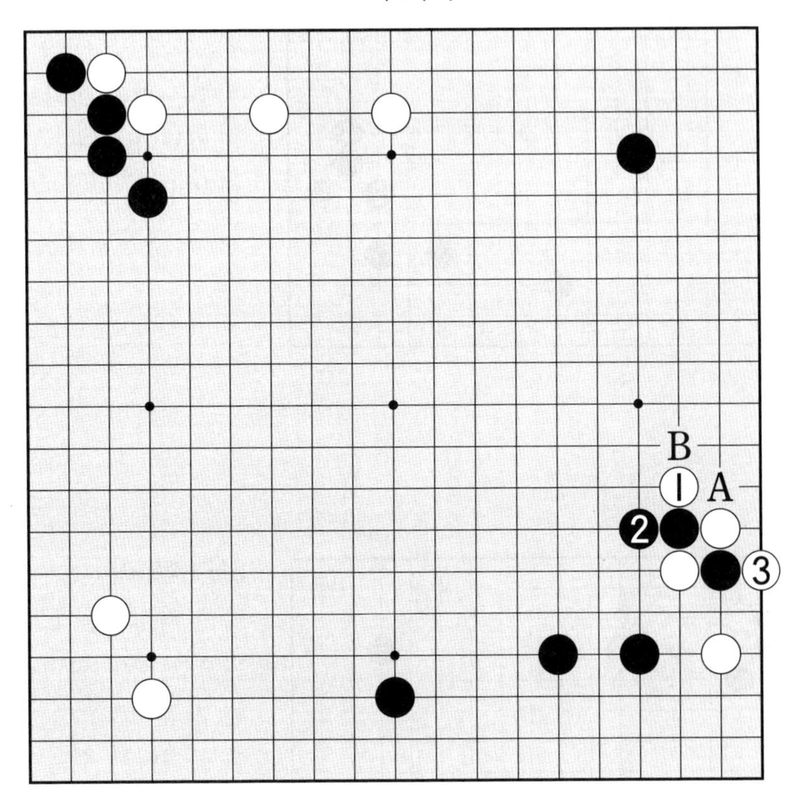

우하에서 흑이 붙여 맞끊은 모양에서 백1로 몰고 3으로 잡았다. 백은 물론 좌상의 축머리가 좋음을 믿고 둔 것인데 여기서 흑의 다음 작전을 묻는다. A에서 B로 모는 축을 어떻게 역이용할 것인지, 그 지점을 정확하게 포착해 흑이 주도권 장악을 위한 궁리를 해주기 바란다.

신예프로십걸전에서 원성진(흑)과 이정우의 대국이다.

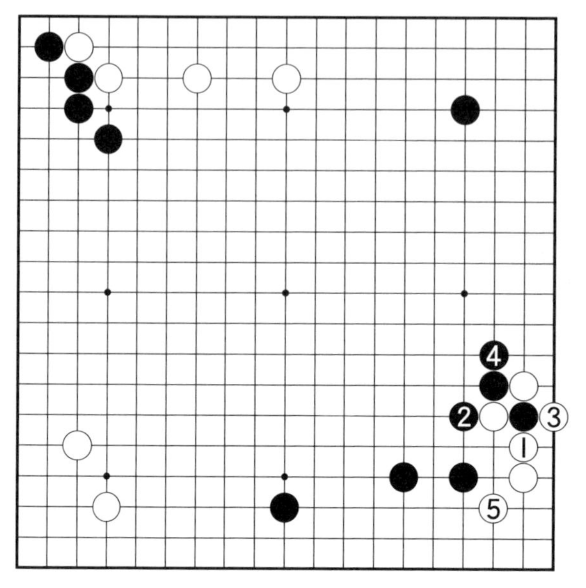

1도

1도 (흑, 좋음)

장면의 1로 이 그림 백1로 그냥 잡는 것도 정석이다.

흑2로 몬 후 4로 뻗고 백5까지 일단락인데, 이 절충은 백의 실리보다 흑의 세력이 좋다는 평이 일반적이다.

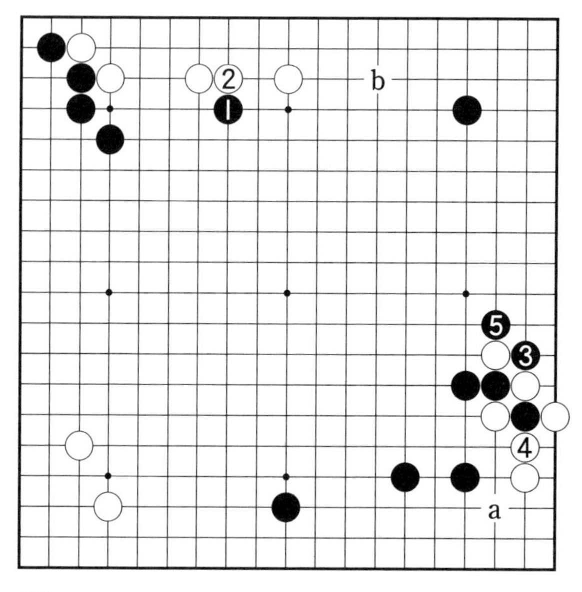

2도

2도 (축머리)

흑은 좌상에서 1로 들여다보는 것이 축머리로서는 가장 좋다. 백은 이곳을 돌파당할 수는 없으므로 2로 받는 정도이다.

거기서 우하 흑3에서 5로 한점을 축으로 잡아둘만한 바둑으로 생각된다. 다음 백a라면 흑b로 충분한 형세이다.

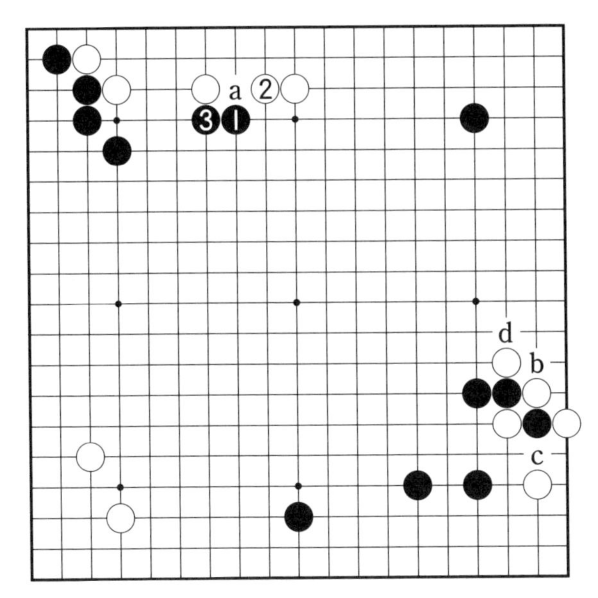

3도

3도 (여전히 축)

흑1에 백2로 늘어서는 수는 앞서의 축을 교묘히 피하려는 뜻이다. 그러나 흑3으로 다시 밀어가면 여전히 축이 성립한다.

흑은 다음 a부터의 돌파와 b, 백c, 흑d로 잡는 수가 맞보기이다.

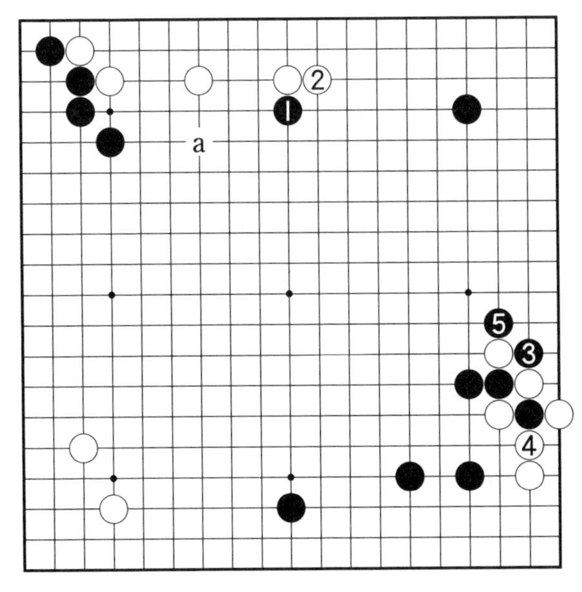

4도

4도 (감각적 일책)

축머리라면 흑1로 붙이는 수도 감각적으로 떠오른다. 백2로 받아주면 흑3에서 5로 축이다.

물론 흑1은 백2로 늘게 해 앞 그림보다 손해의 뜻이 있지만, 대신 좌상 a 방면에서의 보이지 않는 두터움으로 벌충할 수 있을 것이다.

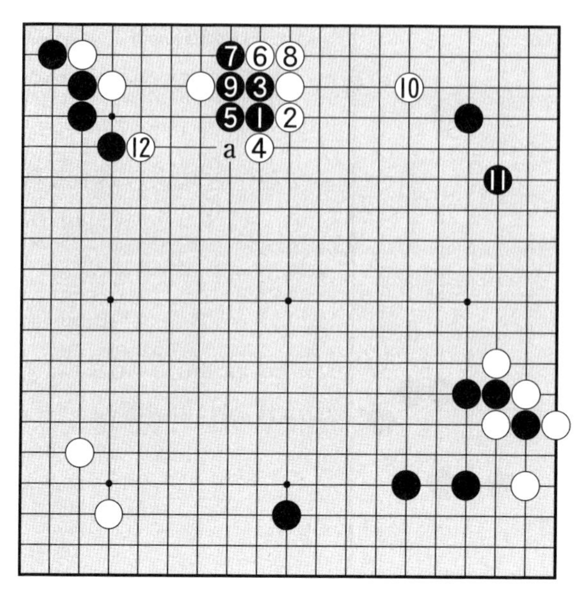

실전진행1

실전진행1 (백의 반발)

실전은 2도 흑1보다 한 줄 오른쪽인 1로 두었고 백2로 반발하면서 흑3 이하 뜻하지 않은 변화가 이루어졌다. 흑이 일단 좌상을 크게 제압했지만, 백4의 두점머리를 얻어 맞아 뭉친 꼴이 된데다 백12로 움직이는 뒷맛이 남아서는 별게 없는 모습이다.

흑11로는 이때라도 a에 밀었어야 한다.

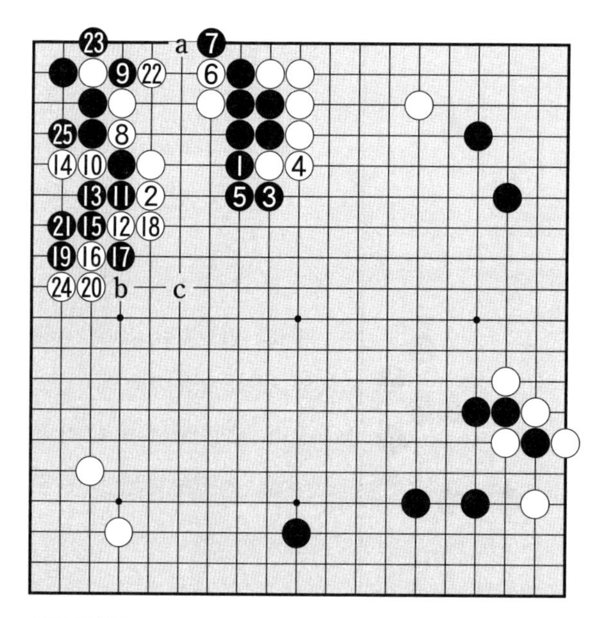

실전진행2

실전진행2 (흑, 비세)

흑1에 백2로 뻗어서는 흐름이 이상해졌다. 흑1로는 2에 젖혀 싸우고 싶은 자리. 이하 백10부터의 사석전법이 주효해 24까지 흑이 거꾸로 비세에 빠지고 말았다.

이후 백a로 두자 흑b로 움직여 난전이 되었지만, 백은 c의 장문으로 제압해 두었으면 간명했다.

3형

응수타진의 묘

● 흑 차례

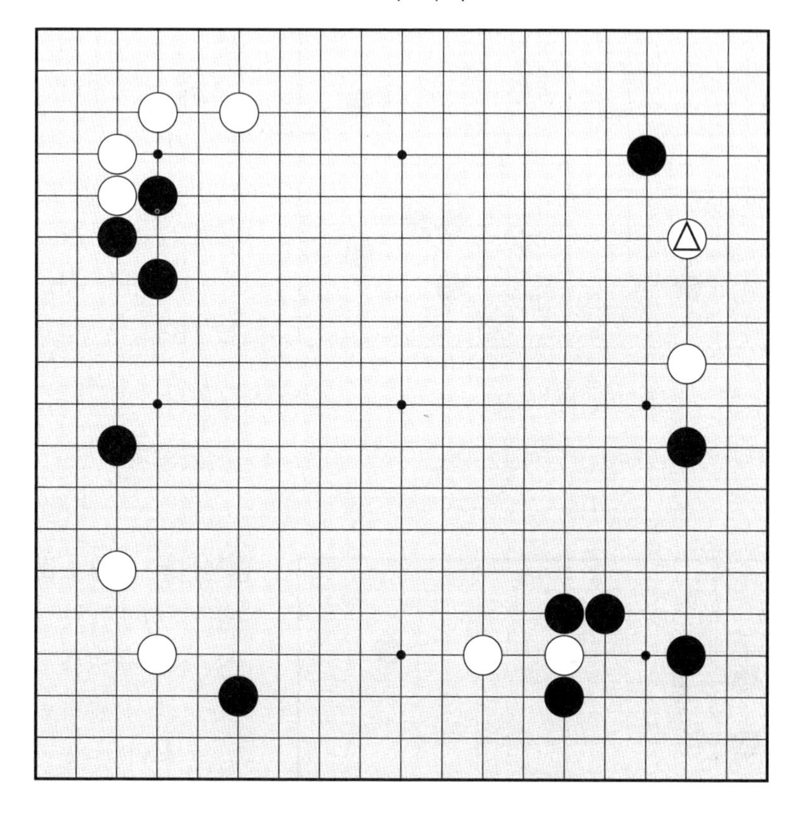

우상에서 백△로 벌린 것은 당연한 한수인데, 이에 대해 흑이 받아줄 것인지 아니면 좌하 방면 어딘가로 손을 돌릴 것인지 생각해 보자.

그리고 만일 좌하 쪽을 둔다면 어떤 식으로 움직여야 할지 흑의 다음 한수를 묻는다.

테크론배 본선에서 조훈현(흑)과 최명훈의 대국이다.

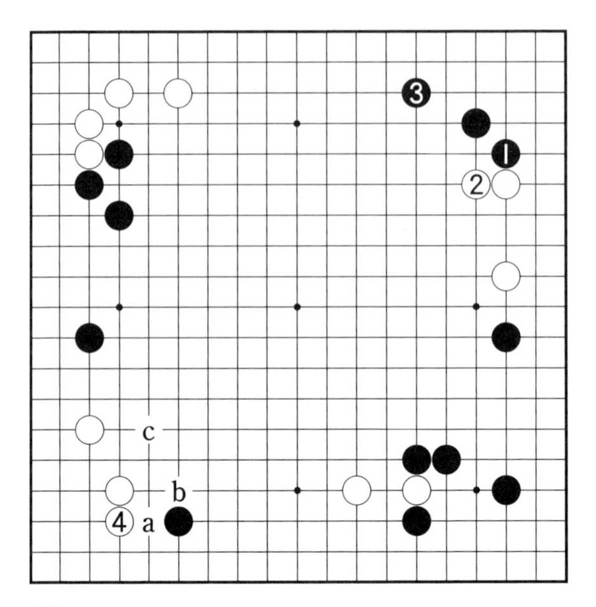

1도

1도 (백의 선제공격)

흑이 우상 쪽을 받는다면 1로 붙이고 3의 날일자 행마가 보통이다. 그러면 백은 좌하에서 4로 나란히 서는 수가 예상된다.

이제 흑은 하변의 흑 한 점을 어떻게든 수습해야 하는데, 흐름상 주도권이 백쪽으로 기울 것이다. 한편 백4로는 a, 흑b, 백c도 가능하다.

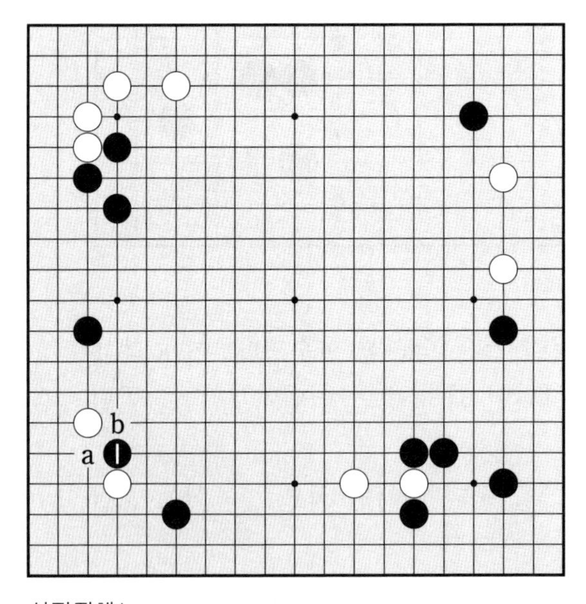

실전진행1

실전진행1 (하나 붙임)

흑은 좌하에서 먼저 주도권을 잡는 궁리를 하고 싶다. 그래서 생각한 것이 흑1로 하나 붙여 백의 응수(a나 b)를 묻는 수였다.

얼핏 난데없는 행동처럼 보이지만, 흑은 여기서 적당히 수습하는 모양을 만들어 놓고 우상 쪽 행마를 결정하려는 고급 맥이다.

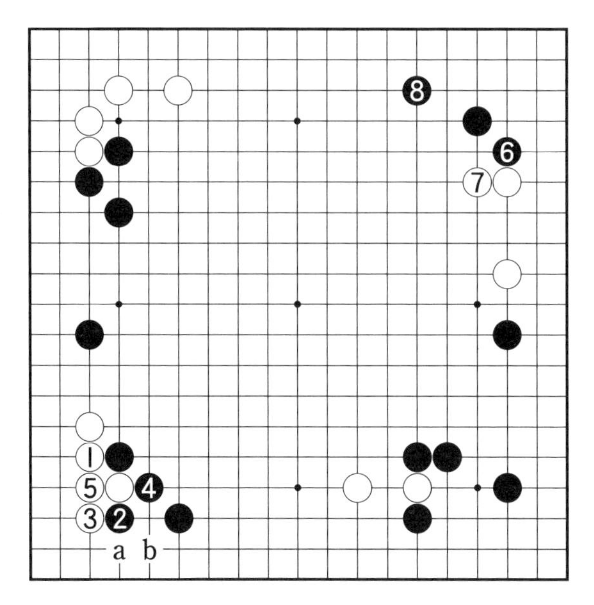

2도

2도 (활용의 효과)

앞 그림에 이어 백1로 받으면 보통인데, 그러면 흑2에서 4로 몰아두고 다시 우상으로 향한다.

좌하는 이 자체로 흑이 활용한 모양이며, 다음 백a면 흑b의 패로 받던가 아니면 손을 빼든가 결정하면 된다.

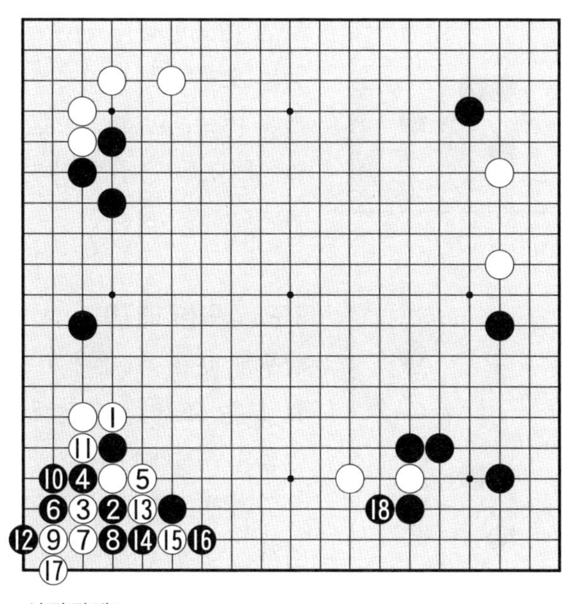

실전진행2

실전진행2 (두텁게 공격)

실전은 백1로 올라섰는데, 흑2의 붙임은 변함없는 맥점이다. 백3으로 막은 수에 흑4에서 6으로 직접 수단을 내러 갔다. 백7 이하 17까지는 필연의 진행이다.

이로써 흑은 좌하에서 제법 두터운 모양을 얻고 18의 공격으로 향해서 기분 좋은 결과라 생각된다. 수순 중 백13, 15는 귀의 자충을 유도하는 맥이다.

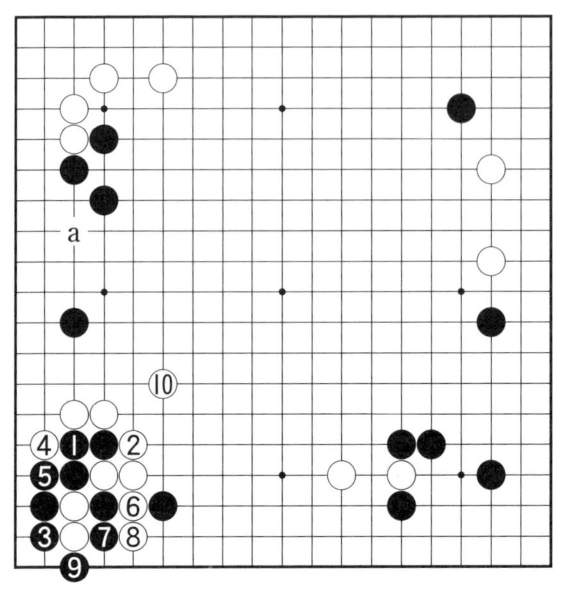

3도

3도 (빗나간 구상)

흑이 귀의 백 두점을 굳이 잡으려면 1, 3으로 두면 된다. 그러나 백4부터 6, 8의 단수를 결정해 귀를 버리고 두면 흑이 할 말이 없다. 이제는 백에게 두터운 세력을 허용한 결과 멀리 a의 침입도 보여 난감하다. 흑이 좌하 쪽을 가볍게 활용하고자 했던 당초의 구상과도 크게 빗나간 모습이다.

4도

4도 (두터운 모양)

좌하는 흑1로 따내고 3으로 밀어올림까지 선수로 듣는 모양이다. 따라서 이 흑은 거의 두터운 모양으로 살아있어 a부터 공격한 것은 당연하다.

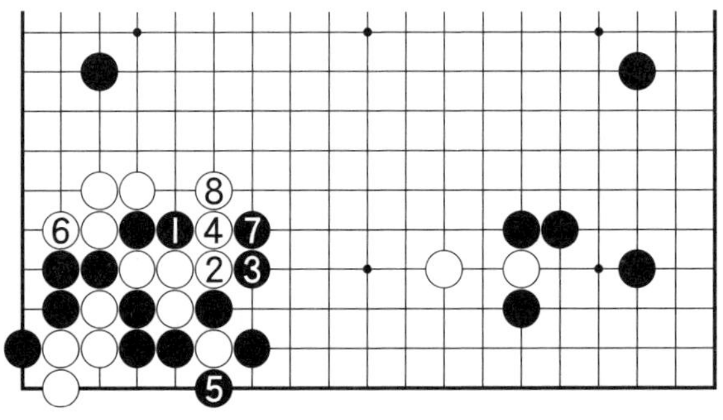
5도

5도 (강력한 배경)

경우에 따라 흑1에서 3으로 모는 교묘한 수단도 있음을 주목해야 한다.

그러면 오른쪽 백을 공격하는 데 훨씬 강력한 배경이 되고 있다.

4형

수습의 기본 테크닉

○ 백 차례

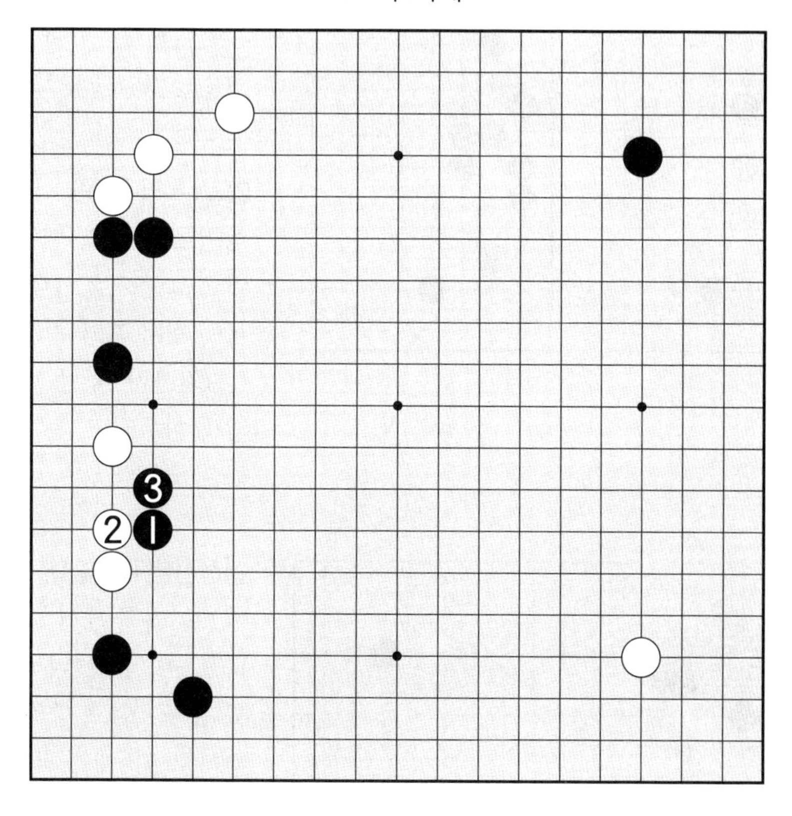

좌변에서 백이 두칸벌림을 두자마자 흑이 1, 3의 고압작전을 들고 나왔다.

여기서 백은 다음 행마를 어떻게 가져가야 하는가? 가볍게 수습하는 맥을 찾아보기 바란다.

일본 본인방전 리그에서 조선진(흑)과 히코사카 나오토의 대국이다.

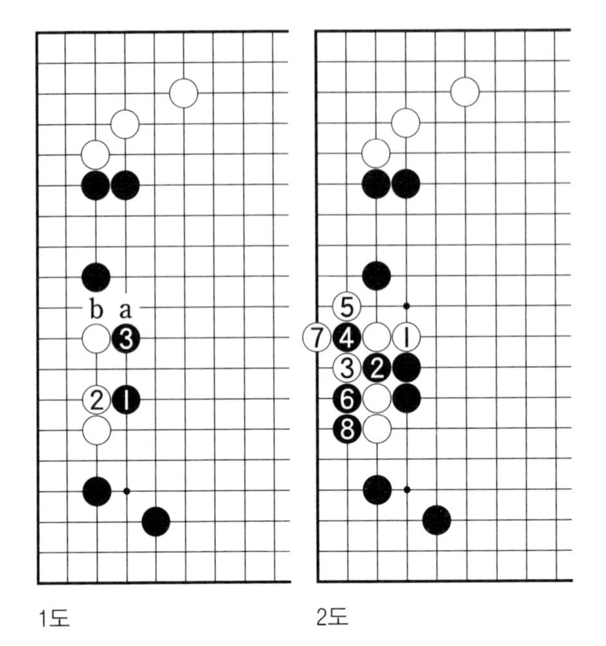

1도 2도

1도 (보통)

좌변과 같은 배석에서는 흑1, 3으로 봉쇄하는 작전이 보통이다. 흑3에 대해 백a로 젖히는 것은 흑b로 끊어 좋지 않다. 그 이유는 잠시 후에 밝힌다.

2도 (흑의 주문)

장면도에 이어, 백1로 밀어올리면 흑2, 4로 나가 끊는 것이 흑의 주문이다.

흑8까지 백 두점을 제압해 아무래도 흑이 우세한 모습이다.

실전진행 (실속 대 공배)

백1로 귀쪽에서 꼬부려 나갔는데, 실은 너무 무거웠다. 흑2, 4로 중앙을 봉쇄하고 백5에는 흑6으로 따라 나가는 흐름이 기분 좋은 모습이다.

이후 백7로 하변을 견제했지만, 흑8 이하 14까지 흑은 실속을 차리고 백은 공배를 달린 느낌이다.

실전진행

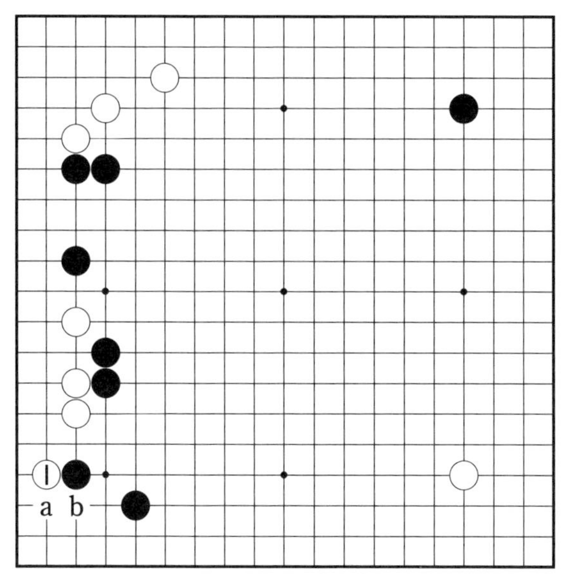

3도

3도 (2선 붙임)

백은 바깥으로 밀고나가는 수를 두기보다 먼저 안에서 수습하는 연구를 할 자리였다.

백1로 2선에 붙여 흑의 태도를 묻는 것이 재빠른 안정을 위한 포인트이다. 다음 흑의 선택은 a나 b의 둘 중 하나인데, 어느 쪽이든 백은 소기의 목적을 달성할 수 있다.

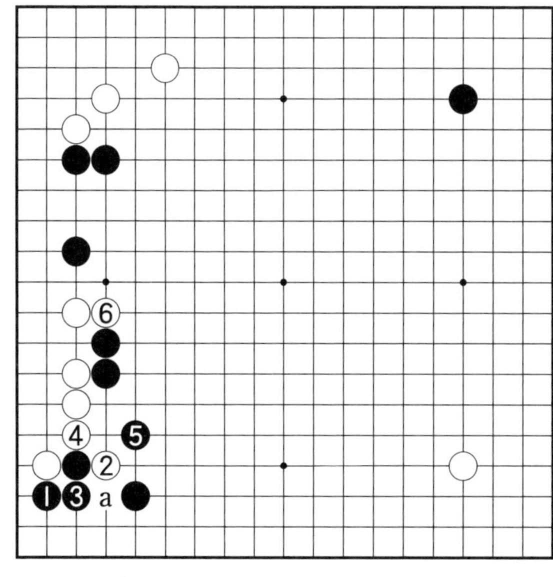

4도

4도 (수습 1)

계속해서 흑1로 젖히면 백2, 4로 차분히 정비해 둔다. 흑5로 차단하는 정도인데 백6으로 밀어올린 데까지, 이 결과는 백이 바깥을 포위당하긴 했지만 흑의 울타리가 엷고 6으로 분단해 나가는 자세가 좋아 충분히 수습한 자세로 보인다.

수순 중 흑3으로 a는 4의 단수를 얻어맞아 흑이 좋지 않다.

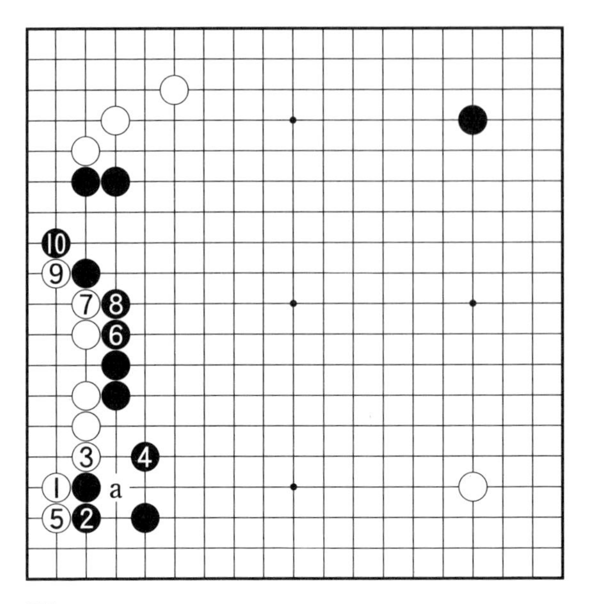

5도

5도 (수습 2)

백1에 흑2로 느는 변화. 백3으로 치받고 흑4의 봉쇄를 기다려 백5로 밀고 들어가면 역시 수습한 모양이라 할 수 있다.

다음 흑6부터 바깥을 틀어막는 진행이 예상되는데, 백은 좌변을 선수로 안정한 데 만족하고 하변을 먼저 벌리던가 해서 좋은 형세일 것이다. 귀에는 백a의 맛도 약간 남았다.

6도 (백, 비능률적)

1도 이후의 변화. 백1로 젖히는 것은 속수로 흑2로 끊겨 좋지 않다.

백7 다음 흑8의 단수 한방이 아프며, 흑은 폭이 넓고 백은 비능률적인 모습이다.

6도

7도

7도 (보통의 진행)

흑△에는 백1, 3으로 끼워잇고 이하 7까지 되는 것이 보통이다.

마지막 백7을 생략하면 흑이 이 자리를 파호해 백이 곤란해진다.

5형

패싸움과 기세

○ 백 차례

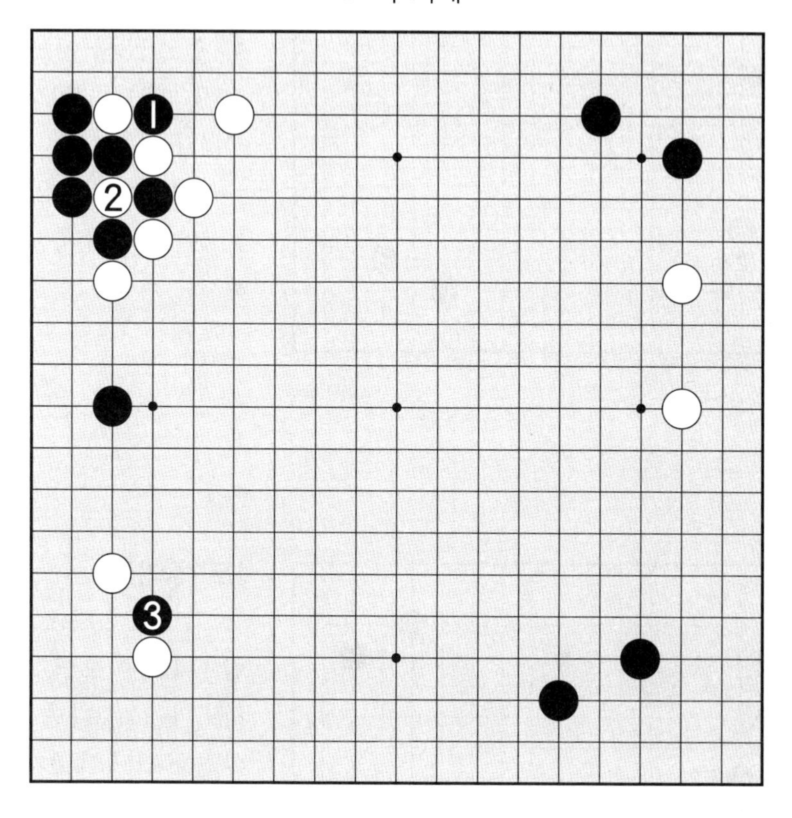

좌상에서 뜻하지 않은 변화가 발생해 패가 났다. 흑은 패의 대가를 구해 좌하에서 3으로 붙이는 팻감을 써왔다.

이에 백은 좌상의 패를 때려내야 하는지, 아니면 일단 패를 받아야 하는지가 초점이다. 패를 해소할 경우의 예상 진행을 잘 판단해 보고 선택하기 바란다.

일본 기성전에서 조치훈(흑)과 고바야시 고이치의 대국이다.

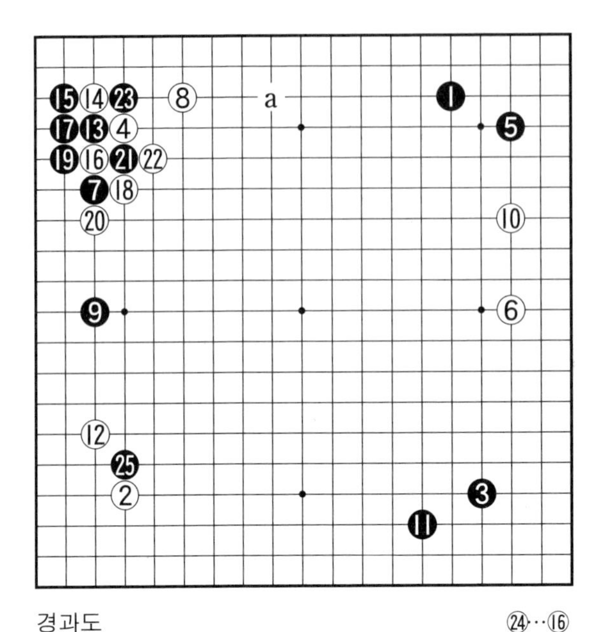

경과도　　　㉔…⑯

경과도 (1~25)

좌상에서 흑13으로 붙여 15로 이단젖힌 것까지는 흔히 나타나는 형태인데, 백16이 선택의 기로였다. 이 수로 23에 잇고 다음 흑19, 백a면 지구전이 예상된다.

그리고 백20도 21에 잇는 것이 보통이다. 이에 대해서는 다음 그림에서~

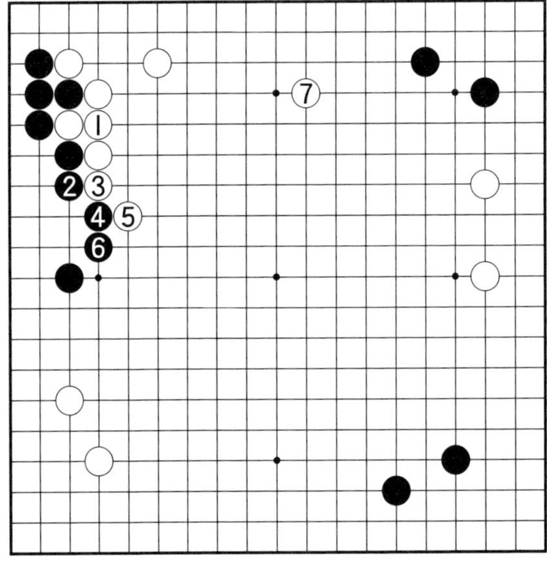
1도

1도 (장기전)

앞 그림의 20으로 이 그림 백1로 이으면 흑2 이하 6까지 된 다음 백7로 상변을 벌린 데까지 장기전이 예상된다.

결과론이지만 백은 평범한 이 진행을 따르는 게 좋았던 듯하다.

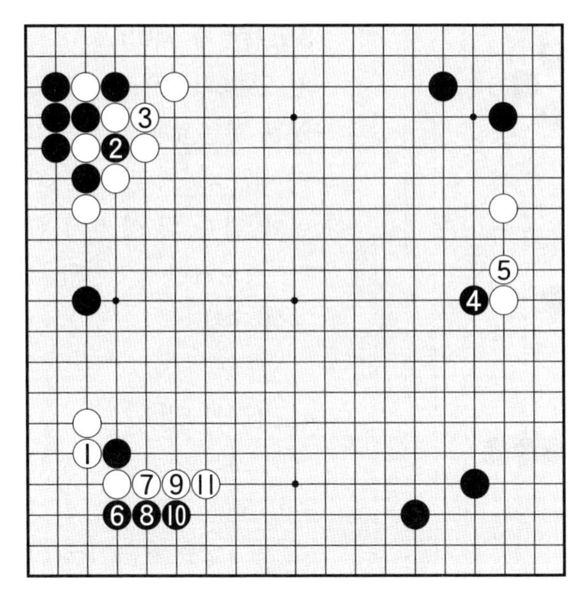

실전진행1

실전진행1 (굴복)

백1로 팻감을 받고 흑2에 백3으로 패를 굴복했는데, 이 대목에서 백은 기세가 부족했다.

백3으로 패의 굴복도 그렇고 좌하에서 흑6 이하의 수순이 교묘해 백이 흑의 주문대로 응수한 느낌이다.

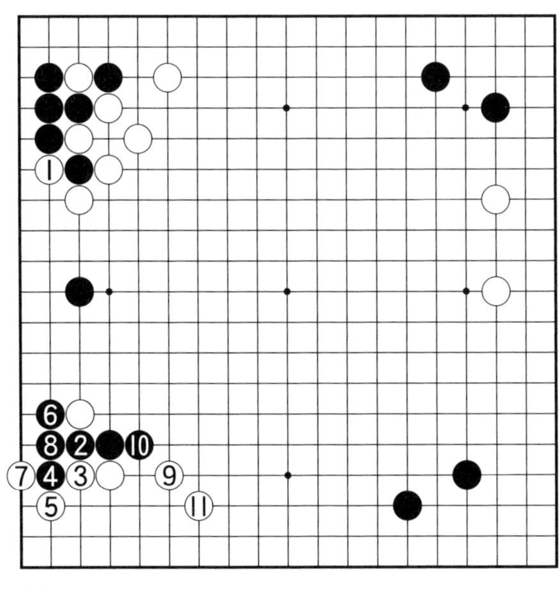

2도

2도 (때려내는 게 기세)

백1로 패를 때려내는 게 기세였다. 흑2로 돌파할 때가 문제인데 백3으로 막고 이하 11까지, 이랬으면 백도 좌상의 두터움이 막강하고 전체적으로 둘 만하다고 생각한다.

수순 중 흑6은 이렇게 호구치는 것이 모양이며 흑10도 급소 자리여서 생략할 수 없다.

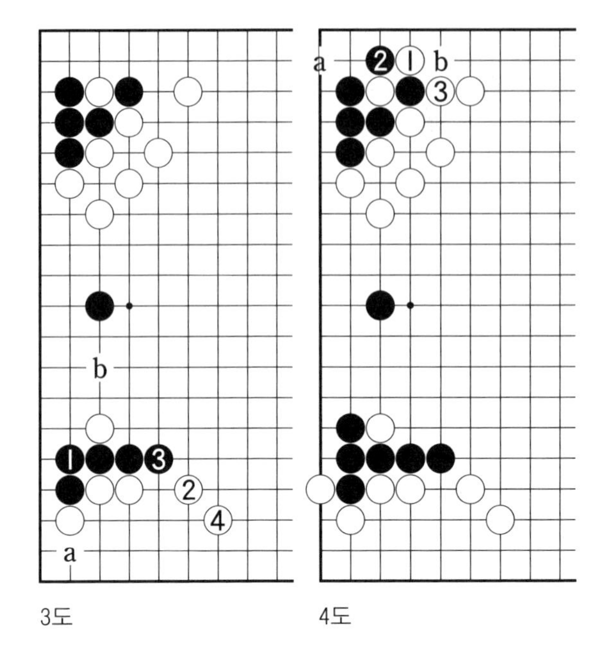

3도 4도

3도 (한 수 차이)

앞 그림의 6으로 흑1로 잇는 것은 a의 맛은 남지만 백2, 4까지 된 다음 좌변에 한수 더 지켜야 한다. 방치하면 당장 백b로 흑이 곤란하다.

4도 (귀의 맛)

백이 좌상의 패를 해소했으면 백1, 3으로 핍박하는 즐거움이 보너스로 남는다. 다음 흑은 a로 지켜 살자니 억울하고, b로 패를 하자니 부담스럽다.

실전진행2 ⑥…▲

실전진행2 (흑, 4귀생)

흑1로 끊고 백2, 흑3 다음 백4로 어깨짚어 나온 것은 하변의 세력을 의식한 수이다.

이하 흑17까지 진행한 결과 전체적으로 흑이 4귀생의 실리를 바탕으로 리드하고 있는 국면이다.

6형

중앙 공격에 뜻을 둔다

○ 백 차례

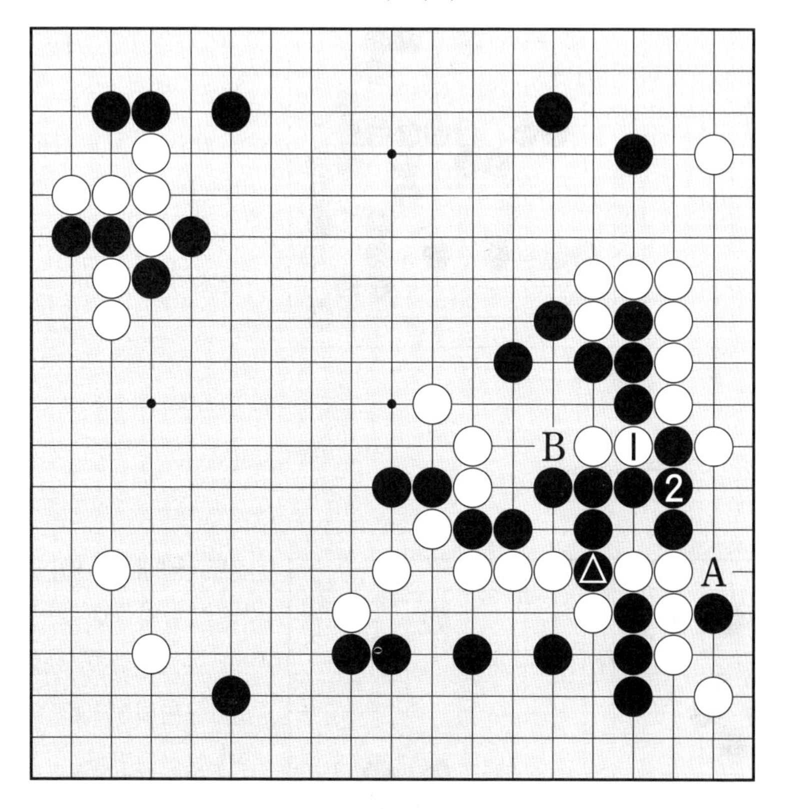

우하 일대에서 서로 끊고 끊는 접전이 일어나면서 바둑은 난전의 양상이다. 흑△의 끼움으로 우하의 백 일단이 절단되고 나서 방금 백1로 몰자 흑2로 이은 장면이다.

다음 백은 A로 귀를 살려야 하는지, B로 두점을 살려야 하는지가 초점이다.

후지쯔배에서 창하오(常昊)와 유창혁(백)의 대국이다.

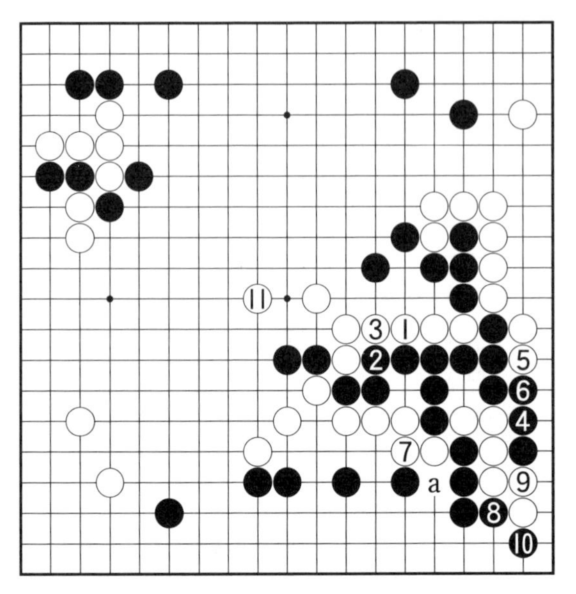

1도

1도 (요석을 살린다)

백1로 중앙 쪽의 두점 살리는 수를 선택하고 싶다.

물론 현실적으로 흑4부터 귀의 백 다섯점이 떨어진 손해가 크지만, 백은 11로 뛰어 중앙 흑의 양곤마를 공격한다면 대가를 충분히 찾을 수 있을 것이다. 또한 백a로 뚫는 맛도 있다.

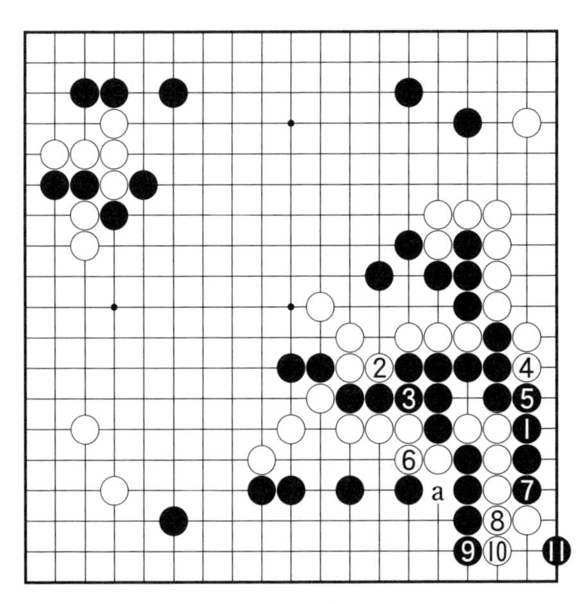

2도

2도 (공배 하나의 차이)

앞 그림의 2로 그냥 이 그림 흑1로 두면 백2, 흑3을 교환해 수상전의 양상이 달라진다.

흑의 바깥 공배가 한 수 줄어든 탓으로 백6에 흑7, 9의 수순을 밟아야 하고 이제는 백a부터 돌파하는 수단이 더 강력해진다.

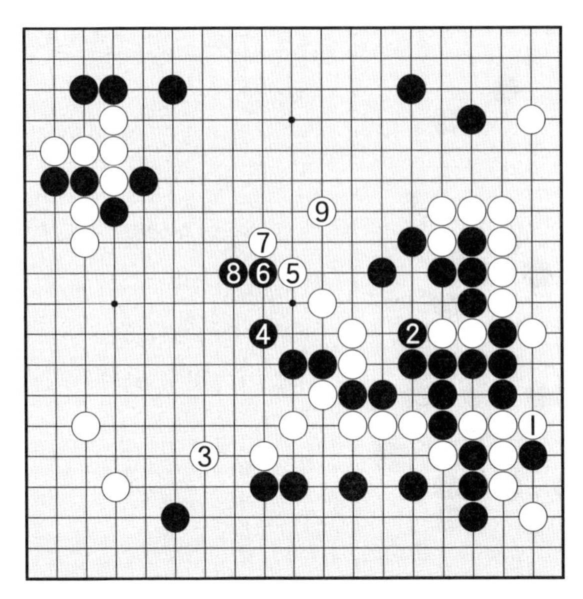

실전진행1

실전진행1 (백3, 의문)

백1로 귀를 살린 것이 실전. 흑2로 백 두점을 잡았을 때 백3으로 뛴 것이 다소 의문이었다.

흑4의 마늘모 행마부터 6, 8로 붙여늘어 쉽게 수습하는 형태를 갖추어서는 더 이상의 공격은 기대하기 힘들게 되었다.

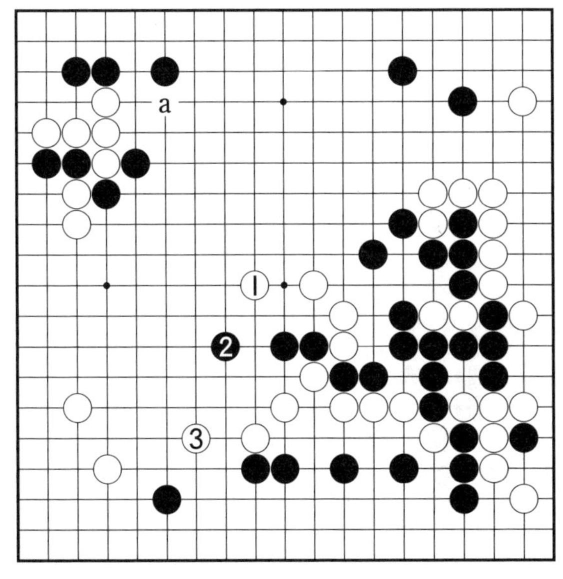

3도

3도 (중앙 뜀이 급소)

백은 이때라도 1로 중앙쪽을 향해 뛰는 것이 올바른 방향이었다. 흑2로 같이 뛰는 정도인데 그때 백3으로 뛰어나가는 리듬이 자연스럽다.

이랬으면 멀리 a부터 갈라 나오는 공격도 있고, 전체적으로 백이 아직 나쁘지 않은 형세였다.

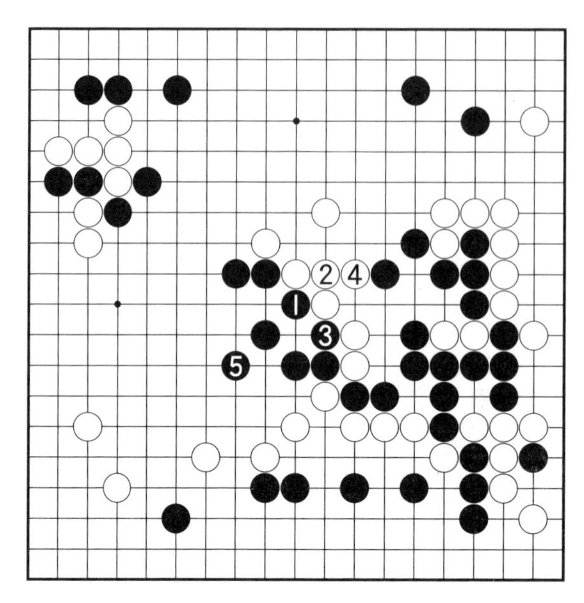

4도

4도 (탄력 있는 눈모양)

실전에서 중앙 흑 일단이 쉽게 수습하고 있다고 했는데, 흑은 언제라도 1~5로 눈을 갖추는 수단이 있기 때문이다.

따라서 백은 앞 그림처럼 두는 것이 절대였던 것이다.

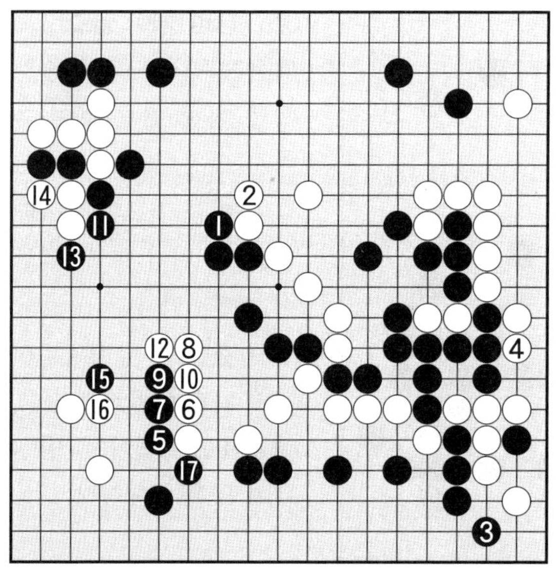

실전진행2

실전진행2 (공수 역전)

흑1에서 3을 선수하고 5 이하로 밀어가자 중앙의 백 일단이 거꾸로 몰리는 모습으로 누가 누구를 공격하는지 알 수 없는 양상이다.

백의 작전이 비록 실패로 끝났지만, 바꿔치기의 기로에서 실리의 손해를 감수하며 더 효과적인 공격의 수읽기를 묻는 문제였다.

7형

팻감을 늘리는 복안

○ 백 차례

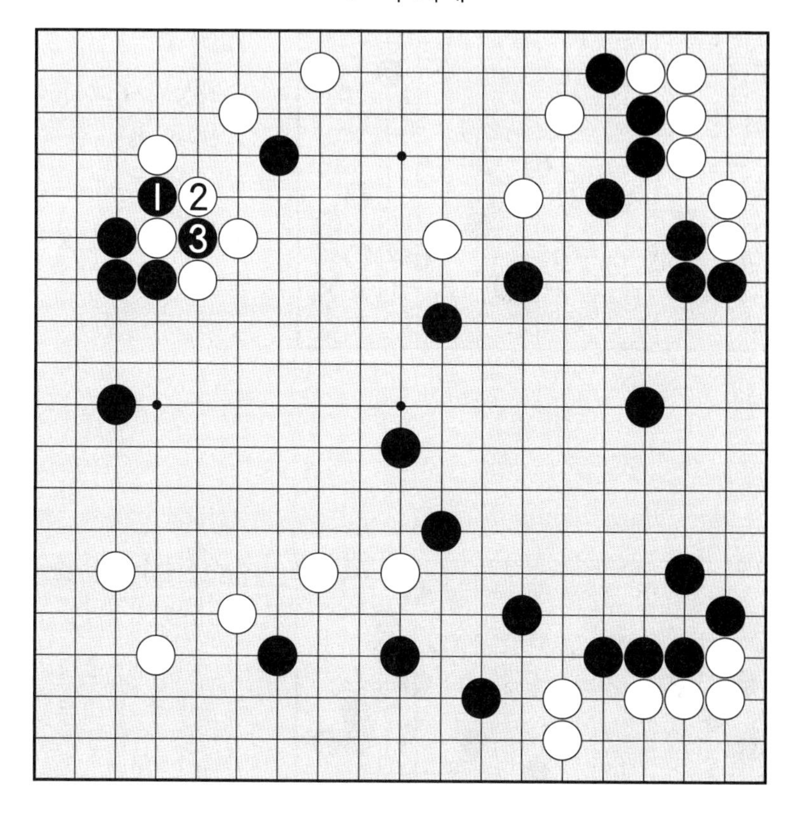

좌상에서 흑1로 몬 수에 백2로 받아 패가 났다. 여기서 백은 패에 굴복해야 하는지, 아니면 다른 곳에서 팻감을 구해야 하는지가 초점이다.

그리고 만일 팻감을 찾는다면 어디가 가장 적합한지 생각해보기 바란다.

삼성화재배 세계오픈전에서 유시훈(흑)과 마샤오춘의 대국이다.

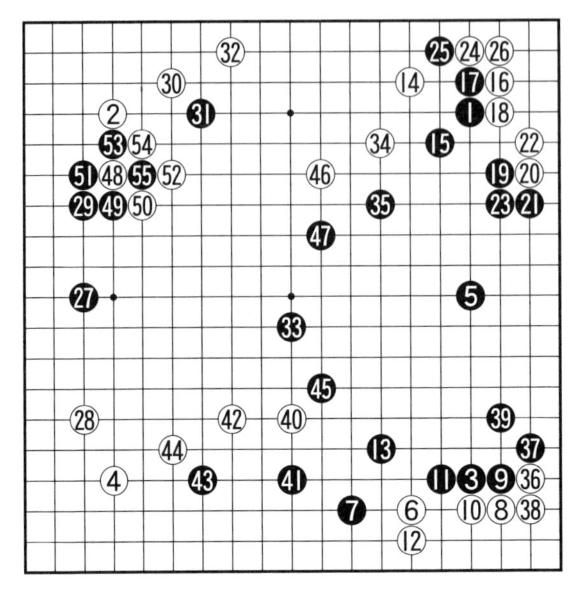

경과도

경과도 (1~55)

흑이 3연성으로 시작해 우변 일대에 큰 집을 확보하고, 백은 네 귀의 실리로 대항하고 있는 국면이다.

좌상에서 흑53으로 단수할 때 백54로 잇지 않고 막자 흑55로 따내 패싸움이 시작된 것이 장면도의 수순이다.

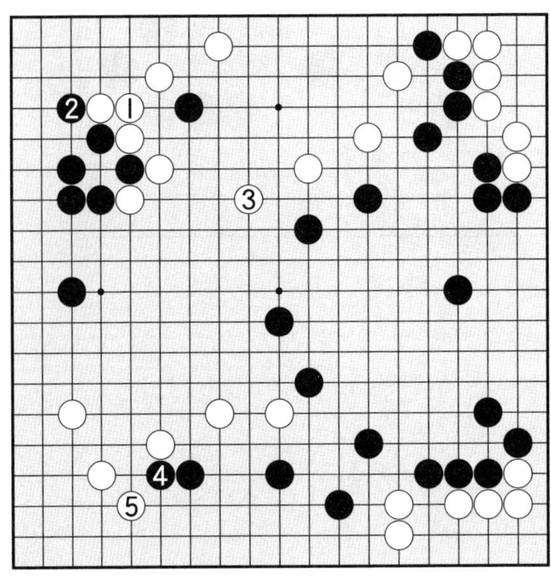

실전진행1

실전진행1 (백, 소극적)

흑이 패를 따낸 수에 대해 백1로 순순히 이었는데, 이 수가 너무 소극적이었다.

다음 흑2로 젖히자 백3의 날일자로 둘러싼 데까지, 백은 어디까지나 분란을 피해 집으로 대항하겠다는 태도였지만 이 정도로는 우변 흑의 큰 집을 당해낼 수 없는 형세로 보인다.

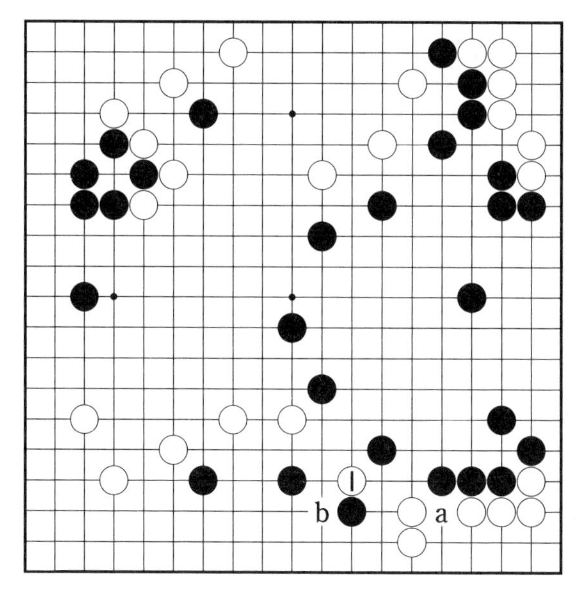

1도

1도 (응수타진)

백은 하변에서 1로 붙이는 팻감을 쓰고 싶다.

여기서 흑의 응수를 물어보며 좌상에서 흑이 패를 키울 경우 흑은 a의 팻감 말고는 달리 없으므로, 백은 그때라도 b의 젖힘으로 이쪽을 사는 여지가 자랑스런 보험구실을 할 것이다.

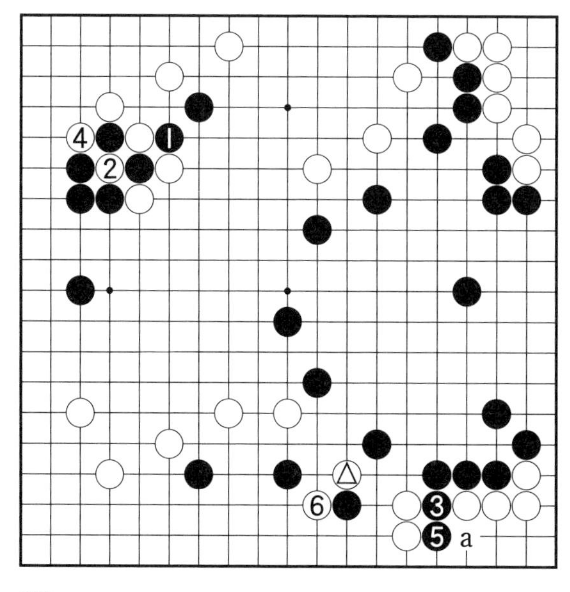

2도

2도 (보상으로 충분)

가령 백△로 붙인 수에 대해 흑1로 끊어 패를 키우면 백2로 따내고 흑3의 팻감에도 백4로 패를 해소한다.

흑5로 우하귀가 뚫리지만 백6으로 보상받으면 충분하다. 또한 백a로 귀에서 부활하는 맛도 있지 않은가.

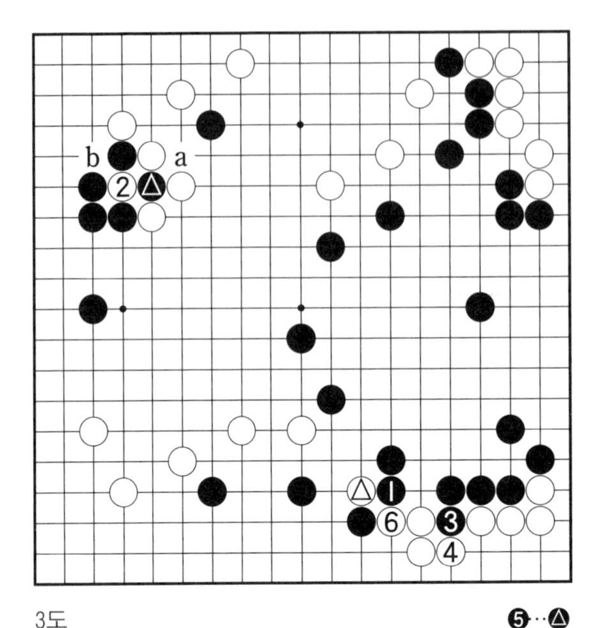

3도

3도 (팻감에 여유)

또 흑1로 받아준다면 좌상에서 백2로 패를 계속하고 다시 흑3의 팻감에는 백4로 막아 둘 여유가 있다. 흑5로 패를 따내더라도 백6으로 끊던가 하면 흑은 더 이상 상응하는 팻감이 없으므로 a로 패를 키우기 힘들 것이다.

만일 그래도 패를 키운다면 백은 볼 것 없이 2에서 b로 패를 연속 따내 완전 해소해버릴 것이다.

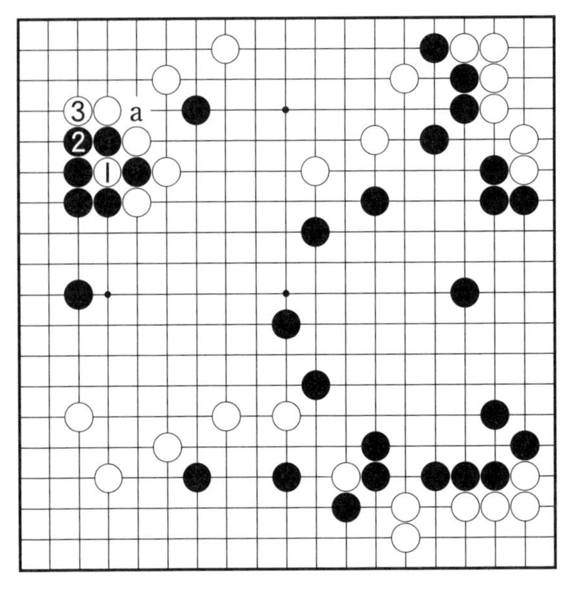

4도

4도 (능률적 모양)

따라서 백1로 패를 다시 따낸 수에 대해 흑2로 굴복하면 그만큼 백의 이득이다.

백은 이제 실전처럼 a에 잇지 않고 3으로 귀를 막아 훨씬 능률적인 모양이 된다.

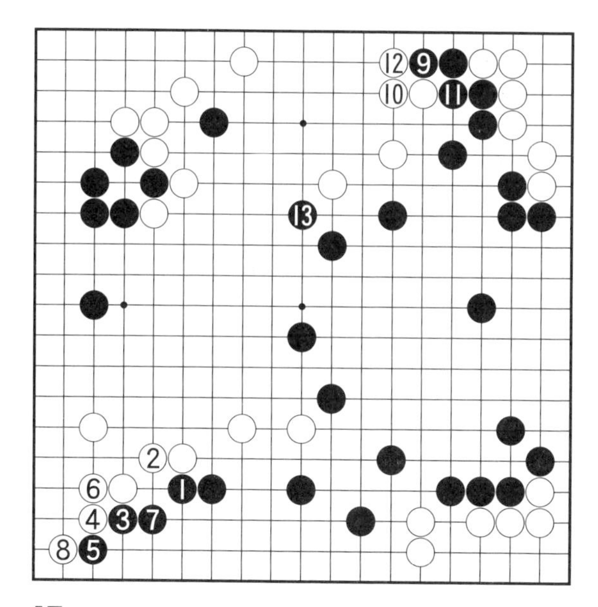

5도

5도 (흑, 우세)

흑쪽에서도 실전진행1의 2로는 좀 더 적극적으로 두고 싶다.

흑1부터 좌하 쪽을 선수로 결정하고 흑9에서 13까지 변과 중앙의 큰 곳을 두었으면 흑이 우세를 견지하는 바둑이었다.

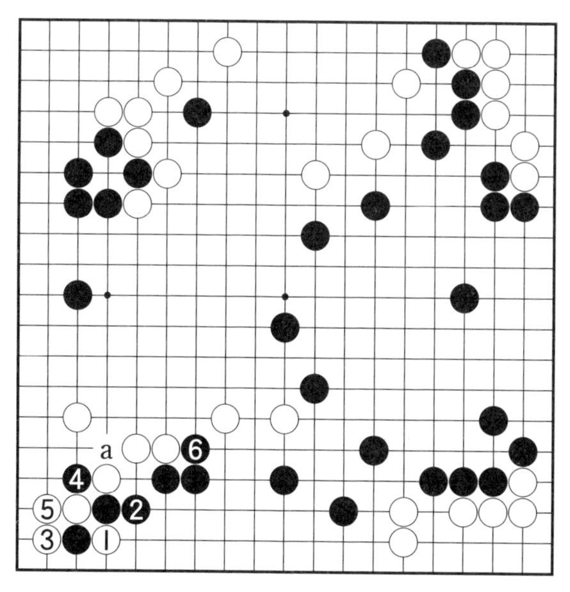

6도

6도 (반발은 위험)

앞 그림의 6으로 이 그림 백1로 반발하는 것은 위험하다.

흑4로 몰아두고 a의 단수를 보며 6으로 가만히 나오는 순간 백의 응수가 곤란해진다.

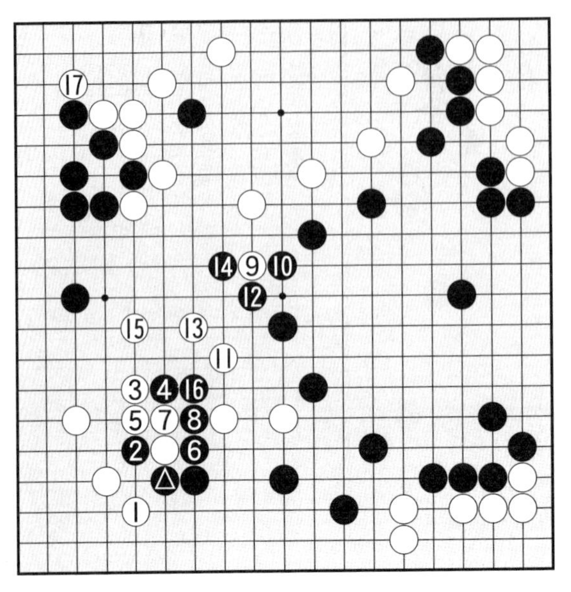
실전진행2

실전진행2 (백, 고전)

흑△로 민 수에 대해 백1의 마늘모로 귀를 지킨 것은 형세가 불리하다고 본 승부수이다. 그러나 흑2에서 4로 중앙 백이 분단당하면서 오히려 고전을 면치 못하게 되었다.

아마 백이 이 바둑을 졌다면 1은 패착이라 해도 좋을 것이다.

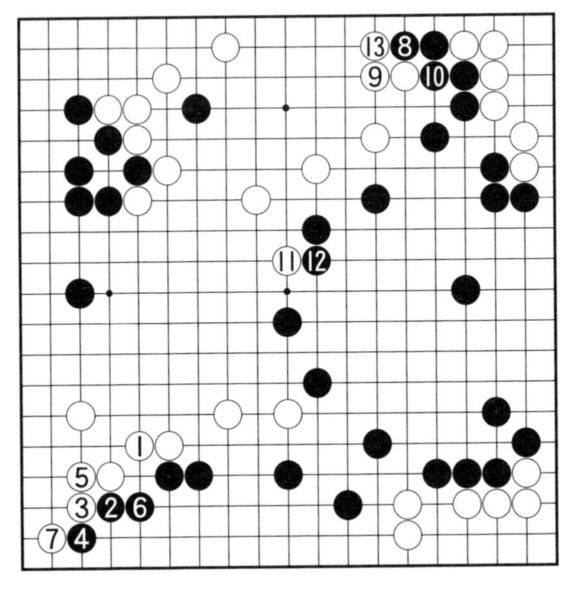
7도

7도 (긴 승부)

앞 그림의 1로는 이 그림처럼 백1로 늘어 두는 게 정수이다. 다음 흑2 이하 백13까지의 진행이 예상되는데, 이랬으면 백이 다소 불리하나마 긴 바둑으로 보인다.

8형

형세판단과 승부수

○ 백 차례

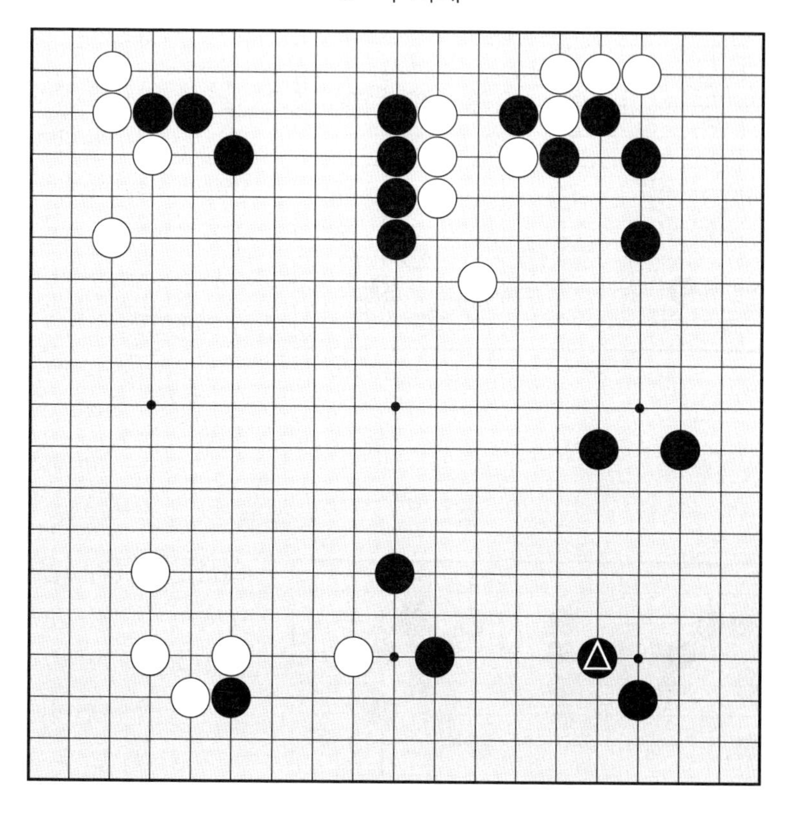

낮은 중국식 포석으로 출발한 흑이 우변 일대에 큰 세력을 펼친 가운데 방금 ▲로 우하를 굳혔다.

여기서 백은 흑의 세력을 어떻게 삭감해야 할지, 다음 진행은 몇 수를 그려보기 바란다. 침입과 삭감, 형세판단과 승부수의 관계가 얽힌 고급문제에 해당한다.

프리텔배 도전자결정전에서 유창혁(흑)과 조한승의 대국이다.

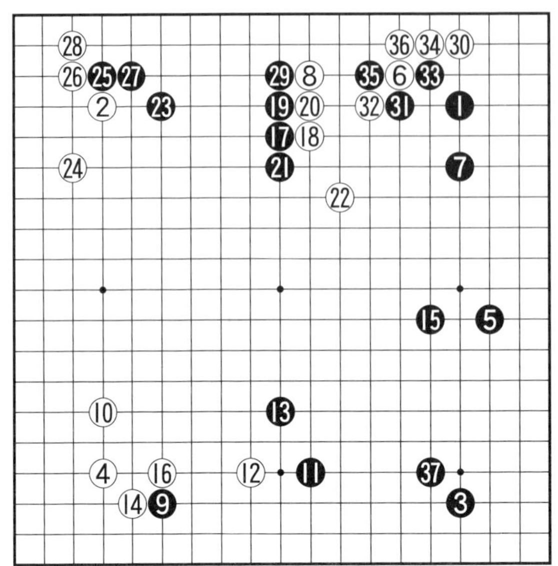
경과도

경과도 (1~37)

흑1~5의 낮은 중국식으로 출발해 흑9로 걸쳐 11~15로 호쾌하게 세력을 부풀린 수법이 재미있다.

이하 백36까지 상변의 절충을 거쳐 흑37로 우하를 다시 굳힌 시점이 **장면도**의 국면이다.

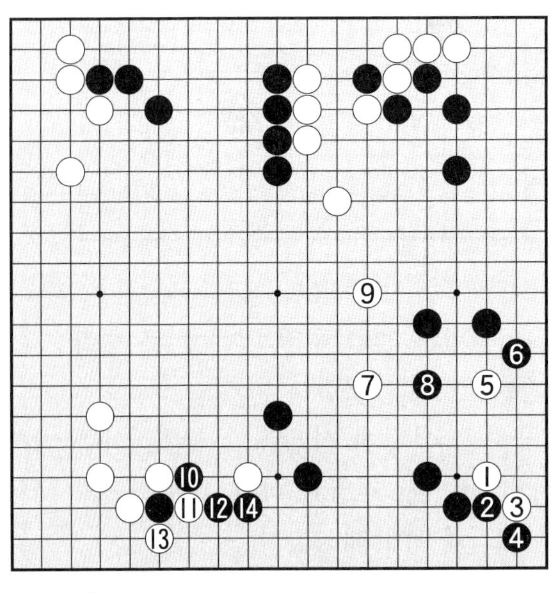
실전진행1

실전진행1 (가벼운 삭감)

우하에서 백1, 3으로 공작하고 5로 벌린 데까지는 상용의 수단이다.

흑6 때 백7로 가볍게 처리하고 말았는데, 흑8로 우하 흑집을 크게 굳혀서는 아무래도 백이 부족한 형세이다.

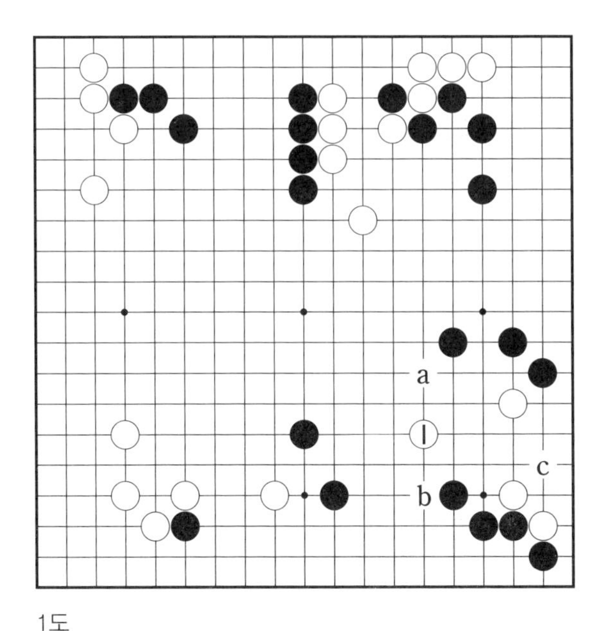

1도

1도 (직접 움직인다)

가벼워도 백1로 우변과 연관해 직접 움직이고 싶다. 물론 달아나는 자세가 엷은 눈목자이니 흑의 호된 공격이 예상되지만, 어차피 우변을 실전처럼 굳혀 주어서는 지는 바둑이다.

다음 백은 a의 뜀이나 b의 붙임, 또는 c의 호구이음으로 탄력을 얻는 수가 있어 쉽사리 공격당할 돌도 아니다.

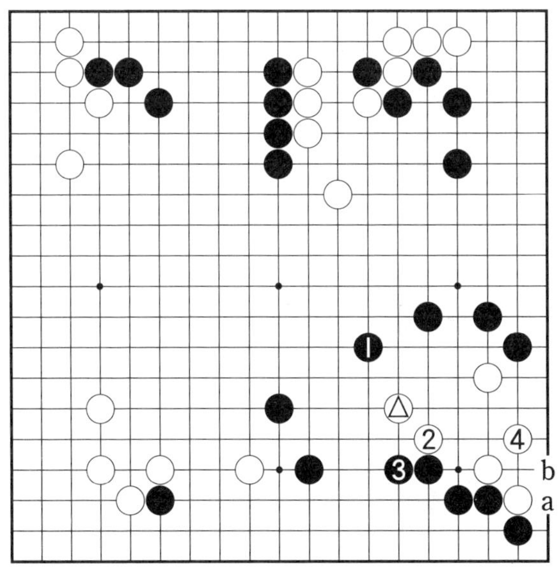

2도

2도 (승부수의 의미)

흑1로 크게 씌워오는 수가 문제인데, 그러면 백2로 붙여두고 4로 호구쳐 다음 흑a면 백b의 패로 버틸 수 있는 모양이다.

물론 쉽게 수습할 수 있는 말은 아니지만, 그렇다고 일방적으로 몰려 잡힐 말도 아니다. 말하자면 백△는 건곤일척의 승부수를 띄우는 의미로 보면 된다.

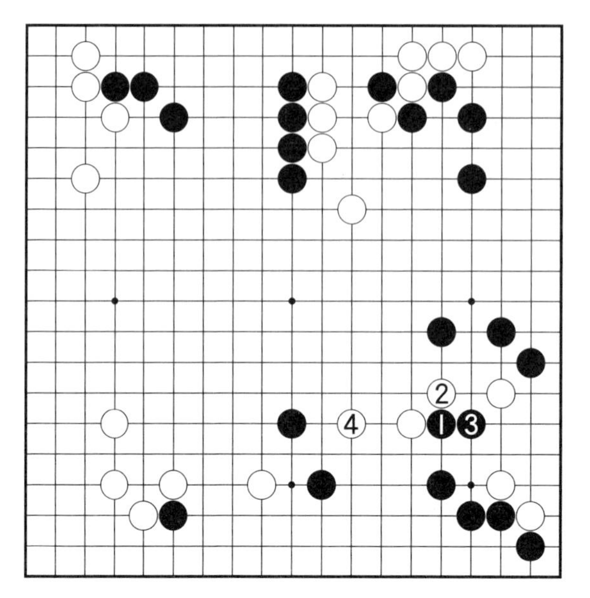

3도

3도 (효율적 삭감)

흑1, 3으로 직접 차단해 온다면 백4로 가볍게 돌아서서 괜찮을 것이다.

그러면 우하의 백 일단이 흑의 수중에 들어가더라도 흑의 주변 세력을 효율적으로 지우는 모습이므로 백이 괜찮을 것이다. 이를 앞의 실전과 비교하면 그 차이는 분명하다.

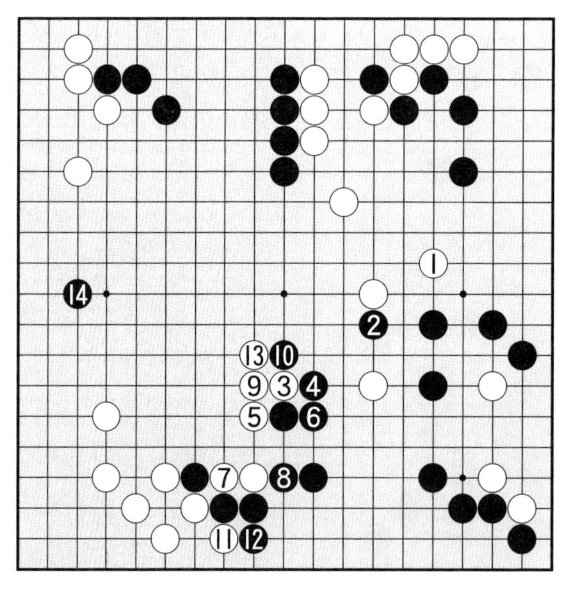

실전진행2

실전진행2 (우하에 큰 집)

실전진행1에 이어 백1로 두자 흑2로 붙여가고 백3, 5 이하의 절충이 이루어졌다. 우하를 크게 굳힌 흑이 14로 좌변을 갈라친 시점에서 형세는 이미 흑에 기운 것으로 판단된다.

이처럼 가벼운 삭감으로는 어차피 진다는 판단이 설 경우 1도처럼 때로는 과감하게 승부수를 띄울 필요가 있다 하겠다.

9형

타개를 거부하는 수순의 타이밍

● 흑 차례

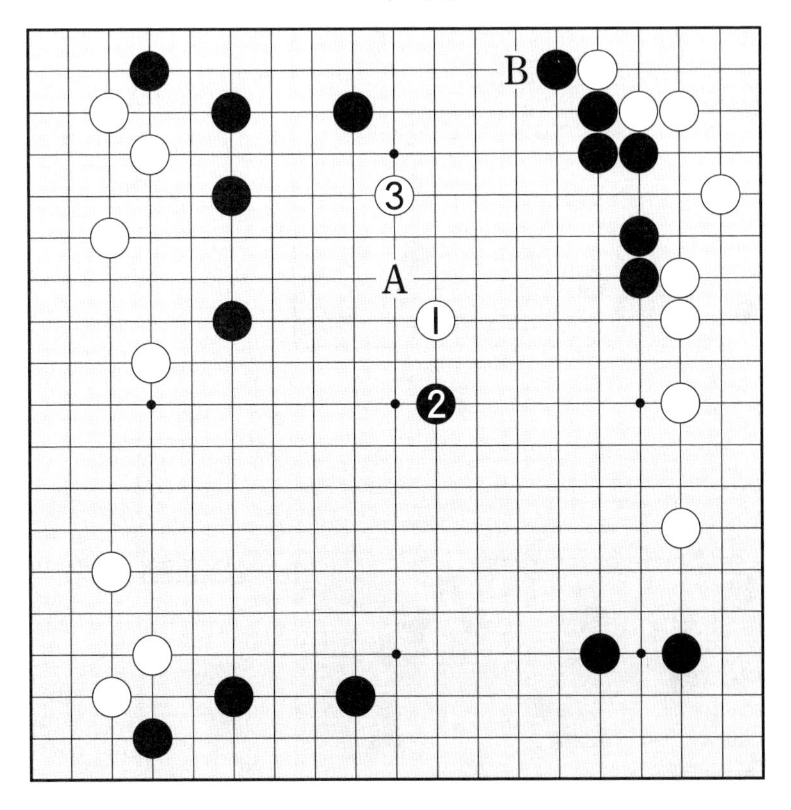

상변에서 흑이 대세력을 펴자 백1로 뛰어들고 흑2의 모자 공격에 백3으로 다시 깊숙이 들어갔다.

여기서 흑은 백을 어떻게 공격해야 할까? 흑은 A부터 절단한 이후 우상에서 백B로 붙이는 맛과 관련해, 미리 백의 축머리 활용을 거부하는 타이밍이 관건이다.

박카스배 도전기에서 최명훈(흑)과 이창호의 대국이다.

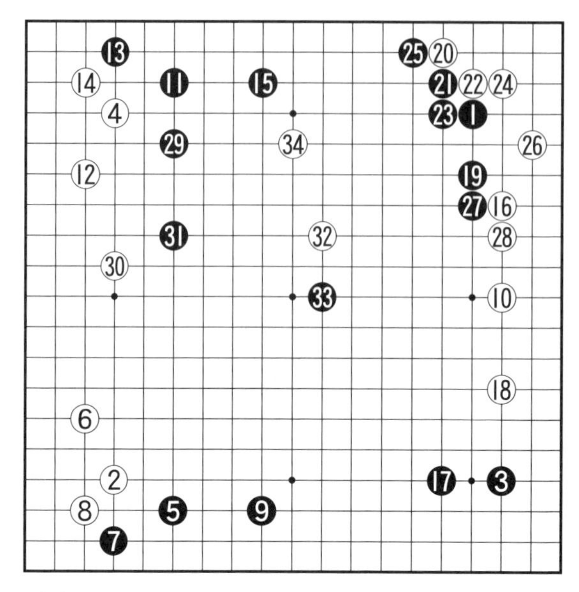

경과도

경과도 (1~34)

좌하에서 흑5~9, 좌상에서 흑11~15로 같은 형태가 반복된 것이 재미있다.

백6과 12는 같은 3선의 저위여서 '고저의 균형'을 강조하는 포석이론에 어긋나는 뜻도 있지만, 그런 모양에 아랑곳하지 않는 것이 요즘의 추세이기도 하다.

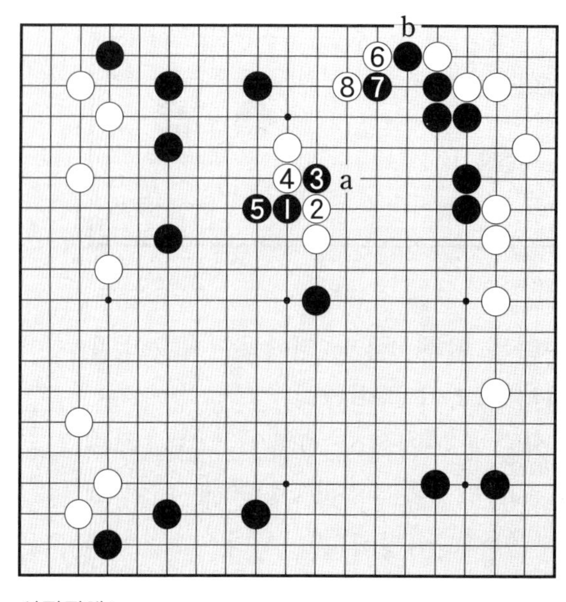

실전진행1

실전진행1 (묘수 껴붙임)

흑1부터 직접 눈목자의 허술함을 찔러갔을 때 백6으로 껴붙여 간 것이 백a의 축머리를 본 묘수였다. 흑7로 방어했을 때 백8로 되젖힌 수가 준비된 맥이다.

다음 a의 축과 b의 연결을 맞보기로 백이 교묘하게 수습하고 있다.

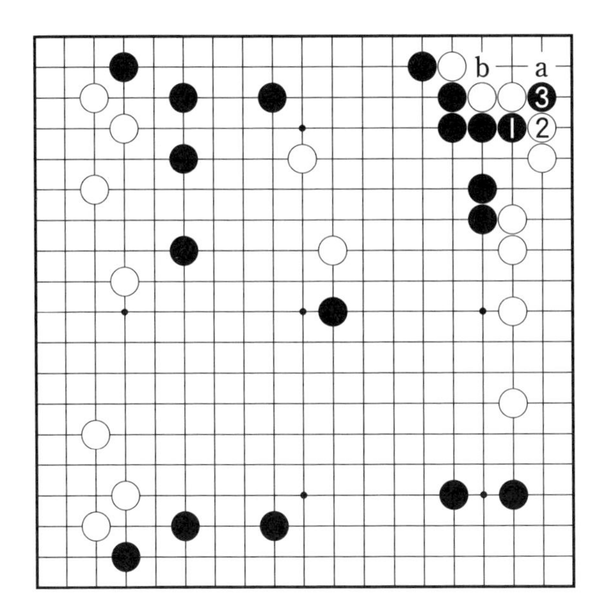

1도

1도 (나가끊을 타이밍)

흑은 중앙을 분단하기 전에 우상에서 1, 3으로 나가끊을 타이밍이었다.

다음 백a라면 흑b의 양단수가 듣는 모양이므로 실전과 같은 백의 축머리 공작은 실효를 거두지 못했을 것이다.

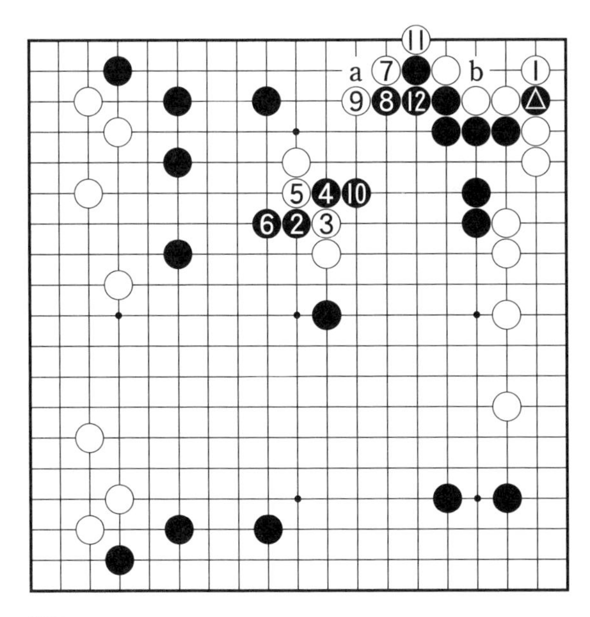

2도

2도 (맞보기)

일례로 흑▲에 백1로 잡는다면 이제야말로 흑2~6의 수순을 결행하는 것이 통렬하다.

이후는 가상의 그림이지만 실전처럼 백7, 9라면 흑10으로 뻗고 백11에 흑12로 이어둔다. 흑은 다음 a와 b가 맞보기.

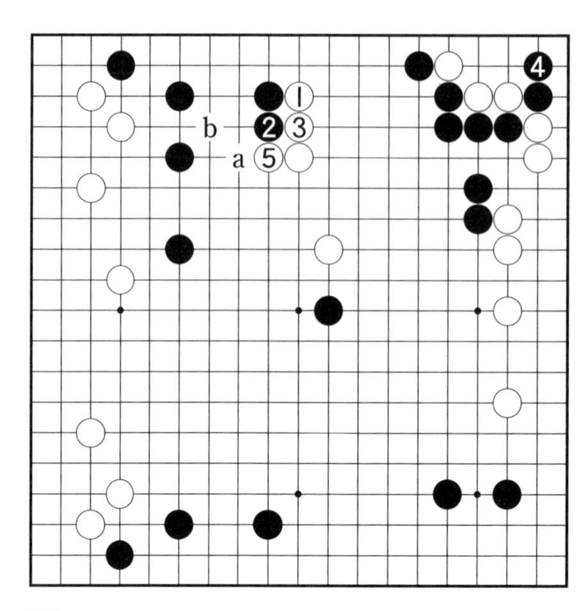

3도

3도 (우상 실리로 충분)

따라서 백은 귀를 받지 못하고 1로 붙여올 가능성이 높다. 흑2 이하 백5까지 일단락인데, 흑은 우상을 취한 실리가 커서 충분하다.

참고로 백1로는 a에 뛰어 b의 들여다봄을 노리는 수도 있을 것이다.

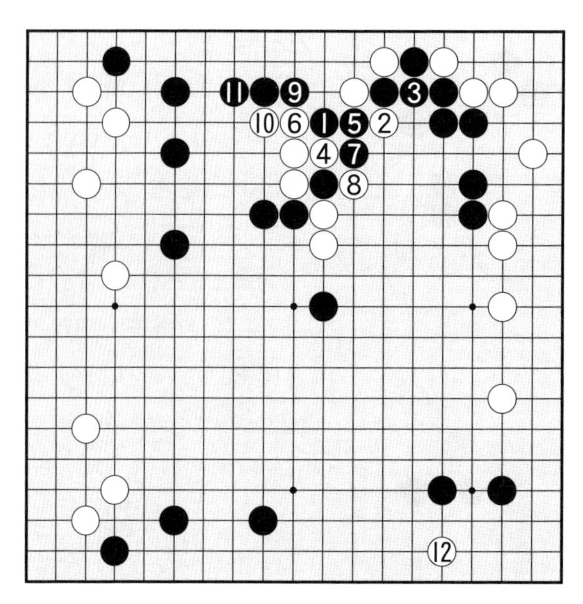

실전진행2

실전진행2 (교묘한 수습)

흑1로 축머리를 방지했지만 백2로 하나 몰아두고 4로 나가 이하 8까지 교묘하게 타개했다. 백10의 밀기까지 들어 백은 탄력 있는 모양이다.

더군다나 백은 선수를 뽑아 12로 우하의 삭감에 돌아서서 형세의 우열이 뚜렷해졌다.

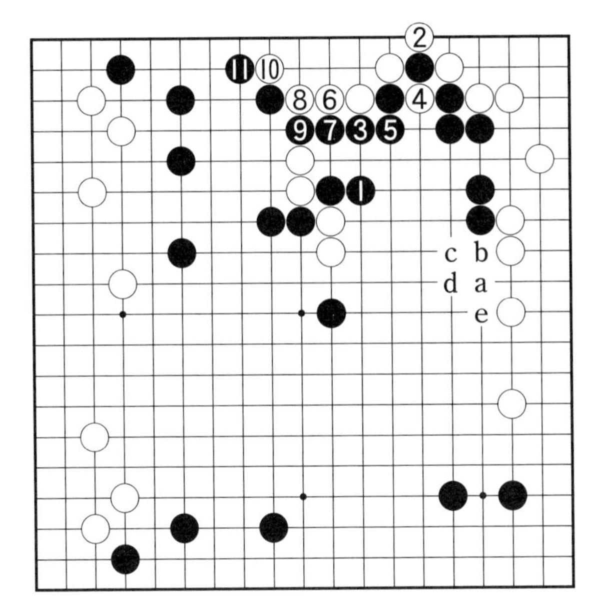

4도

4도 (중앙을 제압할 찬스)

앞 그림 흑1은 맛이 나빴던 수. 이때라도 흑1로 뻗고 백2에는 흑3 이하로 중앙의 백 일단을 제압하는 게 좋았다. 상변 흑진이 크게 침식당하긴 했지만, 전체적으로 중앙 흑세가 두터워 둘 만했을 것이다. 또 흑a도 듣는 모양. 이에 백b, 흑c, 백d로 반발하는 것은 흑e로 나가 백이 곤란하다.

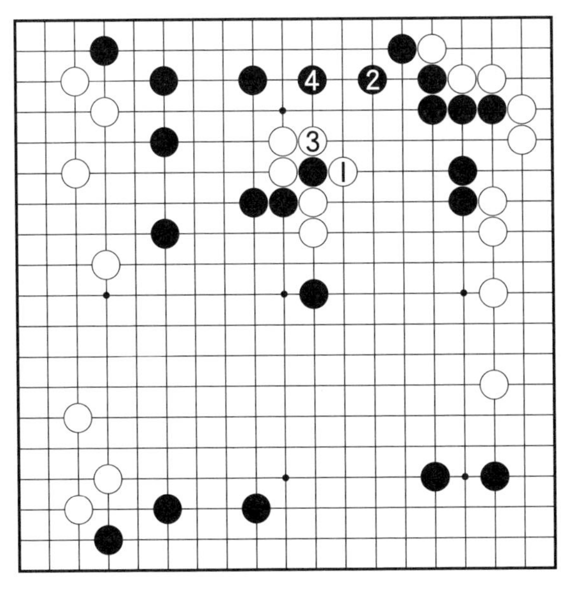

5도

5도 (비교)

실전의 결과는 백1, 3으로 빵따냄을 하는 동안 흑이 2, 4로 고분고분 넘었다는 얘기이다.

흑은 1도와 같이 우상에서 나가끊는 타이밍을 놓친 것이 백의 묘수를 허용한 원인이 되었다.

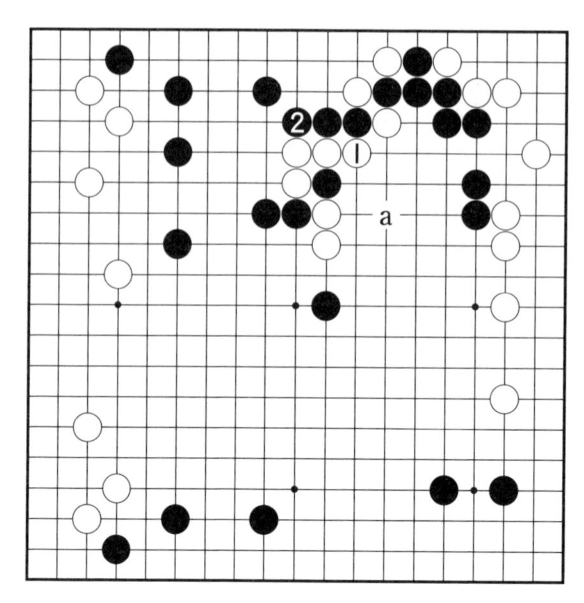

6도

6도 (모양 싸움 1)

실전진행2의 백6, 흑7은 쌍방 '모양 싸움'의 섬세함을 보여준다.

먼저 이 그림처럼 단순히 백1로 두면 흑2의 막음이 맛좋은 수이다. 또, 중앙 쪽의 백도 a의 급소가 노출되어 있다.

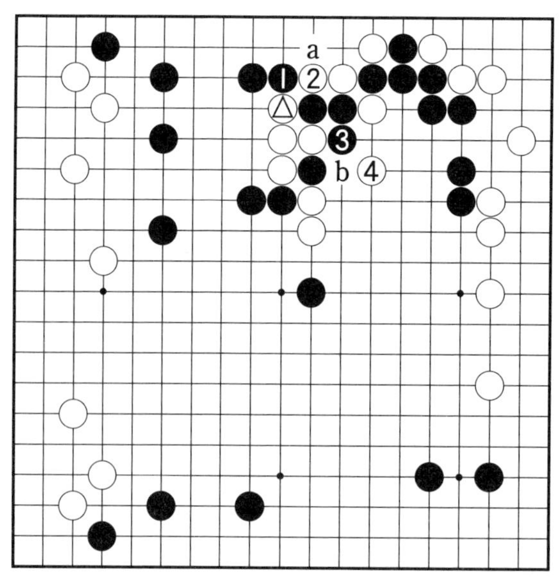

7도

7도 (모양 싸움 2)

또한 백△에 대해 흑1로 순순히 받는 것은 백2로 끊고 4로 씌우는 맥을 허용하게 된다.

다음 흑a, 백b를 상정할 때 백은 실전이나 앞 그림보다 두터운 모양이라 할 수 있다.

3장

프로의 전술 2탄

(침투와 삭감)

들어가기 전에

중반운영 능력을 키우는 데 실전 이상의 스승은 없다. 침투와 삭감의 기본 유형을 이론적으로 마스터했다 할지라도 정작 실전에서 제대로 응용해내지 못한다면 그림의 떡에 불과할 것이다.

이 장에서는 프로의 실전에서 나타난 침투와 삭감 장면을 집중 분석해 보았다. 프로의 수법과 더불어 승부호흡을 함께 느껴보길 바란다.

1형

놓칠 수 없는 침투의 타이밍

○ 백 차례

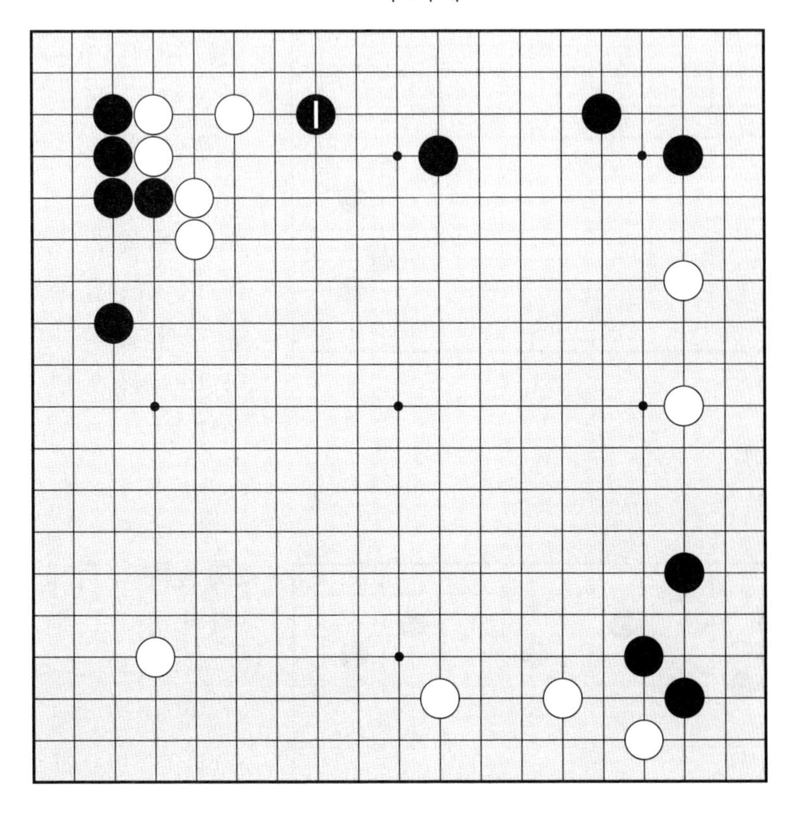

흑1로 벌려온 장면. 넓은 곳도 두고 싶은 곳도 많은 초반이지만, 백은 시급을 요하는 곳이 우선이다. 그림에서 과연 어디일까?

13기 국기전 도전2국에서 도전자 강훈(흑)과 조훈현의 대국이다.

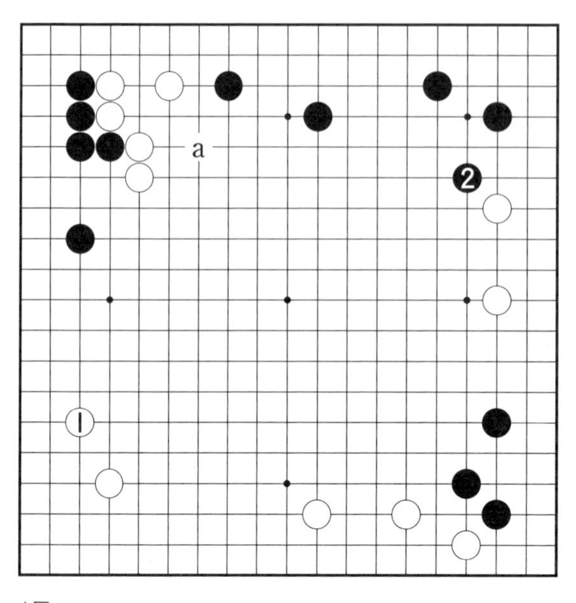

1도

1도 (한가한 굳힘)

크기만으로 볼 때는 백1로 좌하귀를 굳히는 것이 가장 좋은 자리이다. 그러나 지금은 흑2가 워낙 빛나는 대세점이라서 한가한 느낌을 지울 길 없다.

우변 백진이 약한데다 흑a도 거의 선수여서 자칫 상변 쪽에 흑의 무랑대가가 형성될 우려가 높은 것이다. 따라서 현재 국면의 초점은 단연 상변 쪽이다.

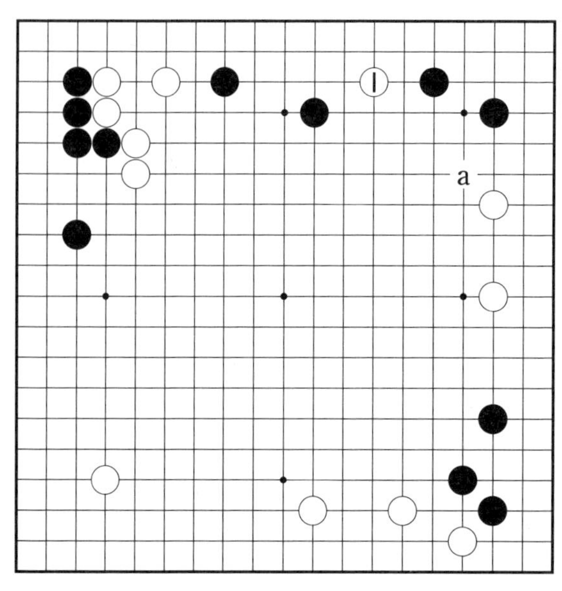

2도

2도 (침투의 적기)

백1의 침입이 절대! "넓은 곳도 많은데 왜 하필 이처럼 좁은 곳에 뛰어드느냐!"고 반문하는 분이 있을지 모르지만, 흑a가 놓인 다음에는 기회가 없으니 바로 지금이 유일한 찬스이다.

그리고 막상 상변을 파괴하면 흑도 큰 집이 없으므로 비로소 아기자기한 계가바둑을 꾸려나갈 수 있는 것이다.

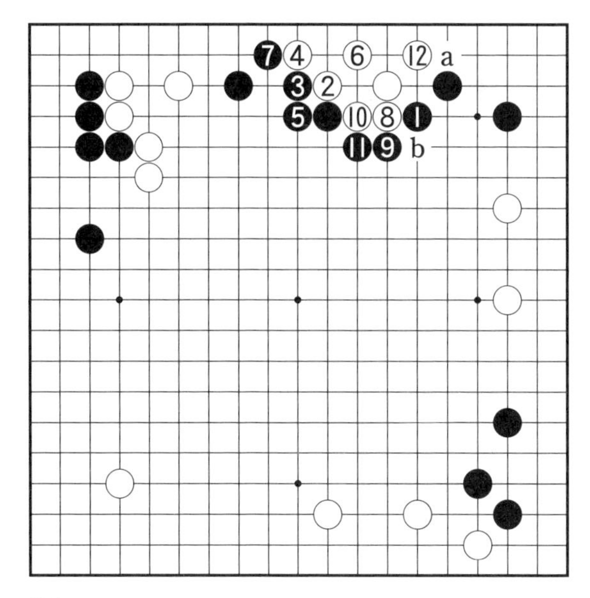

3도

3도 (손쉬운 타개)

이제부터는 타개가 문제이다. 먼저 흑1로 씌우면 어떻게 될까?

이때는 백2, 4의 이단젖힘이 맥점. 흑5, 7이 어쩔 수 없을 때 이하 백12까지 어렵지 않게 살 수 있다. 이 결과는 a의 뒷문과 b의 흠집도 남아 흑이 불만스러운 모습이다.

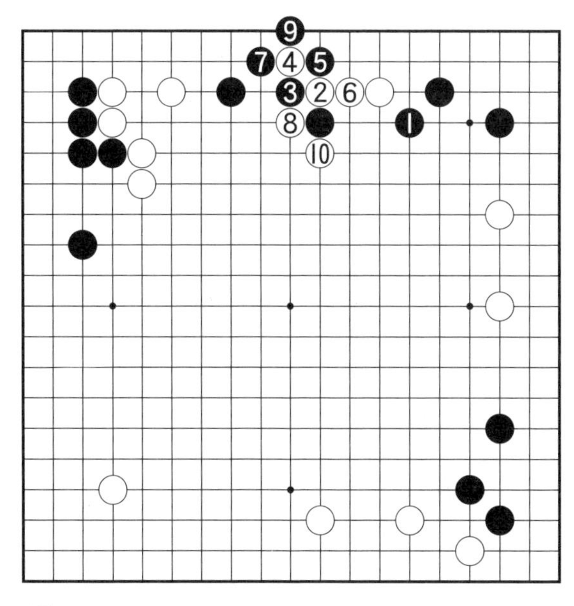
4도

4도 (흑, 망함)

그렇다고 흑5로 끊어 발끈하는 것은 최하책이다.

백10까지 돌파당해 흑이 망한다.

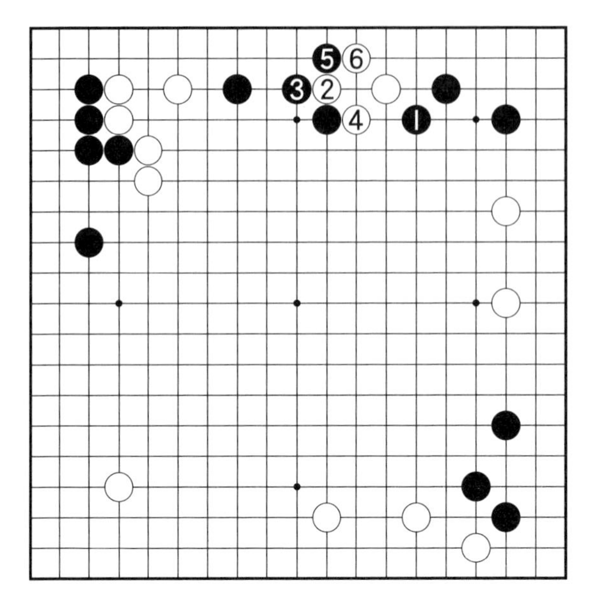
5도

5도 (백, 강력한 패모양)

흑3 때 백4의 호구로 부푸는 수도 있다. 흑5에는 백6으로 버티는 것이 초강수. 만약 백이 이 패를 이길 수만 있다면 흑진을 초토화시킬 수 있으므로 압승지세가 된다.

따라서 흑1의 마늘모 씌움은 부적격이라는 결론이다.

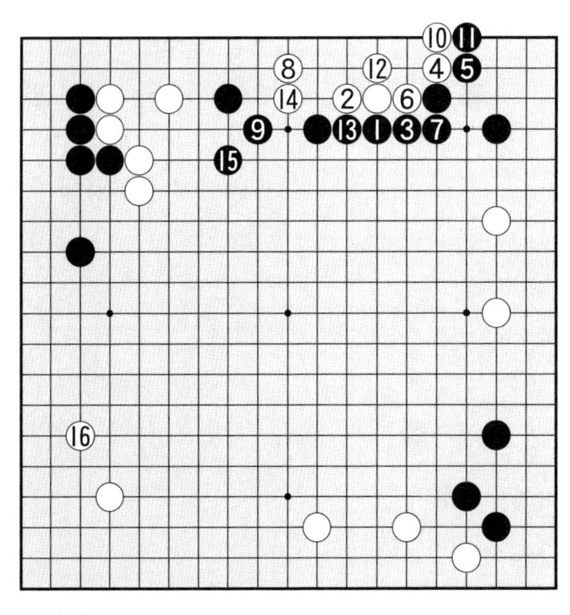
실전진행

실전진행 (선수로 완생)

흑1의 봉쇄를 선택했는데, 결과적으로 그리 좋지 않았다. 백4~8로 쉽게 살아버리니 흑이 허탈한 느낌이다. 게다가 흑13, 15의 보강이 불가피할 때 백16의 요소까지 차지해서는 백이 꿩 먹고 알 먹은 형국이다.

특히 서둘러 선수한 흑11은 백을 개운하게 완생시켜 주면서 자신은 자충을 자초한 대악수였다.

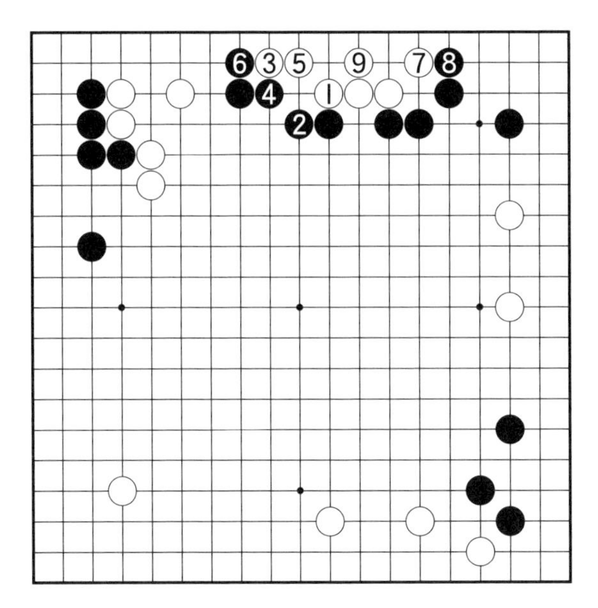
6도

6도 (생불여사의 표본)

백이 사는 수순도 매우 중요하다. 백1~9로 앞뒤 안 가린 채 그저 두 집 내고 사는 데 급급 하는 것은 하수 발상의 표본이다.

이렇게 좌우에 악영향을 미치며 조그맣게 산다고 하면 차라리 침입하지 않느니만 못하다.

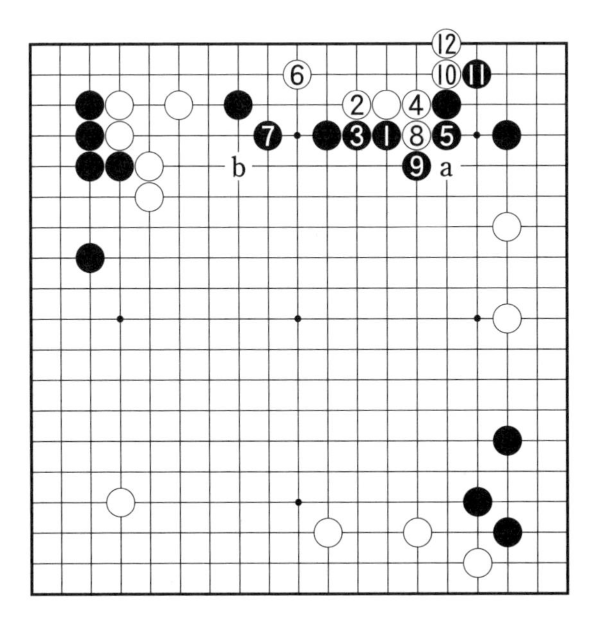

7도

7도 (흑, 별무신통)

백2 때 흑3으로 막는 것은 백4를 선수로 허용해 좋지 않다. 백12까지의 결과는 a쪽의 단점이 강렬하게 부각되어 흑이 손을 빼기 어려운 모습이다.

그렇다면 흑돌이 b에 있는 실전보다도 못하다는 분석이다.

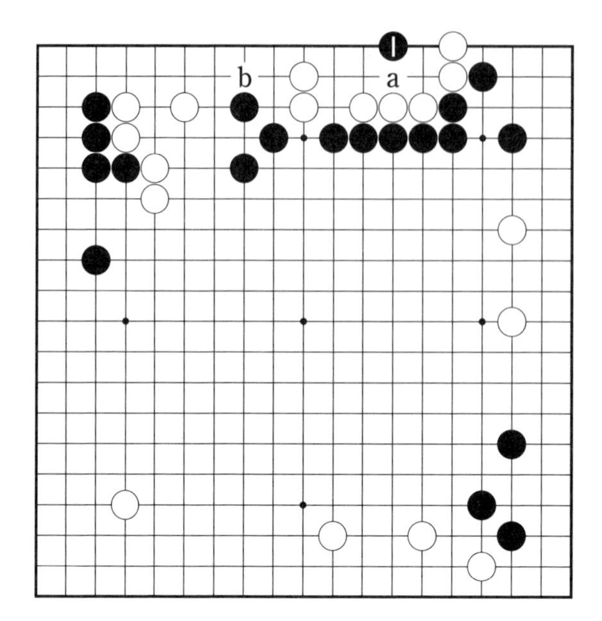

8도

8도 (풍부한 뒷맛)

실전진행 흑11은 '보리선수(이득 없는 선수)'의 표본이다. 이곳은 차후 흑1 또는 a로 치중해 괴롭히는 다양한 수단이 남아있다. b 방면이 선수로 듣는다면 좌상 백이 그만큼 약화되는 셈 아닌가.

하다못해 훗날의 팻감을 위해서도 아껴둘 자리였다.

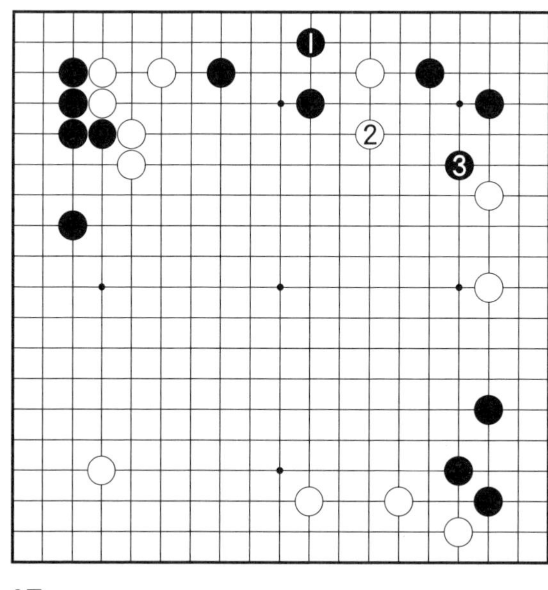

9도

9도 (흑의 최선)

애당초 흑은 봉쇄를 시도하지 말고 1로 실리를 벌면서 공격하는 것이 유력하고 최선이었을 것이다. 백2에는 흑3의 양동작전이 제격. 그랬으면 유 불리를 떠나 흑이 주도권을 휘두를 수 있었다.

이처럼 봉쇄해 실속이 없을 때는 근거를 빼앗으며 내모는 것이 좋은 경우가 많다.

2형

침투와 타개의 백미

○ 백 차례

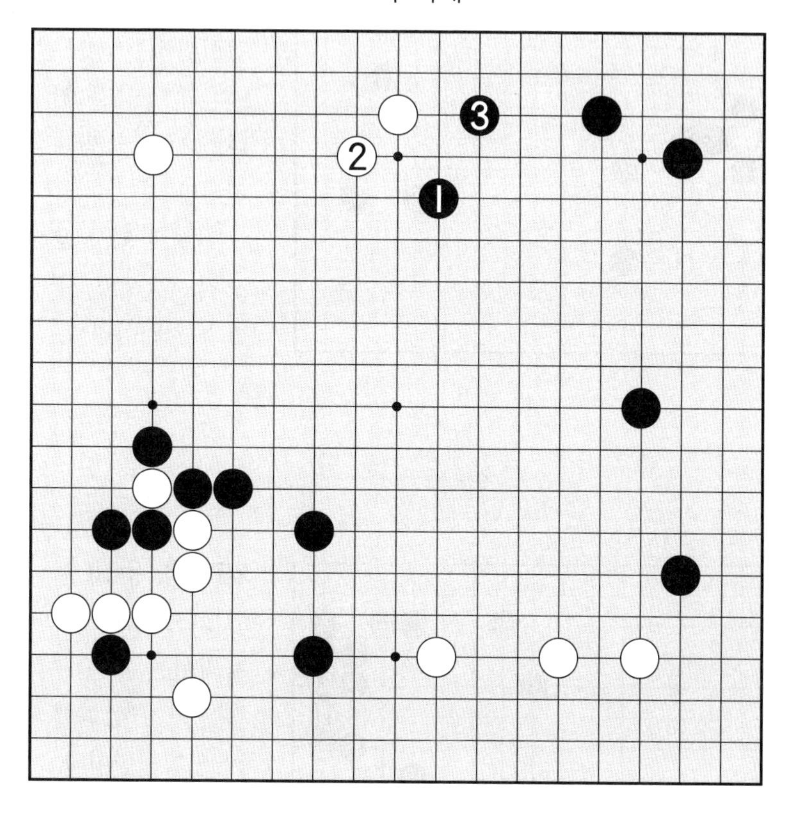

흑1이 멋진 감각. 백2를 기다려 흑3으로 봉쇄하니 우변 일대에 훌륭한 흑 모양이 구축되고 있다.

이제 백은 만사를 제쳐두고 우변 침투에 나서야 할 단계이다. 침입의 급소를 찾는 것도 중요하지만, 이후 타개수법이 더욱 중요한 장면이다.

29기 최고위전 도전1국에서 도전자 이창호(흑)와 조훈현의 대국.

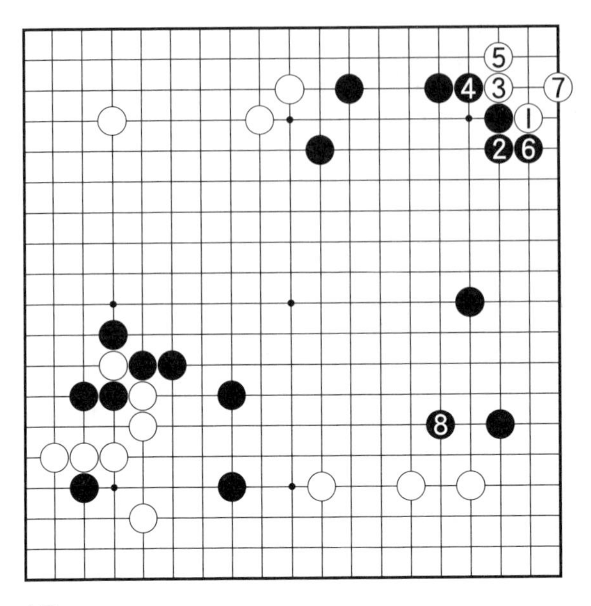

1도

1도 (백, 소탐대실)

백1의 붙임수는 상용의 침투수법이지만 여기서는 부적절하다. 흑2로 늘어 백의 별무신통. 백7까지 귀살이하는 정도인데, 흑8의 대세점을 허용하고 나면 백의 소탐대실이 완연하다.

이렇게 되고 보니 백은 고작 후수 몇 집 끝내기를 한 셈 아닌가.

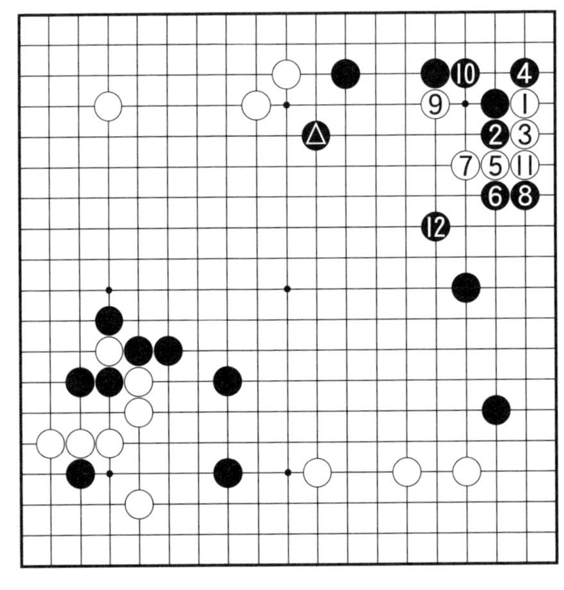

2도

2도 (백, 무리)

그렇다고 흑2 때 백3으로 움직이는 것은 무리이다. 흑12까지 심하게 공격당해 위험천만이다.

흑△가 포위망에서 기다리고 있어 백의 타개가 쉽지 않다.

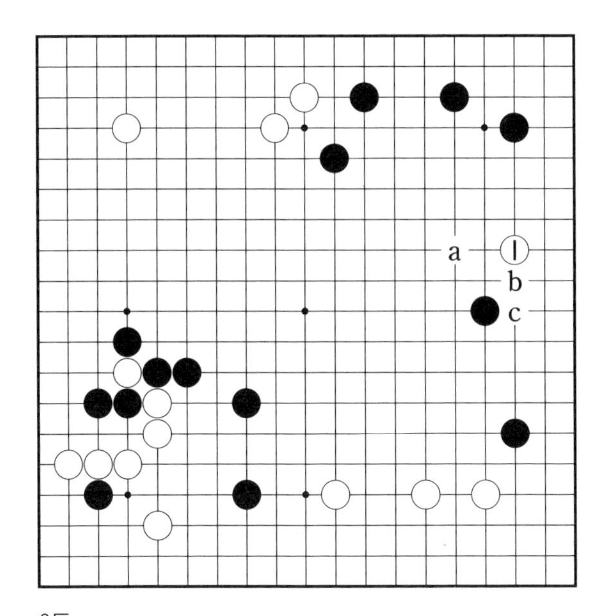

3도

3도 (침입의 급소)

백1로 뛰어드는 것이 한눈에 보이는 침입의 급소이다. 사실 문제는 이후 흑의 공세를 견디며 타개해 나가는 수순이다.

여기서 흑은 a~c 가운데 어떻게 공격하는 것이 좋을까?

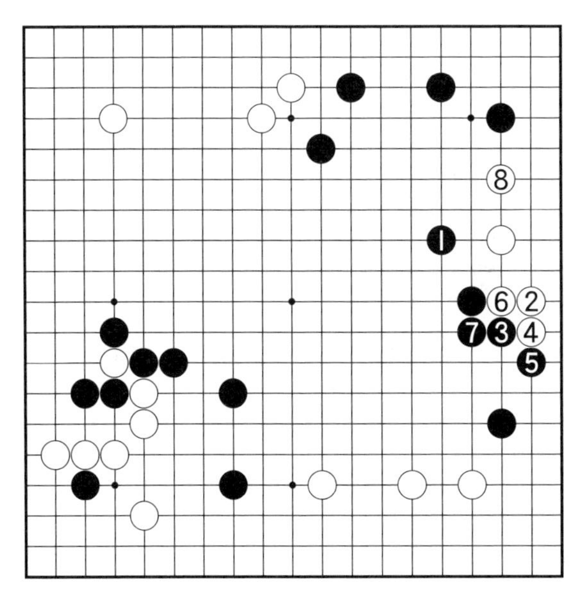

4도

4도 (흑, 실패)

흑1로 씌우는 것은 이상감각. 백2를 허용해 더 이상의 공격은 포기해야 한다. 백8까지 쉽고도 크게 살아서는 흑의 대실패!

지금은 밖에 세력을 쌓아보아도 사방이 터져있어 실효가 없지 않은가.

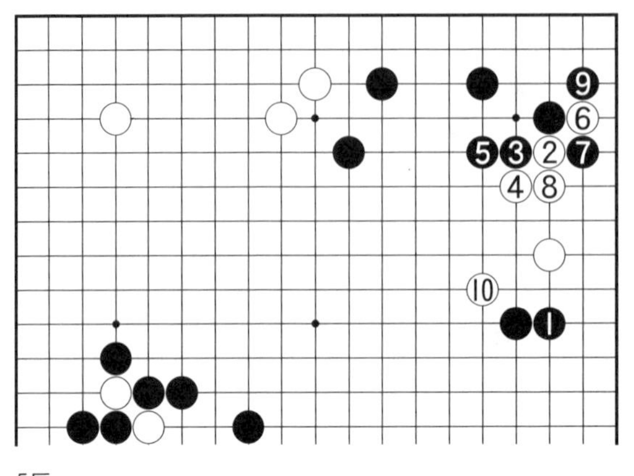

5도

5도 (기대기작전)

흑1의 철주가 침착한 공수겸용의 응수이다.

이때는 백2가 멋진 기대기 맥점으로 백은 어렵지 않게 타개할 수 있다. 다음 흑3에는 백4, 6의 이단젖힘이 준비된 수순이며 백10까지 타개 성공이다.

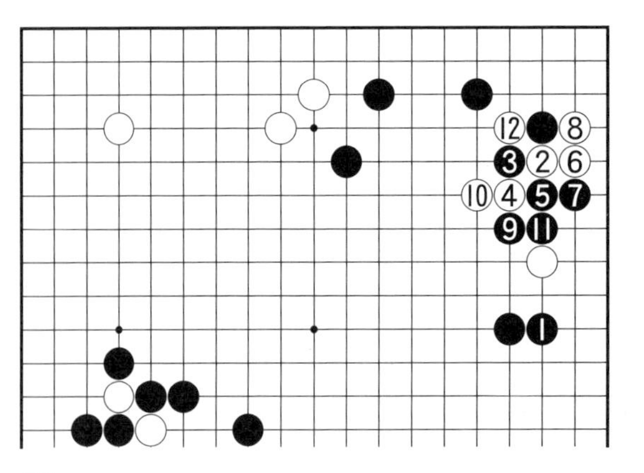

6도

6도 (흑, 망함)

백4 때 흑5~11로 강력히 맞서는 것은 과민반응이다. 변의 한점은 잡을 수 있겠지만, 백12까지 우상일대가 쑥밭이 되어 흑이 망한다.

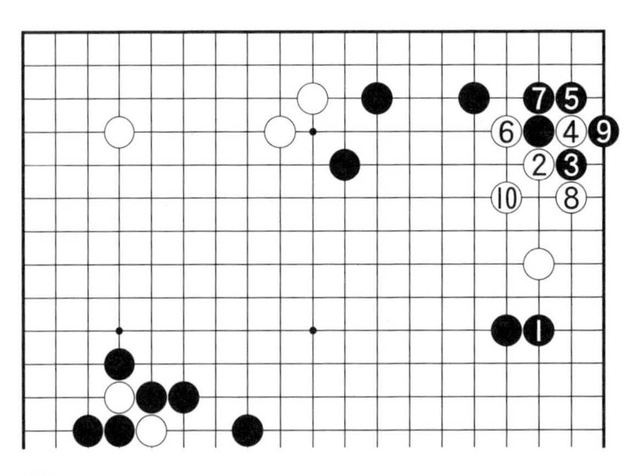

7도

7도 (맞끊음의 맥)

흑3의 아래 젖힘에는 백4로 맞끊는 수가 맥으로 10까지 역시 쉽게 타개한다.

흑이 달리 반발하는 것은 더 큰 피해를 초래할 뿐이다.

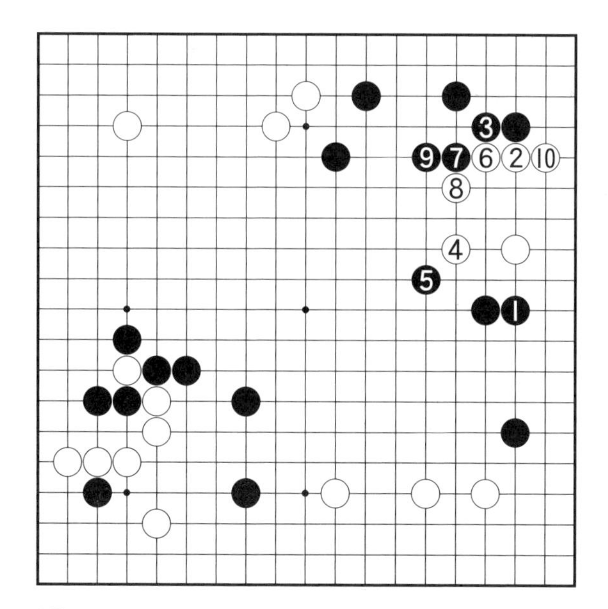

8도

8도 (역시 백 타개)

흑도 3으로 뻗는 수가 가장 냉정한 응수이다. 그러나 이때는 백10까지 그리 어렵지 않게 타개할 수 있다. 이 정도면 별 피해 없이 크게 산 모습이어서 백의 침입작전은 성공을 거둔 셈이다.

따라서 흑1의 철주도 다소 미흡한 응수라는 결론에 도달한다.

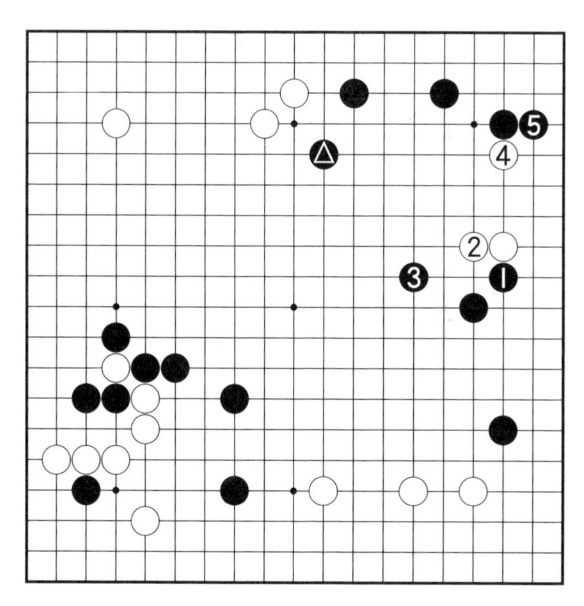

9도

9도 (백, 무거운 행마)

흑1의 마늘모붙임이 이 경우 최선 최강의 공격이다. 만약 이때 손 따라 백2로 올라서는 것은 흑3을 당해 답답해진다. 이제 뒤늦게 백4는 흑5로 받아 그만이다. 흑▲가 대기하고 있어 백의 전도가 매우 불투명한 모습이다.

백2가 융통성 없는 응수였기 때문이다.

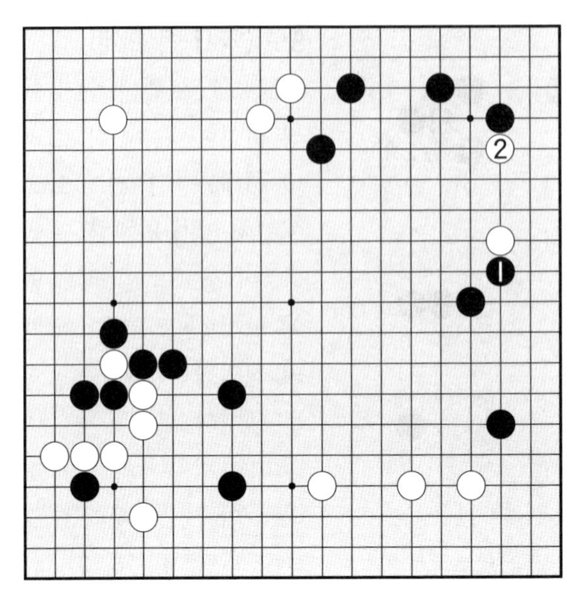

실전진행1

실전진행1 (기대기 붙임)

흑1 때 먼저 백2로 붙여 보는 수가 좋은 타이밍이다. 실전도 이렇게 진행되었다.

이제 백은 흑의 응수에 따라 타개의 방향을 결정해나가면 된다.

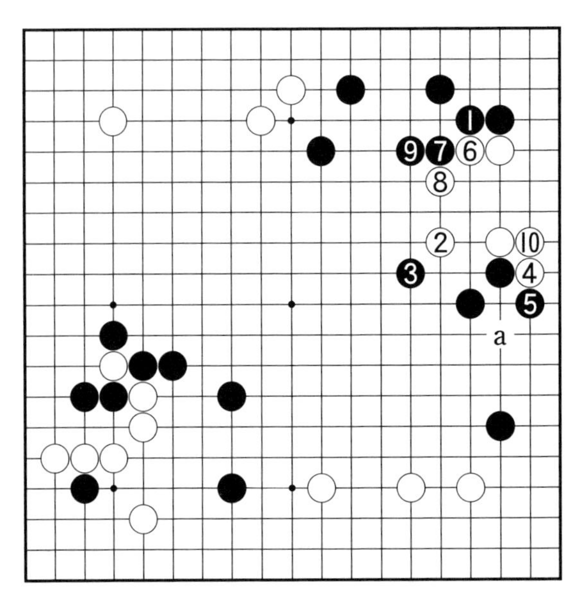

10도

10도 (백, 성공)

계속해서 흑1로 뻗는다면 백2~10까지 쉽게 타개한 뒤 a쪽의 뒷맛을 노려 백의 성공이다.

따라서 흑도 좀 더 타이트하게 맞서야 한다.

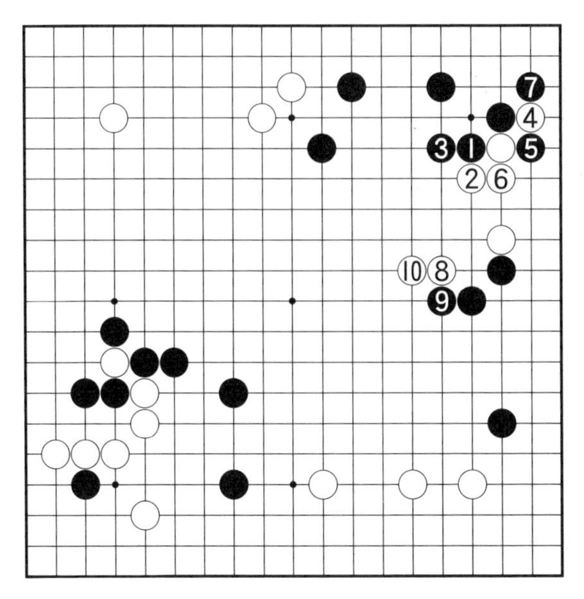

11도

11도 (최선의 절충)

흑1로 젖히는 것이 최강의 대응이다. 그러나 이때는 백2, 4의 이단젖힘이 있어 타개가 어렵지 않다. 흑7을 강요한 뒤 백8～10으로 머리를 내밀어 타개에 성공한 모습이다.

흑도 우상에 짭짤한 실리를 장만한 데다 우변도 강화시켰으므로 이 정도로 만족해야 한다. 이것이 쌍방 최선이라고 하겠다.

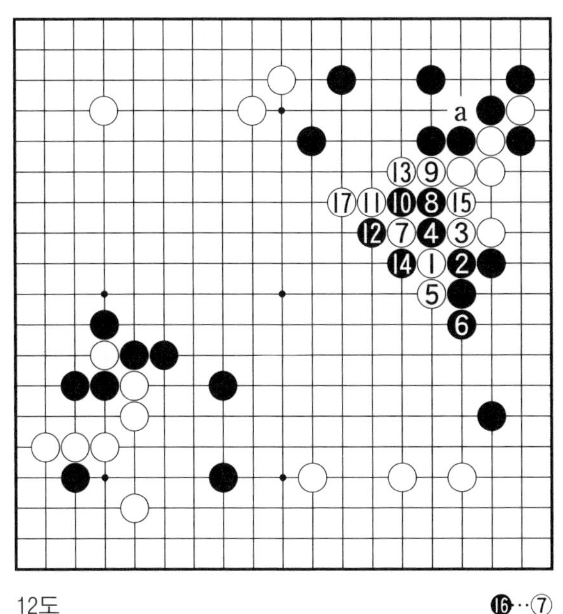

12도 ⑯…⑦

12도 (흑, 무리)

백1로 씌울 때 흑2, 4로 발끈하는 것은 속수이자 무리이다.

백a의 절대 선수를 이용한 백7～11이 멋진 수순이며 이하 17까지 빠져나가서는 흑의 대실패!

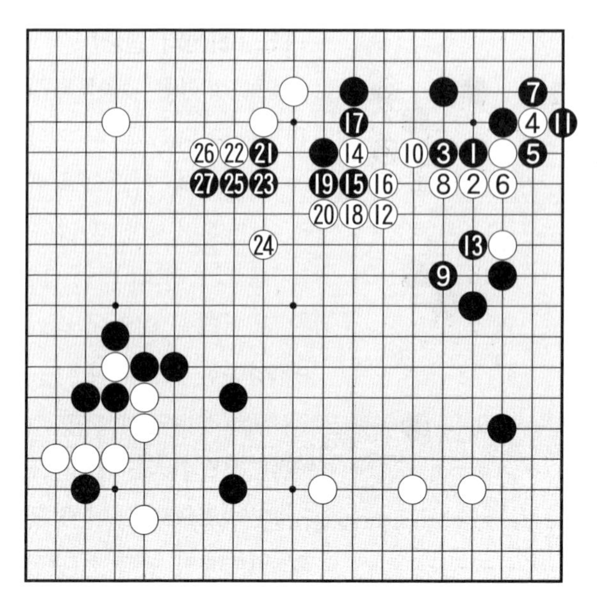

실전진행2

실전진행2 (백, 큰 실수)

그런데 실전에서는 백이 큰 실수를 범했다. 흑7 때 백8로 하나 더 활용하려 한 것이 과욕이다. 흑9가 공수의 급소가 되어 백이 일대 위기를 맞았다. 백14가 궁여지책이지만, 흑27까지 상변이 밀리면서 백이 일방적으로 몰리는 신세가 되어서는 일거에 흑의 우세가 확립되었다.

침입 이후 타개의 수순이 얼마나 중요한지를 입증하는 실례이다.

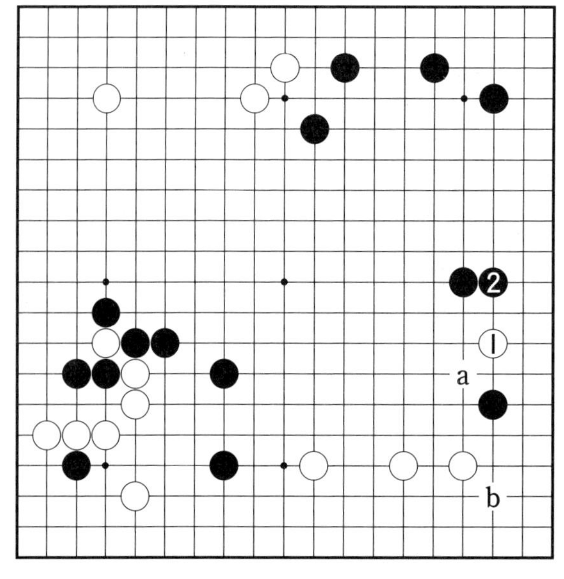

13도

13도 (백, 방향착오)

애당초 백1로 우하변에 뛰어드는 것은 중대한 방향착오! 흑2로 우상 일대를 크게 굳혀주어 이적행위의 혐의가 짙다.

반면 백a로 포위해도 흑b의 3三침입이 제격이어서 백은 남는 것이 없지 않은가.

3형

타개를 수월하게 하는 2단계 침투작전

○ 백 차례

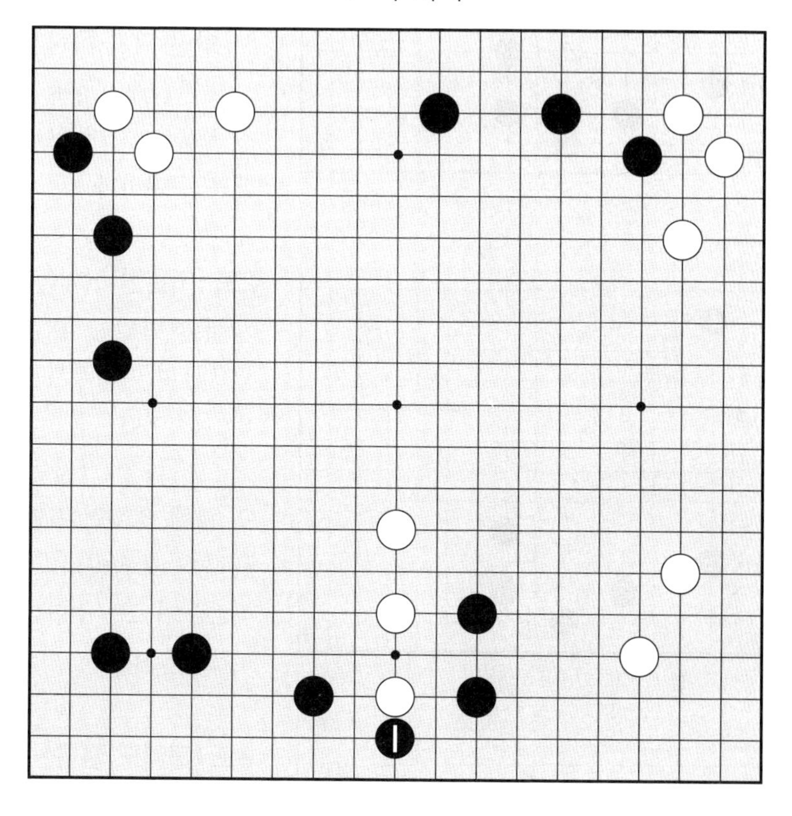

흑1로 넘어가자 분쟁은 사라진 채 집 대결의 양상이 되었다. 초점은 좌변에서 하변으로 이어진 흑 모양이다.

이곳이 큰 집으로 굳어지면 백은 힘도 못 써보고 손을 들 형국이므로 이곳의 침투와 삭감 여부가 최초의 승부처라고 할 만하다. 백은 어떻게 손을 쓰는 것이 좋을까?

2기 진로배에서 요다 노리모토(흑)와 조훈현의 대국이다.

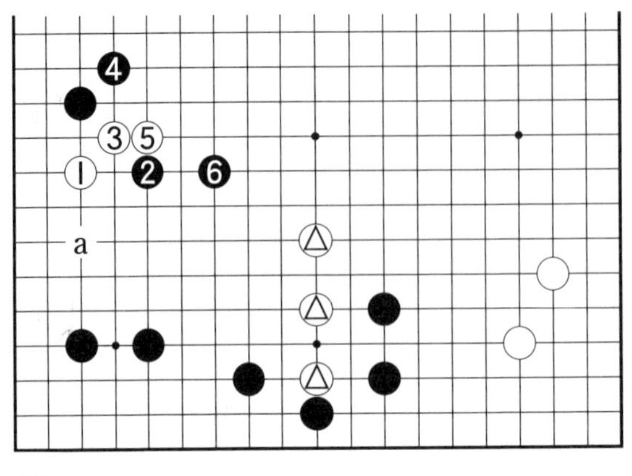

1도

1도 (대책 없는 침입)

백1로 무작정 뛰어드는 것은 최하책이다. 흑2~6으로 맹공당해 숨이 막힐 지경이다. 백△들과 양곤마로 엮일 위기 아닌가.

또한 흑2로 a에 협공해 실속을 챙기며 공격해도 백은 곤란하다.

2도

2도 (미흡한 어깨짚기)

사실 좌변만을 놓고 본다면 백1의 어깨짚기가 삭감의 급소이다.

그러나 여기서는 좌하귀 쪽에 영향력이 없어 불충분한 모습이다. 게다가 흑a로 가르는 수단까지 있어 불안하다.

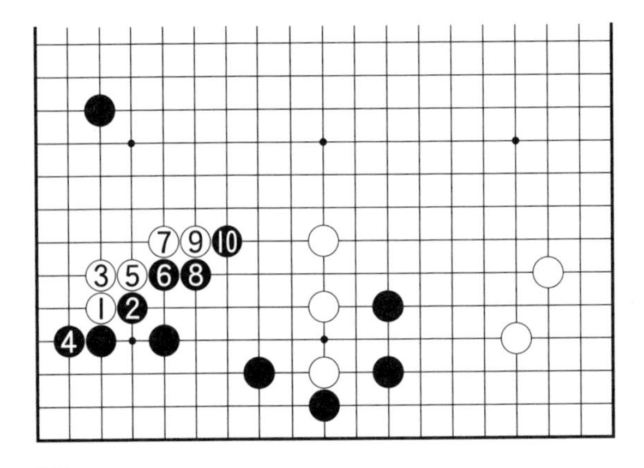

3도

3도 (붙임도 별무신통)

백1로 붙이는 수도 상용의 침투수법이지만 흑2, 4로 응수해 백의 별무신통이다. 계속해서 백5로 밀어도 흑10까지 저절로 분단되어 백이 괴롭다.

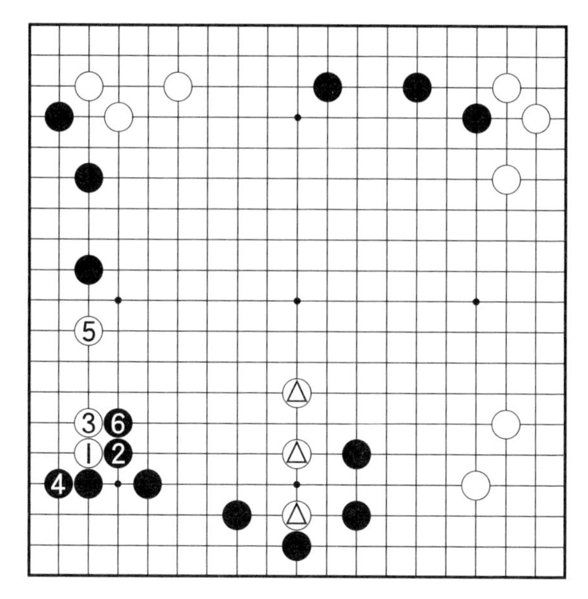

4도

4도 (백, 시달림)

그렇다고 백5로 그냥 벌리는 것은 흑6의 급소를 당해 못 견딘다. 설령 좌변 쪽을 깨고 산다 하더라도 백△들이 심하게 시달릴 우려가 높다.

백은 △들에 악영향을 최소화시키는 침투방법을 강구하는 것이 좋다.

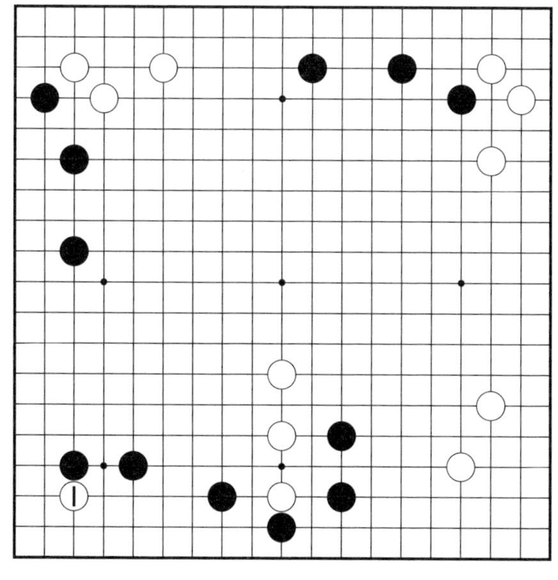

5도

5도 (교묘한 안쪽 붙임)

백1로 귀의 안쪽에다 붙여보는 것이 재미있는 수법이다.

흑의 응수여하에 따라 좌변 쪽 침투와 삭감의 방향을 결정하겠다는 고도의 응수타진이며, 허약한 중앙 백에 대한 영향까지 함께 고려한 점이다.

여기서 흑은 어떻게 응수하는 것이 좋을까?

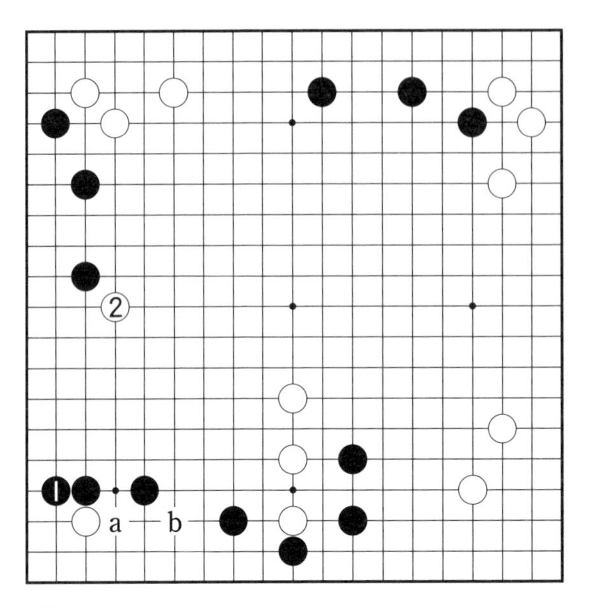

6도

6도 (뒷맛 남긴 후 삭감)

부분적으로는 흑1로 뻗는 것이 최강의 응수이다. 그러나 이렇게 뒷맛을 남겨 둔 뒤 백2의 삭감으로 향하는 것이 현명한 2단계 작전이다.

이제 좌변을 깎은 다음 백a의 준동을 노리면 흑은 이곳의 고약한 뒷맛 때문에 국면운영이 껄끄러워진다. b쪽의 수단도 있어 중앙 백 일단에도 도움이 되고 있는 것이다.

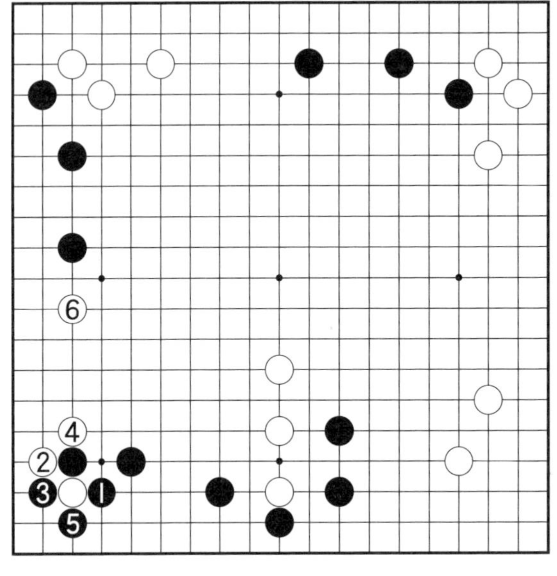

7도

7도 (좌변 삭감에 성공)

그러므로 역시 흑1로 호구치는 것이 개운한 응수이다. 그러면 이때는 백2, 4를 활용한 뒤 6으로 자리잡는 것이 멋진 수순이다.

이로써 백은 중앙 백 일단에 대한 별 영향 없이 좌변 삭감에 성공하고 있다.

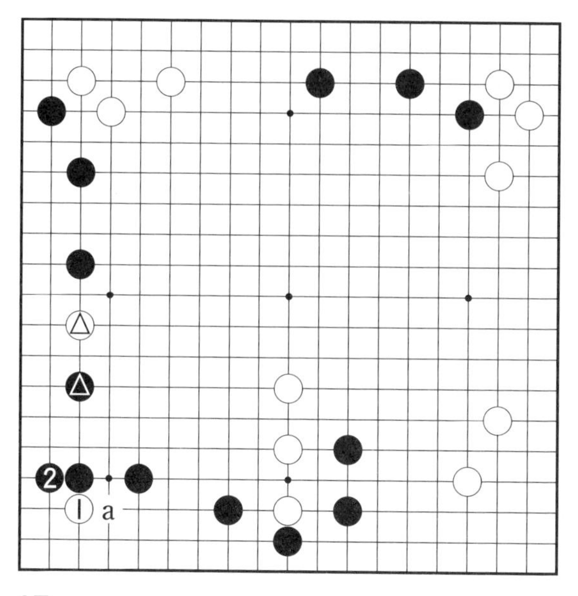

8도

8도 (백, 수순착오)

그런데 만약 좌하귀에 대한 사전공작 없이 그냥 백△로 뛰어들어 흑▲를 교환시킨 상황이라면 백1 때 흑a로 받아줄 리가 만무하다. 이제는 당연히 흑2로 버틴다.

이렇게 되면 좌변 백과 중앙 백이 엮여 공격당하는 사이 좌하귀 일대는 저절로 큰 집으로 굳어져 버릴 것이다.

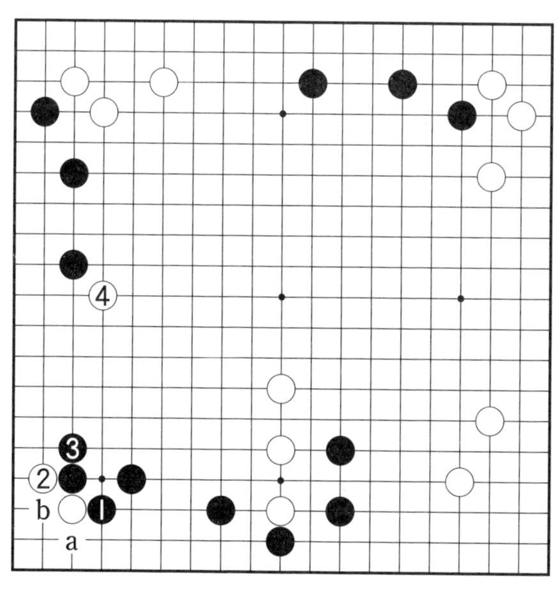

9도

9도 (백, 큰 이득)

백2의 되젖힘에 흑3으로 는다면 백4의 삭감으로 손을 돌린다. 차후 백a의 귀살이 수단이 남은 만큼 백의 큰 이득이다.

이 역시 수순의 묘. 먼저 백4로 삭감한 뒤 백2로 젖힌다면 그때는 흑b로 잡아버릴 것 아닌가.

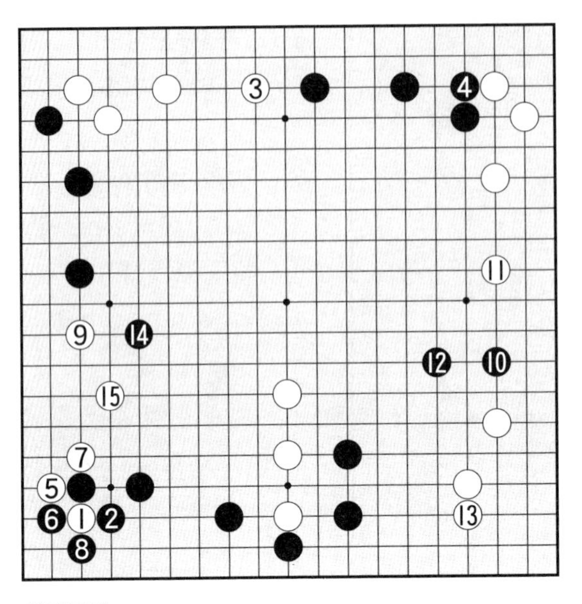

실전진행

실전진행 (침투작전 완료)

실전에서도 백은 5~9로 처리했다. 그전에 백3과 흑4를 교환한 것은 좌변 쪽에서 벌어질지 모르는 전투에 미리 대비한 수순이다.

흑14의 공격에 백15로 자세를 갖추게 되니 이 정도면 중앙 백에 대한 악영향을 최소화하며 훌륭하게 침투작전을 수행한 셈이다.

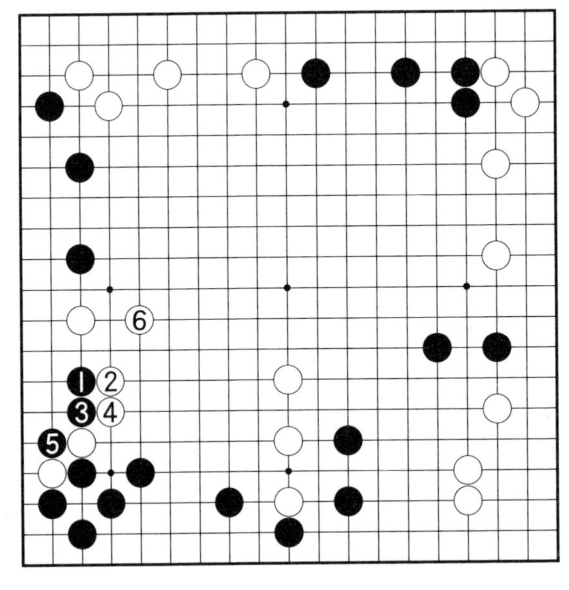

10도

10도 (흑, 소탐대실)

실전진행 14의 수로 일견 흑1로 뛰어들고 싶지만 그러면 백2, 4로 활용한 뒤 6으로 가볍게 뛰어 흑의 별무신통이다.

실리는 좀 벌었지만 백을 두텁게 해주며 좌상 흑도 약해져 득보다 실이 많은 것이다.

4형

실속을 찾는 침투의 급소

● 흑 차례

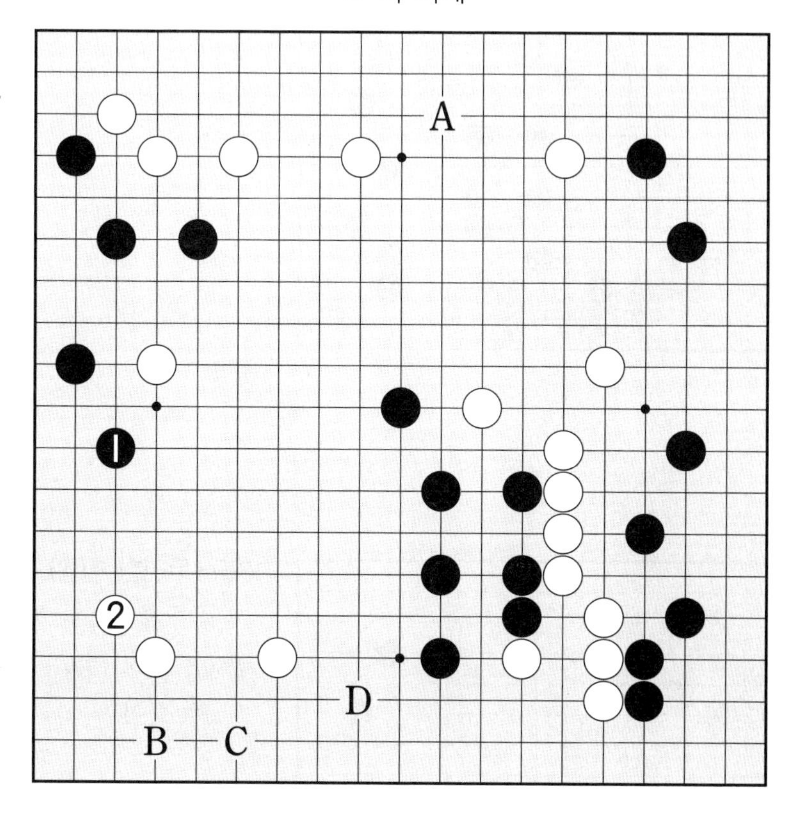

흑1에 백2로 지킨 장면이다.

다음 흑의 한 수로는 언뜻 A~D 등이 떠오르는데, 대세를 리드할 수 있는 급소를 찾아보자. 상변과 좌하 쪽 가운데 과연 어디가 더 시급할까?

4회 삼성화재배 세계바둑오픈에서 유창혁(흑)과 야마다 기미오의 대국이다.

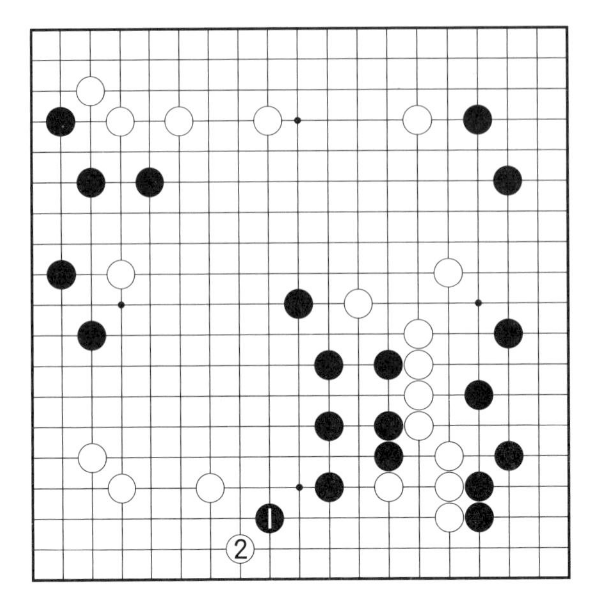

1도

1도 (낙제점)

먼저 흑1로 다가서는 것은 낙제점이다.

백2로 지키면 오른쪽 뒷문이 터져있는 흑은 얻는 것이 없다.

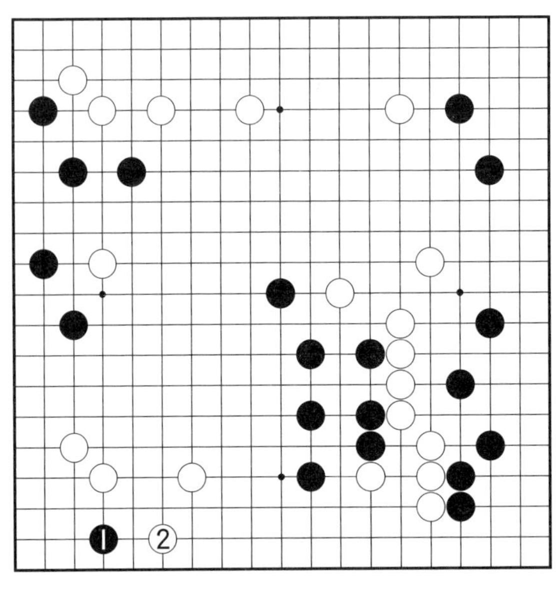

2도

2도 (무리한 침입)

그렇다고 흑1로 깊숙이 뛰어드는 것은 과욕이다. 백2로 받아 귀살이가 쉽지 않다.

설령 기적적으로 산다 하더라도 두터운 백세를 허용하면 득보다 실이 많을 것이다.

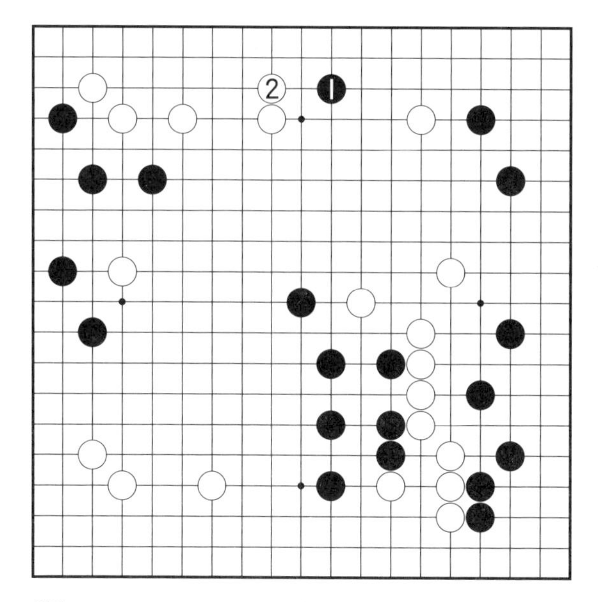

3도

3도 (이상감각)

일견 넓은 상변 쪽에 눈길이 쏠린다. 그러나 즉각 흑1로 뛰어드는 것은 의외로 이상감각이다. 백2로 지키고 나면 흑의 다음 수가 잘 떠오르지 않는다.

이곳은 백이 어차피 한 수를 더 들여 지켜도 큰 집이 되지 않는다.

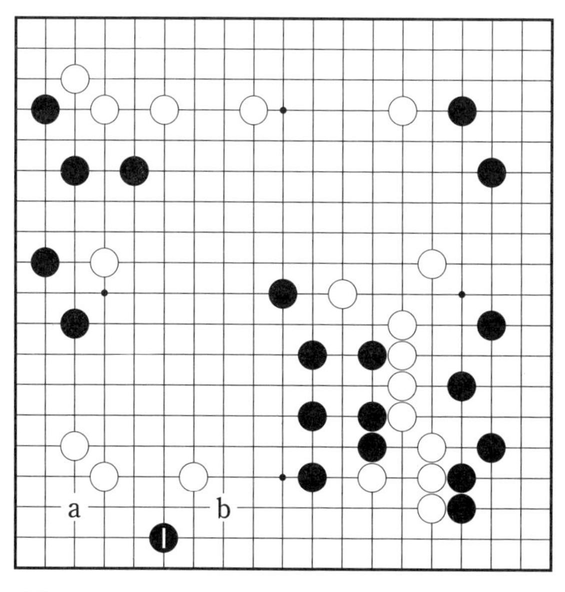

4도

4도 (침투의 급소)

흑1의 저공비행이 귀와 변을 노리는 바로 이 장면의 급소이다.

일견 애매해 보이지만, a와 b를 맞보기로 삼고 있는 멋진 침투법이다. 계속해서~

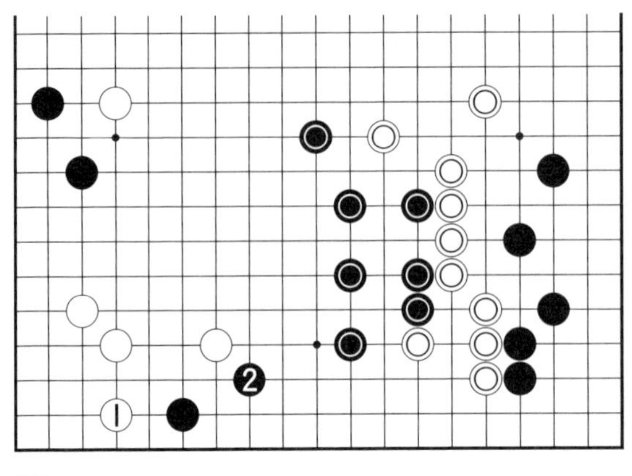

5도

5도 (흑, 만족)

백1로 지킨다면 흑2로 실리를 벌며 넘어 기분 좋다.

단순한 실리 확충의 의미뿐 아니라 흑◉들을 확실히 안정시켜 백◎들이 더욱 약화되고 상변 백진이 한층 허술해 졌다는 데 주목한다.

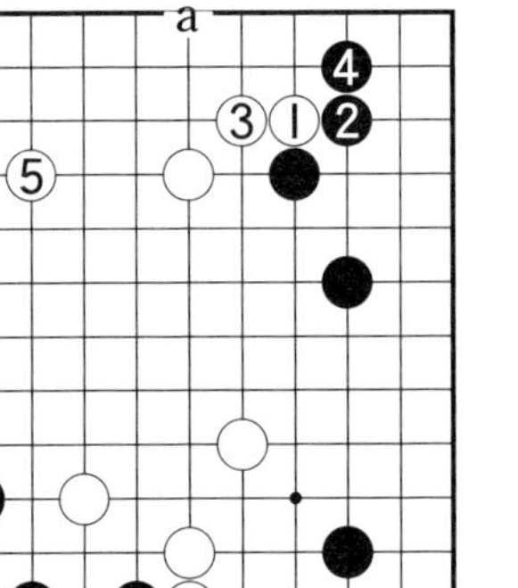

6도

6도 (흑, 우세 확립)

계속해서 백은 1~5로 단단하게 상변을 지키는 정도인데, 그러고도 흑a의 끝내기가 남아 실속이 없다. 다음 흑은 b나 좌변 벌림을 맞보기하는 정도로 우세하다.

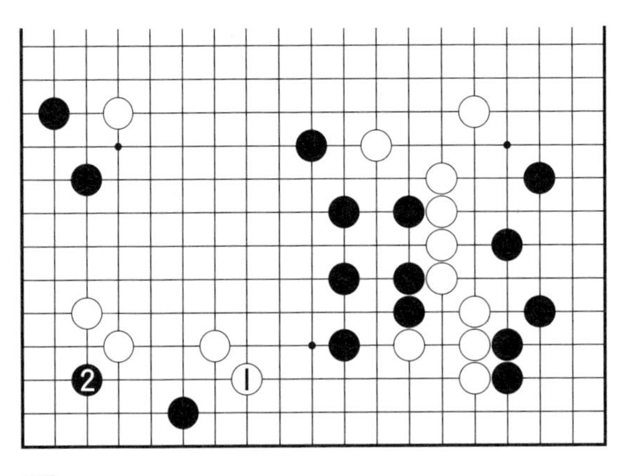

7도

7도 (안방 초토화)

그렇다고 백1로 변에서 차단하는 것은 흑2로 귀에 뛰어들어 백진이 초토화된다. 이처럼 백의 안방을 빼앗아서는 역시 흑의 대만족이다.

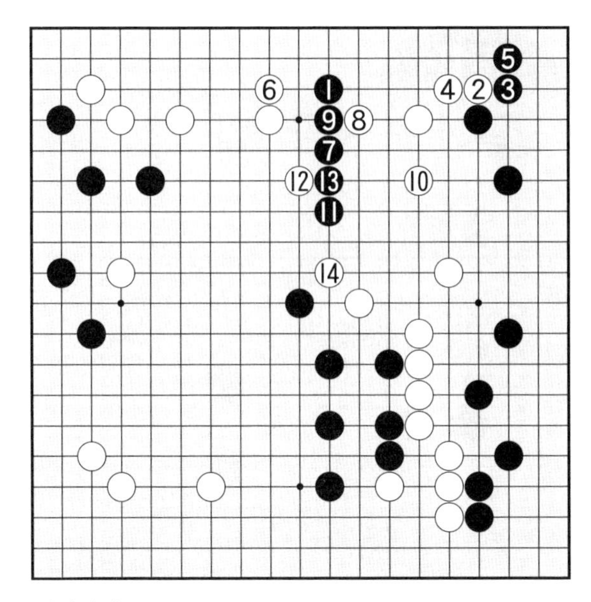

실전진행1

실전진행1 (고전 자초)

그런데 실전의 선택은 뜻밖에도 흑1의 상변 침입. 게다가 이후 흑7, 11의 경직된 행마로 인해 백14까지 심하게 공격당하다 보니 어느새 국면의 주도권이 백에게 넘어갔다.

큰 집이 되지 않을 곳에 뛰어들어 고전을 자초했다는 점에서 흑1은 방향착오의 혐의를 벗기 어렵다.

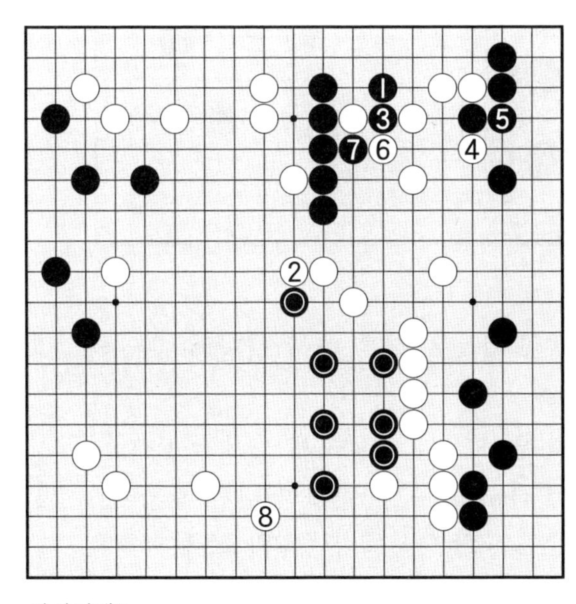

실전진행2

실전진행2 (백, 대만족)

이후 실전의 계속. 흑1~7로 구구도생 할 때 유유히 백은 선수를 잡아 대망의 8에 선착해서 대만족이다.

실리도 실리려니와 어느새 흑◉들이 허약한 곤마신세로 전락해 흐름이 급격하게 백쪽으로 넘어간 느낌이다. 방향착오의 죄과는 의외로 컸다.

5형

맞보기의 모델이 된 저공잠입

○ 백 차례

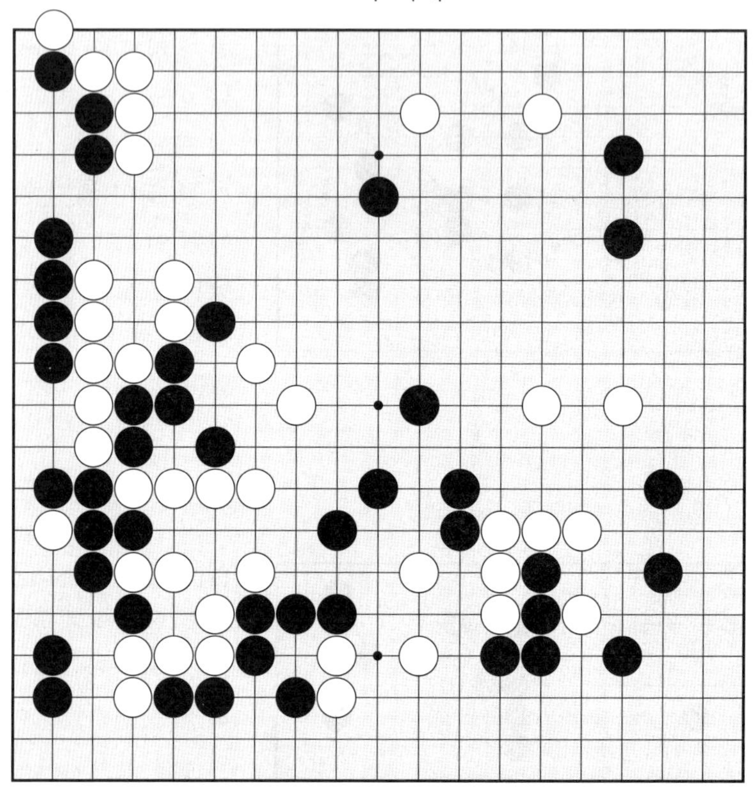

좌변 접전에서 흑의 요석들을 잡은 백이 상당히 우세한 국면이다.

백은 불안의 여지를 없애면서 확실하게 승세를 다지는 한 수가 필요하다. 상변과 하변 쪽 가운데 어디가 좋을까?

6회 후지쯔배 세계선수권에서 고바야시 고이치(흑)와 조훈현의 대국이다.

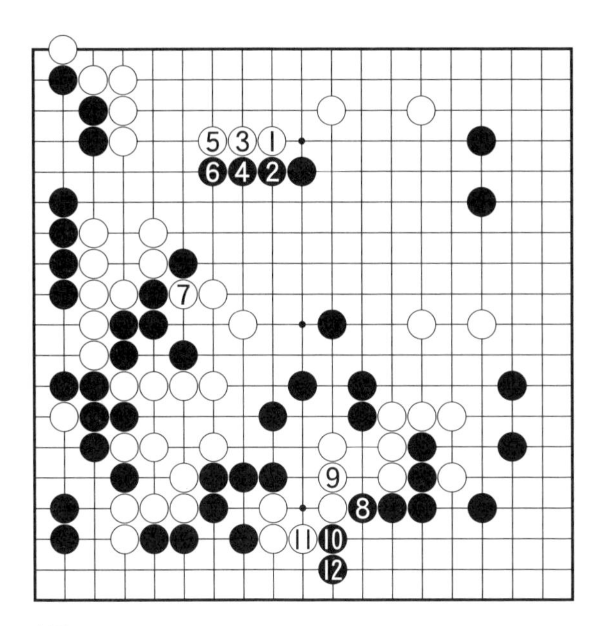

1도

1도 (역전찬스 제공)

일견 백1로 상변을 지키는 것이 커 보인다. 그러나 흑2~6을 당하면 백7의 가일수가 불가피한데, 그 틈에 선수를 뽑은 흑이 하변에 선착하면 졸지에 형세가 이상해진다.

흑8~12는 실리 상으로도 매우 큰 곳이려니와 하변에서 흘러나온 백 대마의 근거를 박탈하는 절대 요소이다.

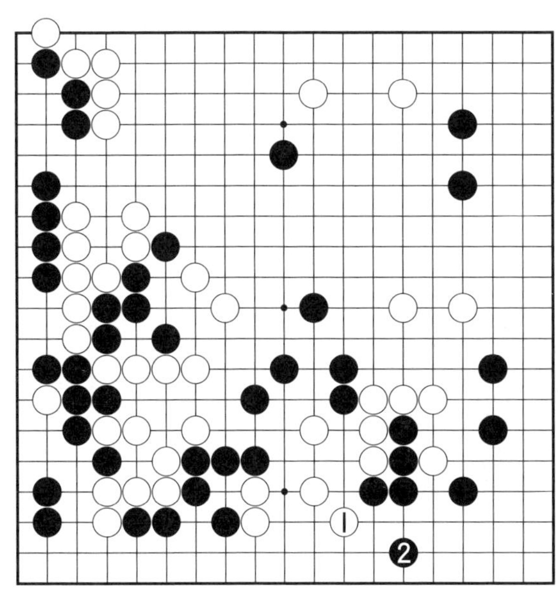

2도

2도 (책략 부족)

그렇다면 지금 백이 시급히 손을 대야 할 곳은 우하 쪽이다.

그런데 그냥 백1로 두는 것은 너무 밋밋해 찬성할 수 없다. 흑2로 받아 우하귀 흑진이 크게 굳어지면서 백 대마의 근거는 여전히 불확실하지 않은가.

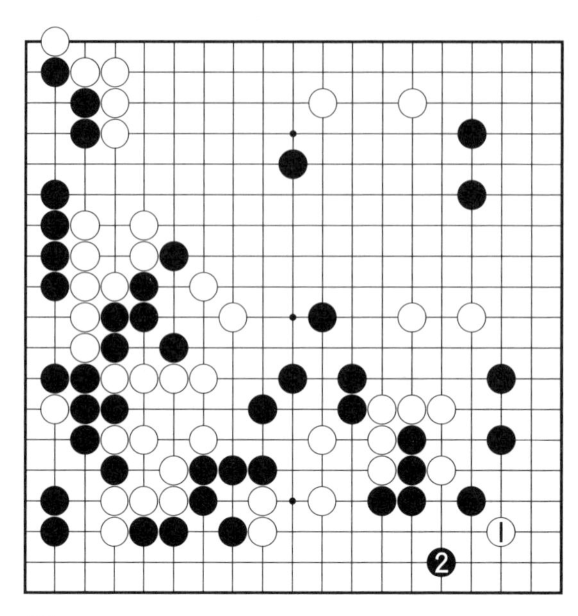

3도

3도 (대책 없는 침입)

그렇다고 백1로 곧장 3三에 뛰어드는 것은 무책임한 태도이다. 흑2로 받으면 백이 이 안에서 살기란 여간 어렵지 않다.

또한 설령 산다고 하더라도 그 사이 외곽 흑이 강해지므로 백 대마가 위험해질 것이다.

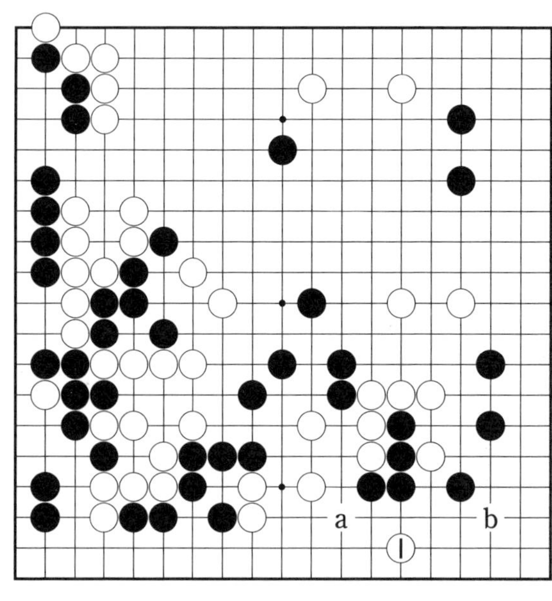

4도

4도 (맞보기 침투)

백1의 저공잠입이 멋진 수이자 승세를 굳히는 결정타이다.

다음 백a의 도강과 b의 3三침입을 맞보고 있어 흑도 딱히 이 돌을 처단할 도리가 없다.

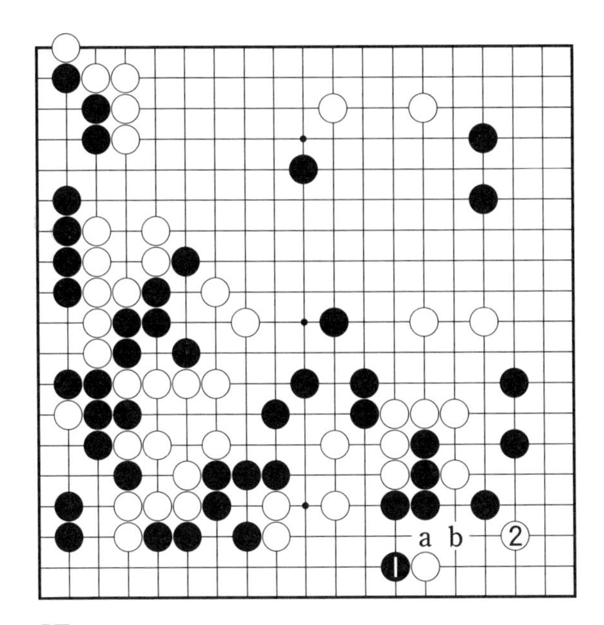

5도

5도 (안방 유린)

계속해서 흑1로 차단한다면 백2로 귀에 뛰어들어 그만이다. 백a나 b가 모두 선수이므로 흑이 이 백을 잡기는 도저히 불가능하며 자칫 안방 실리를 모조리 내준 채 집부족으로 완패할 공산이 크다. 이는 위험한 도박이나 다름없을 것이다.

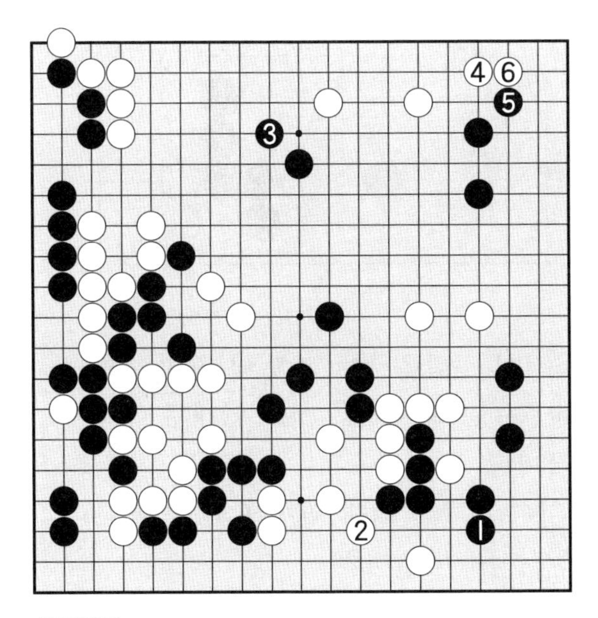
실전진행

실전진행 (백, 승세 확립)

결국 흑은 1로 귀를 지키며 참을 수밖에 없는데, 백2로 넘는 수가 근거와 실리를 확보하는 일석이조여서 백의 대만족이다.

이로써 백은 유일한 근심거리이던 하변 대마를 안정시키며 무난히 승국으로 골인했다.

맞보기 침투의 모델이 될 만한 장면이었다.

6형

사전공작과 도마뱀작전

○ 백 차례

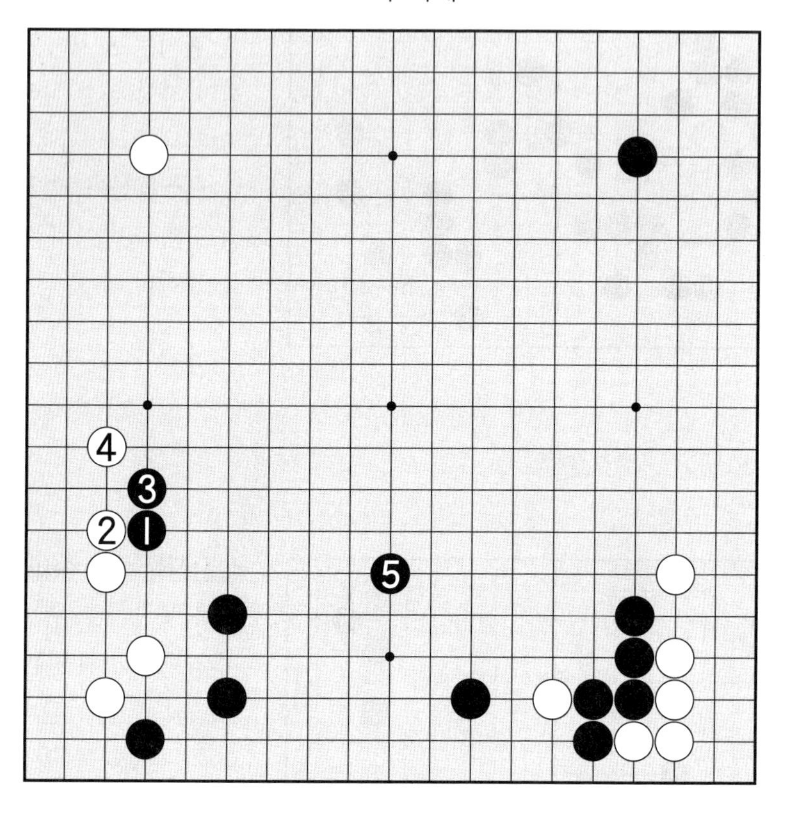

흑이 하변에서 의욕적인 구상을 펼치고 있다. 흑1, 3의 고압에 이어 5로 한껏 중앙을 구축하자 하변 일대에 웅대한 모양이 건설된 형국이다.

백은 이곳을 깨는 일이 시급한 절대 과제가 되었다. 그럼 어디서부터 어떻게 시작해야 할까?

12회 TV아시아선수권대회에서 이창호(흑)와 조훈현의 사제 결승전.

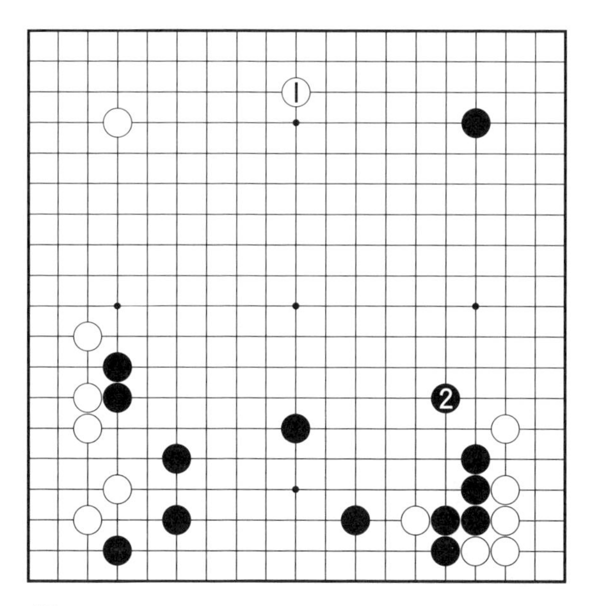

1도

1도 (흑, 대가 완성)

포석 이론상으로는 백1로 벌리는 것이 큰 곳이다. 그러나 하변이 시급한 지금은 한가한 수가 된다.

흑2로 가일수하는 날이면 하변 흑 모양이 손 한번 써보지 못한 채 일당백의 대가로 굳어진다.

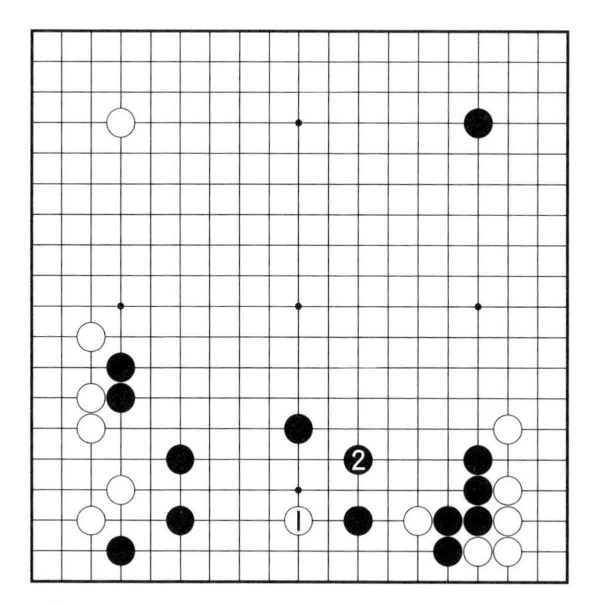

2도

2도 (대책 없는 침입)

그렇다고 백1로 무작정 뛰어드는 것은 대책 없는 태도이다. 흑2로 받아주기만 해도 백이 이 안에서 두 눈을 내고 살기란 낙타 바늘구멍 뚫는 일만큼이나 어렵다.

설령 기적적으로 산다 하더라도 엄청난 대가를 지불해 대세를 그르칠 것이 뻔하다.

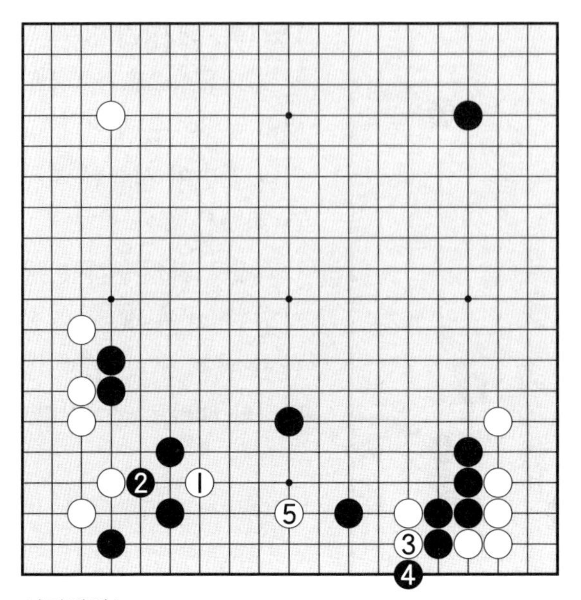

실전진행1

실전진행1 (치밀한 공작)

이렇게 방대한 모양에 들어갈 때는 먼저 상대의 약점을 건드려 보는 것이 긴요한 사전공작이다.

그런 의미에서 백1로 들여다보고 백3으로 응수타진하는 것이 좋은 수순이다. 이렇게 근거와 안형의 교두보를 마련해둔 다음 비로소 백5로 침입하는 것이 빈틈없는 침투수순이다. 이제는 백돌의 탄력이 풍부해 심한 공격을 받지 않는 모습이 되었다.

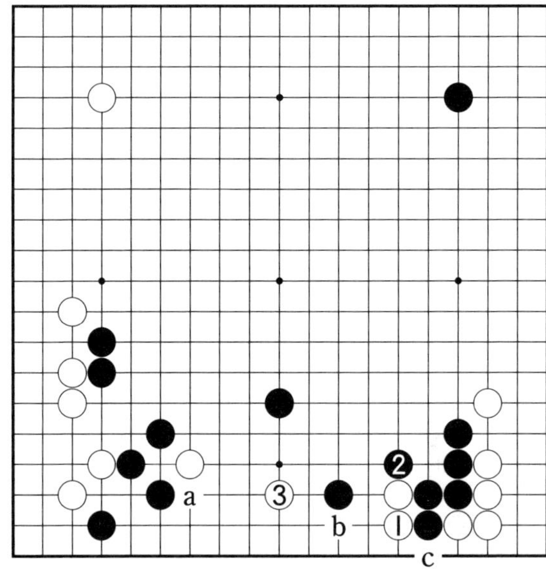

3도

3도 (흑, 나약한 태도)

백1로 응수를 물었을 때 흑2로 물러서는 것은 나약한 태도이다. 백3으로 들어가면 다음 a와 b가 맞보기여서 백의 근거 마련이 더욱 수월해진다.

게다가 이제는 백c의 이득이 보장된 만큼 안으로 들어가지 않고 밖에서 적당히 깎아도 되는 등 백에게 여러 가지 작전의 선택권을 넘겨주게 되는 것이다.

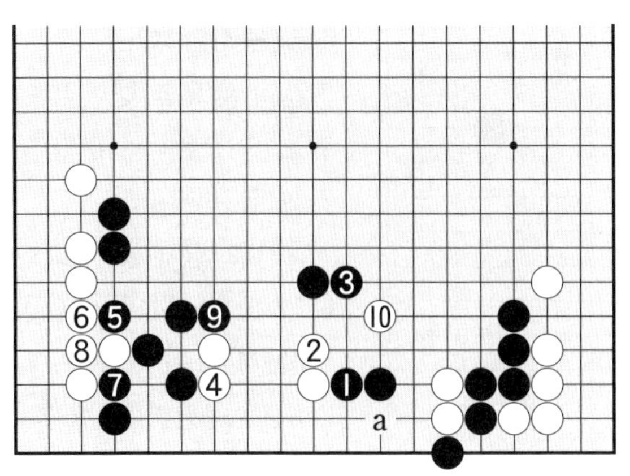

실전진행2

실전진행2 (타개의 공방)

실전의 계속. 흑1, 3은 최강수이다. 특히 흑1은 백a의 도강수단을 방지하기 위한 임시조치이다.

백4에는 흑5~9가 최강의 공격이지만, 백10이 경묘한 행마여서 후속공격이 만만치 않아졌다.

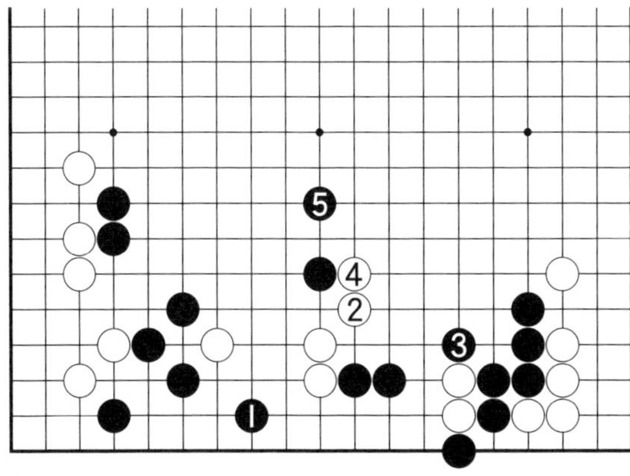
4도

4도 (유연한 공격)

실전진행2의 3으로는 이 그림 흑1로 근거를 빼앗으며 밖으로 내모는 것이 좀 더 유연한 태도였다. 이렇게 양쪽에서 실속을 챙기며 서서히 공격했으면 백은 앞으로의 국면운영이 좀 더 어려웠을 것이다.

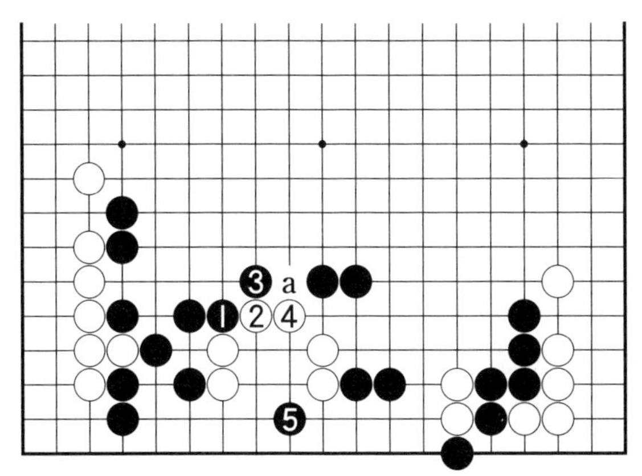

5도

5도 (백, 위험천만)

흑1 때 무심코 백2, 4로 쉽사리 살려는 것은 안이한 태도이다.

아마도 흑은 순순히 a로 이어주지 않고 5로 치중해 올 것이다. 이래서는 자칫 백이 사경에 빠질 가능성이 높다.

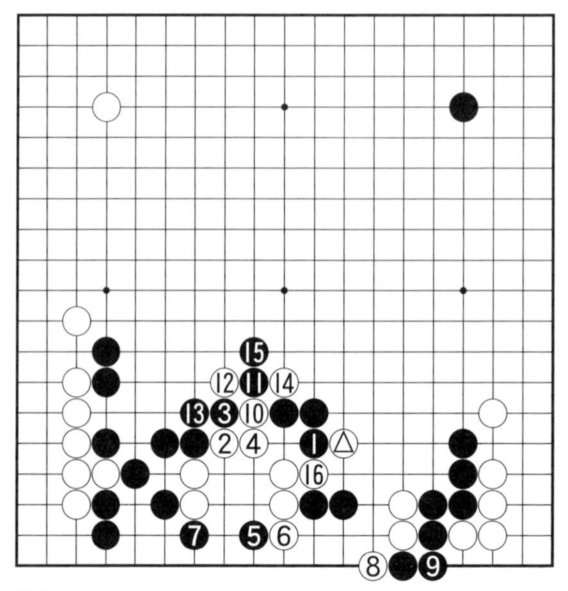

6도

6도 (무리한 차단)

백△가 경묘한 행마인 이유는 흑이 함부로 나가 끊기 어렵기 때문이다.

흑1로 절단을 시도한다면 백2~14의 사전공작을 거친 뒤 16으로 나가 흑이 곤란하다. 계속해서~

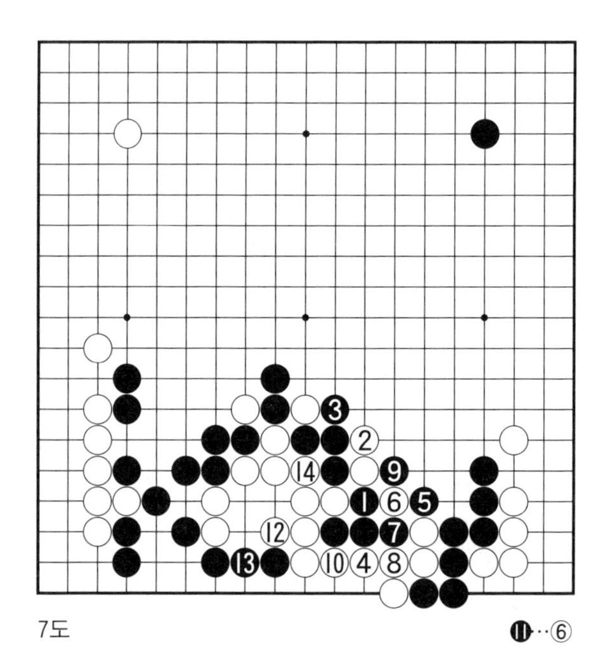

7도 ⓫…⑥

7도 (백, 성공)

기세 상 흑1로 끊어야 하는데, 백은 2 이하 14까지 그림 같은 수순으로 완생한다.

백이 크게 헤집고 살아버린 데다 외곽이 어수선해 흑은 견딜 수 없는 모습이다.

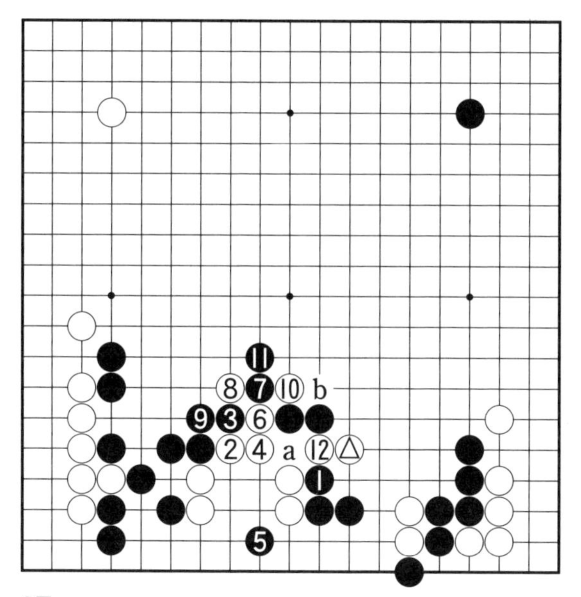

8도

8도 (흑, 더욱 무리)

그렇다고 흑1로 끊으려는 것은 더욱 좋지 않다. 백12 다음 b의 축이 기다리고 있어 흑a의 절단이 불가능하지 않는가.

결국 백Ⓐ를 절단하는 수는 없다는 결론이다.

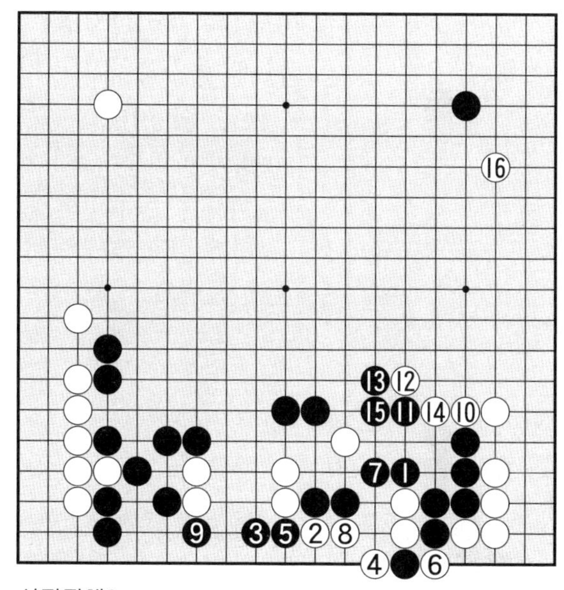

실전진행3

실전진행3 (도마뱀작전)

고심 끝에 흑1로 물러서고 말았지만, 뒤이은 백2의 젖힘이 좋은 수순이다. 흑3의 예리한 일격에 백4~8이 꼬리를 떼주고 정리하려는 현명한 '도마뱀작전'이다.

백 다섯점을 잡은 흑이 일견 두터워 보이지만, 백4~8의 선수끝내기가 매우 큰 데다 선수를 뽑아 대망의 16에 선착해서 도리어 백이 약간 기분 좋은 결과라고 하겠다.

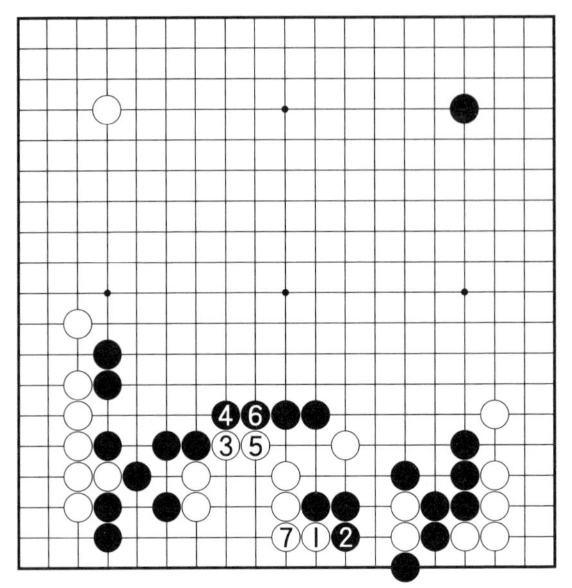
9도

9도 (백의 주문)

백1 때 흑2로 손 따라 받는 것은 백의 주문이다.

백3~7까지 깨끗하게 완생하면 흑은 매우 허탈해진다.

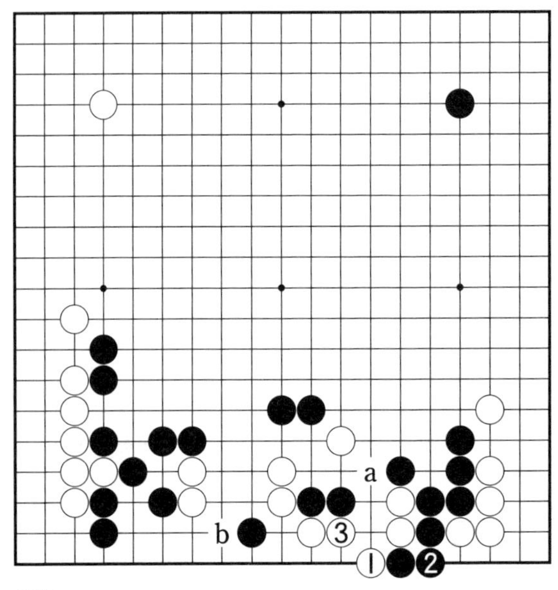

10도

10도 (흑, 무리한 이음)

백1 때 흑2로 잇고 버티는 것은 무리이다.

백3이면 다음 a와 b가 맞보기여서 흑이 망한다.

7형

뒷맛을 추궁하는 파괴작전

● 흑 차례

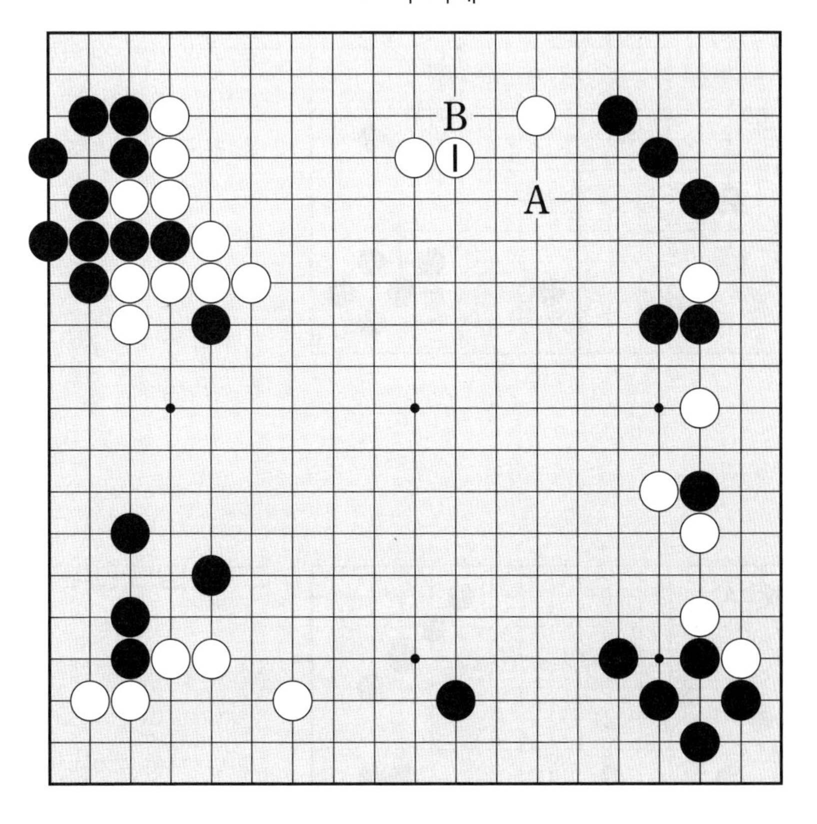

A가 아닌 백1의 쌍점으로 단단하게 지킨 것은 불안한 상변 백진을 보다 확실하게 지역화 하겠다는 선언이다.

그러나 이곳에는 아직도 고약한 뒷맛이 남아있다. 기왕 확실하게 지키려면 한 줄 더 참아 B가 정수였다. 그 '뒷맛'을 십분 추궁해 백진 파괴에 나서보자.

36기 최고위전 도전2국에서 조훈현(흑)과 이창호의 대국이다.

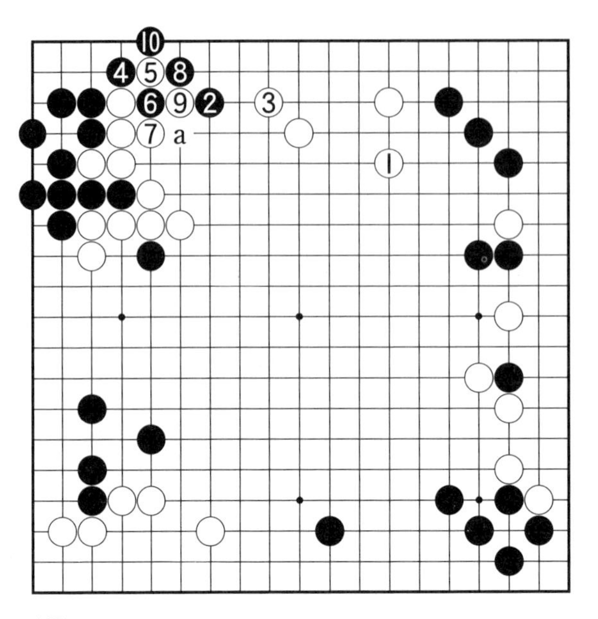

1도

1도 (상변의 뒷맛)

먼저 상변의 뒷맛부터 알아보자. 이곳은 백1로 한껏 지키기가 어렵다. 그러면 흑2가 적시타. 백3에는 흑4, 6의 젖혀끊음이 맥으로 10까지 큰 끝내기를 당한다(백9로 10자리에 버티면 흑a로 꽃놀이패가 나므로 백의 무리).

이 형태에서는 항상 흑4, 6의 수단이 있다는 것을 유념하자.

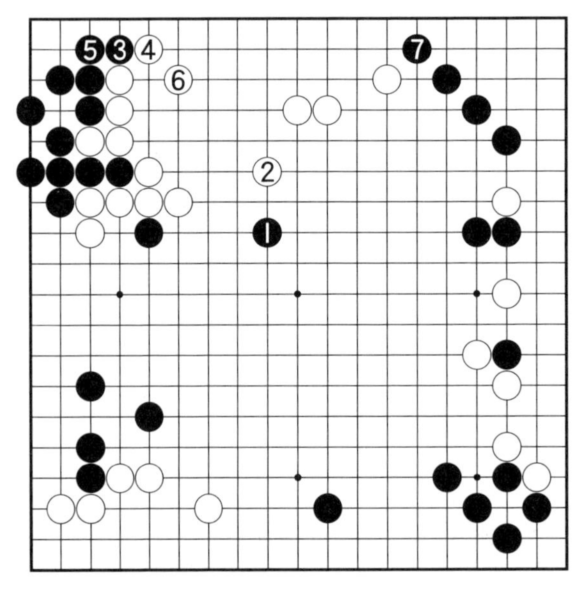

2도

2도 (삭감도 일책)

사실 상변 백진은 그림처럼 중앙과 좌우에서 깎아 들어가더라도 그리 큰 집이 날 모양은 아니다.

그러나 이렇게 되면 미세한 계가바둑 양상이 되기 십상이다. 찬스가 왔을 때는 과감하게 수를 내는 것이 기세이자 최선이다.

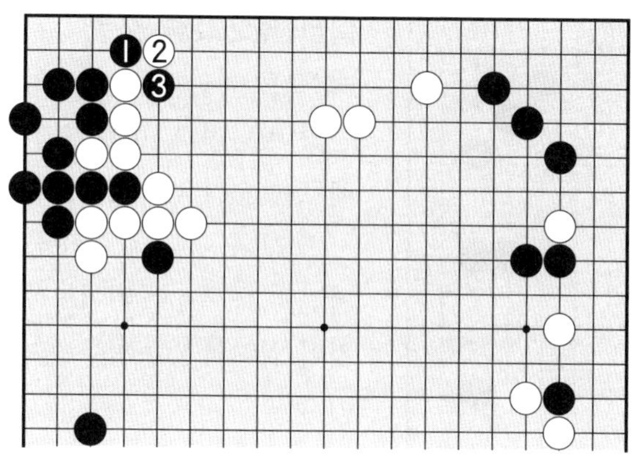
실전진행1

실전진행1 (첫 단추)

1도에서 본 대로 흑1, 3으로 일단 젖혀 끊어보는 것이 재미있는 맥점이다.

백의 응수를 물어 상변 침투의 방향을 정하려는 백진 파괴의 첫 단추이다. 계속해서~

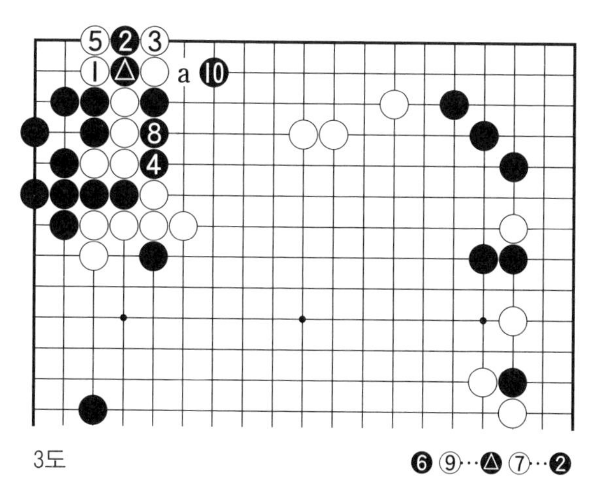
3도 ❻⑨…▲⑦…❷

3도 (백, 파탄)

백1로 잡으려는 것은 욕심. 흑2로 키우는 것이 묘수여서 백이 곤란해진다. 백3으로 한사코 버틴다면 흑4~10의 묘 수순으로 백의 파탄이다. 그렇다고 백3으로 뒤늦게 8자리에 물러서면 흑a로 넘어간다.

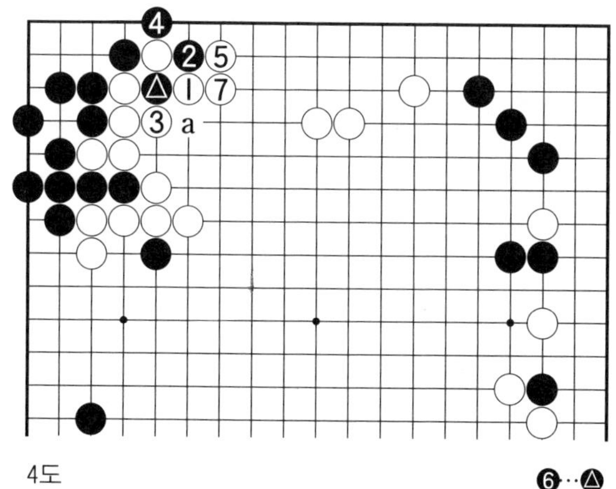
4도 ❻…▲

4도 (흑, 큰 이득)

그러므로 백1로 잡는 것이 정수인데, 이때는 흑2로 되끊는 것이 맥이다.

이하 백7까지 선수로 큰 이득을 취한 데다 a의 단점까지 남겨 흑의 대만족이다.

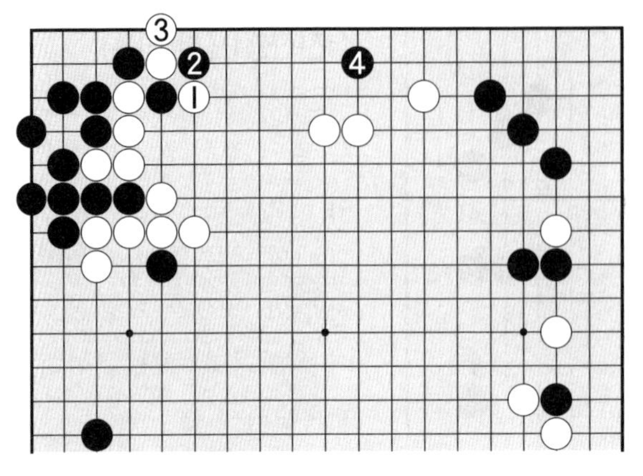

실전진행2

실전진행2 (2중 침투)

백3으로 차단하는 것이 최강의 버팀이다. 이로써 자체로는 수가 나지 않는다.

그러나 이렇게 뒷맛을 남긴 다음 흑4로 뛰어드는 것이 일련의 2중 침투수순이다.

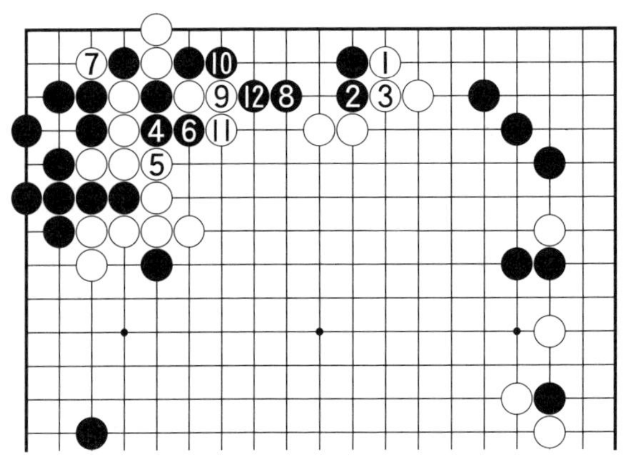

5도

5도 (백진 초토화)

계속해서 백1로 차단한다면 흑4로 맹렬하게 움직여 나온다. 백7까지는 외길인데, 이때 흑8이 멋진 행마이다. 결국 흑12까지 완벽하게 수가 난다.

백진 한가운데에서 이처럼 크게 살아서는 물론 백이 망한 결과이다.

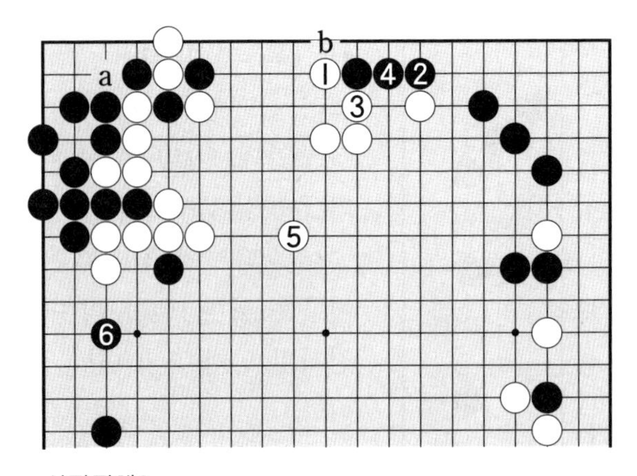

실전진행3

실전진행3 (흑, 성공)

결국 백은 1로 물러설 수밖에 없는데, 흑은 2로 넘어가 성공이다. 좌상 쪽은 흑a가 선수여서 손해가 없으며, 흑b의 선수 끝내기도 흑의 자랑이다.

바늘만한 허점을 수순의 묘로 추궁해 백집을 최소화시키는 데 성공했다.

8형

중앙 침투의 급소를 찾아라

● 흑 차례

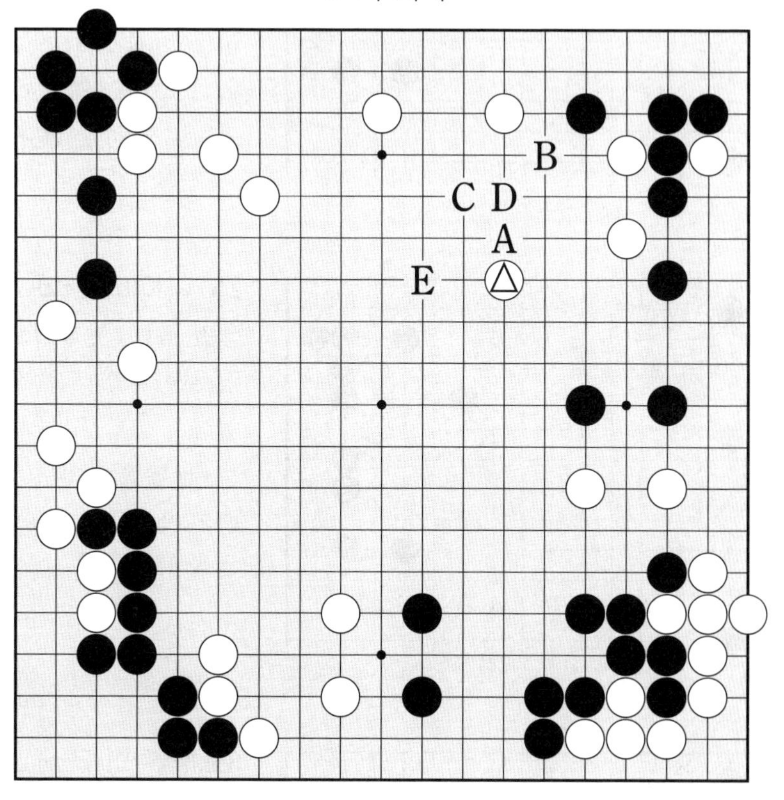

도처에 쌍방의 실리가 있어 아기자기한 계가바둑의 양상이다. 상변 백진이 얼마나 집으로 굳어지느냐가 승부의 관건이다. 그런데 백Ⓐ의 울타리가 허술해(A가 정수) 뭔가 이상한 냄새가 난다. 백진의 허를 찔러 승기를 잡을 수 있는 급소를 찾아보자. 흑은 B~E 가운데 어디가 좋을까?

5기 박카스배 결승3국에서 문용직(흑)과 조훈현의 대국이다.

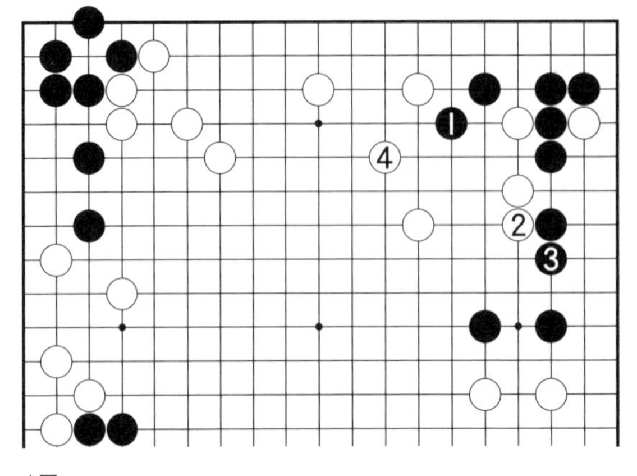

1도

1도 (미흡한 삭감)

흑1로 깎아가는 것은 책략 부족이다. 백4로 받아 흑이 미흡하기 짝이 없다.

오히려 허술하던 백 모양을 완성시켜 준 이적행위의 혐의마저 있으며 이래서는 백의 우세이다.

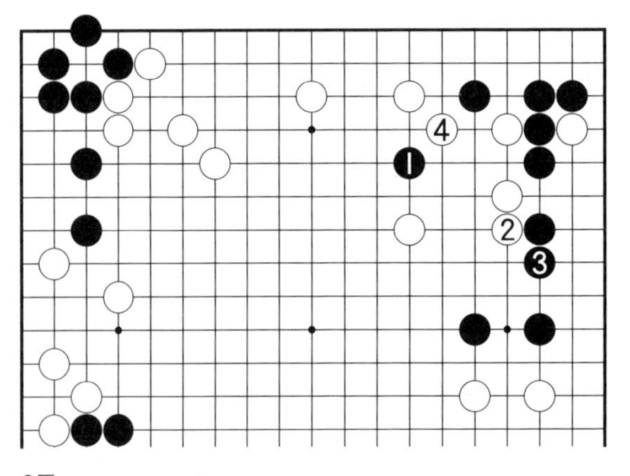

2도

2도 (사이비 급소)

일견 흑1이 형태의 급소처럼 보이지만 실은 잘못 짚었다.

백2를 선수하고 4로 차단하면 흑의 귀환여부가 불투명하다.

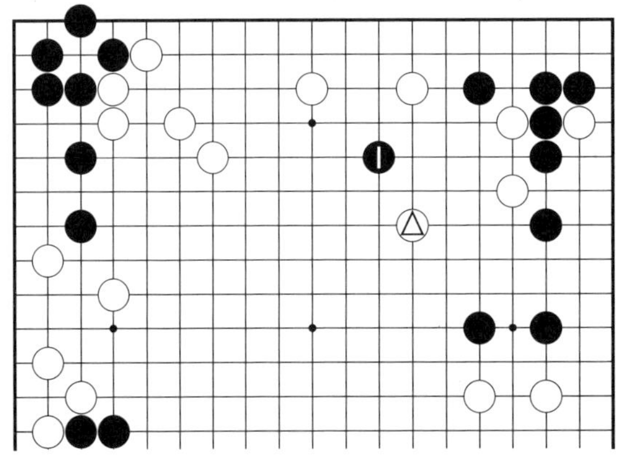

3도

3도 (침투의 급소)

한 줄 더 파고든 흑1이 예리한 침투의 급소!

백△의 허를 추궁하면서 응수여하에 따라 여차하면 저 멀리 하변 백진의 공격까지도 엿보고 있기에 백도 응수하기가 쉽지 않다.

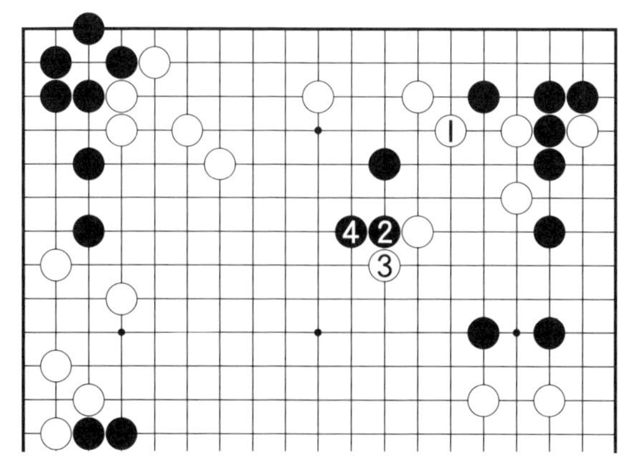

4도

4도 (쉽게 탈출)

이제는 백1로 차단을 시도해도 흑2, 4로 쉽게 달아날 수 있다.

백은 이 흑을 잡지 못한다면 여기저기 엷음이 드러나 견딜 수 없을 것이다.

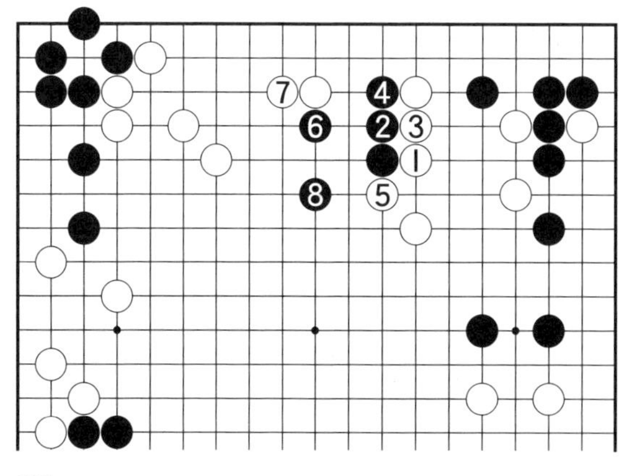

5도

5도 (상변 파괴)

백1로 강력히 막는다면 백2, 4로 아예 상변을 뚫어버린다. 백5에는 흑6, 8로 너끈히 타개해 흑의 대성공이다.

이렇게 되면 양분된 백이 더욱 곤란한 모습이다.

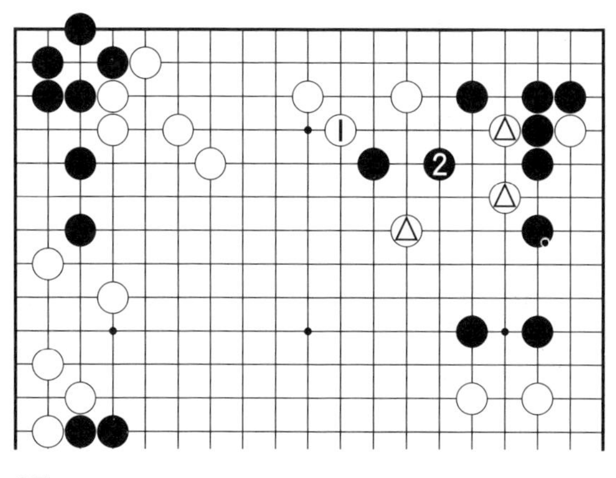

6도

6도 (손쉬운 연결)

백1로 받는 것이 상변 쪽의 피해를 최소화시키는 길이지만, 흑2로 연결하고 나면 백△들이 모조리 폐석이 되는 아픔을 겪어야 한다.

이래서는 역시 흑의 우세가 분명하다.

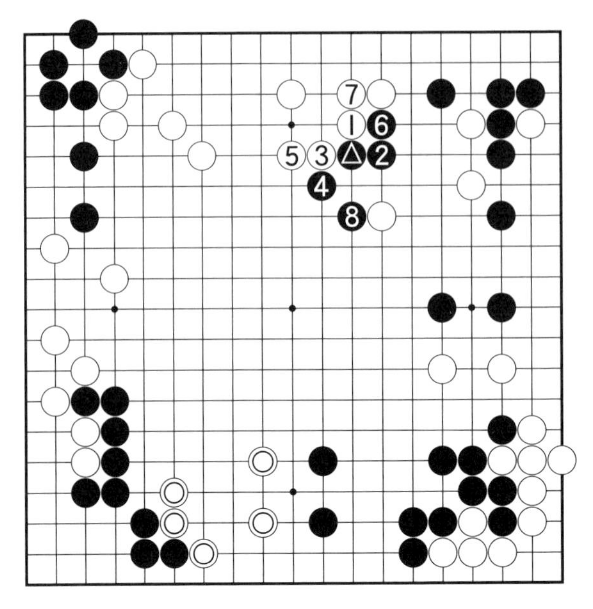
7도

7도 (흑, 필승지세)

백1로 붙여 상변을 사수하려는 것은 최하책이다. 흑8까지 우변 흑집이 너무 크게 굳어져 흑이 질 수 없는 바둑이 돼버린다. 뿐더러 하변 백◎들도 더욱 약화되지 않았는가.

결국 흑▲의 급소를 당한 이상 어떻게 변화해도 백에게 좋은 그림은 나오지 않는다는 결론이다.

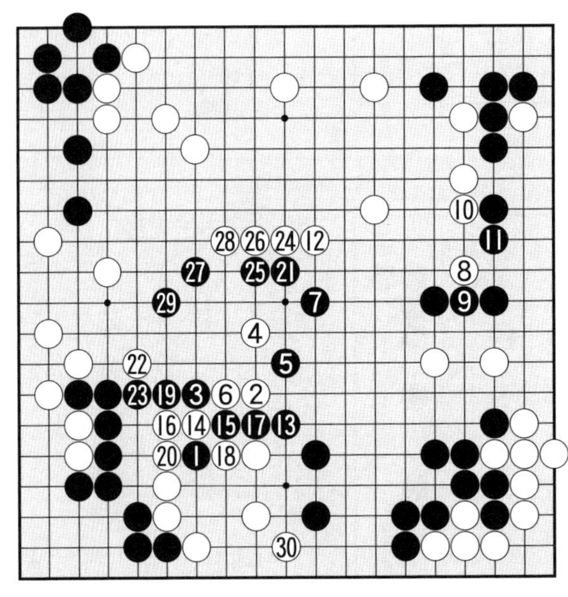
실전진행

실전진행 (흑, 헛손질)

그런데 실전은 흑1로 하변 공격부터 착수했는데 패인과 직결된 방향착오였다. 백을 쫓으며 상변쪽을 자연스럽게 삭감하겠다는 의도였지만, 백12가 의표를 찌른 호착이다. 흑13에는 백14의 맥점을 이용해 20까지 제자리에서 살아버리니 흑이 헛물켠 꼴이다. 이하 30까지 상중앙이 크게 굳어져 백승이 결정되었다.

9형

기선을 제압하는 침공작전

● 흑 차례

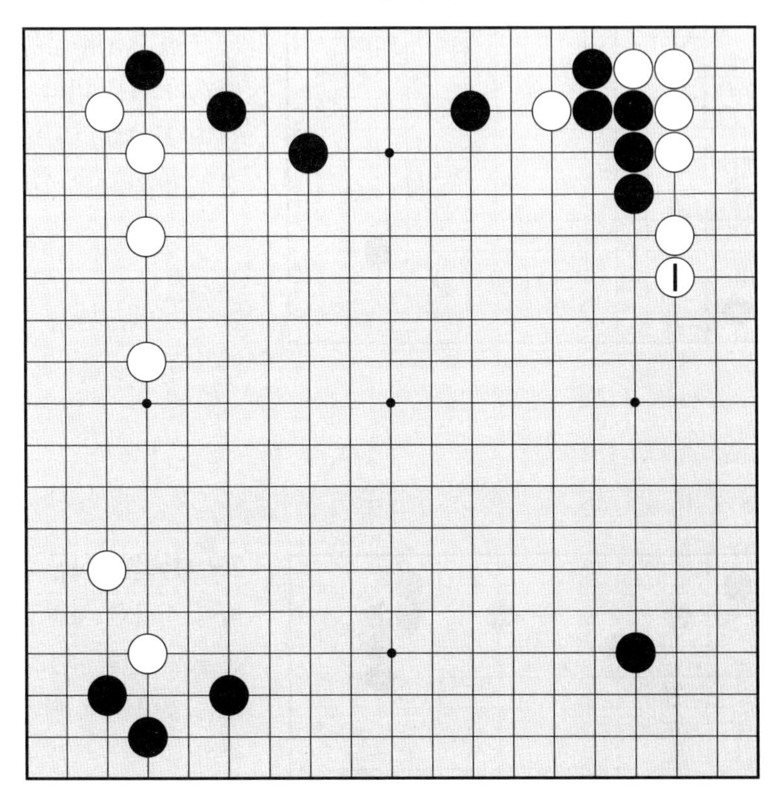

평이한 포석이 펼쳐지는 가운데 돌연 백1로 쌍점을 선 장면이다. 이 수는 우변 진출과 상변 침입을 맞보는 두터운 한 수이지만, 사방이 넓은 지금은 한가한 느낌이 짙다.

그렇다면 기선을 제압할 수 있는 흑의 다음 한수를 찾아보자.

5회 동양증권배 세계선수권에서 조훈현(흑)과 녜웨이핑의 준결승전.

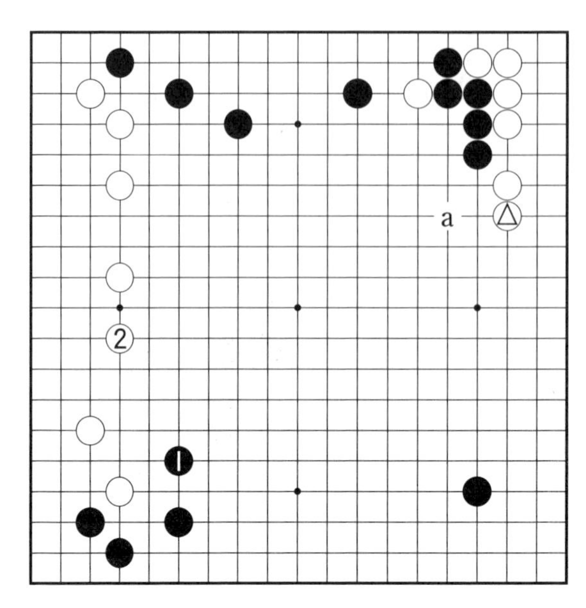

1도

1도 (싱거운 구도)

흑1로 한칸 뛰는 것은 하변을 키우겠다는 대범한 태도이지만, 백2를 두게 해주어 싱거운 느낌이다.

또한 흑a로 두는 것도 백△의 뒤를 따라가는 듯한 완착이다. 좀 더 치열한 수법을 연구해보자.

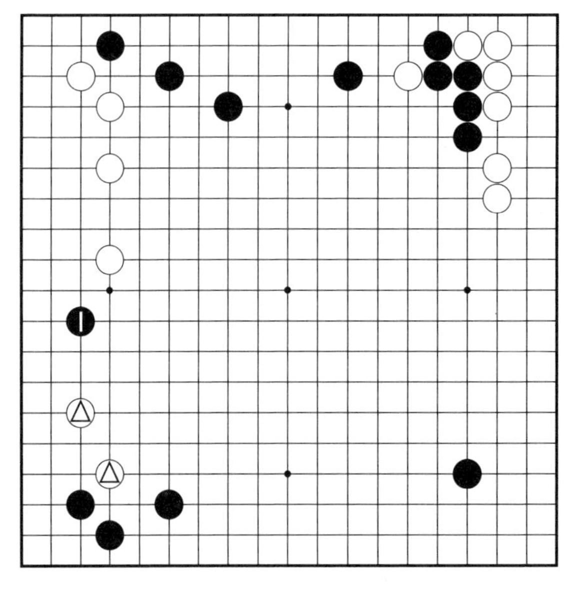

2도

2도 (통렬한 침공)

백이 시급한 좌변 쪽에서 손을 뺀 만큼 흑1로 뛰어드는 것이 기백 넘치는 한 수이다.

이 수는 단순히 좌변 백진을 깨는 의미 외에도 백의 응수여하에 따라 백△들을 공격하겠다는 공격적 메시지를 담고 있다. 이제 백의 응수가 어려워졌다.

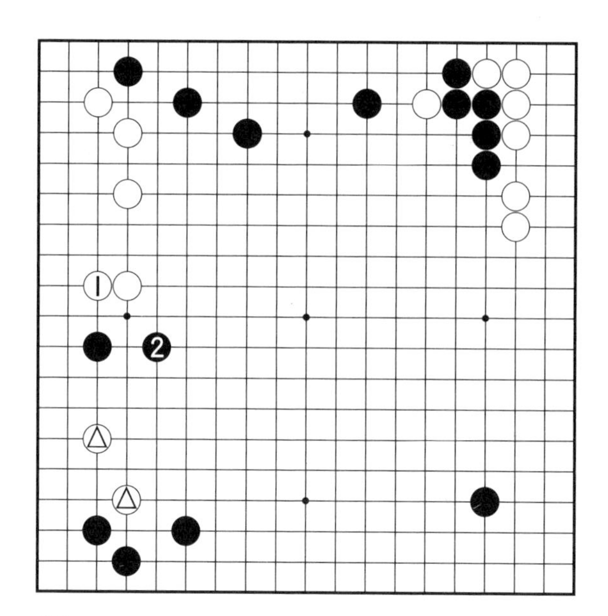

3도

3도 (흑, 주도권 장악)

좌변만을 놓고 볼 때는 백1의 철주가 상식이지만, 그러면 흑2로 뛰어 백△들이 거꾸로 공격당하는 신세가 된다.

일거에 흑이 주도권을 장악한 형국이다.

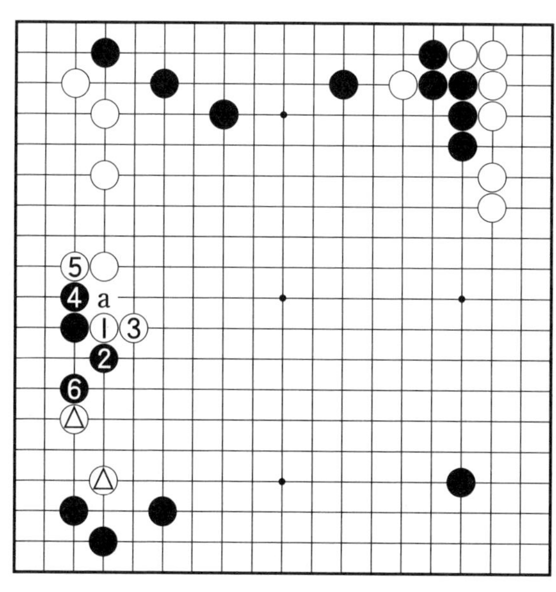

4도

4도 (백, 무책)

그렇다고 백1, 3으로 붙여 뻗는 것은 더욱 무책임하다.

흑6까지 백△들이 거의 제압당한 데다 a쪽의 약점까지 남아 백이 견딜 수 없는 모습이다.

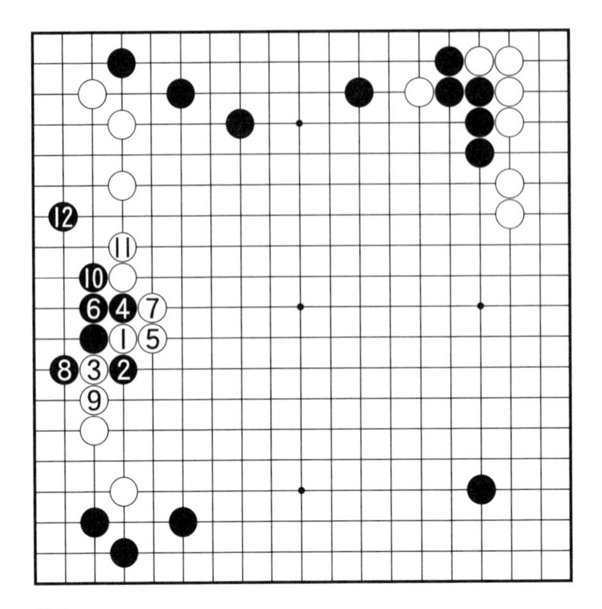

5도

5도 (백, 큰 손해)

백1로 붙인 이상 3으로 끊는 것이 수습의 맥점이다.

그러나 백이 위를 수습하는 사이 흑12까지 좌변이 초토화돼서는 실리의 손실이 너무 크다. 따라서 백1은 불가!

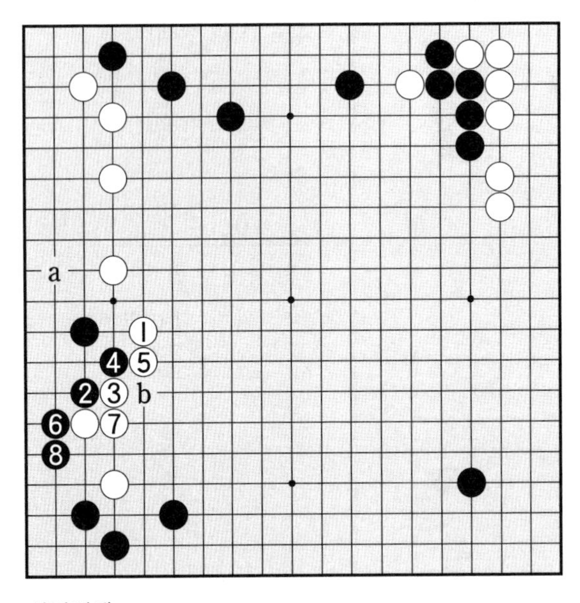

실전진행

실전진행 (기선 제압)

백1이 궁여지책의 수습책이지만, 흑2로 붙인 것이 간명한 수법이다. 이하 8까지 실리를 훑으며 넘어가서는 흑이 기선을 제압한 결과이다. a의 뒷문도 열린 데다 b의 단점도 엿볼 수 있는 것이 흑의 자랑이다.

흑2로는 3자리에 젖는 것이 최강수이지만, 흑은 간명하게 우세를 잡는 길을 선택한 것이다.

10형

허점을 추궁하는 급소침투

○ 백 차례

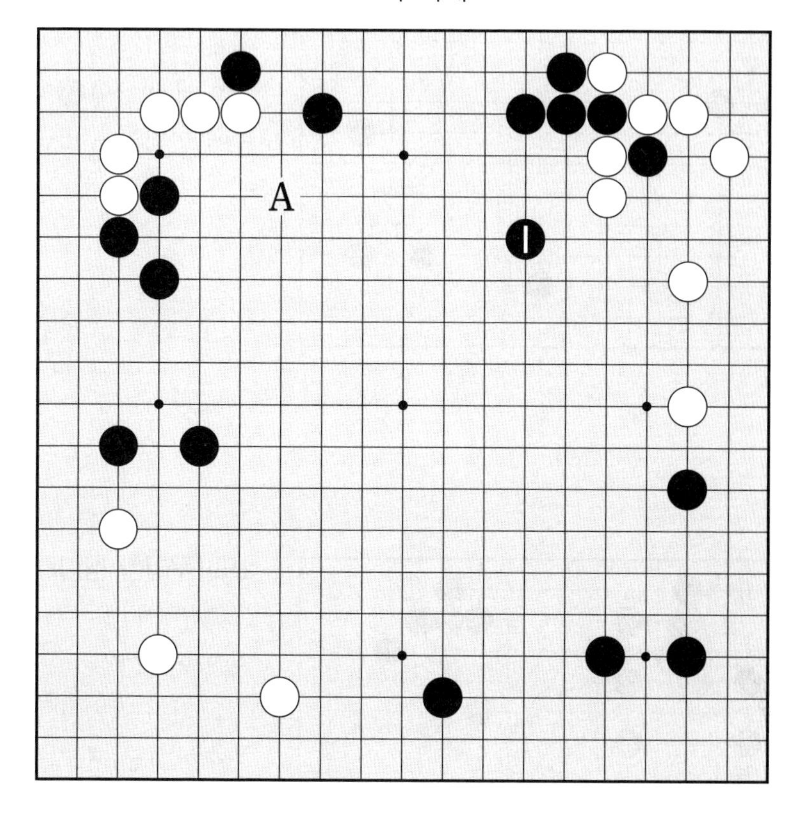

흑1로 상변 흑진을 한껏 넓혀온 장면이다. 그러나 다소 허술한 느낌을 지울 길 없다.

백이 한 눈을 팔다 흑A를 허용하면 그럴듯한 모양이 완성되므로 바로 응징에 나서야 할 시점이다. 과연 흑진의 허를 추궁하는 급소는 어디일까?

31기 패왕전 본선에서 목진석(흑)과 조훈현의 대국이다.

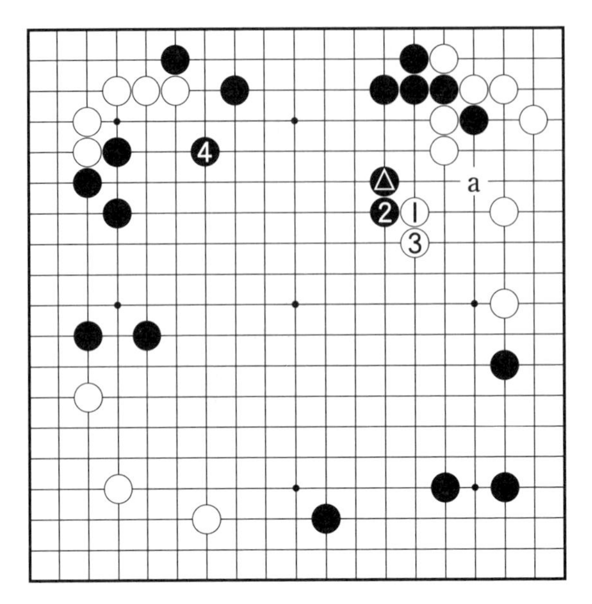

1도

1도 (백, 나약)

a쪽의 허점이 두려워 백1로 지키는 데 급급 하는 것은 나약한 태도이다. 흑4를 허용하면 대세가 흑에게 넘어간다.

이래서는 흑△의 무리수에 면죄부를 발급한 격에 다름 아니다.

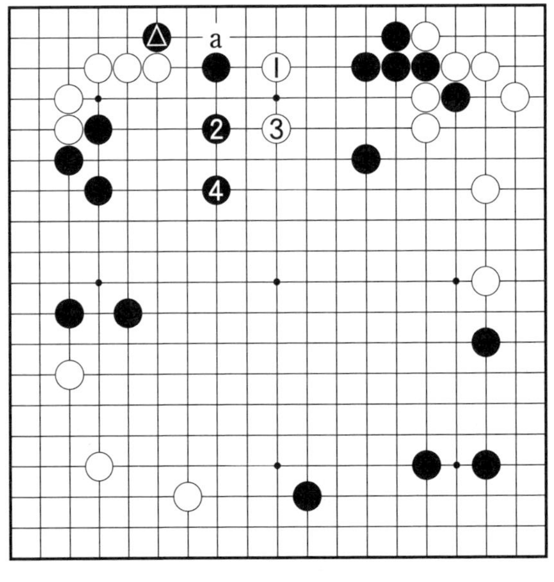

2도

2도 (무리한 침입)

그러면 백1로 뛰어드는 것은 어떨까?

그러나 흑2, 4로 쉽게 응수하기만 해도 주위에 흑의 원군이 많은 탓에 백의 무리가 역력하다. 이래서는 공연히 고전을 자초한 격이다(흑△의 활용수에 의해 백a의 도강 수단이 없다는 점에 유의!).

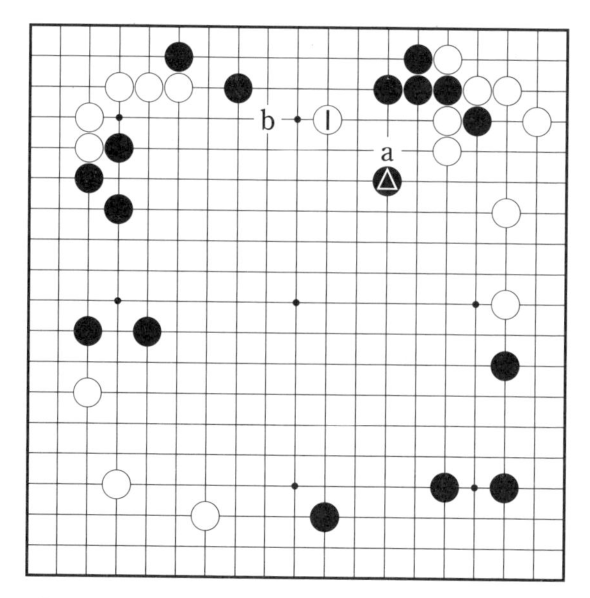

3도

3도 (정확한 급소)

같은 침입이라도 백1의 곳이 흑▲의 허를 찌르는 정확한 급소 일격! 다음 a의 반격과 b의 탈출 등을 뒷받침하고 있어 흑의 응수가 만만치 않다.

여기서 흑의 대책은 무엇일까?

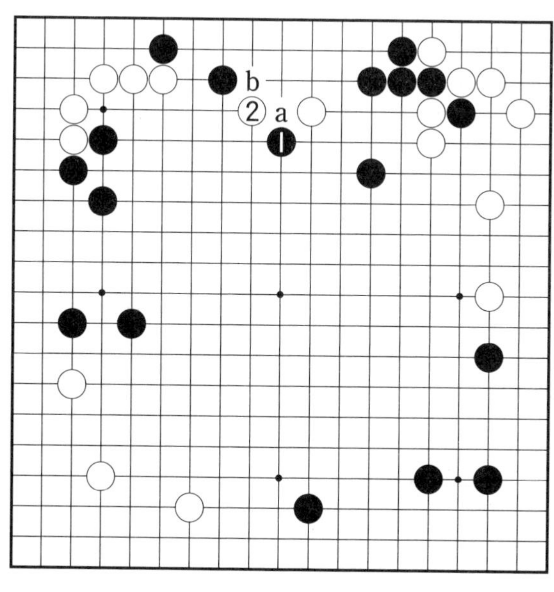

4도

4도 (흑, 무모한 강공)

흑1로 덮어 포획하려는 것은 무모한 강공책이다. 백2에 응수가 두절된다.

이어 흑a로 째는 것은 백b로 뚫려 되로 받고 말로 준 격이 된다.

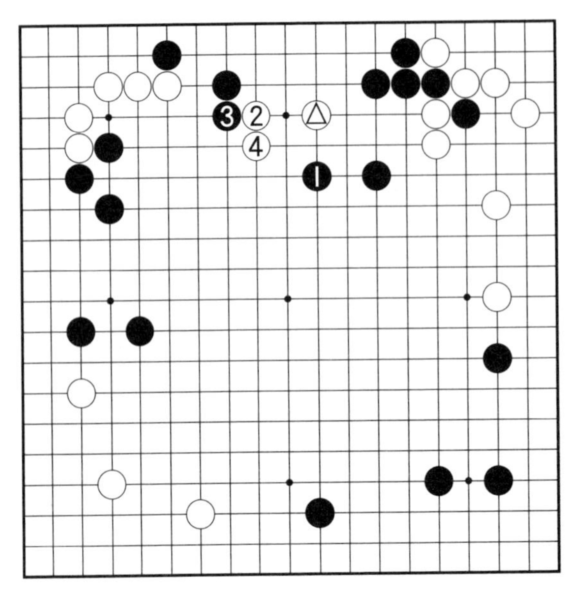

5도

5도 (가볍게 탈출)

그렇다고 흑1쪽으로 씌우는 수도 백2, 4로 가볍게 탈출해 그만이다. 이래서는 갈라진 흑이 더 바쁜 형국이 된다.

결국 백Ⓐ를 잡는 수단은 없다는 결론이다.

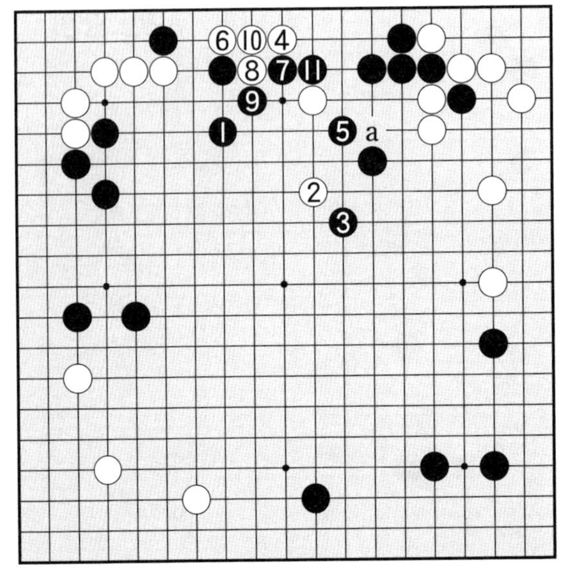

실전진행

실전진행 (삭감 성공)

고심 끝에 흑1로 평범하게 응수했지만, 백4가 6의 도강과 a쪽의 차단을 맛보는 교묘한 일착이다.

흑5의 보강이 불가피할 때 백6~10으로 실리를 훑으며 선수로 넘어가서는 백이 삭감에 성공한 결과라고 하겠다.

11형

어깨 삭감의 모델형

● 흑 차례

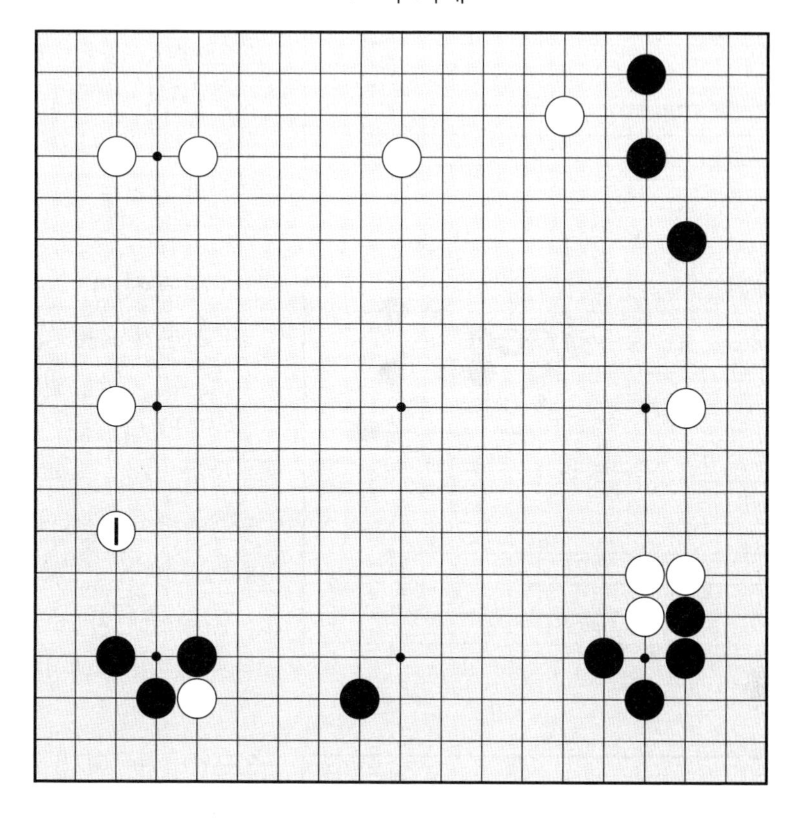

백1로 벌리자 좌변에서 상변으로 이어진 백의 모양이 방대하게 형성되었다.

그러나 한 눈에 들어오는 모양 파괴의 급소가 있기에 흑은 실망하기에 이르다. 그곳은 과연 어디일까?

20기 국수전 본선에서 조훈현(흑)과 김인의 대국이다.

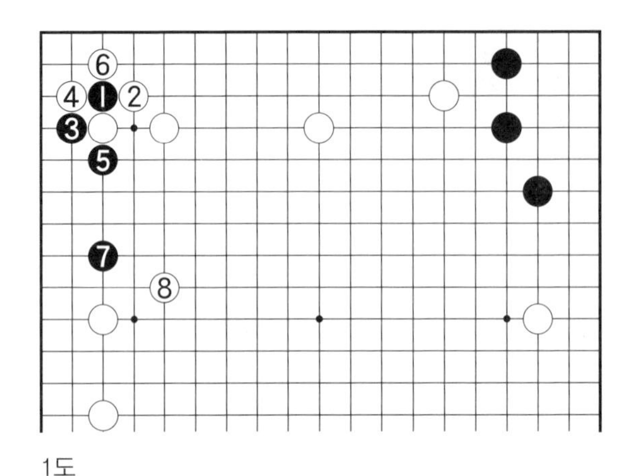

1도

1도 (성급한 침입)

좌상 일대는 사실 흑1~7까지 침입, 교란하는 수단이 있다. 그러나 여기서는 백8의 고공 공세를 당해 불만이다. 안에서 살아도 그 사이 상변과 중앙에서 잃는 것이 더 많기에 소탐대실의 우려가 높다.

2도

2도 (방향착오)

흑1로 침입하는 것은 방향착오. 흑11까지 제법 실리를 벌었으나, 대신 상변~중앙에 완벽한 백 모양을 허용해 소탐대실의 전형이 되고 만다.

지금 국면의 초점은 상변~좌중앙 일대이다.

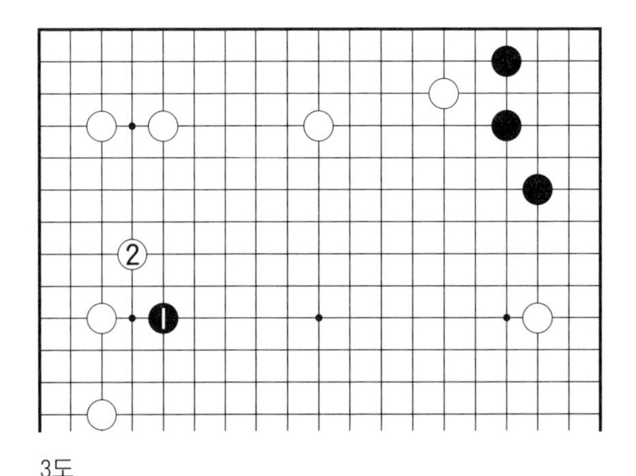

3도

3도 (어설픈 모자)

깊숙이 침입하는 것은 다른 쪽에서 더 큰 대가를 지불할 공산이 크므로 삭감의 발상이 좋을 것이다.

그러나 흑1의 모자는 틀렸다. 백2가 제격이어서 허술한 백 모양을 굳혀준 이적수의 혐의가 짙다.

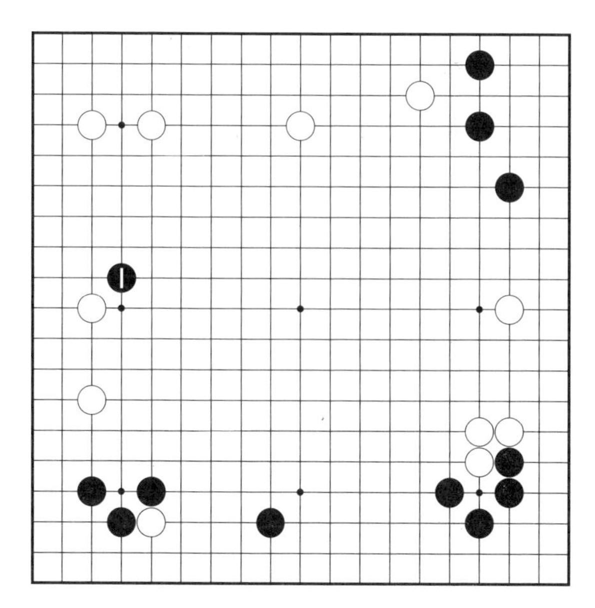

4도

4도 (어깨짚기)

흑1로 어깨짚는 것이 놓칠 수 없는 삭감의 급소이다.

이 한수로 백의 대모양 작전을 쉽게 타파할 수 있다. 계속해서~

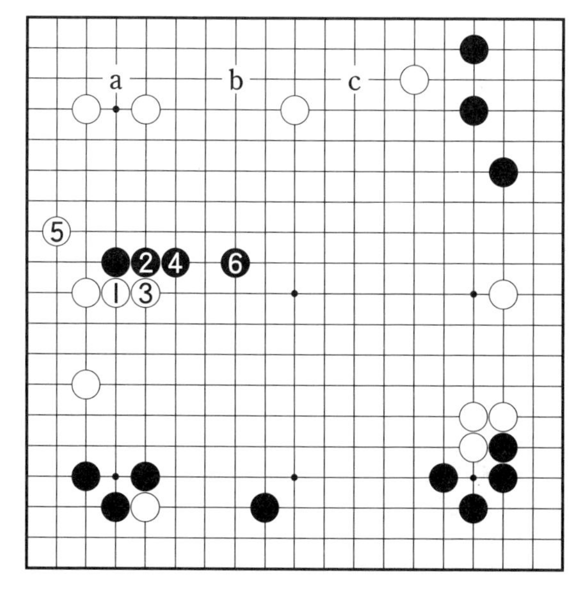

5도

5도 (경쾌한 수습)

백1, 3에는 흑2, 4로 침착하게 늘어둔 다음 백5가 불가피할 때 흑6으로 날아 경쾌하게 삭감에 성공한 모습이다.

상변 백진은 a~c 등 허점이 즐비해 한 수로 큰 집이 되지 않는 만큼 흑의 호조가 확연하다.

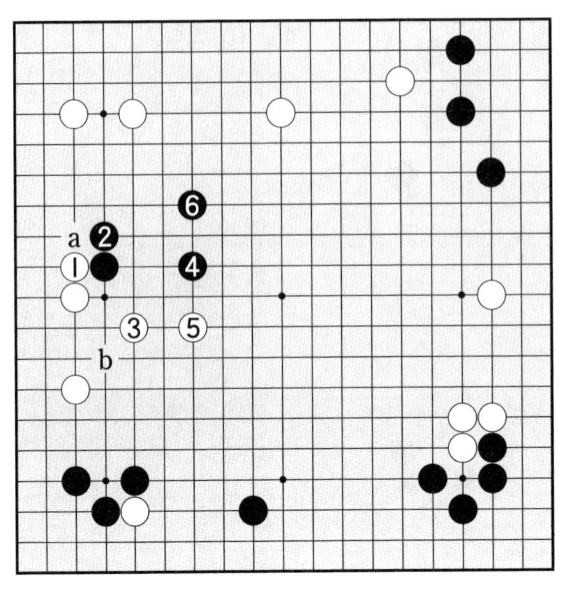

실전진행1

실전진행1 (삭감 성공)

실전에서는 백1로 밀어왔으나, 흑6까지 틀을 잡고 보니 더 이상 공격받을 모습이 아니다. 이제 장차 흑a로 막으면 b의 약점까지 엿볼 수 있어 흑이 재미있는 흐름이다.

수순 중 흑6은 긴요한 절대점. 이렇게 자신을 보강해 놓아야 상변 백진의 허를 마음 놓고 노릴 수 있다.

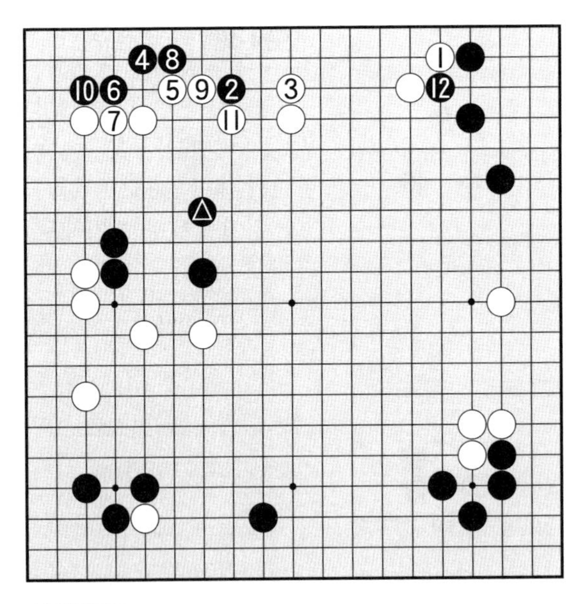

실전진행2

실전진행2 (우세 확립)

중앙 공격이 여의치 않은 백은 1로 손을 돌렸지만, 흑2가 통렬한 침입이다. 이하 흑10까지 좌상귀를 선수로 도려낸 뒤 12로 우상귀마저 못질해서는 흑이 가볍게 우위에 선 모습이다.

이처럼 좌우를 휘저을 수 있는 배경은 흑▲에 있다는 데 주목한다.

12형

모자 삭감의 모델형

○ 백 차례

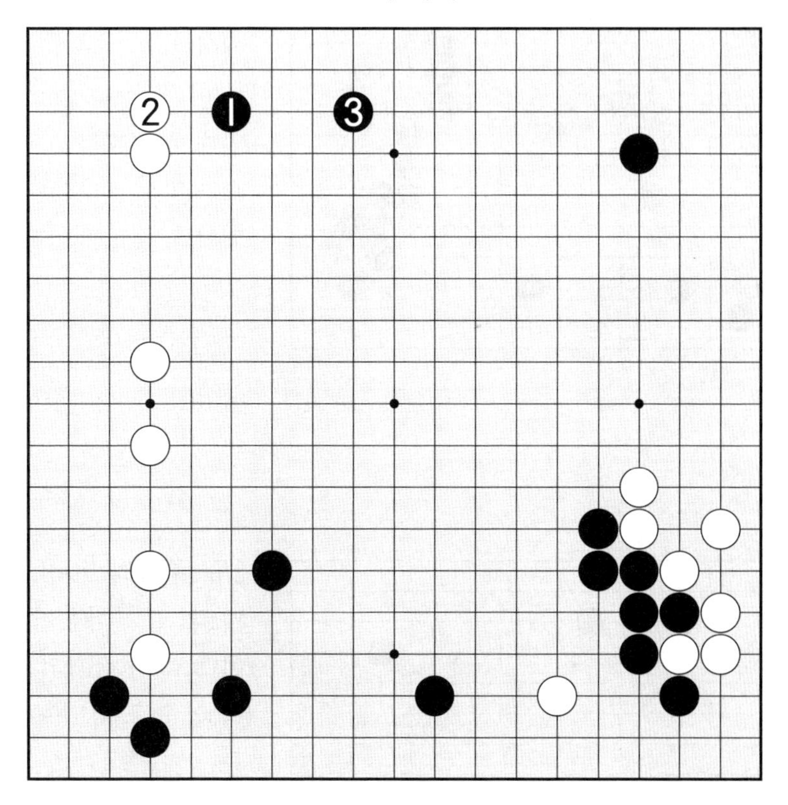

하변이 관심의 초점. 그런 의미에서 흑1, 3은 방향착오의 의미가 짙다.

여기서 백이 웅장한 흑 모양을 무력화시키는 절호의 급소가 있다. 과연 어디일까?

5회 후지쯔배 세계선수권 본선에서 서봉수(흑)와 장원뚱(張文東)의 대국이다.

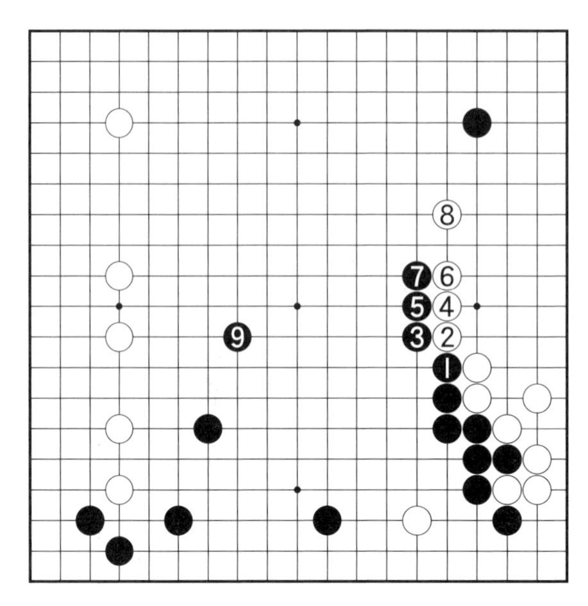

1도

1도 (흑의 일관성)

지금 국면의 초점은 단연 하변. 따라서 **장면도**의 1로는 이 그림 흑1로 밀어가는 것이 일관성 있는 작전이었다.

이하 흑9까지 하중앙 일대에 대모양을 형성했으면 막상 백도 겁나는 국면이 되었을 것이다.

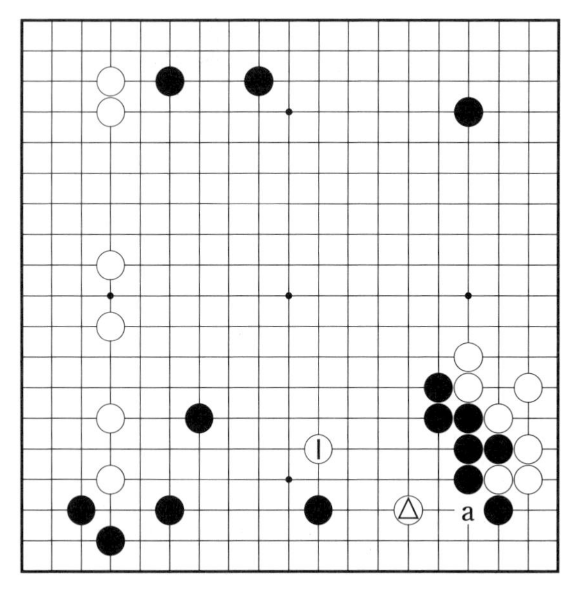

2도

2도 (절호의 모자)

백1의 모자씌움이 한 눈에 보이는 삭감의 급소! 이 한수로 하변 흑 모양은 쉽게 무너질 형국이다.

오른쪽 흑세를 감안할 때 다소 깊은 것 같지만, 지금은 a쪽의 약점 탓에 백Ⓐ에 활력이 붙어있으므로 전혀 그렇지 않다. 도리어 흑의 응수가 막막해진 상황이다.

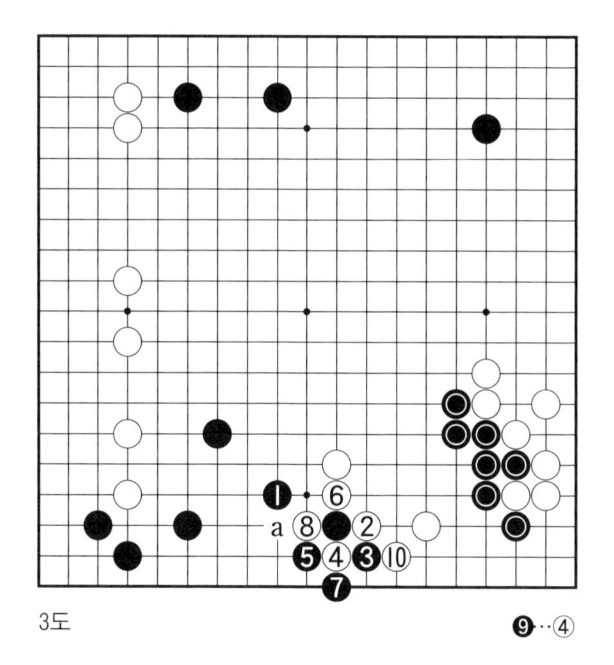

3도

❾…④

3도 (백, 대만족)

계속해서, 상식대로 흑1의 날일자로 받는다면 백2, 4가 준비된 맥점으로 흑진을 납작하게 만들어 백의 만족이다.

이 결과는 흑◉들이 오히려 곤마로 전락한 데다 백a의 노림까지 남아 흑이 견딜 수 없을 것이다.

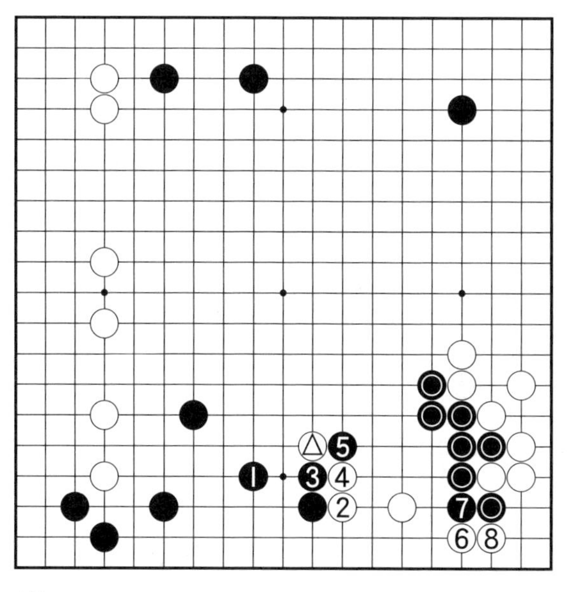

4도

4도 (흑, 피곤)

백2에 흑3, 5로 나가끊는 수도 별무신통이다.

백6, 8로 가뿐히 살면 이제 흑에게 남은 것은 ◉들을 수습하는 피곤한 뒤처리뿐이다. 백△가 목의 가시로 남아 흑이 어수선한 형태이다.

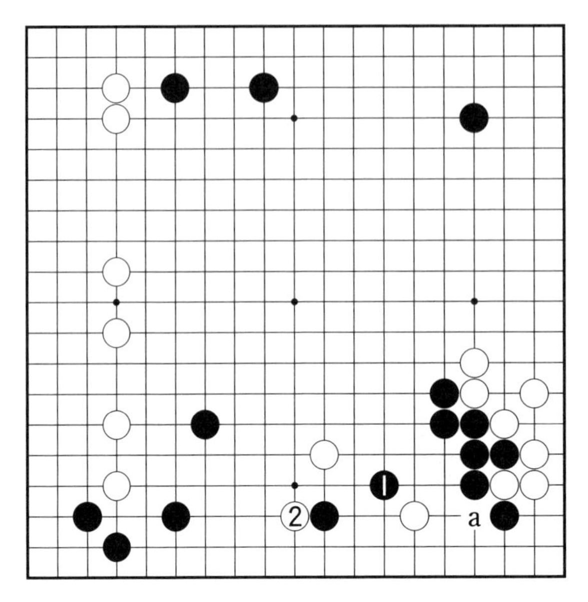

5도

5도 (하수 감각)

그렇다고 흑1쪽으로 받는 것은 하수 감각이다.

백2로 왼쪽 모양이 허물어진다. 장차 백a의 끝내기를 감안할 때 흑은 남는 것이 없지 않은가.

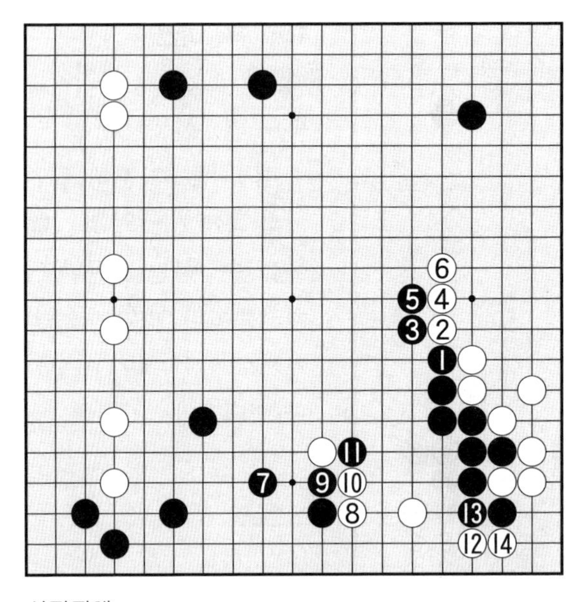

실전진행

실전진행 (흑, 허탈)

기막힌 모자에 직접 응수가 궁해진 흑은 1～5로 밀어붙였지만 상당한 손해수이다. 게다가 흑7이 무력한 완착이었다. 다음 흑9, 11로 강공을 폈지만, 백14까지 알뜰하게 살아버리니 흑은 허탈한 모습이다.

중앙을 두텁게 했다지만, 우변에 헌상한 실리의 손실에는 못 미친다.

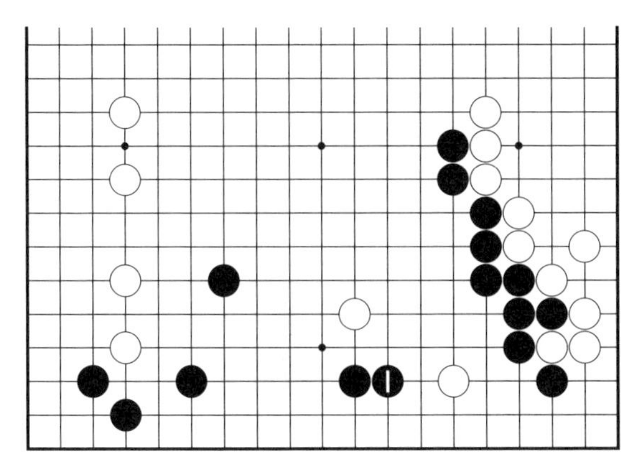

6도

6도 (흑의 최선)

실전진행의 7로는 흑1로 쌍점 서는 것이 좋았다.

이랬으면 백도 타개의 리듬을 구하기가 쉽지 않았을 것이다. 흑은 하변 백을 물고 늘어져야 세력의 가치를 살릴 수 있는 점에서 최선으로 여겨진다.

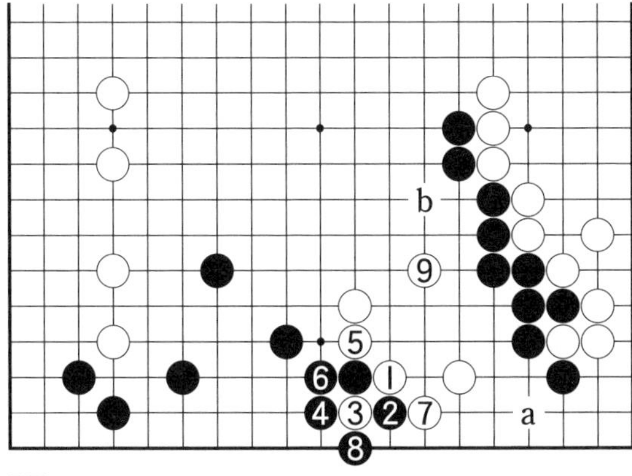

7도

7도 (백, 수습 성공)

백1 때 흑2로 젖히는 것은 백3의 맥점을 당해 역시 좋지 않다.

이하 9까지 백은 경쾌하게 수습된 형태이다. 백a와 b도 선수여서 자칫 흑 세력이 거꾸로 몰릴 우려마저 있다.

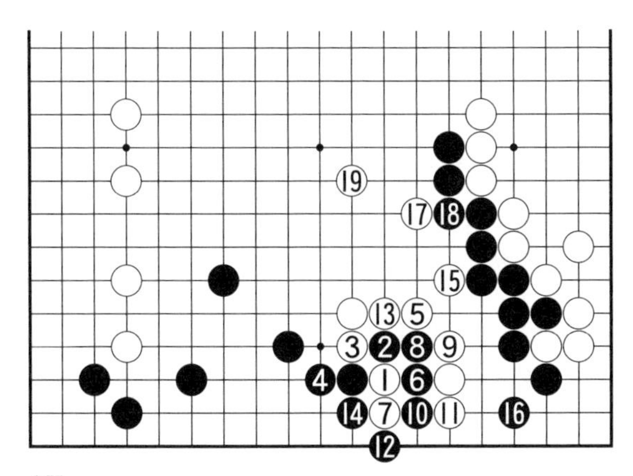

8도

8도 (멋진 사석작전)

흑2, 4가 최강의 반발이지만, 이때는 백5가 멋들어진 장문의 맥이다.

백13까지 싸발려 흑이 망한다. 이후 백17, 19로 나가면 공수가 역전된 모습이다.

13형

삭감의 감각과 타개의 수읽기

○ 백 차례

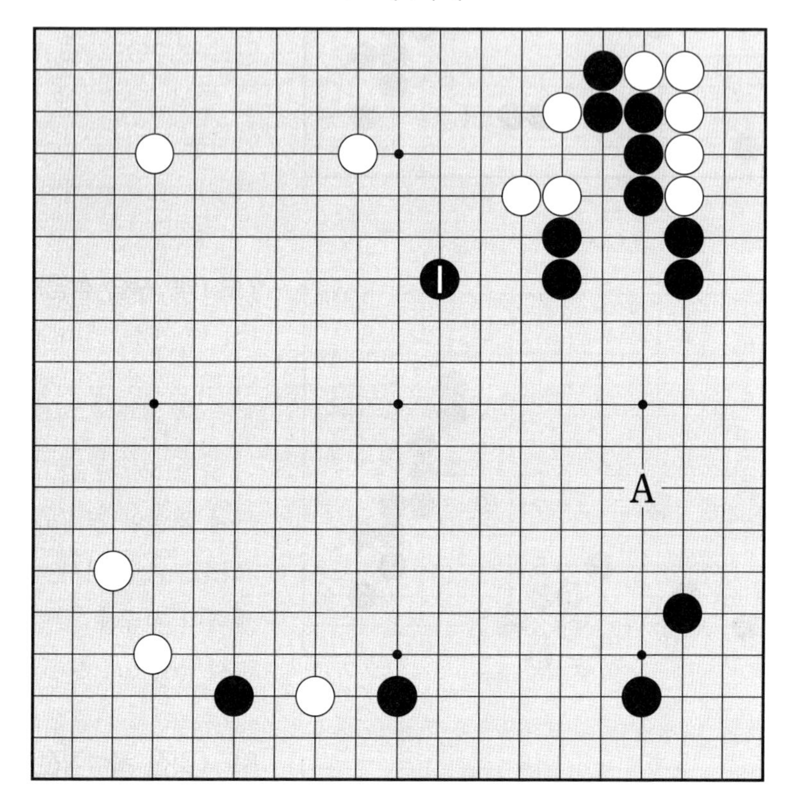

흑이 A 정도로 구축하지 않고 1로 한껏 모양을 키워온 장면이다. 여기서 우변을 파괴하는 백의 다음 한수는 어디쯤이 좋을까?

삭감의 급소를 찾는 감각과 더불어 이후 흑의 공세를 견디어내는 타개의 능력 또한 중요하다.

7기 배달왕기전 도전자결정국에서 김영환(흑)과 조훈현의 대국이다.

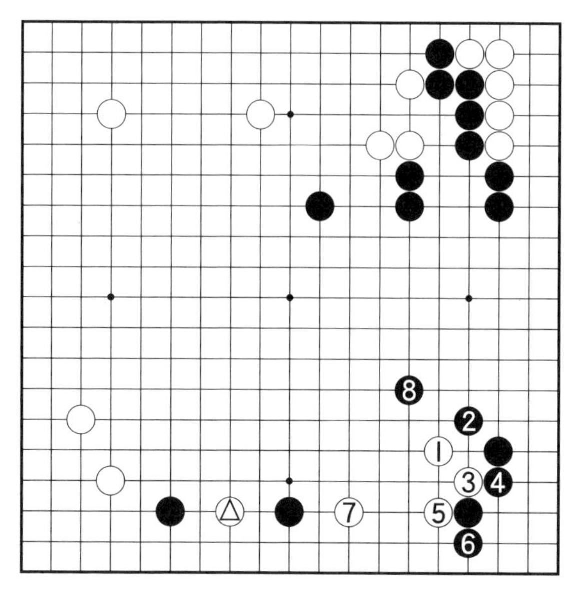

1도

1도 (어설픈 모자 삭감)

보통 날일자굳힘에서는 백1의 모자 삭감이 상용수법이지만 여기서는 부적절하다. 백7까지는 필연인데, 흑8이 너무 빛나지 않은가.

게다가 아직도 백은 허약한 신세여서 공격당하는 사이에 Ⓐ가 저절로 다칠 우려가 높다. 이래서는 흑 우세!

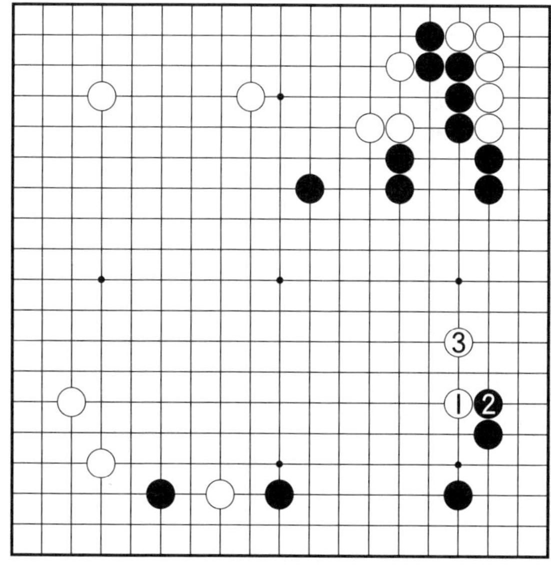

2도

2도 (경쾌한 어깨짚기)

백1의 어깨짚기가 적절한 삭감수이다. 흑2에는 백3으로 뛰는 것이 경쾌한 행마이다.

이제 이 돌만 무사히 수습된다면 백은 쉽게 실리의 우위를 점할 수 있는데, 탄력이 풍부해 심하게 공격당할 모습이 아니다.

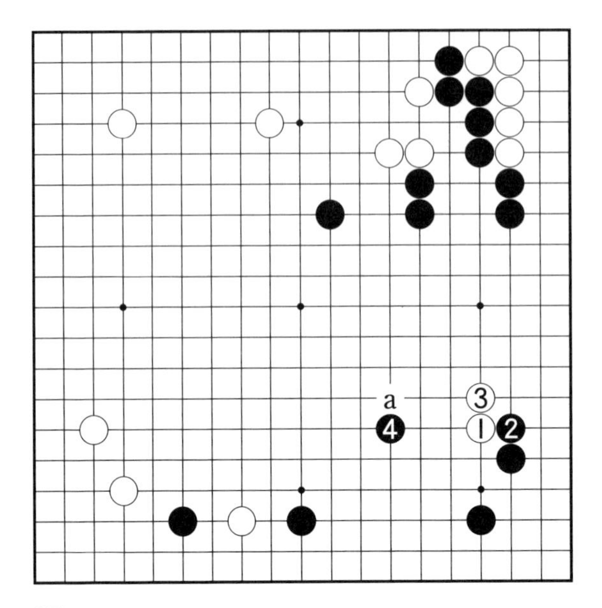

3도

3도 (무거운 행마)

흑2 때 백3으로 느는 것은 무거운 행마이다. 흑4 또는 a로 공격당해 졸지에 괴로운 모습이 된다.

상변 흑세가 철벽인 만큼 그쪽에서 두 눈을 만들기도 어렵거니와 설령 산다고 하더라도 하중앙에서 많은 대가를 지불해야 할 것이다.

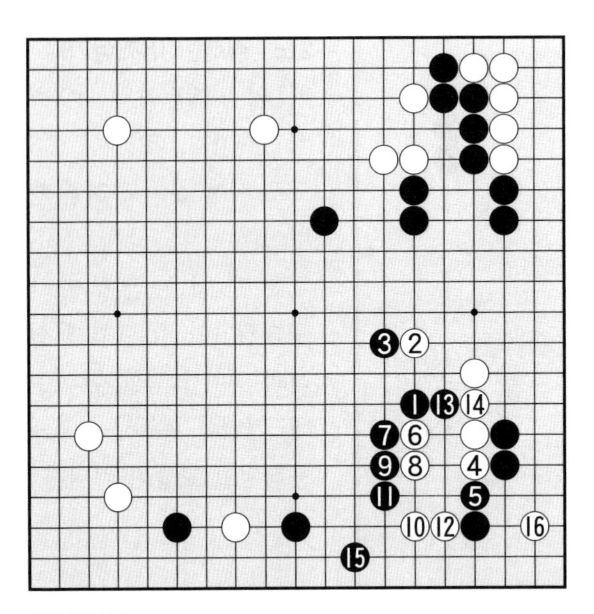
실전진행1

실전진행1 (타개의 맥점)

흑1은 형태의 급소이며, 백2는 경묘한 행마. 흑3이 저돌적인 공격이지만, 백4~12로 돌파하자 쉽사리 잡힐 모습이 아니다.

하변 쪽이 모조리 깨진 흑은 이 백 일단을 반드시 잡아야 하는 부담을 안게 되었다. 백16의 치중이 타개의 숨통을 열어준 멋진 맥점!

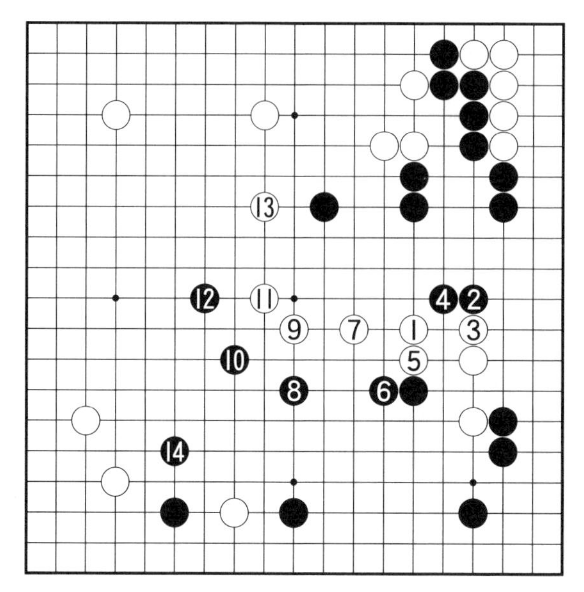

4도

4도 (유연한 공격수법)

백1 때 흑은 2로 급소에 다가서며 공격하는 것이 유연했다. 이하 흑12까지 백을 내몰며 이득을 취한 뒤 14로 하변을 구축하는 것이 최선으로 보인다.

실전은 미리 큰 손해를 자초하는 공격이어서 실패로 돌아갈 경우 후일을 기약할 수 없는 위험한 수법이다.

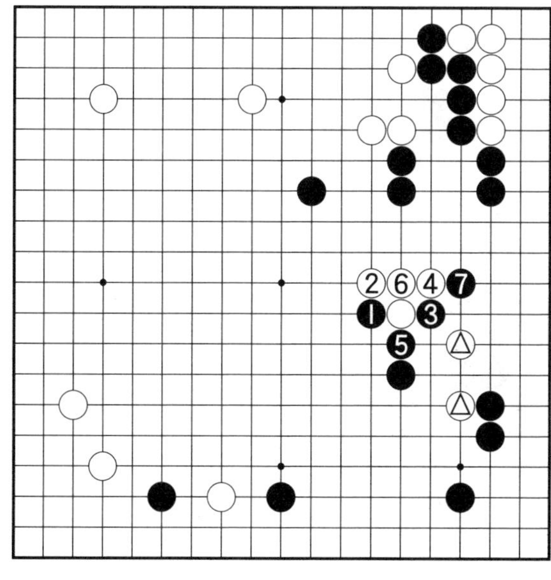

5도

5도 (백, 걸려들다)

흑1의 붙임수는 무시무시한 노림을 품고 있다.

덥석 백2로 젖히다가는 흑3~7을 당해 백△들이 속절없이 떨어져 버린다. 이래서는 근거도 상실해 백이 망한 꼴이다.

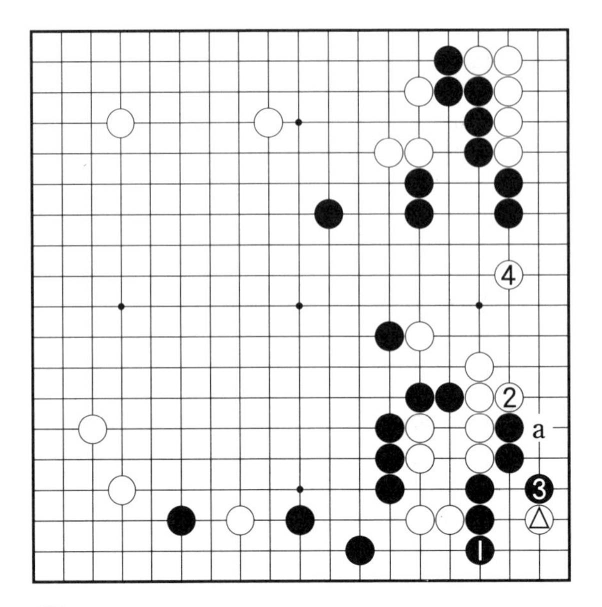

6도

6도 (쉽게 근거확보)

백Ⓐ는 교묘한 '선치중 후 행마'의 맥점이다.

이때 흑1로 버틴다면 백2의 선수를 발판삼아 4까지 쉽게 터전을 잡는다. 다음 백a도 거의 선수여서 백은 쉽게 안정한 모습이다.

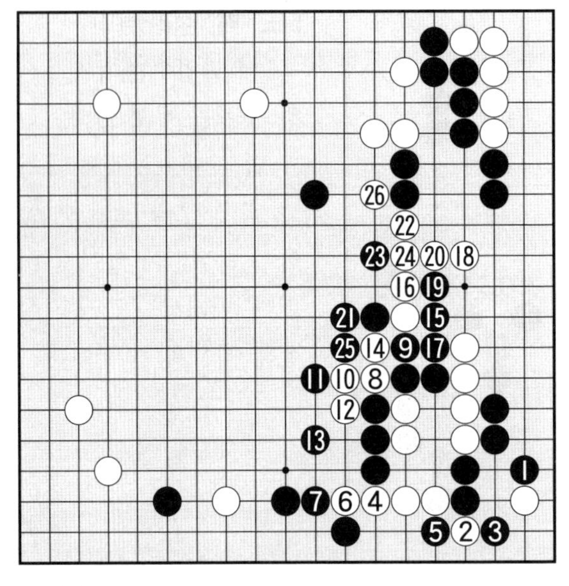

실전진행2

실전진행2 (타개 대성공)

따라서 흑1로 받을 수밖에 없는데, 이때 백2를 선수한 뒤 4로 슬그머니 나간 수가 교묘한 수순이다.

7도 때문에 흑5가 불가피할 때 백6 다음 8로 끊은 수가 준비된 맥점이다. 흑9 이하로 한사코 버텼으나, 백22까지 선수여서 거뜬히 타개된 모습이다.

백26의 반격에까지 손이 돌아와 백의 삭감 및 타개작전은 대성공을 거두었다.

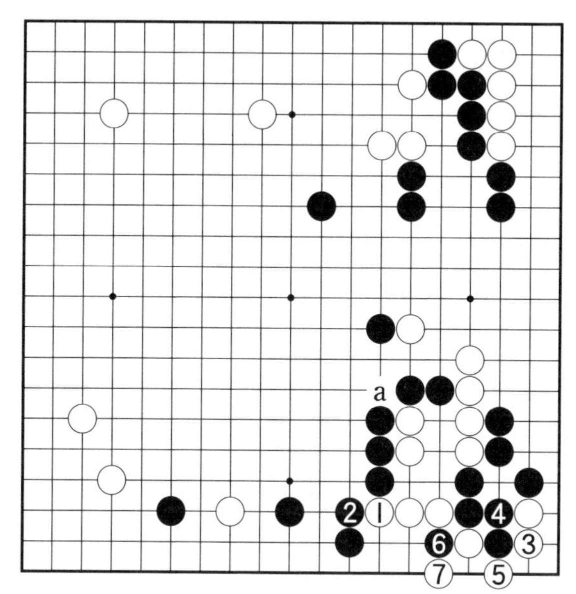

7도

7도 (천지대패 발생)

백1 때 손 따라 흑2로 받는 것은 백3~7로 큰 패가 난다.

이 패는 우하귀 흑의 사활이 걸린 데다 백은 a라는 절호의 팻감이 있어 흑의 무리임에 분명하다.

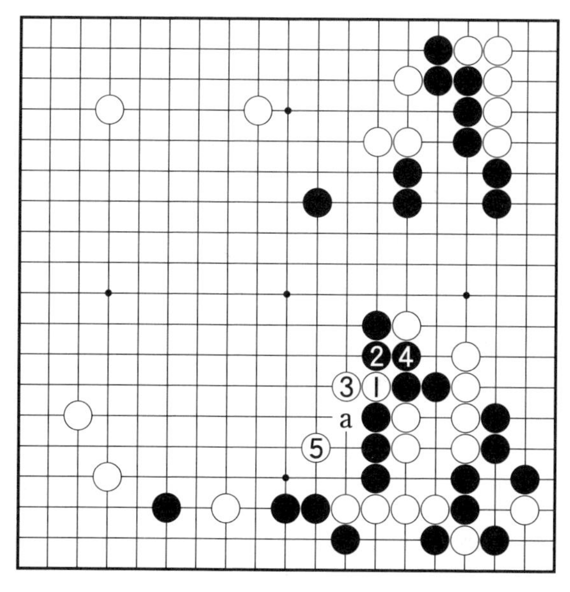

8도

8도 (흑, 무리)

백1의 절단에 흑2, 4로 버티는 것은 무리이다.

백5의 장문 한방에 요석 석점이 사망한다. 흑a로 나오는 축이 안 되므로 바둑이 끝나버린다.

14형

대세를 관망하는 고공비행

● 흑 차례

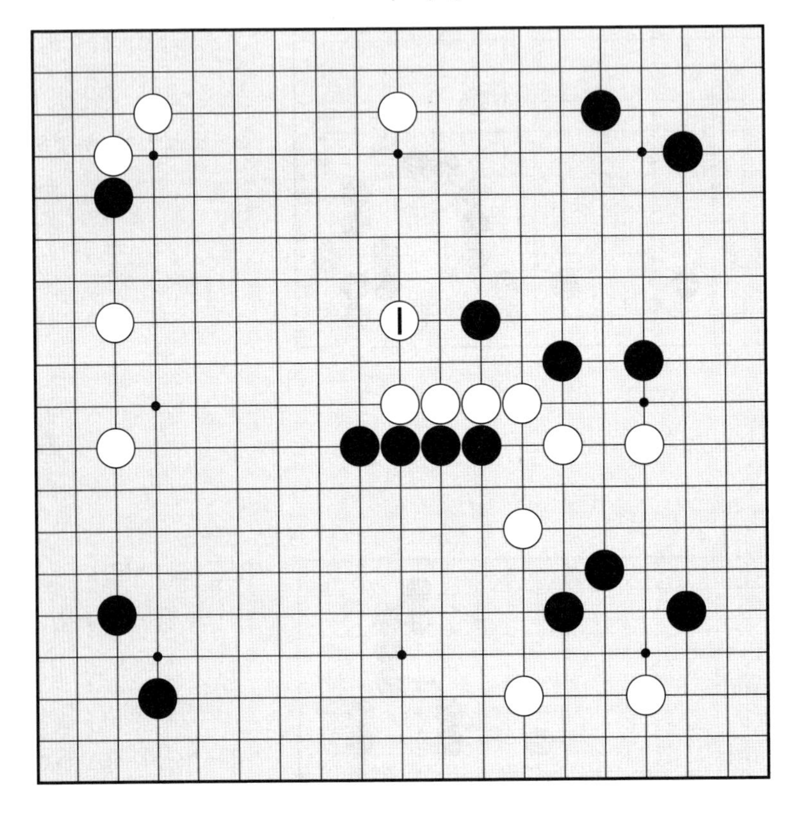

백1로 달아나 우변 일대의 접전이 일단락된 상황이다. 이제 좌변에서 상변으로 펼쳐진 백의 대모양이 관심의 초점으로 대두되었다.

대세를 유연하게 리드할 수 있는 흑의 다음 한수는 어디일까?

31기 국수전 도전4국에서 조훈현(흑)과 서봉수의 대국이다.

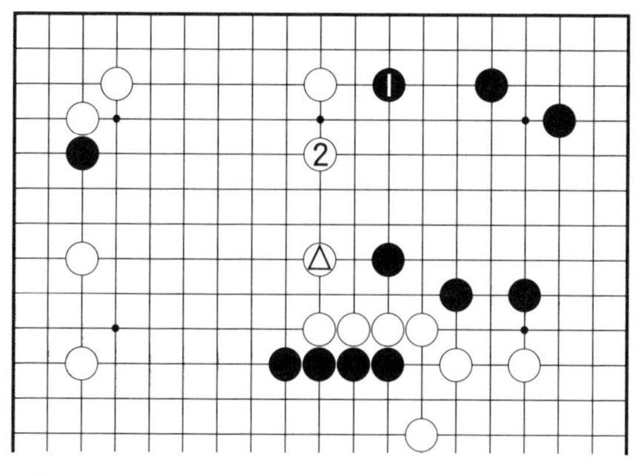

1도

1도 (대세관 결핍증)

우상쪽 만을 볼 때는 흑1의 벌림이 크다. 그러나 여기서는 부분에만 집착한 대완착. 그렇지 않아도 두고 싶던 백2를 허용했기 때문이다. 이제 백Ⓐ와 호응해 좌상 일대의 백 모양이 저절로 입체화되고 말았다.

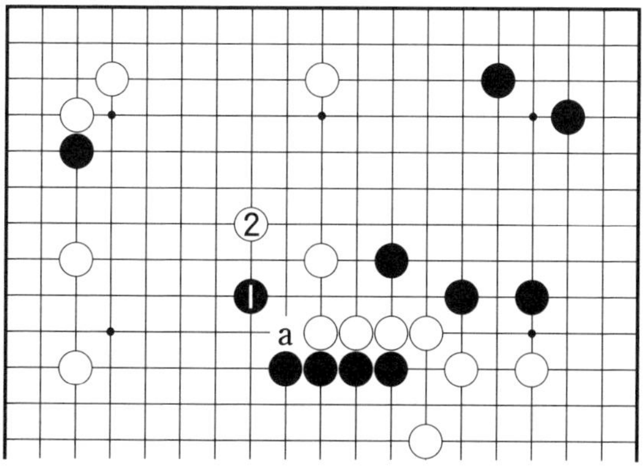

2도

2도 (책략 부족)

그렇다고 흑1로 추격하는 것도 책략 부족이다. 백2가 제격이어서 역시 백을 거들어준 인상이 짙다.

반면 흑은 a의 단점만 남지 않았는가.

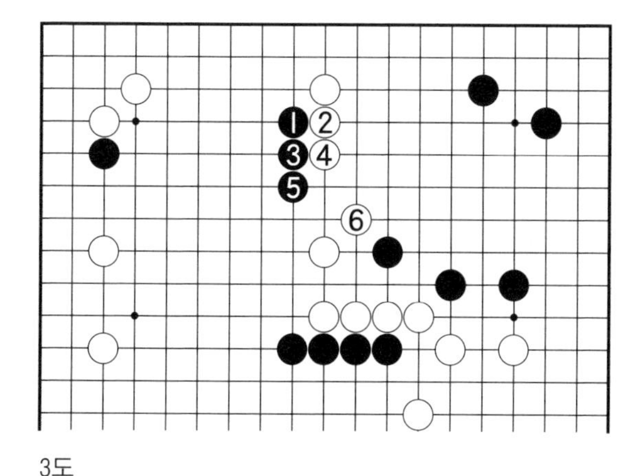

3도

3도 (어설픈 삭감)

그렇다면 역시 백 모양 삭감에 직접 나서는 것이 시급하다. 그러나 흑1의 어깨짚기는 어설픈 감각이다. 이하 6까지 백은 완전히 연결되고 흑은 안에 갇혀 주도권이 백에게 넘어가기 때문이다.

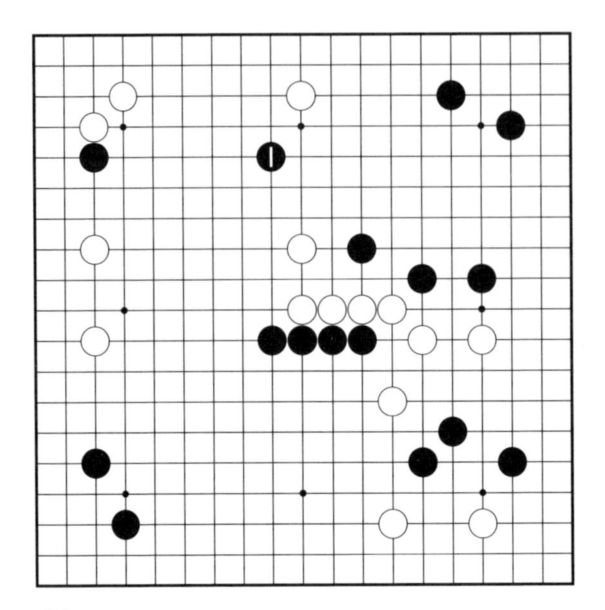

4도

4도 (다목적 날일자씌움)

흑1의 날일자씌움이 멋진 감각!

상하 백의 연결을 방해하면서 우변 백 대마 공격과 상변 삭감이라는 양수겸장의 메시지를 함축하고 있는 다목적 수법이다.

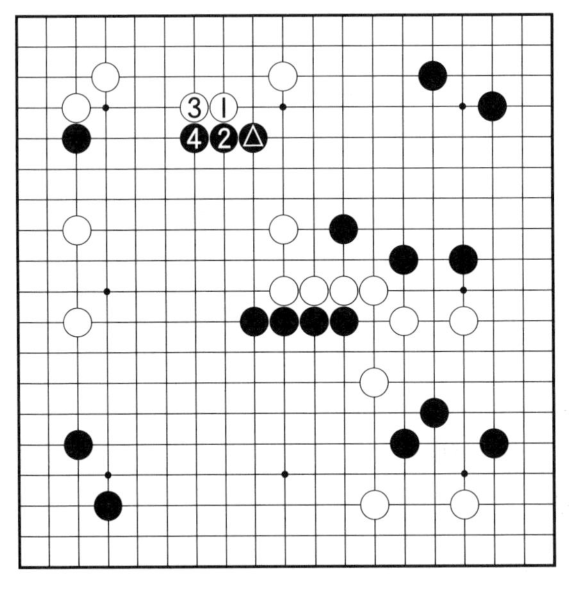

5도

5도 (흑의 주문)

이때 백1로 상변 지킴에 급급하다면 흑2, 4로 힘차게 밀어붙여 좋다.

우변 백 대마가 저절로 차단당해 졸지에 백이 궁지에 몰린 형국이다. 바로 이것이 흑△의 주문이기도 하다.

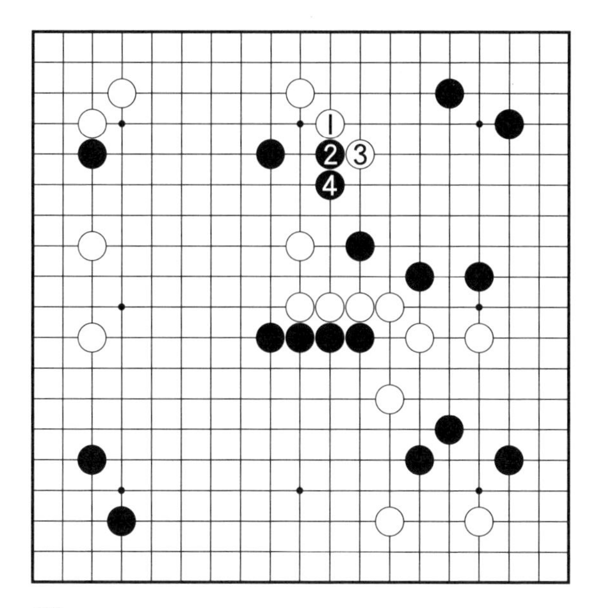

6도

6도 (역시 백 곤란)

그렇다고 백1의 마늘모로 받는 것은 흑2, 4가 제격이다.

이로써 흑은 연결되고 백은 분단되어 괴로운 모습이다. 상변 쪽도 급하지 않은가.

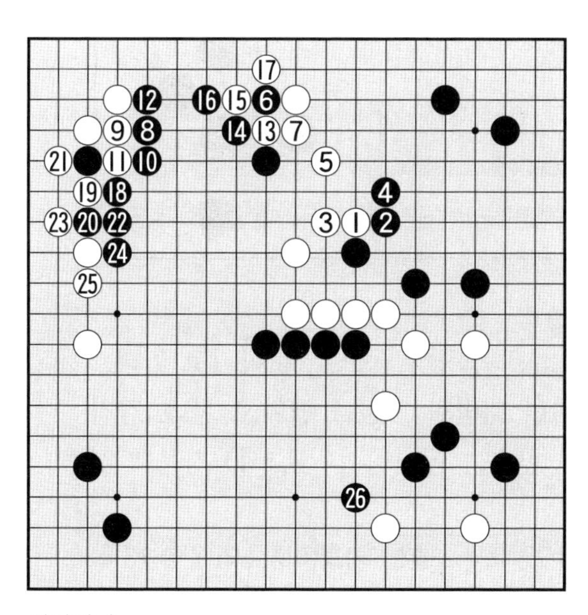

실전진행

실전진행 (흑, 성공)

백1～5가 궁여지책의 비상연결이었지만, 그 사이 우변을 크게 굳히고 흑6, 8로 상변 파괴에 선착해 흑의 페이스이다.

이하 24까지 선수로 백진을 삭감해서는 흑의 작전이 성공을 거둔 셈이다.

15형

삭감과 확장의 두 마리 토끼

● 흑 차례

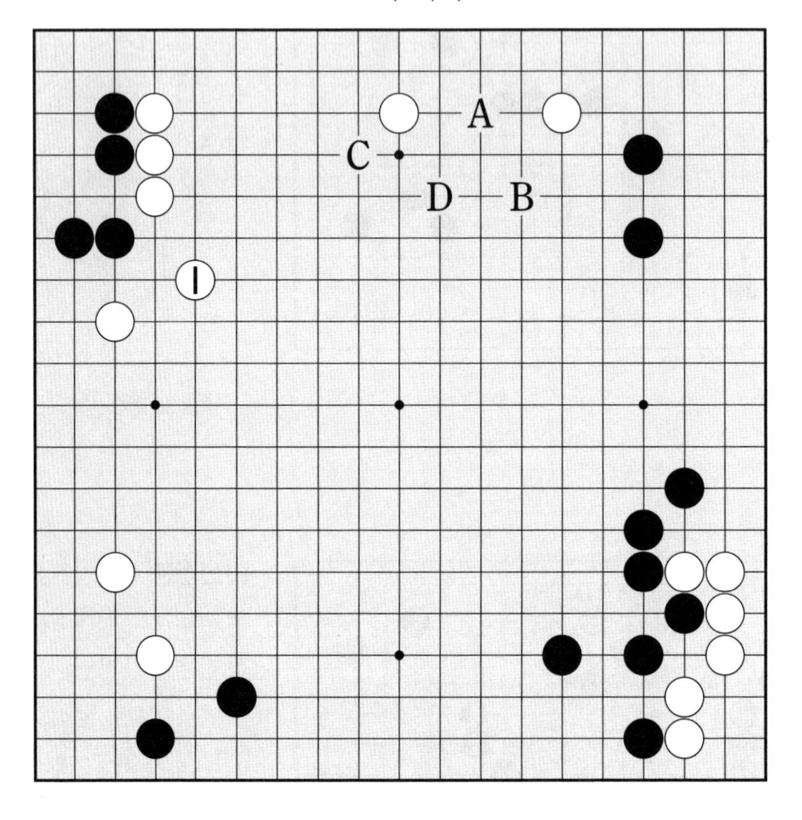

백1로 봉쇄하자 초점은 상중앙 쪽으로 모아지고 있다.

흑은 대세관에 입각한 대범한 작전을 펼치고 싶다. 감각적으로 떠오르는 다음 한수는 어디일까? A~D 가운데 짚어보자.

3회 동양증권배 세계선수권에서 조훈현(흑)과 이창호의 준결승3국.

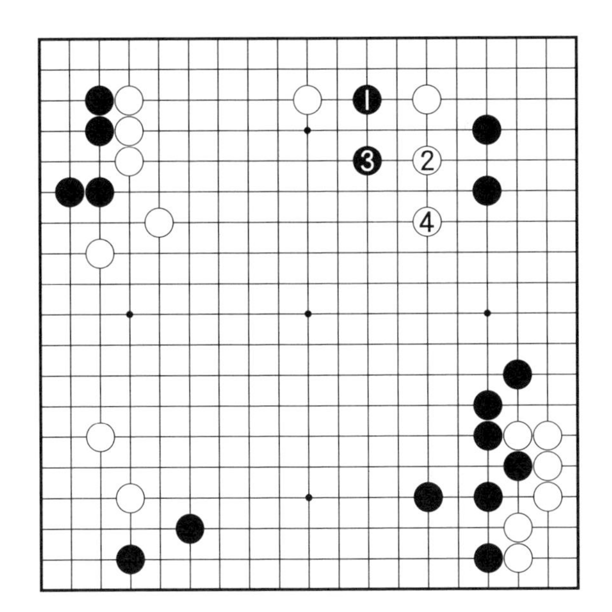

1도

1도 (흑, 소탐대실)

흑1로 뛰어드는 것은 실리에만 집착한 방향착오이다. 백2, 4로 훨훨 뛰어나가면 우변 흑 모양이 저절로 지워져 소탐대실의 기색이 역력하다.

'남의 집이 커 보이면 진다'는 격언을 상기하라.

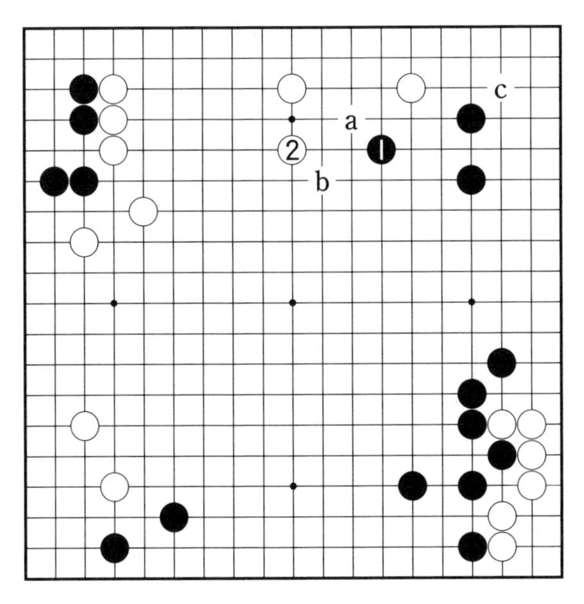

2도

2도 (평범한 발상)

흑1의 눈목자 비상은 평범한 발상이다. 만약 백이 a로 받아준다면 흑b로 확장해 좋겠지만, 아마도 백은 2 정도로 반발하고 나올 것이다.

백은 언제든지 c로 변신할 여유가 있어 흑의 다음 수가 쉽지 않다.

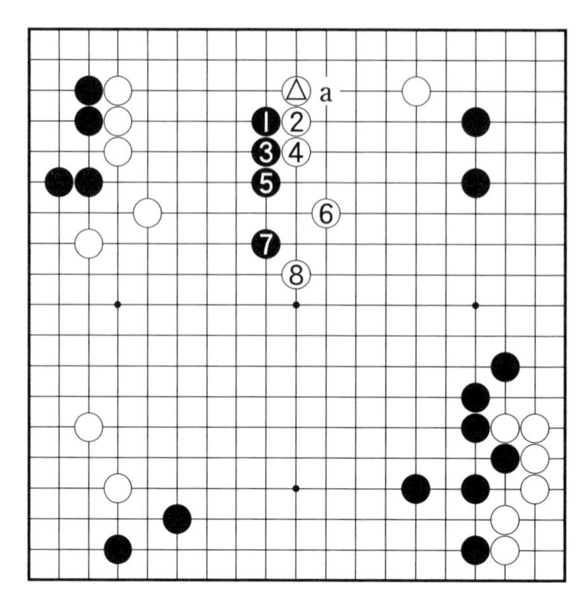

3도

3도 (너무 깊은 어깨짚기)

흑1로 어깨짚는 수는 너무 깊다. 백8까지 심하게 공격당하면 흑이 대세를 그르치기 십상이다.

어깨짚기 삭감은 백Ⓐ가 a에 멀리 있을 때 적절한 수단이다.

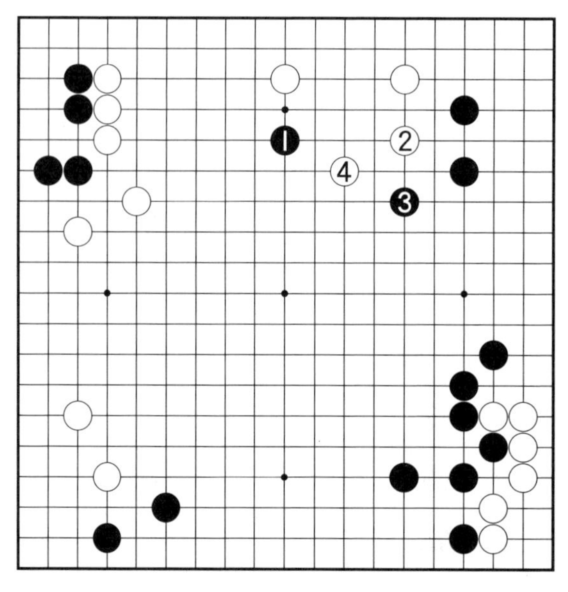
4도

4도 (어설픈 모자씌움)

흑1의 모자씌움도 어설픈 감각이다. 백이 직접 응수하지 않고 2로 뛰어나오면 흑은 고민스럽다.

흑3으로 받자니 백4를 당해 흑 한점이 외로워지고, 흑 한점을 돌보려니 백3을 당해 우변 흑 모양이 무너지지 않는가.

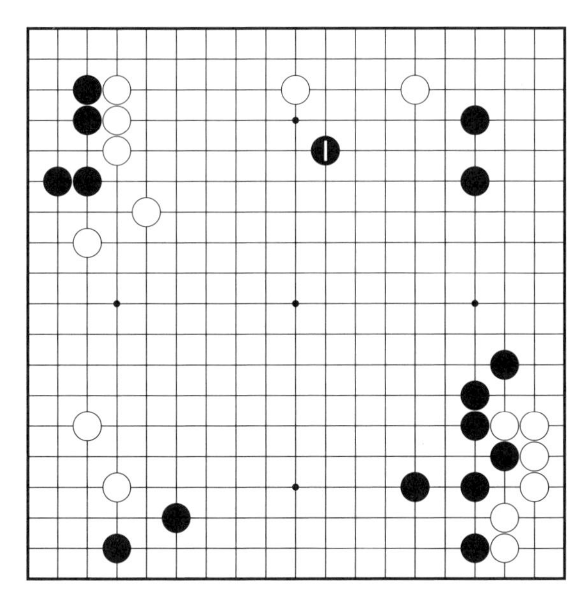

5도

5도 (일류의 감각)

흑1의 날일자가 멋진 고공비행! 상변 백진 삭감은 물론 우중앙의 흑 모양 확장을 겸하는 일석이조의 메시지를 담고 있는 일류의 감각이다.

이로써 상변이 3선의 저위에 편재된 백이 괴로워진 장면이다.

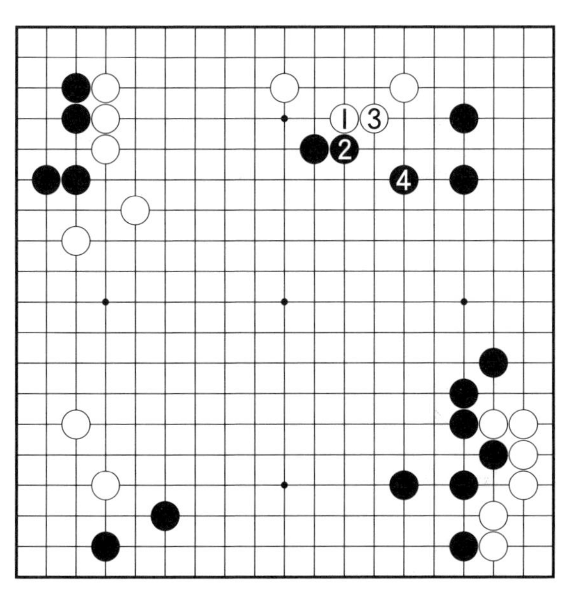

6도

6도 (안성맞춤의 봉쇄)

계속해서 백1로 받는다면 흑2, 4의 중앙봉쇄가 안성맞춤이다.

이렇게 우중앙 흑 모양이 입체화돼서는 물론 흑의 대우세!

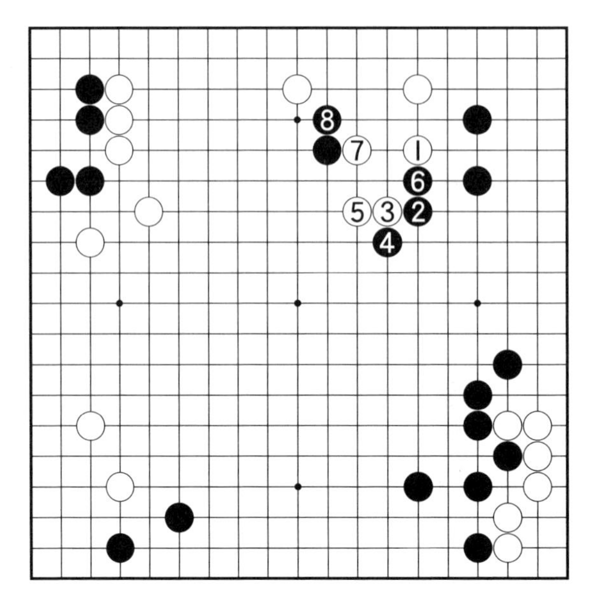

7도

7도 (백, 곤란)

그렇다고 백1로 뛰어 반발한다면 흑2의 씌움이 절호점이다.

다음 백3으로 붙이는 것이 최강의 저항이지만, 이하 흑8로 째고 나가는 수가 있어 백이 곤란한 모습이다.

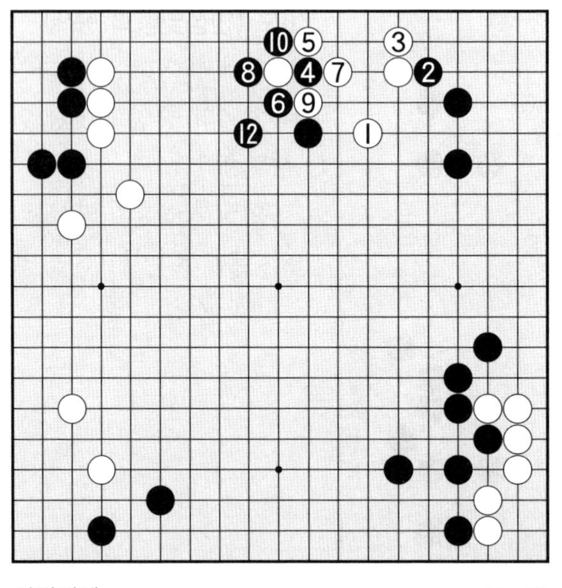

실전진행 ⑪…❹

실전진행 (흑, 기선 제압)

백은 고심 끝에 1의 엉거주춤한 자세로 응했지만, 흑2의 아픈 잽에 이어 4, 6이 준비된 통타!

이하 12까지 상변 백진을 초토화시켜서는 흑이 국면의 기선을 제압한 모습이다.

16형

세력 삭감의 교과서

○ 백 차례

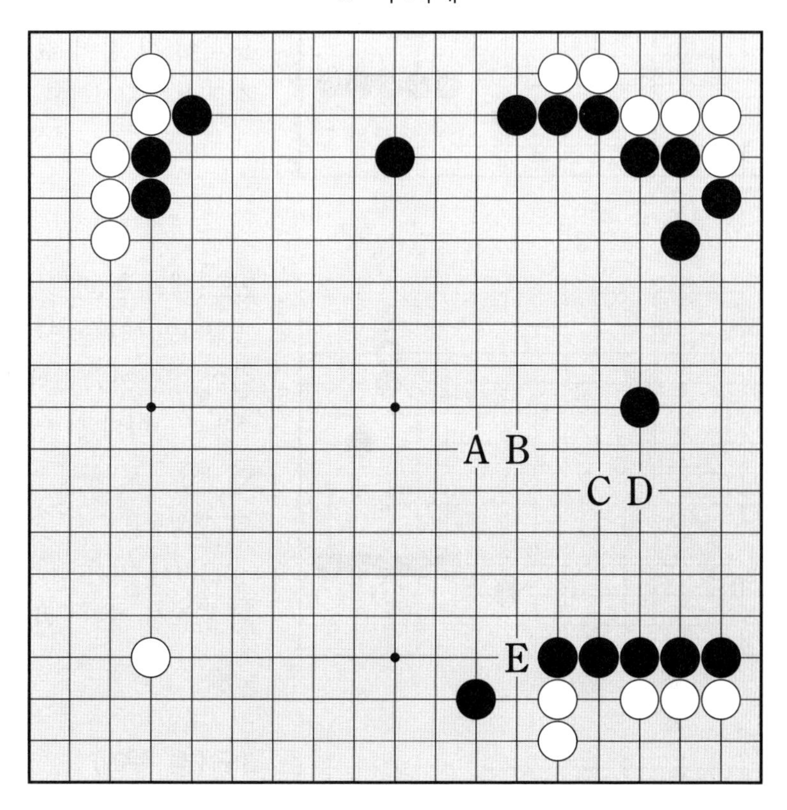

우중앙에 방대하게 형성된 흑 모양이 단연 국면의 초점이다. 특히 아마추어의 실전에서 빈번하게 등장할 만한 모습이라 응용도가 매우 높은 형태이다.

여기서 백은 A~E 가운데 어느 정도 선에서 삭감에 착수해야 할까?

13기 명인전 본선에서 서봉수(흑)와 정수현의 대국이다.

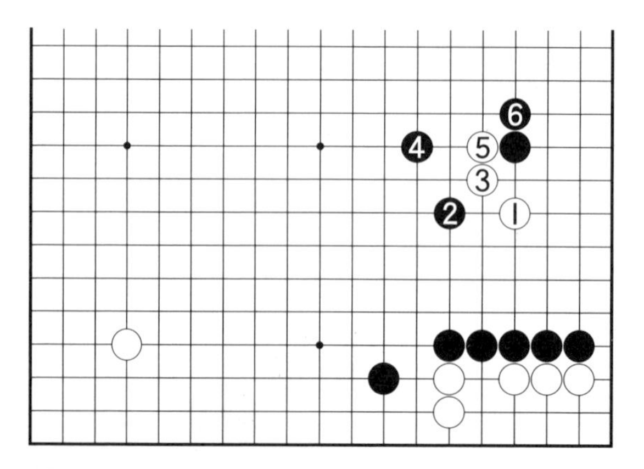

1도

1도 (무모한 침투)

백1로 깊숙이 뛰어드는 것은 무모하기 짝이 없는 속수이다.

흑2, 4로 공격당해서는 도저히 살 길이 없다. 달걀로 바위치기라고 할까.

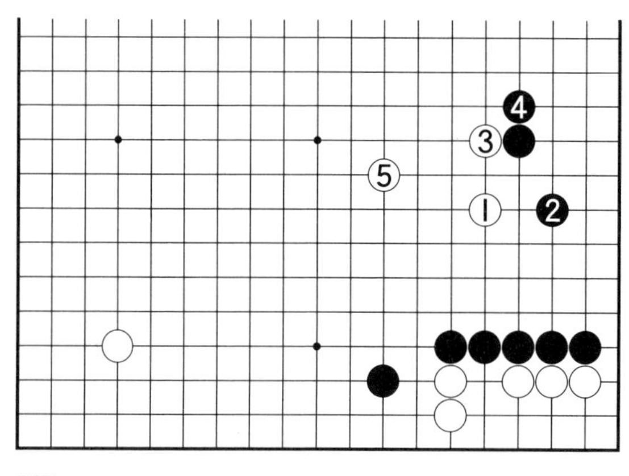

2도

2도 (백의 환상)

그렇다면 백1 쯤으로 들어가면 어떨까? 이때 만약 흑2로 나약하게 받아준다면 백3, 5로 훨훨 날아 백의 대성공!

그러나 이건 백 혼자만의 달콤한 생각이다.

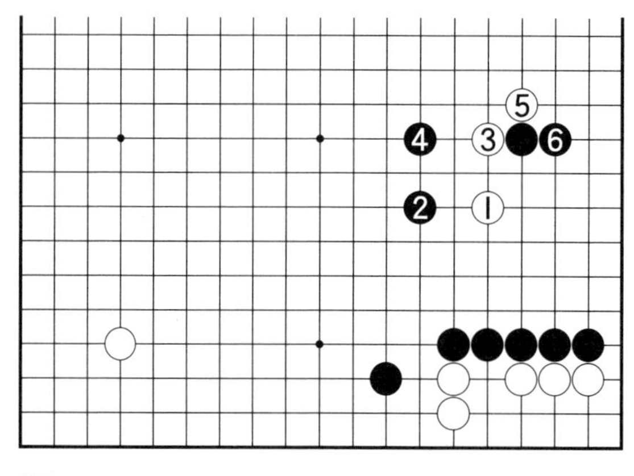

3도

3도 (백, 무리)

백1에는 흑2, 4가 추상같은 공격이다.

철벽같은 흑진 안에서 이 백이 살기란 낙타 바늘구멍 뚫기만큼이나 어려울 것이다. 또한 기적적으로 살더라도 대세를 그르칠 공산이 크다.

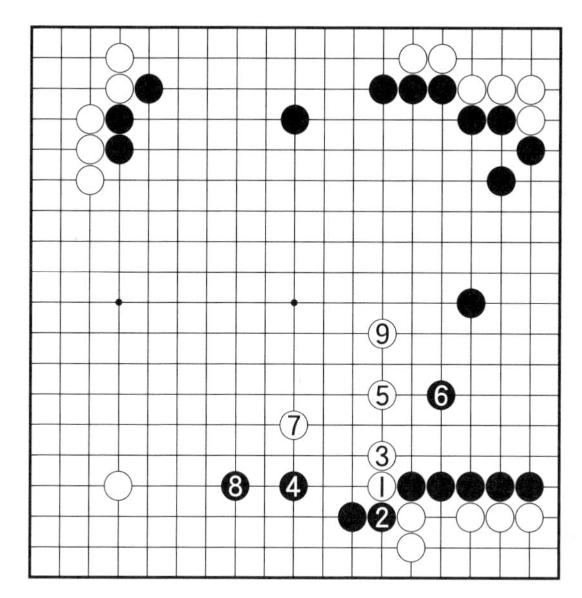

4도

4도 (백의 주문)

사실 이런 모양에서는 백1로 젖히는 것이 유력한 노림이다. 흑2로 맞선다면 백3으로 힘차게 뻗은 뒤 9까지 중앙을 헤집으며 틀을 잡는다.

백의 자세가 활발해 공격권에서 멀어지며 자연스럽게 중앙 삭감에 성공한 셈이다. 그런데~

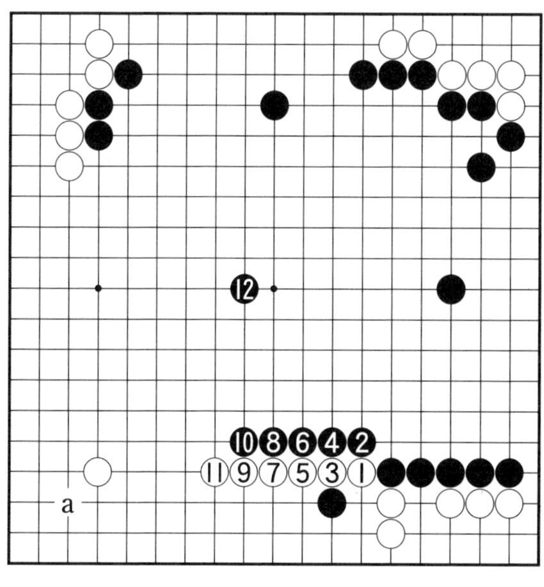

5도

5도 (흑, 과감한 수법)

흑은 끊지 않고 2로 물러설 가능성이 높다. 백3에는 흑4~10으로 죽죽 밀어둔 다음 12로 말뚝을 치는 것이 과감한 수법이다.

물론 흑 한점을 삼킨 하변 백 실리도 크지만, 광활한 중앙 흑 모양에 비할 바가 못 된다. 게다가 아직 a도 비어있지 않은가. 이건 백이 더 겁나는 그림이다.

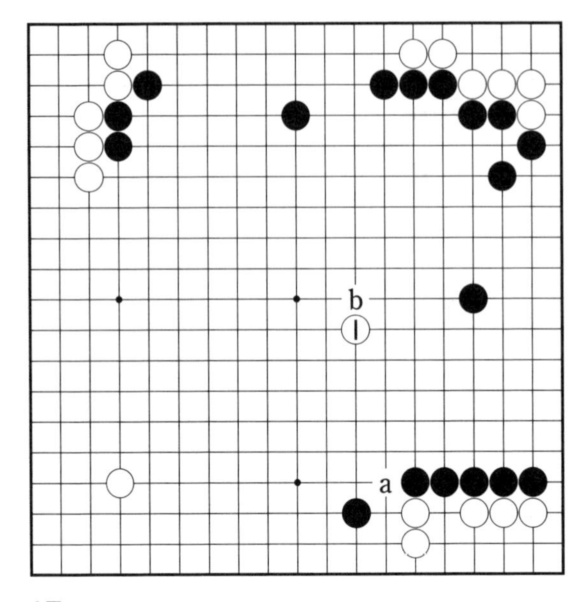

6도

6도 (적정한 삭감)

백1 정도로 낙하산을 띄우는 것이 적정한 삭감이다. 흑 모양의 규모만을 따진다면 다소 깊은 느낌이 들기도 하지만, 지금은 a쪽의 약점을 노리고 있기에 그렇지 않다.

같은 깊이라도 백b는 강한 상변 흑세에 가까이 다가선 꼴이라 다소 위험하다.

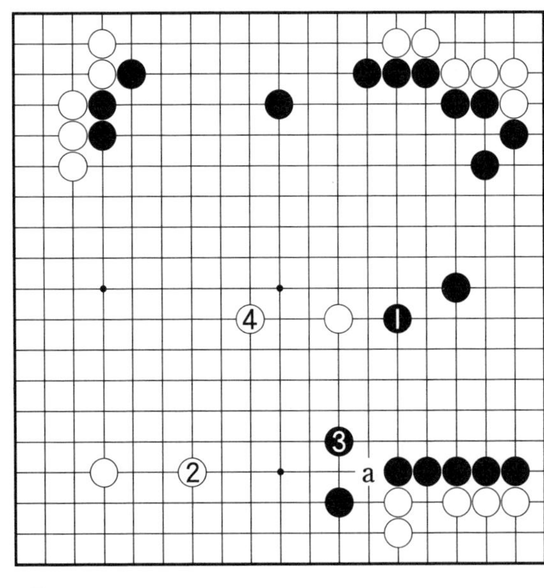

7도

7도 (백, 성과 달성)

계속해서 흑은 1로 받는 정도인데, 백은 4까지 가볍게 중앙을 지워 소기의 성과를 달성한 모습이다.

흑은 a쪽의 약점 때문에 백의 삭감군을 선불리 공격하기가 어렵다.

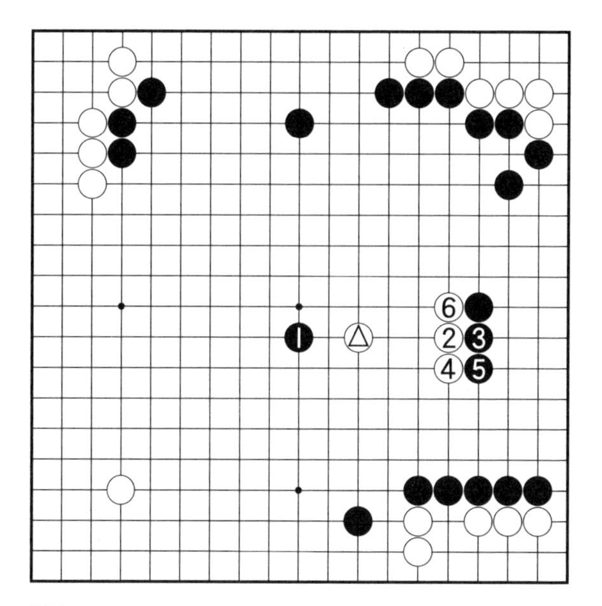

8도

8도 (공격이 안 된다)

그렇다고 흑1로 공격하는 것은 백2~6으로 어렵지 않게 타개할 수 있다.

백Ⓐ가 적정한 깊이라는 것은 이 같은 타개의 용이성 때문이다.

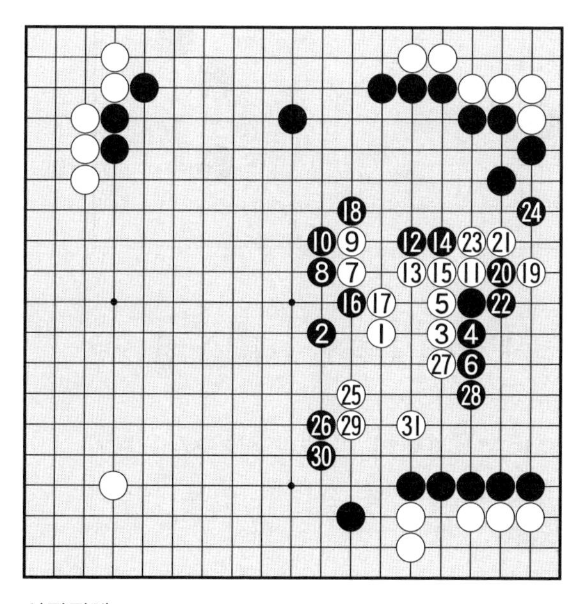

실전진행

실전진행 (한발 깊다)

실전에서는 백1까지 한발 더 들어갔는데 다소 무리하다. 역시 흑2로 씌움 당하고 보니 답답한 모습이다. 백3~7로 타개에 나서 잡히지는 않을 모습지지만, 흑의 파상공세에 휘둘린다는 느낌이 짙다.

이처럼 삭감의 깊이가 과하면 좋고 나쁨을 떠나 주도권을 상실하게 된다.

17형

통렬한 중앙 파괴의 진수

● 흑 차례

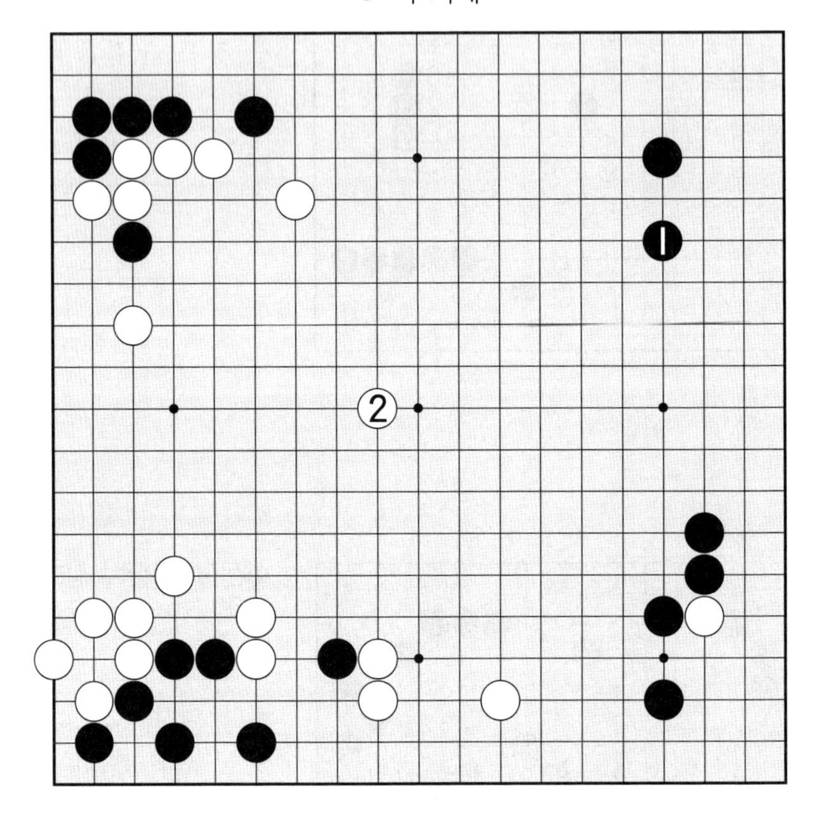

흑1로 요소를 차지하자 백2로 중앙에 울타리를 친 장면이다.

좌변에서 하변으로 이어진 백세가 막강해 삭감점을 찾기가 그리 쉽지는 않지만, 흑이 승기를 잡을 수 있는 급소가 있다. 그곳은 어디쯤일까?

29기 최고위원 도전2국에서 조훈현(흑)과 이창호의 대국이다.

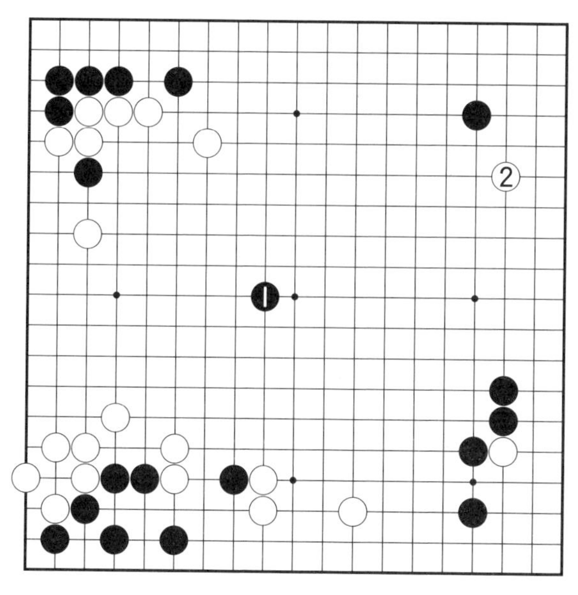

1도

1도 (선삭감 작전)

백이 중앙을 지키기 전에 먼저 흑1 정도로 낙하산을 투하할 수도 있다. 그러면 백은 직접 응수를 보류한 채 2를 선점하고 볼 텐데 이곳이 워낙 큰 데다 중앙 쪽은 다소 추상적인 느낌이 짙다.

그리고 중앙은 백이 한 수 지키더라도 얼마든지 삭감이 가능하다는 판단이 뒷받침되어 실전을 선택한 것이다.

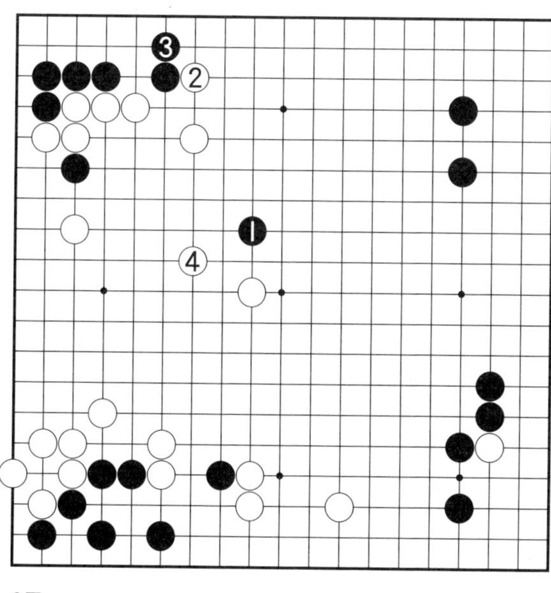

2도

2도 (미흡한 삭감)

흑1의 한칸 삭감은 이 경우 미흡하다.

백4로 받아주기만 해도 좌변 백진이 크게 굳어져 싱거운 감이 짙다.

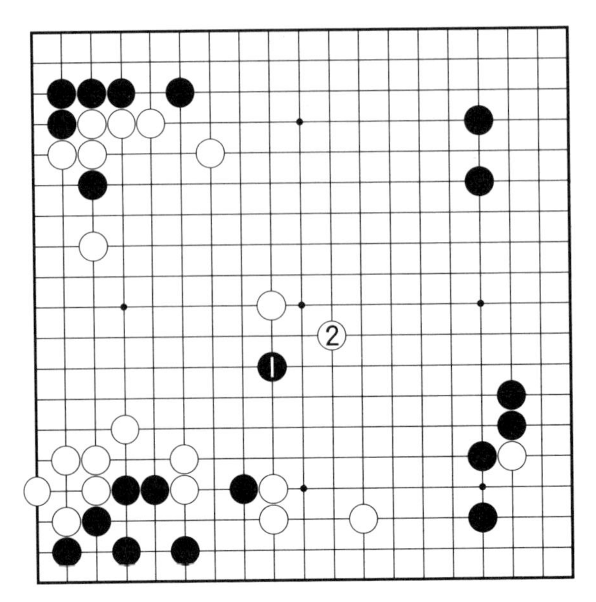

3도

3도 (무리한 돌입)

그렇다고 흑1로 들어가는 것은 방향착오이자 과욕이다.

백2를 당해 흑은 일거에 곤경에 빠진다.

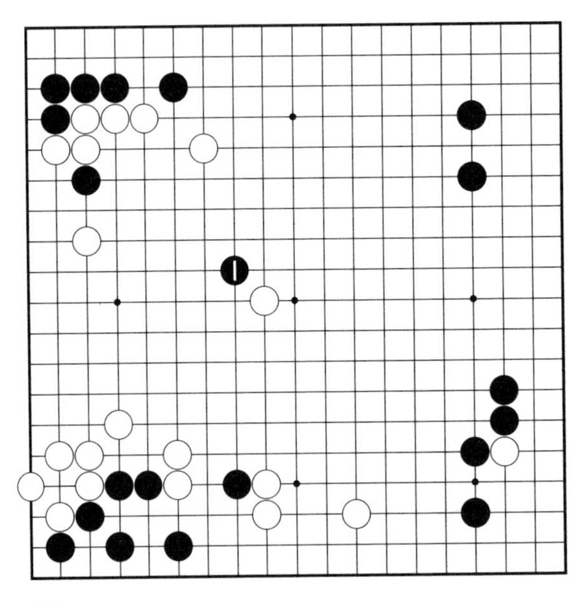

4도

4도 (통렬한 급소)

흑1로 어깨짚는 것이 통렬한 급소!

삭감이라고 하기 보다는 차라리 침입에 가까운 과감한 돌입이지만, 막상 백도 이 흑을 잡을 길이 없기에 곤혹스럽기 그지없다.

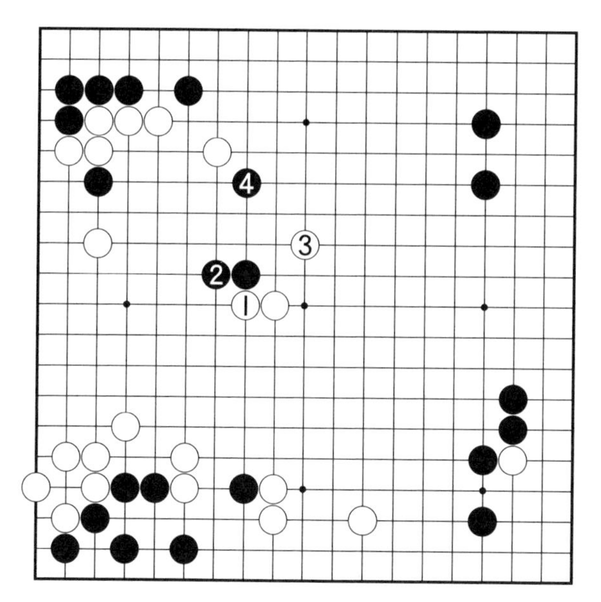

5도

5도 (수월한 탈출)

계속해서 백1, 3으로 공세를 취해보아도 흑4로 훨훨 빠져나가면 백은 닭 쫓다 지붕 쳐다보는 신세가 된다.

이건 백의 대실패!

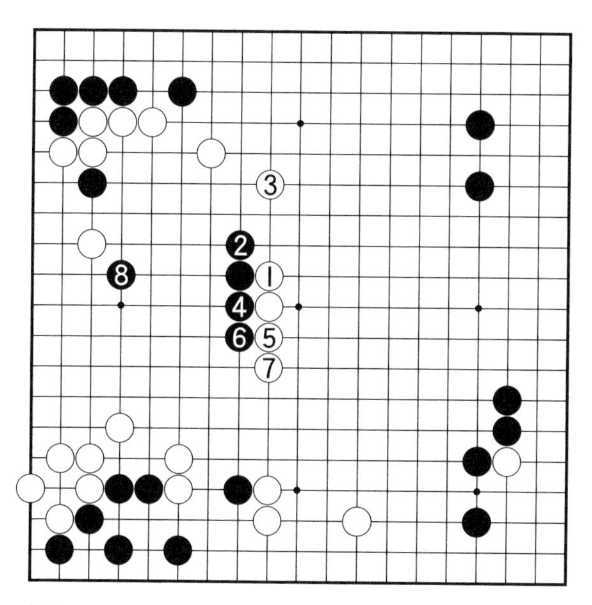

6도

6도 (백 모양 초토화)

백1~3이면 그럴듯하게 포위할 수 있다. 그러나 흑이 6까지 밀어둔 뒤 8로 진입하면 안에서 거뜬히 살 수 있는 모습이다.

이렇게 대모양이 초토화돼서는 백의 집부족이 심각해 패색이 짙다.

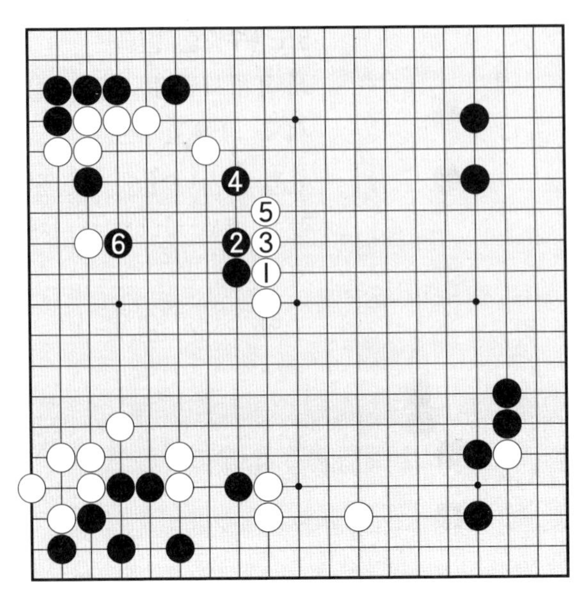

실전진행1

실전진행1 (타개의 맥점)

실전에서는 백1, 3으로 두텁게 밀었지만 흑4가 경쾌한 행마이다.

다음 백5가 불가피할 때 흑6으로 붙여 기대어 간 수가 강렬한 타개의 맥점이다.

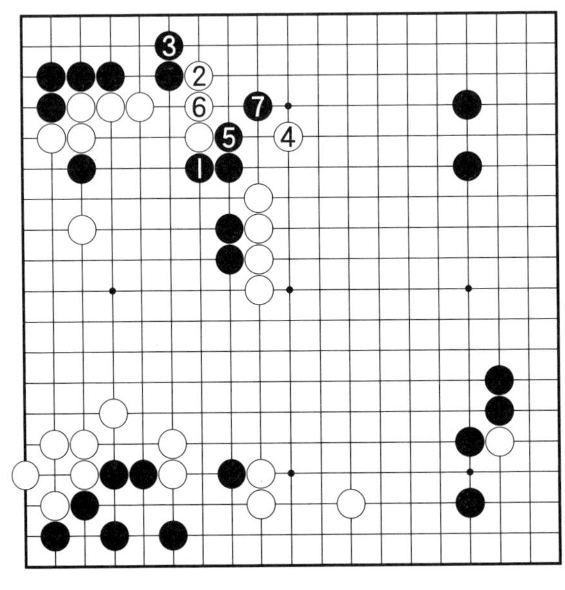

7도

7도 (간명한 탈출)

실전진행1의 6으로는 흑1로 누르는 것이 사실 간명하다. 다음 백4로 추격해 보아도 흑은 7까지 솔솔 빠져나가 무사히 귀환할 수 있다.

실전은 흑이 좀 더 강렬한 수법으로 적극적 취향이었는데, 백도 기회가 생겨 다소 과수의 의미가 있었다.

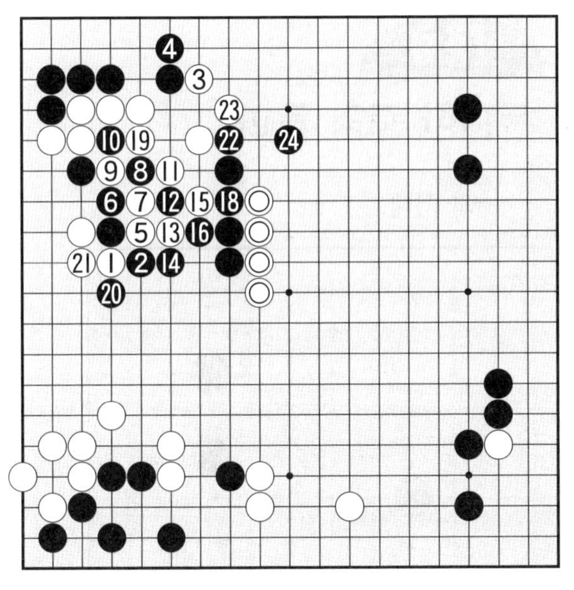

실전진행2

실전진행2 (흑, 대성공)

백1에 흑2의 젖힘이 상용의 맥. 그런데 백7이 흑의 사적작전에 걸려든 실착이다. 이하 18까지 흑 석 점을 버림돌 삼아 빈틈없이 조여붙인 다음 유유히 흑24로 탈출해서는 흑의 대성공!

이렇게 되고 보니 백◎들이 도리어 허약해진 형국이다. 이로써 흑의 승세 확립이다.

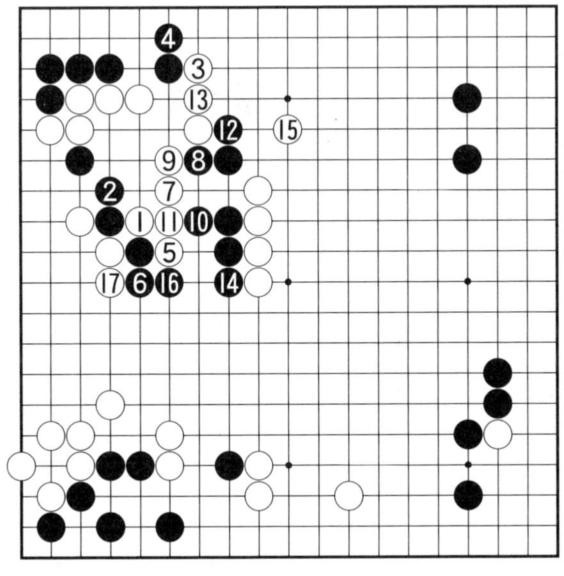
8도

8도 (백이 놓친 기회)

흑2 때 백3, 5로 강력히 버텼으면 흑이 곤란할 뻔했다. 백15까지는 외길 수순인데 상하에 출구가 있어 흑의 타개는 가능하지만, 대신 좌변 백의 실리가 막대한 데다 중앙 세력도 살아있어 실전과는 비교가 안 되는 모습이다.

바로 이런 응징수단이 있기에 흑도 7도가 간명했던 것이다.

18형

흑해를 유린한 중앙 돌파

○ 백 차례

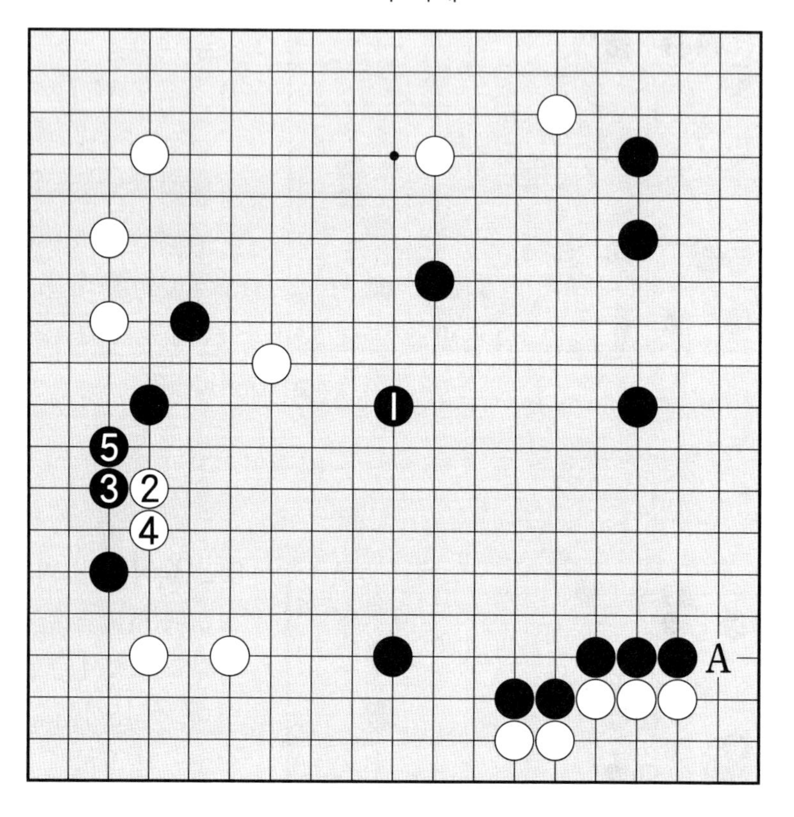

흑의 대모양과 백 실리의 대결 양상이다. 초점은 우중앙 흑세의 삭감에 모아지고 있다. 흑1로 울타리를 치자 바다와 같은 흑 모양이 완성되기 직전이다. 백은 2, 4로 배후에 원병을 설치한 뒤 삭감점을 찾고 있는데 과연 어디가 좋을까? 백A를 선수해두지 않은 데 주목해야 한다.

29기 왕위전 본선에서 서봉수(흑)와 조훈현의 대국이다.

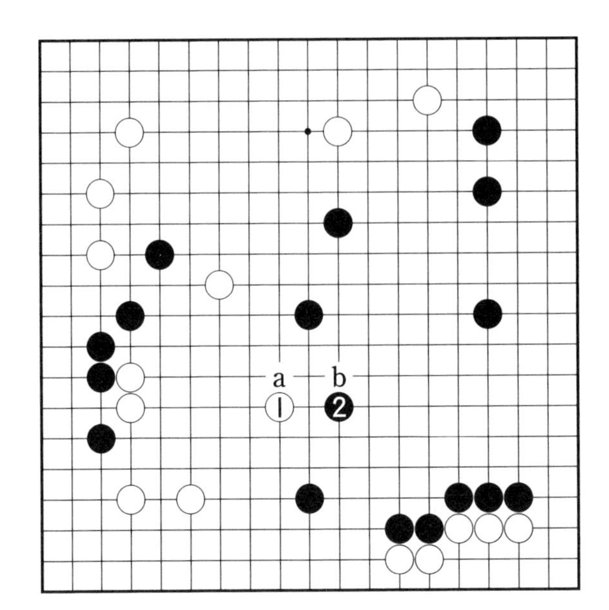

1도

1도 (미흡한 삭감)

백1 정도로 깎는 것은 지나친 몸조심이다. 삭감의 깊이로도 미흡할 뿐더러 묘미가 전혀 없어 싱겁기 그지없다. 흑2가 너무나 안성맞춤 아닌가.

우중앙 흑 모양이 이처럼 크게 완성돼서는 흑이 우세한 것은 불문가지다. 백a 역시 흑b로 받아 마찬가지.

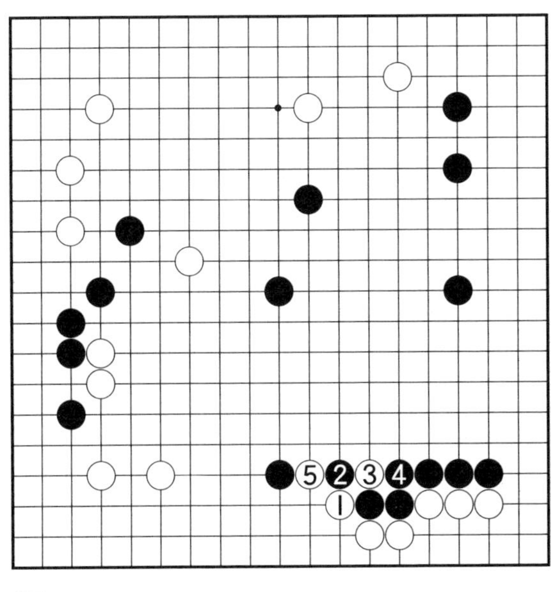

2도

2도 (흑 모양의 약점)

여기서 먼저 흑 모양의 약점 여부를 살펴보자.

백1로 젖혀가는 것이 흑진의 아킬레스건이다. 흑2에는 백3, 5로 마구 돌파해 나오는 것이 실상 흑도 겁나는 대목이다. 그러나~

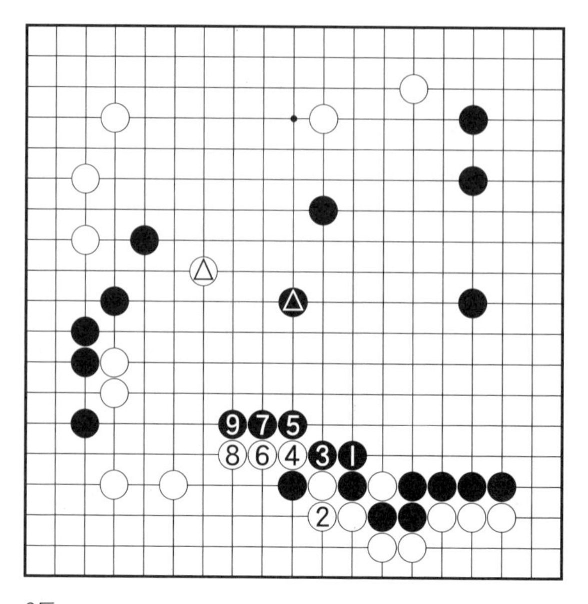

3도

3도 (백, 소탐대실)

흑의 해답은 의외로 간단하다. 흑1, 3으로 막으면 되는 것. 백4의 끊음에는 흑5~9로 죽죽 밀어 그만이다.

이래서는 백이 실리를 밝히다 중앙을 완성시켜 준 죄가 워낙 커 소탐대실의 전형이라고 하겠다.

흑▲가 빛나면서 백△마저 고립되어 흑의 승세가 확연하다.

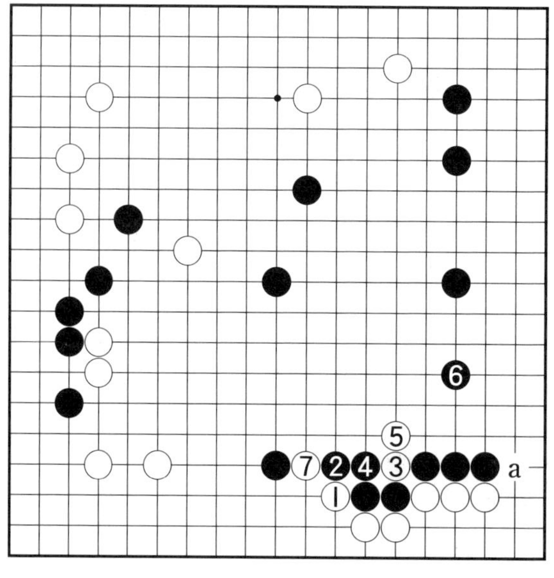

4도

4도 (백의 노림수)

백3쪽으로 끊고 뻗는 것이 이 경우 재미있는 수법이다. 이것이 백a의 젖혀이음을 선수해두지 않으며 노려온 강수이다.

흑6이 불가피할 때 양단수를 불사하며 백7로 끼운 것이 준비된 맥점이다. 계속해서~

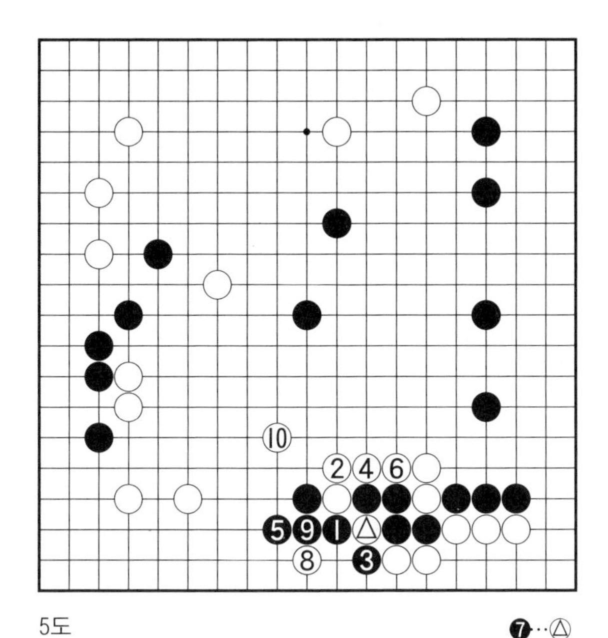
5도

❼…△

5도 (백, 대성공)

흑1의 양단수에는 백2, 4로 늘어막는 수가 선수가 된다. 백6으로 회돌이친 다음 10으로 탈출하면서 공격해 이 결과는 백의 대성공!

어느새 중앙 흑 모양은 초토화되지 않았는가. 그런데~

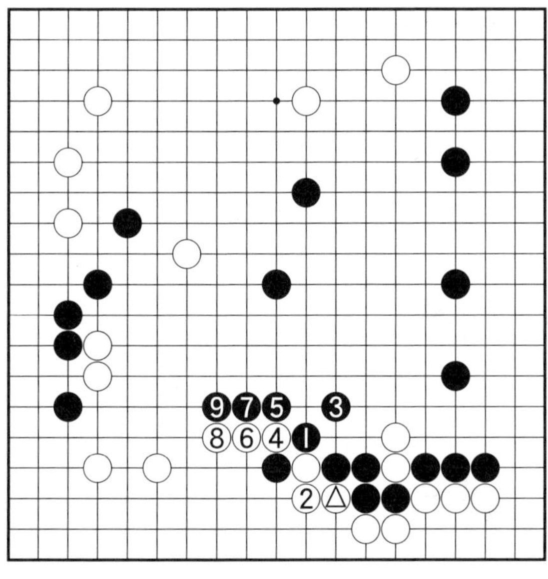
6도

6도 (대범한 발상)

흑1로 위에서 모는 것이 대범한 발상이다. 백4에는 흑5~9로 죽죽 밀어 흑의 우세이다. 3도와 대동소이한 모습.

따라서 백도 지금 당장 △의 노림수를 결행하는 것은 시기상조라는 결론에 다다른다.

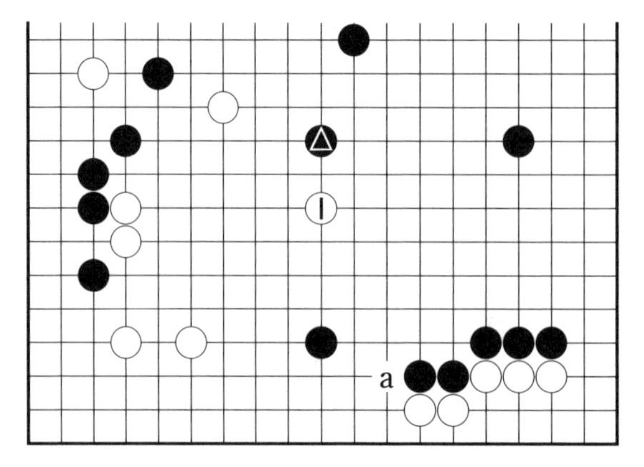

7도

7도 (삭감의 급소)

하변 쪽의 노림수를 남겨 둔 채 백1로 먼저 들어가는 것이 멋진 수법이다.

흑▲의 한칸 되는 이곳은 바로 삭감의 급소인데다 a의 약점까지 엿보는 일석이조의 명점이다.

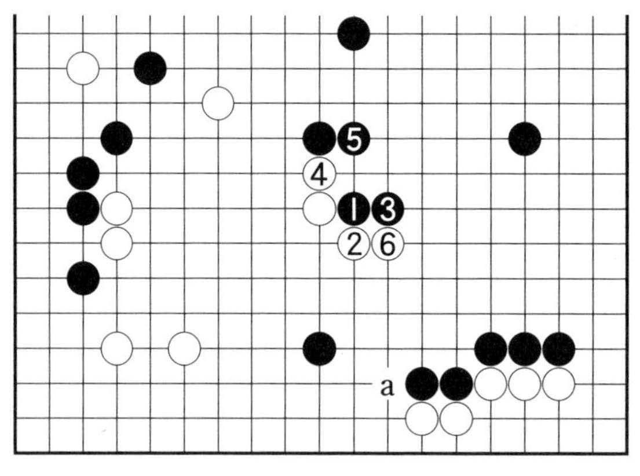

8도

8도 (흑, 진퇴양난)

흑1, 3으로 중앙을 사수하려는 것은 하책이다.

이하 백6으로 힘차게 진군해가면 a쪽의 약점이 점점 부각되어 흑이 진퇴양난에 빠진다.

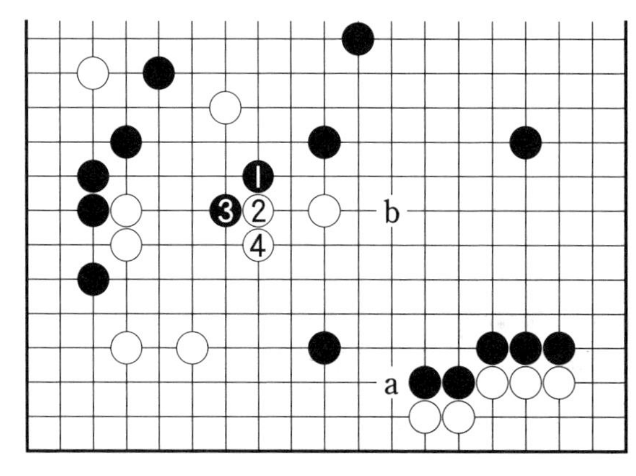

9도

9도 (역시 별무신통)

그렇다고 흑1로 공세를 취하는 것도 별무신통이다.

백2, 4로 연결하면 공격도 여의치 않거니와 하변 쪽의 약점만 더 크게 드러난다. 즉 백a와 b가 맞보기인 셈.

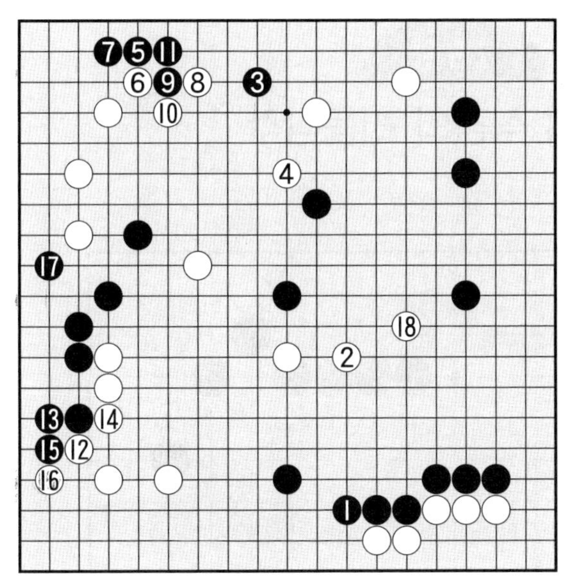

실전진행

실전진행 (백, 승세 확립)

고심 끝에 흑은 1로 지켰지만, 백2로 중앙이 무너져서는 흑의 실패가 완연하다.

응수가 궁해진 흑은 3으로 전환했지만, 백4~14로 중앙을 두텁게 한 뒤 18로 진격해 중앙이 오히려 백의 천지로 변하고 말았다.

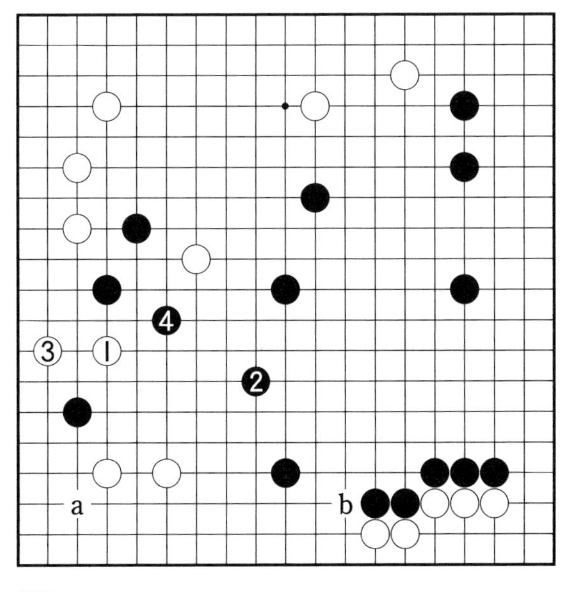

10도

10도 (흑의 최선)

애당초 백1 때 흑은 2로 일단 중앙에 못질해두는 것이 현명했다. 백3의 차단이 아프지만, 흑4로 중앙을 두텁게 하면서 차후 a쪽의 뒷맛을 노렸다면 충분한 국면이다.

흑은 b쪽의 뒷맛을 경시하다 중앙이 무너지는 화를 입은 것이다.

19형

다단계 삭감의 리듬감각

○ 백 차례

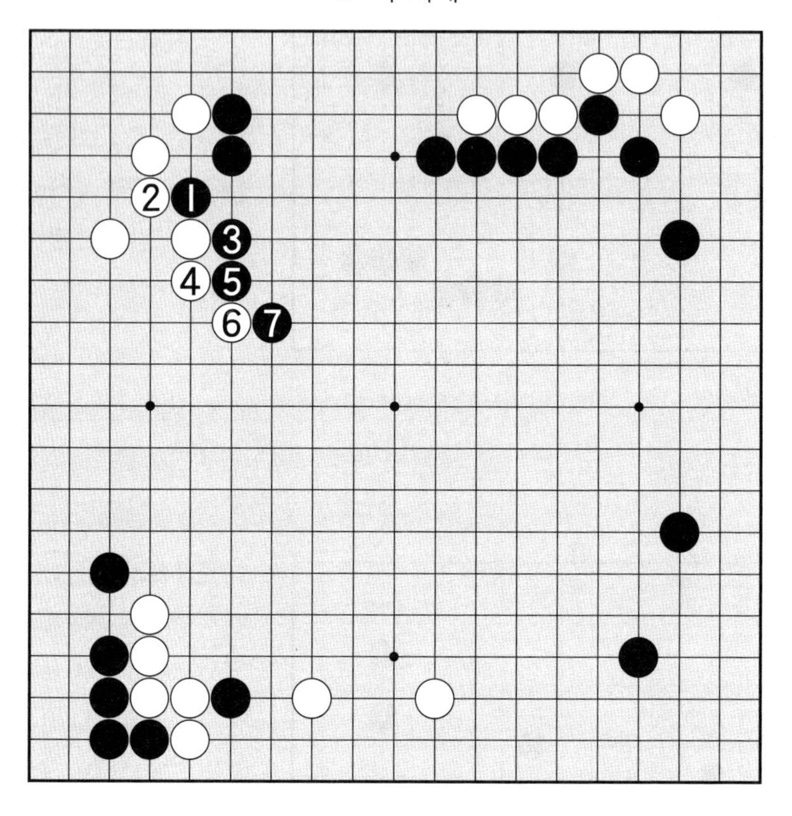

상변 쪽에 형성된 흑의 철벽이 관심의 초점인 가운데 흑 1~7이 그 의지를 계승하는 두터운 수법이다.

이제 백은 중앙 삭감이 시급한 당면과제로 다가왔는데, 과연 어떤 방법이 좋을까? 삭감의 급소를 찾는 눈과 더불어 단서를 구하는 감각 또한 중요하다.

41기 국수전 도전2국에서 서봉수(흑)와 이창호의 대국이다.

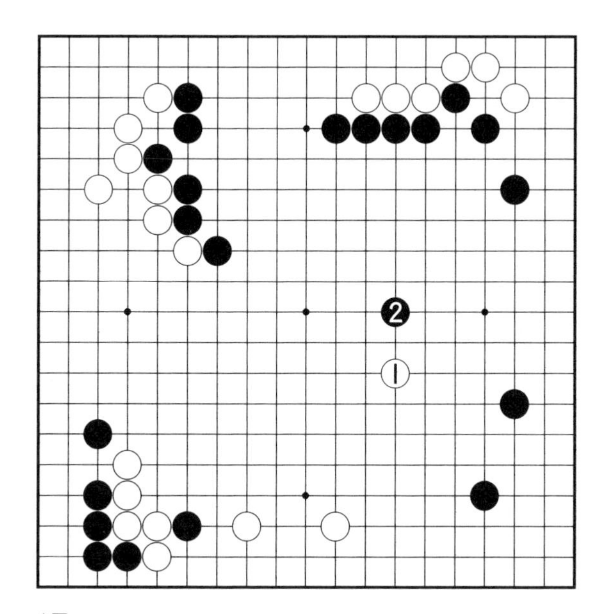

1도

1도 (너무 얕다)

백1로 들어가는 것은 지나친 몸조심이다.

흑2로 받아주기만 해도 상변 흑 모양이 크게 굳어져 백이 부담스러운 형세가 된다.

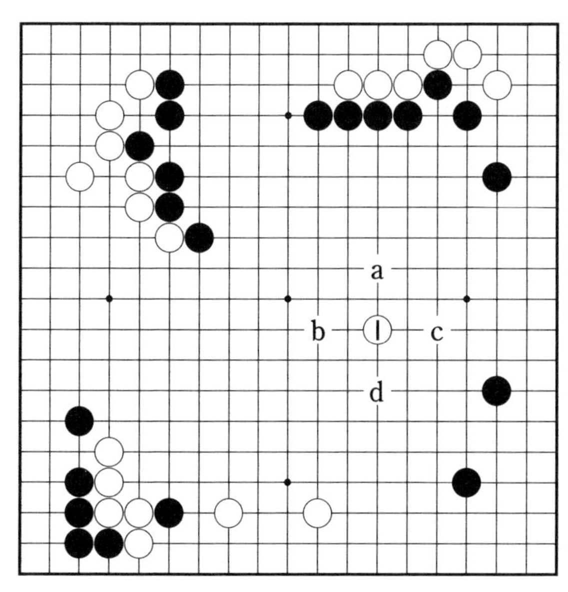

2도

2도 (적당한 깊이)

일단 한줄 더 깊은 백1이 적당한 삭감선이다. 다음 a~d의 한칸뜀을 보고 있어 이 백이 크게 공격당할 염려는 없다.

그런데 곧바로 이렇게 들어가는 것은 다소 미흡하다. 왜냐하면~

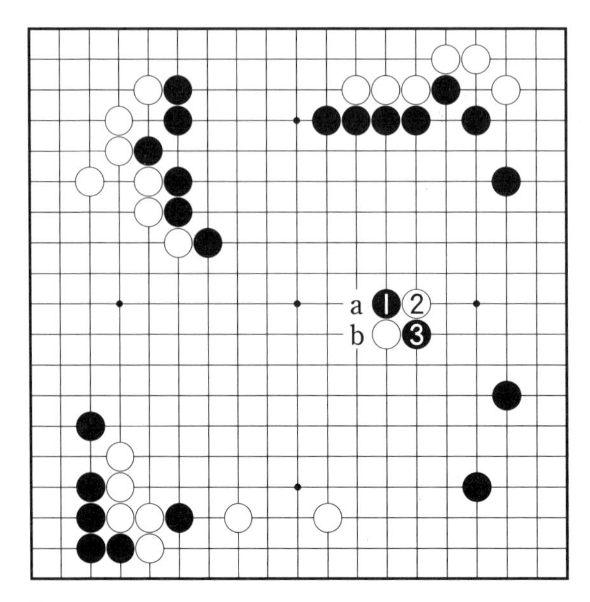

3도

3도 (강력한 태클)

흑1로 붙여오는 강력한 태클이 있기 때문이다. 다음 백2에는 흑3으로 끊겨 못 견디며, 백a 또한 흑b로 곤란하다.

주위가 흑의 철벽이므로 백의 운신이 매우 거북한 것이다.

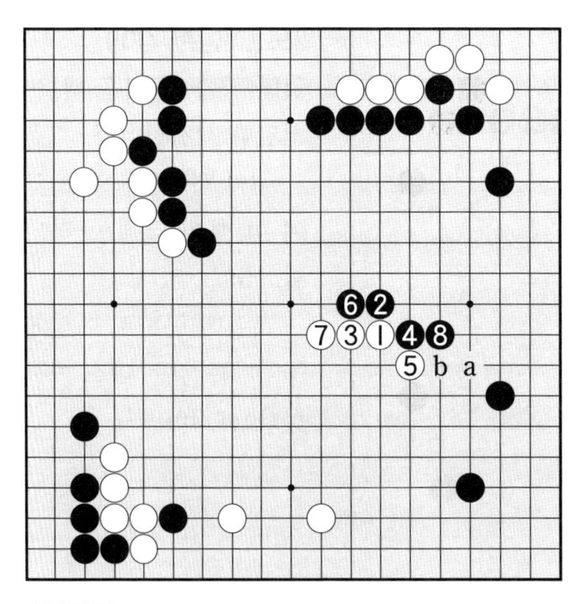

실전진행

실전진행 (흑, 유망)

실전에서도 백1로 그냥 들어가다 흑2의 강수를 당했는데 역시 위력적이다. 백3~7은 어쩔 수 없는 후퇴인데, 막상 우상쪽이 크게 굳어져 흑이 유망한 형세가 되었다.

다만 흑8은 차후 백a의 수단을 남겨 역전의 불씨가 되었다. 당연히 b로 이단젖혀 확실하게 틀어막을 곳이었다.

4도 (경묘한 행마)

그렇다면 백은 삭감에 앞서 무엇을 해야 한다는 말일까?

백1로 먼저 어깨짚어 보는 것이 재미있는 수법이다. 흑2를 기다려 그때 백3으로 뛰는 것이 경묘한 리듬감각이다.

이로써 백은 탄력을 갖추어 좀처럼 크게 공격당하지 않는다.

4도

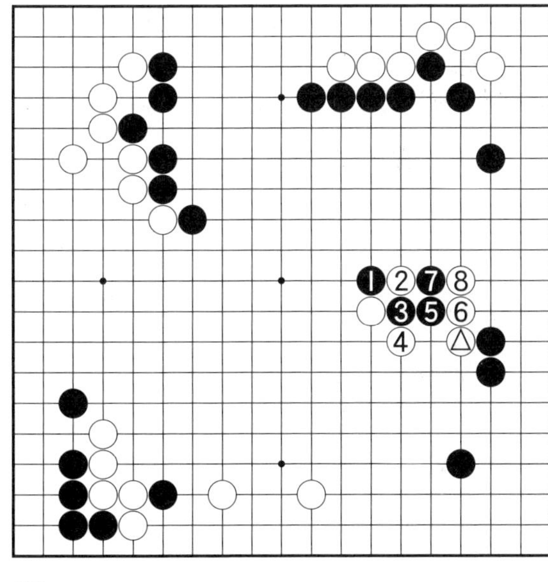

5도

5도 (활용한 덕분)

이제는 흑도 강수를 구사하기가 어렵다. 가령 흑1, 3에는 미리 활용해둔 백△ 덕분에 백4~8의 맥이 기다리고 있기 때문이다.

또한 백2로는 알기 쉽게 3자리에 늘어도 그만이다.

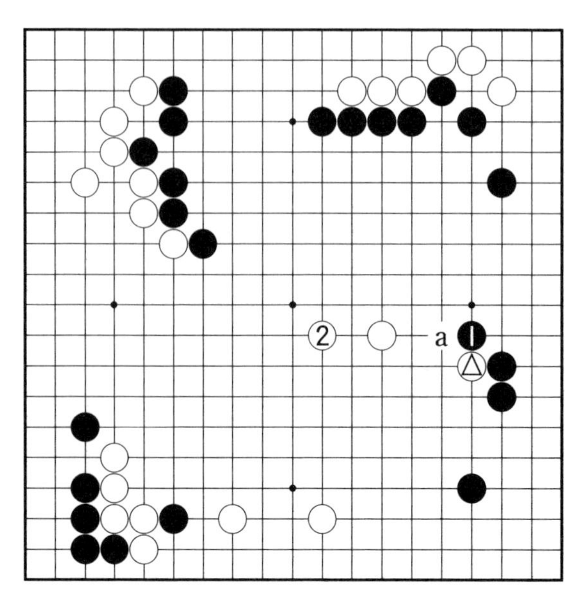

6도

6도 (백, 충분)

그러므로 흑1로 젖히는 정도인데, 백은 2로 유유히 뛰어 충분하다. 백a로 활용하는 수도 있어 백의 탄력은 풍부하다.

이 정도면 백Ⓐ는 삭감의 척후병 역할을 충분히 해낸 셈이다.

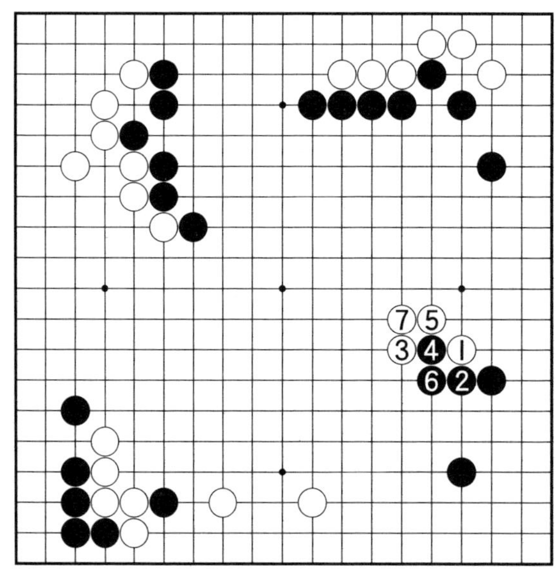

7도

7도 (흑, 불만)

그렇다고 백1 때 흑2, 4로 대항하는 것은 백이 환영한다.

이하 7까지 백이 두텁게 자세를 잡으면 흑의 생명인 중앙이 저절로 지워진 꼴이어서 도리어 흑의 불만이다.

20형

매복병이 된 다단계 침투작전

● 흑 차례

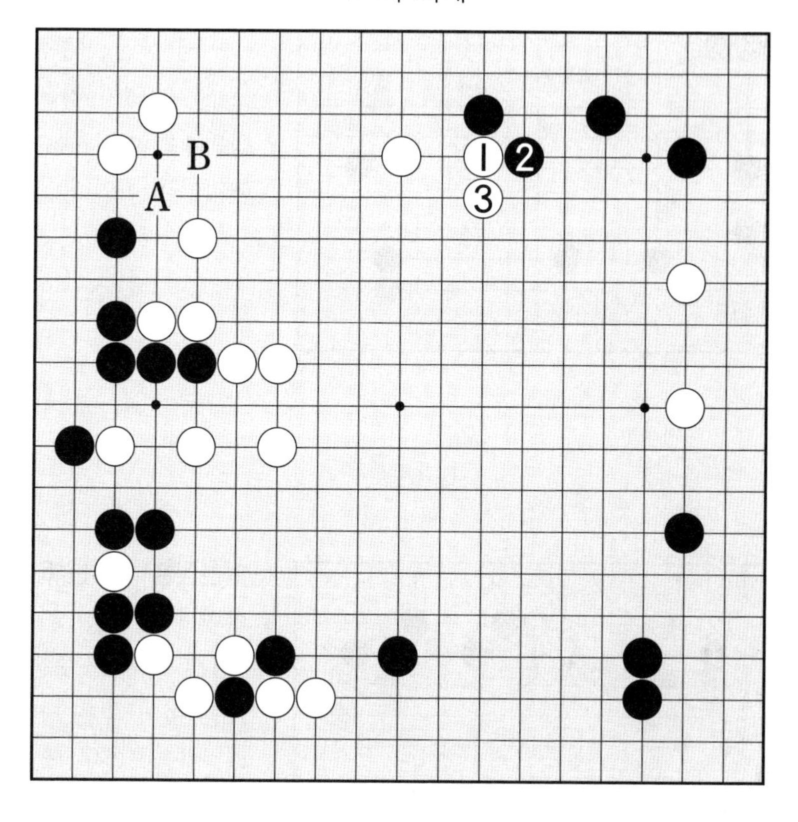

사방에 흑의 실리가 착실한 가운데 백이 1, 3으로 붙여 뻗어 상중앙 확장을 도모하고 있다. 여기서 흑이 A, B쪽의 뒷맛을 십분 살려 승기를 장악할 수 있는 백진 파괴수단을 연구해 보자. 다단계 수순의 묘가 매우 중요하다.

4회 삼성화재배 세계바둑오픈에서 안조영(흑)이 일본의 강타자 요다 노리모토를 73수 만에 제압해 화제가 된 본선대국이다.

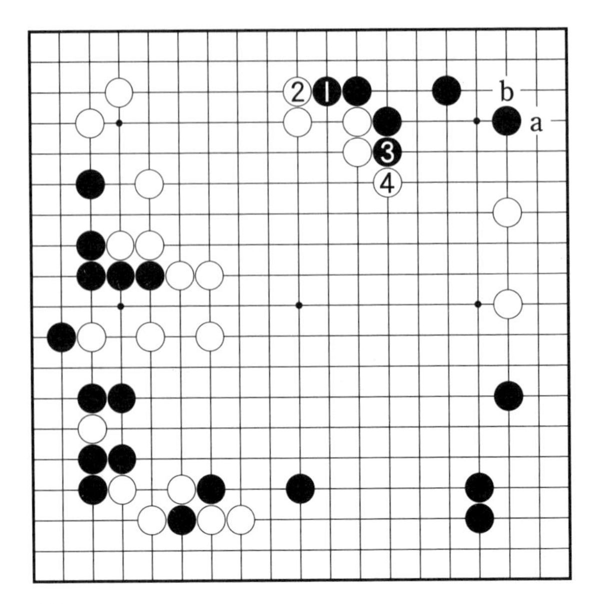

1도

1도 (흑, 무책)

그냥 흑1로 들어가는 것은 책략 부족의 극치이다. 백2로 막아 상변이 백집으로 완성되고 만다.

이제 상변 침투는 엄두도 낼 수 없지 않은가. 우상귀에는 아직 백a나 b의 뒷맛이 남아있다.

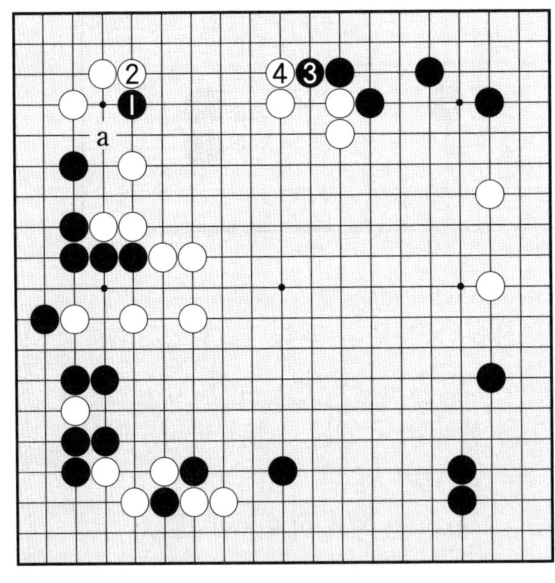

실전진행1

실전진행1 (좋은 타이밍)

상변 쪽을 결정짓기 전에 흑1로 먼저 응수를 물어보는 것이 좋은 타이밍이다. 지금이라면 백2로 물러설 수밖에 없는데 그때 흑3, 백4를 교환하는 것이 정교한 수순이다.

흑a로 살려오는 수가 선수이므로 이미 이득을 보고 있지 않은가. 뿐만 아니라 앞으로 더욱 멋진 수단이 있다.

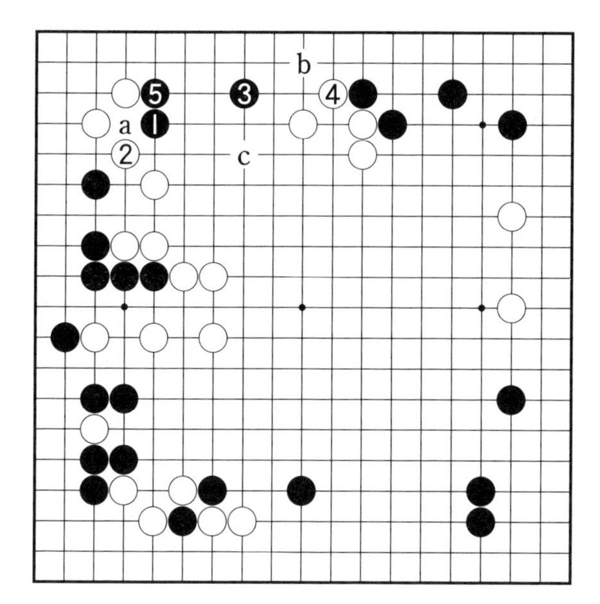

2도

2도 (둥지를 틀다)

흑1에 백2로 강력히 차단하는 것은 무리한 모험이다. 흑3을 선수한 뒤 5로 터를 잡아버리면 백진이 송두리째 깨져버린다.

이 흑 일단은 a의 단점 추궁과 b, c 등의 안형이 풍부해 도저히 잡힐 모습이 아니다. 그런데~

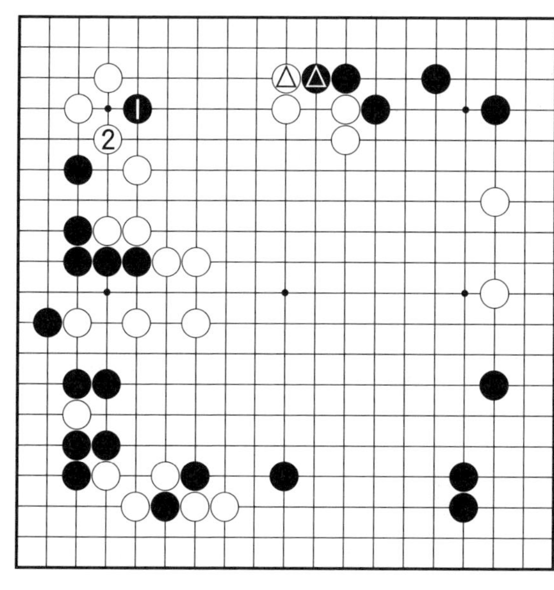

3도

3도 (흑, 수순착오)

1도처럼 흑▲와 백△를 미리 교환시킨 뒤라면 흑1에 당연히 백2로 차단해버릴 것이다.

상변의 퇴로가 막힌 상황에서 이 흑돌이 살아가기란 언감생심 아닌가.

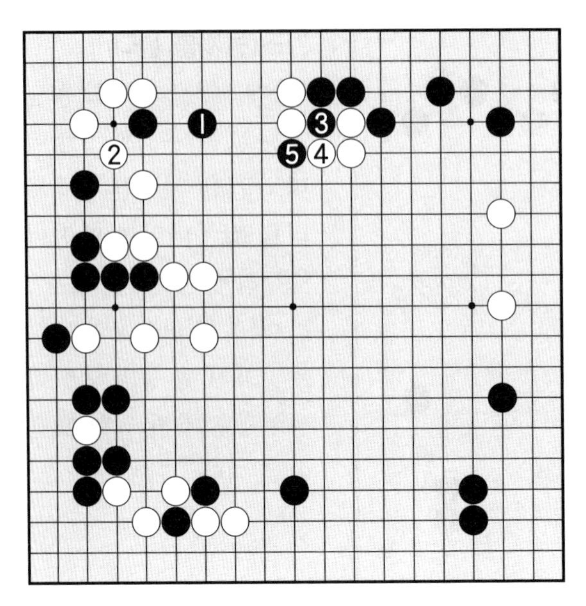

실전진행2

실전진행2 (매복작전)

흑1로 뛰어 재차 응수를 물어본 것이 교묘한 작전이었다. 백2는 기세의 한 수이지만 이때 흑3, 5로 나가끊은 것이 통렬한 일격!

새하얀 백진 속에서 미리 매복시켜 놓은 원군들에 힘입어 도리어 흑이 칼자루를 쥐고 휘두르는 형국이 된 것이다.

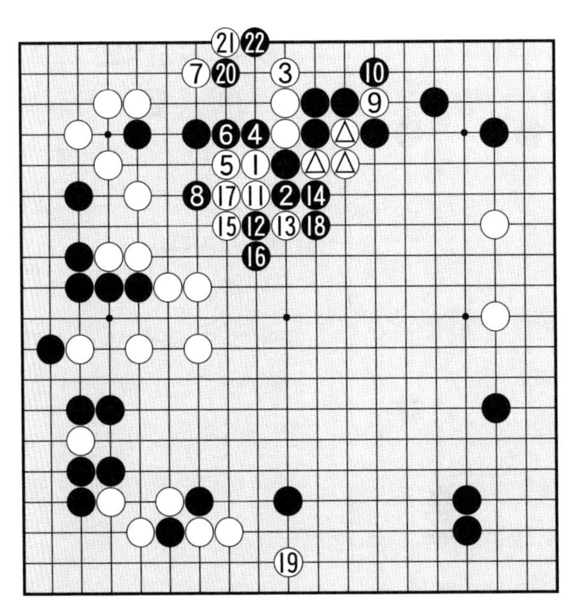

실전진행3

실전진행3 (백, 파탄)

백은 1, 3으로 한껏 버텼지만, 흑4에 이은 8이 통렬한 맥점이다. 백을 우형으로 만들며 흑18까지 상당한 성과를 올렸다(백△들도 폐석화).

그리고 이것으로 끝난 것이 아니다. 비세를 의식한 백이 19로 버티자 흑20, 22가 결정타. 여기서 백이 돌을 거두는 바람에 세계대회 사상 최단명국이라는 기록이 탄생했다.

4도

4도 (최선의 수습책)

사실 흑1 때 백은 2로 지키는 것이 최선이었다. 다음 흑3에는 백4~8로 절단이 가능해 중앙은 보존할 수 있다.

흑13까지 실리의 손실이 크지만, 어쨌든 이래야 긴 바둑으로 갈 수 있었다.

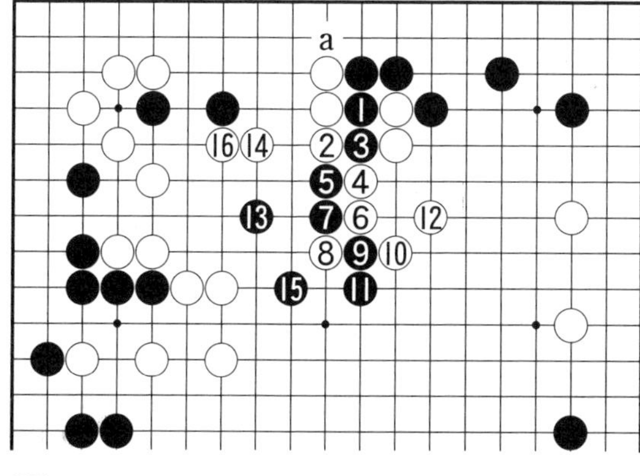

5도

5도 (백의 차선책)

흑1 때라도 백2로 물러서는 것이 피해를 최소화하는 차선책이었다. 이하 15까지 중앙이 무너지면서 흑a의 선수끝내기도 남아 흑이 우세한 것은 분명하지만, 그래도 이래야 백은 후일을 기약할 수 있었다.

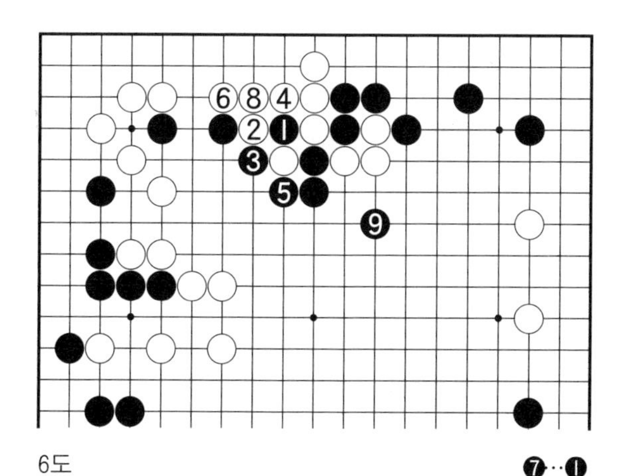
6도

❼···❶

6도 (백, 최하책)

흑1 때 백2로 잡는 것은 최하책. 흑3, 5의 돌려침을 당해 견딜 수 없다.

흑7까지 선수로 백을 납작하게 만든 다음 9에 선착하면 흑의 낙승지세!

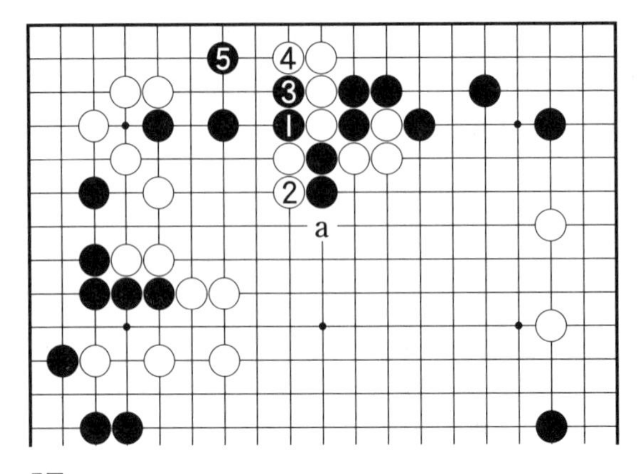

7도

7도 (백, 궤멸)

그렇다고 백2로 미는 것은 자폭행위. 흑5까지 상변 백이 깨끗이 잡힌다.

백a의 축이 안 되는 것이 백의 불운이다.

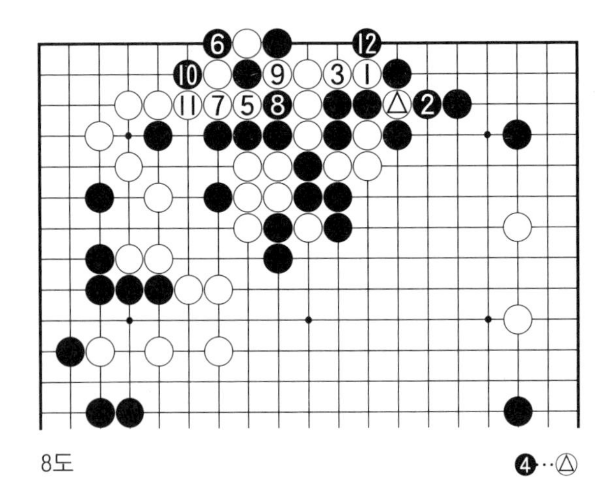
8도

❹…△

8도 (꽃놀이패)

백이 돌을 던진 이유를 알아본다. 실전진행3 다음 백1~5로 버텨보아도 이하 흑12까지 패가 난다.

흑의 꽃놀이패여서 백은 더 이상 버틸 수 없는 것이다.

9도

9도 (백의 최선)

거슬러 올라가 백은 우상귀에 1로 붙여 응수를 묻는 것이 좋았다.

백7까지 활용해둔 다음 비로소 9, 11을 결행하는 것이 빈틈없는 수순이다.

파워 실전 바둑

❽ 파워 중반 테크닉

2판 1쇄 | 2024년 11월 4일
감 수 | 김희중 · 김수장
엮 음 | 이 수 정
발 행 인 | 김 인 태
발 행 처 | 삼호미디어
등 록 | 1993년 10월 12일 제21-494호
주 소 | 서울특별시 서초구 강남대로 545-21 거림빌딩 4층
www.samhomedia.com
전 화 | (02)544-9456
팩 스 | (02)512-3593

ISBN 978-89-7849-710-7 14690
ISBN 978-89-7849-565-3 14690 (세트)

MEMO

MEMO